作者简介

范允龙 贵州民族大学副校长（2016年退休）、二级教授、硕士生导师、省管专家、省政府特殊津贴专家、学校学术带头人；贵州省外语教学与研究学会名誉会长、贵州省外语学会副会长、贵州省翻译学会副会长、光明日报社主办主管的《考试》杂志的编委；出版著作、译著、编著十部；发表译文、连载翻译小说、幽默译品、论文等100多篇。

My Humorology Unified

我的大一统幽默学

范允龙◎著

幽默学至今还未真正建立起来，其主要原因就是在幽默理论的一些方面未能形成统一，本书旨在为幽默的大一统做些尝试，为建立幽默学做些铺垫。

光明日报出版社

图书在版编目（CIP）数据

我的大一统幽默学 / 范允龙著. --北京：光明日报出版社，2018.9

ISBN 978-7-5194-4662-8

Ⅰ.①我… Ⅱ.①范… Ⅲ.①幽默（美学） Ⅳ.①B83

中国版本图书馆CIP数据核字（2018）第223754号

我的大一统幽默学

WODE DAYITONG YOUMOXUE

著　　者：范允龙

责任编辑：杨　娜　　特约编辑：万　胜

责任校对：赵鸣鸣　　封面设计：中联学林

责任印制：曹　净

出版发行：光明日报出版社

地　　址：北京市西城区永安路106号，100050

电　　话：63131930（邮购）

传　　真：010-67078227，67078255

网　　址：http://book.gmw.cn

E - mail：yangna@gmw.cn

法律顾问：北京德恒律师事务所龚柳方律师

印　　刷：三河市华东印刷有限公司

装　　订：三河市华东印刷有限公司

本书如有破损、缺页、装订错误，请与本社联系调换，电话：010-67019571

开　　本：170mm×240mm

字　　数：538千字　　印　　张：35

版　　次：2019年1月第1版　　印　　次：2019年1月第1次印刷

书　　号：ISBN 978-7-5194-4662-8

定　　价：96.00元

目　录
CONTENTS

第一章　前　言 …… 1

第二章　大一统幽默的形成与发展 …… 5

一、先秦:幽默文化的肇始 …… 6

二、秦汉:先秦幽默的延续和发展 …… 12

三、魏晋南北朝:幽默之风的转折与高潮 …… 14

四、隋唐五代:幽默在盛世中稳健发展 …… 18

五、两宋(辽金夏):幽默发展史上的一个黄金时代 …… 21

六、元代:幽默文化在短暂沉寂中的新发展 …… 25

七、明清:中国古代幽默发展的最高峰和大总结 …… 27

八、现代(1919－1949):幽默的新起点和新发展 …… 32

九、当代(1949年以来):幽默曲折发展并走向繁荣 …… 40

十、幽默在世界上的发展轨迹 …… 47

十一、本章小结 …… 53

第三章　大一统幽默学的范畴 …… 55

一、讽刺 …… 60

二、滑稽 …… 66

三、笑话 …… 79

四、开玩笑与恶作剧 …… 82

五、脑筋急转弯 …… 89
六、歇后语与谜语 …… 90
七、寓言 …… 93
八、绕口令 …… 94
九、相声 …… 96
十、小品 …… 97
十一、哑剧、马戏、独脚戏、喜剧、二人转、三句半 …… 98
十二、漫画与动漫 …… 99
十三、文字排版也能产生幽默 …… 100
十四、幽默拆字术 …… 102
十五、雕塑 …… 102
十六、电子幽默（含影视、动漫、漫画、图片幽默语言段子、PS 小电影、PS 幽默图片等） …… 103
十七、本章小结 …… 104

第四章　大一统幽默学的“定义” …… 105
一、“幽默”的溯源 …… 105
二、词典里对幽默的“定义” …… 114
三、关于幽默“定义”的各家观点 …… 117
四、大一统幽默学的“定义” …… 130
五、本章小结 …… 132

第五章　大一统幽默学的分类 …… 133
一、F_1 按幽默的质量来进行幽默分类 …… 138
二、F_2 按幽默的属性来进行幽默分类 …… 140
三、本章小结 …… 157

第六章　大一统幽默的结构 …… 159
一、幽默的总体结构 …… 159
二、幽默的个体结构 …… 165

三、本章小结 …… 190

第七章　大一统幽默的内容和形式 …… 191
一、大一统幽默的内容 …… 191
二、大一统幽默的形式 …… 193
三、本章小结 …… 216

第八章　大一统幽默的逻辑 …… 219
一、高级幽默的逻辑 …… 221
二、低级幽默的逻辑 …… 228
三、本章小结 …… 234

第九章　大一统幽默的幽默点和幽默度 …… 235
一、幽默点 …… 236
二、幽默度 …… 246
三、本章小结 …… 280

第十章　大一统幽默与笑的关系及其功能 …… 284
一、幽默与笑的关系 …… 284
二、幽默的功能 …… 290
三、本章小结 …… 309

第十一章　幽默的相关比较 …… 311
一、幽默的文化背景比较 …… 312
二、幽默理论比较 …… 318
三、幽默的语言比较 …… 320
四、批判型幽默和娱乐型幽默比较 …… 330
五、幽默的风格比较 …… 335
六、幽默质量比较 …… 343
七、本章小结 …… 350

第十二章　大一统幽默在汉英互译中的考究 …………………………… 351
一、幽默的可译性与不可译性 ………………………………………… 354
二、翻译时不丢失幽默要素 …………………………………………… 379
三、幽默翻译的技巧——直译法(音译法和硬译法),归化法(意译法)、增删法、解释法、注释法,带括号、碰巧法等 ……………………………… 392
四、本章小结 ……………………………………………………………… 401

第十三章　幽默理论及相关学科的概述和评论 …………………………… 404
一、幽默理论的概述和评论 …………………………………………… 405
二、幽默相关的学科概述和评论 ……………………………………… 419
三、本章小结 ……………………………………………………………… 446

第十四章　大一统幽默的创造与享用 …………………………………… 448
一、幽默的感悟——灵感 ……………………………………………… 448
二、幽默的理解——理论 ……………………………………………… 457
三、创造幽默所需要的——条件 ……………………………………… 469
四、享用幽默所需要的——要素 ……………………………………… 509
五、幽默的发挥与效果 ………………………………………………… 511
六、本章小结 ……………………………………………………………… 514

第十五章　结　语 ………………………………………………………… 516

本书参考书和资料目录 …………………………………………………… 518

本书参考图片网址目录 …………………………………………………… 541

第一章

前　言

幽默现象已经很普及和普通，它有着很广泛的实践性，但同时也有着很深奥的理论性，对其理论的研究已经成为一个大学问。虽然对幽默理论系统的研究在国外已经有好几百年，国内系统的研究也有好几十年，但直到现在它还不能完全自成体系、独立成为一个学科，尽管已经有了很多以《幽默学》的名称面世的著作。

幽默学是一个跨多学科而且难于对其有一个统一的范畴界定、统一的定义和统一分类的学问；它不分语种、国界和文化，是人类社会发展到一定文明阶段就必然会出现的高级文化现象。所以，全世界都在研究它。

随着社会的更加文明，幽默逐渐成了文明社会人们生活的一部分；成了文明社会人的智慧在特殊形式下的凝练表现，“幽默是智慧的闪现。”；①成为文明社会的一个特殊现象。林语堂认为通过幽默，才能达到一种理想的近情的人生观与和谐的社会形态。“无论哪一国的文化，生活，文学，思想，是用得着近情的幽默滋润的。没有幽默滋润的国民，其文化必日趋虚伪，生活必日趋奸诈，思想必日趋迂腐，文学必日趋干枯，而人的心灵必日趋顽固。”②无论是对于个人、国家，还是对于文化、文学或生活等，幽默已经获得了至高无上的地位。

一切文学艺术都是为人服务的，当然也是人创造的。幽默也不例外，也是人创造的，但又为人服务，人既是幽默的主体，又是幽默的客体。在历史的长河中，始于语言的幽默，随着社会的不断文明，还被移植到非纯粹语言

---

① 莎士比亚语——http://blog. sina. com. cn/s/blog_9ac654cd0102uwje. html

② 林语堂：《论幽默》散文——《论语》1932. 10.

的体裁和载体中，如，漫画、哑剧、闹剧、动漫、电影、摄影、PS 搞笑图片和小电影等，并且成了文学艺术当中很多体裁和载体的“活跃分子”。如此的“活跃分子”，在社会高度发展的同时，也充分发挥了与经济基础相适应的积极的作用和功能，幽默的各种功能被很多专家给予了高度的肯定和充分的论证。随着幽默各种功能的逐渐展现和发挥，对幽默就不只满足于创造和享用，大量的研究者们开始逐鹿于幽默理论的研究。研究幽默的人并不只限于语言学者，也迅速地扩展到各学科相关和各载体相关的专家学者。他们用各自的专门知识揭示出幽默许多令人折服的规律，(尽管有些又不能互溶)，因而随之也产生了若干幽默学大师。尤其是近当代，语言学以及这个大类学科以外的很多学科的学者更是充当了幽默理论研究的领头羊。由于参加幽默理论研究的人员越来越广、涉及的学科越来越多，关于幽默学的理论也越来越多。诸如像美学、心理学、生理学、哲学、人类学、社会学、符号学、认知学、逻辑学等，以及还有一些跨学科的理论，诸如，耗散结构理论、概念合成理论、不一致理论、关联整合理论、模因理论等都在用来研究它。鉴于此，将幽默仍视为语言学的范畴，就显得不那么恰当，把幽默从语言学里独立出来，建立独立的幽默学应该是时候了。本书的一个宗旨不仅仅是参与对幽默理论的研究，提出自己幽默理论的独辟蹊径的观点，还旨在通过本书来为建立幽默学打下一定的基础。尽管幽默已经被业内论证不只属于语言学，它应该属于文学艺术这个大类，但并不影响把它变成为一门学科。因为在文学艺术这个大类里也含有若干学科。比如语言学、美术学、摄影学、戏剧学等等。

然而为什么一直都没把幽默变成为一门学科，本书认为其中一个很重要的因素，就是因为没有把幽默“大一统”。

由于幽默是文明社会生活的一部分，当然就有着很大的研究价值；由于幽默理论的复杂性，随着研究的深入，涉及的学科和专门理论当然越来越多，献身于研究它的专家、学者也越来越多。如此多的学科和理论加盟来研究如此复杂的幽默现象，一方面说明幽默理论的研究方兴未艾，并受到了空前的重视和纵深的研究；另一方面说明参加研究的人越多、内容就越为丰富，当然就越“众口难调”，就越难于对幽默理论梳理出一个既全面又合理的统一体系；再一方面，就幽默本身就是一个难于琢磨、难于定性、难于界定的不是一个“学科”的学科,尤其是对其定义、范畴、分类的界定,规范和统一就难乎其难。古今中外数百年来,若干从事幽默理论研究的专家、学者,谁也说服不了谁,几乎还没有得出一个令人信服的统一的幽默理论观,当然就难于建立起幽默学这门学科。但要想把幽默理论研究作为一门学科,总得要有一个统揽幽默“全局”的办法,就要建立一个系统的幽默理论研究的体系。本书就试想把它来个统一,所以,笔者把这本书的名字取为《我的大一统幽默学》。

因为本书把所有与幽默“沾亲带故”的、幽默边缘上的狭义上、广义上的都纳了进来,但凡只要有一点幽默成分或幽默度或幽默性质的幽默现象都作为本书研究的对象,都纳入大一统幽默体系。在这个大一统幽默体系的框架下来研究幽默,就叫作大一统幽默学。

很多学者认为一个单一的“简单的幽默理论是不行的,幽默研究更需要多学科的交叉与合作”①。纵观所有有关幽默理论的书,大多只是从单一的角度去探讨幽默现象。要么就只是把纯幽默作为幽默来对待,忽略了所有与幽默有关联的幽默现象;要么就只涉及边缘上的幽默的一小部分,或许某一边缘幽默的一部分。

对幽默理论难于统一在一个体系,体现在幽默的各个方面,包括:幽默的定义、范畴、分类、形成、功能、心理逻辑、结构等。本书就是要在大一统幽默体系的框架下来逐一阐释幽默的各个方面,由此构成了本书十五章的论述:

一、前言 Preface

二、大一统幽默的形成与发展 Formation

三、大一统幽默学的范畴 Scope

四、大一统幽默学的定义 Definition

五、大一统幽默学的分类 Classification

六、大一统幽默学的结构 Construction

七、大一统幽默学的内容和形式 Content and Form

八、大一统幽默学的逻辑 Logic

---

① 蔡辉、尹星《西方幽默理论研究综述》2005,№1《外语研究》

九、大一统幽默学的点和幽默的度 Vertex and Degree of Humor

十、大一统幽默学与笑的关系及其功能 Relation of Humor with Laugh and Its Function

十一、幽默的相关比较 Comparison

十二、大一统幽默在汉英互译中的考究 Study of English – Chinese Humor Translation

十三、幽默理论及相关学科概述和评论 Summary of the Humor Research Theory in Each Subject and Various Theories as well as my comments

十四、大一统幽默学的创造与享用 Creation and Appreciation and Application of Humor

十五、结语 Epilogue

本书所讲的幽默都是界定在笔者这个大一统幽默学范畴之下的幽默。笔者之所以将这本书叫作“我的大一统幽默学”,就是因为,想努力把各家学说、各种幽默现象以包罗万象的姿态“统一”起来,创立我自己的“大一统幽默学”,即把边缘的、非本体的、低级的,甚至似是而非的,总之与幽默只要有关联的各种幽默现象,通通纳入这个大一统幽默体系。而且只有统一了以上所说的幽默的定义、范畴、分类、功能、心理逻辑、结构等的看法,才能使幽默学站得住脚,因为,这些是要建立一门“学科”的前提。

当然,这只是本人一家之言,是否得到同仁的认可,有待时间和业内的检验。其实我想只要能为全面、系统、真正的幽默学的创立做一个铺垫,本书的目的也就达到了。

第二章

大一统幽默的形成与发展

根据我的大一统幽默学的观点，幽默应该包括一切有幽默性质、幽默成分、幽默元素、包括有谑趣、搞笑、滑稽的现象，比如像笑话、搞笑寓言、滑稽徘戏、讽刺等都应该列入幽默的范畴。这样一来，就把业内所界定的幽默概念，从狭义的扩充到了广义的。狭义的幽默只是界定在“纯幽默”上，对于中国有两千多年历史的“笑话”“徘戏”“寓言”等有着幽默元素的一些中国“幽默”就被通通排斥在幽默的大门之外；按照我的大一统幽默学的观点，中国幽默形成与发展的历史就得大大地提前，当然就不仅仅是狭义的幽默、“纯幽默”的形成和发展，而是大一统幽默的形成和发展了。鉴于各国文化里面都有着幽默的形成与发展的过程，在这么一个篇章内不可能对每一个国家的幽默发展史进行论述，这里着重以中国大一统幽默发展史为例来展开叙述。

“幽默”一词的广泛使用虽然不过是近百年来的事，但“幽默”的文化现象却起源很早，并伴随着人类社会的发展进步而不断地变化、更新、扩展着。从“我的大一统幽默学”的角度来看，中国古代虽没有现代意义上的“幽默”，却孕育着“幽默”的元素，继而衍生出了“幽默”的各种分支、各种样式。如笑话、谐谑、滑稽、讽刺、寓言、谜语、俳戏、喜剧等等，它们在特定的历史阶段中萌芽、发展、成熟，随着新文化运动后“幽默”这一概念的诞生，逐步汇入“幽默”的海洋中，成为世界“幽默”大家庭的不可分割的组成部分。我国幽默文化渊薮颇深，是中华语言文化历史长河中一支重要的力量，它从一个侧面同样地见证着人类文化历史的更迭变迁。

事实上，按照我的大一统幽默学的观点，中国古代就有幽默，只不过那时不叫幽默，叫笑话——属于笑文化。但我国对幽默理论的大规模地研究以及对“幽默”这个概念的确定却是在20世纪30年代才开始轰轰烈烈地开展起来,并且开始与外国幽默的研究进行了衔接。“高雅的外表,空洞的内涵,幽默在继续寻求着发展。三十年代《论语》半月刊大力提倡以及引发的论争,不仅形成了幽默潮流,而且促进了幽默的演变。事实上,幽默正是在人们的接受和论争中不断变化,逐渐被认可。”①中国的笑文化逐渐与外国的幽默走近。

关于幽默的研究最早可以追溯到亚里士多德时代,在长期的研究过程中,先后形成了三种主要理论框架:②其一,Plato、Aristotle 和 Hobbes 的优越论。即幽默源于人们对于他人的优越感,是对他人的缺陷和错误的嘲笑。其二,Herbert Spencer 、John Dewey 和 Sigmund Freud 的缓释理论,即幽默是对紧张的缓解或用来应付交际中的艰难环境。其三,Kant 、Schopehauer 的不一致理论(后人所翻译为的乖讹论),即幽默的产生是由于人们出乎意料地发现所期待的结果与所看到或听到的不一致③。

同样,中国的幽默研究可以溯源到先秦诸子百家时期。

一、先秦:幽默文化的肇始

先秦时期是中华文明初创和初步发展的时期。这段历史时期从传说中三皇五帝的原始社会经过夏商周到奴隶制逐步解体的春秋战国,历史的车轮滚滚向前,中国人的幽默也在这历史进程中前进着。从原始社会到文字产生之前的夏商时期是幽默的胚芽阶段,是原始状态的幽默,先民们尚不知幽默的意义,只是在民间生活中不自觉地运用到幽默的手段。殷商中后期至西周,早期的文字和典籍产生了,这一阶段是中国幽默的破土萌发时期,幽默开始被有意识的运用。《周易》《诗经》等文献则是有文字记录的中国幽默的源头。

春秋战国时期是幽默的第一次爆发期,幽默诸手法开始被广泛运用到社会生活的各个领域,甚至还用于讽谏。这一时期的幽默文化茁壮成长,发展迅猛,中国的幽默文化传统初步形成。

---

① 刘宝庆《幽默的兴起》2006年华东师范大学硕士毕业论文

② 郑凯.《先秦幽默文学论》[M]. 广州:暨南大学出版社,1992:P10.

③ http://www.haha365. com 2004 - 8 - 1 21:07:34

幽默产生于一个漫长的历史过程，它既不是人类与生俱来的能力，也不可能是在某个时刻突然出现的东西，而是人类的思维智慧发展到一定阶段的产物，幽默是智慧的集中表现！它的产生需要物质基础、精神智慧、社会文化环境、语言生态条件等多方面的综合作用和繁衍。只有文化发展了、文明进步了，才可能产生幽默。文化越发达、文明程度越高，幽默也就运用越广、越受重视。

当人类祖先还处在漫漫进化的起点、仍然茹毛饮血、人猿难分的时候定然是不会有幽默的，因为此时缺少幽默产生的基本条件。经过石器时代漫长的演变和进化，到了母系氏族社会的中后期至距今7000年～4000年左右的仰韶文化、龙山文化时期，人类开始能较为熟练地掌握语言，创造各种图纹、器皿，并逐步形成原始性的审美、宗教、绘画、舞蹈等文化，文明的曙光开始照耀先民，幽默的生成条件也在一点一滴的积累。而到了距今5000年～3000年甲骨文出现以前，这段时期是传说中的尧舜禹时代和夏、商王朝时期，这一阶段华夏民族和王权政治开始形成，幽默产生所需要的基础条件已经基本具备。由于缺乏直接的文字记载，仍然无法准确判定此时幽默文化的生存状况，但可以从其他相关的间接记载中窥探到一二。尧舜禹禅让的高洁风范在民间和后世史书中流传，还出现了“许由洗耳”这样的谐趣性故事。可见当时的政治是比较开明的，社会生活环境也是较为宽松的。刘向《列女传·孽嬖》还记载“桀…收倡优侏儒狎徒，能为奇伟戏者，聚之于旁，造烂漫之乐”，可见在夏朝时或已出现了具有幽默性质的专司滑稽逗乐之职的倡优活动。殷商中期，中国最早的文字——甲骨卜辞中出现了象形字“喜”，字形表示人们在庆祝活动中的欢笑。虽然这个“喜”与幽默尚有一定距离，但幽默必然带给人以欢喜。且在殷代淫祀重鬼的风俗下，却也表明了殷人还是会有意识地主动寻求欢乐。这与幽默的性质多少更近了一步。这些史实和传说说明到了这个时期，先民的生产水平、思维智慧、社会风气和精神生活已经具备了产生幽默的条件。应该说，幽默的种子在夏商，甚至传说中更早的尧舜禹原始先民时代便已播撒下了。

《周易》《诗经》等成书于商朝末期经西周到春秋初期这段时间，作为中国最早的文字典籍，里面包含的许多卦爻辞和歌谣寓理已经带有了较为明显的幽默色彩。如《周易》中“羝羊触藩，不能退，不能遂”（《大壮·上六》），以羝羊做比，形容人陷入进退维谷的尴尬境地。如《诗经》中具有幽默色彩的语言文字比比皆是：描述男女幽会场景的《邶风·静女》，妻子调侃丈夫的《豳风·狼跋》；将横征暴敛的统治阶级讽刺为大老鼠的《魏风·硕鼠》；讥笑守财奴形貌的《唐风·山有枢》等等。这些作品以幽默的笔触说理、抒情，大量地采取比兴手法，语言上运用诙谐的譬喻和铺排，内容上展示谐趣场景和人生百态，一方面记录了民间的社会生活，展示了民俗风貌，另一方面则劝诫人世、讽谏时政、阐明道理。可以说是我国第一批呈现幽默元素的典籍记录。所有的讽刺、调侃、嘲弄、打趣等以表情达意为目的，均点到为止，"谑而不虐"不为低级庸俗的纯粹耍乐，这正是商周人民审美情趣和思维智慧的体现，也逐步发展成为中华民族的幽默传统。

《周易》《诗经》等上承原始先民的幽默胚芽，下启春秋战国时期的幽默洪流，处于幽默文化的肇始和萌发阶段，为即将到来的中国幽默文化发展高峰做了准备，拉开了序幕。

历史的车轮进入春秋战国时期，周室衰微、诸侯争霸的政治局面以及思想领域的自由发展、物质和生产技术的进步、社会矛盾的加剧等共同促就了幽默文化的大发展，春秋战国时期也成为我国幽默发展史上的第一座高峰。一方面，文字书籍的创造使得知识技术的传播成为可能，人口逐步增长、铜铁技术提高、水利农桑进一步发展、工商业相对发达，一些文化繁荣的大都市也开始出现，幽默在民间、政界、学界发展所需要的文化土壤和物质基础进一步完备；另一方面，春秋战国时期的奴隶制度走向崩溃瓦解，新兴的封建制度开始粉墨登场，新旧制度的交替带来社会矛盾的日益突出，政治军事形势一片混乱，民众饱受战祸和衣食之苦，故而"怨怒之情不一，欢谑之言无方"（《文心雕龙·谐隐》）。所以，幽默不仅仅是在民间，也由生活娱乐领域开始进入政治领域，隐喻性、讽刺性幽默开始出现了。最为重要就是讽谏，当然也不乏于其他方面。如，诸侯国之间为土地和霸权相互攻讦，无力对思想界进行管控，人们的个性开始解放，思想日益自由，文人贤士大量出现，社会氛围空前活跃，这就为幽默的大量运用提供了可能。且诸侯争霸还需要游走各国的文人方士为其提供智力支持，故而礼待有加，养士之风大兴。而游士们也为了宣扬自己的政治观点和治国理念而"巧言令色"，以获得统治阶级的支持。诙谐的语言、机智的外交辞令、幽默的譬喻也就成了诸子先哲们表情达理的共同选择,这也是春秋战国时期幽默水平大大提升的主要原因之一。此外,占领经济制高点的奴隶主和新兴地主既要维持自己的地位,又要享乐嬉戏,于是开始蓄养倡优。而饱尝衣食之忧的文人游士也开始依附于权贵,化身为倡优,以求得生计。于是,长于调笑逗乐,聪慧善辩的宠臣、侏儒和倡优活动开始不断出现,进一步扩大了幽默的领域。

通观先秦这一时期的幽默文化,内容丰富多彩,爱情、政治、哲理、生产生活等社会的方方面面都渗透了幽默的文化。总体来说,"谑而不虐"是其基调;讽刺寓理性幽默是主要类型;诸子文集、史传散文、俳倡活动是载体;寓言故事是其独特形式;兴是主要方法。

《诗经》里的《卫风·淇奥》篇有云"善戏谑兮,不为虐兮",这是中国最早的关于诙谐幽默的理论。孔子也说过"诗三百,一言以蔽之,曰:思无邪"(《论语·为政》)。孔子从容有度,重视礼节教化,使用幽默也只求莞尔一笑,最终以礼和理升华谐和趣,温柔敦厚、中庸中和。他的幽默言论如"四海之内,皆兄弟也,君子何患乎无兄弟乎?"(《颜渊》篇);"割鸡焉用牛刀"(《阳货》篇)等等,均只稍加点染,以"雅趣"为特色,讲求适度,止乎于礼而不过分夸张,流于粗俗。《诗经》《论语》成为儒家经典后,这一理念为历朝历代所继承,发展为中国幽默文化的一大传统,成为正统思想和文士们自觉遵守的"规矩"。

讽刺性的寓理幽默在《周易》《诗经》里已初露端倪,在春秋战国时期则为各家各派普遍运用,是为最常见的幽默类型。讽刺与幽默有着复杂的联系,以大一统幽默学的观点来,讽刺就是幽默的一种。这主要是基于讽刺本身就包含得有幽默成分,讽刺本身就可以看成是具有批评性(批判性)的幽默,这种批评性(批判性)本身就具有攻击性,这种攻击性中又通常蕴含着幽默性,甚至还会含有回味的哲理。先秦时期有大量的幽默故事都以这种讽刺寓理性幽默的面貌出现。如《孟子》中的揠苗助长、齐人有一妻一妾;《庄子》中的鸱得腐鼠、舐痔得车、邯郸学步;《韩非子》中的守株待兔、自相矛盾、郑人买履、买椟还珠;《战国策》中的狐假虎威、画蛇添足等篇目,故事滑稽可笑,既嘲笑了丑、僵、愚,又蕴含讽刺性哲理。讽刺与幽默的"合流"是先秦时期的重要现象。我国礼仪制度和理性精神建立得早,自由意识和个性精神偏弱,因而幽默几乎没有自己的独立空间,通常以其他面目出现,这其中讽刺就是极为重要的、常见的一类。幽默元素蕴含在讽刺中,以讽刺承载幽默,这一现象成了中国幽默又一大文化特色,影响深远。

先秦时期,各种诗歌民谣、文章学术、典籍文献之间是没有分野的,不存在专论某一门类知识的书籍,即所谓的文史哲不分家。幽默也是如此,先秦时期是没有专论幽默的书籍的,关于幽默的观点、语言、故事的记录零散的分布于经、史、子、集之中,而以其为载体,并以附属品的面貌出现。我国向来将这些典籍统称为“文学”。那么可以说,幽默文化中的“主将”——幽默文学是自出现书籍以来就有了的。郑凯先生甚至说“幽默是先秦文学中的规律性现象,是先秦文学中真正的文学性因素,是先秦文学的品质,是先秦文化的格调”①,这是有道理的。《孟子》《庄子》《韩非子》《左传》《战国策》中无不包含着幽默的智慧,而先秦的倡优活动则是一种独特现象。倡优可以被看作是“弄臣”“宠臣”,但这些弄臣、宠臣并不是搬弄是非、祸乱朝纲的奸佞,而是一群由宫廷或名门望族豢养起来的专司滑稽逗乐,活跃气氛的喜剧演员,从事滑稽风趣的表演活动。并且有不少优人在表演和俏皮话中加入隐喻、自嘲、隐语元素以讽诫君王、针贬时弊,如《史记·滑稽列传》中关于优孟谏楚庄王、淳于髡谏齐威王等的故事。倡优活动在我国幽默史上有重要意义,一般认为,它是我国传统民间戏曲、曲艺的早期形态,而它们的庄谐相宜、调皮打趣则使其“成为中国幽默传统的主要渊源之一”。

先秦特别是春秋战国时期的讽刺性、哲理性幽默主要是通过寓言的形式来表现的。《周易》中的“羝羊触藩”,《诗经》中的《硕鼠》等已经具有了寓言的雏形。而孟子、庄子、韩非子等更是寓言大家,在他们的文集中,大量的思想观点和言论辩词就是依靠寓言故事来传达的,这些寓言中通常蕴含着丰富的幽默元素。而在《左传》《战国策》《晏子春秋》《吕氏春秋》等史书、散文中具有幽默趣味的寓言故事同样十分丰富。寓言故事形象生动,易于理解和传播,最适宜嘲笑虚伪、愚蠢、丑陋和僵化的人生百态。

在人类文明的早期阶段,寓言似乎是最能动之以情,晓之以理的手段,它也因此是幽默的源头形式之一,是幽默大家庭中的先驱。保留下来的先秦寓言在后世多转化为成语、谚语而在历史文化中不断复活。成语、谚语是

① 陈孝英.《幽默的奥秘》[M]. 北京:中国戏剧出版社,1989. P. 156.

汉文化一大特色,它们中的许多都是先秦幽默寓言的替身,即便在当代社会中,运用成语仍然是在各种语境中展现幽默的重要方式。

早在《周易》《诗经》中比兴手法便出现,这一手法为历代承袭,是我国文化中最古老的修辞方法。比即是比喻,兴即欲言此物先言他物以起兴。前者是形象思维,后者是联想思维。这两种方式时至今日仍然是最大量运用的语言文字手段。然而两三千年前的人们就已经熟练运用它们来创造幽默了。比兴能够显著提升语言文字的艺术表现力,营造出喜剧性氛围,因而与幽默的联系几乎是天然的,没有哪个幽默大师可以离开比兴而体验和创造幽默。庄子就是先秦时代极为善用比兴创造幽默的大家。他个性超脱旷达,飘逸潇洒,达观的心态化作汪洋恣意、华丽不羁、幽默诙谐的文风。比兴手法在庄子手中化作幽默的利器,他的幽默也在先秦时代最为纯熟、自然的。幽默宗师林语堂先生就极为推崇庄子的幽默,称他是先秦时期的"大幽默家"。先秦文化是中华文化的源流,其间蕴藏着丰富的幽默文化元素,这些幽默元素在连续不断的历史进程中逐步形成了指斥丑恶愚昧、讽诫言行世态、愉悦人民生活的精神内涵,并影响了中国幽默文化史的定位与发展。

公元前八世纪(西周末年)前后,宫廷中即有用"优"之风。优是国王、贵族的弄臣,专以讽刺调笑为业,史称俳优。俳为杂戏、滑稽戏之古名,优即演员、艺人之古称。国王行事不当,不能直接批评,就由优来进行调笑,以达到讽谏的目的。当时有一条不成文规定,优即便说错话也不算犯上,不可定罪。优即运用说俏皮话、滑稽模仿表演等手法,以戏谑、隐喻等幽默方式嘲讽时政或取悦国王。西汉司马迁在《史记·滑稽列传》中记载了优孟、优旃、淳于髡等一大批优人,把他们称为"滑稽"人物。俳优堪称中国最早的"幽默家",其寓庄于谐、滑稽调笑、讽谏时政的传统对中国幽默艺术尤其是滑稽戏和喜剧性曲艺的发展产生了很大的影响。到了封建时期,俳优的职能有所变化,改讽谏帝王为戏弄臣下,形成了早期戏剧——参军戏①。

先秦时期的寓言幽默、比兴手法、讽刺特征、俳倡活动等在秦汉时期得以延续和发展。但总体而言,幽默文化在秦汉的大一统局面下发展较为平静,没有实现跨越式的进步,新的幽默形式也没有出现,成绩平平。主要原

---

① http://www.haha365.com2004-8-121:07:34

因是与秦汉时期的严苛、专制的社会政治环境有关。秦汉四百年处于封建制社会的上升期，国家统一兴盛，中央集权的统治阶级实力强大且重武尚战，这与幽默发展所需的宽松、自由、文化活跃的社会环境相反。秦始皇大肆"焚书坑儒"，文化界噤若寒蝉、万马齐喑，春秋战国时期的自由豪放、争鸣不绝的政治气候一去不返。到了汉代，长期对匈奴的战争使得社会氛围一直处在高压状态中，汉武帝纳董仲舒之鉴，"罢黜百家，独尊儒术"，大行经学，在思想文化上强化专制主义，文人学士们为儒教所束缚，自由言说的空间大受挤压，幽默文化也随之渐渐趋于沉闷。到了东汉光武帝之后时，浓重的儒教经学气候加剧，而谶纬之风又大行其道，幽默文化的发展几乎停滞。直到东汉末期，政权衰微、思想管制乏力，儒教经学、谶纬神学渐冷，佛、道、兵、法、纵横各家一时并起，又因汉灵帝之个人喜好，通俗、俳谐之风渐兴，幽默方迎来又一次发展的高潮。

二、秦汉：先秦幽默的延续和发展

虽然社会环境无法满足幽默文化自然发展的需要，但秦汉时期仍有许多幽默文化现象、幽默文学作品和幽默大家出现。如宫廷俳优的幽默讽刺传统，刘向的幽默讽刺寓言，司马迁为优人立传的《史记·滑稽列传》，东方朔、枚皋、扬雄、班固等幽默文学家、东汉末期的嘲戏谐隐之风等①。

秦王扫六合，结束了战乱不断的战国时代，开创了中华一统的新局面，此后秦汉两朝历经四百余年，是我国进入封建社会之后的第一个大一统时期。这段时期去古不远，许多方面还保留着先秦时期的痕迹，幽默文化亦然。

秦汉宫廷、世家中多蓄养倡优、侏儒，他们以各种调笑方法，取悦于统治者。这些优人许多不甘心做弄臣，便利用自己地位上便利，以各种谐谑表演和玩笑对统治阶级讽谏和嘲讽。如《史记·滑稽列传》中记载了一个优旃讽谏秦二世的故事。秦二世心血来潮想要把长城油漆一遍，优旃附和说长城被油漆后的光滑，让敌人爬不上来，是好主意，但长城油漆后不宜曝晒，要搭棚子晾干，这么长的棚子可不好搭。优旃用欲擒故纵、请君入瓮的语言技

---

① http://www.haha365.com 2004－8－1 21:07:34

巧,几句话逗笑秦二世,让秦二世打消了漆长城的计划。与倡优相关的还有秦汉时出现的“百戏”,这种戏由民间发展到宫廷,其实是各种杂耍乐舞的统称,可以看作是戏剧的早期形态。百戏演出时,倡优和侏儒等时有加入其中,增强其滑稽性、可笑性、幽默性。比较有名的如《东海黄公》就具有喜剧性质。

西汉人刘向著有《说苑》一书,书中辑录了许多幽默讽刺性的寓言故事,如叶公好龙、枭将东迁、皮之不存毛将焉附等。这些故事生动有趣,文风上、寓旨上也沿袭先秦时期的诸子寓言,没有太大的变化,具有先秦幽默寓言的遗风。

司马迁是名垂千古的文史学家,巨著《史记》不仅具有重大的文学、史学价值,在幽默语言运用上也颇有份量。司马迁文笔生动,爱憎分明,笔下许多故事和人物具有喜剧色彩,读来不禁让人忍俊不禁。更为重要的是司马迁所写《滑稽列传》专门为地位低下的倡优立传,与帝王将相相提并论,让其进入正史,开创了先例,并为幽默研究保存了史料。《史记·滑稽列传》记述了许多优人的滑稽幽默事件,如优孟谏楚庄王以大夫之礼葬马;优旃谏秦二世油漆长城、淳于髡谏齐威王酒色恶习等等。这些倡优语言和行为闪烁着幽默智慧之光,“善为笑言,然合于大道”(《史记·滑稽列传》),不仅没让君王失了颜面,而且巧妙地加以规劝和进谏。司马迁对这些倡优的故事进行了正面的描写和褒赞,塑造了一类具有幽默喜剧色彩的人物群像,为世人学儒、不苟言笑的西汉王朝吹来了幽默的清风。司马迁认同滑稽却不失讽诫的调笑技巧,所言“天道恢恢,岂不大哉! 谈笑微中,亦可以解纷”(《史记·滑稽列传》)可以看作他的幽默理论,这比《诗经》“善戏谑兮,不为虐兮”的幽默主张更进了一步。

两汉时期最为重要的文学样式是赋。辞赋家东方朔、枚皋、扬雄、班固等在辞赋中添饰诙谐,机智百出。东方朔是汉代最出色的幽默大师,他官职不高,却浑身幽默细胞,常被看做调笑耍滑的弄臣,“上以俳优畜之,虽数赏赐,终不任以事也”(《资治通鉴·卷十七》)。尽管如此,东方朔实际上是个用幽默心态面对官场和君王的人。玩世不恭的表面背后却是以幽默诙谐化解人生不得意,大隐于朝堂的人生哲学。个性豪放、满腹经纶的东方朔号称“滑稽之雄”,他言辞机敏,智慧过人,既会发泄牢骚也会讽诫君王。《答客难》《非有先生论》讥讽中见幽默，成为幽默文学的开拓之作。汉朝的辞赋家，除东方朔外，才思敏捷的枚皋不畏权贵，长于调笑讥讽，世人常将之与东方朔并举。扬雄是又一位幽默的辞赋大家，长于模仿他人作品，行文滑稽机巧，诙谐不输，他的《解嘲》抒发不愿趋炎附势而愿自由自在，与仙同乐的淡泊意志。《文心雕龙·谐隐》赞其“扬雄《解嘲》，杂以谐谑，回环自释，颇益为工”。此外，作《僮约》《责髯奴辞》以表现主人戏弄仆从的王褒、做《博徒论》的崔骃、作《髑髅赋》的张衡以及史学家班固等都能寄诙谐幽默于辞赋，将劝、讽合璧。辞赋也成为汉代承载幽默的最重要的工具。

东汉一朝，浓厚的儒学和图谶气息成为幽默的桎梏，知识分子的思想被束缚，活跃度降低，幽默的运用也不如西汉。但到了东汉末期，社会的动荡和吏治的黑暗对儒、谶起到了抑制作用，客观上为诙谐幽默的发展提供了空间。而汉灵帝本人是个非常喜欢游戏文字的君主，诙谐创作受到鼓励，许多民间幽默也被引入到文人创作中。这些因素共同促进了幽默的活跃。嘲文、隐文作为一类文体在这一时期开始盛行，嘲即嘲戏，隐即谜语，二者皆游戏文字以为娱乐。统治者对诙谐创作的喜好引起文人创作的蜂拥而至，数量多了，质量就会参差不齐，甚至会干扰超纲，因此，汉末兴起的嘲戏之风也时有受限。

三、魏晋南北朝：幽默之风的转折与高潮

“合久必分”乃历史规律，四百年的秦汉一统格局伴随着汉末群雄逐鹿而画上句号。此后三国、两晋、南北朝的四百年间，虽间或有短暂、局部的统一，但总体上战乱频仍、政局多变，中华文明走到了一个天下分裂的节点。秦汉时期建立起来的中央集权、文化专制政策在这样的局面中难以维持和贯彻，儒教渐渐式微，佛、道、法、纵横等各家再次并起，经学独大的现象和谶纬风气为之一变，多民族的融合又带来了新的文化元素，思想信仰趋于多元化，社会风气随之自由、活跃起来。文人的个性迎来了一个大解放的时代，有骨气、有思想的文人大量出现，形成了所谓的“魏晋风度”。幽默便在这样的时代环境中迎来了又一个快速发展的机会。

秦汉时期逐步僵化的文化环境将幽默逼入发展的死角，一旦这种文化环境得予改变，幽默便会如雨后春笋一般迅速发展起来。乱世中的魏晋南

北朝上承大一统集权的秦汉,下启封建社会顶峰期的隋唐,这一时期的幽默也具有这种过渡性特征。先秦、秦汉的幽默文化得到继承和发展,新的幽默形态和幽默的娱乐性也进一步拓展和增强,从统治阶级、知识分子到市井百姓;从俳戏、诗歌到散文、小说等都渗透了幽默元素。当然幽默的创作者、受众面越来越广,形式也越来越多样。可以说,幽默在一定程度上就是魏晋南北朝时期文化的阶段性特征之一。

魏晋时期是中国幽默发展史上的又一个引人注目的阶段。与当时思想界反抗封建纲常束缚、蔑视谶纬迷信统治的背景相适应,形成了言论谐谑、举止放浪的“魏晋风度”。三国魏邯郸淳所撰《笑林》三卷,是中国最早的一部笑话专集。《笑林》承袭先秦俳优、诸子寓言以笑话作规劝、讽喻手段的传统,以讲故事的口吻叙事,以夸张和漫画式笔法写人,虽短小而形象生动,虽简单而爱憎分明,生活气息浓烈,艺术风格轻松幽默,使人在捧腹大笑之余领悟作者嘲讽、鞭挞腐朽落后现象的用心。魏晋时代的文人名士如孔融、阮籍等的散文和诗歌对当时的黑暗政治多有讥讽,诙谐幽默之辞比比皆是,影响了一代文风。晋末大诗人陶渊明更继承了《诗经》开创的诗歌幽默,于温恬淡泊的诗词中寄托了宁静达观的幽默,达到一种优雅、纯净的境界。中国文学以幽默与讽刺结合议论时政的特色,在魏晋时期表现得尤为明显①。

概括起来讲,这一时期幽默文化繁荣发展的原因主要有以下两点:一是黑暗动荡的社会环境迫使民众化愤怒为嘲讽,以谐谑消解苦闷。这一时期是中国历史上一段长期动荡的时期,三国争霸、八王之乱、五胡乱华、南北朝的对峙和攻伐等,政治局势风云诡谲,统治阶级内部斗争不断,世族门阀与寒门大众的矛盾日益激化,社会秩序一片混乱,经济民生凋敝萎缩,世风日益下沉,所谓“千里无鸡鸣,生民百遗一”(曹操《蒿里行》),“中州板荡,戎狄交侵、僭伪相属、生灵涂炭”(《北史·文苑列传序》),“裸虫三百,人最为劣…父子兄弟,殊情异计。君臣朋友,志乖怨结。邻国乡党,务相吞噬,台隶僮竖,唯盗唯窃。面从背违,意与口戾,言如饴蜜,心如蛮厉”(仲长敖《核性赋》),“不闻清谈讲道之言,专以丑辞嘲弄为先”(葛洪《抱朴子·外篇·疾缪》)正是对当时黑暗丑恶的社会现实的生动写照。社会秩序的败坏和虚恶

① http://www.haha365.com 2004-8-1 21:07:34

风气的日益盛行，使得民众找不到出路，苦痛、压抑、恐惧的情绪无从渲泄，从而寻求嘲讽权贵、讽刺现实、自我解嘲的消解方式，以转移社会现实带来的生存危机，这正是刘勰《文心雕龙·谐隐》所言的“怨怒之情不一，欢谑之言无方”，实则是“内怨为俳”。二是多元的思想结构和心灵追求呼唤着幽默的自觉。这一时期同时也是一个大变革、大转折的时代。秦汉时期在思想文化领域建立起来的封建大一统权威趋于势弱，儒学礼教谶纬经学一干禁锢人心的文艺思想失去了市场，三教九流重新并起，玄学观念、西来的佛教思想和民族文化之间的融合开始显现作用，强权文化统治意识逐步瓦解，社会思想结构日益多元化。作为主体存在的人的内心世界受到关注，信仰、价值、审美等观念开始重新建构，文人知识分子在黑暗的时代环境中重新定位自己，个性觉醒的时代随之到来。这种相对宽松多元的文化环境为幽默的繁荣准备了条件，奠定了基础。以建安七子、正始名士、竹林七贤、陶谢等为代表的各具特点的文人大量涌现，他们大多放浪形骸、慷慨随性、潇洒不羁，而幽默诙谐、庄谐相倚也必然是这批知识分子应对现实环境的姿态，是他们“魏晋风度”的外化特征之一。幽默也因此伴随着思想的多元、个性的觉醒而开启了自觉之路，它不再是文艺领域的附庸，开始被有意识的运用，成为世人有意识的追求。诸如邯郸淳《笑林》《隋志》著录的六朝《俳谐文》《续俳谐文集》等专门的幽默小品集出现了，幽默由边缘向中心转移，这必然促进幽默走向繁荣。

这一时期幽默的繁荣景象主要表现在以下三个方面：

第一，统治阶级和知识分子的相互协作和共同参与。这一时期的统治阶级对嘲戏文字、俳倡戏耍、调笑谐谑普遍较为偏爱，许多上层人士言行颇具幽默感。如性爱俳谐的三曹父子（《三国志·魏书·武帝纪》），裴松之注引的《曹瞒传》写曹操“每与人谈论，戏弄言诵，尽无所隐”；“滑稽辨给，伎巧绝人”（《北史·艺术列传·上》）的陈后主，以及王昕的“或时袒露，与近臣戏狎”（《北齐书·王昕列传》）等。而且许多帝王将相还自己创作诙谐幽默的文赋。如曹操《止省东曹令》以诙谐口吻发布政令、曹植作《鹞雀赋》、南梁武帝作《戏题刘孺手板诗》等等别具谐趣。统治阶级对诙谐幽默的喜爱带动民间幽默的发展，引领一代嘲戏之风。在知识分子方面，无论是建安文人、正始名士还是以竹林七贤为代表的“魏晋风度”作家群，“崇尚老庄，轻蔑礼法,任达不羁和遗落世事"(孙述圻《六朝思想史》)是他们共同的精神风貌,是他们普遍具有幽默感的基础。诙谐幽默可以说是这群知识分子愉悦性情、指点权贵、雅俗并收的生活志趣,是他们与现实世界斗争的手段,也是他们个性觉醒的特征和风度之所在。时常嘲笑戏弄曹操的孔融;洒脱狂放、言嘲行谑的阮籍、嵇康;乐感恬淡、谐趣温和的陶渊明等等无不用幽默回应黑暗的时代,在讽刺、嘲戏、谑弄中彰显不与世俗同流的个性。

第二,幽默体裁、题材、作品的集中增多。魏晋南北朝时期幽默的手法、文艺作品和涉及的领域相比秦汉大大增多,从宫廷到民间、从文士到俗民,幽默诙谐性的俳优歌舞、小说、文赋、诗歌、寓言、谜语、谣谚等层出不穷。猴戏、傀儡戏等俳优表演在宫廷和民间俱为流行,演出形式越来越多样。游戏文字成为一时之风气,从宫廷、知识分子到市井民间,有大量游戏文字之作,嬉笑怒骂,见于笔端,类似谜语、笑话之类娱乐调侃的谐隐之文亦不胜枚举。在名士文集方面,邯郸淳撰《笑林》可堪中国最早的笑话故事集;干宝《搜神记》、刘义庆《世说新语》也饱含幽默的小说故事集;应璩《百一诗》、陶渊明《责子诗》、鲁褒《钱神论》、孔稚圭《北山移文》、袁淑《驴山公九锡文》《俳谐文》《续俳谐文》等均诙谐百出;传入中国的许多印度佛书中如《涅槃经》《百句譬喻经》也颇多幽默寓言。总之,这时出现的大量幽默作品:既有纯粹娱乐性调侃,也有讥讽劝诫人世;题材上既有哲理幽默、生活幽默、政治幽默、宗教幽默,也有以隐士、饮酒、做梦、妇孺、鬼神等为幽默题材,蔚为大观。

第三,幽默诙谐理论的发展。南朝刘勰是这一时期最为重要的文艺理论家,他的《文心雕龙·谐隐》篇放在有韵之文中,一改世人视谐隐为小道的认识,把其当作文来看待。通过对"谐"和"隐"两类文学样式的产生原因、历史演变、功能利弊等多方面论述,告诫世人"谐""隐"文辞,"会义适时,颇益讽诫。空戏滑稽,德音大坏"(《文心雕龙·谐隐》),因而强调"谐"、"隐"的社会引导功能、政治效应和讽诫作用。该书体现了他较为系统的幽默观,也是幽默发展史上第一次关于幽默的较为系统的理论论述,迈出了幽默理论研究的重要一步。但我国古代对幽默的研究仅限于散论,缺乏系统性。刘勰专章论述"谐""隐"两种幽默文辞,可以说饱含着幽默理论的因素,应该是论理幽默的开山之作,刘勰或是中国古代系统阐述幽默理论的第一人!

周谷城先生在20世纪30年代《论幽默》中说到"世道衰,天下动乱,就一定会产生许多幽默家”。魏晋南北朝正是这样一个时代，它上承大一统秦汉，下启盛世隋唐，乱世中孕育着大变革、大转折，幽默也呈现出这样的过渡性特征。大批幽默家、各色幽默作品的问世继承了先秦两汉的幽默传统并光大之、开创了新的幽默局面并引领之。家国离乱、政局跌宕、文化多元、思想解放、个性觉醒的时代环境让幽默成为社会的调节器和中和剂，幽默之花因此茁壮成长。

四、隋唐五代：幽默在盛世中稳健发展

魏晋南北朝时期幽默文化的繁荣局面在隋唐五代时期得到延续和进一步发展。杨氏政权结束南北分裂的局面，重新建立了大一统的隋王朝，此后的三百余年间，虽在隋唐之交、安史之乱、晚唐五代时期有短暂的军阀割据、诸侯争战，但总体而言，政治、经济、文化、社会等各个方面均呈现出稳定繁荣的景象。唐贞观至开元年间更是中国封建社会的巅峰时期。隋唐统治较为宽松开明，人民生活富足、观念开放，国际交往、民族交流十分频繁，儒、释、道三家思想并存且呈现出融合互促之势，文艺领域更是百花争艳。这样宽松开放、思想活跃的局面有利于幽默的发展，繁盛稳定的局面中多娱乐消遣性幽默，战乱分裂的局面又为讽刺幽默提供了素材。总之，幽默的土壤在此时是肥沃的。俳戏歌舞、小说、诗歌、散文方面的幽默创作呈现繁荣之势，数量大、作者群和受众面广、技巧多样、艺术价值高。

专门性幽默诙谐文集的不断涌现是这一历史阶段幽默发展的突出特征。继魏晋时期邯郸淳《笑林》之后，隋唐时期出现了侯白的《启颜录》、朱揆的《谐谑录》、何自然的《笑林》（已佚）、刘讷言《俳谐集》、李商隐的《义山杂纂》等。这其中成就最高的当属《启颜录》，该书可看做民间笑话集成，不仅继承了前代在调侃讽刺中注重揭露愚类、丑类、僵类的说理传统，而且笑话故事的幽默诙谐因之得到强化，娱乐性明显增强了。李商隐的《义山杂纂》是一部极其独特的幽默专辑，它不以人物故事见长，而是广泛例举一些幽默可笑的行为，在形式上分为各自独立的章节，每一章节有一个小标题，标题的内容又是一种结果。在标题之下，列举若干种会出现这种结果的事实与行为，在比照中显现谐趣。除了幽默专辑外，唐代许多文人笔记散文中也颇多为幽默辟出专章的：如张鹭的《朝野佥载》可视为专门的幽默笔记；刘

肃的《大唐新语》卷十三辟为“谐谑”；赵璘《因话录》卷四“谐戏附”几乎全为记不仕之人的谐戏故事；《本事诗》有“嘲戏第七”、王定保《唐摭言》卷十二为“轻佻戏谑嘲咏附”；李肇的《唐国史补》载有大量逸事趣谈，为宋代《太平广记》征引之处甚多。这一时期，各种幽默专辑、专章的大量出现是幽默走向进一步繁荣的明证，其中的笑话故事能够反映出当时的民间生活和社会风貌，对研究时人的风俗有重要价值。

幽默体裁门类的扩展和繁荣，以及幽默作者代表性人物的出现是隋唐五代时期幽默的又一特征。从俳优表演、教坊歌舞、参军戏到诗歌、辞赋、唐传奇、小说、散文再到寓言、谜语、歇后语等等各大门类已经相当完整，奠定了现代幽默艺术门类的基础。不仅门类较为齐全，作品数量和代表人物也呈泉涌之势，如李肇《唐国史补》卷下所记载：

“初，诙谐自贺知章，轻薄自祖咏，谔语自贺兰广、郑涉。近代咏字有萧昕，寓言有李纡，隐语有张著，机警有李舟、张彧，歇后姚岘、叔孙羽，讹语影带有李方直、独孤申叔，题目人有曹著。”

除去以上这些门类和代表人物外，再来看其他。参军戏是在俳优表演的基础上发展起来的，可看作现代幽默曲艺——相声的前身，戏中的“参军”、“苍鹘”两角类似于相声中的逗哏和捧哏，专司一些滑稽逗笑的表演，演员也大多出身于俳优伶人。有名剧目有《苏中郎》（又名谈容娘）、《三教论衡》等，著名的演员有黄幡绰、李可及、李仙鹤、张野孤、曾叔度、刘泉水、石野猪等人。参军戏继承了俳优表演讽谏的社会作用，上至宫廷、下至百姓，受众极广。唐代诗歌是中国诗歌史上最高峰时期，大量的诗人在诗歌中融入幽默元素，创作了不少幽默诗作。仅《全唐诗》中便有“谐谑”四卷，知名的诗人如李白、杜甫、白居易、王梵志、岑参、贺知章、刘禹锡、李贺、杜牧、罗隐等都创作过大量幽默诗作，成为一时幽默大家。略举几例：

边塞诗人岑参有诗云：

“老人七十仍沽酒，千壶百瓮花门口。道旁榆荚仍似钱，摘来沽酒君肯否。”（《戏问花门酒家翁》），作者欲摘榆钱沽酒，幽默风趣的形象跃然眼前。再如一贯以“沉郁顿挫”诗风见长的诗人杜甫，一改现实主义苦涩苍凉的特点，却写出了如《戏赠友二首》《官定后戏赠》《戏为伟偃双松图歌》等许多游戏文字的诗歌。正如胡适先生所言“杜甫很像是遗传得他祖父的滑稽风趣，故终身在穷困之中而意兴不衰颓，风味不干瘪。他的诗往往有‘打油诗’的趣味”①。

词虽在宋代成就最高，但晚唐、五代时期已开始有不少词作出现。花间派词人也创作出不少幽默词作。而在散文、寓言幽默方面，不能不提唐宋八大家之韩愈、柳宗元。韩愈是中晚唐时期的文坛领袖，散文成就极大，他常常“以文为戏”，在行文中夹杂谐谑，诸如《毛颖传》《送穷文》《进学解》等篇什，多怪奇戏嘲之言。他自己说他为文的特点“不专一能，怪怪奇奇。不可时施，只以自嬉”（《送穷文》）。

柳宗元是又一位古文运动的倡导者，他一生仕途坎坷，了解民间疾苦，创作了大量幽默性的传记散文和寓言，诸如《祭鳄鱼文》《黔之驴》《临江之麋》《永某氏之鼠》《蝜蝂传》《罴说》《捕蛇者说》等等，均诙谐幽默却又意味深长。他的幽默讽刺寓言既继承了先秦两汉寓言的特点，又有自己的创新，因此成就较高，对后世影响大。

总之，隋唐各大艺术门类中的幽默层出不穷，且各有特点，各有代表人物、代表作品，蔚为大观。

在幽默的创作手法、创设技巧方面，这一时期也是花样百出，较前代更进一步。诸如夸张、对比、拟人、拟物、比喻、谐音、拆字、肢体动作等仍是主要手法，运用的也日益纯熟出众。此外，诗歌的繁盛使得唐人常常引用诗歌以达幽默效果，或是对诗歌进行“模拟仿制”，或是“直接引用诗歌但采用别解的方式”②，这不能不说是唐人创设幽默的创新之处。

在幽默理论方面，这一时期没有具有代表性的、系统阐述幽默的理论书论出现。整体上而言，这一时期幽默理论的发展是相对落后于幽默实践的。仅韩愈等人的文论中略有涉及理论观点。韩愈的主要观点是“以文为戏”“不平则鸣”。裴度、张籍等人曾批评韩愈在诗歌行文中夹杂玩笑谐谑有违君子正道，不合儒家道统。但韩愈自我辩护道“吾子又讥吾与人人为无实驳

---

① 胡适.《胡适学术文集·中国文学史（上）》[M]. 北京：中华书局，1998：P312.

② 魏裕铭.《中国古代幽默文学史论（先秦至宋）》[M]. 南京：南京大学出版社，2010. P. 306，310

杂之说，此吾所以为戏耳”①。还引用孔子、《诗经》《史记》中的言说和记载加以佐证。韩愈不但拒绝裴度、张籍二人的批评劝告，还认为“欢愉之辞难工，而穷苦之言易好也”（《荆潭唱和诗序》），要下苦功才能写好戏文。他终其一生践行自己的观点，坚持“以文为戏”创作了不少幽默诙谐的散文，不少成为广泛传诵的名篇。韩愈的“以文为戏”观念实则源出于他“大凡物不得其平则鸣”的文学观。这个“不平则鸣”既包括愤郁不平而鸣，也包括欢乐不平而鸣，凡是可笑僵丑不合理的事物，都可以笑骂成文章。韩愈既讽刺缺陷，又嘲讽佛道，时而也自嘲自宽。“不平则鸣”成为他“戏文”的生发点。

五、两宋（辽金夏）：幽默发展史上的一个黄金时代

陈桥兵变之后，赵匡胤黄袍加身，960 年建立了宋王朝，并逐步结束了五代十国的分裂局面。宋朝吸取唐灭亡的教训，铲除藩镇势力，削弱地方割据的基础，实行“守内虚外”的政策，形成国境之内，百年无事的局面。但终宋一朝，却对外极弱，北方先后崛起的少数民族政权辽、夏、金与宋王朝始终处于鼎足对峙状态，甚至力压宋朝，使其被占去北方半壁河山而偏安南朝。然而无论哪一国都无力完全倾覆对方，这样的对峙局面从北宋立国一直持续到蒙元铁骑南下。与此同时，外患不断的宋王朝国内社会生产力却迅猛发展。整个宋代，虽屡有党争、贪腐，但统治阶级注意废除苛捐杂税，鼓励桑种，发展经济，重视文教，政治统治较为开明，思想控制也相对宽松；朝廷贬抑门阀，注重开科取士，使大量下层民众得有通过科举登上政治舞台的机会。知识分子地位较高，甚至太祖开国三年（962），便立碑刻三誓诫后嗣君主。其一便是“不得杀士大夫及上书言事人”；与此同时，手工业、工商业的快速发展促进了城市化，大城市、新兴城市涌现全国。东京汴梁人口近百万，是当时寰宇之内少有的繁华都市。市民阶层和市民文化也因此迅速发展壮大，娱乐和文化活动丰富多彩。可以说，整个宋代的社会生产力发展水平和人民的文化生活水平之高，都是空前的。在经济、科技、文化、教育、艺术、哲学思想等各个方面，宋朝都实现了对唐朝的全面超越。正如陈寅恪先生所言，“华夏民族之文化，历数千载之演进，造极于赵宋之世”（《邓广铭

---

① 韩愈.《韩昌黎全集》[M]. 中国书店，1991：P. 228.

〈宋史职官志考证〉序》)。

两宋在对内政治上的安定宽松，物质文明与精神文明的高度繁荣形成了宋代幽默文化快速稳健发展的客观基础。知识分子地位的提高、市民阶层的扩大和民众文化水平的普遍提高为宋代幽默文化带来了空前广大的创作群体和接受群体。整个社会，上至王公下至百姓，因为宽松、富裕、活跃的氛围而形成一时谐谑打诨、享乐生活的风气。文化的强盛带来了幽默的繁荣，两宋时期因此成为中国幽默发展史上的一个黄金时代。具体来说有以下三个方面：

首先，宋代诗词文章中常饱含着含蓄风趣的意趣。宋代以词最盛，与唐诗一起并称文学史上的两大高峰。词这一文学体裁从晚唐、五代起，便带有翰墨游戏，助兴作乐的性质，为适应歌舞表演而作，其本身便具有精雕细琢，婉约柔媚的特色。"这种为供宾娱用的词不一定就得写成滑稽词，但它这种娱乐的性质却为滑稽词的产生提供了一个温床"①。因此谐趣词便有了生存的空间。在诗方面，宋诗成就不及唐诗，因受程朱理学②的影响，宋诗也常有说理化倾向，但也颇多游戏俳谐之诗，特别是受到佛教豁达、"机锋"、"打诨"的影响，相当一部分宋禅诗颇为打趣。在散文方面，程朱改造后的儒学宣扬"存天理，灭人欲"，影响极大，因此，宋人行文常议论，惯于摆理，一副严肃正经面孔，但在许多诗话、词话、随笔、笔记中却多有雅趣，作者随性点染，幽默生动却不肤浅恶俗。如陈元靓的《事林广记》、罗烨的《醉卧谈录》、范正敏的《遁斋闲览》等。从诗词文章作者的角度来看，欧阳修、梅尧臣、苏轼、黄庭坚、陆游、辛弃疾、杨万里等颇善幽默，或政治讽刺，或幽默自嘲，或游戏自娱，诙谐之处随处可见。如欧阳修"醉翁之意不在酒，意在山水之间也"的《醉翁亭记》；梅尧臣的《猛虎行》《醉中留别永叔、子履》；苏轼的《自题金山画像》《黠鼠赋》《纵笔三首》，黄庭坚的《蚁蝶图》《戏呈孔毅父》；陆游大量"戏"字打头的谐趣诗；辛弃疾词作中的"万一朝廷举力田，舍我其谁也"(《卜算子·千古李将军》)、"廉颇老矣，尚能饭否"(《永遇乐·京口北固亭怀古》)；杨万里的"嘲"字头诗词等等。这其中，苏轼、黄庭坚最具幽默情

---

① 魏裕铭.《中国古代幽默文学史论(先秦至宋)》[M]. 南京：南京大学出版社，2010. P. 310

② 指北宋程颢、程颐和南宋朱熹的理学，属儒家流派。

怀。一代文豪苏轼,诗词歌赋、琴棋书画、旅游美食几乎全通,乐观豁达的人生态度,面对官场失意仍能打趣自嘲、自得其乐,实属幽默宗师。后人说他"多雅趣""长于趣",行文常常"游戏成篇,理趣俱足","以文笔游戏三昧"(见于颜中其《苏东坡轶事汇编》、刘熙载《艺概·诗概》、陈岩肖《庚溪诗话》)。且看他"日啖荔枝三百颗,不辞长作岭南人","慢着火,少着水,火候足时它自美,每日起来打一碗,饱得自家君莫管"(《炖肉歌》),便可知其能涉笔成趣。黄庭坚与苏轼处于同一时代,儒释道思想的融合在他身上体现的极为明显,常以幽默面对生活,诙谐之作中既有与友人和谐的答唱、附和、嘲戏,又有贬谪清贫的排解自娱,还有嬉笑怒骂的咏物咏事,行文善戏,幽默信手拈来。

其次,幽默作品集的大量增多是两宋幽默繁荣的又一标志。与唐朝相比,宋朝的幽默专著数量增加的更为迅猛,质量也更优。如苏轼的《艾子杂说》(虚构创作,以艾子这一主角贯穿全书,笑料百出,这种形式也是幽默史上的第一部)、徐慥的《漫笑录》、天和子的《善谑集》、吕居仁的《轩渠录》、钱易的《滑稽集》、陈晔的《谈谐》、周文《开颜录》以及许多无名氏作品《悦神集》《籍川笑林》《林下笑谈》等等。最著名的当属故事总集:《太平广记》,全书几乎为趣问谐录,专设"诙谐""嘲诮""嗤鄙"等几类,多达二十几卷,遍揽前代幽默笑话小品,"堪称中古幽默文学大本营"①。这些作品有些是借幽默故事讽诫人世,有些纯系游戏文字,自娱自乐。既有文人随笔记录,又有专门搜集,集体编撰。取材上既有虚构创作,又有作者本人经历,也有民间趣问,前代轶事,内容极为广泛。既能够反映出宋代的社会风俗和生活情态,也能够反映出宋人对幽默的容纳和喜爱。这类作品数量上的剧增在某种程度上正是社会环境宽松活跃的反映,也正迎合市民文化娱乐性取向的表现。

最后,宋杂剧、话本、南戏、宫调、院本中也显露出大量幽默元素。中国古代的戏剧经过长期演变发展,到两宋时期,已初步成熟。得益于经济发展,文人参与和深入到市民阶层的因素,幽默自然已经附体于这些体裁和载

① 卢斯飞,杨东甫. 华夏文明孕育出的智慧之花 - 中国幽默文学寻踪[J]. 广西师范学院学报,1994(2)

体。随着宋代的戏曲演出趋向于职业化,剧目已经十分繁多,体制已经相对完备,而且广泛盛行于宋、辽、金、夏各朝。据《东京梦华录》《梦梁录》等记载,宋代民间已经产生了大型的娱乐场所“瓦舍”。瓦舍中设有专门的戏台“勾栏”,勾栏中杂剧、傀儡戏、滑稽戏、俳戏、南戏、杂耍、歌舞、猜谜、说书等等让人眼花缭乱,期间滑稽唱罢,幽默登场。宋杂剧在宫廷府第和民间勾栏中均有演出,且常常是幽默性,喜剧性的。王国维因此说“宋时所谓杂剧,其初殆专指滑稽戏言之……滑稽戏,宋人谓之杂剧,此杂剧最初之意也”①。两宋杂剧继承了俳优讽谏的传统,大量伶人倡优参与其中,敢于“以先圣为戏”“以权贵为戏”,用喜剧表演的形式对统治阶级的丑恶行径进行讽刺,对社会不良现象进行揭露。在很多时候起到了较佳的箴谏时政的作用。这些幽默讽刺性的杂剧在宋人洪迈的《夷坚志》中多有记载。民间瓦舍的表演艺术中还有相当一部分不属于戏曲,其中有一种叫“说话”,主要是讲故事,故事内容上多以当时的社会生活和历史故事为主,讲故事的艺人凭借用通俗文字写成的底本叫“话本”表演。许多话本中的故事带有喜剧幽默色彩,塑造了一些诙谐滑稽的形象,对于促进幽默文化的发展和传播起到了作用。南戏则产生于温州一带,是元杂剧的主要来源之一。诸宫调是以“宫商角徵羽”等各调式演唱,和以念白舞蹈的表演形式。它们在演出过程中也常附以幽默诙谐的桥段吸引观众。北方的金朝的“院本”类似于宋朝的杂剧,一说是“行院之本”(王国维语),属伶人倡优表演;一说是“宣徽院汉人教坊的官本杂剧”(王万岭语)。无论民间还是官方,院本常以滑稽调笑见长。如有些文献中记载的《调风月》《土地堂》的幽默表演片段等。金院本的喜剧幽默色彩很浓,这可能是与少数民族统治下胡风较盛,封建礼教压抑较弱有关。

在幽默理论发展方面,两宋比之隋唐,仍没有大的进展,专门性的幽默理论观点几乎是寻不见的,在理论色彩比较强的诗话、词话里也几乎没有相关涉及。而两宋理学家在文艺理论方面强调“文以载道”,反对用文戏谑,这也在某种程度上阻碍了幽默理论的发展。但在一些幽默家的散论里却仍然多少有些提及。如苏轼自撰《东坡先生墓志铭》时说“缘诗人之义,托事以讽,庶几有补于国”。可见他认为在诗文中添饰讽刺故事,是对国政有利的;

① 王国维:《宋元戏曲史》[M]. 上海:华东师范大学出版社,1995:P. 157.

再如黄庭坚在《跋鲁直为王晋卿小书尔雅》中评价其“以真实相出游戏法”，黄庭坚自己也曾说“作诗正如作杂剧，初时布置，临了须打诨，方出场”(《孔氏谈苑》所载)。可见黄庭坚善于并认同以诗为戏，且认为在行文中必须加强构思布置，临了用诙谐语总结，这样能够增强诗文的艺术表现作用。总而言之，两宋时期，尽管幽默文化的表现无论在宫廷还是在民间，都发展迅猛，然而却缺乏与之相适应、相配套的理论，这不能不说是一大遗憾。

六、元代：幽默文化在短暂沉寂中的新发展

铁木真于公元1206年统一蒙古各部，随后骠骑铁蹄呈破竹之势，一路南下，先后征服了西辽、西夏、金、吐蕃、大理。忽必烈于1271年定都汉地(大都，即北京)，改国号为“元”。1279元灭亡南宋，控制了全中国地区。元朝成为中国历史上第一个由少数民族建立并统治中国全境的半封建半奴隶制王朝，也是中国历史上疆域最为辽阔的王朝。

然而，强大的蒙元王朝统治却不足百年，从入主中原到被朱明王朝取代，国家始终处在各种矛盾交困之中。政治、经济、社会、文化各方面冲突不断，各项政策制度都未能够及时建立起来，也未能充分发展，当然幽默快速成长所需的外部条件和环境也就始终没有形成。因此，在这不长的时间里，幽默文化陷入较为沉寂落寞的状况，但在杂剧、散曲方面却相对繁荣。

幽默在这一时期有所停滞的原因有以下几个方面：在政治军事上，元朝前期对外扩张不断，中期政权更迭频繁，后期政治腐败，权臣相互攻讦内斗，良性稳定的政治环境始终没有形成，幽默发展所需的政治氛围比较恶劣；在经济上，蒙古社会处于奴隶制向封建制过渡时期，生产力、生产方式都相对落后于中原地区。政府不重农桑，反而将大片良田改为牧场，再加上长期战争的掠夺破坏、繁重的徭役赋税和蒙古官场空前的贪污腐败之风，致使元朝经济落后，人民生活困苦，比起处于封建社会发展巅峰期的唐宋时代大大倒退，幽默发展所需的物质基础是不充裕的；在社会环境上，元朝将国人分为蒙古人、色目人、汉人、南人四等，厉行残酷的等级制度和民族压迫政策。大量人口被变为奴隶，人口贩卖成风，民族矛盾、阶级矛盾十分尖锐。自蒙元立国起，各地起义斗争不断，社会气氛长期处于高压状态，人民生存自立尚且不易，又何谈幽默诙谐；在文化上，元朝统治中原，却不像前代的辽、金积极吸收融合中原文化，反而自上而下提倡蒙古至上主义，打压汉族文化，敬天尚武，抑文贬儒，倡导国民顺化、愚化，长时间废弃科举取士的制度，知识分子士大夫地位式微，宋朝三百年建立起的重文传统崩溃，知识分子沦为社会底层。谢枋在《送方伯载归三山序》中言："大元典制，人有十等，一官二吏，先之者贵之也，七匠八娼九儒十丐，后之者贱之也"，可见当时的知识分子地位之低微。幽默在这样不重文教的社会环境中生存空间是小而又小的。

虽然各方面的条件都与幽默发展所需条件相去甚远，但终元一朝，幽默仍然在沉寂中、在现实的夹缝中顽强生长，并呈现出自己的阶段性特征。戏剧、散曲为幽默提供了新的生存空间。中国戏曲经历汉魏俳谐戏、唐参军戏、宋金杂剧、院本、南戏几个阶段的演变，在元代走向了成熟。"它承袭了唐、宋以来杂剧的传统，其宾白往往极富幽默、机智情趣，不仅喜剧如此，悲剧亦然，从而构成了整个元杂剧创作的一大特点"①。元代戏曲的成熟，也预示着具有幽默诙谐特征的喜剧艺术的成熟。元代戏剧不管北方的"杂剧"，还是南方的"南戏"，无论是剧作家、演员还是表演过程、剧本内容，都包含了大量的幽默元素。其中主要角色"丑角"在很多时候都是专司滑稽逗乐的。元曲四大家之首——关汉卿为人称道："生而倜傥，博学能文，滑稽多智，蕴藉风流，为一时之冠"（熊自得纂《析津志》）。他的《救风尘》《望江亭》是元代幽默喜剧中的典范之作。其他如王实甫的《西厢记》、白朴的《墙头马上》、康进之的《李逵负荆》、郑廷玉的《看钱奴》、施惠的《幽闺记》、石君宝的《秋胡戏妻》，南戏中的《荆钗记》《杀狗记》等等无不包含着幽默滑稽。元戏剧中不仅幽默元素多，而且塑造幽默的手法也多种多样，"已不只是片段的诙谐、滑稽表演或笑话的穿插，而发展为对幽默性格的刻画，幽默题材、情节的构思。一些作品婉而多讽，诙谐风趣，取得了相当的艺术效果"②。元散曲是在元代兴盛的又一大文艺类型，是一种和曲调撰写的歌词，用于演唱，而不表演，亦常常带有幽默诙谐色彩。例如杜仁杰的《般涉调·耍孩儿·庄不识勾栏》、睢景臣的《般涉调·哨遍·高祖还乡》、冯子振的《鹧鸪天

---

① 陈孝英.《幽默的奥秘》[M]. 北京：中国戏剧出版社，1989. P. 156

② 殷仪.《幽默文学的历史演变》[J].《渤海学刊》1989(3)：P. 82－89.

·凭倚东风》、马远的《般涉调·耍孩儿·借马》等等，读来让人捧腹解颐。

元杂剧、元散曲合称元曲。元曲的兴盛是元代文艺领域的独特现象，它与汉赋、唐诗、宋词一道成为中华文化瑰宝，丰富了幽默艺术的表现形式。元曲能够在元代比较困难的条件下为幽默文化提供可藏身之处，主要原因有以下几点：(一)元代尖锐的社会矛盾虽然无法在总体上创造幽默繁荣的气候，但却客观上为文人和底层民众提供了揭露讽刺的素材，这也是元曲中的幽默多呈讽刺性幽默的原因。(二)元朝经济虽不及唐宋繁荣，但社会财富、贸易交流和人口向大城市集中，市民阶层和市民文化持续发展壮大，使得民间的幽默需求仍然十分旺盛。(三)元朝科举制的废弛堵塞了文人进入仕途的道路，使知识分子发生分化，"文人沉下僚"的现象普遍，大批知识分子与民间艺人合流。为迎合市民需要，投入到戏剧表演、演艺说唱上来，并以幽默滑稽招徕观众。(四)元朝统治阶层虽不重视汉文化，却热爱歌舞表演，对元朝统治无威胁的民间幽默表演是被允许的。此外两宋时期的各类书会、勾栏活动在元代民间娱乐中仍占有重要地位。这些因素使得元曲成为有元代最为重要的幽默文化体裁和载体，而元曲则成为幽默文化在元代"短暂沉寂"中的"防空洞"，幽默在这个"防空洞"中得以苟延残喘，微弱发展。

七、明清：中国古代幽默发展的最高峰和大总结

明清时期，中国幽默史上又出现了一个兴盛阶段。除了在戏剧领域里的卓越成就外，幽默艺术在话本小说、讽刺和幽默短篇、长篇小说、散文、诗词等方面大放异彩，出现了《西游记》《儒林外史》等大量抱蕴幽默情趣的文学作品，塑造出孙悟空、猪八戒、李逵、张飞、刘姥姥、济公等栩栩如生的幽默性喜剧形象。明清时代的笑话作品更为丰富，流传面也愈加广泛。富有民族特色的喜剧性曲艺品种如相声等渐具雏形，日益成为中国人民喜闻乐见的幽默样式①。

农民起义结束了蒙元王朝的短暂统治，随后朱明王朝、满清王朝接踵而来。明清两朝历时五百余年，是中国历史上最长的一段大一统时期。然而，

① http://www.haha365.com2004-8-121:07:34

明清这五百余年的大一统却已经走到了中国封建社会的末期。封建统治者们“安邦定国”，闭关自守，一心强化中央集权制度，拒绝开眼看世界。悄然间，天朝上国已被历史的车轮渐渐甩在身后。即使有永乐中兴、康乾盛世这样的强盛时代，它们也只不过是封建黄昏的一抹余霞，是病入膏肓的回光返照。直到携资本主义声威的西洋列强用坚船利炮让国人被迫敞开大门，国人才看到自己的落后，才开始自救自强。然而，无论是军事、经济、技术上的洋务运动，还是政治上的维新改良，都无法挽救已经彻底腐朽衰败的封建专制制度，直到辛亥革命一声炮响结束了中国最后一个封建王朝的统治，把中国带入一个新的社会形态。

这样的社会背景却孕育出中国幽默发展史上继两宋之后的又一个黄金时代。前代的幽默文化成果在这一历史时期被收集、整理、改造，也即是对两千多年来的幽默文化进行了一次大总结。而这一时期又产生了许多新的独特的幽默文化型态，可以说，明清时期是中国古代幽默发展的巅峰和大总结时代。明清王朝一路下坡的封建专制制度不经意间为幽默培育出新的胚芽、调节了气候、改良了土壤，幽默之花迅速成长，绚丽绽放。其原因有以下四点：

首先，宋元时期的城市文化、市民文化在明清时期继续发展，无论对于知识分子还是民间大众，文化、娱乐方式更加多彩多样，人民的喜爱和需要刺激了幽默的创作和传播；其次，明朝中叶以后，资本主义萌芽，商品经济发展，重农抑商的状态逐步改变。手工业、商业、印刷业等获得生长空间。新的生产关系加速了市民阶层的扩大、加速了文化的商品化、加速了娱乐性的演艺、文学产品不断出现。为了迎合大众需要，幽默自然而然地成为重要手段；再次，程朱理学在明清代仍有较大市场，八股取士、文字狱又使得思想界万马齐喑。封建统治者醉心于加强中央集权。各种特务制度搞得从官场到民间人人自危，吏治腐朽、党争激烈、贪腐奸佞层出使得上令不能下达，民苦不得上听，人民生活困苦，社会现实的黑暗为讽刺幽默提供了素材来源。最后，社会的沉沦触底反弹，反而在明朝后期和清朝后期造就了一批试图对抗现实、改变现实的思想家。明朝的黄宗羲、顾炎武、王夫之、公安三袁；清末开眼看世界的魏源、林则徐、康有为、梁启超等一批人及其追随者客观上造成了思想解放之势，反而为幽默文化发展开辟了思想空间。

明清时期,幽默的创作体裁和载体继续扩大。诗、词、赋、散文、笔记、散曲、小说、杂剧、对联、传奇、寓言、歇后语、笑话、地方戏、各类书会、曲艺表演不断注入幽默元素:或语言诙谐生动,科诨不断;或塑造幽默人物、幽默形象;或构思幽默故事情节;或采用滑稽喜剧的表演形式。总之,这一时期,大量的文艺作品、文艺样式中都不同程度地融合了幽默,幽默无处不在。需要注意的是,除了前代已经具有幽默形式,明清时期又有许多独创性的幽默性的体裁,如小说、相声和京剧地方戏。小说在明清开始盛行,其与汉赋、唐诗、宋词、元曲并称,是中国古代重要的文化遗产。其中浪漫主义喜剧色彩浓厚的《西游记》(孙悟空、猪八戒形象幽默,故事情节也多有幽默之处。德国《迈耶大百科全书》直称其"幽默小说");写鬼写妖高人一等的《聊斋志异》(富含许多幽默讽刺篇什如《崂山道士》《骂鸭》《狐谐》等);勾勒出儒林群像的《儒林外史》(塑造了诸如吝啬鬼严监生等许多典型的幽默讽刺形象,鲁迅赞其"感而能谐,婉而多讽");以及兰陵笑笑生的《金瓶梅》;张南庄的《何典》。清末的诸讽刺小说、谴责小说无不充满了大量的喜剧形象和讽刺手段,无不充满了幽默的效果和成分。相声这一民间曲艺在晚清舞台上大为活跃,承袭了古代俳优、参军戏、戏曲等当中的幽默手法,加上"说学逗唱"等方式,较能引观众发笑,达到了夸张、诙谐百出的幽默效果。直到现今,相声仍是人民群众喜闻乐见的重要幽默形式。戏剧方面也产出了许多富有幽默喜剧色彩的剧目。诸如康海的《中山狼》、吴炳的《绿牡丹》、李开先的《打哑禅》、王衡的《真傀儡》、李渔的《风筝误》、叶承宪的《孔方兄》等。但元杂剧、明传奇剧在清代逐步衰落,代之以国粹京剧和地方戏。京剧形成于清朝中期,始于四大徽班进京后表演方式的融合。它和各种地方戏曲一起,产出了许多喜剧性的曲目。如《借靴》《借妻》《打面缸》等等,丰富了幽默的形式。

明清时期幽默发展的又一大特色在于其已经逐渐脱离了先秦以来幽默的说理性色彩。虽然仍有大量的作品具有讽谏和揭露功能,但这种功能不再是主要目的,只是一种附属功能,娱人成了创作目的。这就使得幽默的娱乐性空前提高,并成为民间娱乐生活的一个组成部分。各类笑话集、幽默故事集、小品随笔专辑等幽默专著的数目随之激增。诸如幽默高产作家冯梦龙的《广府笑》《笑府》《古今谭概》《笑林》,张令夷的《迂仙别记》,刘基的

《郁离子》，陆灼的《艾子后语》，赵男星的《笑赞》，沈璟的《博笑记》，刘元卿的《应谐录》，江盈科的《雪涛谐史》，徐渭的《谐史》，潘游龙的《笑禅录》，许自昌的《捧腹编》，胡侍的《笑资》，陈皋谟的《笑倒》，游戏主人的《笑林广记》，石成金的《笑的好》，小石道人的《嘻谈录》，独逸窝居士的《笑笑录》，吴沃尧的《新笑林广记》《新笑史》《俏皮话》《滑稽谈》《清稗类钞》等等，如雨后春笋，其"诙谐类""讽刺类"等作品数量之巨，前所未有。且这些集子既有对前代幽默诙谐小说、笔记、寓言故事的整理改编，也有对当时民间故事的搜罗记录，更有作者自己的独创。形式和内容纷繁多样，可见当时编修幽默笑话专辑之风的盛行。正是这大量笑话专辑的存在，证明了明清是中国古代幽默发展史上的巅峰时期和集大成时期。

明清幽默不光有数量之巨，更显示出题材上独特的类型化、主题化趋势。这一时期，幽默在题材选取上发生较大的变化，集中塑造或凸显了某一形象类型或故事主题，具有自己的独特风貌，可以看作是对这一时期阶段性历史特征的反映。例如明代资本主义萌芽后带来了劳资关系的变化，于是各种涉及劳资矛盾、劳工故事、放债与借债主题的诙谐滑稽故事纷纷涌现；再如各种幽默集子都塑造了因见识少、文化水平低而闹出各种啼笑皆非笑话的农民、乡人形象；展现了因不识字闹出的各种笑话；对女人形象的塑造也日益丰满：各种表现巧妇、悍妇、妒妇、娼妓、孝女、媒婆、待嫁女子、婆媳关系之类的幽默故事亦层出不穷。而表现守财奴、蠢官、私塾先生、富商、监生等典型人物形象以及请客吃饭、婚丧嫁娶等各种日常活动中愚蠢行为的笑话更是不胜枚举。幽默的类型化、主题化特征明显，形成了许多典型形象、典型故事。

明清时期幽默的创作思路和表现形式也产生了一些变化。许多前代惯常使用的创作手法，诸如夸张、对比、比喻、双关、谐音、拆字、引用、反切等得到继承和发展。但明清时期幽默创作的路子不再受到这些修辞手法的限定和制约，而是着力于从日常生活中捕捉幽默的元素，把重心放在逗乐上。幽默的创作更加通俗化、口语化，更加贴近人们的现实生活，通过营造生活化、日常化的场景使人们仿佛置身故事中，以一种熟悉的方式简单明白的把握幽默点之所在，从而达到诙谐逗笑的娱乐宗旨。这种变化意味着明清时人们幽默意识、喜剧意识的觉醒。与此同时，许多幽默笑话集在形式上也产生了一些变化，比如在集子中添加序、自序、题词；在故事中加入评点、赏析；在故事结尾附上“赞曰”；甚至在篇目后特别注明这则幽默故事的使用方法、逗笑的具体操作方式等等，这都是前代幽默中极少见的。这些形式上的改变强化了幽默故事的艺术表现力，增强了故事的思想内涵，便于受众欣赏理解，同时也使这些故事在生活中便于模仿。

在幽默理论上，明清时期也呈现出“百家争鸣”的景象，比前代往前迈了一大步。幽默理论同样进入高峰时期：大量观点涌现，丰富了我国的幽默理论。明代思想家李贽曾就文学创作提出“童心说”，主张保持孩童般的纯真率真，这样才能出真情、真善、真喜。而在思想上能够保持童心的人，通常是能够乐观豁达、笑对外物的。这对幽默创作具有指导意义。王骥德所著《曲律》是一本戏剧理论专著。该书专门提到俳谐和科诨，强调“以俗为雅”观念。这有利于推动幽默的世俗化、大众化。他同时指出科诨在剧作中的用法：“插科打诨，须做的极巧，又下的极好。如说笑话者，不动声色，而令人绝倒方妙。大略曲冷不闹场处，得净、丑间插一科，可博人哄堂，亦是戏剧眼目”。这对于戏剧演出时幽默的使用具有较高的指导价值。冯梦龙是明代一位幽默大家、笑话奇人，一生著述颇丰。他在《广府笑》《古今谭概》中表述了自己的幽默世界观和人生观：认为幽默充满世界，笑料无处不在。提倡从生活现实中发现喜剧元素，笑对人生，不必强求认真。并称“不话不成人，不笑不成话，不笑不话不成世界”，“一笑而富贵假，而骄吝忮求之路绝；一笑而功名假，而贪妒毁誉之路绝；一笑而道德亦假，而标榜猖狂之路绝；推之，一笑而子孙眷属皆假，而背叛侵陵之路绝……非谓认真不如取笑也，古今来原无真可认也，无真可认，吾但有笑而矣；无真可认而强欲认真，吾益有笑而已矣”。这些观点看似玩世不恭，有些过激，但在那个黑暗时代，却也具有医疗人心的进步意义。清代著名喜剧理论家李渔著有《闲情偶寄》，十分重视幽默在戏剧表演中的作用，并提出自己的在喜剧创作和表演过程中的观点：（一）强调笑话艺术的感人力量来源于自然、真实；（二）强调喜剧要善于谑而不虐，富有谐趣；（三）强调科诨的作用并指出使用方法；（四）动作性、舞台性在表演时十分重要①。这些观点形成了幽默喜剧的基本理论框架，意义

① 参见杨哲，杨明新.《中西喜剧文学简史》[M]. 北京：当代中国出版社，2004：P174－176.

重大。笑论家陈皋谟把笑看作是情感的宣泄方式,并在其《半庵笑政》中为笑话建构了简单的理论框架;石成金则肯定了笑话的劝善惩戒作用,并指出其能够治疗精神痼疾;而吴沃尧认为笑话艺术必须不断创新,要有新意识,新趣味,不能一味吃老本,因循守旧。清末学术大师王国维著有《曲论》《宋元戏曲考》等,系统研究了国内国外的戏剧戏曲史,首次把"喜剧"概念引入中国,并对中国喜剧的历史进行了详细的梳理,还在《〈红楼梦〉评论》中运用中西比较的方法提出了中国人具有悠久的喜剧意识、喜剧精神。而他在《人间嗜好之研究》中从文艺心理学角度分析了喜剧滑稽的特性和审美功能。喜剧与幽默具有天然的联系,二者息息相关,王国维的喜剧观点对于研究幽默有重要参考价值。

清末民初,西学东渐之风大盛,西方的许多幽默、喜剧、诙谐、讽刺类的作品和理论观点开始引入国内,国内幽默亦开始与国际接轨,国人对幽默的认识伴随着社会环境的变化而逐步变化,幽默本身也开始了现代性转变,现代意义上的幽默到来了。

八、现代(1919－1949):幽默的新起点和新发展

1840 年以后,西方列强加紧侵华,中国逐步进入半殖民地半封建社会时期。西方的新思想、新技术也开始介绍进中国。1911 年辛亥革命的爆发,结束了中国最后一个封建王朝的专制统治,但是中国人民并没有迎来幸福、民主,仍然在水深火热之中挣扎。一大批仁人志士在 1915～1919 年掀起了新文化运动、五四运动,扛起反对旧传统、旧道德、旧礼教、旧文学的大旗,尝试与旧时代决裂。文化思想界革命中的先驱者、践行者们用新的眼光审视中西文明。一方面猛烈抨击封建落后文化,另一方面不断向欧美、苏俄汲取进步思想和革命经验。促进了中西文化交流,使中国文化界、思想界、文学界、艺术界等方方面面的领域发生了巨变,在社会上形成了声势浩大的"启蒙运动"。中国社会走到了一个新的历史节点,作为社会文化伴生品的幽默也发生了革命性的变化,走到了一个全新的发展时期,并在这个全新的环境中逐步具有了现代特征并迅速走向繁荣。

中国幽默发展的又一次高潮就是发生在这个时期。随着"幽默"这一美学术语的引进和介绍推广,幽默的理论研究和实践进入了一个新的阶段。

中国现代文学史上最早提出把幽默作为一种艺术主张来加以提倡并开展研究和实践的人,是"幽默"这一译名的首创者林语堂。在林语堂之前,著名学者王国维曾在1906年所撰的《屈子文学之精神》一文中议及Humour,汉译为"欧穆亚",认为是人生观的一种,但并未展开论述,此后也未见再议。1924年,林语堂在《晨报》副刊上连续撰文,说明定"幽默"为汉译名的缘由。"幽默"一词作为外来语的译者,与中国古汉语词语"幽默"(作"寂静无声"解)并无关系。只是随着幽默一词新义的流传,幽默作为古汉语词语的本义,逐渐被内涵美学概念的新义取代了。除此之外,林语堂对幽默理论研究也颇具匠心,也比较系统,著述也不少。

自20世纪20年代起,林语堂和中国新文学运动旗手鲁迅一起,运用幽默手法开展反帝反封建的政治、思想和文化斗争,在实践中探索幽默理论,并创造了基调高亢、语言诙谐、讽喻犀利的"语丝体"散文。

提起幽默,鲁迅是个重要的、绕不过去的人物。鲁迅的文学创作——包括小说、散文、杂文、诗歌乃至翻译有关幽默的译文均在幽默特色与风格的营造上,达到了一个时代的高峰,显示出灵犀勃发,挥洒自如的巨匠风范;但同时对于幽默,鲁迅始终保持着一种客观清醒的态度,并以此为基点,发表了一系列既敏锐又深刻、既高蹈又辩证的见解,留下了若干迄今读来仍启人沉思和令人回味的文字。

鲁迅先生当是这一时期最重要、成绩最卓著的文学大家和幽默讽刺大师。鲁迅大量的作品都带有幽默讽刺特色。从《狂人日记》《孔乙己》《阿Q正传》到《故事新编》再到为数众多的杂文。他涉笔成趣、妙语不断。逐步形成了"丰满而又洗练,隽永而又舒展,诙谐而又峭拔"①的幽默艺术特点,成为后世典范。鲁迅对于幽默手法的运用,带有很大的诙谐性和讽刺性,在杂文中比在小说中更为广泛。特别是他后期的杂文创作,能够将悲喜情感融会贯通,行文简单深刻,常常一语中的、泪中带笑。既能够使其成为投向反动势力的匕首、投枪,又带给大众的含泪微笑、意犹未尽的阅读体验。鲁迅初期也常常为《语丝》撰文,但他的语丝体文章却又与林语堂等人不同,属于从心而作,带有火热的情感,幽默的意味更为深刻,泛着理性的光,更具有战

---

① 陈孝英.《幽默的奥秘》[M]. 北京:中国戏剧出版社,1989. P. 171

斗力。可以说“在嘲笑腐朽和黑暗的同时,他的幽默充满了高亢的主调,表现了作家的必胜信念和乐观精神”①。中后期以后,鲁迅幽默笔触的调侃性、诙谐性增强。“他开始注重韧的‘堑壕战’,文风由热情转为尖刻、深沉、幽默。他的杂文,更由于对革命的必胜信念和对敌人的藐视,开始转向诙谐、幽默并形成了自己独特风格:‘感而能谐,婉而多讽’”②。30 年代,当以林语堂为代表的论语派鼓吹与政治无关的“性灵”幽默创作时,鲁迅与其进行了论战,集中火力对其进行了批判。在这个过程中,他写出了《论幽默》《从讽刺到幽默》《从幽默到正经》《“论语一年”》《小品文的危机》《“滑稽”例解》《小品文的生机》《玩笑只当它玩笑》《漫谈“漫画”》《论讽刺》《什么是讽刺》等文章,对幽默进行了理论思考,并联系实际强调幽默的战斗性和社会功能,反对单纯的油滑、寻开心或是“为笑笑而笑笑”(《伪自由书·从讽刺到幽默》)。在那个年代,这对于通过幽默组织斗争具有重要意义。鲁迅先生以其一生的幽默创作经历,“不仅坚持了唯物论的反映论和无产阶级的功利主义,而且坚持了辩证法,避免了片面性。这正是他比同时代中外幽默艺术家和理论家高明和成熟之处”③。鲁迅在自己的杂文、小说、散文诗、诗歌、故事等的创作中形成了“感而能谐,境而多讽”的独特幽默风格。成功地塑造了阿 Q、孔乙己多个充满中国民族特色的不朽的幽默典型。鲁迅还对幽默理论提出了创造性的见解,从实践和理论上为幽默在中国的健康发展提供了范例。在研究幽默文化现象时,鲁迅是个重要的、绕不过去一个巨人!

林语堂是这一时期宣传幽默的吹鼓手。他以幽默人生观和幽默文学创作实践推动着幽默的发展。他对幽默的第一个贡献就在于他把“幽默”一词引入中国,使其成为具有现代意义的美学概念,为中国几千年来的幽默文化正名。事实上,“幽默”一词最早在先秦时期屈原的《九章·怀沙》中便已出现,其文曰“眴兮杳杳,孔静幽默”,但这里的“幽默”是寂静无声的意思,与现今含义差异巨大。现在我们所使用的“幽默”其实是林语堂对英文外来词的音译。林语堂于 1924 年 5 月 23 日在《晨报》副镌上发表《征译散文并提

---

① 陈孝英.《幽默的奥秘》[M]. 北京:中国戏剧出版社,1989. P. 171

② 王科.《试论鲁迅杂文的幽默》[J]. 锦州师范学院学报,1981:P. 35 – 40.

③ 陈孝英.《幽默的奥秘》[M]. 北京:中国戏剧出版社,1989. P. 175.

倡幽默》一文,首次将英文单词“humour”音译为“幽默”,从此流传开来。(注:林语堂并不是第一个将 humour 引入中国的,第一个是王国维,他最早将此英文单词译为“欧穆亚”;此后又有李青崖译为“语妙”;陈望道译为“油滑”;唐栩侯译为“谐穆”;老舍译为“油抹”等等;译名皆从意译和音译两方面着手,但都争议颇多,林语堂译法虽也与屈原《九章·怀沙》“眴兮杳杳,孔静幽默”中的古汉语“幽默”一词含义相抵,但流传最广,最终为大众接受。)今天我们在绝大多数场合使用的“幽默”一词在语义上仍与林语堂所译意义基本相同,已经脱离了“寂静无声”的古代内涵了。林语堂从 1924 年起,发表了《幽默杂话》《二十二年之幽默》《答李青崖论幽默译名》《论幽默感》《论幽默》《中国人的幽默和现实观念》《论孔子的幽默》等一系列文章来探讨幽默的译名、定义、内涵以及中国古代的幽默文化、中西幽默的比较等等来倡导幽默的人生观、幽默的文学创作。林语堂与鲁迅、周作人、孙伏园、钱玄同等为《语丝》撰文,后又组成文学社团“语丝社”,进行幽默文学的写作实践,其所形成的“语丝体”便是一种任意闲淡的幽默文体,常常借幽默性小品文嘲讽反动势力。到了 30 年代,林语堂又陆续创办《论语》《人世间》《宇宙风》等刊物,并以其为阵地组成了“论语派”团体,提倡闲适恬淡的“无所为的幽默小品文”。但因当时国内外形势吃紧,民族矛盾、阶级矛盾愈演愈烈,他所倡导的幽默小品文写作却采取与政治保持距离的自由主义立场,表示“不谈政治”,自命“言志派”“性灵派”。主张“以自我为中心,以闲适为笔调”,因而产生了与社会现实脱离、与人民群众脱离、逃避责任的不良作用。也致使其幽默小品文丧失了讽刺性、斗争性和进步性。这些消极因素遭到了以鲁迅为代表左翼文学阵营的批判。但从另外的角度来讲,他所倡导的幽默小品的性灵化写作,对于发现文学内在的美学机制,对于幽默的创作和传播,挖掘社会生活的幽默美学规律,调剂情感仍然具有重要意义。

除了鲁迅和林语堂,还有一大批有自己个性和特色的幽默家和幽默作品。当时中国文坛上还出现了老舍、钱钟书、沙汀、张天翼、赵树理等一批以幽默为武器,刻画生动、讽刺犀利、爱憎分明的幽默讽刺作家。他们的作品如《骆驼祥子》《围城》《在其香居茶馆里》《华威先生》《小二黑结婚》等,这些作品所塑造的人物形象,在中国幽默文学史上占有极其重要的地位。丁西林、陈白尘的喜剧《一只马蜂》《压迫》《结婚进行曲》《升官图》等继承了中外传统喜剧的幽默风格，代表了戏剧幽默的发展方向。袁水拍的讽刺诗集《马凡陀的山歌》集嬉笑怒骂于幽默歌谣的形式，把诗歌幽默的战斗性集中而有力地体现出来了。在这一时期，各种艺术形式都程度不一地受到幽默的渗透，还产生了一批以讽刺性幽默见长的幽默新形式，如杂文、相声、漫画、独角戏、滑稽戏等。以倡导、传播幽默为宗旨的幽默杂志首次在中国的出现，表明幽默这一外来的美学概念已逐渐取得了立足之地，并在社会、政治、文化生活中被人们认可，其社会功能和艺术功能越来越引起广泛的重视[23]。如闪烁着北京市民文化特色，透露出十足京味儿幽默的老舍和他的幽默小说《老张的哲学》《牛天赐传》《猫城记》《赵子曰》《二马》《离婚》以及话剧《茶馆》《面子问题》《残雾》等。他的语言风格机趣、通俗、诙谐，被人称为"幽默小说家"。他不光写幽默小说，还撰写了一系列的畅谈幽默创作经验的小品文，如《论幽默》《当幽默变成油抹》等，对于研究这一时期的幽默理论和老舍本人的幽默风格具有重要价值。剧作家陈白尘善于通过漫画式的夸张对比手法刻画幽默形象。其语言浅白生动，讽刺深刻，且常常涉及国家命运的重大问题。他创作了许多幽默讽刺类的喜剧，如《征婚》《结婚进行曲》《乱世男女》《禁止小便》《升官图》等。其中当属三幕剧《升官图》影响最大，在重庆、上海、成都、北平、延安上演不衰，成为幽默喜剧中的名剧。在抗日根据地和解放区，著名作家赵树理颇善幽默，他的幽默作品如《小二黑结婚》《李有才板话》等，以农民的语言书写，通俗晓畅，活泼机智，主要面向农村大众，以农村为题材，描写农民生产斗争，受到欢迎。其他还包括文笔诙谐老练的钱钟书及其《围城》；继承鲁迅幽默讽刺衣钵的张天翼及其《包氏父子》《华威先生》《新生》等；幽默风格温和含蓄，艺术手法跌宕曲折、妙趣横生的剧作家丁西林及其《一只马蜂》《压迫》以及还有沙汀的《在其香居茶馆里》、梁实秋的《雅舍小品》等等，作家作品十分众多。在诗歌领域，鲁迅的《自嘲》、袁拍水的《马凡驼的山歌》、夏明翰《为军阀画像》、臧克家的《谢谢了，"国大代表"们！》等等，也为幽默诗歌名篇。相声艺术经过晚清的起步和发展，在这一时期涌现了一批艺人和作品，并逐步走向职业化，甚至还形成了不同的流派。相声在以京津为中心的北方地区十分盛行，像侯宝林、常玉堃、赵佩如，刘宝瑞等等著名的相声艺人出品了许多优秀的幽默节目。如《对春联》《巧嘴媒婆》《开粥长》《窝头论》等等，受到人民的喜爱。

这一时期,伴随着西方各种文艺样式和技术手段的纷纷涌入,诸如现代话剧、电影、新闻报刊、漫画、广播等也在国内落地生根,并成为幽默的体裁和载体。它们大多以大城市为依托,以市民为对象,形式通俗活泼,更具有现代性。晚清时期进入国内的“文明新戏”在这一时期发展成为现代话剧。前面提到的剧作家丁西林、陈白尘便是话剧家。与传统戏曲等舞台表演不同,现代话剧具有写实性特征,更能通过对现实生活的改编创作,承载幽默性、讽刺性的喜剧在这一时期大放异彩。除了前面提到的丁西林、陈白尘的作品,其他如胡适、欧阳予倩、熊佛西、李健吾、陈大悲、蒲柏英、宋春舫、宋之的、杨绛、徐訏、洪森等人也创作了大量的幽默喜剧。电影作为一种新的综合艺术品类在清末进入中国,随即成为幽默的重要体裁和载体。卓别林的无声电影就是典型的例子。在20年代有声电影出现后,更是迅速地发展。一大批电影制作人如张石川、郑正秋、罗明佑、邵氏兄弟等,以三大电影公司为代表的一大批电影公司纷纷创立;以阮玲玉、胡蝶、赵丹、周旋等为代表一大批电影演员纷纷涌现;许多好的电影作品也纷纷问世。中国电影业迎来了第一个繁荣期,幽默喜剧电影也随之应运而生。诸如《劳工之爱情》(郑正秋)、《都市风光》(袁牧之)、《新旧上海》(程步高)、《如此繁华》(欧阳予倩)、《十字街头》(沈西苓)、《马路天使》(袁牧之)、《三毛流浪记》等优秀的喜剧电影受到观众的喜爱。与此同时,许多话剧剧作家也转向幽默性的喜剧电影创作。如欧阳予倩、洪森、陈白尘的《幸福狂想曲》《天官赐福》《乌鸦与麻雀》等。电影从其诞生至今,一直是幽默的重要承载方式(后来理所当然地也成了幽默的一种体裁),且越来越受到社会的重视。

新闻报刊业清末在国内出现,因其对公众舆论导向和社会现实的影响明显,故一直受到政府管制。报业主要的发展区域在人口和财富集聚地。受西方影响较大的上海、南京、北平、武汉、广州、重庆、成都、天津等大城市,为了迎合市民文化的需求和提高发行量,许多报刊都会刊发幽默性的小品文、故事、漫画等以吸引读者;一些重要幽默家的幽默作品都是首先在报刊杂志上发表的;甚至大量的报刊还开辟消遣娱乐性的副刊用以专门刊载这类作品;知名的有《晨报》副刊、《京报》副刊等。随着报刊业的迅速发展,美术里的另一只奇葩——漫画,凭借报刊的威力,开始崭露头角并迅速得到发展,成为幽默文化的一种战斗武器,成为特殊的一种图表性幽默。可以说幽默与报刊互为动力,报刊借漫画逗惹读者,获得大量的读者群;漫画借报刊发展自身,独辟蹊径地成为美术中的一只奇葩。甚至有时候根据时局的需要,漫画还会成为杂志的封面或报刊的头条。再后来还发展为专门的漫画杂志或报纸。诸如《世界画报》等,它们接受了西洋漫画技巧,随后很多以漫画为主的刊物也开始逐渐出现,如《上海漫画》《中国漫画》《时代漫画》《漫画生活》等一批完全接受西洋漫画技巧的专门性漫刊,甚至还出现了首个漫画团体——漫画会,中国漫画业进入一个新的阶段。毫无疑问,我们可以认为,漫画就是图表性的幽默,漫画无疑是幽默的一支生力军。有些漫画与时事紧密结合,专注于政治讽刺,有些则描摹市井生活和民间百态。典型的漫画家代表有叶浅予、黄文农、张光宇、鲁少飞、丰子恺、张正宇、廖冰兄、丁聪等。他们的漫画作品构思巧妙,画风喜人,在幽默中蕴含深刻的寓意,成为时代的万花筒。

广播这种以电波传递声音的传媒方式,在 1923 年进入中国,因其特殊性,其主要被用作传播新闻消息,开展动员宣传和对敌宣传之用。内容较为严肃,但也会在对民广播中插入娱乐消闲性的幽默段子和广播剧,许多民间电台更是主要以广播娱乐内容为主,它们丰富了幽默的形式。

这一时期思想文化领域的剧烈变化和空前活跃以及社会政治环境的相对宽松是促使幽默走向新起点、取得新发展的主要因素。一方面,思想文化领域的剧烈变化和空前活跃解放了人们的思想和观念,促进了中西文化和社会各界的交流,打开了人们的视野。幽默是思想和智慧的折射,这些因素必然会影响到人们的幽默情怀,因而能够提高人们幽默的创作热情,拓宽幽默的方式,带来对幽默的新认识,促进幽默理念的革新,从而推动幽默的发展。另一方面,这一历史时期政局多变,内忧外患。先后经历了北洋军阀反动统治、第一次国内革命(北伐战争)、第二次国内革命战争(国共十年对峙)、抗日战争、第三次国内革命战争(解放战争)等。统治者忙于内战和反侵略,对意识形态领域的控制力不从心。虽然有对文学界、舆论界、新闻出版界的极端的管制、审查甚至是白色恐怖,但统治者始终集中精力在这上面。这种政治控制力上的弱化反过来为思想解放、文化革新留下了空间,为幽默的生存留下了空间,并且为幽默创作提供了素材来源。这两种因素的共同作用对于幽默文化产生了四重影响:(一)思想上的解放加速了人的个性解放,促进了自我意思的加强,这无形中推动创作主体在幽默创作中的个性化,形成了极富风格化的幽默实践,如鲁迅、林语堂、老舍、钱钟书、赵树理、陈白尘、丁西林、张天翼、沙汀等各具特色的幽默风格。(二)社会环境的复杂化,造成了知识分子阶层和普通群众阶层的分化;解放区、国统区、沦陷区的分化;城市和乡村的分化。而这种分化也使得幽默在创作和接受过程中出现了阶层性、地域性的不同。如知识分子阶层偏重社会讽刺性幽默,与社会时政紧密结合;普通群众和城市市民更加喜爱娱乐性幽默以做消遣;解放区和乡村地区的幽默多表现劳动生产和积极乐观的革命精神,戏曲话剧、歌舞剧、曲艺小品、乡土小说成为主要幽默体裁和载体;国统区、沦陷区的进步分子使用幽默开展抗日宣传和反审查、反白色恐怖宣传等。(三)伴随着西方技术和文艺样式的引入,幽默的表现形式更加多彩多样,许多在中国古代没有或少有的形式大量出现。如文明新戏、现代话剧、漫画、报纸、电影、广播等,大大拓宽了幽默的表现方式。与此同时,国外的幽默作品也开始进入国内,如外国幽默剧在上海、北平等地的公演;如卓别林幽默电影在国内的上映;西方幽默小说在国内的译介传播等等。(四)幽默的概念最终形成,现代幽默理论出现并进一步发展。这方方面面的变化和进步最终推动了真正具有现代意义和现代意识的幽默观念在这一时期形成。

与此同时,国内也掀起了幽默理论研究的热潮,有了更多的研究。还有一位既研究幽默理论又亲自实践的是老舍,著有《什么是幽默》《论幽默》《幽默的危险》等论文。继之,朱光潜先生在 20 世纪 20 年代著的《文艺心理学》一书中,专门谈了“笑和喜剧”,其中主要介绍和评述了西方的喜剧理论。

中国的幽默文化从先秦时期发展到清末民初,内容、体裁、载体和表达方式纷繁多样。包括诙谐、机智、戏谑、谐虐、讽刺、揶揄、笑话、风趣、滑稽、科诨等等,构成了中国幽默文化的大家庭,然而却始终没有一个能够对其统筹,把其完全包含在内的宏观术语出现,直到 20 世纪 20 年代“幽默”一词的出现,中国幽默文化方有了一个能够在总体上把握的,与西方相通的术语。中国几千年来的幽默文化之实也终于有了“幽默”之名。新文化运动到新中国成立前,这短短三十几年间,从人类进步和文化发展的角度,中国社会发生了翻天覆地的变化,在西方思想文化和科学技术巨浪的冲击下,文化革命风起云涌。包括政治、文学、思想、艺术、科学、技术各界和意识形态领域逐步与古代传统脱轨。人民的思维方式、生活方式、生产方式都不断地被刷新、重构。方方面面的变化推动着中国由传统社会向现代社会转型，现代意识也随之逐步觉醒。幽默作为一种重要的文化现象，是社会整体文化的伴生品，与社会文化各个领域都有着紧密的联系。其他领域的巨变必然促使幽默领域的巨变。幽默在这短短三十几年中，也开始了现代化转型。这种转型以"幽默"这一专门术语的出现为标志，以两次论争（一是围绕如何评价鲁迅的讽刺文学和萧伯纳的讽刺喜剧展开的论争；二是围绕如何看待以林语堂为代表的性灵派脱离现实的幽默展开的论争）为高潮，在知识界和民间不断的实践和争论中一步一步前行。在这个过程中，幽默的许多重要而基础性的理论问题受到关注并得到了初步的探讨。诸如幽默的定名；幽默的含义；幽默的特性；幽默与讽刺、笑话、诙谐、机智、喜剧等之间的关系；中国人的幽默传统；幽默的价值与现实意义；幽默的雅与俗、积极性与消极性；幽默的审美功能、娱乐功能、社会功能、战斗的功能和启智的功能等等。这些理论问题的讨论即是幽默走向现代过程中所必须面对和解决的问题，同时又是这一过程所带来的结果，而且其反过来又推动了幽默的发展。到了建国之后至今，幽默在新的环境里又呈现出一片新的天地。

九、当代（1949 年以来）：幽默曲折发展并走向繁荣

中国共产党自成立以来，以拯救国家危亡、为人民谋取幸福为己任，依靠工农联盟，团结一切可以团结的力量，带领全国人民最终推翻了帝国主义、官僚主义、封建主义三座大山，建立了新中国，实现了民族独立和人民解放。从此，国家进入了社会主义建设时期，面貌为之一新。但物质文明建设和精神文明建设也经历了涨落起伏，幽默文化伴随着国家形势的变化也经历了一条曲折的发展道路。

1949 年以后，幽默文化在社会主义建设的"十七年"时期，特别是 50 年代前半期相对稳定宽松的环境中经历了短暂的繁荣局面，出现了一大批优秀的幽默艺术家和幽默作品。仅 1956 年到 1958 年的三年时间，新中国电影终于出现了一个喜剧创作的小高潮，此间共诞生了将近 20 部喜剧电影作品，包括有：《新局长到来之前》《如此多情》《不拘小节的人》《落水记》《未完成的喜剧》《寻爱记》《球场风波》《花好月圆》《布谷鸟又叫了》《探亲记》

《幸福》《三毛学生意》《金铃传》等。这些电影大都选择了讽刺喜剧的创作手法,从而掀起了新中国电影史上讽刺喜剧电影创作的一个高潮。还不包括小说、戏剧、曲艺,这三样也是紧跟其后。像老舍、赵树理、陈白尘、周立波、李准的幽默小说和话剧;何迟、侯宝林、常宝华、赵佩如的幽默相声作品等等,达到了较高的艺术水准。中国幽默曾经一度繁荣,突出表现为喜剧性作品的丰收,可以说小说、戏剧、曲艺、电影等佳作迭出,幽默形象源源而来:小说有赵树理《三里湾》中的"常有理"、《锻炼锻炼》中的"吃不饱"、李准《李双双小传》中的孙喜旺、马烽《三年早知道》中的赵满囤等;戏剧有老舍《龙须沟》中的程疯子、《女店员》中的齐母、《西望长安》中的唐石青等很多幽默的形象,以及还有讽刺喜剧、相声等也带来了不少的幽默形象。与此同时,马克思主义美学下的幽默理论研究也取得了许多成果。

但到了20世纪50年代后期,由于政治上的原因,幽默艺术中道衰落,反右斗争扩大化,政治气候越来越左,从上到下思想紧绷,文艺界"百花齐放,百家争鸣"局面不再看好,许多作家作品成了"攻击社会主义"的"毒草",幽默便随之一蹶不振。幽默文化走过了一条曲折而不平坦的发展道路。直到20世纪60年代初,这种情况稍稍好转,配合政治宣传需要的喜剧电影和话剧,以及以邓拓、吴晗、廖沫沙为代表的幽默讽刺杂文创作出现了短暂的热潮,随着杂文创作热潮的兴起,幽默艺术再度复苏。突出地表现为在杂文中以幽默手法伸张正义,褒扬真善美,讽刺歪风邪气。马南村(邓拓)的《燕山夜话》和吴南星(邓拓、吴晗、廖沫沙)的《三家村札记》就是这种战斗性幽默的代表作。

总体来讲,在五六十年代,幽默文化在中国的发展有起有落。一方面因为政治对文艺"忽冷忽热",文艺以及幽默文艺也随着"忽冷忽热";一方面,一些作家对政治上的"左倾"迫害仍然不屑一顾,继续按着自己"意志"去为人民创作出人民喜闻乐见的作品。其中就不乏很多幽默作品。如,著名作家老舍仍坚持不懈地创作,他笔下塑造了一批幽默形象和喜剧故事:如《龙须沟》《西望长安》《女店员》《全家福》等等;着力刻画农村变革历史画卷的作家赵树理也创作了《三里湾》《锻炼锻炼》等幽默讽刺作品;周立波虽不似老舍、赵树理那般以幽默为基本特色,但他的《山乡巨变》《暴风骤雨》等却常常“在紧锣密鼓之间,以轻松愉快的笔调写一二小事,亦颇幽默可喜”①;其他还有马烽的《三年早知道》;李准的《李双双小传》;西戎的《赖大嫂》等以幽默的笔法,塑造幽默的形象,集中表现了社会主义建设时期的变化;在话剧、戏剧等舞台表演方面,有王少燕的《葡萄烂了》《墙》;何求的《新局长到来之前》;杨履方的《布谷鸟又叫了》《比翼齐飞》《我是一个兵》《拉郎配》《小女婿》《哎呀呀,美国的小月亮》《纸老虎现形记》《美国奇谭》等;在相声表演方面有《买猴儿》《关公战秦琼》《闹公堂》《开会迷》《夜行记》《戏剧杂谈》《改行》等等;电影方面有《五朵金花》《李双双》《抓壮丁》《球场风波》《七十二家房客》《今天我休息》《大李、小李和老李》《满意不满意》等;在杂文方面有邓拓的《燕山夜话》、署名吴南星的《三家村札记》等等。还有各个作品之间相互改编的现象也比较常见。

“文化大革命”是一场浩劫,极“左”思潮席卷全国,给国家各项事业带来巨大打击。这样的政治气候必然使得幽默丧失掉生存空间,“以幽默为手段的各种艺术形式如喜剧、相声、漫画等,一律被贴上‘封资修’‘小市民庸俗文艺’‘低级趣味’的标签,赶尽杀绝”②,幽默之花在酷寒中迅速凋零。尽管如此,在“文化大革命”期间,一切以幽默为主要手段的艺术体裁如喜剧、相声、漫画等均遭禁止,但以“政治笑话”“幽默诗词”等形式出现的幽默仍在民间流传。政治上的黑暗禁绝不了民间的欢笑。不仅如此,民间批驳、嘲笑、讽刺“四人帮”及其反动专制政策的政治笑话大行其道。幽默出现在70年代末的“反思文艺”时,着力于用喜剧手法、戏谑笔调和幽默语言反省历史。这一阶段幽默艺术的主要成就在小说《买买提处长铁事》《李顺大造屋》《笨人王老大》和《芙蓉镇》等作品中得到充分的反映。

粉碎“四人帮”后,经理两年的徘徊,进入改革开放的新时期。举国上下,在“五四”新文化运动之后,又一次经历了思想大解放的洗礼,拨乱反正和思想解放运动如火如荼,政治、经济文化各个领域的现代化建设加快进行,而对外开放政策再次打破了“封闭”局面,西方的新事物、新思想、新文化潮水般地进入中国。幽默出现在70年代末的“反思文艺”时,着力于用喜剧

---

① 茅盾.《反映社会主义跃进的时代,推动社会主义时代的跃进》[J]. 人民文学,1960(8):P. 35 – 40.

② 陈孝英.《幽默的奥秘》[M]. 北京:中国戏剧出版社,1989. P. 182.

手法、戏谑笔调和幽默语言反省历史。

“文革”结束后，从即刻发轫的“嘲讽文艺”，到稍后的“反思文艺”，及至20世纪80年代初期兴起的“改革文艺”和中期以来的“探索文艺”，中国幽默几乎经历了人类幽默发展史上的所有阶段。以讽刺性幽默为特色的“嘲讽文艺”矛头直指“文革”时期的极左人物及其极“左”路线，在讽刺喜剧、相声、漫画、喜剧电影、讽刺小说等形式里无情地嘲讽历史的丑类，因而反响强烈。《枫叶红了的时候》《如此照相》《帽子工厂》《古彩戏法》《苦恼人的笑》等作品是这一阶段的代表作。

政治上和思想文化领域里的解冻必然使幽默之花再一次绽放。80年代起，中国的幽默理论研究突飞猛进，研究范围也大大超过以前，内容日见丰富，层次不断提高。幽默基本理论、流派、规律和幽默发展史、幽默体裁和载体、中外幽默比较研究多方面均取得了可喜的进展，为形成喜剧美学这一独立学科，出现了一批颇有建树的学者、专家，产生了大量学术论文和著作。中国幽默的实践和理论以其鲜明的民族特色，在世界幽默史上越来越具有重要的地位和价值。

20世纪80年代中期兴起的“探索文艺”，无论就内容或手法而言，都注入了较前更为深刻的时代精神和现代意识。这一阶段的幽默超越了传统的界线，尝试与之相对应的表现形式。中国幽默作品中出现的探索性品种，主要以“黑色幽默”、荒诞意识等当代流派为范本。其中又有适于艺术家本身风格的变化，从而出现了幽默手法的复杂化、个性化、立体化倾向。电影《黑炮事件》、戏曲《潘金莲》及小说《你别无选择》《无主题变奏》等是这一阶段的代表性作品。

在幽默理论研究方面，这时期的一个主要成果就是站在马克思主义美学的立场上研究幽默。毛泽东同志1942年《在延安文艺座谈会上的讲话》、1957年《在中国共产党全国宣传工作会议上的讲话》等权威性文选，为研究幽默提供了指导思想和开启了方便之门。

我国第一部系统论述幽默理论的专著直到20世纪80年代才出现，即陈孝英著的《幽默的奥秘》(中国戏剧出版社1989年版)。书中作者论述了什么是幽默；梳理了56种西方笑论，并对中国古代笑论进行了总结；回顾了中外幽默史的发生、发展和演变；从幽默的审美效果、幽默手法及语言手段等对幽默进行了剖析;还讨论了幽默的民族性、幽默的社会功能等一系列问题。该书对我国幽默理论的系统研究具有重大意义。同时期,萧飒、王文钦、徐智策等著了《幽默心理学》一书,研究对象包括幽默的本质:主要探讨幽默的含义,从哲学的角度探讨幽默的根源、本质和特征,以及幽默的内容和形式等;从生理学和心理学研究幽默讽刺,概括实现幽默的基本方法和手段;从功能的角度探讨幽默的社会效应。他们试图填补幽默心理学研究的空白,弥补国内幽默研究不够系统等缺陷。许多早已声震全国的老幽默家们继续为幽默添砖加瓦,而新一代幽默艺术家则以更加活跃,更加多元的姿态贡献自己的幽默力作。从伤痕文学、反思文学、寻根文学、先锋文学到现代主义、后现代主义;从小说、诗歌、相声、话剧、戏曲到电影、电视、广播、漫画、动画、小品、商业广告;从国人创作到对国外幽默作品的译介引进。幽默以各种只要能运用上的各种载体,展现出多姿多彩的表达方式,迎来了幽默的立体的全方位的大爆炸时期。可以说幽默已经无处不在,无时不在。

进入20世纪80年代后,幽默艺术自信乐观的基调在文艺作品中进一步弘扬,出现了一大批以幽默手法展现改革时期政治、经济、思想、文化深刻变化主题的作品,如"陈奂生幽默系列小说"、喜剧片《咱们的牛百岁》等。

进入20世纪90年代,思想大解放及伴随的文艺界大发展,使广大群众的幽默意识再次被激发,产生了一大批优秀的幽默大师和幽默作品。专门性的幽默文学作品、曲艺表演、影视作品及网络幽默不胜枚举,让人目不暇接,几乎可以在任何文艺类型和娱乐活动中能找到幽默元素。其中影响比较大,具有典型幽默语言特色的作品的作家有王蒙、高晓声、张一弓、陆文夫、邓友梅、阿城、王安忆、刘索拉、徐星、乔运典、王朔、贾平凹、刘震云、阎连科等,为数非常众多。有相当一部分现在都还在持续创作。如90年代后兴起的青春文学、玄幻文学、网络文学中也有相当一部分作品幽默感十足,在话剧、戏曲等舞台表演方面的戏剧也不在少数。如:《枫叶红了的时候》《假如我是真的》《哥们发财记》《可口可笑》《倒霉大叔的婚事》《九品芝麻官》《诸葛亮与小皮匠》《潘金莲》等等。

特别是到了21世纪以后,面对电影、电视、网络的冲击,话剧、戏曲等传统舞台表演艺术受到极大的冲击,受众越来越少,逐渐被边缘化。小品、相声等短小生动的幽默表演形式受到了大众的喜爱和追捧。侯宝林、马三立、马季、姜昆、李文华、侯耀文、朱时茂、陈佩斯、赵丽蓉、黄小娟、冯巩、巩汉林、牛群、潘长江、黄宏、蔡明、宋丹丹、高秀敏、范伟、郭冬临、赵本山及其“赵家班”、开心麻花组合、郭德纲及其“德云社”、周立波等等，幽默明星灿若星河。因为幽默就是要让人发笑的，所以最通用的说法，叫作“笑星”。“笑星”一词已经成为幽默明星的代名词。相声小品表演形式灵活，限制小，具有短平快的特点，借助电视银屏和无处不在的网络在群众中达到最大范围的普及。既可以寓教于乐，又可以娱乐解颐，还可以揭丑刺贪，因而受到群众的欢迎，许多幽默段子在现实生活中广泛流行。一年一度的全国相声、小品电视表演大赛培养出了一批批优秀表演者。而每年的央视及地方电视的春节联欢晚会上，相声小品都是群众最喜欢的必不可少的开胃菜。在影视作品方面，伴随着电影电视产业的迅速发展，喜剧电影片、喜剧电视连续剧、娱乐性电视节目层出不穷，满足了人们工作之外的娱乐需求。从《喜盈门》《黑炮事件》到《我叫刘跃进》《高兴》《爱情呼叫转移》《疯狂的赛车》；冯小刚的幽默喜剧电影再到近两年来流行的《人在囧途》《泰囧》《港囧》《煎饼侠》等等，幽默搞笑的喜剧电影创造了一个又一个商业传奇，市场越来越大，受众越来越多，并且还依据其致笑特点细分为恶搞喜剧、功夫喜剧、无厘头喜剧、轻喜剧等各个类型。电视产业在我国起步较晚，但发展迅速，特别从到 90 年代至今，收看电视节目已经成为家庭日常生活绝不可少的娱乐活动。甚至有些电视台以娱乐为立台宗旨：如湖南卫视、东方卫视等；幽默搞笑的电视连续剧如《乡村爱情》系列、《麻辣婆媳》《新结婚时代》《粉红女郎》《爱情公寓》《武林外传》等和综艺节目如《快乐大本营》《天天向上》《壹周立波秀》《金星秀》等产量一年高过一年，市场越分越细，这些连续剧和综艺节目大多以纯粹的休闲娱乐为目的，兼有寓教于乐的功能，反映的也大多是家庭生活、邻里关系、职场生活、明星娱乐等。这些栏目或剧目或故事无不充满着幽默这个精灵，充当幽默载体的工具越来越多。当然本身就直接是幽默载体的，如动画片、漫画专刊也不甘示弱，产生了大量的幽默作品。如动画片的《喜洋洋与灰太狼》《熊出没》等；漫画专刊的《幽默与笑话》《幽默大师》等。还有众多的笑话、脑筋急转弯类似的幽默书籍也是数不胜数。而网络更是幽默的大本营和集散地——似乎任何载体的幽默都可以通过网络来实现实时观看。另外。网络的发明，也产生许多专门的网络幽默：如专门在网络上播出的网播幽默剧如《万万没想到》《屌丝男士》《十万个冷笑话》等；网播综艺节目如《晓说》《奇葩说》等；网络广播如喜马拉雅出品的娱乐广播节目等；以及每年在网络上生成的大量网络小说、网络新词、网络用语、网络段子等等。更为欣喜的是：每个人都能通过网络成为幽默的发布者，并把网络幽默带入生活中；网络还会带来了幽默的快餐化、流行化，使得幽默文化获得了空前充裕的发展时空。

尤其是进入 21 世纪，随着网络的普及和电脑、移动电话等技术的发展，幽默之风暴又席卷了网络界、电信界，直接可以到达每一个终端机，到达每个人的手机，这种网络、电信、终端机，尤其是手机的一体化发展，为幽默带来了一次革命。这一类幽默，就是我统称之为的电子幽默。

到了今天，电子幽默已经成为不必受时空限制，既可以是语言性的也可以说图表性的，还可以是行为性的；既可以是有声的，也可以说无声的，任享用者选择，任享用者可以随时随地的享受幽默带来的欢声笑语，这种享受是彻底的声、画、文的结合，能够给人们带来更充分、更立体的感官体验。并且其实时性的交互功能还能让幽默的参与性大大提高，人们可以在幽默的创作者和接受者之间随时转换，从而使人人都能成为幽默家。这些条件刺激了幽默走向前所未有的繁荣。现在，幽默已经融入大众生活的各个领域，甚至成为一种价值观念，它在政治活动、生产活动、商业活动、人际交往、家庭生活中扮演着日益重要的角色，每个人都成了幽默的创造者、改编者、使用者、接受者和传播者，幽默已经成为人们不可或缺的一部分。

中华人民共和国成立 60 多年以来，虽然幽默道路曲折向前，但终究走上了康庄大道，现在的时代正是中国幽默文化几千年以来最好的时代，最繁荣的时代。这 60 多年，幽默家、幽默作品、幽默行为、幽默事件、幽默理论卷帙浩繁，民间幽默更是如恒河沙数，无法统计。因它们很多仍然在现今流行，易于找寻，以上的列数仅对其中一些作品做简要的介绍，难免有漏网遗珠，此亦不免为以一种遗憾。

总体而言，尤其是在改革开放这三四十年里，幽默发展呈现出以下 10 个特点：(一)幽默的载体和体裁多样化，幽默产生的领域以及幽默的受众和流传度空前扩大，已经无孔不入。(二)幽默的职业化、商品化。幽默既可以成为一种职业，甚至还可以产生明星，即“笑星”，也可以成为人们消费的商品。电影、电视、网络使这种职业化和商品化速度大大加快。(三)幽默的娱乐作用空前提高。休闲娱乐已经成为幽默的主要目的之一,与揭露时弊、刺探刺虐、活跃人际、提高修养处在同等甚至更重要的位置。(四)幽默技巧和方式日益融合,成为一门综合艺术。综合运用语言文字、声音图像、肢体动作创造幽默越来越普遍。(五)幽默的形态和流派日益多样。连颜色幽默都能分出若干种,如玫瑰色幽默、黑色幽默等纷繁多样。(六)幽默的题材和内容日益广泛。社会生活的方方面面都可以化成幽默,许多处于禁区中或不便言说的话题如政治问题、两性关系都可以变成公开的幽默。(七)中西幽默的交流日益广泛。许多西方的、港澳台地区的幽默通过人际交流、电影电视、综艺节目、网络途径引入;中国幽默也走向世界,幽默在不同文化间的接受与理解变得越来越容易。幽默越来越国际化,越来越走向幽默的本质归宿和起点——幽默无国界。(八)线上幽默与线下幽默的交互性和同步性大大提高,二者相互作用,相互影响织就了一张幽默大网。(九)人们对于幽默的欣赏审美水平随着对幽默理论的了解日益提高,对幽默的需求日益增强。(十)幽默理论研究的深度和广度不断提升。研究手段日益现代化,研究内容日益细化,跨学科的综合性研究成为大趋势。越来越多的学者从美学、文学、语言学、修辞学、社会学、人类学、教育学、心理学、生理学、精神分析等各个角度考察幽默的各个方面。大量西方的理论观点也被引入国内,产生了大量颇具价值的研究成果。

"幽默"一词虽然是20世纪20年代才出现在中国的,但绝不能因此否认历史长河中的幽默。中国不但有幽默,而且源远流长,我们必须站在大一统幽默学的立场上来看待它,把幽默的各个形态,各个分支全部纳入大幽默系统中,否则就会造成中国古代没有幽默的谬误观点。通过对中国几千年来的幽默进行历时性的考察,能够帮助我们客观的认清幽默的发展形成过程和历史轨迹,为幽默在今后的研究和实践提供支撑。现如今,幽默正处在"大爆炸"的黄金时代,许多有志于幽默研究和创造的人正在为这个人类智慧的集中表现,为人类文明更加灿烂,默默地奉献着他们的努力。幽默这一只文明之花也在默默地为人类文明无处不在地闪烁着自己的光芒。

十、幽默在世界上的发展轨迹

尽管本章书一开始就说,着重是论述幽默在中国的形成与发展,但幽默是无国界的,既然说的是幽默学,不可能是一个国家的幽默学,不可能不涉及幽默在世界上的形成与发展。虽然不至于像音乐一样不需要"翻译",但幽默的灵魂、幽默的智慧、幽默的逻辑思维、幽默的结构、幽默的点和度、幽默的心里反射等等是一致的,仅仅是语言性幽默不相通而已,图表性和行为性的幽默也是像音乐一样,可以驰骋于全世界。要谈及幽默的形成与发展,就应该还要谈及幽默在世界上的沿革,因为幽默现象不只属于中国,幽默是世界性的。只不过在论述幽默在世界上的沿革时,只能是概说,不可能对每一个国家的幽默史一一论述(如果那样,那这一本书的书名就要改为"世界幽默史"或"各国幽默史"了)。

与中国幽默的发展历程极其相似,幽默在世界上的发展也呈现出三大特征:(一)"幽默"这一术语的意义在古今之间发生了巨大的转变;(二)幽默之"实"远远早于幽默之"名";(三)经过历史的积淀,进入 19 世纪以来,幽默在全球呈现出爆炸式发展态势。

"幽默"一词,英文写作"humour"或"humor",法文写作"humour",拉丁文写作"humor"。西文中"幽默"一词的内涵在由拉丁文经法文向英文传入的过程中也经历了深刻的变化。这一词汇最早主要运用在医学领域。在拉丁文中指的是"体液",其分为血液、黑胆汁、黄胆汁、粘液四种。公元前五世纪,古希腊"医学之父"希波克拉底(公元前 460 – 前 370)指出,这四种体液比例的变化和相互作用会对人的性格、情绪产生影响。到了文艺复兴时期,幽默的意义逐步发生变化,开始由医学领域进入文艺领域。这种转变首先出现在英国。文艺复兴时期,16 – 17 世纪英国剧作家本 · 琼生(1573 – 1637)创作了《个性互异》《人各有癖》等一批"癖性喜剧",并在其作品《人各有癖》(1599)中把"幽默"界定为一个人非常奇特的个性,其个性表现为故意性的愚蠢或滑稽的言行,不仅如此,还能通过利用人的这种独特个性和气质来创作出喜剧。这是世界历史上第一次将该词汇引入文艺领域,这就"把幽默的范畴从观相术的水平提高到了喜剧的领域"①,使其具有了与现代概念接近的含义和用法。1682 年,《牛津英语辞典》将"幽默"一词解释为"引人发笑或感受情感的能力",这就进一步将"幽默"引导到了现代的意义和用

① 陈孝英.《幽默理论在当代世界》[M]. 乌鲁木齐:新疆人民出版社,1987:P. 84.

法上,使其具有了与现代一致的美学内涵。到了17世纪末期,英国资本主义的发展领先其他欧陆国家,政治家威廉·坦普尔爵士在其文章《诗论》(1690)中从环境、政治和社会角度进一步阐述了幽默的相关问题,并把幽默看作是英国人的独特气质和高于其他国家的民族性格。随后在1695年,英国喜剧作家威廉·康格里夫(1670－1729)在《论喜剧中的幽默》中,站在英国民族优越感的立场上发挥了这一观点,但同时将幽默与其相关的概念,如机智、愚蠢等进行了理论上的区分和解释,并认为幽默是"一种特殊的,不可避免的言谈举止的方式,只对某一个人说来它是特有的、自然的,从而使他的言谈举止与别人相区别"①。这些著作和研究对推动幽默的现代化起到了非常重要的作用。西方现代意义上的"幽默"概念在这个时期基本确定了,英国好像也就成了"幽默的故乡"。正如陈孝英先生所言:"'幽默'这一名词起源于古罗马人的拉丁文,形成于古法文;'幽默'一词用指美学范畴,则最早出现在英国"②。18世纪之后,"幽默"概念迅速走向全球,各个国家和民族站在不同的角度和立场对其进行了解释和阐发,大大加速了幽默研究和幽默实践的发展。

现代意义上"幽默"术语的诞生不过是近四百年来的事,但幽默文化或者说幽默现象在现实中的实践运用却是伴随着人类文明进程的,所以说幽默之"实"远远早于幽默之"名"的。它源于人类原始先民的生产进步、语音系统进化、社会文化的形成和思维智慧的发展。从有明确文字记载的历史来看,西方的幽默,早期出现在古希腊民间寓言和喜剧中。形成于公元前六世纪的《伊索寓言》,作为奴隶制社会下层民众传播生产生活经验的重要载体之一——通过形象思维,借助拟人、夸张、比喻、对比等手法让动植物会说话,从而产生了幽默讽刺的效果,许多篇什都成为著名的幽默故事。南亚地区较早的幽默故事也出现在《五卷书》《佛本生故事》《百喻经》等寓言集中。经世代承袭,寓言在当代仍然是世界各地人民频繁使用的,在各个场合造成幽默气氛的重要方式。喜剧起源于古希腊秋收时祭祀酒神的仪式和歌舞。公元前5世纪,以"喜剧之父"阿里斯托芬为代表的三大喜剧诗人创作了许

① (英)威廉·康格里夫.《论喜剧中的幽默//古典文艺理论译丛》[M]. 北京:北京社会科学出版社,1987:P. 7.

② 陈孝英.《幽默的奥秘》[M]. 北京:中国戏剧出版社,1989. P. 121.

多富有幽默性的喜剧作品。如阿里斯托芬(公元前446－前385)的《阿卡奈人》《鸟》《蛙》等等,滑稽、诙谐、讽刺迭出。此后,古希腊又相继出现了许多中期喜剧和新喜剧,代表人物如米南德(公元前342－前292)等,喜剧成为西方幽默源头时期最为重要的一种表现方式。亚里士多德(公元前384－前322)在《诗学》中曾说到"喜剧是对比较坏的人的模仿,然而'坏'不是指一切恶而言,而是指丑而言,其中一种是滑稽。滑稽是事物的某种错误和丑陋,不至于引起痛苦和伤害。"这是亚氏从模仿论和滑稽的角度对喜剧的解读,后来为其他学者继承为《喜剧论纲》,成为研究喜剧的重要理论文献。

经过罗马人对古希腊幽默的继承和发展,到了黑暗的中世纪,神的力量被无限放大。政治反动,经济落后,文化蒙昧,宗教压迫成为一场噩梦,文艺沦为神学附庸,人的个性和创作能力受到压制,这样的社会气候是不利于幽默生长的。文艺界的式微将幽默带入寒冬,只在骑士传奇和抒情诗以及《列那狐故事》等民间故事中才能感受到一丝幽默,且偏向讽刺揭露性。在近千年的时间里,幽默都没能走上发展的快车道。

14－16世纪的文艺复兴是一场新兴资产阶级反抗封建神权,高扬个性精神和自由意志的伟大运动。在这个新旧交替的时代,文化、艺术、思想领域的桎梏被逐步打破,幽默伴随着这样的气候迅速走向繁荣,涌现出一大批富有鲜明个性特征、创作手法纯熟的幽默家和幽默作品,并且"关于笑的原因以及关于讽刺、机智、幽默和滑稽等喜剧性的要素,都有细致而深刻的阐述"①。这一时期,意大利的薄伽丘(1313－1375)在《十日谈》中以框架式结构,用幽默讽刺的故事会手法嘲笑教会丑行和世俗陈腐。英国的乔叟(1340－1400)笔下的《坎特伯雷故事集》同样渗透着幽默、嘲讽和揭露的因子。法国作家拉伯雷(1494－1553)的《巨人传》寓庄于谐,以夸张手法勾勒讽刺画卷。而英国卓越的剧作家莎士比亚(1564－1616)及其笔下大量的喜剧作品、幽默情节、讽刺人物(如《威尼斯商人》《无事生非》《皆大欢喜》《温莎的风流娘儿们》《亨利四世》等)和西班牙作家塞万提斯(1547－1616)的长篇幽默讽刺巨著《堂吉诃德》构成了文艺复兴时期幽默艺术的两大高峰。

17世纪,欧洲古典主义思潮盛行,法国剧作家莫里哀(1622－1673)成为

---

① 陈瘦竹.《戏剧理论文集》[M]. 北京:中国戏剧出版社,1988:P.1.

这一时期最为重要的幽默艺术家。他用幽默的笔法塑造了答丢夫、阿尔巴贡等极具典型性的讽刺人物以及《可笑的女才子》《妇人学堂》《悭吝人》《伪君子》《唐璜》等一系列讽刺喜剧。其他如高乃依(1606－1684)、拉辛(1639－1699)等也出产了许多幽默讽刺喜剧。拉·封丹(1621－1695)则继承了《伊索寓言》的传统,创作了大量的幽默寓言故事。

18世纪是一个启蒙和变革的时代。文艺复兴以来最大规模一轮启蒙运动席卷全欧,这个反封建、反教会、倡理性、倡自由的思想解放运动在各个领域深刻地影响着世界,致使新政治格局、新思想、新理论、新学科、新技术不断形成和出现。这样的时代氛围加速着幽默的发展,"启蒙时代对个人的'自然'权利的捍卫以及私人生活的'散文诗化',是以幽默的繁荣为标志的"①。英国文学家菲尔丁(1707－1754)的幽默讽刺小说、喜剧;哥尔德斯密斯(1730－1774)的感伤主义小说和喜剧;斯威夫特(1667－1745)的《格列佛游记》;斯莫莱特(1721－1771)的《亨弗利·克林克》;斯特恩(1713－1768)的《感伤的旅行》《商第传》;法国伏尔泰(1694－1778)、卢梭(1712－1778)、狄德罗(1713－1784)的小说;博马舍(1732－1799)的喜剧《费加罗的婚礼》;德国歌德(1749－1832)的《赫尔曼与豆绿苔》《威廉·迈斯特尔的求学时代》;让·保尔(1763－1825)的小说;意大利剧作家哥尔多尼(1707－1793)的喜剧作品等等,洋洋大观,构成了一幅宏大的幽默画卷,塑造出了一大批丰满立体且兼具思想内涵和进步意义的幽默形象和故事。

进入19世纪之后,到21世纪初的现在,这200余年来是人类社会发展最为迅速、变革最为深刻的两百年。这200年来,浪漫主义、批判现实主义、科学社会主义、自然主义、现代主义、后现代主义、象征主义等等各种思想潮流接踵相继,不断刷新着人们的观念,刺激着文化的发展。而科学技术的爆炸式发展则在方方面面进一步深刻地影响和改变着人们的生产方式、生活方式、消费方式和娱乐方式。精神文化世界的多元选择和物质技术世界的充裕极大地丰富了幽默的塑造手法、拓宽了幽默的载体渠道、深化了幽默的社会功能。

19世纪,世界上又增添了许许多多的名著,他们大多都具有幽默的性

---

① 陈孝英.《幽默理论在当代世界》[M]. 乌鲁木齐:新疆人民出版社,1987:P122.

质。如，享誉世界三大小说之王的莫泊桑（法国，1850－1893）、契诃夫（俄国，1860－1904）、欧·亨利（美国，1862－1910）的一系列幽默讽刺小说；英国的狄更斯（1812－1870）及其《匹克威克外传》、萨克雷（1811－1863）的小说、卡罗尔（1832－1898）的《爱丽丝漫游奇境记》；法国的巴尔扎克及其笔下浮世绘般的幽默讽刺故事；都德（1840－1897）和法朗士（1844－1924）的现实主义小说；拉比舍（1848－1875）的戏剧；俄国果戈理（1809－1852）的《死魂灵》《钦差大臣》等极富"含泪的微笑"特征的小说戏剧；克雷洛夫（1768－1782）的幽默寓言；谢德林（1826－1889）和屠格涅夫（1818－1883）的现实讽刺小说；美国"达到登峰造极地步的幽默大师"（《新时代大百科全书》）马克·吐温（1835－1910）及其《竞选州长》；华盛顿·欧文（1783－1859）的幽默小说等。

在幽默理论研究方面，也是流派纷呈。科学社会主义的伟大导师马克思（1818－1883）、恩格斯（1820－1895）及其追随者运用辩证唯物主义方法科学的阐述了幽默美学喜剧思想。俄国则涌现出了别林斯基（1811－1848）、车尔尼雪夫斯基（1828－1889）、杜勃罗留波夫（1836－1861）三位大家，他们站在革命民主主义的角度强调幽默的现实意义。其中车尔尼雪夫斯基的《论崇高与滑稽》对幽默的内涵和特性进行了细致深入研究，颇富价值。

到了20世纪，更多流派的幽默家、幽默作品进一步发展了幽默在全球的繁荣局面。捷克哈谢克（1883－1923）《好兵帅克》；法国罗曼·罗兰（1866－1944）的《哥拉·不勒尼翁》；英国幽默大师萧伯纳（1856－1950）的讽刺剧作；苏联高尔基（1868－1936）的作品；美国的现实主义作家海明威（1899－1961）的作品；捷克卡夫卡（1883－1924）的表现主义作品《变形记》；美国福克纳（1897－1962）的意识流小说；爱尔兰萨缪尔·贝克特（1906－1989）的荒诞派作品《等待戈多》；美国约瑟夫·海勒（1923－1999）的《第二十二条军规》等席卷全球的黑色幽默作品；哥伦比亚马尔克斯（1927－2014）的魔幻现实主义作品《百年孤独》等等，纷繁多样。此外，在其他文艺表现方式上，从查理·卓别林（1889－1977）的幽默表演到《憨豆先生》系列，再到好莱坞每年出产数量巨多的幽默喜剧电影；从美剧、英剧中的幽默喜剧电视作品到脱口秀节目，再到幽默音乐广播节目；从报纸杂志中的幽默漫画、笑话到网络世界中的幽默段子、幽默视频等等。幽默已经无孔不入，在地球村人民的工作生活中扮演着越来越重要的角色。

十一、本章小结

幽默不论是在中国还是在世界上，都是伴随着人们的文化而发展的，都具有源远流长的发展历史，是人类文化一种特殊表现形式，是人类智慧的集中表现；是不分国界的全人类的精神财富，各国的幽默文化是世界幽默文化不可分割的组成部分，伴随着国际交流与文化融合的加强以及新的传播技术的发展，当代全世界幽默呈现出以下几个发展趋势：（一）全世界崇尚幽默之风日益盛行。幽默感成为一个人的个性、思想、品味、修养、气质、知识、德行的综合表现，“在政治、外交、艺术、生活以及其他领域，幽默时刻都在表现它巨大的魅力”①。通过提升幽默感以完善自己，提高社会交往能力和竞争力成为世界许多人的选择。各类幽默书籍、幽默电视节目、幽默影视作品、互联网幽默段子乃至幽默大赛、幽默研讨会层报纸、杂志、演讲、广播、电视、电影、网络当中。幽默时时刻刻都在产生，每一个人每天都在通过各种渠道感受着幽默，都能够借助现代化的手段成为幽默的创作者、享用者和传播者，幽默已经无处不在。（三）幽默本身具有了极强的跨越时空的能力，其长存性、可流动性、易受性凸显。保存时间大大延长，传播速度大大加快，流行区域扩展至全球，对跨越语言文化环境的幽默的接受能力不断提高。甚至能够产生现场直播式的即时效果，一则正在发生的幽默可以借助互联网飞速的传遍全球，并随即产生不同的改编版本，幽默无国界已经不是理论上的推论。（四）幽默的技法变得更加多样，并且由线下转到线上，互联网幽默占据极为重要的地位。幽默不再是单纯地依靠视觉、听觉，而是走向多种艺术手法的综合，以一种综合艺术的样式满足人们开怀一笑的需要。这种综合性对创作技术提出了要求，而移动互联网为幽默开辟出一块广阔的天地，许多在现实生活中不易制造的幽默通过网络技术如动漫、flash、PS 技法等，在线上呈现给人们，并从线上传导到线下的现实生活中。现在网络技术日益成为幽默创作和传播的主战场，电子幽默真正成了民众信手拈来的家常便

---

① 万年，世茂.《中西方幽默的源流与差异》[J]. 扬州师范学院学报，1992(4)：P55－59.

饭。(五)幽默理论研究的多角度和深化。思想潮流不断交融,大量新理论的产生导致幽默研究新观点的不断出现。例如达尔文在生物学角度对笑的探究、弗洛伊德心理分析学说对幽默的研究。

柏格森唯心主义哲学的幽默研究以及各种站在文学、修辞学、美学、认知语言学、社会行为学角度对幽默的研究等层出不穷,成果日益丰富,跨学科研究和学科融合成为幽默研究的大趋势。

幽默在全球范围内不仅是一种特殊的,而且是一种重要的文化现象,伴随着人类历史的发展脚步,幽默在不同的历史阶段呈现出不同的特征,从一个侧面反映着人类历史的变迁和进步,反映出凝聚了人类的智慧。

本章从"大一统"的角度来论述幽默的形成与发展,具有双重的意义:不仅把有争议的、边沿的、"准"幽默纳入到"大一统"的范畴,而且也把历史上的、幽默概念形成之前的一切幽默也纳入到"大一统"的范畴,使各类"幽默"在横向和纵向上的"大一统"问题上得到了一些印证。

第三章

大一统幽默学的范畴

随着社会不断地进步，人类文明不断发展，幽默文化已经成为文明的附着物，而这个文明的附着物一直随着人类文明一起成长，成为一切动物界里只有人类才拥有的本质特征。围绕着幽默的研究，应运而生了大量的有关幽默的理论，“各自为政”地“建立了”很多“幽默学”。尽管如此，但在业内还是没有完全认可幽默是一门独立的学科。要使幽默成为一门独立的学科，其中一个仍然没有完全确定的重要内容，就是幽默的范畴。因为幽默范畴的界定与否、界定在多大范围，直接影响着幽默的定义、分类、结构、历史沿革等一系列涉及到建立幽默学的主要内容。

幽默已不仅仅局限在语言和文本范围之内，幽默还被移植到非纯粹语言的体裁中。诸如舞台幽默艺术：马戏、独脚戏、哑剧、闹剧等；图像影视：漫画、动漫、幽默影视、幽默照片、幽默雕塑、文字排版、汉字结构趣谈、PS 影视等等，就不属于纯语言文本类的幽默。幽默拓展了它自己生存的空间，幽默已不再局限在传统的语言性幽默里面，已经拓展到了行为性幽默和图表性幽默；随着社会的发展和科技的进步，不仅是幽默的载体和体裁越来越多，语言这个大学科类以外的很多学科的学者开始逐鹿于幽默理论研究领域，研究幽默理论涉及的学科和专门理论也越来越多。诸如，美学、心理学、生理学、哲学、人类学、社会学、符号学、认知学、逻辑学等；还有一些跨学科的理论，诸如，耗散结构理论①、概念合成理论②、不一致理论③、关联整合理论④、模因理论⑤等都在用来研究它。如此多的学科和理论加盟来研究复杂的幽默现象，一方面说明幽默文化的繁荣，受到了空前的重视和纵深的研究，无疑为建立幽默学打下了坚实的基础；另一方面也表明参加研究的人越多、当然就越"众口难调"，难于对幽默理论得出一个既全面又合理的统一观。

鉴于幽默的复杂性和多样性，一直以来，对这个文明附着物的范畴都难有一个统一的界定。尽管很多幽默理论家从不同的角度进行界定。有从逻辑学角度的⑥、有从心理学角度的⑦、有从幽默与笑的关系⑧的角度的，等等，但都难于把具有幽默元素的一切幽默内容进来，达到大一统的目的。主要症结在于幽默理论界的意见不统一，一些学者将蕴含幽默元素的文化现象排斥在幽默之外，强调要符合他们自己确立的幽默理论的才算是"真正的幽默"，强调"纯幽默"，把幽默"清高化""神圣化"。多年来对之一直争论不断。很多研究幽默的学者只是把符合幽默几大传统理论、幽默度高、有回味、能产生会心的笑的幽默叫做幽默，不把幽默边缘上的、只带一点幽默因素或许说一点噱趣的称之为幽默。具体来说，一些幽默学者不把讽刺、滑稽、谐谑、发噱、笑话视为幽默，当然与之相适应的体裁，诸如像文字方面的：杂文、绕口令、寓言、笑话、谜语、歇后语、脑经急转弯等；舞台幽默艺术方面的：马戏、独脚戏、喜剧、哑剧、二人转、三句半等；生活方面的：开玩笑、恶作剧；形象影视方面的：漫画、动漫、影视、播音、文字排版、汉字结构趣谈等等，也就排斥在幽默范畴之外。他们认为，这一类"幽默"没有专门幽默的幽默度高，它们没有会心的或不完全有会心的笑、无回味或回味低、无哲理可言等；当然也就把幽默的历史缩短了许多。

---

① 孙玉红、杨孝志：《从耗散结构理论看幽默感的培养》[J]——《合肥工业大学学报》第19卷第1期

② 蒋冰清：《概念合成理论对言语幽默生成的阐释》[J]—《怀化学院学报》第26卷第3期

③ 吕琳琼：《从不一致理论看幽默和英语教学》[J]—Sino - US English Teaching, 2006. 3.

④ 方碧月，张志江：《言语幽默的关联整合模式》[J]天津外国语学院学报，2007. 3.

⑤ 李捷：《模因论视域中的言语幽默》[J]外语学刊，2008. 1.

⑥ 孙绍振：全书的观点《幽默心理和幽默逻辑》[M]—首都经济贸易大学出版社，2009. 1.

⑦ 汤笑：全书的观点《幽默心理新说》[M]——中国城市出版社，2003. 9. 1.

⑧ 李小克：全书的观点《幽默学原理》[M]——首都经济贸易大学出版社，2007. 7.

事实上,在幽默概念和幽默理论研究出现之前,幽默现象或文化就业已存在;幽默现象或文化不是与研究幽默理论同时发生的,更不是开始研究幽默理论以后才出现幽默现象或文化,更不属于少数研究人员的专利,它来源于人类大众服务人类大众。一般的老百姓不一定搞得懂幽默理论,但他们知道如何利用幽默调侃生活,娱乐生活。所以,幽默不是束之高阁的,幽默是大众化的。幽默理论是来自于幽默实践,然后返回去服务于幽默实践的。就拿中国的幽默文化历史来说,早在幽默概念形成的很多年以前就已经萌发了幽默的种子,早就有了笑话。然而"笑话"这一个中国古代幽默的奇葩,按照"纯幽默"理论的要求,并不被业内一些专家认可。但是老百姓们可管不了那么多清规戒律,在幽默的概念传入中国之后,老百姓自然把幽默与笑话"混为一谈",甚至很多杂志报刊也不去区分,通常是把他们列为幽默这个大类。当然排斥在幽默之外的还不止"笑话",还有很多具有幽默元素的现象或文化也迟迟没有被"正名"。

要为一些具有幽默因子的幽默文化或现象进行"正名",就要从确定幽默的范畴着手,首先就是要对其范畴进行界定——这也是建立一门学科所必须的。本书所构思的范畴,就是一个"大一统"的范畴,即把与幽默有关的,内含幽默元素的、带有噱趣性的、边缘上的幽默现象或文化统统纳入幽默体系,我称之为大一统幽默体系,并用这个大一统幽默体系的观点来对幽默进行梳理、推理、论证等。在这个"大一统"基础之上对幽默的各个子项进行研究,形成我的大一统幽默学。

如果用精炼的一句话来界定我的大一统幽默学的范畴,那就是:把所有具有任何幽默因子的一切现象或文化通通视为是大一统的幽默。所谓"具有任何幽默因子"就是把但凡有一丝丝滑稽、讽刺、谑趣、发噱、喜剧性等视为是幽默的因子;所谓"大一统"就是把一切有着幽默因子,即滑稽、讽刺、谑趣、发噱、喜剧性等的现象或文化纳入到幽默范畴;所谓幽默的"现象或文化"就是把不只是语言性的、还有行为性的,图表性的等,不只是无声的、还有有声的等能表达幽默的东西通通视为幽默现象或文化。

这样一来,就可以把讽刺、滑稽、笑话等一些"不太纯"的幽默列入大一统幽默体系,让这些一直游弋在幽默边缘的"不纯幽默"得到"正名"。其实对于这一类"不太纯"的幽默,业内持肯定观点的一些专家也是想方设法地通过对幽默不同称谓命名的办法,使幽默的外延达到最大值,把这些"不太纯幽默"纳入到幽默的"大家庭"。比如把它们命名为"低级幽默""广义幽默""非本体幽默""准幽默""冷幽默"等等。本书将"低级幽默""广义幽默""非本体幽默""准幽默""冷幽默"等等这些"不太纯幽默"的称谓统一叫作"低级幽默"。

这样一来,涉及到幽默的体裁就会扩大到许多,诸如像文学方面的:杂文、段子、绕口令、笑话、谜语、歇后语、脑经急转弯、文字排版、汉字结构趣谈等;舞台幽默艺术方面的:相声、小品、马戏、独脚戏、喜剧、哑剧、二人转、三句半等;美术方面的:漫画、幽默雕塑等;声像影视方面的:动漫、幽默影视、播音幽默;电子幽默方面的:PS 影视、PS 照片等;生活方面的:开玩笑、插科打诨、恶作剧等等这些就可以堂而皇之地列入大一统幽默的范畴。

只有先确定其范畴后,才能对大一统幽默的各个方面,如,大一统幽默的定义、分类、形成、功能、逻辑、形式、结构、与笑的关系、点和度、创造与享用等去进行逐一详尽论述,以构建起大一统幽默学的组成部分。

按上面大一统幽默学的范畴,幽默的体裁就会扩大很多,但还是有很多其它的体裁,不是幽默的专属体裁,如小说、寓言、诗歌、楹联、雕塑等,这些既可以作为幽默的体裁也可以不是幽默的体裁。当小说、寓言、诗歌、楹联、雕塑等有着幽默内涵的时候,拿来作为幽默的"工具"的时候,它们才属于幽默的"体裁",就会被被冠之幽默小说、幽默寓言、幽默诗歌、幽默楹联、幽默雕塑等。这些不属于幽默专属的体裁,有些幽默度很高,有些幽默度很低,只有在大一统幽默学的范畴里,才可以被肯定为幽默体裁。幽默小说、幽默小小说由于篇幅比较长,容易形成幽默度比较高的幽默;幽默寓言要看其寓于的故事,来自幽默故事的当然属于幽默的范畴。幽默的诗歌虽然篇幅可长可短,但受到韵律和格式的影响,要构建幽默诗歌,难度也比较大。但还是面世了不少的脍炙人口的幽默诗歌。尤其是中国楹联,由于篇幅比较小,要称之为幽默楹联难度比较大。可能会有人怀疑一副小小的楹联也可以形成幽默?楹联是中国文字文化的一大特点,在这个中国特殊文化的楹联里面同样可以幽上一默。顺便举例:

(1)上联:风在刮,雨在下,我在等你回电话

下联:为你生,为你死,为你守候一辈子

横批:发错了人。

(2)上联:思无应答想也占线感情不能在充电

下联:情已欠费爱已停机缘分不在服务区

横批:心如移动如何联通

(3)上联:我爱的人名花有主

下联:爱我的人惨不忍睹

横批:命苦

从上面的例子来看,中国的楹联如此短小的文体,幽默也可以占一席之地,可谓幽默无孔不入,哪怕是对这个中国独有的文化精粹——楹联,照样可以被幽默化,可见幽默所深入的领域如此之广。

以大一统幽默学观点来认定范畴,其涵盖的面不仅把一些"不三不四"的体裁拉了进来,还把不是幽默专属的体裁也赋予了幽默的作用,虽然它们有些纯度不够、幽默度不高,但不能说它们没有幽默。事实上,它们有些彰显了幽默的结构、有些体现了幽默的错位逻辑要求、有些说明了幽默三大理论原理、有些展示了幽默的效果、有些突出了幽默的误会要素、有些揭示了幽默的矛盾修辞,等等。总之总有某一个点符合幽默某一家的理论要求。为着解决这个问题,我就是想把幽默进行"杂化"、大众化,避免把幽默太过于"纯化"。

"杂化"和"纯化"是幽默质量属性问题,只有从幽默质量属性的角度下手,可以解决"大一统"的目的,其实就是把幽默"杂化",就是把"杂化"和"纯化"共融于一个共同体,使幽默的外延得到最大化的扩大。具体做法就是把幽默从质量性质的角度分为两种:一种是高级幽默;一种是低级幽默。本身就是幽默的纯幽默叫做高级幽默,那些在"高级幽默"边缘上的、只带有一定幽默成分、一点噱趣的、不纯的诸如像讽刺、滑稽、谐谑、发噱等叫做低级幽默。把一切具有幽默因子的又不属于高级幽默的现象和文化统称为"低级幽默",使它们成为"大一统"幽默大家庭的成员,既保持它们各自的名称和特点,又把它们列入幽默范畴,使之既避免了共质化,又共融在大一

统幽默体系之中，以解决长期以来幽默范畴难于划定的问题。谈到范畴当然离不开分类，但从分类的角度，要单独开辟一章书来论述。

对于那些业内认定为“纯幽默”的高级幽默的范畴界定问题，理所当然属于幽默范畴，在学术界没有争论或基本没有争论，不再一一论证。在此，只对影响幽默范畴划定的、至少可以认定为低级幽默的一些典型的现象进行论证。

一、讽刺

有的学者把讽刺称为带刺的幽默①，也有人称之为硬性的幽默、尖刻的幽默②。但也有部分学者不把讽刺看作幽默。按我的大一统幽默学的观点，讽刺应当属于幽默，只不过其幽默度不太高，只能属于低级幽默。它是用幽默的而非直接方式去批判他人。

老舍说过，“幽默…可以讽刺，也可以不讽刺，一高兴还可以什么也不为而只求和大家笑一场。”“可以不讽刺、可以什么也不为而只求和大家笑一场”的幽默可以理解为高级幽默，即纯粹的幽默。“可以讽刺”的幽默属于低级幽默，即带刺的幽默，实际上就是讽刺本身。老舍在同一篇文章里还说：“讽刺必须幽默，但它比幽默厉害，它必须用极锐利的口吻说出来，给人一种极强烈冷嘲。”③

从讽刺的本质来看，纯粹没有幽默的讽刺是没有的，无论如何都含有一点幽默成分，如果一点儿幽默成分都没有的话，那就不叫讽刺，那就应该改口叫其批判或批评了。因为幽默有一个显著地特点，就是不“好好”说话，不直抒其意，在这一点上，讽刺具有相同性，“讽刺”就是不直接批判、批评人，绕着弯子批判、批评人。“批判、批评”对人的攻击却是直截了当的，不委婉的。带有幽默的意味去批判、批评人的话，那就是讽刺，因为纯幽默不具有攻击性、批判性。在一定意义上：

① 孙绍振：《幽默心理和幽默逻辑》[M]P. 105——首都经济贸易大学出版社

② 孙绍振：《幽默心理和幽默逻辑》[M]P. 122——首都经济贸易大学出版社

③ 老舍：《谈幽默》，http://blog.sina.com.cn/s/blog_628f47f20100hwac.html. 2010－02－2508:18:13

讽刺 = 批判(批评) + 幽默

可以说,用幽默的手段来批判、批评人就是讽刺,只不过其可以有强幽默也可以有弱幽默。如果批判或批评的成分占得少,幽默感就强一些,这个讽刺就温和些;如果批判或批评的成分占得很多,幽默感就弱一些,这个讽刺就辛辣些。文学史上就有许多辛辣的讽刺,例如契诃夫的《小公务员之死》《变色龙》等小说,表面上写的是日常生活中无关紧要的笑话,实际上却辛辣地嘲笑了沙皇专制制度和小市民的奴性心理。你不能因为这些作品讽刺比较辛辣而否认大师的作品幽默性。

另外,有人说幽默与讽刺的区别在于:幽默有笑,讽刺没有笑,并以此来确定讽刺不属于幽默范畴①。这个不能一概而论,这要看在讽刺中存在幽默成分的多少来决定。幽默成分多,当然是可以带来笑的,批判、批评的成分多就不一定会带来笑。甚至幽默的笑有时候会让人捧腹大笑,但也有时候笑不出声来,但心里面确实感到在笑,是心在笑,就是专家们讲的会心的笑。为着说明这个问题,首先要说明两点:

(一)不是所有的笑都是由幽默引发的。比如:1. 喜悦的事情引起的笑;2. 愚蠢(白痴)引发的笑;3. 幼稚引发的笑;4. 职业要求的笑(如演戏、空姐的职业要求等);5. 虚伪的笑:如,逢场作戏的笑、阿谀奉承的笑,等等,都不具有幽默色彩和成分。但荒谬引发的笑有两种情况:一种是真正的荒谬的笑、一种是故意荒谬的笑;或许说一种叫作客观荒谬的笑、一种叫作主观荒谬的笑。主观荒谬的笑属于幽默的手法之一,当然属于幽默的笑,客观荒谬的笑不属于此列。也就是说幽默引发的笑一般都是会心的,还可以缩短心理距离,缩短心理距离就能增加感情,客观荒谬的笑没有这个功能。

(二)不是所有的幽默都有笑,幽默不一定要引起笑,如批判成分很高的讽刺、或许叫作辛辣性讽刺,它就不一定引发笑。所以又有人把它分为批判型的讽刺和嘲笑型的讽刺。批判型讽刺就是批判成分多幽默成分少的讽刺,这种讽刺就不一定带来笑,因它带有较强的攻击性;嘲笑型讽刺就是批判成分少幽默成分多,带有戏谑性,攻击性较小,这种讽刺就可能带来笑。

---

① 谢德林(俄):《谢德林童话集》[C]——P58. 上海译文出版社 1983. 9.

这种笑,不属于愉悦的笑,但属于会心的笑。持“幽默有笑,讽刺没有笑”观点的人,当然认为讽刺只有攻击性,没有幽默性。实际上讽刺就属于幽默型的攻击。批判性越强幽默感就越弱,但不等于没有幽默成分,只不过幽默感弱一些罢了。就讽刺本身当中的嘲笑型讽刺来说,就带有一个“笑”字,这个嘲笑的“笑”字,就与冷笑、苦笑有着异曲同工的功效。冷笑、苦笑虽则里面都带有一个“笑”字,实则属于不带来笑的讽刺,不会带来愉悦的笑。冷笑带有威胁和阴险的内涵,苦笑带有无奈的内涵,当然苦笑、冷笑就不可能达到幽默具有的缩短心理距离、增加感情的功能,但体现出幽默虽则不带来笑声,但可以带来“笑”意的幽默本能。本身笑中还有“苦”和“冷”就是矛盾的,就是一种乖讹,就属于幽默三大理论的范畴——这应该属于批评型的讽刺。

嘲笑型的讽刺当中的“笑”虽然没有幽默缩短心理距离、增加感情的功能,但与三大传统理论之一的“优越(蔑视)论”①也相吻合。这个理论的主要观点就是:幽默的笑,是人们对相对无能者表现出来的恶意,对逊于一般人的人们的模仿、是人们总是处于相互竞争中并且在不断寻找别人的缺点、是突然意识到自己比别人优越时的表现。众所周知,鲁迅主要是以讽刺为武器来战斗的,因为在那种政治背景下只能如此。所以有人对鲁迅的文风评价是“以笑骂人”,这里也有一个“笑”字,但是也有没有笑声的。鲁迅的讽刺两者兼有。

鉴于此,单纯把“幽默有笑,讽刺没有笑”作为幽默与讽刺的区别不成立,没有搞清幽默、讽刺和笑之间的关系,就把幽默与讽刺分家当然也不能成立了。

讽刺有着这么多的地方符合幽默理论或幽默原则,把讽刺隔离在幽默之外显然不合适,讽刺应该属于幽默的范畴。尤其是语言性的讽刺数不胜数,因为语言性的讽刺是讽刺的主要表达形式。讽刺的段子、小说、杂文等若干文体都幽默的性质:要么逻辑错位、要么预期落空、要么出乎意料,要么符合传统的幽默三大理论的要素。在讽刺里面也有着两种情况:一种是生活中实实在在存在的,一种是故意编造出来的。实实在在发生的讽刺故事大多发生在一些大作家身上,拿萧伯纳举例:

① 蔡辉 尹星:《西方幽默理论研究综述》[J]—《外语研究》2005 年第 5 期

(4)不值一块钱

在一个晚会上,萧伯纳正在专心地想他的心事。坐在旁边的一个富翁不禁感到好奇,就问道:"萧伯纳先生,我愿出一块美元,来打听你在想些什么。"萧伯纳回答说:"我想的东西真不值一块钱呢。"富翁更加好奇了:"那么,你究竟在想什么呢?"萧伯纳安祥地答道:"我是在想着您啊!"

(5)劳动和运动

在一次宴会上,萧伯纳恰好与某资本家的太太并座。

"亲爱的萧伯纳先生,"这位身体肥胖、娇声娇气的阔太太问道:"你是否知道,哪种减肥药最有效?"

萧伯纳注视了一下这位邻座,装出一副正经的神态,用手捋着长须答道:"我倒是知道有一种药,但遗憾的是,我无论如何也翻译不出这个药名,因为劳动和运动这两个词,对您来说是地道的外国字。"

第(4)(5)例子都是实际存在的讽刺性故事。(4)例子用转弯抹角的方式挖苦了富婆四体不勤,但对方是哑巴吃黄连有苦说不出,比不带幽默的直接批评人还要能"接受"一些,而且有味、有趣——这就是"幽默就是不好好说话"的效果。

讽刺的另外一种情况就是专门编撰的文体,杂文就是讽刺首选文体之一。既然讽刺属于幽默,当然杂文也就随之成为幽默的一员,因为杂文本身的基本特点就是讽刺。在我国,运用杂文来讽刺的,要首推鲁迅先生,它的杂文辛辣、讽刺味足。当然他的讽刺作品的体裁也不只限于杂文,还有小说、诗歌以及其他形式的讽刺文体,在这些文体中还运用的了很多手法来达到讽刺的目的。如:《呐喊》《彷徨》《狂人日志》《坟》《阿Q正传》《野草》《朝花夕拾》《故乡》《孔乙己》《药》等等,都有着强烈的讽刺风格。比如:

(6)利用反语手法①的幽默

在评述"三一八惨案"的文章《记念刘和珍君》中,鲁迅先生愤怒地控诉

① 摘编自 http://www.doc88.com/p-130783235586.html

段政府杀害爱国青年的暴行，痛斥走狗文人下劣无耻的流言，无比沉痛地悼念刘和珍等遇害青年，表现出他的悲哀和尊敬。在文中写到"当三个女子从容地转辗于文明人所发明的枪弹的攒射中的时候，这是怎样的一个惊心动魄的伟大呵！中国军人的屠戮妇婴的伟绩，八国联军的惩创学生的武功，不幸全被这几缕血痕抹杀了。"

(7)利用夸张手法①的幽默

如在《孔乙己》中，就有多处是用夸张的手法来讽刺的：

1."他从破衣袋里摸出四文大钱，放在我手里"。

2. 孔乙己睁大眼睛说，"你怎么这样凭空污人清白……"

3."穿的虽然是长衫，可是又脏又破，似乎十多年没有补，也没有洗。"

(8)利用比喻手法的幽默

鲁迅先生在《拿来主义》中，文章开头就是赤裸裸的讽刺。"中国一向是所谓'闭关主义'，自己不去，别人也不许来。自从给枪炮打破了大门之后，又碰了一串钉子，到现在，成了什么都是'送去主义'"

鲁迅在自己编撰的三篇文章中，分别用了三种不同的手法来达到讽刺的目的，当然这种讽刺就是转弯抹角地批评和批判。在一定意义上，转弯抹角地批判比起直接的批判还来得有力。因为直接的批判缺乏幽默的味道，干巴巴的说教一般都不太会引人注目；讽刺都会带有强烈的对比、夸张和反语，容易让人反思——幽默也总是让人"有回味"。上面的鲁迅先生所撰写的三篇文章中的讽刺尽管是属于撰写的，但所撰写的内容也还是密切的关联着现实。

都还有一些讽刺故事就纯粹是编造出来的，举例：

(9)一个纵横多年的"贼王"落网之后，向警察大发感慨："小偷不是一般人能做的。要当一个优秀的小偷，必须具备四种素质：一是军人的勇敢，二是商人的狡诈，三是间谍的洞察力，四是运动员的体质。这四点我都具备了，没想到还是栽了！"

---

① 摘编自 http://www.doc88.com/p-130783235586.html

(9)例子既是一个讽刺也是一个纯幽默,讽刺的是:贼王如此的的自诩;幽默的是:尽管贼王有着如此四种“高”素质,居然还是落网了。这个例子说明,有些讽刺与幽默是你中有我、我中有你,有时候真的难以区别哪一个属于幽默、哪一个属于讽刺。这种讽刺就属于幽默和讽刺共融一体,既具有幽默性又拥有讽刺性。按照我的大一统幽默学的观点,所谓幽默性就是高级幽默的属性,所谓讽刺性就是低级幽默的属性;这一例子还说明,讽刺与所谓的纯幽默是难舍难分的。

在当今社会里,讽刺已经不只限于语言性的,已经扩展到很多载体和体裁里,比如讽刺漫画数不胜数,并经常被用来作为时事政治的攻击性“武器”。甚至很多体裁和载体的讽刺已经不属于低级幽默,他们的幽默度也很高,幽默的成分也很多、也符合幽默的种种理论和结构,而且还回味无穷。比如像漫画当中的讽刺画:

(10)有一幅漫画一个人拿着酒瓶在喝酒,酒瓶里面飘着钓鱼的鱼鳔,还有鱼钩。

(11)这幅漫画的画面是:一个带着乌纱帽的官僚的屁股后面很多麦克风对着,题目是“放屁”。

上面的(10)(11)例子都是漫画当中的讽刺画。(10)例子是讽谏大家对酒不要贪婪,酒里面也有陷阱,酒里面也有“钓鱼”;同时也讽刺了那些“钓鱼”执法者的卑鄙行径。钓鱼的渔具在酒瓶子里出现,难道这不怪诞和乖讹吗?这个怪诞和乖讹就是幽默的内在要求,利用这种怪诞和乖讹来讽刺一些社会部门的“钓鱼执法”,一举两得,即让人们感到好笑和愉悦,又鞭挞了社会弊端。对(10)例子的认识和回味或许还不止如此,或许还会有更深层次的其它回味和认识,也符合幽默的内在要求。

(11)例子是讽刺一些新闻媒体“唯官论”,眼睛只朝上,当官的连放的屁都有采访和报道的价值,对媒体的讽刺可谓是鞭辟入里。这么多的麦克风去对着一个当官的屁股难道不荒唐和搞笑吗?这里的荒唐和搞笑不也正是幽默所要求的吗?

除了语言性的文体可以载入讽刺以外，还有一些行为性和图表性的体裁和载体可以承载讽刺。比如漫画、动漫、电影、电视剧、戏剧、PS图片影视等等，在此就不一一举例。

总之，把讽刺列为幽默的大家庭成员，有利于建立幽默学的大一统。按照上面所推理的，讽刺就是带有幽默性质的批评(批判)，或许说成为带刺的幽默。

二、滑稽

高级幽默和滑稽二者确有许多严格的区别，但也有很多共同点。他们的共同点是：它们都具有畸形、荒谬、不协调、不匀称等因素，特别共同的特点就是会引起笑。但各种发笑的层次不一样。滑稽能引发笑，比起幽默引发的笑要低一个层次，因为它不完全是会心的笑，不完全有回味，并不具有深层次的哲理，但具有一定的幽默成分。

首先拿滑稽与愚蠢来比较就可以看出，滑稽不是愚蠢，纯粹的愚蠢是没有幽默成分的；再拿滑稽引发的笑与愚蠢引发的笑来比较，它却又高了个层次，滑稽有故意性，愚蠢没有，愚蠢纯粹属于客观存在。虽然滑稽和愚蠢都可能导致笑，但意味不一样，一个是主观的、一个是客观的。纯粹的愚蠢引发的笑，不具有幽默的成分。滑稽引发的幽默虽然幽默度不高，但毕竟属于幽默的范畴。有很多幽默家就把滑稽引发的笑当成了愚蠢引发的笑，不具有任何智慧因素。但我不这样认为，那滑稽与愚蠢一比较就可以看出，滑稽比起愚蠢还是有一点点智慧的。客观性的、纯粹性的“愚蠢”当然不能叫做幽默，客观性的愚蠢就只能引发笑声，那也不属于幽默的“笑”。然而滑稽引发的“笑”是故意的，甚至也可以把滑稽叫做“故意性愚蠢”或“装蠢”，可以视为是丑化了的幽默。从这个意义上讲：

滑稽＝故意性愚蠢 or 装蠢

既然是装蠢，就具有一定的智慧，由于有一定的智慧来引发笑声，当然就属于幽默的范畴；同时，滑稽还符合幽默的一个特点，那就是：幽默的创造需要故意来完成一些违背常规的事情。在幽默界甚至还有“滑稽是古代幽默的代名词”的说法①，不仅如此，我还认为滑稽甚至还是幽默的活化石，因为在幽默概念出现之前就已经有了滑稽；因为滑稽在远古时代还作为了宫廷的调笑品；因为滑稽与所谓的幽默也是难舍难分的。比如一些老百姓去观看了马戏团的滑稽戏后，得到的感觉都是既滑稽又幽默的。所以，没有必要硬要把滑稽与幽默分家，可把滑稽列为幽默一个家庭成员，保留其名称，让其既独立又属于幽默的范畴。但由于滑稽的幽默度不太高、幽默成分较少、无多少哲理、回味少、不完全具备会心的笑。由于它也具备了幽默一定的因子，至少可以把它界定为低级幽默。举例：

(12)买甲鱼

爸爸嘱咐小刚说：“你去买两只甲鱼回来，记住要买活的。”

小刚问：“甲鱼活的和死的怎样才能区分得出来呢?”

爸爸说：“放在水里能游动的，就是活的。”

过了一会儿，小刚空着两手回来了。爸爸奇怪地问：“你买的甲鱼呢?”

小刚委屈地说：“您不是要我买活的甲鱼吗？我照您的话，把买来的甲鱼放在河水里想试试看它们活不活，可谁想它们竟然一下子都游走了！”

例子(12)是一个滑稽性的故事，有可能是编造的，也有可能是生活中发生的。小孩的行为纯属于滑稽性质，你要把它说成是幽默，也未尝不可，因为滑稽与幽默也是你中有我、我中有你，不好严格的界定。

上面讲到，滑稽是故意性或装愚蠢，但有时候滑稽也有可能由真正的愚蠢造成。这种愚蠢不是故意性的，也不是假的，它是暂时性的，是大脑一时糊涂或因年纪小幼稚所造成的。照理这不属于滑稽之列。但因这一类滑稽被人为地捕捉、放大、加工、复制、宣传，那它又属于故意性的了。我把这种“真正的愚蠢”而产生的滑稽称之为“休克性愚蠢”，“休克性愚蠢”可以带来滑稽。举一个“休克性愚蠢”的例子：

(13)中午去存钱，排队时一美女在后面问我：“存钱是吗?”“嗯!”“我正

---

① 田建民 田小军：《幽默学》——P4.[M]－内蒙古文化出版社

好要取钱,反正你要存,我要取,不如你把钱直接给我,咱俩就都不用排队了。”我想想觉得有道理,于是就把钱给她了。

例子(13)也可能是编造的,也有可能是捕捉到了拿来让人们开心的。要说例子(13)有多大的幽默成分,我看未必,就是一个误会的、滑稽的瞬间,被捕捉到了或被创造出来娱乐人、搞笑人。

当然并不是滑稽全部由故意愚蠢、装蠢或“休克性愚蠢”组成,有时候“智慧”也会产生“滑稽性”幽默。由智慧产生的滑稽,我称之为具有幽默性质的恶作剧。举例:

(14)犯人收到妻子来信:“你进监狱了,咱家的几亩地没人翻,公婆干不动,我身体不好,还得看孩子。”

犯人回信:“千万别翻地,地里埋着枪……”

一月后他妻子回信:“警察来了三四批,把咱家地翻了好几遍,累的吐血了也没找到枪,你把枪藏哪了?”

犯人回信:“本来就没枪,警察帮忙把地翻了,你赶紧种地吧,其他忙我也帮不上了!”

大多数恶作剧都具有幽默性质,这一点在下面要专门论述。但这里只是从智慧的角度来审视滑稽。从这个角度讲,我称之为智慧型滑稽。还要强调的是,滑稽虽然它属于低级幽默,但不能说它是低级滑稽,滑稽本身不应该有高低级之分。

滑稽也有着一些体裁,如马戏、独脚戏、喜剧、哑剧、二人转、恶作剧、相声、小品、动漫、漫画、电影、播音、绕口令、PS图影等等。尤其是在表演艺术上,可以说滑稽是中国表演艺术最早萌发的传统之一,它开创了中国戏剧喜剧路线的一脉,并且绵延至今。如:《鸡鸭夫妻》《拼命》《到上海去》《三毛学生意》《七十二家房客》《满意不满意》这些脍炙人口的电影和喜剧着实凝聚了很多滑稽动作和场面,让一代人得到欢笑。当然还有马戏团中小丑和“动物演员”,就是典型的滑稽演员。这些动物演员和小丑的一切表演就是滑稽,尽管还达不到“幽默”的标准,但它们在导演设计下的表演、以及与小丑配合的表演等,不仅只是滑稽好笑,还集聚了很多幽默的成分和智慧。按我的大一统幽默学的观点,可以把马戏里面的动物演员们的表演至少界定为低级幽默。近年来有些地方还专门成立了滑稽剧社,滑稽剧团,排演了很多滑稽剧,并对滑稽这一现象进行了学术的研究。

在这里要指出的是,滑稽的表现形式主要侧重在行为性的幽默上。比如戏剧的马戏的动物行为,喜剧的人物行为,电影、动漫的滑稽行为、播音的搞笑声音、影像的搞笑图片等。当然文字的滑稽也有,但是语言性的滑稽只能从故事情节上来判断,通常通过较大篇幅人物行为的叙述来达到,要求读者去理解文字对行为的描述,滑稽戏的东西一般都是二维以上的视觉。纯粹体现滑稽的文字性东西就不太多,需要一定的想象力,或往往需要导演和演员二度或三度创作,把它立起来以后,才容易感觉到它滑稽性、幽默感的存在。往往一个文本性的幽默故事,要让其滑稽表达出来,还需要编剧的改编,还需要导演的设计,还需要演员的表演,才使得滑稽呈现在观众面前。如果说将滑稽性的文本改变为戏剧脚本为二度创作,那么导演的设计和演员的表演就是三度创作。往往人们对于滑稽的文本描述或脚本不太看得懂,就是没有导演和演员的三度创作;反过来说立体型的滑稽表演首先来自一定的语言性的文字脚本,然后经导演与演员搬上舞台或荧幕,形成行为性的幽默,才使一般的人感觉到滑稽的味道,才发出笑声来。在文本里不太好举例子,但可以透过滑稽剧的文字性脚本看出在演出中的滑稽。举例:

(15)The bank①

Scene: The manager's office in a bank

Characters: Miss D. Posit, the bank manager

Monica, Miss Posit's secretary

Mr. Moore, a customer

A bank robber

(Miss Posit is sitting at her desk. The robber comes in suddenly)

Robber: Nobody move!

---

① 最搞笑的英文滑稽表演剧本 https://wenku.baidu.com/view/c8ec4e5bbe23482fb4da4c30.html

Posit: Of course, I am professional. When I am working, I never move around.

Robber: Read this.

Posit: (reading)

"Three tomatoes, four eggs and two cans of Coca – Cola." You can get out, turn right, there is a

Wal – mart. You will get what you want there.

Robber: Oh, thanks.

(The robber turns back and goes out.)

(Monica brings Mr. Moore in.)

Monica: Mr. Moore.

Miss Posit: Good morning, Mr. Moore.

Mr. Moore: Good morning.

Miss Posit: Thank you, Monica.

(Monica leaves the office.)

Miss Posit: Do sit down, Mr. Moore.

Mr. Moore: Thank you.

(He sits down.)

Miss Posit: Now, Mr. Moore, the situation is like this.

Your account is overdrawn $10,000, overdrawn.

Mr. Moore: Oh, good.

(He takes out his credit cards and shows them to the manager.)

Miss Posit: Mr. Moore, Mr. Moore, if you use your credit cards, you' ll be overdrawn more, Mr.

Moore.

(The robber comes back again with a bag of grocery at hand.)

Robber: Nobody move!

Miss Posit: Can I help you?

Robber: That's better. You –

Mr. Moore: Me

Robber：Yes. Read this.

He gives Mr. Moore a note.

Mr. Moore：Oh. OK. Er… (Reading) "Three tomatoes, four eggs…"

Robber：No, no, no. The other side this time.

Mr. Moore：Oh, sorry. Er…(Reading) "Give me all your…honey, or I'll kiss you."

Robber：Not kiss – kill!

Mr. Moore：Oh. Er…Miss Posit. I think this is for you.

(He gives the note to Miss Posit.)

Miss Posit：(Reading) "Give me all your money, or I'll kill you."

I see. Would you sit down for a moment?

Robber：Sit down?

Miss Posit：Yes. I am very busy at the moment. Please sit over there.

Robber：But – ?

Miss Posit：I'll be with you in a moment.

(The robber sits down.)

Miss Posit：Now, Mr. Moore. You spend twice as much as you earn.

Mr. Moore：But I earn $ 5000 a month.

Robber：Excuse me!

Miss Posit：Yes!

Robber：I make $50,000 a month.

Miss Posit：Really Would you like to sit here?

Robber：Thank you.

Miss Posit：Mr. Moore, would you sit over there for a moment.

(The robber and Mr. Moore change places.)

Miss Posit：Tell me… where do you keep this money?

Robber：Here, in this bag.

(He puts a large bag full of money on the desk.)

Miss Posit：Oh, oh, yes. Very nice. Um…would you like to open an account, Mr…

Robber: Robber.

Miss Posit: Well, just excuse me one moment, Mr. Robber. I'll ask Monica to get the necessary papers.

Robber: Certainly.

(Miss Posit leaves the office.)

Mr. Moore: Excuse me…

Robber: Yes?

Mr. Moore: You make $ 50,000 a month.

Robber: Yes.

Mr. Moore: How do you do it

Robber: I rob banks.

Mr. Moore: Oh, I see. You rob banks and steal the money.

Robber: Yes.

Mr. Moore: How do you do it

Robber: It's easy. First, you need a mask.

Mr. Moore: Oh, nice, I have got one.

Robber: Well, then you take a gun –

Mr. Moore: I haven't got a gun.

Robber: Oh…well, borrow mine.

Mr. Moore: Thank you very much.

Robber: You take a gun and you take a note.

Mr. Moore: Oh, yes, the note. That's very good. I like that. (Reading) "Three tomatoes, four eggs –"

Robber: The other side!

Mr. Moore: Oh yes. (Reading) "Give me all you honey, or I'll kiss you!"

Robber: "Money" and "kill"!

Mr. Moore: Oh, yes.

Robber: You wear a mask, take the note, go into the bank, and put the note on the bank manager's? desk.

Mr. Moore: Is that all

Robber: Yes.

Mr. Moore: I see.

(Monica comes back with papers.)

Monica: Ah, yes. Now, Mr. Robber –

Mr. Moore: Give me all your honey…money, or I'll kiss…kill you.

Monica: (Scared) Money, Mr. Moore Certainly. Take this bag.

(She gives Mr. Moore the robber's bag.)

Mr. Moore: Oh, thank you. That was easy.

Robber: Yes, but –

Monica: Mr. Moore, your account is still $ 10,000 overdrawn.

Mr. Moore: Oh, yes. Well…um…Here you are. He gives here $ 10,000 from the robber's bag.

Mr. Moore: $1000, $2000, $3000, $4000 –

Robber: But…but…

Monica: Thank you. Mr. Moore.

Mr. Moore: Goodbye.

(Mr. Moore leaves.)

Miss Posit: Now, Mr. Robber, here is your account…

Robber: But…But…But…

Monica: Mr. Robber, Mr. VIP, Here is my telephone number, My name is Monica…

Robber: Just a minute! I think something's gone wrong. Hey, you! Come back! Bring back my money – and my gun! Come back!

(He runs after Mr. Moore.)

Monica: Hey, don't forget to call me.

附翻译文本：

银行

场景:银行经理办公室

人物:

D. 波斯特小姐,银行经理

莫妮卡,小姐的秘书

摩尔先生,一个客户

银行抢劫犯

(波斯特小姐正坐在桌子旁办公,劫匪突然闯进来)

劫匪:任何人不许动!

波斯特:当然,这是我的职业,每当我工作时,我从不四处走动。

劫匪:读这张条子!

波塞特:(读)“三个西红柿,四个鸡蛋和两听可口可乐。”

“你可以出去,右转,有一个沃尔玛超市。在那里你会得到你想要的。”

劫匪:哦,谢谢。

(劫匪转身走了出去。)

(莫妮卡把摩尔先生带了进来)

莫妮卡:摩尔先生。

波斯特小姐:早上好,摩尔先生。

摩尔先生:早上好。

波斯特小姐:谢谢你,莫妮卡。

(莫妮卡离开办公室)

波塞特小姐:请坐,摩尔先生。

摩尔先生:谢谢你。

(他坐了下来)

波斯特小姐:摩尔先生,情况是这样的。你的账户被透支了 10000 美元,被透支了。

摩尔先生:哦,怎么会呢?(他拿出信用卡,给经理看)

波斯特小姐:摩尔先生,摩尔先生,如果你用信用卡的话,你会透支得更多。摩尔。

(劫匪提着一袋杂货又回来了)

劫匪:任何人不许动!

波塞特小姐:我能帮你什么吗?

劫匪:更好,你是……

摩尔先生:是说我吗?

劫匪:是的,你把这个读一下。(他给了摩尔先生一张纸条)

摩尔先生:哦,好的。(读)"三个西红柿,四个鸡蛋…"

劫匪:不,不,不是这个,这回要读反面。

摩尔先生:哦,对不起。呃…(读)"把所有的…蜂蜜给我,不然我就吻你。"

劫匪:不是吻(kiss),是杀(kill)!

摩尔先生:哦,呃…波斯特小姐,恐怕我想这是给你的吧。(他把纸条给了波斯特小姐?)

波斯特小姐(读):"把你所有的钱都给我,不然我就杀了你。"我明白了。你能不能先坐下来一会儿?

劫匪:坐下来?

波斯特小姐:是的。我现在很忙,请先坐在那边。

劫匪:可是……

波斯特小姐:我一会儿就来接待你。

(劫匪坐了下来?)

波斯特小姐:摩尔先生,你好,你花的钱是你所挣的两倍。

摩尔先生:是的,我每月挣 5000 美元。

劫匪:打岔一下!

波斯特小姐:请讲!

劫匪:我一个月可以挣 5 万美元。

波斯特小姐:真的吗? 那你过来好吗?

劫匪:谢谢。

小姐:那么摩尔先生,你先坐到那边一会儿,好吗?

(劫匪和摩尔先生互相换了了位置?)

波斯特小姐:你能告诉我…你想把这笔钱存放在哪里?

劫匪:在这里,在这个袋子里。

(他把满满一大袋的钱放在了桌子上?)

波斯特小姐:噢,是的呢,很好。嗯…你要开一个账户,…先生名字?

劫匪:劫匪。

波斯特小姐:对不起,请稍等一下,劫匪先生。我要叫莫妮卡去要拿一个必要的文件。

劫匪:当然。

(波斯特小姐离开了办公室?)

摩尔先生:打岔一下…

劫匪:没关系,你有什么事?

摩尔先生:你每个月挣5万美元。

劫匪:是的。

摩尔先生:你是怎么做到的?

劫匪:我抢银行。

摩尔先生:哦,我明白了,你抢银行,偷钱。

劫匪:是的。

摩尔先生:你是怎么抢呢?

劫匪:很容易,首先,你需要一个面具。

摩尔先生:哦,太好了,我恰好有一个。

劫匪:那就很好了,然后你要搞一把枪。

摩尔先生:我没有枪。

劫匪:哦…那就借我的吧。

摩尔先生:那太感谢你了。

劫匪:你一边拿着枪,一边拿着这张纸条。

摩尔先生:噢,是的,这张纸条,那就很好了,我很喜欢那样。(读)"三个西红柿,四个鸡蛋。"

劫匪:读反面!

摩尔先生:哦,是的。(读)"把你所有的蜜都给我,否则我就吻你。

劫匪:"钱"和"杀"!

摩尔先生:噢,错了。

劫匪:你戴着面具,拿着纸条,走进银行,然后把纸条放在银行经理的桌上。

摩尔先生:就这些吗?

劫匪:就这样。

摩尔先生:我懂了。

(莫妮卡手里拿着文件回来了)

莫尼卡:喂,我把文件拿回来了,现在,劫匪先生。

摩尔先生:把所有你的蜂蜜…所有的钱给我,否则我就吻…杀了你。

莫妮卡:(害怕)钱,摩尔先生? 当然可以。把这个袋子拿去吧。

(她给摩尔先生劫匪的那个包)

摩尔先生:噢,谢谢你。原来这么容易。

劫匪:是很容易的,但是……

莫妮卡:摩尔先生,可是你的账户还透支了一万美元。

摩尔先生:噢,对的,嗯…嗯…给你。(他从劫匪的袋子里拿了一万美元。)。1000 美元,2000 美元,3000 美元,4000 美元

劫匪:但是……但是

莫妮卡:谢谢你,摩尔先生。

摩尔先生:再见。(摩尔先生走了)

波斯特小姐:现在,劫匪先生,这是您的帐户…

劫匪:可是…可是…可是…

莫妮卡:劫匪先生,VIP 先生,这是我的电话号码,我的名字叫莫尼卡…

劫匪:等一下! 我觉得有哪个地方出了问题。嘿,你! 回来! 把我的钱和枪拿回来! 回来!

(赶紧去追赶摩尔先生?)

莫妮卡:嘿,别忘了给我打电话欧。

以上这个幽默剧的故事情节比较简单,就是一个抢劫犯把抢来的钱拿到银行去存,碰上一个顾客正先于他办理其它业务,在办理业务的过程中,抢劫犯获知这个顾客的月收入才 5000 元,便炫耀地脱口而出地说,他自己的月收入就有 50000 元。于是顾客向抢劫者请教,抢劫犯毫不掩饰地介绍了他就是靠抢劫月收入才会这么高,甚至还教这位顾客如何抢劫,甚至还把蒙面套和手枪借给这位顾客;于是这位顾客就借用了抢劫者的手

枪,顺便半路劫财,把抢劫犯劫来的钱洗劫了一空,形成了幽默。如果仅仅是靠阅读来理解这个幽默剧,并不感到很幽默,仅仅只有一个幽默点;如果不是被立起来作为在舞台上表演的表演性幽默,很多滑稽的情节和幽默点就被埋没。因为仅从脚本来看,语言就有很多省略号、很多打盹的地方都是要有演员的滑稽动作来弥补的。这样的表演性的幽默还需要导演和演员二度创作,就是要加上演员的滑稽动作,才能把幽默故事变为具有三维或四维的滑稽场面。这个幽默剧从纯粹语言性幽默,通过滑稽动作,变为了表演性的幽默,当然幽默的效果和幽默度就要高得多,这就是得益于演员的滑稽动作。

除了表演性的滑稽外,当然还有图表性滑稽,如绘画、摄影、PS 影像等也可以构成滑稽。如

例子(16),有一张照片,就是把一头猪的样子嫁接于人的脸上。

例子(17),还有一张照片,有一个人居然是在大家拉屎拉尿的马桶上搞烧烤。

例子(16)(17)两张图片有可能是 PS 的,也有可能是作者捕捉到的瞬间摄像。(16)狗人合一的影像;(17)是用马桶来烧烤吃的东西。你说这两幅图幽默吗?大家都会认为它幽默,但再进一步往下问,怎么幽默法?一般人就不好答了。其实它们就仅仅属于一个滑稽行为的瞬间或故意 PS 的图像。一般人都只能觉得这张照片搞笑,根本分不清所谓的幽默与滑稽的界限。其实很多滑稽里面就已经存在了幽默了,所谓的幽默也需要滑稽来支撑,他们是互补的,所以把滑稽与幽默看成是一个大系统,把滑稽列入幽默的范畴应该是顺理成章的事情,大可不必去大费周章把他们割裂开来。只不过把滑稽界定为比"纯幽默"低级一点的低级幽默而已。

无论是从滑稽有着很多幽默成分,还是滑稽与幽默难舍难分来看;无论是从低级幽默的角度来看待滑稽都应该属于幽默范畴,还是从幽默演绎出来的很多形式都离不开滑稽来看,滑稽都不应该排斥在幽默这个大家庭之外。

三、笑话

笑话本身就含有很多幽默成分，尤其是在上世纪二三十年代幽默一词或幽默概念引进之前，可以说中国笑话与现代所说的幽默是分不清的。笑话在中国源远流长，非常丰富。而幽默一词，或者说幽默的概念仅仅是在上世纪二三十年代由林语堂把英语 humor 一词翻译过来得予延续到现在，属于舶来语，“引进”词。这仅仅表明在中国诞生了幽默这个概念，并不等于说在此之前中国的历史上就没有幽默和没有对幽默的研究。只不过那时不叫幽默，那时或许叫笑话、叫戏谑、叫滑稽等。现代一些学者硬把笑话、戏谑、滑稽等与幽默俨然分家，这就等于说，中国的历史上没有幽默，只是在上世纪二三十年代“幽默”这个词被翻译进入国文后才有幽默的。事实上，我们不能因一个词、一个概念的引进而否定一个具有悠久笑话史的中国具有幽默、幽默现象和幽默研究。“所以一国的文化，到了相当程度，必有幽默的文学出现。”①也就是说文化和语言发展到一定文明程度就会产生幽默的现象。幽默是语言和文化的高级产品，进入文明社会以后，甚至可以说幽默就是人类生活的衍生物。

事实上，笑话就是古代的的幽默。

众所周知，中华文明在世界历史上中是最为灿烂的，幽默现象毫无疑问与文明的发展也是相辅相成的，幽默现象不可能在外国比在中国要早出好多年；更不可能由于上世纪翻译引进这个词，而把中国早已有的属于幽默范畴的笑话、滑稽、戏谑等武断地排斥在幽默以外。就算拿对幽默的创作和研究来说，在国外或许从苏格拉底时算起，那时外国也不叫做幽默（humor）。Humor 一词一开始仅用在医学上，后来派生出一个当脾性、气质讲的引申义，由于英国文艺复兴时期一些喜剧作家大力提倡写畸形发展的癖性或气质所控制的人物即“幽默性格”（Humor Character），对十七八世纪英国喜剧和幽默文学的发展产生了极大的影响，于是渐渐地“幽默”这个词又从禀性、气质、怪癖等生理性的意义演变出一个新的心理性的意义来，这就是现代这

---

① 林语堂：《论幽默》——［J］http://www.dyonline.org/dybbs/dispbbs.asp? BoardID = 20&ID = 4254，2008.6.

个同笑话、滑稽、讽刺、戏谑等意义相近、相同的“幽默”。进而成为了一个喜剧理论中的专门术语后,反过来又传到法国和其他国家,渐渐成为一个全球通用的名词①。应该说,由于这个词的发明,从外延上把一切带有幽默因子的滑稽、讽刺、戏谑、发噱、搞笑等都囊括了进来。

从这个词的演变可以看出,幽默概念不是随着幽默现象的发生而发生,而是幽默现象发生了很多年以后,才逐渐演绎出这么一个词和相应的概念。

有的笑话幽默度很低,有的幽默度很高,有的笑话直接就是幽默。但有一点可以肯定,不管它的幽默度低还是高,它们是具有幽默成分的,很多幽默理论大家就常常用笑话来作为幽默的实例②。就算不把笑话列为高级幽默,那至少应该算为本文所阐述的大一统幽默学里的低级幽默。这样也更符合历史唯物主义,否则就会认为中国古代没有幽默现象,只有笑话;就会否定中国历史上那数不胜数的笑话、喜剧、滑稽的作品是构成中国幽默历史的重要组成部分。

所以,应该肯定,笑话就是古代的幽默。

并且,笑话在很多的幽默理论中也找得到被肯定的依据,也就是说笑话也不是一点都不符合幽默的原则。有些笑话符合传统的幽默三大理论即优越论、宽慰论(释放论)和乖讹论;有些笑话符合这些理论所引申出的一些原则,诸如预期落空(出乎意料)原则、逻辑错位原则、双关的原则,等等;有些笑话利用了创造幽默惯用的手法,等等。举例说明:

(18)三个女婿

从前有一地主,有三个女儿分别嫁给了秀才、铁匠、淘大粪的。话说这天地主过生日,三个女婿便来祝寿,在席上地主突然心血来潮想让几个女婿为他的寿辰做诗,诗的题目就是地主马棚里的那匹千里马。其实呢,这个地主最瞧不上他这个三女婿了,知道他是个大老粗,也想让他在人前出出丑。

大女婿沉思了片刻便说:“我有一首。”便摇头晃脑地说道:“大雪如鹅毛,快马走南桥。快马回来了,鹅毛水上飘。”丈人一听连连称赞说道:“好

① 陈慧:《论幽默》[J]—河北师范大学学报 1981 年第 1 期

② 参见孙绍振:《幽默心理和幽默逻辑》[M]P. 105——首都经济贸易大学出版社,

好,马跑了个来回这雪花还在水上未化,不错。”

二女婿不服气说道:“我又有了。”便说:“铁棍水里扔,快马跑东京。快马回来了,铁棍仍未沉。”地主听后摇着头说道:“差强人意没老大的好。”

三女婿在一旁早急得脸红脖子粗的,一时没词。地主便斜着眼问:“你说不上来了吧?”说完突然放了个屁。三女婿突然一拍大腿喊起来:“有了!”

且听他说道:“丈人放个屁,快马向西去。快马回来了,屁门还没闭。”

地主听完气得晕了过去了!

(19)别人都说你是朕的狗?

乾隆:“别人都说你是朕的狗,你怎么看?”

和珅笑道:“那臣可要多感谢他们的赞美了!”

乾隆奇怪道:“怎么说?”

和珅道:“好叫陛下知晓!狗有五德:见主而摇尾,礼也;见贼而扑咬,勇也;见险而护主,忠也;猎物以报主,义也!嗅味而寻踪,智也!说臣是陛下的狗,那可是无上的赞美!”

乾隆大笑!

(20)合资出酒

两个朋友准备合资酿酒,甲对乙说:

“你出米,我出水。”

乙说:“米可以由我来出,酿成酒后,怎么分利呢?”

甲说:“我决不让你吃亏,出酒后,我只要水,其余的都归你。”

(21)国家的银子哪里去了?

乾隆问刘墉:“国家的银子哪里去了。”刘墉答:“掉河里了。”乾隆又问:“怎么不捞呢。”刘墉答:“河深(和珅)啊!”

(18)例子中几个儿子的诗都让人感到预期落空,出乎意料,而且还利用了夸张手法。

(19)例子纯粹是怪论,用怪论来取悦皇帝,符合乖讹论;同时对和珅极尽谄媚的表演进行了强烈的讽刺。

(20)例子纯粹是荒诞的但似乎又有一点道理的逻辑,符合幽默的错位逻辑。

(21)例子是利用双关的手法来达到幽默和讽刺的效果,符合双关论原则。

从以上几个中国古代笑话的例子看出,它们都不同程度地符合幽默的理论要求。当然这些笑话的幽默度是比较高的,可以说就是幽默概念出现以前的"纯幽默"。当然还有一些笑话幽默度就没有以上的幽默度高。举例:

(22)谦称

一个师爷胸无点墨,一心想升官发财,为了巴结讨好上司,特地设了丰盛的酒席,宴请县官。喝酒时,师爷讨好地问:"太爷有几位公子?"

县官不假思索地说:

"有犬子二人,你呢?"

县官反问,可把师爷难住了。他暗暗想:县太爷还谦称自己的儿子为"犬子",我该怎么称呼自己的孩子呢?寻思了一会儿,只好答道:

"我只有一个五岁的小王八。"

这一类笑话的幽默度不高,但不能说他们不是幽默,它们多少具备了幽默的一些特征、特质,或许说幽默理论的一点基本要求。比如(22)例子,要说它没有幽默也说不过去。因为师爷想用一个词来对应"犬子",反而出现了严重的不一致,这就是乖讹论所要求的。

虽然笑话没有纯幽默即高级幽默的幽默度高,按照我的大一统幽默学的观点,至少可以算是低级幽默。

四、开玩笑与恶作剧

由于开玩笑与恶作剧有着必然的联系,所以我把它们合在一起来讲述有的学者就把幽默区分为伤害性幽默和无伤害性幽默。伤害性幽默就是没有掌握好开玩笑的度,使没有伤害性的开玩笑变成了有伤害性的恶作剧。从可以把幽默区分为伤害性幽默和无伤害性幽默这点来看,开玩笑属于无伤害性幽默,恶作剧属于伤害性幽默。

(一)先说开玩笑属不属于幽默。

开玩笑三个字,在新华字典里的解释是:"戏弄、耍弄、说笑话"。从第三个定义来讲,"说笑话"在前面已经论述,属于幽默之列。

戏弄、耍弄别人本身就符合于幽默三大理论之一的优越论。从幽默三大理论之一的优越论的要义就可以看出,即"优越论是几个世纪以来最受欢迎的幽默理论。它认为幽默最为重要的因素就是让我们对那些被描述为丑陋、愚蠢、呆傻及无能的人拥有一份优越感"①。耍弄或戏弄人就需要有比别人有着优越的地方,就需要一种智慧,这种智慧就是幽默感。所以,有这种说法:要会开玩笑,就要先学会培养自己的幽默感,这是必不可少的。有的人说自己没有幽默的天分,一到了紧要的场合就很紧张,话都说不出来,哪里还有闲情来开玩笑。这其实就是没幽默感所造成的。

其次,开玩笑本身里面就直接有一个笑字,而幽默与笑也有千丝万缕的联系。幽默让人发笑的这个笑叫做会意的笑;或者说即使产生生理上的笑,也会产生一种超常理的、预期落空的心理上的笑。无论是心理上的笑还是生理上的笑都有着善意的和恶意的内涵。恶意的就属于过火的开玩笑,那就变成了恶作剧,不仅属于恶意,而且它具有一定的伤害性;善意的就是一般的开玩笑,逗逗乐、取取笑而已。

另外,有些专家认为幽默可以缩短心理距离,缩短心理距离就是增加感情,增加感情就比直接说理更加容易说服他人。开玩笑虽然是站在优越的地位,有耍弄和戏弄对方的口吻,但有时也可以让人摆开尴尬的境地,或拉近同事间的距离,缓和人际关系。

综上所述,开玩笑已经具备了幽默理论里很多要素,开玩笑理应列入幽默的范畴。

当然,人们之间的开玩笑要尽量保持善意,避免恶意,恶意的玩笑就会变成恶作剧,就会损害人与人之间的关系。

善意的开玩笑至少要注意以下5点,才不至于滑到恶作剧上去:1. 不拿别人的生理缺陷开玩笑;2. 不提倡以看玩笑的方式讽刺、攻击对方;3. 不要

① 胡慧勇:《幽默理论比较》[J]—安徽农业大学学报(社会科学版),2006年9月第15卷第5期

对上司或年长的过分开玩笑;4. 看玩笑也要讲究一个场合 5. 玩笑也要讲究一个吉利。比如去某朋友家吊唁,那种氛围就不适合开玩笑;比如拿某人的驼背开玩笑等等。举例说明:

例子(23)一位长辈要出去旅行,你去给他送行,到临分手时,你给人家开了一个玩笑:“好好改造、争取减刑”。

这样的玩笑不适合用于对于长辈。同时开玩笑需要讲究一个环境或氛围,否则就不友好,也不吉利。看下一个例子:

例子(24)

有一个七八岁的小孩已经有很久没有被家长带出去参加大人的社交活动,原因就是他时不时会说一些不吉利的话。有一天,他家大人要去一个朋友家送礼,因为那家朋友家生了一个小孩。这个七八岁的小孩一再强烈要求要带他去,并表示不会乱说话。在这种情况下,他家大人同意带他去。

确实这一次,小孩牢记不要乱说话,因此从头到尾都没有说任何话。到临走时,小孩突然站起来说:“今天我可没有乱说什么哟,要是这小孩死了,与我没有什么关系哈!”

虽然这一个例子原本是一个幽默,但可以用来说明在实际生活中,如果只顾开玩笑,不注意场合和环境,就会给人带来不吉利和令人不快的尴尬场面。

除了不能拿人的缺陷和缺点开玩笑以外,还要注意不要以开玩笑的方式来挖苦别人。除非你同他的关系非常好,或许你故意搞别人的恶作剧,否则,不仅别人不会看好你,认为你有幽默感,反而还会认为你不友善,会影响人与人之间的关系。例如:

(25)他说你是猪,我严肃地批评了他!哪能这样呢?怎能人家长得像什么就说人家是什么呢?

(26)如果秋天走了,我会在雪地里等你;如果世界走了,我会在天堂里爱你；如果我走了，会让她来照顾你。真的，她的养猪技术不赖！

(27)我知道你讲卫生，每次上完厕所都要洗手，而且洗得很仔细。突然一次你没洗，我很奇怪：怎么没洗手？你答曰："这次俺带纸了！"

以上的(25)(26)(27)例子都是在挖苦人，如果被开玩笑的人确实长的丑、确实有不卫生的习惯，拿来开玩笑，那就是恶作剧。如果不是长得丑，那纯属开玩笑了。但这种玩笑要注意适度、关系好坏和频率。

善意的开玩笑毫无疑问，都会被认为是富于幽默感，与现在所说的对某人"幽上一默"不无一样。恶意的开玩笑就当然是恶作剧了，下面要专门论述。

(二)再说恶作剧属不属于幽默

恶作剧是开玩笑过度而造成的有伤害性的幽默，当然也应列入大一统幽默体系，只不过它有伤害性，会带来不好结果和尴尬局面。在这里要指出的是，我与许多幽默理论家的观点不一样，他们认为幽默只会带来愉悦的和会心的笑。然而我认为幽默不只是会带来愉悦的感觉，有时候同样也会带来不悦、不快、尴尬的后果。比如前面讲到的讽刺——它是一种幽默式的批评、批判。要用这种方式去批判人、批评人，会产生愉快的结果吗？这种幽默式的批评批判要能产生愉悦的结果，只能是相对行为发出者而言的，对行为接受者和第三者只会产生不悦或厌恶感，除非行为发出者与行为接受者之间的关系非常融洽，除非行为接受者深感这是"良药苦口"，但也不会产生愉悦感；还有一种幽默也不会产生愉悦感，那就是黑色幽默，临死前还能幽上一默，那怎能是愉悦感呢，那只能是晦涩感。所以这一类不会发出愉悦的笑和会心的笑，只能发出晦涩的笑，无奈的的笑。这也是之所以难得把幽默统一起来的其中一个原因。

恶作剧属于主观性的，故意性的，但也带有幽默性质或许说幽默成分，同时也带有伤害性质。开玩笑过度就接近了恶作剧，即开玩笑朝伤害性方向发展就变成了恶作剧，就带了比讽刺还更严重的攻击性，变成了伤害性。如果说讽刺与恶作剧两种都是具有攻击性的幽默，那他们的区别就是，讽刺要文一些，恶作剧要武一些，换句话说，讽刺的攻击性要有修养一些，而恶作剧的攻击性就欠修养。

恶作剧这种幽默,是要在伤害性不太严重情况下才能成立,有着一定的度,超过一定的度,比如恶作剧致人死亡、或住院,构成了严重的生理性伤害;比如恶作剧已经变成了诽谤,那就会构成了严重的心理伤害。这种严重的生理伤害或心理伤害就不属于开玩笑了,而变成了犯罪行为。

没有超过这个度的恶作剧才能算是一种伤害性的幽默,这种幽默所产生的笑只能是晦涩的;另一方面,虽然恶作剧对于被要弄、戏弄对象的心理或生理造成一定的伤害,它毕竟带有强烈的要弄性质,是以要弄、戏弄、开玩笑为出发点,而不是以伤害对方为出发点的,尽管会有一些伤害,包括行为接受者在内都十分明白是在开玩笑,属于过火了一点的开玩笑、过火了一点的幽默。

有些开玩笑与恶作剧难于区分,既是开玩笑又是恶作剧,对这两种的性质兼而有之。

例子(28)几个人在高尔夫更衣室,一手机响很久,一男人按了免提键。

一个女人的声音:"亲爱的,你在俱乐部吗?"

男人:"在。"

女的:"我看到一辆宝马,才不到两百万。"

男人:"买。"

女的:"还有那个楼盘又放盘了,六万一平。"

男人:"买。"

女的:"好爱你。"

男人:"也爱你。"

旁边其他男人惊叹得目瞪口呆。那个男人挂了电话,问:"这是谁的手机?"

例子(28)这一类例子,算是生活中的一个恶作剧,但如果不是事实,那就是一个纯幽默。

还有一种情况,内容看起来是恶作剧,但真实发生的可能性不大,那纯粹就是"瞎编"的幽默了。举例:

(29)隔壁老王网上约了个妹纸,聊了几天相谈甚欢。突然有一天妹纸约老王去她家,老王说那你老公突然回来咋办,她说没事,一般不会突然回来,万一要回来了你就说你是我雇来擦玻璃的,快过年了,我老公也不会怀疑。

结果,在她家没呆几分钟,她老公就回来了,为了装的逼真老王擦了一下午玻璃。

回家的路上老王越想越不对劲:“这小丫们的套路深啊……!”

下面举一个开玩笑过度形成心理伤害的恶作剧例子,或许说它具有两面性,既是开玩笑又是恶作剧:

(30)内向的某男在一个图书馆的阅览室里看到一位容貌美丽的女子。犹豫了很久之后,他终于鼓起了勇气,走进她,低声问道:“我能和你谈谈吗?”突然女子高声叫了起来:“不,我不和你睡觉!”整个阅览室里的人都把目光盯在他俩身上。某男非常尴尬悻悻地、委屈地、红着脸回到自己的位子上一言不发。

过了一会儿,那位女子走到某男身边,低声道:“实在对不起。我是心理学系的学生。刚才我只是做了个实验,想看一下人们在尴尬的情况下反应如何。”

这时某男高声叫道:“你要五百元? 太贵了!”

(30)例子使互相之间都被尴尬了一回,给对方心理和面子肯定产生了伤害,如果是真实的,那肯定是一个恶作剧,如果是编造的,那就是一个恶作剧式的幽默,不管真实与否,都符合于幽默的预期落空论。

这种恶作剧还可以引入到非语言类方面。比如图表性和行为性的幽默当中的PS图片和PS影视。如拿某个具体的人的照片来PS就是开某个具体人的玩笑,也属于轻微的恶作剧,叫做照片恶搞。

例子(31),就是把美国总统奥巴马的照片拿来恶搞成怪样子。

你能说这个恶作剧不滑稽不幽默吗？有没有伤害呢？应该是有的，是心理上的伤害，只不过这个恶作剧没有过“度”，没有形成诽谤和人身攻击。

再如下图：如果是 PS 的，那它就属于滑稽，应列为幽默之列。如果照片的内容是属实的，那就是行为性的恶作剧，被捕捉到偷拍下来的。

例子(32)，有一张照片是这样的，有一个大人手怀抱着一个小孩，正在给小孩用奶瓶喂奶，然而奶瓶的奶头不是对着小孩子的嘴巴，而是戳进了小孩的一个鼻孔。

(32)例子虽然属于恶作剧，估计对小孩心理性和生理性的伤害都不会太大，但还是不能提倡的，毕竟是拿小孩来开心，有悖于道德。

尤其在西方的愚人节里，更是为恶作剧披上了“合法”的外衣，恶作剧更是花样百出。现如今西方的很多节日逐渐传入我国，当然也包括愚人节。事实上，西方的所谓的愚人节，就是实际意义上的恶作剧节。世界在节日方面也趋向于“大同”，朋友之间不仅多了一些节日，幽默也多了一个有用武之地。举同学之间恶作剧设计的例子：

(33)先在钢笔上擦抹上“风油精”，不要太多。然后去给一个人：请帮我写个 XX 字。(需要写什么，自己看着办)

他用此钢笔写完后，右手几根手指自然就有风油精了。(开心吧，继续更搞笑)

然后假装关心的说：“啊！你的右眼里有很大一块眼屎啊。”(目的快达到了)

他肯定自然用右手去揉右眼，然后……(最终目的基本达到，如需更毒请看下)

要狠一点就在他揉右眼时说他左眼也有眼屎……(你还让人活不)。

以上的恶作剧，从设计到结果，心里都会产生一种莫名的怪味，这种“怪”，就是幽默所赋予的感觉；从设计到结果，都具有大一统幽默的要素：故意性、优越性、滑稽性、嘲笑性。尽管恶作剧会带来一定的伤害性，但它还是以要弄、戏弄、开玩笑为手段，最终达到能幽上一默为目的的。只要不要超过一定的度，它就属于幽默的范畴。

五、脑经急转弯

脑经急转弯实际上是幽默在错位逻辑上的典型体现。有人从逻辑学的角度来分析幽默，认为：幽默之所以幽默，就是因为它的逻辑要错位，或者说常常是一条逻辑在滑行过程中突然往另一条逻辑上转移，或者叫二元逻辑的交叉或者说二元逻辑的重置，或者说叫做二重逻辑①。脑经急转弯在这一点上体现得最典型，可以说脑经急转弯本身就属于幽默，只是在近代才派生出来这么一个专有名词，理应列为大一统幽默体系，作为大一统幽默体系的一个特殊分支。

小品中脑经急转弯比比皆是。近几十年来央视的春节联欢晚会，小品就最吸引人、最逗乐人。之所以小品那么吸引人逗乐人，就是因为它的看点就是幽默。当然这个幽默肯定是大一统幽默学的幽默，它包含了很多幽默的若干体裁。如小品里就有：幽默段子、讽刺语言、滑稽动作、搞笑图片、相声的抖包袱、脑经急转弯等等。所以常常人们把小品叫做幽默小品。尤其是赵本山的小品，其脑经急转弯的例子就很多，比如：

(34) A：树上骑（七）个猴，地上一个猴，是几个猴？
B：八个。
A：不对，只有两个猴。
(35) A：你家狗生跳蚤吗？
B：我家狗不生跳蚤，只生小狗。

除了小品充满着脑筋急转弯外，日常生活中也不乏脑筋急转弯。举例：

(36) 你能做，我能做，大家都做；一个人能做，两个人不能一起做。这是

① 参见胡慧勇：《幽默理论比较》[J]—安徽农业大学学报（社会科学版），2006 年 9 月第 15 卷第 5 期

做什么？

答案是：做梦。

(37) 用铁锤锤鸡蛋，为什么锤不破呢？

答案是：破的是鸡蛋，锤当然破不了。

例子(36)里面，故意采用了幽默里面的双关原理，利用“做”的双关性，制造了两个不同逻辑的交叉。第一个“做”是实际的“做”，第二个“做”是虚拟的“做”，使虚拟的“做”与实际的“做”两条不同的逻辑交叉在一起，但又不是一回事，更不可能由两个人来一起做，既交叉在一起又形成了矛盾，当然也就形成了幽默——这就是形成幽默的机制之一。

例子(37)里，是在动词与名词上动了歪脑筋，让人们在“锤”动词的惯性下面去思考问题，当然逻辑上要出问题了；同时也是利用了“锤”这个词的词性双关来达到动词与名词概念上的交叉，但又不是一个逻辑，所以产生了幽默——机制与上面的例子(36)是一致的。

脑筋急转弯不只是在汉语里面存在，在其他语言里面照样也一样，比如英语里面也有脑筋急转弯，顺便举两个例子：

(38) What never asks questions but gets a lot of answers?

Key: dictionary

(39) What question can you never answer "Yes" to?

Key: Are you dead?

其实形成脑筋急转弯的机制，就是由构成幽默所常用的一些手法而完成，甚至可以一说就是构成幽默的机制。比如以上的例子(36)(37)两个脑筋急转弯的例子，就是利用了构成幽默的一些常规手法双关和逻辑错位来达到的，就是构成幽默的机制之一。

六、歇后语与谜语

为什么把他们两个一并来论述，因为它们的结果比较相像。

(一)歇后语是中国文化在幽默上的一个独特形式。歇后语的特点是：

形象具体、浅显易懂、生动活泼、诙谐幽默，是短小、形象的语句，由前后两部分组成。前一部分起“引子”作用，像谜语里的“谜面”，后一部分起“注释”作用，像“谜底”。通常只要互相之间能够理解，可以把第二部分“歇”去不说。歇后语分为两类：第一类，不含有谐音的歇后语；第二类，含有谐音的歇后语①。无论哪一类，从歇后语本身的结构就是一种幽默；再从前后部分之间的逻辑和关系来看，会给人带来一种风趣、好玩的感觉，其结构和逻辑基本满足幽默所具备的条件：要么含有逻辑错位了又回归、要么含有修辞错用又达意、要么让你有一个预期又落空等。构成歇后语的手法主要是利用了双关原理，尤其是谐音双关特别多，恰好双关原理也是构成幽默手段之一，所以歇后语与幽默有着异曲同工之妙，举例：

(40)百货大楼卖西装——一套一套的

(41)百年松树，五月芭蕉——粗枝大叶

在这里的“一套一套的”和“粗枝大叶”，一方面既是歇后语的答案，另一方面又从这些答案里面获得回味和反思，以引申出双关的另外一个意思，而且所引申出来的意思又带有喻义，往往其喻义源于本义又超出了本义，喻义和本义是双关的两面，又出发于双关的共同点，使人遐想和感到有趣，符合幽默的双关原理。

(二)谜语就是从答案与谜面的对接之中感受到了它的幽默

谜语也属于幽默的范畴？把谜语列入幽默的范畴也是遵从了幽默的双关原理的。如果说歇后语都可以属于这个范畴，那么谜语也不能例外。因为它与歇后语的结构大致一致，只不过是把歇后语的答案改为了“谜底”；只不过歇后语的后半截经常可以歇弃不管，也可以说经常是隐藏起来的，不需要露面；而谜语的谜底不能歇弃，也不能隐藏，是与谜面共同组成谜语不可缺失的组成部分。要拿作为“领奖”的依据。谜语的结构由两部分组成，第一部分是题目(也叫谜面)，第二部分是答案(也叫谜底)。答案往往让人会感到意外，让预期落空，但又能让人觉得“情之在理”，有理、有趣。所谓的有

① 罗赛群 杨建军：《关联理论框架下的歇后语翻译》[J]《疯狂英语》2010年第二期

趣，就是从答案与谜面的对接之中感受到了它的幽默意味。

在人类文化历史上，谜语文化世界各国都有，人们以此来娱乐生活。谜语在中国幽默文化上影响更为深远。在春节、尤其是在元宵节或民间重大节日期间，就会举办各种灯会、谜语竞猜活动，在各种灯会上贴上若干谜语。所谓灯会就是猜谜语的聚会，通常把谜语写在灯笼上，谜底通常在“兑奖处”。在一定的意义上，灯会是谜语会的代名词。无论是猜中谜语还是不中，都是有趣的活动，尤其是猜中以后，还可能带来喜悦的放声大笑；有时候把谜底让你知道后，你都不一定知道为什么，或许要经人解释、或许要过一阵子的思考，才会理解它与谜面的有趣结构和推理，一旦理解之后又会发出会意的笑。为什么笑，思考和理解过程就是幽默的力量在起作用的过程，就是因为幽默让人有曲折感、有意外感，但又同时觉得在情理之中。这一现象在中国延续了若干年，如果不用大一统幽默学的观点来把其界定在幽默的范畴，那么这一宏伟的、历史悠久的、给人带来无穷幽默魅力的独特文化现象就会被抹杀掉。

谜语的种类很多，主要是以被猜中的标的物来分类：有打物的、有打字的、有打事情的。在打物的里面就有许多：动物、植物、家具、机械等等；打字的里面又有按字结构的、有按字音的、有按一词多义的、有按一音多义的等等。其中凝聚着人类的丰厚智慧，同时也丰富了世界的幽默文化。举例：

(42)夫人何处去(打一字)。谜底：二

(43)打断念头(打一字)。谜底：心

(44)一(打一成语)。谜底：接二连三

(45)呀(打一成语)。谜底：唇齿相依

(46)What kind of apple isn't an apple? Key: Pineapple

(47)What 5 - letter word has 6 left when you take 2 letters away? Key: Sixty.

谜语主要是靠一些“歪理”来形成谜语，幽默正好也是用“歪理”完成幽默的，在这一点上面，谜语与幽默也是异曲同工的。拿上面的例子(43)为例。“打断念头”在谜面是人们停止了要去做某事情的想法，然而被谜底断章取义地嫁接过来，成为打掉“念”字的上半截，即“念”字的头。同时也符合幽默双关的原理。

上面说到为什么把脑筋急转弯与谜语放在一起来讨论，因为它们有着极其相似的地方。甚至有些谜语与脑筋急转弯也是你中有我、我中有你。也可说有一些例子就介乎于两者之间。如下面的谜语例子就与脑经急转弯相类似，既可以把它看成是脑经急转弯，也可以把它看成是一个谜语：

(48) What's too much for two and just right for one? Key:A secret

(49) What two words have the most letters in it? Key: post office

(50) Why is the person wearing two coats while painting the house?

Key:Because the instructions on the paint says: "Put on two coats for best results."

综上所述，脑筋急转弯和谜语与幽默都有异曲同工之功效，都符合幽默一些原理，理应把它们列为幽默范畴。

七、寓言

寓言一般是由一个寓言故事演绎而来，寓言故事本身就是文学体裁的一种。绝大多数寓言具有幽默的成分和功效，有些侧重讽喻，有些侧重逗趣。不是一切寓言都属于幽默范畴，在这里只是把那些具有幽默性质的寓言列为幽默的范畴。寓言的结构简短，多用借喻手法，使富有讽喻意义的主题或深刻的道理在简单的故事中体现。中国有些著名的寓言故事如《揠苗助长》《自相矛盾》《郑人买履》《守株待兔》《刻舟求剑》《画蛇添足》等就属于幽默性的寓言；古希腊伊索寓言中的《农夫和蛇》等名篇在世界范围类享有很高的知名度。寓言的成功之处在于用故事来说明道理，寓言的故事往往要么滑稽、要么荒诞、要么搞笑、要么讽刺，不管怎么，离不了一个词——“幽默”。这个词就是寓言故事的灵魂，没有这个灵魂，几乎每个故事都是经不起推敲的，也难于符合逻辑。只有承认这个“幽默”灵魂的存在，才使这些寓言故事站得住脚，并让人悟出很多做人的道理。寓言的幽默也就是体现在故事情节上，以贯穿幽默灵魂的故事来提醒人们、警示人们。如果故事不滑稽、不荒诞、不搞笑,不讽刺,那它的警示性就不足以让人们记得住、记得牢。虽然荒诞,但又回归正理,符合幽默的结构和逻辑推理,也就是在这个意义上,才把寓言也列入了大一统幽默学的范畴。比如《削足适履》这个故事就非常荒诞:因为鞋小脚大,就把脚削去一块来凑合鞋的大小。用来比喻不合理地迁就现成条件和不顾客观规律地生搬硬套。尽管这个寓言故事非常荒诞,但人们却经常地犯同样的错误。在荒诞性中鞭挞昏庸和揭示真理——这也是幽默的一大"职能"。

寓言的例子数不胜数,以上所提到的寓言的标题就足以让人知晓其内容,在此就不一一举例。

八、绕口令

绕口令是民间一种传统的语言游戏,又称"急口令"、"吃口令"、"拗口令"。由于它是将若干双声、叠词词汇或发音相同、相近的语、词有意集中在一起,组成简单、有趣的语韵,要求快速顺畅念出,所以读起来使人感到既节奏感强又拗口难念,从而妙趣横生。这个妙趣横生就是幽默这个灵魂在起作用,尤其是同音的绕口令,再加上幽默的内容,更极具趣味性。举例:

(51)《忐贪》①

贪贪忐探探,坦探探贪贪。

探探摊贪袒,忐贪坍叹瘫。

汉语翻译:

贪官贪污的时候很担心被探长探查出来,无私的探长总是按合法的程序探寻着贪官的贪污证据。探长探查出贪官犯罪证据并让其袒露出来,整日提心吊胆的贪官败露后叹息着瘫倒在地

——为人不做亏心事,半夜不怕鬼敲门!

① 京博国学 1431316505675053465. jpg 诗词天地(ID:shicitiandi)2017 - 03 - 22

(52)《熙戏犀》①

西溪犀,喜嬉戏。席熙夕夕携犀徙,席熙细细习洗犀。犀吸溪,戏袭熙。席熙嘻嘻希息戏。惜犀嘻嘻喜袭熙。

汉语翻译:

西溪的犀牛,喜欢玩耍,席熙天天傍晚带犀出去,席熙细心学习着帮犀牛洗澡,犀牛吸着溪水喷向席熙戏弄他,席熙笑嘻嘻让犀牛停息嬉闹,可惜犀牛就是不听,对此乐此不疲,就爱用水偷袭席熙

——真是一只会贪玩的犀牛!

(53)《季姬击鸡记》②

季姬寂,集鸡,鸡即棘鸡。棘鸡饥叽,季姬及箕稷济鸡。鸡既济,跻姬笈,季姬忌,急咭鸡,鸡急,继圾几,季姬急,即籍箕击鸡,箕疾击几伎,伎即齑。鸡叽集几基,季姬急极屐击鸡,鸡既殛,季姬激,即记《季姬击鸡记》。

汉语翻译:

季姬感到寂寞,收集了一些鸡来豢养,这些鸡是来自荆棘丛中的野鸡。野鸡饿了叫叽叽,季姬就拿簸箕中的小米喂它们。

鸡吃饱了,跳到季姬的书箱上,季姬怕脏,忙叱赶鸡,鸡吓急了,就接着跳到茶几上。

季姬更着急了,就顺便拿起簸箕投击野鸡,簸箕的投速很快,却打中了茶几上的陶伎俑,那陶伎俑掉到地下,竟粉碎了。见状,鸡躲在茶几下乱叫,季姬一怒之下,脱下木屐鞋来打鸡,把鸡打死了。想着养鸡的经过,季姬激动起来,就写了这篇《季姬击鸡记》

——到底是为了养鸡,还是为了写“击鸡”?

(54)《施氏食狮史》③

石室诗士施氏,嗜狮,誓食十狮。施氏时时适市视狮。适时,适十狮适市。是时,适施氏适市。氏视是十狮,恃矢势,使是十狮逝世。氏拾十狮尸,

---

① 京博国学 1431316505675053465. jpg 诗词天地(ID:shicitiandi)2017-03-22

② 京博国学 1431316505675053465. jpg 诗词天地(ID:shicitiandi)2017-03-22

③ 京博国学 1431316505675053465. jpg 诗词天地(ID:shicitiandi)2017-03-22

适石室。石室湿,施氏使侍拭石室。石室拭,施氏始试食十狮。食时,始识是十狮,实十石狮尸。试释是事。

汉语翻译:

石室里住着一位诗人姓施,爱吃狮子,决心要吃十只狮子。他常常去市场看狮子。

那时候,刚好施氏也到了市场。他看见那十只狮子,便放箭,把那十只狮子杀死了。

他拾起那十只狮子的尸体,带到石室。石室湿了水,施氏叫侍从把石室擦干。石室擦干了,他才试试吃那十只狮子。吃的时候,才发现那十只狮子,原来是十只石头的狮子尸体。试试解释这件事吧——原来这位诗人一定是近视眼!

上面的几个绕口令可谓是精心策划,颇费心机。全篇只采用同一个音,四声不限,标点不限,读起来既拗口难念又妙趣横生,居然还可以有幽默的故事情节!绕口令的妙趣横生不仅是在快速顺畅地念诵过程中体会那种有趣的感觉和体验那种幽默的内容,还会体验到念诵出错的谐趣,出错更能引起滑稽、搞笑的效果。一般在绕口令里不可能产生大的逻辑错位或哲理错位,仅仅是产生滑稽和搞笑,用如此短小的语言能够产生滑稽和搞笑,按照我的大一统幽默学的观点,也应该属于幽默的范畴。但也有好的绕口令,不仅有语音上的幽默感,还有内容上的幽默点,比如上面的几个绕口令,从它们的汉语翻译和点评里看出,无不体现出幽默。

九、相声

相声是以幽默为灵魂的文学曲艺,在相声里称之为抖包袱,就是幽默的逻辑回归。相声的特点是以说笑话或滑稽问答引起观众发笑的曲艺形式。它是由宋代的“像生”演变而来的。到了晚清年代,相声就形成了现代的特色和风格。主要用北京话讲,各地也有以当地方言说的“方言相声”。一般是两个人来完成,但也有单口相声,后来有发展为群口相声。“说、学、逗、唱”是相声传统的基本艺术手段。“说”是叙说笑话和绕口令等;“学”是模仿各种叫卖声,飞禽走兽的鸣叫声,戏剧唱腔和各种人物的风貌、语言等;

"逗"是捧哏逗笑;"唱"是编一些滑稽可笑的词用各种曲调演唱,或把某些戏曲唱词、曲调夸张演唱以引人发笑。相声包容性很大,它可以兼容幽默的很多载体:诸如绕口令、小品的片段、哑剧、马戏、独脚戏、喜剧、二人转、三句半、寓言、歇后语、谜语、脑经急转弯、滑稽、笑话、讽刺、开玩笑、恶作剧等,经常出现在相声里面,相声是以上提到的很多幽默的集合体,可以说相声是集若干幽默体裁的大成,相声是幽默的主要体裁之一,所以不可能不把相声列入幽默的范畴。

我国经典相声数不胜数,比如:

(55)1. 侯宝林、郭全宝《醉酒》,2. 马三立《逗你玩》,3. 刘宝瑞《珍珠翡翠白玉汤》,4. 姜昆、唐杰忠《虎口遐想》,5. 侯宝林、郭全宝《夜行记》,6. 马季等《五官争功》,7. 姜昆、李文华《如此照相》, 8. 郭德纲、于谦《西征梦》, 9. 李金斗、陈涌泉《武松打虎》, 10. 冯巩、牛群《小偷公司》等等。

相声的篇幅比较长,何况相声属于表演性幽默,要用行为来表达,需要舞台、演员等,所以上面只是列举一些相声的节目名字。

十、小品

如果说相声是集若干幽默的大成,那小品也是集相声在内的若干幽默的大大成。小品是最短小的戏剧作品,又称戏剧小品。因为小品有广义的小品和狭义的小品。广义的小品包含的范围很为广泛,有舞台上的、舞台外的;有纯文学的、有非文学的(绘画中也有小品)。在这里我只论述狭义的小品。狭义的小品泛指较短的关于说和演的舞台小品艺术和影视小品艺术,很有幽默的气质、气场,这就指的是喜剧小品。我国喜剧小品起源于80年代初,它继承和发展了话剧、相声、二人转、小戏、脱口秀、三句半等剧目的优点。小品这种即兴式的表演形式需要丰富的生活阅历和鲜活的生活语言。喜剧小品的构成至少要具备一个幽默的脚本和具有滑稽气质的演员。脚本属于一度创作,演员的表演属于二度创作。要加上有幽默气质演员的二度创作才能使一个幽默小品的作品立起来,形成一个幽默风趣的表演节目。

在狭义的小品上,还可以分2个种类,可分为舞台小品和影视小品。小品最初是一种用来进行表演和导演的基础训练的形式,或作为演员临场表演考试的试题模式。如单人小品、交流小品、集体小品、生活观察小品,导演训练中的事件小品、画面小品、音响小品、成语小品、主题小品等。目的在于通过这些不同的练习或考试,培养学习表演或导演的学生掌握表演和导演的最基本元素。后来逐渐发展成为一种舞台演出或利用电视进行转播的演出形式,成为广大观众喜闻乐见的表演。小品的特点是小,但它仍应具有戏剧作品主要的因素。它应该有一个中心的事件;有矛盾冲突,而且一般来说矛盾冲突应该有开始,有发展,有高潮,有结束;同时还要有对于人物性格的刻画。由于小品的篇幅小,演出的时间一般在 15 分钟左右,所以要求事件比较单纯,主题明确,人物性格鲜明,语言简练、生动。小品虽然短小,但仍然可以从一个特定的角度去挖掘生活的真实、深刻反映和评价生活,并揭示出深刻的思想与哲理,塑造出鲜明生动的人物形象。小品按它的性质来分,又有如喜剧小品、正剧小品、悲剧小品、荒诞小品等。但不管怎么分类,不管是什么小品,都有一个最基本的特质,那就是:必须有幽默的气质和幽默的气场,哪怕是悲剧小品,总能让人产生“笑意”,包括黑色幽默晦涩的笑,使幽默这个灵魂徘徊在小品的全过程中。小品的篇幅比较长,在此仅列数一些小品的范例,如曲艺名家赵本山 范伟 潘长江 巩汉林 黄宏 宋丹丹他们所演出的代表作品:《卖车》《卖拐》《过河》《如此包装》《打工奇遇》《超生游击队》等无不令人发笑。

十一、哑剧、马戏、独脚戏、喜剧、二人转、三句半

在舞台上,除了有相声、小品外,还有很多幽默的体裁,如哑剧、马戏、独脚戏、喜剧、二人转、三句半都具有幽默的意趣。哑剧主要是靠演员的滑稽形象和表演来创造幽默的效果;马戏主要是训练动物表演滑稽动作来达到幽默的效果;独角戏也可以划归于单口相声,靠滑稽动作和抖包袱来取笑观众;喜剧主要是靠幽默的情节来逗乐观众;二人转主要是靠语言的来刺激观众的笑点;三句半主要是靠那半句话来画龙点睛,形成幽默的架构,让人感到预期的落空。这些剧种都可以单独进行、单独完成,自成体系,同时又经常被融入其他剧种,比如相声就经常把这些融合进去。

篇幅有限,对哑剧、马戏、独脚戏、喜剧、二人转的例子就省略了。在此,

只举一个三句半的例子：

三句半是由很多句"三句半"来构成的一个完整的故事情节，分别由四个人来完成，第四个人就只是半句话，而且还伴随着滑稽搞笑的动作。这里只举其中几句为例：

（56）

A：各位同学晚上好，B：欢迎大家来指导，C：不管说的好不好，（铛！）D：别跑！

A：年底补助发一万，B：每人茅台三箱半，C：鸡鸭鱼肉随便吃，（铛！）D：扯淡！

A：研究生上课没滋味，B：去与不去没人管你，C：作业不会怎么办？（铛！）D：copy！

A：为了今晚联欢会，B：大家辛苦来准备，C：后面还有好节目，（铛！）D. 撤退！

三句半的幽默点体现在最后半句话，有画龙点睛的功效，也有幽默预期落空的功能，何况还伴随着演员一定的滑稽动作，通常引来满堂笑，尤其是在上世纪五六十年代的军队文艺兵演出当中最为多见，也是士兵们喜闻乐见的好节目之一。

十二、漫画与动漫

漫画是绘画的一个画种，动漫则是把漫画变成了可以"动"的画，最后也演变成了一个画种。这一内容已经不是语言性的幽默，幽默已经拓展到语言以外的其它领域，漫画与动漫就属于图表性的幽默。

漫画是指以通过虚构、夸饰、写实、比喻、象征、假借等不同手法，描绘图画来述事的一种视觉艺术形式，是静态影像没有声音的图画，不像有一些有配音的图画，比如配图广播剧。这一类静态影像的图画，只是搭配一点文字，以图为主、语言为辅，而不是以文本或小说为主体，所以也不是文学书籍中附的插图。"漫"字，与漫笔、漫谈的"漫"字用意相似。漫笔、漫谈在文学中是随笔、小品，而漫画则可以称之为是绘画中的随笔、小品。

“动漫”是指动画和漫画的合称与缩写。随着现代传媒技术的发展,动画和漫画之间联系日趋紧密,两者常被合而为“动漫”。动漫是目前年轻人最喜爱的多媒体影像形式之一。动漫作为一种流行文化发源于日本,作为一种大众文化载体,其含义更加广泛,不仅包括静态的漫画杂志、书籍、卡片,还包括动态的漫画音像制品,如《蓝猫淘气三千问》。“动漫”一词并非源于日语,在日语中也没有“动漫”一词。而在汉语里,原先也没有“动漫”这个概念。20世纪90年代开始,日本漫画在我国慢慢传播开来,1998年我国出现第一家动漫咨询杂志《动漫时代(ANIME COMIC TIME)》,从此“动漫”一词在我国成为动画与漫画的合称。目前,国内大多数人在提及“动漫”时多指日本动漫或日式动漫。实际上在英语里也找得到相同的名称,在英语里就叫作cartoon,在汉语里就直接翻译为“卡通”,是音译翻译,也是漫画与动画的合称,但有时特指是美国式动画。

把画“动”起来,本身就是一个搞笑的行为,就带有幽默的性质;加之,画中的角色也具有滑稽、搞笑的形象;再加之,动漫本身讲述着幽默、搞笑、古怪的故事,普遍具有童趣味道。无论从形象设计、还是故事情节、还是把静止东西变为动态,从头到尾都充满了搞笑、童趣、滑稽、古怪、荒诞、讽刺、恶作剧、夸张、双关等等与幽默戚戚相关的特征。所以把动漫排斥在幽默之外,也是没有道理的。

动漫例子数不胜数,一上网比比皆是,在书里也无法举例,在此就漫画举一例:

例子(57),此漫画是一只手正在一张纸上画一个美女,在画画的同时,画面里的美女居然从画面里伸出手来帮助画师,来画自己的嘴唇。

漫画都如此的幽默,何况动漫。由于动漫娱乐性和幽默性非常强,不但小孩喜闻乐见,很多大人们也陶醉其中。

十三、文字排版也能产生幽默

文字排版形成的幽默有两种:一种是故意的;一种是无意的,被捕捉到后,拿来作为幽默。文字排版当中故意的也有两种:一种是由于文字内容所产生的幽默，一种是有文字排列本身形成的幽默图画。举例：

例子(58)图片描述，用英语 LOVE 字母编成了两个心的形状，只不过颜色不是一样的。

例子(58)是一个故意排版的例子，两个心型都由 love 构成，一个是红的，一个变了颜色，因为已不再相爱。

例子(59)图片描述，是一个剪纸，由"美丽的家乡"五个字来构成了家乡的房屋，田间小路和山水。

例子(60)的图片描述，也是一个剪纸，由两个字"狐狸"构成了一直活灵活现的狐狸图。

(58)(59)(60)都是有意错排的文字排版幽默。这几幅图虽然没有让人开怀大笑，但也感受到了其中的妙趣，带来一定的幽默笑意。

例子(61)的图片描述，有一张照片如此排版，把一句话分别排版为上下两句话：

"举报毒品违法
犯罪活动有奖"

例子(62)的照片描述，一对新人结婚婚的背景标语居然是："从小便认识，大便情更浓"，标语还具体落得有款，是佛山市某某小学。

(61)(62)三个例子都是捕捉得来的文字排版上的幽默，不需解释幽默跃然纸上。

由于中国汉字的独特性，可以横排版也可以竖排版，所以构成的幽默排版比其他语种多得多。

十四、幽默拆字术

除了文字的排版会产生幽默,拆字也会产生幽默。拆字术分两个部分:一个是拆字,一个是解释,幽默主要是体现在对拆字的解释上面,其解释常常给人带来回味,产生会意的笑。举例:(63)

挫:想事事“坐”等到“手”的人,必定事事不顺。

否:真正反对你的人,往往“不”表现在“口”上,而是藏在心里。

迟:落伍,有时仅仅是你比别人少“走”了一“尺”。

令:“今”天努力了一点,明天你才有资格指挥别人。

值:站得“直”,人的身价才会高。

舒:“舍”得给“予”他人,自己也能获得快乐。

骗:一旦被人看透,“马”上被人看“扁”。

劣:平时“少”出“力”,到头来必定差人一等。

例子(63)的幽默主要就体现在文字结构的特殊性和特殊的感悟上,甚至有时候这一类解释就是一个幽默的小故事。

十五、雕塑

雕塑原本是美化城市的艺术,但也有些雕塑是属于幽默雕塑,一举两得,既美化了城市,又给人们带来乐趣,未尝不是一件好事。而且有些城市幽默的雕塑,在你离开那个城市的时候,你都还在回味那尊雕塑的意喻,所能回味的就是哲理,所能回味的就是幽默。举例说明:

例子(64)的图片描述,有一个雕塑的名字叫做旅行者,只有一双脚、头部、肩部和一只左手提着器一只箱子,胸部及腹部全部是空的,上下雕塑就只是左手所提着的箱子把头部、肩部与一双脚链接起来,也是支持起雕塑的关键。

例子(64)是法国马赛的一个雕塑《旅行者》,让人费解,但仔细一推敲,才反应过来，旅行者最最需要的是眼睛，最最累人的腿和脚，以至于雕塑都把人体的中间部分全部省略了，人的中间大部分都没有了，居然还能成为雕塑，那么旅行的人们能不能就只带腿、脚和眼睛就行了？对这个雕塑的回味应该不止于此，或许还有人会联想出更多的哲理来呢——这就是幽默魅力之所在。

十六、电子幽默（含影视、动漫、漫画、图片幽默语言段子、PS小电影、PS幽默图片等）

电子幽默是幽默大家庭的一个新成员。所谓电子幽默，就是通过电子网络由电子数码传递到电子终端的一切幽默影像，包括文本语言段子以及最新出现的PS小电影、PS幽默图片等。它既包含了高级幽默，也包含了低级幽默，电子幽默不存在高级和低级之分。

由于有了智能手机、有了微信、QQ、推特等现代通讯软件，致使现在通讯终端直接可以达到每个人的手机，不仅可以在手机上欣赏到大量的语言性的电子幽默段子，还可以欣赏到一些幽默影视段子和幽默漫画、幽默动漫，PS小电影、PS幽默图片。幽默这个文明的伴随品真正地达到了伴随每个人的程度，真可谓随叫随到、信手拈来。在电脑上也是随便一搜索，铺天盖地般的电子幽默如像影视、漫画、语言性幽默段子扑面而来。一些网站甚至还开发出了专题的幽默软件，不只是零散地搜索幽默，仅在手机上面的专题幽默软件数不胜数。如：《幽默笑话大全》《搞笑图片视频》《开心美图秀》《不许不开心》《笑话博览》《暴走漫画》《英汉双语笑话》等等，每一个软件都有数不清的幽默笑话，并且每一天都会自动更新。

实际上，所谓“电子幽默”是把各种幽默电子化了，使之更加方便创造、获取、欣赏、传播、再创造等。既然是PS那当然就与原版不一致，就有其怪异的地方。这“不一致”和“怪异”就恰恰是幽默所需要的；何况颇为人们所青睐；何况这个品种是异军突起的、新兴的、可以深入到每个人手上的、生命力最强的一个品种。因此总要对之有所“归类”，所以本人暂且把它命名为“电子幽默”，作为幽默的一个品种。只不过这个品种是与其它幽默有所交叉的、重叠的，是对所重叠的幽默插上了腾飞的翅膀，是对幽默的再创造的。

电子幽默在此也不好举例,只得由读者自己亲身体验了。

十七、本章小结

以上所列举和论述的幽默现象或体裁,均是一些专家不太同意列入幽默范畴的。本章旨在把业内争论比较大的上述现象或体裁纳入幽默的大家庭,作为低级幽默,使幽默完全达到大一统。总之,我的大一统幽默学就是要把所有与幽默沾亲带故、多少有一点幽默度的、与幽默结构相吻合的、与幽默理论相关联的现象、体裁以及与他们相关的载体通通纳入。鉴于幽默是一个比较复杂的东西,尽管在上面已经把有争议的幽默进行了逐一的阐述,但随着时代的发展,幽默文化还会又有新体裁、新载体出现。所以,我的大一统幽默学范畴的界定仍需要用一个动态的观点来看待,即,幽默的范畴等于高级幽默的无穷种类加上低级幽默的无穷种类,可以公式化为:

$$C = G_n + D_n + N$$

C 代表范畴,是汉字“范畴”畴字拼音的首字母(如果用范字拼音的首字母,就与《分类》那一章书的公式当中的分类的“分”字拼音的首字母雷同);G 代表高级幽默,是高级幽默当中的“高”字拼音的首字母;D 代表低级幽默,是低级幽默当中的“低”字拼音的首字母;N 代表无穷大,这是为了囊括今后出现新的体裁或载体的幽默、为了防止还会有人把幽默划定为既不是我的这个高级幽默和低级幽默之列,那就把它划定在 N 里面。G 和 D 里面的小写 n 分别代表高级幽默和低级幽默里面的无穷的种类。

这样一来,从幽默的质量的角度,就把业内认可的高级幽默和以上所论述的低级幽默,以及在这个高级幽默以外的所有不太被认可的低级幽默,统统纳入我的大一统幽默学范畴,使幽默文化现象归于“大一统”,为建立大一统幽默学确立了必备的条件。

第四章

大一统幽默学的“定义”

任何一门学科都有它自己的定义，定义是任何一门学科不可缺失的前提。要建立大一统幽默学，自然也不能回避它的定义。尽管业内很多人士对幽默的定义已经有一个共识：幽默是不可定义的、也无法定义，但作为单独的一门学问——幽默学来说，对定义必须有一个描述、要有一个交代。本章就幽默的定义准备从四个方面来描述：一、幽默的溯源，二、词典中幽默的“定义”，三、幽默“定义”的各家观点，四、大一统幽默学的“定义”。

一、“幽默”的溯源

要讨论幽默的定义，不妨先探讨一下“幽默”这个词语本身的字面意思。

一说到“幽默”，全世界不同国家的人，几乎都能听懂。原来，“幽默”是一个世界性的音译词。尽管国家不同、地区不同、语言文字不同，但是“幽默”这个词的发音，都很相近。如英语是 humor 或 humour，法文是 humour/humeur，德文是 humor，俄文是 Юмор，日语是ユーモア……然而“幽默”一词原本的词义，与现代的词义却是大相径庭的①。

（一）西方的“humor”

因为本书的第二章书《大一统幽默的形成与发展》里面，已经涉及到了 humor 以及这个词现代意义的演变和发展，所以此处就只着重围绕这个词的词源略谈一下。

西方的“幽默”一词最早产生于拉丁文的 humor。在拉丁语中，“幽默”本来是一个医学术语，源于“体液”一词。到了欧洲中世纪，幽默这个生物学

---

① 康家珑：《语言幽默的艺术》岳麓书社 P1.

的概念渐渐发展成为一个心理学的概念。专指固执、古怪的癖性与脾气。至少16世纪文艺复兴以前的西方古代humour概念,还与笑无关①。到了16世纪,西方传统的幽默概念开始近代化的演变。在此期间,法国医生费尔纳尔对盖伦医论进行了重要修正,并引发了关于humour的大规模的论战,使humour之词成为时髦,使之从医学走向文学。例如莎士比亚的《威尼斯商人》中,夏洛克在法庭上对公爵说得就有这样一句:

您要是问我为什么不愿意接受三千块钱,而宁愿选择一块腐肉;那我无可奉告,我只能说,这是我的Humour。

莎士比亚这里所用的Humour,便具有双重含义:其一是中世纪以来的传统用法亦即"体液"、"个性"、"爱好";依此之意,夏洛克旨在表明,他之所以坚持履行残酷协议,是他的生物本能而不是他的阶级立场所使然,言语中颇多固执。其二是新的用法亦即具有可笑性质的"幽默"。所以夏洛克的台词中又有"这是我的癖好"和"怪毛病"之意,又颇多自嘲和冷嘲②。英国剧作家琼生,是莎士比亚同时代人,但他对此humour的理解,显然更侧重于第二含义,因而更具有历史价值而不是文学价值。

总体来看,虽然莎士比亚喜剧也运用了这种可用体液学说加以解释的怪癖,但喜剧效果并非由此构成,而是由喜剧人物的自由个体冲突和五光十色的平民社会所构成。但琼生的喜剧则是一种癖性喜剧。他根据传统的体液说,将古罗马和中世纪喜剧纷纭众多的人物类型简化为易怒者、暴躁者、抑郁者和冷漠者,然后对他们进行各种组合。因此,如果说莎士比亚的喜剧更富于活力,那么琼生的喜剧则更富于匠心。琼生曾经创作了两部以"humour"为名的喜剧:《Every Man in his humour》即《个性互异》,《Every man out of his humour》即《人各有癖》。并且他还在《人各有癖·序诗》中指出:每个人都具有人类品格中的那些永远突出的因素。在生活中,这些本能因素有机会超出自身的限制而泛滥出来,甚至淹没其他的有关因素。我们称一个

① 参见闫广林 徐侗:《幽默理论关键词研究》学林出版社;2010年4月1日

② Sephen Oacock:Humour and Humanity. P37. Cambridge University Press,1959

人贪婪,即是说贪婪是他最突出的特征,他既有可能在他所有的交往活动中保持和维持这种突出的品质,他也有可能在与人接触时放纵这种品质。在第一种情况下,可以说他“具有了”他的幽默(in his humour);在第二种情况下,可以说他“丧失了”他的幽默(out of his humour)。所以说:

那些黄黑胆汁和黏液血液,就这样一刻不停地流淌,流淌在每一个身体之中,无可拘束地流向某个地方。于是它们获得体液的称号,于是这称号凭借着隐喻,贴附于性格的总体趋向。犹如某种特质支配了某一个体,促动他的情感、才智和思想及其混合液体一同涌流,朝着一个共同的方向,于是就说这是产生了幽默现象①。

其实,在16世纪或文艺复兴那个时代,可笑之 humour 已成为文学潮流或文化潮流。这种潮流不仅体现在莎士比亚和琼生等英语作家之中,还体现在拉伯雷、塞万提斯、薄迦丘等非英语作家之中;这种潮流不仅存在于英语 humour 的时代转换之中,还存在于其他民族语言之中。所以,英语 temper(原为“情绪”)开始富有“易怒暴躁”之义,意大利语也有 humore(幽默)、l'umorismo(幽默主义)之词,德国和法国作家笔下也有如此的对话:

克雷昂德勒:这家伙倒是挺幽默的,

多莉丝:他是个年老的佣人,正像您看见的,他并不忧郁。

《谎言者》

他们所欠缺的,正是我倍加赞美的:对愚蠢的妇人,我赞美机智;对年老的妇人,我赞美幽默。

斯卡隆《若德雷·一名仆人老爷》②

16世纪以后,“幽默”开始表示一种失衡的心理状态,一种喜怒无常或者不合理的任性,或者确指某种荒唐或恶习。经过几个世纪,这个术语已经

---

① (法)埃斯卡皮:《论幽默》,上海社会科学院出版社1991年版,P15.
② (法)埃斯卡皮:《论幽默》,上海社会科学院出版社1991年版,P19.

用来指代某个人一般意义上的情绪或心理状态。然而在现代用法中,幽默指的是一种特殊的情绪或品质,逐渐脱离了传统的含义。

尽管 humour 一词在当时的使用和定义比较含混,但它从非可笑性的医学术语向可笑性的文学文化术语的转换正在形成,或者说作为可笑性的 humour,正在被欧洲各民族所接受①,也正在被世人所接受。

(二)中国的“幽默”

这里也仅是从词源的角度来论述幽默一词。汉语中的“幽默”一词古已有之,但其并非一个专门学科方面的词语,原本只是“寂静无声”的意思。

最早源于战国时期屈原《九章·怀沙》中的“眴兮杳杳,孔静幽默”。唐朝诗人李白《鸣皋歌送岑徵君》的“魂独处此幽默兮,愀空山而愁人”一句中,“幽默”也是这个含义。许慎在《说文解字》中将“幽”释为“隐”,将“默”释为“犬暂逐人”。从古至今,“幽”字的字形,下面是山,上面是绵延不绝的蚕丝,表示蜿蜒的山间小路。由此便引申出“深”和“幽”的含义,以及“静”的含义。(见下图)

甲骨文　　金文　　小篆　　繁体隶书

依古代汉语通则,“暂”即是“潜”。《说文解字》中如是说:“默,犬暂逐人也。从犬,黑声。”“黑”字既是声旁也是形旁,是“墨”的省略,表示深黑色,即黑色的狗。所以“犬暂逐人”本义为黑色的狗一声不响地追着咬人。与吠影吠形的狗相比,这种狗当然可怕。所以引申为“默”。(见下图)

金文　　小篆　　繁体隶书

现代幽默是一种舶来品,是林语堂对英文 Humour 的翻译,在经历了短

---

① 闫广林,徐侗著,《幽默理论关键词研究》,学林出版社,2010.04,第 112 - 114 页

暂的质疑之后,迅速成为颇有支配力量的特殊词汇,得到了普遍的认可。①

尽管在林语堂音译"humor"之后,有不少人试图另辟蹊径,但最终,人们经过多方面权衡,还是接纳了林语堂的译法。1926年,鲁迅翻译了日本作家鹤见佑辅的《说幽默》。在译文的附识中,鲁迅说:"将 humour 这字,音译为'幽默'是语堂开首的。因为那两字似乎含有意义,容易被误解为'静默','幽静'等,所以我不大赞成,一向没有沿用。但想了几回,终于也想不出别的什么适当的字来,便还是用现成的完事。""幽默"就这样约定俗成慢慢地在中国生根开花了②。

(三)幽默"定义"之多种定位

要把幽默的定义确定在某一个概念之内是不科学的、也是不可取的。尽管如此,事实上幽默一路走来,确确实实地被冠之了若干的概念和定位。这些幽默的概念和定位既是幽默"定义"的一些演绎,也是人们从多角度对幽默的"好处"进行了肯定。既然是在谈论幽默的定义问题,追溯并论证一下这些被冠之的概念和定位,对其进行前后对比是大有脾益的,对幽默的"好处"进行充分认定也是十分有意义的。下面就幽默"定义"的一些主要概念和定位进行举例性论述:

1)幽默概念起源于生物学"四体液病理学说",大成于心理学,是人类社会脱离野蛮,逐渐文明化的体现,也是人类文明走向成熟与开化的标志之一。举例说明:

(1)萧伯纳是个又高又瘦的人。有一天,他参加了一个宴会,受到了不少客人的欢迎和尊敬,但是,他们想借这个机会好好戏弄一下萧伯纳。于是其中一个肥胖的资本家哈哈大笑地对萧伯纳说:

"先生,看见您就知道世界上在闹饥荒。"

而萧伯纳也立刻不屑地笑答:"看见您,先生,就知道世界上闹饥荒的原因。"

---

① 参见闫广林、徐侗《幽默理论关键词研究》学林出版社出版,2010年04月版.P111.

② 康家珑:《语言幽默的艺术》,岳麓书社2008年版,P2.

假设如果没有"幽默"出现在以上的场面,这个场面的气氛是否会大打折扣?面对不怀好意的挑衅,粗俗的人也许会满口谩骂甚至拳脚相加,而文学家萧伯纳却以这种风趣幽默的方式对这位资本家进行了有力的还击,既不落下风,又不失风度。同时,作为挑衅方的资本家的言语也不失为一种幽默,因为嘲笑与讽刺本身就属于我的大一统幽默学的范畴。但若是市井匹夫或不文明的人,也许一开口便是恶语相向。这就说明幽默为文明社会的文明言行提供了方便,而非血肉横飞、污言秽语地暴行——幽默是文明社会走向成熟和开化的标志之一。

2)幽默是一种出于某种审美的心理活动,对外界进行机智应对从而带来内在的生理反应——笑——的行为。举例说明:

(2)一个男人对一个朋友说:"我结婚了。"

"那我得祝贺你。"朋友说。

"但是不久前又离了。"

"那我更要祝贺你了。"

按一般人的思维,此时作为朋友应该是要表示遗憾、同情来进行安慰的,但这个朋友既不唉声叹气,又不怨天忧人,却反其道而行之地表示祝贺,暗含了对失败婚姻的评价与同情①,让对方产生审美性的心理活动,从而产生生理性的"笑"意,反而起到了更好的安慰作用——幽默可以通过特殊的审美性心理活动来使人产生生理性的行为——"笑"。

3)幽默是一种随遇而安的达观人生态度。举例说明:

(3)西奥多·罗斯福是美国的第26位总统。

有一次,罗斯福丢了很多东西,他的一个朋友写信来安慰他。罗斯福却在回信中宽慰朋友说:"谢谢你来信安慰我,我现在很平静。这要感谢上帝,因为:第一,贼偷去的是我的东西,而没有偷去我的生命。第二,贼只是偷去了我的一部分东西,而不是全部。第三,最值得庆幸的是,做贼的是他,而不

---

① 张恒笑:《幽默与口才》北京工业大学出版社2012年版P32.

是我。”①

原本是一件不幸运的事,罗斯福却以幽默的方式洒脱地面对人生,并能在不幸之中去看到幸运的一面,使幽默步步递进,最后一句更是画龙点睛,把一个不幸彻底转为幸事,由其幽默,见其胸怀——幽默居然能够造就如此的达观人生!

4)幽默是一种能力。当然幽默的能力有着双重的意义,一方面是强调创造幽默和分享幽默的能力;另一方面,是指用幽默去解决问题的能力。在这里所强调的是第二种。幽默的思维模式与众不同,发散性思维是幽默的一个重要的思维方式,利用幽默的这种发散性思维还可以解决正常思维不可解决的问题。举例说明:

(4)有一位老人,他有三个儿子和十七匹马。他在临终前对他的儿子们说:“我已经写好了遗嘱,我把马留给你们,你们一定要按我的要求去分。”

老人去世后,三兄弟看到了遗嘱。遗嘱上写着:”我把十七匹马全都留给我的三个儿子。长子分一半,次子分三分之一,给幼子九分之一。不许流血,不许杀马。你们必须遵从父亲的遗愿!”

这三个兄弟迷惑不解。尽管他们在学校里学习成绩都不错,可是他们还是分不下来。因为用十七除以二、用十七除以三、用十七除以九都除不尽,又不许杀马,不知道怎么办。于是他们就去请教当地一位公认的智者。这位智者看了遗嘱以后说:“我借给你们一匹马,去按你们父亲的遗愿分吧!”

老人原有的十七匹马,加上智者借给的一匹,一共十八匹。于是三兄弟按照遗嘱的比例,即十八匹马的一半、三分之一和九分之一来分马。三兄弟分别得到了九匹、六匹和两匹。$9+6+2=17$(匹),总数为17匹马,恰好还剩下一匹马,也正是智者借给的那匹,就还给了智者。

---

① 张恒笑:《幽默与口才》北京工业大学出版社2012年版P6.

表面看这是一个趣味数学题,但从道理上来说,它是利用了幽默的散发性思维来解决问题。当生活中出现难题的时候,发散一下自己的思维,不仅解决了问题,而且还充满了幽默的智慧——幽默也是一种能力。

5)幽默是一种智慧思维。上面讲到幽默是一种发散性思维,同时也是一种智慧思维。在这里的智慧思维也是双重性质的。一方面指的是创造幽默本身就需要智慧,另一方面利用幽默也可以智慧地办一些事情。这里强调的是第二种。举例说明:

(5)一剩男多次相亲都未果,一位智者给他出了一个招。于是,这个剩男去参加一个演唱会,在互动环节,这个哥们激动地拿着话筒对台上的明星说:"我是你最忠实的粉丝,我几乎参加了你的每一场演唱会,今天终于等到了机会!您能和我女朋友合张影吗?"

明星觉得很感动,毫不犹豫的答应了。

然后这哥们高兴的对着台下问:"太好了,那么各位美女,谁愿意当我女朋友?"

虽然这是一个幽默故事,但从中也可以看出,用幽默的智慧可以达到一定的目的,并遮盖住自己的本意,或者说其欺骗性可以忽略不计。由于幽默给人们带来了欢乐和搞笑,往往人们都不会太计较你所采用的手段而满足于你的祈求。这包括用幽默去批判、批评人,也属于用幽默智慧去达到目的——幽默可以智慧"取人"。

6)幽默可以是一种委婉的批判和批评,可以用幽默来作为批评或批判、骂人的工具。根据我的大一统幽默学的观点,讽刺属于幽默的范畴,讽刺就是绕着弯子地批判、批评人、骂人。比如在封建社会里对君主"提意见",一般是采用讽谏的方式,这样的例子信手拈来。我国近代还出现了专门具有讽刺功能的体裁——杂文。利用杂文来鞭挞和讽刺他人,鲁迅是我们的楷模。举例说明:

(6)一架飞机迫降海面上,空姐让乘客从滑梯滑下海去坐救生艇,乘客不敢，空姐求助机长。

见多识广的机长说：“你要对美国人说这是冒险，对英国人说这是荣誉，对法国人说这是浪漫，对德国人说这是规定，对日本人说这是命令，一切问题就都搞定了。”

空姐为难地说：“可是全都是参加特价游的中国人啊！”

机长笑了：“那就更好办了，你告诉他们这是免费的！”

这个故事用讽刺的手法批判那些贪图小便宜、廉价货的国人。这种批判虽则是委婉的，但也不乏其力度，叫作柔中带刚，不比骂人弱。“乘客不敢”的事情，只要是不要钱的，对一些国人来说，就不存在“敢不敢”的问题，隐含地批判一些国人“要钱不要脸”的本性。可见幽默是一种委婉的“骂人”。

7）幽默是一种艺术手法，是一种喜剧性的手法，甚至是到了人最悲伤的时候都还可以表现的艺术。可以说，幽默就是喜剧的灵魂，喜剧是幽默的一种表现形式。比如相声、小品、闹剧、哑剧、滑稽剧、幽默话剧等都是幽默的表现形式。但是，喜剧性艺术不完全是舞台艺术，它还包括舞台艺术以外的任何有幽默效果的形式，甚至还包括有忧伤的喜剧性的表现形式。比如黑色幽默。举例说明：

（7）1841 年，德国著名抒情诗人海涅与巴黎皮货店的女营业员欧仁妮结了婚。欧仁妮没有受过教育，并且虚荣心极强，海涅与她的结合就是场不幸的悲剧。

海涅临死前，把所有的财产都留给了妻子欧仁妮，但提出一个怪异的条件，即妻子欧仁妮必须再嫁一个人。人们都很诧异，为什么海涅会强迫妻子改嫁？海涅露出了狡黠的笑容解释道：“这样的话，至少有一个人会因为我的死而感到遗憾。”

人都要死了，还能开这玩笑，无疑是对自己伴侣的无知的挖苦和嘲笑，而且海涅的伴侣还不止是无知，还有更多说不清楚的、让后继男人会厌倦到后悔的缺点,从而使后继男人为海涅的早死感到遗憾。这种挖苦到达了顶点,也让读者感到了极度的苦涩——这种苦涩的艺术手法,也只有幽默可以充当。

幽默是很多很多……说不完道不尽的东西。总之,幽默通常用修辞、错位逻辑、反常心理、矛盾法等手法来达到幽默的效果;幽默总把缺点和优点、缺陷和完美、荒唐和合理、愚笨和机敏等两极对立的属性不动声色地融为一体,在这种对立的统一中,以轻松、戏谑但又含有深意的笑为其主要审美特征,表现为意识对审美对象所采取的内庄外谐的态度;幽默是什么,不可能用几句话或几种概念来概括完毕。上面的仅仅是对幽默"定义"常见的几种"定位"而已。

二、词典里对幽默的"定义"

也就是从18世纪或文艺复兴那个时代起,"幽默"的词义才开始与现代幽默的含义接近,在那时以后的词典中出现了现代"幽默"的解释。

(一)在西方的一些权威词典中,对"幽默"现代的解释

1)"humor:see Fluid; see Wit" 翻译:幽默:见"体液";见"机智" 。——1771年的初版《大不列颠百科全书》

2)幽默是激发趣味、欢笑等等的诱因,也是对有趣、滑稽等事物进行认知、反应和表达的能力。——(《朗文现代英语词典》1968年版第523页)

原文:Humor is something which arouses amusement, laughter, etc. ,or the capacity for recognizing , reacting to or expressing something which is amusing, funny, etc. ——(Longman Modern English Dictionary,1968:523)

3)幽默是一种引发或感受趣味的能力。——(《牛津现代高级学生词典》,1978年版第5581页)

原文:Humor is the capacity to cause or feel amusement. —— (Oxford Advanced Learner's Dictionary,1978:5581

4)幽默是一种取乐的能力与引发趣味的品质。——(《朗文当代英语词典》1978年版第551页)

原文:Humor is the ability to be amused or the quality of causing amusement.

——(Longman Current English Dictionary,1978:551)

5)幽默是一种等同于可笑的滑稽的品质,也是一种感知或表达滑稽、诙谐等类似行为的能力。——(《美国传统英语词典》1980 年版第 345 页)

原文:Humor is the quality of being laughable of comical and the ability to perceive or express what is comical,witty, etc. ——(The American Heritage Dictionary of the English Language,1980:345)

6)幽默是“一种能够诱发笑声反应的刺激。”——(《大英百科全书》,1985 版)

7)幽默:在 1771 年的第一版《大英百科全书》中,幽默的条目中没有提供定义。作为代替的注释是:“幽默:见‘体液’;见‘机智’”。远在柏拉图和亚里士多德时代,笑就被认为是极端、荒谬和滑稽恰到好处的矫正器。拥有任何幽默超量的个人,就能成为“幽默家”,因而就成了笑的客体。然而“幽默家”又意味着都是幽默的主体,尽管一个精通于幽默文学或艺术表现的人,离专门逗乐和搞笑别人的幽默家还有一步之遥。——(美国百科全书,第十四卷:1985)

原文:In the first edition of “The Encyclopedia Britannica” in 1771, no definition Was given for the entry Humor. Instead,it reads:“humor:see Fluid;see Wit”. As far back as Platonic and Aristotelian times,laughter was considered the proper corrective of the excessive,the ridiculous,and the ludicrous. The individual who possessed an excess of any humor became a “humorist”,and hence an object of laughter. From “humorist” signifying all individual subject to humors,it was but a short step to “humorist” meaning Someone who was amusing and facetious,an individual skilled in the literary Or artistic expression of humor. ——(The Encyclopedia Americana,V. 14:1985)

8)幽默:“一种可笑的感觉,能够看出各种生活矛盾、人们性格和行为的可笑方面的技巧。”

——《苏联百科辞典》,时代出版社,1958 年中文版第 2849 页

9)幽默:“审美主体所具备的一种审美感受能力”。

——《大美百科全书》,由光复书局出版,1991 年中文版。

（二）中国词典对幽默的"定义"

1）幽默：有趣或可笑而意味深长。——（中国社会科学语言研究所词典编辑室编：《现代汉语词典》，商务印书馆 1996 年版，第 1520 页）

2）幽默：表面轻松而实际含有深刻的讽刺。——（新华辞书社编：《新华词典》，商务印书馆 1962 年版，第 554 页）

3）幽默：①发现生活中喜剧性因素和在艺术中创造、表现喜剧性因素的能力。真正的幽默能够洞悉各种琐屑卑微的事物所掩藏着的深刻本质；

②一种艺术手法，以轻松、戏谑但以含有深意的笑为其主要审美特征，表现为意识对审美对象所采取的内庄外谐的态度。幽默在引人发笑的同时，竭力引导人们对笑的对象进行深入的思考。当幽默变得非常深刻而又不同于讽刺时就会超越滑稽的领域，而达于一种悲怆的境界。——（《辞海》，上海辞书出版社 1989 年版）

4）幽默：①与 1989 年版内容相同。

②一种艺术手法。以轻松、戏谑但又含有深意的笑为其主要审美特征，表现为意识对审美对象所采取的内庄外谐的态度。通常是运用滑稽、双关、反语、谐音、夸张等表现手法，把缺点和优点、缺陷和完善、荒唐和合理、愚笨和机敏等两极对立的属性不动声色地集为一体。在这种对立的统一中，见出深刻的意义或自嘲的智慧风貌。——（辞海编辑委员会编《辞海》中册，上海辞书出版社 1999 年版，第 2236 页）

5）幽默："诙谐风趣而又意味深长。"——（《新华字典》2014 版）

从中西方对现代"幽默"词义的解释，可以看出两者侧重角度的细微差别。西方"幽默"的词义源远流长，尽管从最初至今已经发生了不小的变异，但从根源上来说，还是一脉相承的。由于其最早发源于生物学，大成于心理学，从古希腊时期便产生，直到公元 16 世纪才传入文学。所以，西方词典中更侧重于从生理学与心理学的角度来解释"幽默"的本质和特性，强调其与人的生理构造的相关性、心理活动失衡诱发的情绪不稳定性以及引人发笑、带来愉悦的特质。

而中国的"幽默"由于是译介的产物，与其最早的含义几乎已经风马牛不相及了,但是林语堂在选取“幽默”作为音译时必然有他的权衡:“幽”即“隐藏、内敛”;“默”即“犬暂逐人”,可以引申到一种类似“追逐与逃避”的讽刺或批判含义。幽默者似是以“犬”自居则带有某种“自嘲”或是“批判”的内涵;被幽默者似是“被逐之人”,则带有“可怜”或“可嘲讽”之意。又加之“幽默”是随着外国作品的翻译传入中国的,诸多学者在进行文学批评与鉴赏时也会选取“幽默”这一角度进行研究。因此中国的词典更侧重于从幽默的审美特点及其深层内涵来对其进行定义,强调了幽默的艺术性以及幽默背后的批判或同情的态度。

三、关于幽默“定义”的各家观点

古往今来,尽管对幽默“定义”的质疑不断,一方面,依然有很多著名学者试图全面而精准地定义幽默;另一方面,甚至有很多学者指出,幽默是无法被定义的。幽默具有很大的复杂性、不仅有其词源与流传中意义演变的复杂性、还有涉及到的学科和理论很多,即本身的跨文化性的复杂性。当然它的概念与内涵会随着历史的进程而发生改变,它是一个动性的词义。所以对于幽默怎么定义或对定义怎样归纳,学界一直存在着争论与质疑。在此把业内对定义的一些主要观点罗列如下:

(一)西方学者对幽默“定义”的一些观点

1901 年英国哲学家索列(James Sully)这样谈到幽默:“语言中几乎没有一个词汇……比这个人人熟悉的词更难下定义。”(赫伯·特鲁著作《论幽默》P26)

1906 年,英国文学教授路易斯·卡扎米安在《日尔曼杂志》上发表了一篇文章《为什么我们无法对幽默下定义》:几个世纪以来,对“幽默”一词的解释,众说纷纭,莫衷一是。

康格里夫说:能否说清楚幽默的内涵和外延,专家们似乎已失去信心,谁去探讨,谁还要遭人白眼。

佩雷尔曼说:“只有书呆子才想去分析。”有一个外国人说得更令人苦笑:“试图给幽默下定义是幽默的定义之一。”

荷兰的简·布雷默、赫尔曼·茹登伯格对幽默的“定义”说,这些努力有一个共同的错误,即他们默许这样一种假设:世间存在着某种跨文化的、反

历史的东西。——([荷]简·布雷默、赫尔曼·茹登伯格《搞笑——幽默文化史》,社会科学文献出版社 2001 年,P6)

只有那些对英国语言和文学最无知的人才最想在幽默、讽刺、喜剧、滑稽、怪诞以及其他一些字词之间建立一些字面上充满细微差别的体系。——([法]罗伯特·埃斯卡尔皮特《幽默》,商务印书馆,2004 P81)

就这一点,罗伯特·埃斯卡尔皮特对"humor"一词具有生理性和心理学性的词义,是这样解释的:……对着两个近义词进行选择确实需要一个擅长识密的高手,因为这两个词分属差异迥然的语族。既然"幽默"一词起源于"体液",也就是某种"流质",那么它的同义词参照的就是"字"的历史演变。同义词"机智"一词对词的本身并不感兴趣,它参照的是"事",是某一个现象。它寻找到的是与之有逻辑关系的近邻现象。——([法]罗伯特·埃斯卡皮尔特:《幽默》,商务印书馆 2004 年版,P2)

英国作家、文学批评家约瑟夫·艾迪生(Joseph Addison)把幽默比喻成为一个家庭成员:"真理"是这个家庭的奠基人,是"良知"之父。"良知"是"机智"之父,后者娶了一位名叫"欢乐"的旁系女子,并与她生了"幽默"。"幽默"是这个勤劳家庭中最年轻的医生,他的父母的性格是如此地不同。他会像他父亲一样性格乖戾,捉摸不定;有时表情严肃,一本正经;有时又放任活泼,衣着华丽,以至于他一会儿像是认真的法官,一会儿又像个滑稽大王。但另一方面,由于他的本性中继承了他母亲的许多因素,所以不管在什么情况下,他都能令人发笑。——(转引自上海青年幽默俱乐部编《中外名家论喜剧、幽默与笑》,上海社会科学出版社 1992 年版,P21 - 22)

"幽默"通常与"笑"等同使用,尤其是在美国等西方国家,二者基本就是同义词。荷兰学者简·布雷默和赫尔曼·茹登伯格在《搞笑——幽默文化史》一书中就明确指出:什么是幽默? 在本书的题目中,我们是在最广泛、最中立的意义上使用这个概念的,这使之能够涵盖形形色色的幽默行为:从现实生活中的玩笑到双关语,从笑剧到恶作剧。换句话说,我们把幽默看成任何形态的信息——这些信息是通过行为、话语、文字、形象以及音乐等得到传输的——其目的是逗人笑,或者微笑,或者大笑。——([荷]简·布雷默、赫尔曼·茹登伯格《搞笑——幽默文化史》,社会科学文献出版社 2001 年,P1 - 2)

英国学者詹姆斯·萨利,19 世纪末 20 世纪初伦敦知识界的核心人物之一,在他的研究中指出:幽默是对事物的一种从容的观察,这种观察既是游戏性的,同时又是沉思的;幽默是应对有趣现象的一种方式,这种方式节制有度,似乎既是在放纵玩笑感,同时又是在弥补这种放纵的粗俗性;幽默是一种向外扩张的精神运动,它遇到并受阻于某种类似善意思虑的逆流。这些特点都清楚地表现出来,成了幽默的最显著特征。——([英]詹姆斯·萨利:《笑的研究——笑的形式起因发展和价值》,中国社会科学出版社,2011 年版 P256)

莎士比亚曾说:"幽默是智慧的闪现。"

Victor Borge 曾说:"笑是两人间最短的距离",因而幽默可以缩短人与人之间的距离。

Palmer 曾说:幽默和语言一样通用。它如此普遍以至于涉及到每个国家、每种文化以及人类的每个领域。只要有人类的地方,就会有幽默存在。幽默感被看做是一种最复杂、最微妙的人类品质,用以将我们与动物区分开来。人类是唯一具有幽默感的物种。

原文:Humor is as universal as language. It is so common that it indwells every nation,every culture and every field of human being. Whenever there is human race there exists humor. A sense of humor is regarded as one of the most complex and subtle

human qualities that distinguish us from animals. Humanity is the only species with a sense of humor(Palmer,1994:1).

Saper(1987)认为:幽默是属于个体、刺激或事件的情感(affective),以及认知(cognitive)、及美学(aesthetic)的层面。

Hallett & Derks(1998)认为:视幽默为一人格特质,在风格及倾向上有很大的变异。

Veatch(1998)则视幽默为一种知觉现象。

Lefcourt & Martin(1986)认为幽默、微笑和笑,它们是无所不在的现象,但是要去精确定义它,却是十分困难的。

Foot(1991)也认为:幽默是很难定义,乃因其为一个多维度的概念。

Laurian,(1989)认为:定义幽默绝非易事。有时,幽默甚至被认为是不可定义的。

Long & Graesser (1988)对幽默概念有三个层面的定义:

一、引起幽默反应的刺激可为口语(verbal)、非口语(nonverbal)或结合两者来呈现,刺激事件也应包含幽默事件的脉络性质(situation)。

二、引发幽默刺激的事件包含有意的(intentional)及无意的(unintentional)状态。

三、幽默的引发反应是根据主观的认知反应,而非可观察到的外在反应。

Nazareth(1988)认为,幽默可从三个层面来分析:

第一是引起幽默的特定刺激型态;

第二是幽默刺激被个体感知后所产生的认知或情绪上的经验;

第三是幽默产生之后的外显行为反应(引自陈学志,P80)。

Warnars - Kleverlaan & Oppenheimer & Sherman(1996):声称幽默除了有社会目标(social goal)的性质之外,还有下列几个特质:

一、幽默的产生能力;

二、好玩的感觉;

三、辨认幽默的能力;

四、欣赏幽默(appreciation humor)的能力;

五、有能力去使用幽默,使成为适应的机制(adaptive mechanism),就是说对问题、困难能使用幽默去中介,以消除个体对负面事件的不良反应。

德国著名的幽默作家和美学家让睬罗认为,幽默是一种慰藉人类的善意的微笑。

美国文艺理论家D·H·门罗认为:“幽默和讽刺相比更具备同情性,而不如讽刺那样残酷严厉。”

Nash(1985.9)认为:“幽默行为是文化、惯例、态度、信仰、典型动作、特性艺术等等中的一个‘种类’或诱因,因此将认定幽默是某种实质而不仅仅是品质。”

Dean(2000)的观点是:幽默“被个别地定义为是好笑或有趣的动作或陈述;是个人认为有趣的东西;是制造笑声”

Mindess说,“幽默是一种心境,一种感悟与体验生命的方式。它是一种态度,一种特殊的观点,并拥有强大的理疗能力。”

原文:Mindess says,“Humor is a frame of mind,a manner of perceiving and experiencing life. It is a kind of outlook,a peculiar point of view and one which has great therapeutic power. ”(1971)

要谈及对幽默“定义”,就回避不了幽默的几大传统理论,因为任何事物或事情的定义是其本质问题,既然是专门研究幽默的理论,当然应包含对其“定义”的论述。幽默的“定义”在有代表性的几大传统理论中是这样归纳的:①②

1. 优越论/蔑视论(Superiority Theory /Disparagement Theory)

这一理论源远流长,它可以追溯到古希腊和罗马的古典修辞学理论。该理论认为,那些荒谬和不恰当的言行、事物等会令我们发笑。柏拉图说:“……然则拿朋友的愚蠢做笑柄时,我们一方面有妒忌所伴随的痛感,一方面有笑所伴随的快感。”亚里士多德在《诗学》的第五章中也写道:“喜剧的模仿对象是比一般人较差的人物……可笑的东西是一种对旁人无伤,不至引起痛感的丑陋或乖讹。”这一理论在霍布斯那里得到了更为详尽的阐发,他讲到:“笑的情感不过是发现旁人或自己过去的弱点,突然想到自己的某种优越时所感到的那种突然荣耀感。人们偶然想起自己过去的蠢事也往往发笑,只要那蠢事现在不足为耻。”柏格森宣称,当我们看见“把机械的东西硬套在有生命的东西之上即生命的机械化”时,我们会感到自身的优越。他还说:“我们发现我们总会有用笑去羞辱,并从而也是去纠正别人至少是从外部的秘密意图。”

简言之,这一理论总的认为,幽默是人们在嘲笑或蔑视某种丑陋或不幸的人或事物时所体验到的一种优越感。由于蔑视和优越互为因果,所以在此把蔑视论和优越论合为一体来看待,属于同源理论。每当由蔑视而引发起优越感的时候,每每就是幽默在“作怪”。——幽默是一种嘲笑工具。

2. 乖讹论(Incongruity Theory)

这一理论也具有比较久远的历史,最晚也要始于文艺复兴时期。Beattie

① 蔡辉 尹星:《西方幽默理论研究综述》,外语研究,2005 年第一期

② 胡慧勇:《幽默理论比较》安徽农业大学学报 2006 年 9 月 第 15 卷第 5 期

对乖讹的解释是这样的:"两个或更多个不一致、不适合、不协调的部分或情况在一个复杂的对象或集合中统一起来,或以一种头脑能注意到的方式获得某种相关,笑便源出于此。"(Ritchie,1999)

康德也加入了这一理论的观点:"笑是一种情感激动,起于高度紧张的期望突然被完全打消。"叔本华对康德的观点作了进一步引申:"笑不过是人们突然发现在他联想到的实际事物与某一概念之间缺乏一致性而导致的现象,笑恰好是这种鲜明对比的表现。"斯宾塞主张:"只有当意识不知不觉地从大事件转到小事件上时,只有当发生我们所说的'下降的乖讹'时,笑才会自然地引发。"伊斯托曼则认为:"上升的乖讹也会使人发笑。"Monro 认为幽默是"完全不同的事物的结合"(Monro,1951:248),"将属于一个情境的事物并入另一情景"(Monro,1951:45)。

总之,这一理论的基本观点可概括为:乖讹是一切幽默引人发笑的基础,所谓乖讹就是指某一事物、思想或社会现象的各个组成部分之间的某种关系,如果这种关系与常规相悖,出乎意料,不合场景或不合逻辑,不和谐的,即是乖讹的——幽默就是一种乖讹现象。

3. 释放论/安慰论(Release/Relief Theory)

弗洛伊德是这一理论的主要代表人物。他在《诙谐及其与无意识的关系》一书中把幽默划分成两大类,即"无伤害的诙谐(Harmless wit)"和"倾向的诙谐(Tendency wit)"。前一类诙谐专门在字面上玩弄技巧,很少有情感情绪方面的影响,所引起的快感并不强烈,仅限于微笑或吃吃地笑;后一种诙谐则包含了攻击性的或性的内容,是潜意识中的欲望浮现到意识中来获得间接满足的体现,经常能令人大笑或狂喜。弗洛伊德指出,人们有时候渴望摆脱现实社会中来自道德和法律等多方面的束缚,而回归到儿时轻松、自由的状态,幽默便给我们提供了这样一种途径。通过欣赏幽默,人们潜意识中的一些与社会相悖的欲望冲动等得到了合理的宣泄,幽默为他们提供了防弹衣。他论述道:"如果这就是幽默的快乐,那么它的产生是以释放并未出现的情感为代价的,它产生于情感消耗的节省,我们不能有别的说法。"在心理学的角度,释放就是释放心理压力,缓解心理情绪,其最终结果就是抚慰心灵,当然就起到了安慰的作用,释放与安慰在这个意义上也属于同源理论。所以,也应该为同源理论——幽默就是宣泄器和安慰剂。

4. 双关论(Bisociation Theory)

通常认为幽默只有前面的三大传统理论,这个“双关论”通常都不被视为幽默的传统理论,但毕竟这个理论已经出现,也颇受关注。这个理论是由匈牙利的亚瑟·克斯特所创立。他解释说:“这个构成各种幽默的模式的基础是‘双关性’,即对一种习惯上两个绝不相容的相关序列所表达的情况或事变的顿悟。”在这个过程中,互不相干的两个参照系统同时出现并在特定的情境中得到协调。这种双关会“导致连续不断的思想从一个相关序列突然转向另一个相关序列。故事所带来的这种情绪负荷由于其原来较大的惰性和保守性而不能跟着如此转变,于是被理智所抛弃,紧张的情绪只有在笑中才找到它的出路。”——幽默总是在“双关”之中找到了自然的契合点。

以上是西方对幽默的“定义”定位的基本情况,当然肯定会挂一漏万,这里仅仅是一个概貌。

(二)中国学者的观点

除以上的西方对幽默“定义”的各家学说外,中国的专家们对幽默的“定义”也有一些说法,但中国古代对幽默“定义”并不多见。最早的幽默理论文章恐怕就要算刘勰的《文心雕龙·谐隐》,它应该是一篇有关幽默理论的文章。“刘勰言谐:‘谐之言皆也,辞浅会俗,皆悦笑也”,言隐:“讔者,隐也,遁辞以隐意,谲譬以指事也’。这里刘勰先将‘谐’附会于‘皆’,将‘讔’附会于‘隐’,试图从字音字形出发,为‘谐’‘隐’下定义、找根据,并指出了‘谐’和‘隐’的特点。‘谐’就是把复杂的事情说的浅白通俗,让听者一听就懂,一听就都笑起来,近似于笑话;而“隐”则就是绕着弯子说话,把说者的真实意图巧妙地隐藏在譬喻里,让听者经过一番思考才能理解,才能发出笑声来。”①这可能就是古代对“谐”最早的“定义”。当然在古代还没有“幽默”这概念,“谐”在当时就应该是现在“幽默”的含义。从刘勰(五世纪中叶)生活的时代到林语堂界定外国的 humor 为幽默之前那个时期,都还没有建立起“幽默”这个概念,当然也不叫作幽默。此前叫徘戏、滑稽、喜剧、笑话、寓言故事、讽刺、也包括对皇帝的讽谏,对幽默的“定义”研究是很少见的。

直到在 20 世纪初叶以后,也就是幽默一词传入中国以后的 100 多年期

---

① 范允龙、刘枫:《从 < 文心雕龙·谐隐 > 看刘勰的幽默观》扬州大学学报 . 2015. 4.

间，幽默引起了国内学者的关注与热情，幽默得到了系统的、大规模的研究，逐渐上升为系统地幽默理论研究，当然也包含了对幽默"定义"的研究，从此才开始了方兴未艾探索。可以说中国对幽默理论系统地、大规模的研究比起外国来说，要落后很长时间。只是从上世纪20年代这一时期起，中国在幽默理论研究上奋起直追，出现了大量的理论著作，出现了大量的幽默大家。诸如像：林语堂、鲁迅、老舍、钱钟书等，他们既是幽默理论的研究家又是幽默文学的大师。尤其要首肯的就是我国论幽默的先驱者，现代著名文学家、翻译家、语言学家，将"humor"音译为"幽默"的林语堂。他对幽默研究的贡献也是有目共睹的，当然也少不了对幽默的"定义"的研究，而且还是多角度的定位，采撷几则如下：

Lin Yutang, a Chinese master in humor, has claimed that humor is a popular art form, either written or spoken, to express one's viewpoints and even perceptions of the real world. It is a tone, a mind style, and a category of discourse: it is a style of writing, which can exhibit itself under any topic as long as the humorist is in tune with the mood.

翻译：林语堂，一位中国的幽默大师，称幽默是一种流行的艺术形式，或通过文字，或通过口语，来表达个人的观点，甚至是对真实世界的认知。它是一种论调，一种心理风格，和一种演讲的类别；它是一种书写方式，可以将自己置于任何主题下，只要幽默家有着同等的心境。——刘敦萍：《幽默与概念合成》2005.《安徽大学》

有关幽默"定义"，林语堂一些专门论著里也有涉及：

"幽默有广义与狭义之分，在西文用法上，常包括一切使人发笑的文字，连鄙俗的笑话在内……在狭义上，幽默是与郁剔、讥讽、揶揄区别的。这三四种风调，都含有笑的成分。不过笑本有苦笑、狂笑、淡笑、傻笑各种的不同，又笑之立意态度，也各有不同，有的是和缓，有的是鄙薄，有的是同情，有的是片语解颐，有的是基于整个人生观，还有思想的寄托。最上乘的幽默，自然是表示'心灵的光辉与智慧的丰富'……各种风调之中，幽默最富于感情……"

"……而幽默却是同情的，所以幽默与谩骂不同。因为谩骂自身就欠理智的妙悟，对自身就没有反省的能力。幽默的情境是深远超脱，所以不会怒,不会笑。而且幽默是基于明理,基于道理之参透。……谩骂者,其情急,其辞烈,惟恐旁观者之不与同情。幽默家知道世上明理的人自然会与之同感,所以用不着热烈的谩骂讽刺,多伤气力,所以也不急急打倒对方,因为你所笑的是对方的愚鲁,只消指出其愚鲁便罢。明理的人,总会站在你的一面。所以是不知幽默的人,才需要谩骂。"——(林语堂:《论读书·论幽默》,当代世界出版社2002年版,P39)

"幽默是轻轻地挑逗人的情绪,像搔痒一样。搔痒是人生一大乐趣,搔痒会感觉到说不出的舒服,有时真是爽快极了,爽快得使你不自觉的搔个不休。那犹如最好的幽默之特性。它像是星星火花般的闪耀,然而却又遍处弥漫着舒爽的气息,使你无法将你的指头按在某一行文字上指出哪是它的所在,你只觉得舒爽,但却不知道在那里以及为什么舒服,而只希望作者一直继续下去。"——(《论东西方文化的幽默》)

而我国著名作家、语言大师老舍对幽默的"定义"也有讨论:据我看,幽默首要的是一种心态。我们知道,有许多人是神经过敏的,每每以过度的感情看事,而不肯容人。……反之,幽默的人便不这样,他既不呼号叫骂,看别人都不是东西,也不顾影自怜,看自己如一活宝。他是由事事中看出可笑之点,而技巧的写出来。他自己看出了人间的缺欠;于是人人有可笑之处,他自己也非例外,再往大处一想,人寿百年,而企图无限,根本矛盾可笑。于是笑里带着同情,而幽默乃通于深奥。——(老舍:《幽默是一种心态——老舍笔下的人生幽默》中国国际广播出版社2008年版P38)

鲁迅对幽默的"定义"是这样理解的:幽默只是一种健康的、优秀的心理和人性元素;一味倡导幽默,便近乎于播撒自欺且欺人的麻醉剂;幽默和笑是联系在一起的,幽默最基本的特征是可以让人发笑,然而可以让人发笑的事情,不一定全是幽默,至少"为笑笑而笑笑",就算不上真正的幽默;幽默与讽刺无法断然分开。等等

方成,中国新闻漫画研究会名誉会长兼人民日报神州书画院名誉院长,30年前曾被幽默大师侯宝林问道:"幽默到底是什么?"方先生遍查资料,发现各种解释是公说公有理,婆说婆有理,而最常见的是如下几种:

1)逗人笑的就是幽默。

2)没法说。幽默是不能下什么定义的。

3）幽默是人天生的素质。

4）幽默是英国产品。

——（方成:《幽默定义》武汉大学学报 2003 年 11 月）

吴佩云 认为幽默具有两个主要的面向:

一是欣赏幽默的能力（The ability to appreciate humor）:指的是能了解并享受幽默创造过程中的讯息,且此幽默创造情境中的不一致性不会具有威胁。另一是创造幽默的能力（The ability to create humor）:是一种觉知人、物或概念间不一致（incongruity）的关系且能将此原不相干的关系加以巧妙联结,传达给别人的能力,而以口语、文字,或其它的方式传达,其结果能引起微笑或大笑。

我国幽默美学研究者邢广域认为:"幽默,只属于人,只属于成熟的人、智力发达的人、开化文明的人;幽默,是人本体的一种内在的特质,其本身并不是可见可融的具象而只能感悟,我们是通过它的特有的表现方式（表象）感悟到他的喜剧性的——引人发笑的是幽默喜剧性的'外溢';幽默,是一种感悟、发掘生活喜剧性和再现、创造艺术喜剧性的能力（心灵感应的特异功能）;幽默,是人的一种高尚、健美的精神调解、心理平衡的机能,它使你在笑声中体味人生的苦辣酸甜,感知世态的炎凉,领悟生活的哲理……"——（邢广域:《幽默的美学品格》,《文艺研究》1989 年第三期）

天津市广播电视局研究室主任编辑杨斌是这样阐述的:各国百科全书、专科辞典、学术著作中给幽默所下的定义恐怕数以百计,而且仍处于增长的态势。有些论著将这些定义概括为广义幽默与狭义幽默两类,有些研究者则认为幽默本身就有广狭义之说。即广义幽默可理解为喜剧艺术（或称"笑"的艺术）的总称,凡可笑的文字、事物与形式皆可纳入其中;狭义即指喜剧艺术中的一个分支,偏重含蓄和深沉。……这里综合化用一个幽默定义作为参照:以可笑的形式或方式来表现富于情趣、智慧和美的生活内容,从中反映出审美主体（创作者和欣赏者）感悟、欣赏和表达这些生活内容的能力。——（杨斌著,电视幽默论,百花文艺出版社,1994.6,第 7 - 8 页）

闫广林、徐侗论幽默:幽默可以被述说,但幽默能否被分析？幽默能否被归纳？幽默能否被定义？人们怀疑并绝望着。——（闫广林、徐侗《幽默理论关键词研究》,学林出版社 2010 年 P124）

陈学志曾指出:研究者依其研究兴趣的不同,而有不同重点的强调,所以,对于幽默的定义会因研究者的观点而有所差异。

王勤玲博士的博士论文《幽默语言的认知语用研究》中是这样描述幽默的:幽默是社会生活的润滑剂,深受人们的喜爱。任何民族,任何语言,都少不了它。无论是英文中的"humor",还是汉语中的"幽默",都是指一种特殊的艺术,是"智慧的闪光",它们使人们在笑声中获得教益,得到美的享受。幽默的美要用智慧来领略。幽默鉴赏是客观的,放松的,也是超功利的。幽默的超功利是其审美超脱的条件。幽默的超功利性表现在它完全是平等的,自由的,不是任何强制手段所能奏效的。因为幽默感是主体在客体的诱使下自然发生的,是凡夹杂利己的动机或明显倾向的微笑,都不是幽默。人们观看球赛和欣赏模仿球赛的哑剧的感受完全两样,前者是紧张的,之所以紧张,就因为有强烈的感情倾向;后者是轻松的,超功利的,所以也是审美的。魔术台前的笑声也是审美的,因为那不是由于期望的实现,而是由于期望的消失,人们笑其故弄玄虚,以假乱真。而生活中的摸彩,获得者胜利的欢笑属于非审美性喜悦,那完全是理智上的喜悦,不是幽默。幽默的喜悦是介于理智与情感之间的一种"顿悟",是超然于利害得失之上的一种陶然自得。

长沙大学的叶錡在其论文中写道:幽默是一种国际性的文化现象,广泛联系各种学科。人类各种矛盾的斗争常为幽默创作提供了原型,即人们在谈话、写作或行为上,通过自觉地发挥机智的联想,或不自觉地受到社会矛盾的碰撞,从而违背或打破了人类物质生活和精神生活的惯性系统,便触发人们感到幽默,不禁一笑,且有余味,并常常由作者用简短的记叙性文体表达出来。如果用一句简单的话来概括幽默的本质属性,它的定义如下:幽默是人类自觉或不自觉地违背或打破物质生活和精神生活的惯性系统而令人失笑、耐人寻味的谈话、写作或行为。——(叶錡《幽默的妙谛究竟何在——试探幽默的定义和技法》长沙大学学报 1998 年 9 月)

较为深刻地研究幽默"定义"的人当中,应该不能遗漏陈孝英。用陈孝英的话说,这些定义的阐释都如盲人摸象一般,只摸到了"幽默"的某个局部,而且还存在不少缺陷和漏洞。比如这些解释混淆了不同的范畴,有的着眼于"审美对象,即一种美学现象或美的形态",如美国《大英百科全书》的解释;有的着眼于"审美主体所具备的一种审美感受能力",如《苏联百科辞典》'的释义。而"批评说"和"同情说"则有各执一端、以偏概全之弊。——(陈孝英《幽默的奥秘》,中国戏剧出版社 1996 年版)

在归纳总结这些"幽默"定义的基础上,陈孝英为幽默的"正名"做了努力,分别从作为审美感受能力的"幽默"和作为一种美学现象的"幽默"、"生活领域中的幽默"和"艺术领域中的幽默"、"广义的幽默"和"狭义的幽默"、作为喜剧的一种特殊样式的"幽默"和"幽默作品"等四个方面进行了阐释。陈氏的这番正名清晰地为我们呈现了"幽默"的全貌,其中关于"广义的幽默"与"狭义的幽默"的界定,尤为大众所接受:"广义的幽默"是"喜剧"的别名,是生活中和艺术中各种喜剧样式的总称。"广义的幽默"包括一切能引起具有审美价值的笑的表情、体态、姿势、动作、情境、语言、文字、画面、音响在内,讽刺、滑稽、机智、怪诞……都是"广义的幽默"大家庭中的合法成员。

"狭义的幽默"仅仅是"喜剧"的一种特殊样式,是生活领域里的"喜剧因素"和艺术领域里的"喜剧情境及手法"之中比较温和、含蓄、深沉的一种类型。——(陈孝英《幽默的奥秘》,中国戏剧出版社 1996 年版)

陈孝英在《幽默的奥秘》中将各种幽默定义总结归类:

第一类,是从幽默的性质和特征出发来解释。这一类从幽默作为喜剧的一种样式的角度,抓住其"引人发笑"的基本特征进行阐释。

第二类,是从幽默的社会功能及对描述对象的态度出发来解释。这一类包括两种:

"批评说"和"同情说"。"批评说"把幽默视若讽刺,看作是艺术家针贬丑恶和弊端的一种武器。

"幽默"意义,犹如中文之"敷衍","热闹"等字亦不可得西文正当译语。最近者为"谑而不虐",盖存忠厚之意。幽默之所以异于滑稽荒唐,在于同情所谑之对象。

人有弱点,可以谑浪,己有弱点,亦应解嘲,斯得幽默之真义。

田建民、田小军著的《幽默学》一书认为:幽默"具体表现为两种心态:"一种是具有高深修养的了悟世事人生的超越感;另一种是对人生和命运采取'一笑了之'的'游戏'或'自嘲'的态度。"同时他们又指出"幽默是变化不定的";"最理想的幽默是'会心的微笑'。"——(田建民、田小军著作《幽默

学》,内蒙古文化出版社,2000 年 5 月第一版)

李小克在他著的《幽默学原理》一书认为:"不要把心态或感受作为幽默的定义。""有的人从心理学角度给出定义,认为广义幽默是逆心理常规的良性刺激快速致成的欣快感。这个定义实在不能算作广义幽默的定义,甚至不能算作狭义幽默的定义。因为,如果把一个东西定义成一种'感觉',那这个东西只能是幽默感受,而不是幽默本身。幽默感觉只是构成幽默的诸多元素的一个,它与幽默虽有关系,但不能同等;因为定义一只羊与定义一条羊尾巴毕竟不是一回事。"——(李小克著作《幽默学》,首都经济贸易大学出版社,2007 年 7 月出版)

在我国,还有一位研究幽默理论的人物不可遗忘,他叫孙绍振,他写作了一些幽默理论的论著,他的《幽默心理和幽默逻辑》从心理学和逻辑学的角度来阐释幽默学。书中还论述了幽默理论的发展历史:幽默学科从古希腊的苏格拉底时代就已经开始,其中经亚里士多德、康德、叔本华、柏格森,到了当代,已成为整个文艺学科的前沿阵地。他在书中所揭示的逻辑错位论,可算是一大发现。按照孙氏的幽默理论,幽默的"定义"的定位:幽默是对常规逻辑的解构和超越,幽默主要是一种非理性的情感逻辑;幽默是治疗情绪膨胀最好的药方;幽默就是讲歪理,但要歪得有理。

对幽默的"定义"可谓也是五花八门、纷繁浩渺的,尤其是近年来,我国一些幽默研究的后继者也纷纷提出了自己对幽默"定义"的看法,比如:

·幽默在生活中无处不在。幽默是一种灵魂的自由,一种淡泊的雅趣,一种洒脱的情致,还是一种"含蓄思想的笑"。

·幽默是一种创造,一种智慧,一种自信的魅力,一种改善处境的神奇魔术。

·幽默是一种优美、健康的品质,更是一种超凡脱俗、宽容大度的性格。

·幽默远不只是一种语言的俏皮或行为举止的洒脱,它实质是一种处世良方,一种人生智慧,一种生活态度,它是知识的结晶,才华的风采,智慧的闪光,人生境界的升华。

·幽默,不是插科打浑,也不是耍贫嘴,更不是无聊地滑稽取乐。它是行为的艺术,也是心理的艺术,是精神的一种境界。

·幽默,不仅与一个人的个性、气质有关,更与他的学识、艺术才华、人生经历有关。幽默是一种修养。

·乐观和幽默是相通的,乐观的人才会有幽默的谈吐,幽默的谈吐又会给人带来更多的欢乐。

·幽默是一种特定的刺激,能引起笑、好玩的性质。

·幽默刺激被个体觉知之后,能产生认知或情绪上的经验。

·幽默产生之后,能有一些外在可观察到的反应,如笑的次数或者是笑持续的时间。

·幽默产生的能力:对环境的观察具敏感度,能依情境的变化创造出好笑的幽默事件。

·幽默的理解能力:对幽默刺激材料能够认知,产生好笑的感觉。

·从心理学角度来界定幽默:自我欣赏说。以人与生俱来的好胜心理和好奇心理为基点,将幽默的心理机制解释为对自我的积极认同。

还有一些幽默理论研究者回避谈幽默的定义,而间接地去谈幽默的特征,从特征来谈幽默的性质,以达到揭示幽默"定义"之目的。他们认为:幽默的主要特征是不一致性、不合理性,幽默的不一致性和不合理性又有着一定的合理因素,而且这就是幽默与纯粹不一致性和不合理性的区别。幽默就是借这一小点合理因素来达到出乎意料之目的。

另有一些幽默理论研究者也不谈幽默的定义,而间接地去谈幽默的表现,以达到论述幽默"定义"之目的,他们认为:幽默是一种智慧的表现,具有幽默感的人到处都受欢迎,可以化解许多人际的冲突或尴尬的情境,往往能使人将愤怒化为豁达,亦可带给别人快乐。等等。

四、大一统幽默学的"定义"

从上面可以看出,对幽默的"定义"是如此的复杂和多样,仅从这个"复杂性"和"多样性"来看,要确定哪一个为幽默的"定义"都是不严谨的。长期以来,对"幽默定义"的理解错综复杂,不一而足。在西方,"幽默"、"笑"或"喜剧性"等审美范畴曾进入包括柏拉图、亚里士多德、霍布斯、洛克、康德、里普斯、柏格森、弗洛伊德等大师的研究视野,以之为主题的研究著作汗牛充栋。中国学者也不甘落后,在近一百多年之间,也前赴后继地对幽默

"定义"的界定做出了不懈的努力,其论著也是洋洋洒洒的。学者们对"幽默"的关注,一方面是由于作为一种日常现象,幽默不仅调剂着人们的生活,还凝聚了深刻的人生智慧;另一方面,幽默又是艺术的重要样式和表现手段,成为众多大师艺术风格构成中的有机因子;此外,对幽默的研究已经上升到理论层面,引导着学者们努力去发掘"幽默"的内在奥秘。甚至对于"幽默"涵义的界定,还衍生出"批评说""同情说""微讽说""滑稽说""逗笑说""元素说"等多种学说,还衍生出多种专门的理论。对幽默的"定义"的界定或定位出现了百花齐放、百家争鸣大好局面。

但是千百年来,学者们前赴后继地在幽默"定义"上发表了各种见解,每一种说法都多少言之有理,却又没有谁能完全写出幽默"定义"的准确定位,使这个"定位"能把幽默的"复杂性和多样性"囊括完毕。所以,对幽默"定义"的解释,只能是众说纷纭,莫衷一是的。佩雷尔曼说:"以至于对'幽默'概念的争论本身也成为人们'幽默'的对象。"

是的,单从幽默的定义上来讲,是无法对幽默确定一个单一的定义的,这已经是不争的事实,这也是幽默"定义"的复杂性和多样性所决定了的。事实上,千百年来,若干专家学者力图要对其进行统一的定义,最后都是徒劳的。所以,有"要对幽默定义简直就是幽默"①的说法。正如上面所列举的,有若干个国家的大辞典和若干个名人专家就对幽默下了无数个幽默的定义,这些定义有的甚至互相抵触;有的互含有相同成分;有的虽互不冲突,但表述多元化,不能相对统一。甚至同一个国家的大辞典因时间的不同也有不同。如我国1979年、1989年、1999年版的辞海对幽默的界定都有变化。因为我要建立我自己的"大一统幽默学",因为在我这个"大一统幽默学"里,对幽默的定义也要有个说法,所以,在此专门设立了这么一章来对我的大一统幽默学的幽默的"定义"有一个交代。英国17~18世纪喜剧作家康格里夫说:"在我看来,'有多少人,就有多少意见'这句话用来解释幽默也许更为恰当。"这个说法应该还能"囊括"完毕对幽默"定义"的定位,当然也只得"无赖地"选择这个说法来对幽默的"定义"实行"大一统"了,来界定幽默的"定义",即有多少定义就纳进多少,采取动态的、公式化的办法来使之"规

① 叶錡:《幽默的妙谛究竟何在——试探幽默的定义和技法》长沙大学学报1998年9月

范”。这样一来,一方面使我的大一统幽默学有一个较为“统一的”幽默的“定义”;一方面,不怕随时代的发展、学科的增多、幽默体裁增多、载体增多,对幽默理论的更加深入研究,又会冒出新的定义来。故此可公式化为:

$$D = dn$$

D 代表大一统幽默定义,d 代表定义的系数 1,n 代表定义的无限种类。当然这个 n 里面也包含了我的大一统幽默学范畴所界定的那些“低级幽默”或“非本体幽默”或“准幽默”或“广义的”的“定义”。无论是过去的定义还是将来的定义,无论是各国词典上的定义,还是各位专家发表和出版在论文或专著里的定义都应包含在 n 里面。即不把幽默的定义确定在哪一条哪一款上,我称之为“不定定义”或“动态定义”——这就是我的大一统幽默学对幽默的“定义”。唯有如此,才能解决幽默没有“定义”的问题,幽默的“定义”无法统一的问题。

五、本章小结

无论是在国外还是在国内,幽默文化都渊源流长,在幽默个概念出现之前很多年以前就已经有了幽默的坯胎,幽默一直随着人类文明的发展而发展;国内外有志从事于幽默研究的仁人志士对幽默的定义进行过艰苦卓绝和不屈不挠探索,并对幽默下了若干的“定义”,致使幽默理论得以伴随着幽默的发展而发展,产生了如此丰富多彩幽默理论。尽管国内外对幽默的定义如此丰富,但对幽默的定义还是“悬而未决”,不可能有哪一家哪一派的理论可确定为幽默的定义,但有一点是可以肯定的:对幽默无法定义,也无可定义。既然是著述一本关于幽默理论的书,不可能不涉及到幽默的定义,鉴于此,本书就采取了动态的、发展的观点来“确定”其“定义”,即有多少种定义就纳入多少种来作为幽默的定义,这种观点不仅涵盖了过去对幽默“定义”,也要包含还未出现的以后的“定义”,所以,并对之实行了以上的公式化。

第五章

大一统幽默学的分类

在本书的前面一些章节讲到，幽默的定义是无法确定的，幽默的范畴也是无穷尽的，当然幽默的种类也是难于完全确定的。正如美国作家赫伯·特鲁所著的《论幽默》一书中所说：一九七零年一月号的《今日心理学》杂志上有一篇题为《笑话各有所好》的文章，这篇文章的作者指出，“幽默是微妙的、难以捉摸的现象，我们根本无法明确列出‘幽默的种类’”。

尽管如此，业内还是出现了大量的对幽默五花八门的、大量的分类。仅仅从体裁方面来说，就有比如：1. 语言文本方面的，2. 排版方面的，3. 文字结构方面的，4. 舞台艺术方面的，5. 广播影视方面的，6. 绘画图表方面的，7. 日常生活方面的，等等。而且在这些分类的里面还可以继续往下分。在语言文本方面的，比如有杂文、段子、寓言、笑话、谜语、歇后语、脑经急转弯、幽默小说、幽默散文、幽默绕口令，等；在舞台艺术方面，比如有相声、小品、马戏、独脚戏、喜剧、哑剧、二人转、三句半等；在广播影视绘画方面的，比如有漫画、动漫、影视、播音；在文字排版方面，比如有幽默排版；在汉字结构方面，比如有文字结构趣谈等；在生活方面的，比如有开玩笑、插科打诨、恶作剧，等等。

除了以上按体裁来分类的幽默以外，都还有若干按不同的情况来分类的。由于本章就是专门论述分类的，所以不妨把一些我认为是主要的、常见的、其它幽默分类再罗列如下，便于读者拿来与“我的大一统幽默学”的分类进行比较：

有按颜色来分类的幽默，如黑色幽默、黄色幽默、红色幽默等、灰色幽默,(甚至有的还把幽默分出了7种颜色的幽默)①;有按职场来分的幽默:如政治幽默、经济幽默、军事幽默、外交幽默等;有按职业来分的幽默:如工人、农民、教师、公务员等;按场所来分的幽默:如在军队、在校园、在公司、在街上等;有按时间来分的幽默:如在半夜、在清晨、在下午等;按型态来分幽默:如"批判型幽默"、"微讽型幽默"、"趣味型幽默";有按人际关系来分的幽默:如上下级、同事、同学、邻居、路人、夫妻、父子、母子等;有按样态来分的幽默:如爱情篇、生活篇、工作片、社会篇等;有按学科类来分类的,如:语言类幽默,美术类幽默、戏剧类等;有按载体来进行分类的幽默,如文本、画像、摄像,舞台(喜剧、哑剧、闹剧)、网络、电子终端机等;有按文化背景来分的,如外国幽默和本国幽默、如汉民族幽默和少数民族幽默;按人群来分的,如男女类、醉鬼类、儿童类;有按动作、形象来分类的幽默,有按素幽默、荤幽默来分类的;有按广义和狭义来分类的;有按有标题和无标题来分类的;等等等等,可见幽默的分类真乃谓五花八门,数不胜数,在此不可能一一罗列。

如此看来,以上的幽默的分类显得太复杂了,太五花八门了,太难掌握了,而且都还没有数落完毕,还仅仅是常见的和本人认为比较主要的。

"我的大一统幽默学"就是要来解决以上的幽默分类的纷繁问题,"我大一统幽默学"不仅是要把幽默的"定义""范畴"统一起来,当然也包括要把幽默的分类统一起来。首先的任务就是要将这些纷繁的幽默分类简化,要把这些令人眼花缭乱的、繁杂的幽默分类得以公式化,让人易懂易读,使人只要抓到几个要害的东西,就能把幽默的分类囊括完毕,以达到建立完全的、正真的大一统幽默体系——幽默学的要求。因为"我的大一统幽默学"的基本要求是,涉及到幽默的东西,都尽量要求统一,以上所罗列的幽默分类如此繁复,肯定不是一个统一的分类法,当然就不符合"我的大一统幽默学"的基本要求。所以,本章就是要对幽默来进行大一统的分类,当然就只能采用确定"定义""范畴"时的"大一统"的做法——即动态式、公式化的做法。

从分类上来讲,只有确定了"我的大一统幽默"的范畴,才能对"我的大一统幽默"进行分类。在范畴的那一章书里,幽默的范畴就是把幽默划分为

---

① kukucat http://wenda。haosou。com/q/1365187257060299 2013.04.06.

高级幽默和低级幽默的做法，即从“幽默的质量”的角度来区分出高级幽默与低级幽默的做法，以此确定了幽默的范畴。把很多不好确定为幽默的，划入了低级幽默，以符合“大一统”的要求。

在本章书里，就是要从分类的角度，一脉相承地“继承”和沿袭“范畴”这种做法——即从幽默质量的角度来考虑问题。因为探讨幽默的“高级与低级”问题实际就是在探讨幽默的质量问题。同样，在分类里，也少不下要运用这个“幽默的质量”对“范畴”所“划定”的内容，来划分幽默的类别。但是就只按“范畴”那一章里面所论述的“幽默的质量”来分类，还略显粗糙，也比较抽象。幽默是这么一个极其复杂的现象，就仅从质量方面来分类，不能完全囊括幽默的内容和形态，当然就不能显示出是一门学科的分类；还因为“高级幽默”和“低级幽默”仅仅是从幽默的质量来判断的，文艺形态的质量本身就不太好量化。所以，还应该加上幽默属性的分类。幽默的属性无外乎只有两种：物理属性和文化属性，加上这个幽默的物理属性和文化属性的分类后，使幽默既有质量的分类，又有属性的分类，两大项相结合在一起，就使幽默的分类更为细腻和完备。

用幽默的质量来分类，就是根据我在本书第三章里对“我的大一统幽默学”范畴所“界定”的观点和在那一章书里所确定范畴的基础来进行分类的。那样做，可以把与幽默有一点相关的或许说只要带有一点噱趣的、带有一点幽默成分的、带有一点幽默度的，包括一些边沿性的“幽默”等，都纳入了大一统幽默体系，即把各派对幽默分类有纷争的都一统进来作为“低级幽默”。由于通过“低级幽默”的设置和划分，这个“低级幽默”几乎是一个无限的容器，可以把不被视为幽默、或只被认为是“准幽默”的一切与幽默有关的幽默通通纳入这个容器；就可以把业内有争论的幽默，比如像讽刺、滑稽、笑话、搞笑等这些具有乖讹讹素的低级幽默，通通顺利地纳入了幽默的范畴，从而真正的达到“大一统”，当然也就顺理成章地在这个范畴里面来分类了。这种分类法的作用，主要就是用来“调和”幽默和“准幽默”之间的分歧，让这些“准幽默”在大一统幽默里有了一个“席位”，因为低级幽默虽然是属于低级，它毕竟是幽默的范畴，而“准幽默”就不一定属于这个范畴之内，为幽默的大一统扫清障碍。

用幽默的属性，即幽默的物理属性和文化属性来对幽默进行分类，由两小部分组成:1. 从物理属性来分类,就是从声音的角度来分类,可以来把幽默分为"有声的和无声的"两个板块,无论什么幽默都逃不脱这个物理属性;2. 从文化属性来分类,就是把幽默分为"三个性",即"语言性、行为性和图表性"。幽默主要是靠语言来表现的,但随着社会发展,一些新的载体都纷纷跑出来帮幽默的忙,比如舞台、电影、电视、演员、网络、电子终端机等,幽默也因势利导地借助了它们,把自己原本单纯的语言幽默变通为"肢体语言""面部语言"和"图表语言"的幽默,即把单纯的语言性幽默扩大到了行为性和图表性幽默,当然在这些载体里面的体裁也随之增多。由于幽默的"物理属性"和"文化属性"的分类相互之间是不矛盾的,并且还是相互交叉和渗透的,所以把"物理属性"的"两个板块(有声的和无声的)"和"文化属性"的"三个性"("语言性、行为性和图表性")的分类结合起来,就变为了六种幽默,我称之为"六个点"。简而言之,把这种"属性"的分类叫做"两个板块、三个性、六个点"。

这样一来,通过"高级幽默和低级幽默"和"两个板块、三个性、六个点"的分类,就可以把幽默囊括完毕。即,用"幽默的质量"和"幽默的属性"来进行分类,可以说是一种全方位的、立体的分类法,任何幽默种类都应该逃脱不了这种分类。

根据"我的大一统幽默学定义"和"我的大一统幽默学范畴"的做法,采取动态的、公式化的方式来"确定"以上所论述的两个大类的分类——幽默的"质量"和幽默的"属性"的分类。首先把它按"两类 + N"(N 代表无穷大)来划分,即把 F(分类的"分"字拼音 fen 的第一个字母)作为"分类"的代表符号;把第一类 F_1 代表按"幽默的质量"的分类,把第二类 F_2 代表按"幽默的属性"的分类。为什么还要加一个 N 类?因为考虑到随着社会的进步,会出现新情况、新研究、新理论、新载体后,使"我的大一统幽默学"的分类变成为不是"大一统"的分类;同时,还可以为将来其他专家为幽默进行新的不同的分类留下空间。比如,发明电影以前,就不会有卓别林式的无声电影幽默种类;比如,网络、电脑、电子终端机出现以前,就不会有现在的"电子幽默"。(我把在网上、电脑上、手机上及一切电子终端设备上出现的数字化的段子、视频、微电影、微信、短信、截图、动漫、图片等称之为电子幽默);比如:随着现代技术的发展,就又出现了一个新的幽默的好体裁,那就是 PS 搞笑小电影、PS 搞笑图片,等。尽管这些体裁都包含“质量”和“属性”的两大分类之内。但谨慎起见,以防派生出这两大类都无法包容的不同的分类,我的这个大一统还是预设下“位置”、“空间”。这就是动态的规范办法,即设定了一个无穷分法的 F_N,把出现的新的类别就塞进 F_N 里,使这样的幽默分类永久有效,也才叫做公式:

$$公式为\quad F=\begin{cases}F_1\\F_2\\.\\.\\.\\F_N\end{cases}$$

以上就是我对幽默分类 + N 两分法的规范化后的公式。对幽默的这个公式,是这样确定的:F——代表“我的大一统幽默学”分类的总和,F_1 代表幽默的质量分类的总和,F_2 代表幽默的属性分类的总和,F_N 代表在幽默的“质量”和“属性”分类之外还会有无穷个幽默的分类。

这是一个总公式,在总公式里的 F_1“幽默的质量”分类和 F_2“幽默的属性”分类还可以分别往下分,也就是说还可以设置其子公式。对此分类,我称之为两分法 + N(包含 F_1 和 F_2 的子公式)。

就是由于幽默的分类纷繁浩渺、五花八门,而且在那些纷繁浩渺、五花八门里面,有些还仅仅是相对纯幽默而言的、有些是相对部分幽默而言的、有些是相对部分体裁而言的,还不能把“我的大一统幽默”所界定的幽默“统领”完毕。所以,本书才设计出这么个幽默分类的办法来,即两分法 + N(包含 F_1 和 F_2 的子公式),就是要达到一个目的:使所有幽默大一统。这样,就可以把以上那些纷繁浩渺、五花八门的幽默分类,通通限定在“我的大一统幽默学”的这两种分类法 + N 里,抓住了幽默的“质量”和“属性”的分类法则,就抓住了幽默分类的纲。

下面分别来论述 F_1 按幽默的“质量”的分类和 F_2 按幽默的“属性”的分类。

一、F_1 按幽默的质量来进行幽默分类

F_1 即幽默的质量分类，分为两个种类：高级幽默和低级幽默，也叫做本体幽默和非本体幽默。（为着叙述的方便，以下一律称之为高级幽默和低级幽默）

高级幽默本身就属于幽默，在业内无多大争议，也可以叫纯幽默。它的幽默成分多、幽默度高、哲理深、有回味、会带来会意的笑、具有隐埋性、很多地方符合幽默几大理论的原理、符合高级幽默的交叉的错位逻辑等。用这种表述来界定高级幽默还是过于笼统，具体化的说法就是要具备两个条件：一个是从质量上来考量；一个是从数量上来考量。从质量上来考量，高级幽默就是要“错位逻辑的交叉”、隐埋性（有隐埋性就有深奥度）和幽默几大理论的要求；从数量上来考量，高级幽默就是要能找到很多幽默点。就高级幽默“量化”的问题，本书“幽默的点和度”一节还要详细论述。

低级幽默就是其幽默成分少、幽默度低、哲理不深、无回味或基本无回味、会带来笑但不完全是会心的笑、甚至只有一点噱趣和滑稽。这样对低级幽默的描述同样的过于笼统，不好掌握。具体化的做法就是：1. 低级幽默没有“错位逻辑的交叉”；2. 也没有隐埋性；3. 低级幽默虽然也符合幽默几大理论的原理，但符合点不多：就是乖讹点即幽默点不多、就是使之形成的优越感不强、就是宽释的程度不深。就低级幽默“量化”的问题，本书“幽默的点和度”也将有详细阐述。

为什么要这样来设置幽默的分类？主要是从“我的大一统幽默学”的角度来考虑的。因为业内最大的纷争焦点就是认为，幽默不仅要符合幽默几大理论的原理，还要有很多切合点，最重要的还要有幽默自己的逻辑，就是要有最有影响力的“错位逻辑的交叉”。这样一来，一些难得达到条件的、模棱两可的“幽默”就无法得到幽默的“身份证”；比如像笑话、滑稽、讽刺一类的幽默就被排斥在幽默的大门之外；这样一来，使幽默的文明史缩短的许多；这样一来，对高级幽默的界定就不能马虎，就难得多，因为没有低级幽默兜底，一不小心，就不算是幽默了。而广大的老百姓往往是认可、并自得其乐的笑话当然就进不了“幽默”的门槛，等等等等。所以，从幽默的质量来把幽默分为高级幽默和低级幽默，可以解决那些游弋在幽默边缘难以确定的

幽默,即是说,那些边缘性的"模棱两可"的幽默,如果有争论,那至少可以算是低级幽默。高级幽默与低级幽默分类的设置就是用来解决这个问题的:可以减少对幽默范畴的争论,以达到把一切幽默通通纳入幽默范畴的目的。所谓一切幽默,就是具有乖讹讹素的、具有优越感性质的和开怀宽慰人心的东西;这样一来,那些"不伦不类"的"准"幽默就不会去占据高级幽默的位置;就可以不去考虑拿哪一家学说、哪一家逻辑来衡量是不是幽默的问题;可以把幽默文明史的时间大大地提前;可以极大地增加幽默资料及史料涵盖的范围,等等等等。事实上,现代的若干杂志、报纸、电子媒体以及老百姓的口头,那些不被认可的"边缘性幽默",民众根本不去管你们"专家们"认不认可,早已将它们列入了幽默的栏目、名称和行列,并得到了广泛的出版、发行、传播、运用——这样做也符合于大众的要求。

理论的东西先是来自实践,后去指导实践,一旦理论过时了,说明理论脱离了实际,又要迅速地去在实践里面获取新的理论——幽默理论也概莫能外。

在 F_1 再分类的子公式里,当然也少不下要设一个 n(无穷大),而且这个 n 不仅仅是代表以上所罗列的纷繁浩渺、五花八门的"分类",还包括随着社会的前进、文化的发展,幽默的繁衍之后的"新分类",这是根据幽默的分类不可能是用静止的观点来设置的,当然就是用动态的、公式的形式来确定这个 F_1 即按幽默质量的分类,分为高级幽默和低级幽默,其公式化为:

$$F_1 = Gn + Dn$$

在这个子公式里,F_1 代表幽默的质量性质的分类,G(高级幽默的"高"字拼音 gao 的第一个字母)代表高级幽默,D(低级幽默的"低"字拼音 di 的第一个字母)代表低级幽默,即幽默第一大类的分类 F_1 等于高级幽默的无限种类 + 低级幽默的无限种类。由于在高级幽默和低级幽默中都有着太多的种类,不可能对每一小种类,一一地找一个代号列进公式,否则这个公式就太长,而且也代替不完,只得对高级幽默和低级幽默的种类用一个无穷数 n 来代表,即 G(高级幽默)乘以 n,D(低级幽默)乘以 n,使这两个幽默的种类在各自的范围内,直至无穷数。

另外，在上面所罗列幽默分类的当中，还有一个常见的没有提及，那就是所谓的冷幽默和热幽默。为什么没有把冷幽默和热幽默罗列在上面，因为冷幽默实质上就是幽默度不够、或许说勉强算是幽默的一种，实质上，冷幽默就是低级幽默，热幽默就是高级幽默，只不过是低级幽默和高级幽默另一种说法。

二、F_2 按幽默的属性来进行幽默分类

以上所说的公式只是幽默 F_1 即按幽默的质量来分类的公式，而这里的 F_2 就是代表按幽默的属性来进行的分类，从幽默的物理属性 + 文化属性来考虑幽默的分类。就是从“属性”的两个角度来分类的：一个是物理属性的角度，一个是文化属性的角度。物理属性的角度就是“有声的和无声的”。在这里要说明一下，这里的“无声”是界定为没有语言性的声音，不排除有时会配有一定的音乐音响效果；文化的角度就是“三个性——语言性、行为性、图表性”。物理属性的分类和文化属性的分类是交叉的，在无声的和有声的“两个板块”里面分别有语言性、行为性、图表性的“三个性”，这样就变成了“六个点”。也就是说 F_2 分类 =“无声的” ×（三个性）+“有声的” ×（三个性）。为着代入公式方便，我对“有声的和无声的”和“三个性”先各自命名一个代码：有声的幽默，以 V（“vocal 有声的”英语第一个字母，如果继续用拼音 you 的第一个字母，会与其他代码发生冲突）为代号；无声的幽默，以 S（“silent 无声的”的第一个字母）为代号；“三个性”即：1. 语言性幽默，2. 行为性幽默，3. 图表性幽默，当中的代码分别是用 Y（“语言 yuyan”拼音的第一个字母）代表语言性幽默；用 X（“行为 xingwei”拼音的第一个字母）代表行为性幽默；用 T（“图表 tubiao”拼音的第一个字母）代表图表性幽默。同时也还要设置一个 N，以防将来还可以再分出其它种类，就可以把它设置在 N 里，用 N 表示无穷类。这样，在 F_2 里，就有了有声的和无声的“两个板块”，在“两个板块”里就各有了“语言性幽默、行为性幽默、图表性幽默”的“三个性”，把这“两个板块”和“三个性”带入公式，F_2 的公式就是：

$$F_2 = V(Y + X + T + \cdots N) + S(Y_1 + X_1 + T_1 + \cdots N_1)$$

在有声的幽默V当中，语言性Y、行为性X和图标性T里还有很多个种类，可以用系数来表示他们的个数，比如如果在Y语言性的幽默里有两种，那就写成为2Y，有三种，就写成为3Y，如此类推；在无声的幽默S中的语言性Y_1、行为性X_1、图表性T_1也有着很多种类，也可以用系数来表示。由于在V中的语言性Y、行为性X、图表性T以及无穷大N与在S中的语言性Y、行为性X、图表性T、以及无穷大N有不一致的地方，比如无声的语言性幽默里有印刷体文本，而有声的语言性幽默里有播音。所以在无声的S中的语言性Y_1、行为性X_1、图表性T_1、以及无穷大N_1，都在其后面加了下飘1，以示区别。

由于按“属性”的分类是由“两个板块”与“三个性”组成，所以，就变成了“六个点”，即$2 \times 3 = 6$。我把这里分类简称为“两个板块、三个性、六个点”，下同。

这个“两个板块、三个性、六个点”，实际上相对幽默的形式（体裁、载体和表达方式）来说，又只能是幽默的一种内容，只不过只是属于“框架性内容”，是幽默的框架。在这个意义上，一方面，是按幽默的物理属性+文化属性来分了类，一方面，也是完成了幽默内容的一个框架。这个“框架性的内容”还没有具体的内容，还要把各种具有情节的、幽默点的内容往这个框架里放，才算有了幽默实体性内容。幽默的实体性内容应该由两种组成：一种是“框架性内容”，一种是“情节性内容”，两样“内容”合并起来才能叫作幽默的实体性内容；但只有了幽默的两种内容，还必须加上幽默的形式，才成其为完整的幽默。可公式化为：

幽默的实体性内容=框架性内容+情节性内容

幽默=幽默的实体性内容+幽默的形式

任何东西都存在着形式和内容的问题，幽默亦不例外，本章着重论述分类，至于幽默的内容和形式，在本书的第七章《大一统幽默学的内容和形式》里将作专门论述。

下面分别解读F_2即“幽默的物理属性+文化属性”分类中的有声的幽默和无声的幽默即“两个板块”与语言性、行为性、图表性即“三个性”的

公式:

(一)有声幽默和无声幽默中的语言性幽默,即 V×(Y....)和 S×(Y_1.....)

所谓语言性幽默,幽默主体(创造幽默的人)用语言创造出来的幽默,靠语言的"音、形、义"变种和语言的"变异"来达到幽默效果,只不过它们由不同的载体来体现,既可以是有声的和也可以是无声的:

1. 有声的语言性 V×(Y....)。这种幽默有着很多种,根据不同的体裁与不同载体的组合,就会组成若干样式的有声的语言性幽默。比如可以通过唱片、收音机、广播、MP3、MP4、手机、口语交流等载体,甚至包括有一些也附带了发音功能的电子文本,来表达一定的体裁:如相声、段子、笑话、插科打诨等。

相声是一种比较特殊的表演,主要是以语言为主的表演,因为相声演员在表演的时候没有很大的动作,不可以离开麦克风太远,几乎是站立在原地说话;因为,最主要的一点,相声还可以通过收音机、播音器来获取其全部内容,并不影响相声的效果。所以,尽管相声是书舞台艺术,但一般都把它归结为有声的语言性幽默。以上所提到的这么多的载体与这么多的体裁,排列组合起来,就能衍生出很多有声的语言性幽默。尤其是那些由于语言的音,比如谐音双关形成的幽默,就是典型的有声的语言性幽默,用有声的载体来传播,就比不会说话的纸质文本的效果好得多。举例:

(1)大妈上了空调车投了一块钱。

司机说:"空调车两块"。

大妈答到:"是凉快。"

司机又说:"投两块!"

大妈笑说:"不光是头凉快,浑身都凉快。"说完往车后头走。

司机说:"我告诉你钱投两块!"

大妈说:"我觉得后头人少更凉快。"

司机无语,一车人笑晕。

(2)一妇女坐公交车,到站下车后,摸摸口袋,完了,钥匙忘在车上了!这时车刚好启动开了,她就大叫道:"我钥匙在你车上!我钥匙在你车上!"

司机从后视镜里了也隐约听见了，咕噜了一句："神经病，哪里不能死，偏要死在我车上！"一猛踩油门，把那妇女拉在了老后面。

以上第(1)(2)例子就是有声的语言性幽默，它只有靠幽默客体(幽默客体就是欣赏幽默的人)通过耳朵来获取，效果就比只看文本好得多；还因为不发出声音来，这两个幽默就无法产生，显然属于有声的语言性幽默。因为这两个幽默作为文本幽默，靠眼睛来读取，效果不好，这两个幽默是属于谐音产生的幽默，单凭阅读文字，不一定会读出那种味道，何况全国各地的方言音大相庭径，这是这种谐音式幽默的内在要求。当然，不是一切有声的幽默都是谐音的，也有非谐音幽默是通过有声的载体来传播的，比如使用电子设备来播音，幽默客体是靠耳朵来获取的，也应该属于有声的语言性幽默，只不过这不是幽默内在的要求，是人为的把这一类文本幽默变为了有声的幽默而已。不管是哪一种语言性幽默，只要幽默客体是靠耳朵来获取的，就应该是有声的语言性幽默。反过来说，以上的两个谐音式的幽默，就算是幽默内在要求要成为有声的，才算是幽默，但恰好由不会发生谐音误会的人来朗读，那又把幽默点读丢了，不会感到一点儿幽默。这两个例子的幽默，就是因为发生在谐音的误会上面：把"凉快"听成了"两块"，把"投两块"听成了"头凉快"，把"钱投两块"听成了"前头凉快"，把"我钥匙在你车上"听成了"我要死在你车上"。

还必须指出的是，绕口令当然也属于有声的语言性幽默，因为绕口令就是要张口来朗读，才能体会出其幽默的韵味，靠眼睛来"读"绕口令，就不叫做绕口令，而叫作"绕眼令"了。举例：

(3)《易姨医胰》①易姨悒悒，依议诣夷医。医疑胰疫，遗意易姨倚椅，以异仪移姨胰，弋异蚁一亿，胰液溢，蚁殪，胰以医。易胰怡怡，贻医一夷衣。医衣夷衣，怡怡奕奕。噫！以蚁医胰，异矣！以夷衣贻夷医亦宜矣！

翻译文本：

一位姓易的阿姨整天精神不佳，听从了大伙的意见去瞧一位外国医生。

① 京博国学 1431316505675053465.jpg 诗词天地(ID:shicitiandi)2017-03-22

医生认为可能是胰脏有病,叫易阿姨靠在椅子上,以特殊的仪器给她移动胰脏,并注射进去一亿只特殊的蚂蚁。结果胰脏内液体外溢,蚂蚁全死去,胰脏的病就好了。易阿姨非常高兴,送给医生一套洋装。医生穿上洋装,既心情愉快又精神抖擞。啊！用蚂蚁来医治胰病,多奇特啊！用洋装来赠送洋医生,又是多么适宜啊！

——这么多的蚂蚁救一个人？蚂蚁真是舍己为"人"啊！

以上的绕口令虽然是印刷在纸质上的,但它属于幽默内在要求要成为有声的语言性幽默。因为它需要用声音来念读才能显现其幽默点,拗口的感觉不失为幽默感,何况它的内容和点评更不失幽默感。

2. 无声的语言性幽默 $S\times(Y_1\cdots\cdots)$。无声的语言性幽默主要就是文本幽默,这是幽默最主要的一种。即通过文本载体,来表达若干体裁的幽默,比如幽默小说、幽默诗歌、幽默对联、段子、杂文、寓言、笑话、谜语、歇后语、脑经急转等。在现代的社会里,文本还包括电子文本,电子文本里的幽默,也属于电子幽默。当然电子文本的电子幽默也有两种:无声的和有声的,包含出现在手机上的、电脑中的、ipad、电子阅读器、各种电子终端机的幽默,因为电子文本有可以发出音来的,也有不可以发出音来的。只是靠幽默客体的眼睛阅读文本(不是图画或表格)或靠幽默客体的手触盲文来获取幽默信息的就是无声的语言性幽默。

无声的语言性幽默不像无声的图表性和无声的行为性幽默那样复杂,需要较为复杂的载体,比如图表性幽默需要很多画具和表格等。图表性幽默在一定意义上来说就是绘画艺术,具有二维或三维视觉,比如漫画;尤其是行为性幽默,是舞台艺术,是剧场艺术,要有舞台、布景、剧院、演员等,具有三维甚至四维视觉。比如哑剧、无声电影。无声的语言性幽默就没有这些成本比较高的东西,只要有文本(包括电子文本),就能承载语言性幽默,就能使语言无声的魅力去完成幽默的感染力,所以,创造和欣赏这种幽默都挺方便,是幽默量最大最广泛的一种。

举例:

(4)某银行行长到某寺庙求签,老住持拿出一叠符烧了,说:"我帮你烧了七七四十九道符，每道符 1000 元，打完折 40000 元，敬菩萨不能还价，没带现金可以刷卡。阿弥托福！”说罢，命一小僧持 POS 机伺候。

行长拿出了一张支票，虔诚的填好了 40000 元整，用打火机点燃，说：“师傅，菩萨只须一个工作日就可收到。善哉善哉！”

住持老泪纵横，仰天长叹：“论骗钱，谁能骗得过银行？罪过罪过！”

行长双手合十：“客气客气！……”

(5) 夫妻暗号

两口子因为避讳孩子，就将夫妻之事定暗号为“洗衣服！”

有一天，丈夫出门回来，性致很高，就对妻子说：“我要洗衣服！”

妻子一时未反应过来，正好家里洗衣机也坏了，就随口说：“洗衣机坏了，洗不了！”

丈夫一听，很生气，性致全无。

过了一会，妻子琢磨出丈夫的意思，就让孩子来告诉他爸爸，说：“洗衣机修好了！”

丈夫一听十分生气，愤愤地对孩子说：“告诉你妈妈，说爸爸已经找隔壁阿姨洗完了。”

例子(4)(5)，一个是从纸质文本上来的，一个是从电子文本上来的，尽管第二个是不会发音的电子文本，但都不会自觉发出音来，都只能用眼睛才能阅取它的信息，都全靠语言博得人们感受幽默的魅力，当然只能属于无声的语言性幽默。

(二)有声的和无声的行为性幽默，即 $V \times (\ldots X \ldots)$ 和 $S \times (\ldots X_1 \ldots)$

所谓行为性幽默，就是靠幽默主体的言行举止来表达幽默。这里说的幽默主体只是幽默主体当中的一种。因为相对行为性幽默创造者的幽默主体至少包含了三种人，即编剧、导演和演员。行为性幽默的幽默主体不像语言性幽默的幽默主体，语言性幽默的主体就只有创造出语言性幽默的创造者。在幽默主体里面的编剧属于一度创作，属于无声的语言性幽默。而导演和演员是二度创作，属于行为性幽默。虽然导演和演员的劳作属于二度创作，但演员确是幽默最后成型的直接表达者，直接影响着幽默的效果。正是由于幽默的表达主要是靠演员在舞台或电影电视里言行举止来完成，所以，才把这一类幽默界定为行为性幽默。演员只是行为性幽默三个当中的、最后的幽默主体。幽默主体当中的演员也不止是人，还有动物。比如马戏团的滑稽戏，当然马戏团的滑稽戏的编剧和导演应该是人。在行为性幽默里面所提到的幽默主体，就仅仅是相对演员（包括动物演员）而言。

幽默主体的表演当然不只是说话，主要是靠表演来达到幽默的效果。如果只是靠说话来表达，那只能是属于有声的语言性幽默，因为演员不仅仅只是一个语言播音器。哪怕是有些演员也会伴随着一点表情和小动作，但主要是靠语言的幽默魅力来完成幽默的表达，这也归属于语言性的幽默，比如前所列举的相声。下面分别举例性的论述：

1. 有声的行为性幽默 V×(...X...)。这一类幽默也有很多样式。如有喜剧、闹剧、小品、滑稽电影、PS 小电影等的体裁；有舞台、电影院和电子终端机等的载体；当演员演出、或播放电影电视、或收看电子终端机的时候，就是有声的行为性幽默的表达。同样的道理，有声的行为性幽默的体裁与载体进行排列与组合，就衍生出了很多种样式的有声的行为性幽默。如：小品《昨天、今天、明天》、电影《百万英镑》《三笑》《满意不满意》等。由于有声的行为性幽默，要有行为、要有声音，在文本上不太好举例，只能举一点脚本的台词来说明问题：

例子(6)赵本山、宋丹丹、崔永元的小品《昨天今天明天》台词：

崔永元：您好…大叔您好…请坐…请坐大叔

赵本山：恩

宋丹丹：恩……咳……

崔永元：大叔大妈(稍微有一点紧张)呀。大叔大妈呀，是第一次到电视台的演播室吧！

赵本山：第一次。

宋丹丹：恩，是

崔永元：刚来这个演播室啊，都会有一点紧张。你看有这多摄象机，这么多观众，一会咱们谈着谈着就能放松。咱们先来个自我介绍。

赵本山：咋介绍？

崔永元:按您家里的习惯。

宋丹丹:那我先说呗

崔永元:好

宋丹丹:我叫白云,

赵本山:我叫黑土,

宋丹丹:我七十一,

赵本山:我七十五,

宋丹丹:我属鸡,

赵本山:我属虎,

宋丹丹:这是我老公,

赵本山:这是我老母(乐队奏乐)

赵本山:我老伴儿,

宋丹丹:差辈儿了

崔永元:请坐请坐。大叔大妈呀,太紧张了,别紧张。我跟您说这个谈话节目吧,它有话题,咱一谈话题它就不紧张了。

赵本山:对

崔永元:今天的话题是"昨天,今天,明天"。我看咱改改规矩,这回大叔您先说。

赵本山:昨天,在家准备一宿;今天,上这儿来了;明天,回去,谢谢!(乐队奏乐)

赵本山:挺简单。

崔永元:不是,大叔我不是让您说这个昨天,我是让您往前说,

宋丹丹:前天,前天俺们俩得到的乡里通知,谢谢。

崔永元:大叔大妈呀,我说的这个昨天、今天、明天呀,不是——昨天、今天、明天,

赵本山:是后天?

崔永元:不是后天,

宋丹丹:那是哪一天呢?

崔永元:不是哪一天。我说的这个意思就是咱,这个——回忆一下过去,再评说一下现在,再展望一下未来。您听明白了吗?

赵本山:啊——那是过去、现在和将来!

宋丹丹:那也不是昨天今天和明天呐,

赵本山:是,你问这——有点毛病。

宋丹丹:对,没有这么问的。

崔永元:我还弄错了我还——那谁先说呀?

从脚本里,根本难于体会演员的那种艺术感染。没有演员的表演,幽默效果肯定大打折扣。比如,赵本山的"恩",宋丹丹的"恩……咳……",再比如,(稍微有一点紧张)等,再比如,关键时刻的音乐启奏等,就凭这些感叹词、省略号、括号里的内容,你怎么欣赏得到幽默?

值得一提的是,在这个有声的行为性幽默里新添了一个新体裁,那就是PS小电影,并且通过QQ、微信可以直接到达每个人的电脑和手机。所谓PS就是英语里Photoshop的缩写词,即美国Adobe公司的影像处理软件,可以通过嫁接声音、嫁接影像、修改影像、修改声音、夸张影像、丑化影像、美化影像、更换场景等手段对任意电影电视进行处理,以达到幽默的目的,这一手法主流是用于创造幽默小电影和搞笑图片,同时也被有一些不法分子利用来搞诈骗。这种PS的幽默例子在任何一个人的微信或QQ里都找得到,在这里无法展示,只能是叙述性的说明。比如我的手机里就有美国前总统奥巴马用四川话说的一个幽默段子,说得绘声绘色,那只能是PS的了。

2. 无声的行为性幽默S×(...X1...)。其样式也有很多。所谓无声的行为性幽默,既要没有语言性声音,又要有行为。这一类无声的行为性幽默体裁有哑剧、无声电影、舞蹈演员滑稽剪影和艺人的纸工剪影、无声的恶作剧、无声的PS小电影等。当然这些体裁还要靠一定的载体来支撑,比如舞台、电影院和电子终端机等。

说到无声的行为性幽默,不得不谈及一个人,那就是卓别林。在卓别林的无声电影里,他没有说出一句话,几乎是用他的表情动作、他的躯体语言演绎了一个划时代的无声的行为性的幽默,他不愧为一代幽默宗师。

当然在当代,无声电影"已经过时",成为档案和历史,但哑剧这种无声电影的先驱仍然生命力很强,仍然为无声的行为性幽默在默默地做出贡献。很多后来居上的后生们创作了大量的哑剧。哑剧就是不用台词、不用对话、不用歌唱,凭借形体造型、动作、面部表情等躯体语言来表达剧情的舞台表演形式。虽然哑剧没有语言,但还是有脚本的,只不过,脚本就只属于语言性幽默的半成品了;只不过,哑剧的脚本还多了一些描述场景和演员的动作的内容。下面不妨举一个例子:

(7)哑剧剧本《新年晚会》①:

所需道具:一把剑,一张公园长椅,水杯,香蕉,口香糖,烟,公园标志牌。女用包包

演员:5男1女<男主角一名,配角4名,女主角一名。>

第一幕

地点:女主角家。客厅

背景音乐:温馨的钢琴曲

情景:女主角洗刷完毕,来到客厅。看到父亲<男配角A>。正在擦自己的长剑。于是过去帮父亲捶捶肩<意为太累就不要到公园练剑了>。此时,<换较轻快搞笑的音乐,如搞笑彩铃,电话铃声等>,女主角拿起电话,看了一下显示,不好意思地跑一边讲电话,父亲此时应做一个八卦样子,一副理解的表情,并做出一个等一下捉弄女儿的表情。

女主角回,她接到新认识的男朋友的电话,约她去公园散散步,要出去。倒了一杯茶,羞答答过来跟父亲表示自己要出去的动作。<父亲假装不肯,女急>。父亲哈哈大笑,做一个表示问是不是去约会的动作,说明自己是逗她的。女跺脚,表示不依。<开心又不好意思>。父女告别,女收拾包走。父亲提着水与长剑也走。

第二幕

地点:公园门口

背景音乐:较急促的音乐

情景:公园门口<此时须有人拿牌示意该处为公园入口>。

男主角自恋地梳梳头发,(整理着装)动作可夸张些,手里提着零食等(包括香蕉,口香糖等)。

① 上传人:hzdhzd 豆丁网微信读书,2013.9.29.

等了一会，急的动作，不禁四处张望看女主角是否到了。<可用音乐转换情绪>由轻松到焦急。没来，生气动作。再过一会，女主角到，男主角赌气不看他，她拉他的手撒娇，示意下次不会！男的要女的发誓下次不会！解除误会的动作后，女挽男的手进公园。

第三幕

地点：公园里

音乐：《两只蝴蝶》，《中国功夫》和轻音乐。

情景：两人找到一长椅坐下，说了一会儿贴心语，男的神情愉快，女的娇羞。男主角此时便邀请女主角跳舞。女一开始不想，在男的央求下答应。<两只蝴蝶音乐起>，两人翩翩起舞。乐停，累，坐下休息。女体贴地为男擦汗，整衣领。男很理所当然地接受着。女主角看男口渴，于是示意买水。女走。女一走，男子看到远处有人练剑，兴起展示的念头，先秀自己的肌肉。<动作夸张搞笑>中国功夫音乐起，耍起功夫来，左钩拳，右钩拳。回旋踢。一个不小心摔倒了，扭了腰，赶紧看看周围，赶紧捂着腰坐回椅子上。横躺下，吃东西，扔香蕉皮。旁边练完剑的老头想找椅子坐下休息，寻到这边来。只能在椅子仅剩的一点位置坐下休息。男主角醒，心想，这老头真碍事，一定要把他赶走。于是一点点将老人挤下长椅，又假装不小心想扶他坐回去。中途突然松手，老人再度跌下，好不容易坐回椅子上，男主角假道歉让位，端水，假装突然有人来，指给老人看，趁老人回头。将口香糖吐入杯中。老人回头一看，气得长剑一指，吓得男主角缩一边。老人气呼呼走了。

第四幕

地点：公园

音乐：轻音乐：《命运交响曲》《十三不该》。

情景：女主角拎水回，男主角体贴地擦汗，倒水给她。两人坐了一会，开始绕公园游玩。这时三个流氓样子的青年迎面走过来。<命运交响曲高潮>。

其中叼着烟的某男撞了男主角一下。男主角气，推他。三青年之一的男配角看女主角漂亮，伸手想拉她，女主角一惊叫，躲到男主角身后。男主角神情无畏英勇。

双方打起来，女主角躲到椅子后，男主角的花拳绣腿不管用，被打得凄惨。女主角大喊救命。

一老人持剑奔过来,一看居然是自己的女儿,几招将小混混打跑了。男主角反趴在地上,女主角过来扶他。老人过来帮忙,一翻过他的脸(男主角朝他苦笑),老人,气愤地扔下他,女主角不解。

老人比手划脚告诉女儿原由。女主角走过去,拉起男主角,顺手给了他一巴掌。男倒地。

女主角扶着老人走。男主角准备追,踩到香蕉皮。倒。<十三不该>的音乐响起,他后悔地捶着地面欲哭无泪。

例子(7)尽管有一些音乐声,但只仅仅只是作为背景,从头到尾没有话语,全部靠肢体语言和面部表情来完成情节的"叙述"幽默故事情节,不仅动作滑稽、好笑,情节也幽默,也具有构成幽默的几大理论的原理,是典型的无声的行为性幽默。当然上面哑剧的例子(7)仅仅是脚本,属于一度创作,还需要演员的二度创作才能它在舞台上立起来。尤其是哑剧,二度创作十分重要,对演员的功夫是十分考究的,在很大程度上,哑剧的幽不幽默、滑不滑稽、搞不搞笑取决于演员的功夫和现场的发挥。可以说哑剧是无声的行为性幽默的典型代表——完全靠演员的行为来完成了幽默的二度创作和表演。这里要注明一下,演员对幽默来说既是二度创作(创造)幽默,同时也是对幽默的表演(幽默的表达方式)。

无声的PS小电影,实际上就是无声的电影,只不过不是原装的、原版的、原创的,是"半路起家、半路劫财"的、嫁接的;只不过其播放的方式已经不是在电影院,而在电子终端机上播放了。比起以前的无声电影来说,不论其画面的质量、还是收看的方便情况、还是幽默的效果,已经不可同日而论了。所以,在此还是要把无声的PS小电影单列为幽默的一个新体裁。这样的无声的行为性幽默例子在手机或电子终端机上随意都可以捕捉得到。

舞蹈演员、剪纸艺人无声剪影、无声的恶作剧、无声的PS小电影等构成的幽默作品,在文本里就无法举例了。

(三)有声的和无声的图表性幽默,即V×(...T...)和S×(...T1...)

图表基本上是靠图和表格来完成幽默的,当然不排斥有一点画面语言,其语言为数不多,精炼,经常起到画龙点睛的作用,但主要还是靠图表的画面来创造幽默。这种图表性的幽默是通过画面来撞击视觉神经,由视觉神经带给大脑幽默冲击力,所以把它们归纳为图表性幽默的范围。

1. 有声的图表性幽默 V×(...T...)。其形式有动漫、幻灯、皮影等。这里的“有声”就是为这些图表所配的语言性声音,它可以让幽默客体从声音里面获取幽默。动漫主要就是“会说话的幽默绘画”。人们所简称的动画片,不一定完全是幽默的,那只是“会说话的绘画”,但不一定滑稽和搞笑,只有这些绘画变成了漫画,只有这些绘画以及绘画的情节具有幽默性,那就是有声的图表性幽默了。其实这种有声的图表性漫画还有一个简称,叫做动漫,即会动的漫画;当然在中国,还有传统的一种戏剧,叫皮影戏,皮影戏也属于有声的图表性幽默,因为在演员表演皮影戏的时候,演员不但要在白布屏幕的后面操作很多人物画片,还要配以相应角色的语言,还要配以相应的背景音乐;都还有一种“原始的”有声的图表性表演,就是幻灯片,幻灯片是用若干画片或照相的透明正片,在幻灯机里播放的一种传统的娱乐节目。但现在,这种幻灯片已经被电脑演绎进化为 PPT 等电脑方面的幻灯片。这类节目也不完全都是幽默的,其中也不乏大量的幽默幻灯片。除了画面可以成为幽默的工具,表格也可以办得到。比如迪斯尼乐园里面就有一些会说话的表格游戏。让你在语音提示的过程中,填写表格,带你进入搞笑的填表游戏。所以我称之为图表性幽默。

“动漫影视、幽默皮影戏、幻灯片以及语音提示的表格游戏”就是有声的图表性幽默的体裁;动漫影视的载体就是影视荧屏以及相关的设备,幽默皮影戏的载体就是表演人物、图片、屏幕以及相关道具;幻灯片的载体就是幻灯机和大量的透明图片,以及现代的电脑、投影仪;语音提示表格游戏的载体就是游戏机。动漫影视的表达方式就是播放;而幽默皮影戏的表达方式就是演员通过一些事先做成的图片以及相关道具在现场的表演;幻灯片的表达方式就是工作人员或配音演员用幻灯机在现场,一张一张地放进幻灯机播放;电脑里的幻灯片就是在电脑上操作;语音提示表格游戏的表达方式,就是幽默客体在游戏机上的填写表格。皮影与幻灯所不同的是,皮影在一个画面上里面的每个人物都会动,而幻灯里面的人物是不能动的,是死的,是一张张图整体地动,即一张一张地动,而皮影是在一个画面内,即一个白布屏幕内来演绎很多个人物,其画片就是人物或动物。二幻灯片就有若干个画片，及画面。有声的图表性幽默也不好在文本里举例。

2. 无声的图表性幽默 $S\times(...T_1...)$。其形式主要是漫画，连环幽默画、幽默摄像设计、PS 幽默图片，幽默雕塑，当然不排斥幽默拆字术、文字排版、一些有趣的数字图表游戏也应该属于这个系列。

现在还出现了一个新的品种，就是现场沙画，那是瞬时间用一幅一幅沙画来构成一个故事情节，有点像过去的电影也是瞬时由若干幅照片来组成，只不过沙画的节律没有电影的快。尽管沙画有音乐伴随，但无法表达意思，只是靠一幅幅沙画连环起来表达故事情节。我称之为“无声的动态绘画”，我把它列入无声的图表性幽默之列。其中当然不乏有幽默情趣的沙画。

无声的图表性幽默要首推漫画。漫画就其“漫”字就有幽默的含义，漫画的风格本身就是怪异的，就不是一般的普通画，夸张绘画技巧本身就带有幽默的元素，再加上一些搞笑的构思和哲理，再附和一点幽默的画龙点睛的文字，漫画不幽默都不行了，所以叫做漫画。

例子(8)图片的描述，画面是一个夹食品的夹子，旁边是一个纸杯装着像是冰淇淋的一个小孩样子，题目是“被拥抱就要被吃掉”。

例子(8)里有八个文字说明“被拥抱就要被吃掉”，就是这一个画龙点睛的文字说明，使这一幅漫画的幽默油然升起。它表达了一个哲理：事物总是一个矛盾的统一体，真是一个让人回味的幽默。

连环幽默画，主要是利用幽默情节来创造幽默，举例如下：

例子(9)图片的描述，这是一个八连幅的连环画，讲述一个美女到水里去裸泳，她环顾四下，并没有发现有任何人，所以坦然一件一件地脱掉自己外衣、内衣、胸罩、内裤，在水里畅游起来，殊不知最后一幅图，情节直转急下，水底坐着五个男人正在观看这个女人。

例子(9)是一个八幅画连环的幽默画，一般在刊物上经常刊登的通常是四连环画。连环画的画幅太多，刊物就承受不下。还有一种连环画是几十幅，甚至上百幅的只有单独出版为连环画小人书了。例子(9)的幽默就在于，前七幅画都是表达美女独自到僻静处裸泳，不受外界干扰的愉悦的心情，谁知道第八幅画尽然是那么多男人在海底正欣赏着她躯体的下半部分呢！如果裸泳美女知道有这么多男人在"偷窥"她，她的心情还会愉悦吗？

摄像同样也可以创造出幽默来，主要靠设计和捕捉。

幽默摄像分"故意和非故意"两种。所谓故意的幽默摄像，就是靠设计来完成幽默效果。所谓非故意的幽默摄像就是抓拍，靠捕捉生活中一瞬间幽默现象而抓拍成功的幽默摄像。

PS 幽默图片是近年来幽默大家庭里一个新成员，不仅是有声的行为性幽默里的有力助手，也是无声的图表性幽默的有力助手，因为 PS 手法不仅可以 PS 小电影，也可以 PS 幽默图片。它靠嫁接、移植、夸张、丑化、美化等很多手法，使图片的幽默效果非常理想。举例：

例子(10)图片的描述，有一幅图片是一个人站在飞行中飞机的机翼上，且拿着扫把正在打扫飞机机翼上的卫生，题目是"年薪一亿元的工作"。

例子(10)，是一个人在飞行中的机翼上打扫卫生，可能吗？简直是荒诞，而且题目里的年薪高达"一亿"。如此诱人的"年薪"，让人确实很想忽视"在飞行的机翼上能否站人"的问题。事实上，在飞机的机翼上站一秒钟都不成立，何谈"年薪"？

雕塑会给城市带来美感，有些雕塑还会带来幽默感，甚至还会让人反思一些道理，请看下一个例子：

例子(11)图片的描述，就是一把左轮枪的雕塑，但这只左轮枪的枪管是打了一个疙瘩的。

例子(11)是美国纽约的一个雕塑——打结的枪。有这种枪吗？不滑稽吗？不怪诞吗？让人反思为什么要有枪而又要给枪打上结？这个雕塑不仅幽默还让人颇有回味——完全符合高级幽默的要求。

排版性的幽默也是不可能发出声音来的，只有通过排版的画面来让你感觉有趣、好笑,甚至有些排版性的幽默,当时不会感觉得到幽默感,只有默默地去体会,才能体会到,才能意会得到。

举例(12)

春
似酒
味醇厚
岁月悠悠
轉身又回首
再无喜乐哀愁
往事如烟花依旧
唯友谊绵长如水流
缘牵一路有你陪着走
晨曦衬彩霞雨中漫游
待到红叶浓时再聚首
品茶论酒赏石叙旧
落英满地云舒袖
欢声笑语不休
夕阳挂枝头
红尘看透
别无求
静候
春

例子(12)不仅是在排版上别出心裁,而且正着念和倒着念,意思还不一样。工作忙的由上往下读,已退休的由下向上念,别具噱趣。还有一种故意扭曲了原意的排版,也是一种排版性的幽默。

例子(13)有这样一条标语的排版:

"投案自首是犯罪",拐弯过去在墙的另一面上接着写道:

“分子的唯一出路。”

上面例子(13)里面,前半句形成了矛盾,再一看后半句才恍然大悟。居然有这种标语的排版法?这是因为墙的长度不够而需要拐弯所造成的误解,还是故意所为?这里创造的手段是两方面的。一方面是排版性的幽默,一方面断章取义的手段,断章取义也是创造幽默的手段之一。但这种断章取义甩掉了刻意的痕迹,出现这种排版是因为墙的“长度不够”,因而使排版造成了幽默的艺术效果。这样的排版实际上是按“断章取义”来排版的,在英语里面叫做不按意群来朗读,或不按“意群”来排版就会产生误会:要么听不懂,要么产生歧义或闹出笑话。

拆字法就是把一个单词或汉字拆成两个或两个以上部分的方法。拆字主要是靠对拆字的解释来产生的幽默。拆字拆得巧可以做到“望文生义”,就能妙趣横生。

例如(14)

①就算是 lover,最后还是 over。

②flair:眼光

——flair→fl→(fly 飞) + air(天空)→fly in the air→飞在天空中。

能在天空中飞的,难道没有眼光吗?

③lackey:仆人

lackey→lack(缺少) + key(钥匙)→缺少钥匙的人→没有权利的人→仆人。

——仆人能有权利,不都是主人了吗?

④pigsty:猪圈

pigsty→pig(猪) + sty(→stay 停留)→猪待的地方→猪圈

——不是猪圈,还能是什么?

英语里的幽默拆字术,不仅有趣、幽默,而且还有助于记忆单词。英语里有幽默拆字术,在汉语里同样也有。

举例:(17)

否:真正反对你的人,往往“不”表现在“口”上,而是藏在心里。

迟:落伍,有时仅仅是你比别人少“走”了一“尺”。

令:“今”天努力了一点,明天你才有资格指挥别人。

值:站得“直”,人的身价才会高。

舒:“舍”得给“予”他人,自己也能获得愉悦。

骗:一旦被人看透,“马”上被人看“扁”。

劣:平时“少”出“力”,到头来必定差人一等。

其实文字幽默文化,是由两方面构成的:一方面,幽默主体即创造幽默的人要去发现文字构成的奥妙;一方面,幽默主体要组织好对这些奥妙的分析和解释。

文字是中国文化主要载体和内容,在中国文字中早就有了幽默,中国文化拆字幽默与外国文化一样,早在 Humour 一词出现以前就有之,中国文字文化都尚且如此,中国的其它文化更是打不脱与幽默有缘分。

三、本章小结

纵观幽默的各种分类,都比较凌乱,没有把所有的幽默“一统”在一个分类法之内,我的按“幽默的质量”和“幽默的属性”的分类法,应该是比较能概括完毕所有幽默的一种分类法之一。当然也可以按我的大一统幽默的“形式”来分类。我的大一统幽默的“形式”就有三种:体裁、载体和表达方式。但按我的大一统幽默学的“形式”来分类,仍有一定的缺陷。比如,拿载体来说,有物化的载体,有文化的载体,它们之间又是交叉的;再说体裁和载体的关系,它们之间也是交叉的,你中有我我中有你。所以用形式来分类比较含混。比如 PS 的小电影既是一种体裁,也是一种载体。比较下来,按以上的按幽默的“质量”和“属性”即“物理属性 + 文化属性”来归类和分类,还要妥当一些。

我在上面把哑剧定为无声行为性幽默,把漫画定为无声图表性幽默,或许会有人认为这两项幽默也含有语言成分,把前者视为肢体语言,把后者定为绘画语言。本人认为,那只是比喻式的说法,严格的区分,它们是不属语言类的。

上面对幽默的分类进行了大一统式的统一分类,并用公式把它们“固定”下来,就是想让这种幽默的分类成为真正的大一统幽默体系的分类法,进而使大一统幽默学更加完善,今后哪怕出现新的理论和新的学科对幽默有新的分类,都可以套入大一统幽默学的公式,使之跳不出大一统幽默学的范畴。

综上所述,幽默的分类就靠以上三个公式来完成,这三个公式就是三个“两分法”。第一个公式的两分法就是:把幽默按“幽默的质量”和“幽默的属性”分为两大类,它的公式是一个总的母公式,即 $F = F_1 + F_2 + F_n$;第二个和第三个公式的两分法实际上是第一个母公式的两个子公式。在第二个公式的两分法里,是把母公式里面的幽默 F_1 再往下分,按“质量”分为“高级幽默”和“低级幽默”,即 $F_1 = G_n + D_n$;第三个公式的两分法,是把幽默 F_2 再往下分,按“幽默的物理属性”分为“有声的幽默” + “无声的幽默”和按“幽默的文化属性”分为“三个性”,就是上面简称为的:“两个板块、三个性、六个点”,即,

$F_2 = V(Y + X + T + \cdots N) + S(Y_1 + X_1 + T_1 + \cdots N_1)$。

由于在母公式 F 的总分类里面,就设有一个“无穷大”N,当然在以后的每一个子公式里的分类里都相应的设置了一个 n,都是为预防随着社会文明的推进,可能还会出现更多形式的幽默,即更多更新的体裁、载体和表达方式。有了新的体裁、载体和表达方式,一般就会有了新的幽默类别,N 就是为新的类别留下的空间或位置。如在古代就不可能出现现在的电影幽默、电视幽默、动漫幽默;如前些年就不会有电子幽默、就不会出现 PS 这个幽默的好角色和助手等,以防不能统一完毕所有的、将来的幽默种类,以防使我所创立的这个“大一统幽默学”留下漏洞、届时不能叫“大一统”了。

简言之,我的大一统幽默学的分类,就是三个“两分法”,外加一个无穷大。

第六章

大一统幽默的结构

由于幽默复杂性，幽默的结构不可能“一蹴而就”，不可能一个公式就能概括完毕，但也不是无规律可寻。幽默的结构应该分为两种：一种是幽默的总体结构，一种是幽默的个体结构。

幽默的结构 = 总体结构 + 个体结构

总体结构是指所有的幽默是由哪几方面的结构组成；个体结构又分为一般性的结构和特殊性的结构。一般性的个体结构是指具体的幽默所具有的公共结构；特殊性的个体结构就是指具体的某一条幽默或某一类幽默是怎么构成的，这种结构就不是共有的，不具有共性，有多少种特殊性的幽默，就有多少种结构。

一、幽默的总体结构

所谓幽默的总体结构就是相对所有幽默而言的，不是相对哪一个具体的幽默，不是分析某一个幽默内部的结构。一切幽默的总体结构无外乎由幽默的形式、质量和意境这三种的分结构来组成，即幽默总结构等于形式结构、质量结构和意境结构来组成。可公式化为：

幽默总结构 = 幽默形式的结构 + 幽默质量的结构 + 幽默意境的结构

下面分别论述这三种结构：

(一)幽默形式的结构

幽默的形式具体指幽默的体裁、载体和表达方式,关于幽默的形式也要单独开辟一章来论述,这里着重讨论幽默形式的结构。形式幽默的结构就是由幽默的体裁通过一定的载体来表达,没有载体,无论是幽默任何体裁,都无法表达。所以幽默形式当中,载体起着举足轻重的作用,结构也就是从幽默形式当中的载体体现出来,即幽默的结构由一定的载体来构成。幽默的载体又有两种,分为文化性质的载体和物化性质的载体。幽默形式的结构既由物化性质的载体组成也由文化性质的载体组成,他们是不矛盾的。文化的载体就只有三种,即语言、行为和图表;而物化的载体就很多,比如有文本、舞台、荧屏、人们的大脑和发音器官、电子终端机。而且随着社会的发展都有可能还会出现新的物化的载体,比如电影、电脑、手机就是以前没有的。也就是说任何幽默都需要物化的和文化的这两种载体,才能完成其功能的发挥。比如,由语言所承载的幽默需要文本(包括电子文本)再承载(即展现);由行为所承载的幽默还需要舞台、荧屏来再承载(即表演);由图表所承载的幽默需要场所(包括电子终端机)来再承载(展览),等,所以,物化的和文化的载体都是幽默不可缺或的。由于物化的载体太纷繁复杂,为着便于分析幽默的结构,把这些物化的载体就只分为两大类,即有声的和无声的。这样就把纷繁复杂的物化的载体划定在两大类里面,就是《分类》里面所利用的"两个板块",在加上文化的"语言、行为、图表"三种载体,即构成了物化的载体当中各有着三种文化载体。所以,幽默形式的结构就会产生六种情况,即有声当中的三种文化载体和无声当中的三种文化载体,即:

A. 有声幽默中的语言性幽默、行为性幽默和图表性幽默。

B. 无声幽默中的语言性幽默、行为性幽默和图表性幽默。

这六种情况,基本上把所有的幽默从形式的角度都概括了进来,也只有在把所有幽默现象概括进来的基础上来谈幽默的结构,才是真正意义上的总体结构。否则,你不能称之为幽默的总体结构。其结构图为:

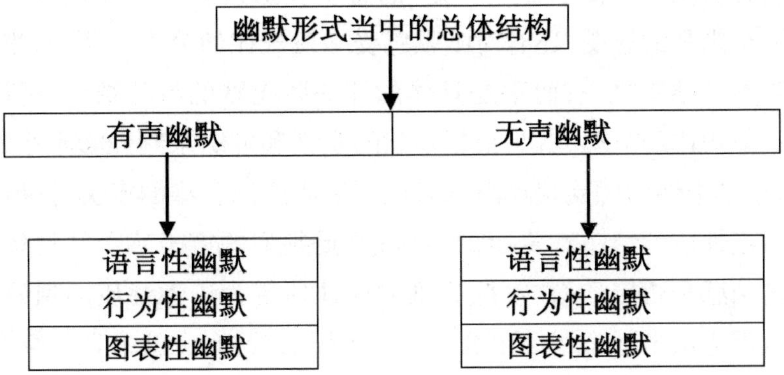

这种总体结构实际上也是我的大一统幽默学里面的分类,所以在此就不举例说明。

(二)幽默"质量"的结构

幽默的质量是指幽默的质量如何,质量好的属于高级幽默,质量不好的属于低级幽默。按照我的大一统幽默学观点,就只分为两大类,当然幽默质量的结构就只能由高级幽默和低级幽默组成。这种幽默结构就比较简单:

幽默质量的总体结构 = 高级幽默 + 低级幽默

高级幽默与低级幽默的划分在本书中的幽默的范畴和分类里面已经做了大量的论述,我的大一统幽默学之所以能够做到"大一统",就是设置了"低级幽默"这个"级别",使一切一些专家不太认可的"准幽默"都能进入"我的大一统幽默学",在此就不再赘述。

其实,幽默的形式和幽默的质量也是我的大一统幽默学里面的幽默分类,只不过分类是从下面的分支的角度来论述幽默分为好多类别,而结构则是从上面的总体来论述幽默由哪些分支组成。对幽默的形式和幽默的质量的举例,在分类那一章里面已经有很多,所以在此就不再举例。

(三)幽默"意境"的总体结构

其实幽默的意境是从美学的角度来审视幽默的结果,是审美的一种感受,感受朝哪一个方向发展、感受哪一种"味道"。幽默离开了意境,也就离开了这种对幽默“味道”的“审美”的感受。幽默意境不只是对单独的具体的哪一个幽默的感受,还有对幽默感受一般规律的分类。所以,把意境的结构视为是总结构之一,而不是具体的那一条幽默的特殊结构。所谓对幽默意境一般规律的分类,就是根据幽默的意义和境况来判断幽默是肯定的、否定的、还是中性的感受。在幽默意境所造成的综合型的审美感受中,往往体现为肯定性质的情感和肯定的效应;而批判型的审美感受往往体现为否定性质的情感和否定的效应;搞笑型的往往体现为中性性质的情感和折中的效应。那么从幽默意境的角度来论述幽默的结构,也就只有由综合型(肯定性)、批判型(否定性)、搞笑型(中性)三种来组成。

具体构成如下:

幽默意境的总体结构 = 综合型 + 批判型 + 搞笑型

下面分别举例性论述这三种情况:

1. 综合型幽默。所谓的综合型幽默,就是除批判型和搞笑型以外的一切幽默。综合型幽默具有正面的效应和肯定性质的情感。综合型幽默往往富有哲理、寓理于其中,是善意的、不是敌意的、不产生否定效应的。比如下面例子:

(1)画鬼最易

有个人给齐王画画。齐王问他:“什么最难画?”

这人说:“狗与马。”

齐王又问:“画什么东西最容易。”

这人回答说:“画鬼。”

齐王又问:“为什么?”

画家说:“狗和马,人人熟悉,天天看见,所以稍有一点不像人们都能看出来;而鬼是无形的东西,谁也没见过,所以画起来就容易了。

这个幽默(1)例子,就是给人们讲述了一个真理,其性质也是一个正面教育，当然属于具有肯定性质的综合型幽默。再举例：

(2)哲学家与生理学家共同达成一致的意见：
幼稚的人，既憋不住尿又憋不住话；
不太成熟的人，只憋得住尿，却憋不住话；
成熟的人，既憋得住尿，又憋得住话；
老衰的人，只憋得住话，却憋不住尿。

例子(2)是说明一个哲理的，是一个人生哲理，既体现了人的生理性，又体现了人的社会性，人的生理性和社会性符合自然属性和社会属性地共存于不同的人身。不是一本正经地说“一本正经”的道理——这就是综合型幽默的一大特点。

2. 批判型幽默。具有否定性质的批判型幽默就是带批判性的、损毁性的，包括讽刺、讥讽、嘲弄(含自嘲)、讽谏、损人等，其内容一般带有指责、谴责、愤恨、有意见、损毁的性质等，通常会产生否定效应，即对要幽默的对象持否定态度。这种幽默的否定性来自于两方面，一方面直接来自于幽默的创造者，另一方面是作者借幽默里面的某一人物来讽刺、损毁、批判某另一人物。像这种批评型幽默的文章最为辛辣的要数鲁迅先生，尤其是他的杂文、讽刺小说等，是利用幽默来批判人的楷模。这种幽默在老百姓的生活中也运用得比较普遍，不止用于“对敌斗争”当中。举例：

(3)一位赶路的小青年问路边的老大爷：
“喂，老头，到乡政府还有多远?”
老大爷用拐杖点了点地，没好气地说：“还有五百拐杖。”
年轻人笑了：“路都是论里，哪有论拐杖的?”
老大爷说：“论里(礼)? 论礼(里)你应该叫我大爷。”

例子(3)是用幽默的方式批评小青年不懂礼貌，利用路程的“里”的谐音双关来教训小青年，表达对小青年的行为持否定的态度，当然也会产生否定效应，即教育大家不要像这种人学习。这种幽默还会发生在家庭里面，举例：

(4)训狗

今天在家训我家狗狗，训完后老公心疼地走过去，对狗狗语重心长地说："哎呀，你怎么敢跟老虎斗，你只是一只狗啊！"

很显然，第(4)例子是丈夫对妻子的讽刺，对妻子持否定的态度，也产生了对妻子的否定效应，这个效应就来自字里行间，借用童话道出了妻子长期以来的"霸道"。

还有一种幽默只是对别人有一定的损害或贬损的，这种损毁也是对幽默对象的一种否定的情感，也应该属于批评型幽默。举例：

(5)和老妈逛街，碰到一个阿姨，看着我老妈："这姑娘是谁啊？"

我妈回答："是我女儿。"

阿姨便道："你家姑娘真漂亮。"我美滋滋地道了声谢，就随老妈与她分开了。

之后就听到我妈在小声嘀咕："这人真虚伪…"

我瞬间石化。

第(5)例子里面，母亲顾头不顾尾、不知不觉地贬损了女儿，因而也就形成了幽默。这种不知不觉的损毁也产生了否定的效应，让读者去想像这个女儿不知长得有多丑。

3. 搞笑型。具有中性性质搞笑型的幽默纯粹就是搞笑、取乐的内容，不存在要阐述哪一个道理，去秉持一个什么正面的态度；也不存在要对哪一个人或物的讽刺、批判，去秉持一个否定的态度。而秉持的是一个折中的态度。比如一些滑稽、一些"休克性愚蠢"所造成的幽默等。"休克性愚蠢"的幽默就是中性性质的，不存在对谁的讽刺或批判，也不存在什么道理或哲理，就只是感到好玩、搞笑而已。滑稽的例子主要是行为性的幽默，要靠动作来完成。这里就举几个"休克性愚蠢"的幽默的例子：

(6)某日逛街,看中了双手套,老板要35块,我说30块我就买了,老板不依,非要35,讲了几个来回不肯让步,我想想就算了,给了张50块的,他很麻利地找了我35块。

(7)高中时上学起得很早,早点都是老妈准备好,放我书包带学校吃,一般就是馒头包子,周日不上课,老妈做了稀饭,我也不知那根筋抽了,端起稀饭就倒书包里了……

(8)喜欢把瓜子全部嗑了再吃。鬼使神差地,全部嗑好后,把盘子里的瓜子仁一股脑倒进了垃圾桶,看着另一盘瓜子壳发呆。

第(6)(7)(8)例子都是"休克性愚蠢"带来的幽默,"休克性愚蠢"表面通常带来是"愚蠢",似乎对"休克性愚蠢"的人有所批判,但这种瞬时的休克性愚蠢,不是长期存在的,披露或编造出来主要目的还是以滑稽、搞笑为主的。滑稽、搞笑在我的大一统幽默学里面就属于幽默,只不过它是属于中性性质的幽默,既不持肯定的也不持否定的态度,当然也就没有什么肯定的和否定的效应。

由于幽默的复杂性,总体结构只是普遍性的、一般性的结构,不可能把所有的幽默个体性、特殊性的结构包纳在内。除了以上这些总体的结构外,还有个体的幽默结构,个体幽默结构就复杂得多了。

二、幽默的个体结构

幽默的个体结构是千姿百态的,在幽默的个体结构中,有些可以找出一些规律性,有些则无法找出其规律性。能找出规律性的幽默个体结构,我称之为一般性幽默个体结构,无法进行归纳的,我称之为特殊性幽默个体结构。

所以幽默的个体结构又要分为一般性和特殊性。

(一)幽默的一般性个体结构。这个结构至少应该是有一个幽默点、一个连接媒体。但也有的幽默由若干幽默点加上一个幽默的链接媒体构成。这是幽默一般性个体结构的基本结构。

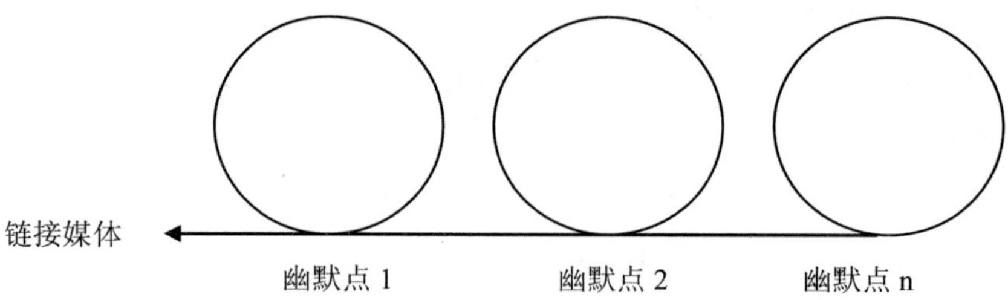

这个链接媒体可以是一个词、一个字、一句话、一个情景、一个情节。它把所有的幽默点"链接"起来,也可以说在"链接"的同时,就是"激活""交叉"了幽默点,使这些幽默点变成了一个完整的幽默。举例:

(9)有一人家生了个双胞胎,老公姓周,老婆姓李。老丈人对取名字提出了要求:1. 给孩子取名字必须一个姓周,一个姓李。2. 名字取得要有纪念意义。3. 两人名字要同一个意思。

老公绞尽脑汁,冥思苦想了三天,终于达到了老丈人的要求,取好了名字:一个叫周末,一个叫李拜天。

第(9)例子的"同一个意思"就是幽默的链接媒体,把两个幽默点"周末"和"礼拜天""链接""激活""交叉"起来,形成了一个完整的幽默。

有一些幽默不一定是一个段子,可能是一个小品、一篇小说、一个故事片。小品、小说、故事片等篇幅比较长的幽默作品,它们的幽默就不只是一个,就会有很多个幽默来组成这个幽默小说或幽默故事片,当然也就有若干个幽默的连接媒体。这一类例子篇幅比较长,就不举例了。但有一些小小说,虽然幽默点有很多个,但只有一个连接媒体。比如有一篇小小说,从头到尾就只有一个幽默链接媒体,它发表在 2016 年 11 月 7 月微信的《华人参考》上,作者是任金艺:

(10)难写的悼词

局长西门光因车祸不幸去世,局里为他举行追悼会。一切准备工作就绪,唯有这悼词让办公室胡主任作了难。

问题出在西门局长的年龄上。他本来是 1951 年出生,为了能在官场上多干几年,就通过关系改档案,把“1951”改成了“1959”,一下子“年轻”了8岁。胡主任只好按照他的档案写了悼词。

悼词写好,去征求西门局长家属的意见。西门局长的三个儿子看完悼词,个个脸涨得通红,都说,“这样写不行,我爸爸的年龄有问题。”

“啥问题?”胡主任明知故问。

三儿子首先说:“我的同事朋友都知道我是1972年出生,他们都来参加追悼会。要说我爸爸是1959年出生,只比我大13岁,我这脸往哪搁?”

二儿子接着说:“我是1970年出生,如果爸爸1959年出生,爸爸只比我大11岁,更不像话。”

大儿子更是哭丧着脸:“我是1968年出生的人,爸爸只比我大9岁,这不是在骂人吗?”

除此之外,三个儿子还提出,爸爸1959年出生,1967年就初中毕业了,这也不符合常理。

胡主任一听,为难了,“这咋办?档案里的年龄都是你爸爸亲手填的。”

“改!”大儿子一拍腿,“按我爸的实际年龄,1951年出生。”

“不行。”胡主任说,“作为一名干部,最重要的一条就是实事求是,如果一改年龄,就等于承认你爸爸在年龄问题上弄虚作假,岂不毁了他一生英名?”

三个儿子一想,胡主任说得也是啊,爸爸一生都爱面子,总不能让他到死落个坏名声啊。

沉默了半天,二儿子说了:“要不,悼词上不提俺爸爸的年龄。”

“那更不行。”胡主任说,“常言说,盖棺定论,假若追悼会上连你爸爸的年龄都定不下来,岂不天大的笑话?”

三儿子想了想,说:“干脆,追悼会上取消念悼词这一项。”

胡主任马上否决:“不念悼词,还叫什么追悼会?这不是开国际玩笑吗?”

三个儿子愁眉苦脸,一个劲儿直挠头,一时想不出好主意。

悼词的事一拖再拖,离追悼会还有半个小时,三个儿子突然跪在了胡主任面前:“胡叔,求求你了,这悼词你看着改吧,只要别让俺弟兄仨丢丑就行。”

胡主任无奈地点点头。

追悼会开始了,只听局党委书记在悼词中念道:"西门光同志,1959 年出生,自幼聪明过人,人称神童,8 岁就读完了小学和初中的全部课程。9 岁至 13 岁,他先后收养了 3 个孤儿。对此善举,西门局长一直守口如瓶,直到他不幸身亡,三个孩子才知道西门光局长不是他们的亲爹……"

第(10)例子,是一个讽刺型的小小说,其幽默点就有很多个。比如几个儿子的反问都是幽默点,甚至连局长的名字都算是一个幽默点:一般太阳落西表示完蛋,有人就把死亡叫作"归西",快完蛋的事情或东西叫作"日落西山",局长又叫做"西门",又是"光","光"也有完蛋的意思,符合局长遇车祸的"遭遇"。但它的链接媒体就只有一个,那就是"悼词"一个单词。"悼词"一词把几个幽默点连起来,形成一个总的幽默。在本书的《幽默点与幽默度》那一章书里,这个链接媒体把几个幽默点连接起来,就叫作"激活",在本书《幽默的逻辑》里,这个"链接"叫做"交叉",在相声里叫作"抖包袱"。

有些幽默大作里面就不止一个幽默,要有若干个幽默来组成,当然就要有若干个连接媒体。一般来说一个幽默的连接媒体就可以形成一个幽默,但不止于一个幽默点。这里所论述的只是一个幽默的链接媒体链接若干个幽默点的单个个体幽默的结构。

以上所论述的仅仅是幽默个体结构当中的一般性结构,至于幽默个体结构当中的特殊性结构就是要从不同角度、不同学科来论述,那不可是用一两句话来概括的,因为用不同的学科来论述幽默的结构,就有着不同学科的特点,当然也就不可能用一个公式来概括。即是说从不同的角度、用不同的学科来论述幽默的结构,就会有不同的结构,当然也就有不同的结构原理。

(二)幽默的特殊性个体结构。就是从不同学科的不同角度来分析幽默的结构。一般来说,能够形成幽默不同结构的学科主要有逻辑学、美学、心理学、语法学、修辞学。尽管从大类来说,修辞学和语法学属于语言学范畴,但语法学和修辞学对幽默最情有独钟,不仅可以用语法学和修辞学来分析幽默的结构,还可以直接作为创造幽默的手法,因为幽默主要由语言来创造,所以对于语言本身学科的语法学和修辞学,就单列出来论述。而逻辑学、美学和心理学不可能自身产生幽默,即仅逻辑、美学和心理本身没有语言载体,是不能创造幽默的,也要借助于语言,借助于语法学和修辞学,所以逻辑学、美学、心理学只能是作为分析幽默结构的工具。这里就是从这些学科的角度来探讨幽默的结构的。下面逐一论述:

A. 从逻辑学的角度来分析幽默的结构

其实幽默逻辑的个体结构,也应该算为幽默的一般性结构,因为很多幽默都存在着逻辑上的错位和交叉,既是大多数幽默具有的一般性,同时也是幽默的特殊性。把之列为幽默的特殊性个体结构,主要是考虑到逻辑角度的结构不能概括完毕所有的幽默结构,何况我的大一统幽默学是包罗万象的,有很多低级幽默就不具备逻辑错位的条件,所以还是把它作为幽默个体结构的特殊结构单独来论述之。

在本书幽默的逻辑一章里,把幽默的逻辑分为高级幽默的逻辑和低级幽默的逻辑,低级幽默不具备这种逻辑,低级幽默的逻辑是千差万别的。通常把高级幽默的逻辑看成是错位逻辑、或许叫做二元交错逻辑。"幽默的逻辑结构是一种二重的错位结构,它不遵守理性思维一元化的同一律,但这并不是说它没有逻辑,它的逻辑特点是二重错位,所以就简称'错位率'"①。这两条不相干的逻辑交叉,通常在文字上体现为由一个双关的词或句子或事情来链接,就叫做链接媒体,使两条逻辑交叉在一起,就撞出幽默的火花,形成幽默,通常这种幽默被认定为高级幽默。

结构图:

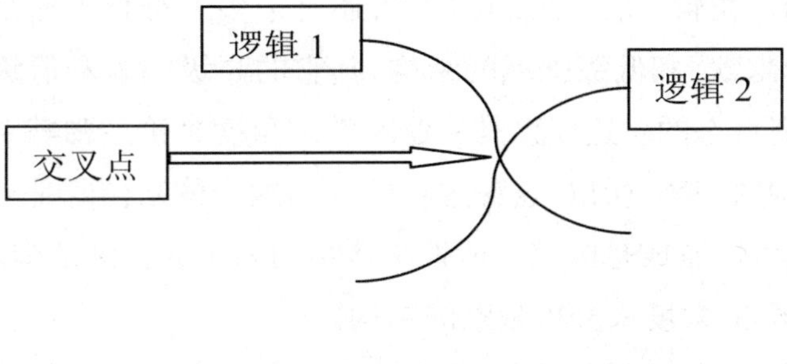

(11)一个酒鬼到酒公司应聘,品酒十几种,酒鬼均说出了酒的年份、度数等,考官们无不震惊。

经理向女秘书使眼色,女秘书接了杯尿递上,酒鬼品后说:"女,23岁,有

① 孙绍振、汤化《幽默学全书》P10 海峡文艺出版社 1998 年 4 月出版。

身孕2月!”

顿时全场鸦雀无声。

酒鬼以为应聘失败,怒道:“如果不把这份工作给我,我就把孩子他爹说出来!”

结果,在场的几位领导异口同声地说:“你被录取了。”

第(11)例子里,酒鬼到酒公司应聘,还说出了酒的年份、度数,这本身就是一个幽默点;秘书把尿当成酒拿来给酒鬼品,是第二个幽默点;居然还品出了“身孕”,这是第三个幽默点(也是荒唐点);更为精彩的是还可以把有“身孕”的孕子他爹说出来,这是第四个幽默点(也是荒唐点);“你被录取了”既是第五个幽默点又是画龙点睛点即幽默连接媒体。两条逻辑就是“品酒”和“聘用”,在“品酒”中就有很多个幽默点,把“品酒”和“聘用”两条逻辑交叉起来,也是幽默连接媒体把若干个幽默点链接起来的连接媒体就是一句话“你被录取了”。这就是一个具有五个幽默点被链接和两条逻辑被交叉的幽默。

但以上的这个幽默的逻辑结构不是覆盖一切的,它仅仅是对比较纯的幽默在逻辑上的归纳,当然它的结构也就只是这一类“高级幽默”的结构。因为我的大一统幽默学里的低级幽默就不一定具备这个逻辑结构。除了这个“交叉的错位逻辑”所产的结构之外,还有很多不符合于这个逻辑结构的其他的“高级幽默”和低级幽默的结构,其它的高级幽默和低级幽默的结构也应该是千姿百态的。这仅仅是从逻辑学的角度来论述幽默个体结构当中的特殊性结构的一种,所以,这种逻辑性的幽默个体结构既是幽默一般性的个体结构,也可以看成是幽默一般性个体结构当中的特殊结构。

B. 从美学的角度来分析幽默的结构

虽然美学在近代已经发展成为一门独立的学科,但还是没有、也不可能脱离哲学的支配,一直以来,美学本身都视为属于哲学的二级学科。所以,从美学的角度来论述幽默,当然跑不出哲学的观点和范畴。应该这样说,哲学的角度是大的角度,美学的角度是小的角度。从哲学大的角度来说幽默,就是要用哲学的观点来论述幽默,也就是说,在幽默里也还存在着美丑的对比。没有“丑”的配角,怎么来确定“美”呢?这是哲学一分为二的观点,也是相对论的观点,即任何一件事情都是相对而存在的。没有“丑”的相比较,无所谓“美”,“美”和“丑”都不可能单独存在。世上没有绝对的东西,都是一分为二的,只有矛盾和运动是绝对的,所以单从美学的角度谈论幽默,似乎不能完全说明问题。因为美学只是从“研究人与世界审美关系”的角度来论述问题,然而幽默还有“丑”的一面,“丑”也能引起幽默。比如本书所提到的“休克性愚蠢”“故意性愚蠢”;还有一些漫画以丑化某事某物以达到讽刺或夸张或自嘲等的效果。从美学角度论述幽默的结构方面,“美学结构”是哲学下面的一个分支细节问题,用美学这个小的角度来论述幽默的结构,无不带有哲学的痕迹。

所谓美学的角度,其实就是“审美”的角度,从审美的角度来看幽默的结构,就是审美的一些环节。幽默的环节决定着“审美”感受要经历哪些阶段,感受往往是在一定的过程中完成的。只有通过一定的阶段、过程,才能体现出对“美”的感受。“审美”不仅是对结果的期待,更为重要的是对阶段、过程的“美”的感受。这些阶段和过程就是幽默的很重要的环节。尤其是幽默,仅仅告诉一个结果,能笑得起来吗?要能感受到幽默的乐趣,就必须从它的第一环节到最后环节,这些环节是衡量幽默的一个重要的审美标准,当然有时候有些环节可以省略。幽默从“审美”的角度出发,其形成的过程一般包含四个相对独立的环节,即“悬念、渲染、反转、突变。”

所谓悬念,就是幽默制造者为吸引人而设计的一种构思,这种构思打破了原有的心理平衡状态,使接受者在心理上产生紧张的状态、产生好奇心理,达到布下疑问的目的。

所谓渲染,就是对这种悬念进行各种方式的铺垫。在视觉设计传达中,就是对画面包装等形象要素的选择和布局。在这一阶段,既要考虑美感的传达,同时也要为后面的反转打基础。

所谓反转,就是在着意渲染的基础上,突然出现某种出人意料的下文或图表(尤指漫画等图表类幽默),打断幽默接受者的正常推理和合理设想,使其对作品的真相或规律实现审美判断上的转变。这个转变就是戳穿了假象,解除了悬念。

所谓突变,是幽默产生后在心理的反应。悬念得以解除后,好奇得以满足，紧张化为纾缓，局势迅速向反面转化，幽默接受者启动了联想，致使最后产生了突变。这个环节不同于前面三个，它不出现于视觉形式之中，而仅仅存在于幽默制造者和幽默接受者的意识之中。实际上前三个环节是有形的，是可以用视角直接觉察到的环节。

在这四个环节之中，反转在其中是决定的关键，反转的产生，使幽默接受者的感官由正常的感受进入了“审美”当中的美的感受（反转），从而感受到一种美感的激活，带来了质的飞跃（突变）。这就是从“审美”角度来审视幽默所要经历的四个基本环节。其基本结构应该是：

美学角度的幽默结构 = 悬念 + 渲染 + 反转 + 突变

举例：

（12）航海奇迹

有人问一位航海家：“你在海上游历了那么多年，一定遇见过不少奇迹吧？”

“最大的奇迹是我平安无事地登上了陆地！”航海家说。

短短两句话就是一个带哲理性的幽默，而且从“审美”的角度来看，四个环节都具备了。第一个环节“悬念”就是题目“航海奇迹”，什么是航海的奇迹？这个悬念带给幽默接受者一个问号；第二个环节“渲染”就是“海上多年”和“不少奇迹”；第三个环节“反转”就是“登上了陆地”而且还是“平安无事”、而且还是“最大的奇迹”。“登上了陆地”与“最大的奇迹”形成了鲜明的反差。出海和能安全登上了陆地是经常性的事情，但把看成是“最大的奇迹”，似乎与发问者所发问的“奇迹”相去甚远。然而这一“反转”后，立即会在幽默接受者的大脑里产生第四个环节“突变”——如此多年的航海、海上如此凶恶、不平凡和多变，让人不能不感敬畏，多不容易啊，这不是奇迹又是什么？

这种用“审美”的视角来探讨幽默结构，尤其高级幽默，其四个环节一个都不少，因为高级幽默，特别是哲理性的幽默往往要给人以遐想和推理的空间，给予美的感受多了一些过程。再看例子：

(13)世界上最容易成功的人是两种人：一种是疯子，一种是傻子。傻子是会去相信的人，疯子是会去行动的人。

第(13)例子中，第一句话“世界上最容易成功的人是两种人”就是“悬念”，第二句话“一种是疯子，一种是傻子”就是“渲染”，第三句话“傻子是会去相信的人，疯子是会去行动的人”就是“反转”。第四环节往往不是体现在字面上，而是在幽默接受者心里的反应。这个幽默的心理反应确实让人回味，让人觉得有好多个道理，有若干个哲学的逻辑点——难道不是如此吗？前怕狼后怕虎的人能干成事吗？只会耍嘴皮子的人能干成事吗？犹豫不决的人能干成事吗？所以经过多年艰苦的思索，终于得出了那样的真理：说多做少、不干半点马列都没有(邓小平语)。所以，别小看傻子和疯子——这是常人需要好好学习的呢！

这个故事不仅是一个幽默，还说明了一个道理，并还带有一定的讽刺性呢。

为什么说成是美学中的幽默“基本结构”呢？因为有时候以上这种“审美”的四个结构，并不是每一个幽默都必须同时具备。也就是说，不一定要具备这个结构的全部组成部分，可以省略某个环节，一般省略的大多是“渲染”这个环节。因为，除渲染之外，其他的环节是不能缺少的，如其他环节都被省略掉了，那其结构也就不成其为“幽默的结构”了。比如悬念就不可能被省略，省略了就破坏了幽默的“审美”起因；再比如反转，反转是幽默的主要组成部分，是不能省略的，省略了就等于宣布这不是幽默。因为幽默从“审美”的角度来说，必须依靠“反转”才能产生幽默的效果。从“审美”角度来看幽默的四个结构的要素，就只能省略第二个环节“渲染”，第四个环节“突变”事实上并没有在幽默的体裁上出现，只是在幽默接受者大脑里的反映。除去第四个环节以外，这种结构至少必须含有两个环节“悬念”和“反转”才能形成幽默。比如中国的歇后语。举例：

(14)

和长颈鹿亲嘴————高攀不上

大象的牙齿————太露骨

歇后语的前半句就是一个“悬念”，往往不知所云，然后笔锋一转，后半句话就给出了答案，实现了“反转”，然后再让你恍然大悟，不禁会心一笑，实现了大脑里的“突变”，你悟出了一个道理，同时体会了一个完整的幽默。

有时候前三个环节（悬念、渲染、反转）依次出现，彼此之间相互渗透、环环相扣；有时候其结构的完整性模糊，三个环节似乎同时具备，又都同时出现，并且融为一体（这种情况往往出现在漫画里）；有时候三个环节都存在，但有可能重复或出现的顺序并不是悬念－渲染－反转的顺序，有可能是悬念－反转－渲染－－悬念－反转的顺序。①

举例：

(15)苹果和屁股

女教师在黑板上画了一个苹果，然后提问：“孩子们，这是什么呀？”孩子们异口同声地回答：“屁股！”

女教师哭着跑出教室，找校长告状：“孩子们嘲笑我。”

校长走进教室，表情严肃地说：“你们怎么把老师气哭了？啊！还敢在黑板上画了个屁股！”

第(15)例子，先是第一个“悬念”——对画在黑板上苹果的提问；接着立即进入“反转”——孩子们的出乎意料的回答；然后进入“渲染”——老师去告状；再进入第二次“悬念”——校长居然来了，还表情严肃；紧接着又进入第二个“反转”——两个“误认为”：一误认为是学生在黑板上画了一个屁股，二误认为老师画的苹果同样也是“屁股”；让人很有回味——哭笑不得，校长也如此荒唐，苹果与屁股如此相似——达到了“突变”。

---

① 毛春铧：《语法误解导致的幽默——在幽默中学语法》——http://blog.sina.com.cn/u/2728007260/

总之,上面对从美学的角度来分析幽默的结构,只是一种基本结构。从“审美”的角度来分析幽默的结构,就是它的四个环节,但不一定要追求这四个环节的全部排列与组合,不一定要追求它的完整性,也可以减少为最少两个环节,即“悬念”和“反转”,尤其是漫画更是如此。幽默制造者可以灵活运用,幽默接受者可以灵活理解。

C. 从心理学的角度分析幽默的结构

从心理学的角度来论述幽默的结构,与从美学的角度即“审美”的角度论述是相一致的。所谓“审美”,也是从幽默在心里的感受或反映来分析的,与从心理学角度所分析的幽默结构有着相同性。其基本环节就是“审美”角度的环节,就是从第一个环节“悬念”开始,到最后一个环节“突变”的心理反射。只不过从心理学的角度,心里反射的过程比审美的过程还要多。“悬念”引起幽默接受者的好奇心心理、紧接着产生疑惑、再紧接着产生紧张心理;接着对幽默的“渲染”进行分析和理解,当完全理解之后,疑惑得到了解除,当解除了疑惑,紧张随之而消失,消失的同时得到释放,得到轻松,从而产生愉悦心理,幽默就在这里发生了。然而有一些幽默还会产生“突变”,那就是心里滞留带来的回味和进一步深层次的推理,从愉悦的感受上升到获取了一个道理或更深层次的感受,完成幽默全部环节的心理反射。当然这是相对于纯幽默、高级幽默而言的,在这种高级幽默当中,幽默接受者对愉悦的心理反射有三次:第一次是在“悬念”的时候,往往有一些好笑、滑稽的、有趣的噱头,令人感到盲目的、滑稽的、荒诞的愉悦心理;第二次是在“渲染”和“反转”之后,对前面的“悬念”分析后的醒悟,是对前面“悬念”的理解和心理释放,当然是第二次愉悦心理;第三次是,幽默已经完成后,在大脑里留下的回味。高级幽默的“回味”就能“回味”出一个“道理”,而且这个“道理”可以陪伴和指导人生,当然这一次是升华了的愉悦心理,也是幽默的魅力之所在。① 相对美学对幽默结构的分析,心理学对幽默结构的分析就比较细腻,就不只是四个环节,按如上的心理分析,结构就应该是:

---

① 谷博:《视角传达设计中幽默表现手法的基本环节及其审美特征》——《PACKAGING ENGINEERING 》2009. 8.

从心理学角度分析幽默结构 = 好奇 + 怀疑 + 紧张 + 释然 + 愉悦 + 滞留 + 深层次愉悦 + 获得道理

举例:

(16)800 美元

当妻子珍妮刚刚冲完澡出来,丈夫汤姆刚脱光,正要开始淋浴时,门铃响了。

夫妻就谁去开门争吵了几秒钟,最后妻子珍妮放弃了坚持,匆忙裹了条浴巾较快地下楼去开门。

她打开门后,看见是杰克,他的邻居站在门口。

珍妮还来不及开口,杰克就抢先说道:"如果你把那条浴巾拿下,我就给你 800 美元!"

珍妮妻子想了想,还是脱下浴巾赤裸站在杰克面前,杰克给了钱就走了。

妻子困惑又兴奋地裹上浴巾上楼,回到浴室。

老公问她:"刚刚是谁?"

"隔壁的杰克啦!"她回答。

"那就对了"老公说,"他是不是来偿还欠我的 800 美元的?"

第(16)例子里,可以想象"门铃响的时候",两口子是光着身子的,一个是刚洗完澡还没有穿衣服、一个是刚脱完衣服正要去洗澡。谁去开门,是一个"悬念";当妻子去开门时,还只裹了一条浴巾,是不是第二个"悬念"? 是不是会产生"好奇"的心理? 是不是还有一种"疑问"的心理? 妻子开门以后,居然是一个男人在门口,而且还要求妻子拿去浴巾,这是不是有一点"紧张"的心理? 果然妻子拿去了浴巾,更把幽默接受者的心揪了起来,问题是事情还没有完,"悬念"即"好奇""疑问"的心理还继续存在、继续升级,因为还要向老公汇报啊。直到最后,老公的回答才使谜底揭开,才使幽默接受者的心理出现"反转",产生了释然的心理。同时,在幽默接受者的大脑里产生

“突变”,即“恍然大悟”的心理反射,这种反射是一种对这位妻子“上当”的感悟,即从“交易”变成了“上当”。

从“审美”角度来看,审美环节没有以上的心里反射的过程多。因为审美四个环节就已经完成了审美的全过程,而心里反射就不只是四个环节。

当然,不同的幽默就会有不同的心里反射,幽默点多,心里反射当然要多一些,反之亦然。下面的例子就没有像上面的幽默有着两次“悬念”,就只有一次“悬念”,当然也就只有一次“好奇”“疑问”心理。从情节上来看,这同时也是一个恶作剧式的幽默。举例:

(17)我生病了

一个女孩子一直暗恋着一位医生,她为了想见到这位医生同时引起他的注意,所以每天都去找这位医生看病。可是,这一个星期以来这个女孩都没出现,医生正觉得奇怪时,最后她终于又出现在了医生的面前。医生很好奇地问她为什么这几天都没来?女孩答道:“因为我生病了。”

第(17)例子的心理反射就要少一些。因为“悬念”就只有一个,即女孩暗恋医生,借故经常去找医生看病。与之相适应的心里反射就要少一些,其余的过程都是一样的。如,第二过程的“渲染”产生“紧张”的心理反射,即突然女孩一周都没有来“看病”,医生也感到奇怪;第三过程的“反转”产生“释然”的心理反射,即原来是女孩生病了;这个第四过程的“突变”就比较深刻,即反射出的不仅仅是附合在“反转”的那一瞬间的感受,而是要比较长久地停留在心里的一种“矛盾”的心理——频繁地来看医生,身体是健康的,恰好不来看医生的原因,居然是生病了!

美学对幽默结构的分析,主要体现在对幽默审美感受的几个环节上,而心理学对幽默结构的分析,则侧重于从心里反射的几个过程上。审美主要是对幽默的美的感受,美感不一定去强调正确与否;反射主要是对幽默的几个过程从常理或逻辑上的推理上,不一定去强调美不美,而且对不同的幽默结构有着不同的心理反射,不只是美与丑的感受。比如,有一种幽默的心理反射,叫作预设反射。所谓预设反射,就是对已经有的概念,比如做过的事情、学习过的知识等所固有的东西进行心理反射。幽默就是利用固有的悖

理预设推理式的心理反射,从而达到幽默的效果。举例:

(18)会吠的狗不咬人

一天,一位法国人拜访他的英国朋友。当他来到朋友家门口时,一只狗跑了出来向他狂吠。

那位法国人给吓住了。这时,他的英国朋友走出来迎接他。

"哦,别害怕,"他说,"难道你不知道'会吠的狗不咬人'这句谚语吗?"

"喔,对的,"他赶忙回答说,"你知道那句谚语,我也知道那句谚语,可是那只狗……它也知道那句谚语吗?"

第(18)例子就是对固有的一个谚语,即一个旧有的概念提出新的心理反射。第一个过程"悬念"的"好奇"和"疑问"的心理反射就是法国人被狗吓住了;第二个过程是"渲染""紧张"心理的预设,即用"会吠的狗不咬人"这个谚语来安慰法国人。这显然是一个荒唐的逻辑,难道能用人的固有概念转嫁到狗身上,确保法国人不被狗咬吗?第三个环节"反转",就是法国人利用这个固有谚语的逻辑进行推理,用对第一次荒唐心理预设的心理预设反射,回敬进行预设的人,充分利用了预设反射,从第一次荒唐的预设之中解脱出来。至此完成了幽默心理反射的前三过程;第四过程是"突变",这个过程的心理反射出一个道理:以其人之道还治其人之身。在每一个过程之中,心理反射往往不只是一个,有时候会有两个,比如在"悬念"的过程中,就有好奇和疑问的心理;比如在"反转"过程之中,就会有"滞留、深层次愉悦、获得道理"三个心理反射。

需要说明的:有些低级幽默不一定完全包含了整套的心理反射。比如滑稽,就仅仅是第一阶段的愉悦感。反之,有一些幽默不仅不会减少心理反射数目,还会增加。一句话,如果有几次"悬念"、几次"渲染"、几次"反转"的幽默,其结构就要在以上基本的结构中累加,即就是在这个基本的结构中进行增减心理反射的个数。

D. 通过语法制造幽默的特殊结构

这里的小标题不是像上面的 A. B. C. 一样,"从语法学的角度来分析幽默的特殊结构",因为不仅可以从语法的角度来分析幽默结构,还可以使语法直接来制造幽默。所以,这里的小标题略加改动一下,改为“通过语法制造幽默的特殊结构”。

利用语法来制造幽默,实际上就是靠破坏语法结构来完成的。

所谓破坏语法结构,就是不按语法的规则来组成句子。幽默本身就是“不按常理出牌”,在破坏语法规则的同时,也就又达到了幽默的目的。如果用图示就是正常的语法结构被破坏了,但却形成了幽默。

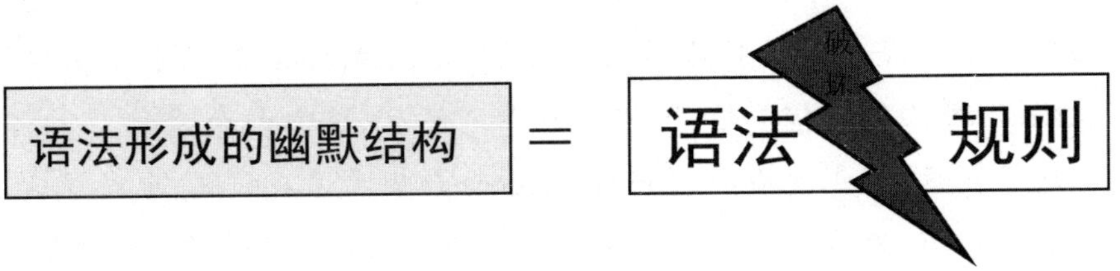

但在“破坏语法规则”形成的幽默里,又有很多种情况。下面举几个例子:

1. 由于语句顺序的颠倒而形成了幽默,也是语法规则被破坏的一种,这种幽默的结构叫做语序颠倒型结构,也属于以上的这个结构范畴。举例:

(19)曾国藩与太平军一连几次大败。遂上报战况:如实写到屡战屡败,军师帮他改为“屡败屡战”。

第(19)例子,前后字数和内容都一样,就语言顺序不一样,前后对比产生了滑稽和搞笑的回味和反思,同样的几个字,就语序那么调整了一下,其效果就完全不同了,让人大有幽默之感慨——前者体现了无能,后者却体现了顽强——语言就这么的奥妙!又如:

(20)“文化大革命”中,“四人帮”的一个黑爪牙,为了给主子张春桥制造舆论,强迫群众写大标语:“强烈要求张春桥当总理!”。群众在贴大字报时,把顺序略略作了一点修改:“张春桥强烈要求当总理!”

当这位爪牙想去拍照请功时,一看意思大变,有苦说不出来。

第(20)例子,原文一字未落下,仅仅是改变顺序,效果也大不一样。这个幽默不仅好笑还带有讽刺性,纯幽默与讽刺性幽默并存,达到了一定的幽默效果和社会效果。

2. 由于标点符号形成的幽默

这一类幽默的结构可以叫作语气停顿型结构,也属于以上的结构的范畴。例子:

(21)丈夫看完儿子的日志后怒打妻子,日志上面写着:"今日陈叔叔来我家玩妈妈,说我做完作业后,可以吃点心。然后,陈叔叔夸我作业做得好,于是抱起了我妈,妈叫叔叔小心一点,之后叔叔又亲了我妈妈,也亲了我。"

妻看完日志,怒斥儿子。儿子哭诉道:"爸爸,我把标点符号打错了。"

(22)明朝江南才子祝枝山喜欢给人写对联。有一年除夕,他和书童走到一户员外家门口,忽然听到"哇哇"的婴儿哭声。他略加思索,就从书童手中要过笔墨,顺手在大门上题了一副对联,上联是"今年真好晦气全无财帛进门",下联是"昨夜生下妖魔不是好子好孙",旁边写"祝枝山题"。

第二天早晨,员外打开门,一眼看见对联,读道:"今年真好晦气,全无财帛进门",下联是"昨夜生下妖魔,不是好子好孙"。员外气得脸色发青,心想这是什么人,这样缺德呢! 留心一看,旁边还有一行小字"祝枝山题"。他立即派人把祝枝山"请"来,厉声问道:"我和你往日无仇,近日无冤,为什么大年初一用这样不吉利的话来诅咒我呢?"祝枝山一听,笑得合不上嘴,他摇头晃脑地念道:"今年真好,晦气全无,财帛进门;昨夜生下,妖魔不是,好子好孙。"他问员外:"你不觉得称心如意吗?"原来如此。

标点符号属于语法的范畴,断句也属语法范畴,使用不好会产生相反的意思,闹出笑话。如例子(21)按正确的标点符号,孩子的日记应该是这样的:"今日陈叔叔来我家玩,妈妈说我做完作业后,可以吃点心。然后,陈叔叔夸我作业做得好,于是抱起了我,妈妈叫叔叔小心一点,之后叔叔又亲了我,妈妈也亲了我。"不同的断句也会产生幽默。

例子(22)也是断句出了问题,对联原本就是没有标点符号的,要靠读者自己来断句，不留神会闹出以上的笑话。

除了不正确的断句会产生幽默以外，标点符号本身也会产生幽默。举例：

(23)法国浪漫主义作家雨果的长篇小说《悲惨世界》脱稿后，寄给了当时颇有名望的一家出版社。一晃半年过去了，仍不见此书出版，雨果忍不住写信前去催问。信的内容十分精炼："？——雨果。"出版社很快就回了一封信给他，雨果打开一看，不禁会心地笑了。原来回信的白纸上也只有一个标点符号："！——编辑室。"

标点符号属于语法范畴，虽无语言文字，但错用或巧用照样都能使语言幽默起来。尤其是例子(25)的这封信，被誉为"世界上最短的信"，这也是标点符号用得比较精彩的一例。雨果和编辑室的信，由于巧妙地运用了标点符号，他们之间用了最精炼的语法手法表达了他们的意思。作者与编辑部之间的两个标点符号，是一种幽默的对答方式，尤其是编辑部的惊叹号，为以后不久轰动文坛的《悲惨世界》一书的出版埋下了一个幽默的伏笔。编辑部的惊叹号不仅幽默，也暗示了这部著作的伟大；同时，对著作伟大与否的评判不仅是编辑部说了算，还需经受读者的考验。所以编辑部的惊叹号对这部著作作出的评价，预留有一定的空间，可退可进。

3. 由于错误理解句子成分形成的幽默

句子的成分无外乎：主、谓、宾、定、状、补，在英语里还有系动词形成的系表结构，有些称之为联合谓语。同样是错用和巧用句子成分也可以形成幽默。请看例子：

(24) Haughty(傲慢的) Woman："Little girl, I' m looking for a small brown dog with one eye."

Saucy(厉害的) girl："If he is only small you' d better use two eyes."

第(24)例子中，态度傲慢无礼的妇人要找的显然是一只眼的小黄狗，With one eye 作后置定语，修饰 dog，而小姑娘也果然厉害，并不买傲慢无礼妇人的帐,反唇相讥"如果狗小的话,你最好用两只眼去找。"故意认定 with one eye 是状语,表示 look for 的方式。故意形成句子成分的误解,来创造了幽默。而且这个幽默同时具有讽刺性,也对"傲慢"的女人有教训的作用。

由"破坏"语法而产生的幽默还不止这些,还有很多,比如由构成句子的从句错用、词汇错用等都能造成幽默。这一类的幽默结构由于有很多,又各自不一样,所以姑且把由于"破坏"语法规则而形成的幽默统称为"语法类幽默结构",如上图所示,就不一一举例了。

E. 通过修辞来形成的幽默的特殊结构

修辞手法总共大概共有六十三大类,七十八小类,大多数的修辞手法都能制造幽默,所以可以这么说,修辞是创造幽默的重要工具之一。因为修辞的种类繁多,而且没有一个统一的结构,当然也不可能一一画出它们的结构图,而且有些结构也不好用图表型来规范,所以就把这一类幽默的结构统称为修辞型结构。在此只叙述一下几种常见的、也是主要的由于修辞而形成的幽默结构:

1. 双关形成的幽默结构

利用词的多义或多音,或利用某事的多意性,使句子或某事情发生多重的意义,言在此而意在彼,就是双关。双关有语音的、语义的和表意的双关。双关语实际上是由两个"貌合神离"的表意单位组成的,前一个表意单位的语义,符合接受者的心理经验;后一个表意单位的语义,则超出了接受者的心理经验,而作者却是"言在此而意在彼"的,于是两个表意单位形式上的"一体性",与语义的不大相干或绝不相干性,就造成了一种幽默的表达效果。

可以说双关语是修辞里最能产生幽默的,一般双关都具有不同程度的幽默感。至于幽默感的强与弱,则要由双关语的两个表意单位的"貌合"与"神离"的反差程度的大小来决定,"貌"愈合,"神"愈离,幽默感愈强。

一定要说出双关的结构,那么就是,两个词、两句话或两桩事情的重叠、相切、相交,其结构图如下:

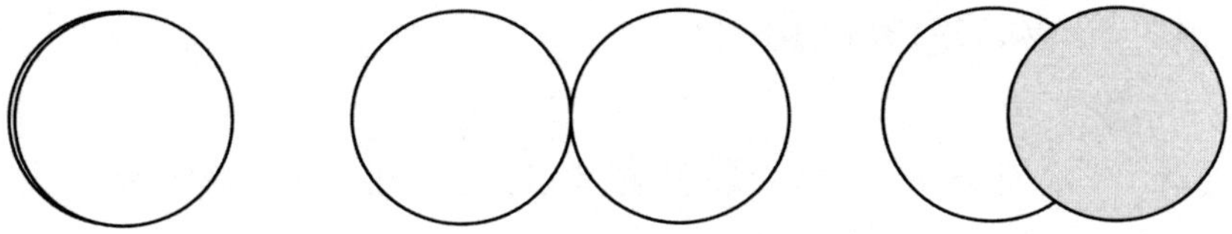

（1）双关内容重叠　　（2）　双关内容相切　　（3）　双关内容相交

所谓双关的内容就是指：使两个意思连起来的那个链接媒体词，或链接媒体句子、或链接媒体事情。双关内容的重叠就是幽默连接媒体词，发音和书写都一样，但有两个意思，这个词本身具有双关性，如以下第（26）例子；双关的内容相切，就是双关的内容不是一个词，仅仅只是语音相似，而引生出额外的意思，如以下的第（27）例子；双关内容的相交，就是交叉部分，不完全覆盖，如以下的第（28）例子。在此就双关的三种结构，各举一例子。

重叠——双关内容重叠的例子：

（25）Mother Longue

My 12 – yaer – old daughter was filling in an application form for a foreign language course. Suddenly she stopped, with a small frown on her forehead.

A moment later, she wrote something down. Glancing over her shoulder, I saw that question she had paused was: " Mother Longue" On the blank beside it she had written : "Pink".

翻译文本：母语

我 12 岁的女儿正在填写一张要求进修外语的申请表。突然她停了下来，前额的眉毛皱了皱。

一会儿以后，从她的肩膀看过去，我看见她所停下来有问题的地方是："母语"栏，在这旁边的空白处，她写到："粉红色。"

译注：母语这个单词在英语里的字面是由母亲、舌头两个单词组成的。

例子（25）的链接媒体的双关词就是"Mother Longue"，其发音和拼写都是同一个词组，只在意思上有所不同，所以在结构图上可以视为两个"Mother Longue"是完全叠在一起的，这就叫作双关的重叠。

相切——双关内容相切的例子：

(26)一次宴会上，清朝侍郎纪晓岚碰到了一心想羞辱他的王尚书和陈御史。陈御史见厅外有一只狗，就用手指向纪晓岚，故意大声地对王尚书说道："你看那是狼(侍郎)是狗?"纪晓岚一听，就知道御史在骂他。于是，他也假装糊涂道："是狗。"王尚书以为纪晓岚上套了，就插嘴问道："你何以知道是狗?""狼与狗不同之处有二，"纪晓岚解释，"一是看它的尾巴而别，下垂为狼，上竖(尚书)是狗!"此语一出，举座哄然大笑。王尚书被回击得面红耳赤。纪晓岚又继续说，"二是以它吃东西来辨，狼是非肉不食，可狗则遇肉吃肉，遇屎(御史)吃屎!"这回轮到陈御史尴尬了。

例子(26)的故事中，双关运用得巧妙、诙谐，形成了幽默，令人叫绝。只是谐音相同，书写完全不同，意思也大相庭径。括号里的词语"侍郎、尚书、御史"分别与其前面的词语读音"是狼、上竖、遇屎"相同或相近，是谐音词，由几个谐音的"圆"来相切，所以其结构不是重叠而只能是相切。由于相切的双关的作用，不仅意思大不一样，而且还有骂人之意，这里的上下文连起来就变成了"侍郎是狗"、"尚书是狗"和"遇屎吃屎"。

相交——双关相交的例子：

(27) Passenger: Is this my train?

Conductor: No, sir. It belongs to the railway company.

Passenger: Don't be funny. Can I take this train to New York?

Conductor: No, sir, it's much too heavy.

上面的第(27)例子，就属于双关内容相交的结构。双关的连接媒体语句"my train"与铁路公司相交。因为"my train"既有"我的火车"也有"我所要乘坐的火车"的意思，虽然在铁路公司里面没直接有火车两个字，即找不到重叠的对象，但铁路公司是管火车的，对火车拥有所属权，火车不属于"my"，所以"my train"与"铁路公司"只能是相交；同样的道理，另一个双关的连接媒体词"take"与"too much heavey"也相交，虽然这两个部分里面也分别没有重叠的词,因为"take"这个词既有乘车的意思,也有"拿"的意思,所以才出现"火车太重了,你拿不动"的意思,正因为 take 有"拿"的意思,与"too much heavey"在意思上得以相交。

2. 夸张形成的幽默结构

为了达到某种表达效果,将事物的形象、特征、作用、程度、时间、地点等方面,故意扩大或者缩小的手法叫夸张。夸张修辞的实质是"言过其实",这里的"言过其实"还要注意一个问题,就是夸张要到一定的度数,夸张不到位,有可能达不到预想的结果,反而会弄巧成真。夸张手法的幽默也比比皆是。举例:

(28)画家站在梯子上为精神病院的天花板绘画。过了一会儿,一个病人向他走来,问道:"先生,请你使劲握住你的那枝笔,可千万别松手啊!"

"我握着呢,没问题。"

"好吧,那我把这把梯子搬走用一下。"

(29)一天,汤姆走进酒店,痛痛快快付清了所有欠账,并且说:"老板,你昨天写给我的那封要钱的信太感人了,读后令我不能不下决心还你的债。请问你是怎样想出这么精彩的句子的呢?"

老板告诉他:"不瞒你说,我妻子现在正在法国戛纳海滨度假,开销极大,所以她常写信回来要我寄钱。我从她的信中摘了几段寄给你。"

以上第(28)(29)例子,它们不像有些夸张性幽默是直截了当地夸张,那样的夸张就缺乏隐埋性,显得幽默度不高。但第(28)(29)例子不只是简单的夸张,这种夸张带有一定的掩饰,当然它们就比直截了当的夸张形成的幽默度数要高。

第(28)是"把梯子搬走用一下"一句话,间接地夸张了绘画的境界,令人深入其境。第(29)例子,也是通过对老婆要钱信的水平的夸张,对外人都能起到催账的作用,老婆是自己人还能不给吗?

这就属于放大性夸张,将事物往大的方向描述。还有往小处夸张的:比如崔永元、赵本山和宋丹丹表演的《昨天、今天、明天》小品,就是把过去、未来、将来夸张地缩小到昨天、今天、明天。

而且夸张的手法不只是用于语言类的幽默，也可以用于其他类别的幽默，比如绘画、影视等等。就图表方面的夸张更是数不胜数，图表不仅有漫画，还有摄影，摄影可以抓拍一些搞笑的图片，现在又出现了 PS 摄影图片。自从有了 PS 技术以后，夸张搞笑的照片更是层出不穷。如：

例子(30)的图片描述，一张 PS 后的人的大嘴，大的可以比狗张大的嘴还大。

第(30)例子用的是夸张手法，让人觉得不可思议，当然同时也带来了滑稽、搞笑的效果。这是图表性的幽默，行为性的幽默也有夸张的，主要是一些动作，体现出的滑稽，在文本上不太好举例子。

如果一定要说夸张幽默的结构是什么，那就是：

[夸张的幽默结构] = [事物(含事情、内容、图片、喜剧、影视)] + [高倍放大镜(显微镜)]

3. 讽刺所形成的幽默结构。讽刺既属于修辞手法之一，其本身也是幽默的一个种类。

讽刺就是通过与实际意义截然相反或毫不相干的语言、词汇、图表、行为来达到一种强烈的嘲讽和讥笑的效果；通常借形式与内容之不谐调，产生滑稽悦人的效果。讽刺作为修辞的一种，就仅仅限于语言范围内，可以分为好几类，比如明讽、暗讽、讥讽、反讽、仿讽、自讽等。不管其分类如何，都属于幽默的范畴，并有一定的进攻性和伤害性，应该属于批判型的幽默。我在本书的第三章《大一统幽默的范畴》里作了详细的论述，但这里所论述的是结构，其结构为：

[讽刺形成的幽默结构] = [批判(批评)] + [幽默]

举例：

(31)在世界第一瀑布前，导游对一群游客说："如果在场的女士们能稍稍安静一会儿，我们大家将可以听到尼亚加拉大瀑布的水声。"

利用夸张的手法来讽刺"在场的女士们"太吵了，估计导游要交代事情，但无法进行，导游只好用幽默的手段来叫大家安静。这里很明显带有不满、带有批判的情绪和口吻。只不过是委婉的，带有浓厚的幽默色彩。既有幽默又有讽刺，当然是一个批判型的幽默，符合以上的结构。同时，这(31)例子也是夸张修辞形成的幽默，有时候有些幽默是采用了多个手法并形成多个幽默点来构成的，当然这样的幽默度就高。

4. 仿拟所形成的幽默结构。仿拟就是故意模仿他人的诗歌、名言、警句或谚语等，在句法语调上予以惟妙惟肖的模仿，以达到营造滑稽或嘲弄的效果而采取的一种修辞形式。举例：

(32) Are you planning to go?

To go or not to go, that is the question.

第(32)例子的这个回答模仿了莎士比亚名剧《哈姆雷特》中"To be or not to be, that is the question."(是生存，还是毁灭，这还是个问题)的名句，再加上一定的怪腔调，幽默效果跃然纸上。一般所仿讽的原型都应该是名人名句，否则读者就不太搞得懂幽默在哪里。那它的结构只能如此：

仿拟所形成的幽默结构 = 模仿型→following→原型

5. 别解所形成的幽默结构。"别解"往往是运用词语的同音同义关系，对原来的话语歧义的理解，赋予其新的含义。因为打破了常规语义的约束，往往原意与新意之间的反差会造成心理的落差，从而产生幽默。那别解所形成的幽默结构图应该是：

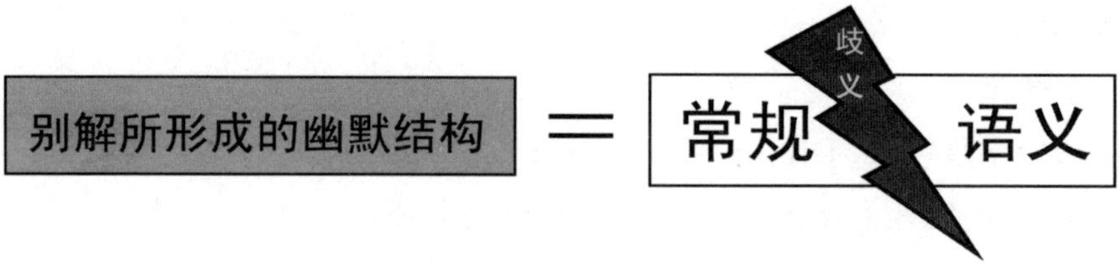

举例：

(33)俄国大诗人普希金年轻时，在一次舞会上邀请一位小姐跳舞。这位小姐傲慢地说："我不能和小孩子一起跳舞。"普希金灵机一动，微笑着说："对不起，亲爱的小姐，我不知道你正怀着孩子。"说完，他很有礼貌地鞠了一躬离开了。

普希金巧妙地运用别解这种手法，将这位傲慢小姐的话进行了另外的理解，化解了自己的尴尬，维护了自己的尊严，也获得了由于幽默风趣和嘲讽带来的快感，同时也对那位小姐是一种反击，如果小姐还是未婚的话，这个反击就显得更为有力。从逻辑上来分析它的结构，毫无疑问是错位逻辑的交叉结构，因为普希金的故意的歧义理解，违反了正常的逻辑，使正常逻辑与错误逻辑通过"小孩"一词得予交叉。当然也属于幽默个体结构当中的一般性结构；单独从别解上来的角度来设立一个专门的结构的话，如上图示，公式可为：

别解所形成的幽默结构 = 常规语义 + 歧义

别解的歧义也有两种，一种是故意的，一种是非故意的。大多是故意的，上面的第(34)例子就是故意的。但也有非故意性的，举一个非故意的例子：

(34)五岁的维佳第一次到医院做胸透，医生说："来，站到这来，我给你拍张片子。"小维佳问道："要笑起来吗?"

第(34)例子里的小孩的别解就是非故意的,因为一般小孩去拍照,大人都会叫小孩笑起来,小孩的别解来自对常规生活的惯性。虽然是非故意性的,同样产生了幽默。这有点像"休克性愚蠢"形成的幽默。当然相对小孩是非故意性的,相对这个幽默的讲述人,那又是故意所为。

其实,修辞形成的很多幽默的结构,都具有幽默一般性个体结构的属性。修辞形成的一般性个体结构,要么就是由链接媒体链接若干个幽默点的结构,要么就是两条逻辑靠链接媒体交叉的结构。比如以下的这些修辞形成的幽默结构就都有幽默一般性个体结构的属性:

1. 突降。突降是修辞的一种,说话人故意从一个重大的严肃的或很有分量的话题急转直下,突然降到微不足道或荒诞的事物上,从而收到诙谐、戏谑的效果——这也正是幽默本质要求。

例子:

(35) Father:"What a bad boy! If you steal other's apples again, I will give you a good beating! How many apples have you stolen?"

Son:"Two."

Father:"Give me one to eat."

第(35)例子很显然地使两条互为矛盾的逻辑交叉在一起,一方面教育孩子不要偷别人东西,一方面又叫孩子把偷来的苹果送一个给父亲吃,变相地肯定了孩子的行为。故意制造逻辑上的矛盾,是创造幽默的惯用手法,符合幽默逻辑的一般性个体结构的规律,"apple"这个词就是两条逻辑的交叉点,它的结构当然就是幽默逻辑的一般性结构。

2. 设彀的幽默结构

"彀"的本意指箭能射及的范围,比喻牢笼、圈套,"设彀"即"设置圈套"。作为一种修辞方法,著名语言学家谭永祥先生将其定义为:"对话中诱导对方说出自己所希望得到的话语,也就是把对方引入预设的圈套,使其不知不觉"入我彀中",这种修辞方法叫"设彀",这种修辞同样也能形成幽默。举例:

(36)明代浮白斋主人《雅谑》中记载了这样一个故事:某年冬日,朱古民来到一汤姓人家闲聊，主人汤某知道朱古民一向诙谐机智，就对他说：

“现在我在屋内，你能把我骗到屋外吗？”

“外面天气这么冷，你肯定不愿出去；如果你现在在屋外，我用屋内非常暖和来引诱你，你一定会听从的！”朱古民立即回应道。

见朱古民说得一本正经，汤某便信以为真，随即走到屋外对他喊道：

“朱古民，看你怎么引诱我进屋内！”

“啊哈，这算不算我已经把你骗到屋外了啊？！”朱古民哈哈大笑道。

这时，汤某才发觉已经上当。

这里的“设彀”不仅是一种修辞，而且还变成为一种幽默技法了。这里同样可以用幽默点被“链接”的结构来说明，只不过“链接媒体”已经不是一个单词，而是一句话了。就是“外面天气这么冷，你肯定不愿出去；如果你现在在屋外，我用屋内非常暖和来引诱你，你一定被我骗的！”，这句话把“骗出屋”和“看你怎么引诱我进屋内！”的两个幽默点“链接”起来，形成幽默。所以，这一种修辞形成的幽默结构也属于幽默的一般性个体结构。

总而言之，一般大多数修辞都能产生幽默，在一定意义上，修辞的艺术就是幽默的艺术。有这么多的修辞形成的幽默，不可能一一地去论述，只能是就修辞所形成的幽默结构的特殊性和一般性进行归纳。除了少数的修辞的结构比较特殊外，大多数的修辞所产生幽默的结构，都可以用逻辑交叉或幽默点链接的一般性个体结构来概括，只有极少数是特殊的个体结构。修辞的手法形成的幽默结构具有特殊性的个体结构，也有一般性的个体结构，如上所例，要具体情况具体分析，不能一概而论。

三、本章小结

以上的幽默的特殊性个体结构与一般性个体结构以及与幽默的特殊性个体结构一方面都在总体结构的框架之内，另一方面，在特殊性的个体结构与一般性个体结构之间，有可能是相互渗透的，你中有我，我中有你。虽然以上的论述不一定把所有幽默的特殊性个体结构囊括完毕，但毕竟概括了幽默特殊性个体结构的几种主要情况，加上幽默的总体结构，加上幽默的一般性个体结构，应该说，大致勾画完了幽默的基本结构。

第七章

大一统幽默的内容和形式

内容与形式是一个统一体，不可分割，形式是内容的外在体现，内容是形式内在的结构。要论述任何一门学科，都不可避免地要论述其内容与形式。虽然在本书第五章《分类》里从分类的角度已经涉及到了幽默的内容，但那里主要是论述了与分类休息相关的“框架性内容”，简单的提到了“情节性内容”；虽然在本书第六章《结构》里也应该算是涉及到了幽默的内容，因为相对形式而言，结构也应该属于内容的范畴。尽管在其它章节里已经不同程度地涉及到大一统幽默的“内容”，但其论述不完全，不是从“内容”的角度来论述的。这里所涉及到大一统幽默的“内容”，就不只是“框架性内容”，因为“框架性内容”不是幽默内容的全部。所以，有必要在论述大一统幽默的形式的时候，再对大一统幽默的“内容”来一个全面的界定。

一、大一统幽默的内容

作为大一统幽默的“内容”不只是在《分类》那一章里用来作为“分类”的一个工具的“框架性内容”，框架里面还应该有相应的故事情节，即“框架性内容”的“内容”，这个内容我就称之为“情节性内容”，这两个“内容”加在一起，才能构成完整的大一统幽默的内容，我称之为的“实体性内容”。

所谓“实体性内容”就是有一定的格式或框架，在这个里面还装着一定的具体的故事情节；所谓“框架性内容”就是大一统幽默所需要的固定的一些格式或框架；所谓“情节性内容”就是装在大一统幽默这个固定格式或框架里面的具体的幽默。所以，我把大一统幽默的全部“内容”确定为“实体性内容”，由两方面组成，一个就是“分类”的那一章用来分类的“框架性内容”，一个就是“情节性内容”。即“实体性内容”由“框架性内容”和“情节性内容"来组成。可公式化为：

"实体性内容"="框架性内容"+"情节性内容"

"框架性内容"就是本书第五章《分类》里面所论述的"两个板块、三个性、六个点"；所谓"情节性内容"就是幽默脚本里面具体的情节、情景、故事，不同的幽默有着不同的情节、情景和故事。

"两个板块"就是从物理属性的角度来分类的时候提出的，即：有声的和无声的；"三个性"也是从文化属性的角度来分类的时候提出的，即：语言性、图表性、行为性；在"两个板块"的物理属性里面分别都有文化属性的三种情况，即"三个性"，所以就变成了"六个点"。

"框架性内容"相对幽默的形式而言，属于内容之一，但相对"情节性内容"而言又具有形式的作用，即公式的作用，又可以把具体的内容往里面放。所以，"框架性内容"具有两面性，相对幽默的形式，它属于"框架性内容"，相对幽默的"情节性内容"，它又是一个框架，属于形式。但在全面、总体论述大一统幽默的这里，还是把它视为大一统幽默的"内容"之一。

"情节性内容"是指带有情节、故事、情景，包括时间、地点、人物等具体的内容，其内容是特殊的，千差万别的，不具有普遍性。举例：

(1)李鸿章有个远房亲戚不学无术，参加乡试答不上题，便在卷子上歪歪斜斜地写了几个字"我是李鸿章中堂大人的亲妻"——他不会写"亲戚"的"戚"，就写了个"妻子"的"妻"——主考官为人正直，便在卷子上批了一句："我不敢娶"。

这个幽默应该属于"框架性内容"里面的"无声的语言性幽默"，因为是文本的东西，肯定属于无声；因为是用语言来创造的幽默，是语言性的。在这个"无声的语言性幽默"的框里面装入了这个故事，就成为"实体性内容"。这个"情节性内容"就是李鸿章家一个亲戚参加乡考的故事以及相关的情景。

"框架性内容"和"情节性内容"一道共同构成了"实体性内容"，但"实体性内容”相对大一统幽默的形式来说，只属于内在的东西，要使人们欣赏，还需要有形式的外表来装扮，需要外表的东西来承载和表达，才能使幽默成为成品，这个外表的东西就是幽默的形式。下面就来论述大一统幽默的形式。

二、大一统幽默的形式

（一）大一统幽默形式的概说。所谓大一统幽默的形式，当然就是一切幽默的形式，即高级幽默和低级幽默两大类。要谈及大一统幽默（下面就简称为幽默）的形式，就要先说它的种类，它的种类无外乎有三类，而且这三类都是幽默必不可少的：

A. 体裁　B. 载体　C. 表达方式

体裁是什么？体裁指一切艺术作品的种类和样式，其艺术结构在历史上形成的某种稳定的范式，这种范式是随着艺术反映现实的多样性以及艺术家在作品中所提出的审美任务而发展起来的。可以作为幽默体裁的，包括笑话、寓言、专门段子、故事、戏剧、影视剧、小品、小说、杂文、字谜、脑筋急转弯、歇后语、文字结构的趣味拆字等。

载体是什么？载体是帮助幽默创造和传播的工具，或在这个载体中创造幽默。载体分为物化性质的载体和文化性质的载体：物化性质的载体是用来承载幽默的具体物质，比如印刷文本、舞台、荧屏及影视收播放工具、互联网及电子终端机（含电脑、手机、ipad）等；文化性质的载体也是用来承载幽默的非物质，比如语言、行为、图表。所谓在载体中创造幽默，指的就是在非物质的载体，如语言、行为和图表中才得以创造的。幽默离开了这两种载体，就不复存在什么创造或传播了。

表达方式是什么？在幽默一定的体裁里，用语言文字类和非语言文字类、用声音、行为、图表通过一定的载体来发表、演播、表演和展现幽默的方式。比如收音机、广播的播放；比如舞台类的表演；比如书刊类的发表；比如非语言类的图表性幽默的漫画画展、行为性幽默的哑剧等等就是表现方式。

体裁虽然是文艺作品的种类和样式，应该属于意识范畴，但意识范畴的东西需要物化的东西来承载,才能达到传播的作用,这就需要有载体。比如小说这个样式,需要纸张、需要印刷,这个印刷品就是"载体";小说印刷出来后,还要变成出版物,就达到了传播的目的,这个"传播"就是表达方式,属于无声的、语言的表达方式;比如,通过口头的流传或频率的广播,这个"口头"即人的大脑与发声器官和"频率"以及频率相关的硬件设施就是载体,"流传"和"广播"就是"表达方式",属于有声的、语言的表达方式;再比如小品,也需要物化的载体来完成它的使命:首选需要纸张写出、印出脚本,还需要演员和舞台来支撑,这个"纸张"、"脚本"以及与演员和舞台就是载体,"演员"在舞台上的表演就是表达方式。这一类既属于有声的,又属于形象(行为性)的表达方式;比如,漫画这个体裁需要画布来作载体,进行展览就是漫画的表达方式,属于无声的图表性幽默。

体裁、载体和表达方式这三者构成了大一统幽默的形式,在相互依赖的基础上来为幽默的内容服务,这个内容就是"实体性内容",它包括了"框架性内容"和"情节性内容"。根据本书第五章书《分类》的观点:幽默可以由"框架性内容"当中幽默的物理属性和文化属性来分类,而且这种分类法可以把所有的幽默囊括完毕。鉴于此,幽默的这三种形式,即体裁、载体和表达方式在这种分类的框架内来论述,致使完整的幽默"形式"在完整的分类里面得以完整的论述。按照第五章《分类》的论述方法和顺序,照样沿用两分法的两个板块,即"两声"("有声的和无声的")、三个"性"("语言性、图表性和行为性")和"六个点"(即有声的"三个性"和无声的"三个性")来论述幽默的形式。在这里当然不是重复第五章《分类》的内容,而是借用《分类》当中的"两个板块、三个性、六个点"的框架而已。

不同的体裁与不同的载体搭配,就会产生不同的表达方式。比如小品这个幽默的体裁,就要借助于演员和舞台这个载体来表演,在舞台上的表演就是小品的表达方式。他们三者之间是互相依存的,缺一就不可以把幽默作品"立"起来。所谓"立"起来,就是人可以通过听、阅、观看来感受到幽默的寓意。由于幽默形式的三种是不可能分割的,又因有什么样的体裁,就有什么样的载体和表达方式,所以下面从幽默体裁的角度出发、借本书《分类》所用的"两个板块、三个性、六个点"的框架,分别来论述大一统幽默的形式(体裁、载体、表达方式)。即是说,幽默的形式要与幽默内容的框架即"两个

板块、三个性、六个点”结合起来,才能构成完整的幽默:

(二)在幽默的内容框架(“两个板块、三个性、六个点”)下的幽默形式

1. 有声和无声的语言性幽默的形式

1.1 有声的语言性幽默:相声、脱口秀、口头笑话、口头幽默段子等

有声的语言性幽默的主要代表性体裁就是相声、脱口秀、口头笑话、口头幽默段子。其特点主要运用语言的魅力,通过声音的传播来达到幽默的效果。

①相声。相声是一门语言的艺术。就凭“相声”的称谓里就有一个“声”字,当然这门艺术肯定与声音息息相关。相声的脚本虽然也叫做“相声”,读者直接从文本可以读取“相声”,但其效果是要大打折扣的,脚本不是相声的最终表达形式,只能是相声的半成品;“相声”这个作品不像其他文艺作品,相声是离不开人的声音,离不开演员的感情,离不开演员的再创造,人的言说才能使相声能达到完美的引人发笑的效果,所以相声是一门有声的幽默的语言艺术。

相声早在明清时期就已出现,最早见于华北地区的民间说唱艺术,在近代才繁荣起来。相声的特征主要是使用诙谐、讥讽等幽默语言来组织“包袱”,然后又把“包袱”抖出来,以达到让人发笑的目的。“包袱”又被称为“哏”,也就是我们所说的“笑点”。相声在演员表演的时候,往往采取四种表现形式来表演,即“说,学,逗,唱”,而这四种表达方式都是用语言来表述的,几乎把话音的品种使用完毕。

相声是一种幽默的体裁,它有两大特性,即“有声的”和“语言性”,这两大特性相对幽默整体而言,都属于“框架性内容”。但“框架性内容”还不能形成幽默,它还需要一定的外在形式,即“体裁、载体和表达方式”三种当中的另外两种,才能形成完整的幽默。相声的“形式”就是相声的“体裁、载体和表达方式”,它们之间的关系是:相声本身是一种“体裁”,它被创作者以脚本形式创造出来以后,需要印刷文本来传递和排练,还需要演员在舞台上表演,印刷文本和舞台就是相声的载体,演员在舞台上的演出则是“表达方式”。

以姜昆和唐杰忠相声《虎口遐想》的片段为例子来举例性分析:

例子(2)

姜:唐杰忠同志,问您一个问题。

唐:什么问题?

姜:您摔过跟头吗?

唐:你指的是工作上还是生活上?

姜:还什么工作生活,就是平常走道儿没留神,“叭喳”!狗吃屎,嘴啃泥,大马趴,倒栽葱!

唐:嚄!哪儿有摔这么厉害的?

姜:我摔了一跟头比这厉害,不说摔出点儿国际水平,起码也摔入世界先进行列。

唐:嚯!那也太悬了!

姜:我摔那地方悬。

唐:什么地方?

姜:咱们北京动物园狮虎山。星期天一人没事儿上那儿看老虎玩儿,正看着带劲呢,不知道哪位缺德,一边儿往前挤一边儿起哄:“老虎出山喽!”他把我从围墙边儿上给挤下来了!

唐:哎呦,摔坏了吧?

姜:你摔坏了哪都不怕,摔折胳膊摔断腿,咱医院接吧接吧照样使唤呐,它这摔的地方它不灵,它……它不是人呆的地方!

唐:哟,掉老虎洞里了!

姜:我抬头一看,不远处就趴着一只大老虎,吓得我声儿都变了!(颤音):“哎哟……妈……呀……”

唐:怎么管老虎叫妈呀?

姜:叫妈?叫奶奶也不行喽!玩儿完了。大小伙子一百二十多斤,连骨头带肉正好老虎一顿中午饭呐。

唐:你可千万别着急,慢慢想办法。

姜:脑袋都大了!当时偷偷瞟老虎一眼,还真不错。

唐:老虎没看见你?

姜:正跟我交流感情呢!

唐:啊?瞪你哪!

姜:这老虎一蹬我,我脑子"激灵"一下,"蹭蹭蹭"涌现出许多英雄形象!

唐:嘿! 还英雄形象!

姜:我抬头一看,上面好些人看着我呢,咱们是时代的青年,当着这么多人掉到老虎的嘴边儿上,不能给青年人丢脸! 过去你们听那京戏《武松打虎》好不好?

唐:好哇!

姜:好? 那是假的! 今天哥们儿在这儿练真的! 实打实让你们诸位开开眼!

唐:哦,要打虎,你还真行。

姜:行什么?

唐:想得不错。

姜:想得是不错,腿可得站起来啊!

唐:腿都软了!

姜:当时我是这么考虑。

唐:你考虑什么?

姜:咱们都进行过法制教育。

唐:那是。

姜:有个"动物保护法"您知道吗?

唐:知道。

姜:谁打死老虎,判刑两年呐!

唐:你这法制观念还挺强。

姜:你说这是谁定的这个法啊? 合着我打老虎犯法,老虎吃我白吃?

唐:那是为了保护野生动物。

姜:妇女儿童你保护,那野生动物虎背熊腰的,你保护它干吗?

唐:那也要保护。

姜:我这儿正琢磨呢,上边儿可乱了。这个喊:"来人呐! 快点救人呐,有人掉老虎洞里了!"还有人给我打气:"哎,哥们儿,挺住!"我一听:"什么? 挺住? 这是什么地方? 我挺得住吗! 你们真是站着说话不腰疼,你们下来挺一个我看看!"

唐:人家不是为你着急吗?

姜:那也不能这么乱说呀! 一个老大爷跟我喊:“孩子,打虎得有个家伙,来,把我这拐棍儿扔给你!”

唐:拐棍啊?

姜:有个大嫂跟我叫:“兄弟,要刀吗? 大嫂这儿有水果刀儿!”

唐:嘿! 您瞧这两件武器。

姜:这个出主意往里扔砖头让我踩着往上爬;那个出主意说扔一根儿烟让我抽一口先提提精神。一位老大娘心眼儿真不错,心地善良,眼泪都出来了,趴在边儿上跟我喊:“孩子,给你一支钢笔,有什么话你先写下来!”

唐:哎哟,这位老大娘真是有意思。

姜:您听听这份乱! 也没人出来组织组织。哪怕先成立个虎口救人临时小组呢!

唐:那哪来得及啊?

姜:那扔这水果刀、拐棍儿管用吗?

唐:这两件武器打虎是差点儿。

姜:老虎正犯懒呢,我干什么呀,我拿拐棍儿捅老虎?

唐:哎,别介,那非把老虎捅精神了不可。

让我们一起来分析例子(2)相声:一开始,观众就被姜昆和唐杰忠的对话抓住了的心,因为甩出了“您摔过跟头吗?”的包袱,这个包袱继续升级到摔跟头居然是摔进了老虎坑里,而且紧接着还一环扣一环,步步紧逼——这符合幽默悬念设置的做法;再分析在例子(2)里的声音,几乎处处都需要声音来处理。比如就仅象声词“叭喳! 嚄! 嚯!”,比如“哎哟……妈……呀……”再如:“那也太狗吃屎,嘴啃泥,大马趴,倒栽葱!”这些省略号、惊叹号和象声词,就只是读者从书面是无法获取那种搞笑劲的;再分析语言表达:“你摔坏了哪都不怕,摔折胳膊摔断腿,咱医院接吧接吧照样使唤呐,它这摔的地方它不灵,它……它不是人呆的地方!”一方面创作幽默的人好像是比照姜昆和唐杰忠的表演特征来写的,一读到这些语句,他们历历在目的话音就映入大脑,唤醒了我们的“逗趣”,一方面那些省略号、惊叹号、象声词,离开了它们的话音,随你怎么阅读也读不出姜昆和唐杰忠淋漓尽致的那种水平。这个幽默节目的内容和形式得到了完美的结合:先有了脚本这个"情节性内容",这个"情节性内容"通过载体"文本"转化到了另一种载体"话音"和"逗的语言",这第二种载体,即"话音"和"逗的语言"同时构成了"框架性内容";这样一来,这个已经有了"情节性内容"的"框架性内容"就共同地构成了"实体性内容",然后使这个"实体性内容"与幽默的三种"形式"有机地结合起来,即与体裁(相声)、载体(脚本文本和舞台)、表达方式(姜昆和唐杰忠的表演)共融一体,构成了完整的相声幽默艺术、构成了这么一个不得不让人捧腹的优秀相声节目,难怪那样地经久不衰。

此外,相声还可分为单口相声、对口相声以及群口相声。其中的单口相声与西方的脱口秀有着异曲同工之处。脱口秀就是英语"Talk Show"的音译,talk 就是谈话、演讲的意思,show 就是展出、演示的意思,用直译的方式翻译,连起来就是"谈话、演讲"的"展出和展演"。中国近些年来也兴起了类似的节目,几乎各省市的电视台都有这一类节目,为娱乐老百姓做出了不可磨灭的贡献,它们同样成为了幽默的重要体裁之一。

②脱口秀,实际上它与单口相声大同小异,比如东方卫视由金星主持的《金星脱口秀》、比如由周立波主持的《壹周立波秀》就曾风靡全国,不可不是优秀的脱口秀娱乐节目。当周立波、金星站在各自的舞台上讲脱口秀的时候,本质上是与单口相声是差不多的。只不过脱口秀经常与观众互动,单口相声一般没有互动;脱口秀一般是电视节目,单口相声一般是舞台节目;脱口秀还带有小型乐队,单口相声往往在舞台上只是一个独角。

以金星的脱口秀举例,她就用了很多幽默的手段。比如,自黑与黑他人手段,可以说金星大玩"自黑与黑他人"是得心应手。

举例(3)

由于"毒舌"形象已经深入人心,金星经常在节目中自黑道:

"在对骂这个项目上,金姐我什么时候输过啊。"

她自称是全中国有名的毒舌。她借他人之口黑自己:"你是金老师啊,谁骂得过你啊,全中国也找不出第二个骂得过你的人。"

她也调侃自己的肌肉:"哎哟,你看那个女人,瞧那个肱二头肌,跟史泰龙似的。"

她不止黑自己，黑别人也有一套：

在说起文工团女生健身练肌肉练成金刚芭比时，她调侃韩红："人家虽然不是芭比，但人家起码练成金刚了呀。"

说起明星吸毒，她调侃（黑）尹相杰："尹相杰用亲身经历告诉大家吸毒减肥纯属瞎说。"

她也抨击（黑）韩流，吐槽韩剧：总结韩剧就只是三件宝：车祸、癌症、治不好。

编剧要是编不下去了，就制造"车祸"，咣当，女主生命垂危（癌症），咣当，男二挂了。韩国是世界上交通管理最混乱的国家吗？男女主越是爱得深，患癌症的几率越大。逃过癌症，躲过车祸，韩剧的男男女女也不能幸福在一起，他们有最残酷的真相，卿卿我我了半天，要么最后发现是兄妹；要么相爱其中一个得绝症。到底是韩国医院的产房管理和交通管理一样混乱，还是编剧出了问题？

其实，黑他人就是讽刺、调侃、损毁他人；自黑，只不过是现在的网络语言对过去一些文人"自嘲"的翻新而已。

这里的脱口秀就是体裁，电视、电子终端机以及相关设备是载体，传播与现场表演是表达方式。

③口头笑话和口头幽默段子其实在我的大一统幽默学里是同一回事，因为笑话在我的大一统幽默学里已经被确定为幽默的范畴。口头幽默段子或口头笑话也属于有声的语言性幽默。在社交场合中，用到的最主要的交流方式就是交谈，而交谈中，最能体现智慧、最能插科打诨、最能增加谈话氛围、最能化解尴尬、最能为交流搭桥铺路的就是幽默。所以口头幽默段子或口头笑话经常出现在我们社会活动的交往过程中。比如职场幽默、校园幽默等等。幽默段子或笑话的篇幅一般比较短小，所讲述的故事情节也比较简单，甚至有些根本就没有故事情节，只是搞笑的"只言片语"，一般是以出人意料的方式使倾听者发笑。幽默段子当然具有幽默的特点，笑话也有使人发笑的功能。口头幽默段子或口头笑话如果是以书刊的形式出版或者以电子阅读版的形式出现，那这些幽默和笑话就变形为无声的语言性幽默。

这种形式是一种非常喜闻乐见的、通俗的幽默传播形式。因为它的成本非常低，只需要嘴巴、大脑储存和一定的场合就行了。尤其是几个人在一辆车上一道出差，路途又远，这时的口头笑话就成了打发时间的拿手“工具”，尤其是荤幽默（以性有关的幽默）最为得手。举例：

（4）寻花问柳

我的一个哥们平时总爱寻花问柳，当然，说得难听一点就是好色，经常出入歌舞厅、浴室之类的场所，都三十好几了还没结婚。后来他父母实在看不下去了，硬是弄来一对象，没多久就结婚了。然而就在新婚的第二天，我在一个酒吧看到他一个人正在喝闷酒。

“大喜的日子应该高兴才对，这是怎么了？”我问。

“哎！甭提了，可能是以前习惯了，今天早上一觉醒来后，顺手就扔给她300块钱。”“你……”

“但让我郁闷的还不是这个，她竟然又找给我50……”

这个口头幽默段子就是一个“荤幽默”。在这里，口头幽默或笑话就是体裁，人的嘴巴和大脑是载体、口头的表述是表达方式。

1.2 无声的语言性幽默：印刷文本幽默、电子文本幽默等

无声的语言性幽默以印刷文本或电子文本等形式出现在人们的视野之中，这一类幽默主要是靠眼睛来获取语言幽默的信息。人们口头上交流的幽默段子或笑话等也可以以印刷文本或者电子文本等形式出现在人们眼前，成为无声的语言性幽默。各种出版社出版了各种笑话集，比如《史上最强笑话王大全集》《5000年民间故事经典传承丛书·趣系列：绝对笑话》《小幽默大智慧大全集》，我也出版过一本翻译的外国幽默，等等。虽然以文本形式出现在人们视野中的语言性幽默已有悠久的历史，但一开始先流传的还先是口头笑话和口头幽默，书面的幽默，只是对口头流传的幽默进行记录和记载。随着印刷业的蓬勃发展，也有幽默先在书上发表，再在口头流传的情况，两种情况并存。无声的语言性幽默与有声的语言性幽默具有一定的联系，但又有区别，有声的语言性幽默可以转化成无声的语言性幽默，无声的语言性幽默也可以转化成有声的语言性幽默。印刷文本或电子文本幽默承载幽默的量特别大，也比有声的幽默储存方便和储存量也大，很多有声的

幽默就是由演员、演说家从印刷文本或电子文本上获取无声的幽默变来的。

这种幽默的体裁叫就做作段子,载体就是出版发行物,表达方式那就是阅读了。尤其是电子文本的阅读几乎无处不可以阅读,因为现在手机也变成了一个小型电脑的终端机,方便极了——这一载体可谓是广泛地传播和享用幽默的最好载体,这还不会因发出声音而影响他人,或是半夜,或是乘坐任何交通工具,或是在开会,或是在候等什么,都可以自得其乐——这是无声的语言性幽默的优势!

这种无声的语言性幽默的例子纷繁浩渺。随便举一个例子:

(5)某医学院进行解剖学考试。试题之一:请画出男性生殖器官。

考试中,一男生边画边拉开拉链,偷偷叉开双腿看。一女生发现后,大喊举报:"老师,有人偷看标准答案!"

第(5)例子也是一个"荤幽默",如果换成有声的幽默效果就会更好,因为这个女生大喊的内容能够发出声音来就一定是比较滑稽的,毕竟要多增加一个感官来感受幽默,何况说话不仅可以绘声绘色地增加感官感染力,还可以以面部表情来增加对表现力的感染。

2. 有声和无声的行为性幽默形式

2.1 有声的行为性幽默:小品、喜剧、滑稽影视、有声的PS小电影①等

有声的行为性幽默的主要代表性体裁就是小品、喜剧和滑稽电影电视。小品和喜剧是舞台艺术,滑稽电影电视是荧屏艺术。在这些艺术体裁之中,它们之间具有相同点,也有不同点。小品是我国新兴的一种艺术形式,滑稽影视当然只能是电影和电视出现以后的现代幽默艺术体裁,其时间和空间跨度都远远超过舞台艺术。行为性的幽默就是有行为、有动作的,一般要在有舞台或有荧屏的地方才能欣赏。但由于现代化工具的出现,这些行为性的幽默已经可以在网络电子终端机(含手机)上欣赏。

①小品。小品可以被认为是相声演绎和拓展出来的带戏剧性、行为性

① PS是英语单词photoshop的缩写,是美国开发的一款软件,专门用于图片、小电影的嫁接、修饰、夸张、美化、丑化。其功能足以假乱真,在第五章已经有所表述。

的表演艺术形式,居于相声与喜剧之间。小品不像喜剧那样剧情复杂、情景多变、人物多而杂;小品没有喜剧的活动半径和时空跨度大,小品一般是独幕喜剧。但小品和喜剧里面的行为比相声更有助于对语言的理解和对完成剧情的完善;相声只能是站在麦克风之前,活动半径和行为大大受限;相声演员是通过声音扮演若干个人物,而小品和喜剧演员是通过形象和行为只扮演剧情中的一个人物;相声从头到尾就是一套相声演员的服装,不是角色服装,而小品和喜剧的服装就是根据剧情中人物的特性来打扮的角色服装,是各种各样的;相声没有那么多的行为和动作,只用听觉可以搞懂其幽默所在,但小品和喜剧只靠听觉、没有视觉的支持,就难于完全理解其幽默所在。因为,行为是听不见的,小品不像相声纯粹是与语言为主来打动观众,还需要行为的融入,只靠听觉来理解小品和喜剧的幽默,会丢失许多幽默意趣。

虽然小品与相声的表现形式不大相同,但是二者都可以取得幽默的效果和达到使人发笑的目的。相声侧重是演员的口才,小品都侧重于演员的表演水平;小品不仅要借助于幽默的语言,更为重要的是表演的动作、功夫;小品与相声一样,要有“包袱”、有笑点,有悬念,有预期落空等幽默的一切要素,可以使用各种语言手段和各种表演手段来达到使观众娱乐的目的。各种表演手段包括可以借用其他戏种的戏法,比如,哑剧的、杂剧的、京剧的、川剧的等等,可以说没有哪一种戏种可以像小品,可以对戏剧的戏法能这样如此包罗万象、兼收并蓄,小品的行为性为幽默效果的营造作出了不可估量的贡献。

但他们二者都有一个共同的特点,都少不了语言:对话、歌词和旁白。相声有时候也有内心旁白,只不过不用另外的演员,自己为自己旁白。所以,上面已经把相声界定为有声的语言性幽默艺术,这里把小品定为有声的行为性幽默艺术。举例:赵本山的小品《不差钱》《卖拐》等。

②喜剧。有声行为性的幽默还有一个重要的形式就是喜剧,喜剧也是幽默的体裁之一,属于我的大一统幽默学分类中的有声行为性幽默。西方喜剧的发展有着悠久的历史,从古希腊时期就已出现,根据所描写的对象和使用手法的不同又有好些类别。喜剧是一个总称,具体来说应该有好几种:可分为闹剧、哑剧(属于无声的喜剧,不在此论述,见下面)、幽默喜剧、讽刺喜剧、荒诞喜剧等。这些“喜剧”通常带有讽刺、机智、滑稽、荒诞、笑话等表

现手法。

闹剧的情节比较简单,只是通过某些可笑的简单的言语、滑稽的肢体语言、荒诞的行为以达到让人发笑的目的,重点在于滑稽动作。

讽刺喜剧,它不仅具有喜剧的一般特征,更以讽刺见长。就具体作品来说,比如法国喜剧作家莫里哀的《伪君子》,以戏剧化的语言讽刺了狡猾并且贪婪的大骗子达尔丢夫。在讽刺喜剧上演的过程中,我们也可以看到各种人物的表情和肢体语言;再比如俄国作家果戈里的《钦差大臣》也是一出著名的讽刺喜剧,被误认为"钦差大臣"的纨袴子弟赫列斯达可夫通过不断闹出的笑话讽刺了官场溜须拍马、奴颜卑膝的丑恶嘴脸,也反映了当时俄国社会政治的黑暗。讽刺喜剧虽然以讽刺见长,但是它也属于幽默范畴,具有幽默共有的特点,因为讽刺喜剧既有使人发笑的特点,也有引人思考的韵味。何况我的大一统幽默学本身就把讽刺列为幽默的范畴的。

纯幽默喜剧同样也是喜剧的一种。通常以幽默的语言以及动作等塑造幽默的人物形象。比如由康进之所写的元杂剧《李逵负荆》,作者对李逵这一人物形象的塑造非常生动和丰满。由一开始造成的误会入手,不断地以故事情节的演绎来引导矛盾的发展,最后终于以大团圆的喜剧结局收尾。一方面是人物形象的喜剧性,李逵鲁莽、冲动,具有喜剧人物的特点;另一方面是故事情节的喜剧性,"误会"是造成喜剧性的重要原因;再比如丁西林的代表作《一只马蜂》,剧中塑造了三个形象鲜明的喜剧人物,情节简单而富于变化,又使用了诙谐、俏皮、幽默的语言。这些例子都不失为成功的幽默喜剧,都不失为成功的有声的行为性幽默作品。

喜剧比起小品来说,不是独幕剧,所以情节可以更为复杂、情景可以换很多次,人物角色比较多,当然容纳量就更大,题材就更广泛。

③影视喜剧(喜剧影视)。喜剧一开始没有什么影视喜剧,到后来,把喜剧搬上荧屏,就是影视喜剧。从脚本的角度来说,一开始是先写成为舞台喜剧的脚本,甚至还排练出来在舞台上演,再摄像后改为影视的东西,叫做影视喜剧。但到后来,一些编剧作家直接就把脚本写成影视喜剧。它们的概念有所不一样:尽管舞台喜剧被拍成了影视,但从内容、情节、情景上还是受到了舞台的时空限制,不像喜剧影视不受到舞台的限制,喜剧影视的时空跨度大得多,说话和行为的环境也大得多。虽然影视喜剧不一定要去剧院观

看,但从喜剧频道收看的内容也是受到舞台的限制的;喜剧影视有时候也可以去电影院看,但常规是在电视机或电脑上收看,其内容、情节、情景的时空跨度就大得多。

但不管是影视喜剧还是喜剧影视,其风格也是大同小异:诙谐幽默,多使用夸张的手法,对生活中或者文化艺术中有趣的事情进行喜剧化处理;经常使用寓教于乐的方式来赞颂生活中美好的一面;使用嘲笑和讽刺方式来鞭笞不好的一面,从而达到娱乐和教育观众的目的。

影视喜剧(喜剧影视)在中国代表人物有被称为“喜剧之王”的周星驰。周氏喜剧以其独特的表演方式以及幽默的故事情节深深的影响了一大批观众。他的代表作品有很多,比如《唐伯虎点秋香》《大话西游》《功夫》《喜剧之王》《功夫足球》《赌圣》等等。另外还有一个值得一提的演员,他演了很多影视剧,虽然所演的喜剧作品不多,但影响力非常大,他就是成龙。他也有很多优秀的喜剧影视作品。比如《宝贝计划》《大兵小将》《邻家特工》《蛇形刁手》等等。可以说,周星驰、成龙与影视喜剧(喜剧影视)的关系是非常密切的,他们的喜剧影视作品不仅语言幽默,再加上夸张、无厘头的表演和动作,致使滑稽影视达到了一个新的高峰。《时代周刊》就曾经认为周星驰可以被称为中国的卓别林。

④有声的 PS 幽默小电影。有声的 PS 小电影无外乎有两种,一种是小电影的图像是原版的、甚至是著名人物的镜头,只是嫁接了声音;一种声音是原版的,而镜头换成了另一种场面。无论是哪一种情况,其情形都至少是滑稽的。因为张冠李戴,而且是模仿名人的声音搭载在不匹配的图像和动作上,或借名人的图像搭载了怪里怪气的声音,何况还附带有大量的情节性幽默内容、幽默语言、滑稽动作等,无疑是幽默大家庭里的重要成员。

无论是哪一种喜剧样式,它们首先所具有的特点就是幽默性。不论是闹剧的夸张表演而造成的热闹场面,还是讽刺喜剧在使人笑过之后所带来的思考,都是幽默性质的。尤其是现代喜剧加上了现代电脑、荧屏技术,更富有现代幽默的特点;其次,都具备了声音;再其次,具备了行为,即既要用声音同时也要用动作来表达,当然是属于有声的行为性幽默。

小品、喜剧、影视喜剧(喜剧影视)、有声的 PS 小电影等就是有声的行为性幽默的体裁;舞台就是它们的载体,当然搬上荧屏,载体就变为荧屏、网络和电子终端机了;表达方式就是演员们的表演,电子终端机的表达方式当然就是播放。

2.2 无声的行为性幽默:无声电影、无声 PS 小电影、哑剧、滑稽剪影、行为性的恶作剧等

无声的行为性幽默的代表性体裁有:无声电影、哑剧、滑稽剪影、行为性的恶作剧,近来还诞生了一个新家庭成员,即无声的 PS 小电影。

无声电影、无声的 PS 小电影、哑剧、剪影各有异同点:无声电影和无声的 PS 小电影比哑剧和剪影的场景广阔,无声电影和无声的 PS 小电影几乎不受到场景的限制,而哑剧和剪影只能是在舞台上;无声电影、无声的 PS 小电影、哑剧、剪影都要靠肢体语言和面部表情,剪影却看不见面部表情;无声电影和无声的 PS 小电影大多数是电影演员、哑剧大多是戏剧演员,剪影大多是舞蹈演员。无声电影与无声的 PS 小电影的区别是:无声电影是原创作,而无声的 PS 小电影是在原创作的基础上来加花加朵、添油加醋,曲解原创作的本意,从而达到幽默的效果。它们的共同点是都没有话音。所谓没有话音就是没有发出语言的声音,不是没有一切声音,一般都还会伴随有一定的音乐;所谓没有发出话音,是指没有语言性的声音,不排斥哑剧和剪影的肢体语言,不排斥无声电影的字幕语言,但都只能认定是辅助手段。所以,无声的行为性幽默就是没有话音但有行为(动作)的幽默作品。下面分别论述几种代表性的体裁。

①无声电影。无声电影就是典型的一种无声的在电影屏幕上播映的行为性幽默。无声电影是有声电影出现之前的一种电影艺术形式,又被称为“默片”。英国喜剧演员卓别林的出名,或许说他的成就,在很大程度上就是借助于无声电影。用无声电影来创造幽默,可以说要首推卓别林为代表。他一生出演了 80 多部影片,代表影视作品有《摩登时代》《大独裁者》《舞台生涯》等等。也就是因为卓别林的无声电影,才使我们更加了解到肢体和表情也能当幽默语言,肢体表情可以带来幽默,才使幽默又多了一个载体和体裁。

②无声的 PS 幽默小电影

与上面讲到有声的 PS 幽默小电影不同的是,无声的 PS 小电影就是没有话音、也同样经过 PS 技术处理以行为和动作为主的小电影。其技巧就是

只嫁接影像，不仅不嫁接声音，还要把声音抹掉，也同样可以张冠李戴，也极其搞笑，极具幽默味道。

以上的所论述的有声和无声的PS小电影因为都是行为性的，在此无法一一举例。相信但凡有智能手机的人都会看到这一类搞笑的PS小电影。

③哑剧也是喜剧的一种。哑剧是不用台词而凭借形体动作和面部表情表达剧情的戏剧形式。形体动作是哑剧的基本手段，它的准确性和节奏性不仅具有模仿性，还应具有内心的表现力和诗的意蕴。公元前3世纪，罗马已有哑剧演出。在英国和法国，古代丑角的无声表演多在大型戏剧演出之前进行。在表演的过程中，哑剧演员不是以说话或者对话的形式来表现喜剧冲突，而是以肢体语言包括面部表情等来造成一种喜剧的效果；哑剧对演员的基本素质要求很高，因为哑剧演员不能使用话音来表现所要展现的剧情，而只能以娴熟的演技，使用某些身体姿势或者手势来表演，并且要使用观众可以看得懂的动作。哑剧考验的不仅仅是演员的表演功力，还要求观众具有一定的理解能力。因而它也属于无声的行为性幽默。

就近代中国来说，无声的小品也可以称为哑剧。哑剧或无声小品的剧中一般都会有滑稽的人物形象，也有一个故事主题。比如我国著名的喜剧演员王景愚，他就曾创作出一些无声的幽默小品，如《吃鸡》《举重》等。拿《吃鸡》来说，小品的主题是吃一只没有煮烂的鸡，演员王景愚通过各种动作、表情来表现“吃鸡”的艰难过程，夸张、诙谐的表演取得了很好的幽默效果。

④滑稽剪影。剪影有幽默内容的，也有一般的。尽管一般的剪影没有幽默情景和内容，但就其用剪影来表述一个事情，都还是具备了幽默的情趣，何况但近年来，已开始用剪影来表达滑稽了。最近在微信里就收到好几个滑稽的剪影，由舞蹈演员排练的剪影剧：居然由人的躯体可以剪影出一些大型建筑物，比如天坛，和一些大型的动物；比如大象，而且变幻莫测，滑稽有趣；甚至一些剪影还带有滑稽的情节，很有噱趣，既搞笑又幽默，不愧为幽默的家庭新成员。虽然有配音，但不是语言配音，而只是音乐配音。

以上四种体裁是无声的行为性幽默的典型性代表，它们的载体当然就是舞台、电影院、网络和电子终端机，它们的表达方式就是演员们的表演和放映。

3. 有声和无声幽默中的图表性幽默形式

3.1 有声的图表性幽默:动漫影视、幽默皮影戏、幽默幻灯片等

有声的图表性幽默的代表性体裁就是动漫影视、皮影、幽默幻灯片。因为它们都是靠一幅幅的图画来完成的剧情,还配有相应的角色话音。动漫的图片需要量大得多,每一个动作都需要很多张图画来构成,而皮影和幻灯片就只是几幅乃至几十副就足够了。它们的播放方式不一样:动漫主要靠电影、电视、电脑播放;皮影的演出比较原始,是靠演出人员在屏幕后的摆动;幻灯片以前是靠幻灯机,现在可以用电脑来播映。动漫与皮影有相似之处,画面都以人物或动物为一个单位,动漫是由若干个人物或动物的单片来构成动作,而皮影只是人物或动物一个单片由演员操纵在动。与幻灯所不同的是,动漫和皮影在一个画面上的每个人物都会动,而幻灯里面的人物是不能动的,是死的,幻灯是连人物在内的整体画面一起动,即一张一张地动,而皮影是在一个画面内,即一个白布屏幕内来演绎很多个人物。当然动漫的时空跨度是最大的。

①动漫一般都是比较幽默的,因为每一张图画都是漫画,漫画本身就具有滑稽性质,只不过把漫画变成为动态的而已。它们的幽默是两方面的:一方面是情节具有幽默的性质;一方面是一幅幅漫画本身的幽默,再一幅幅重叠和链接起来形成的动作,就更具有滑稽性。

日本的动漫发展比较迅速也比较火爆,其中就不乏一些比较火的幽默搞笑动漫。如:《搞笑漫画日和》《蜡笔小新》《银魂》等。其风格有的轻松幽默,有的诙谐恶搞,有的清新温暖,有的滑稽无厘头。中国近些年比较热的动漫有《十万个冷笑话》《喜羊羊与灰太狼》《熊出没》等,有的也具有恶搞的成分,而有的则是属于搞笑类和益智类的童话幽默,前者适合年龄稍大的人群,而后者则比较适合儿童观看。不管哪一类的动漫,它们都具有幽默性。

②皮影戏。又称“影子戏”或“灯影戏”,是一种以兽皮或纸板做成的人物剪影、来表演故事的民间喜剧。表演时,艺人们在白色幕布后面,一边操纵影人,一边用当地流行的按角色的语调讲述故事,同时配以打击乐器和弦乐,有浓厚的乡土气息。其流行范围极为广泛,并因各地所演的声腔不同而形成多种多样的皮影戏。皮影戏是中国民间古老的传统艺术,老北京人都叫它“驴皮影”。据史书记载,皮影戏始于战国,兴于汉朝,盛于宋代,元代时

期传至西亚和欧洲，可谓历史悠久，源远流长。2011 年，中国皮影戏还入选了人类非物质文化遗产代表作名录。

这里的皮影戏实质上也是一种剪影艺术，只不过与上面的无声的行为性幽默中的剪影有所不一样：无声的行为性幽默中的剪影是靠演员的肢体来“说话”，是肢体语言，虽有配音，也是只是配音乐；而这里的有声的图表性幽默中的“剪影”——皮影戏，不是肢体语言，而是图表语言，要靠一张张图画来“表演”，还要配上每个人物的话音；一个是靠人的躯体表演，一个是靠图片表演；一个只是配音乐，一个要配话音；从皮影戏的道具、演出方式来看既是传统的古老的，又是滑稽的、搞笑的。何况大多数皮影戏都具有滑稽和搞笑性质。所以，我这里把皮影戏确定为有声的图表性幽默。举例：

例子(6)图片的描述，皮影剧的一张截图，在灯光的照射下，皮影屏幕出现了西游记的四人和白龙马，但孙悟空是倒挂在屏幕的上方。

皮影虽然所构成的图片有一些滑稽，搞笑，但毕竟没有漫画幽默性强。如果能加上皮影幽默的戏情节性内容，那才能更加幽默。

③幻灯片。即 slide film，多半是用透明正片装进放映机放映。照相相片称作照相幻灯片，彩色照片称作彩色幻灯片。成卷的幻灯片叫做长条幻灯片。是一种由文字，图片等制作出来的动态显示。电脑发明后，幻灯片被引入了电脑，形成了电脑式的多种幻灯片，其中一种最常用的就是，Microsoft 的 PowerPoint 制作出来的一种 PPT 格式文件。把现代技术运用到了幻灯片，使幻灯片可以编辑，还可以利用脚本文件预先确定的顺序来连续放映，可以控制幻灯片之间的间隔时间，不像传统的幻灯片要靠人工操作。传统的幻灯片还需要工作人员“临时兼任”每一张图片的解释，有时候还不只是解释，还要充当幻灯图片里面的角色来说话，还要变换各种口气；有时候还专门配备了专职的幻灯片配音员，幽默的幻灯片也只是在传统的幻灯片里才看得到。不是所有的传统幻灯片都是幽默的，也只有一部分具有幽默内容和情节的才是幽默幻灯片。幽默的传统幻灯片有点像有情节的漫画组图，只不过漫画是登载在报刊杂志上，只个体阅读，没有配音、没有动感；而幽默幻灯则是通过透明胶片和幻灯机播放在荧屏上，还配有“临时角色”的

配音,有一定场合和氛围,组图的图片非常多,有点像把电影的动态还原为一张张的静止的图片,确实比较滑稽、搞笑。

如像姚永林的幻灯片《歪脖子先生说事》①,就是很多张幻灯图片构成的幽默故事,可以做为透明的胶片,用传统的幻灯机播放,也可以用 PPT 电脑播放方式播放,也可以直接在网上观看,也可以下载后在电脑里观看。幻灯片的例子在文本上不好举例。

"动漫影视、幽默皮影戏、幻灯片"在这个意义之下,就是有声的行为性幽默的体裁;动漫影视的载体就是影视荧屏以及相关的设备;幽默皮影戏的载体就是表演人物、图片以及相关道具;幻灯片的载体就是幻灯机和大量的透明图片;动漫影视的表达方式就是播放,而幽默皮影戏的表达方式就是演员通过一些事先做成的图片以及相关道具在现场的表演;幻灯片的表达方式就是工作人员用幻灯机在现场,一张一张地放进幻灯机播放并"配音"。

3.2 无声的图表性幽默:幽默漫画、PS 幽默图片、文字排版、幽默拆字术、有趣的图表游戏、连环幽默画、幽默照相设计、雕塑、现场幽默沙画等

"漫画、PS 幽默图片、文字排版、幽默拆字术、有趣的图表游戏、现场沙画"是无声的图表性幽默体裁的主要代表。

漫画是通过对画面内容的精心设计来表达幽默;PS 幽默图片是通过原有的图片进行 PS 的加工,以达到幽默的效果;文字排版是用文字的字面(不是语言)来表达幽默;幽默拆字术是通过文字结构的组合和拆卸并加以解释来表达幽默;有趣图表游戏是通过文字、数字在表格中按一定的规律来游戏的过程,在这过程中获取幽默的感受;不是所有的现场沙画都具有幽默风格,但其画风颇具幽默感:一幅幅沙画的瞬时消除和新画瞬时地覆盖了老画,而且有些新画还脱胎于老画的演绎,而且还配有相应的音乐,让人顿感这是一幅幅动感的画面,似乎像幻灯一样的播放。何况有一些现场沙画还具有幽默的情节,不幽默都不行了。

①漫画。漫画就是无声的幽默。漫画是一种使用图表式的、明快的、夸张的表现手法来表达或讽刺事理的艺术形式,具有强烈的幽默性质。比如下面这幅讽刺漫画,就具有强烈的讽刺意味,讽刺了某些家长想改变孩子的

① 姚永林:幻灯片《歪脖子先生说事》,网上发布者:hanshanshi 2016 年 9 月 29 日

某些缺点，而自己本身就存在这些问题，不仅自相矛盾，还讥讽了自私自利的伪君子爸爸。“自相矛盾”和“讥讽”两者都符合幽默本质的要求。

例子(7)图片的描述，图题目是“快点离开”，是两父子刚从书店里出来，父亲右手夹着一本书，书上的书名是《孩子偷东西怎么办?》，左手提着一包东西，旁边是他的小孩。右上方有一个爸爸说话的内容框，框内内容是“快点离开这儿，这本书他们忘记算钱了...”

漫画还有多种款式有很多种，以上的例子(7)只是一幅图的，还有多幅图的。一般四联图的为做多。比如下面的例子：

例子(8)图片的描述，这是一个四连幽默图，总题目是：想你。第一幅画面是，妻子对老公说：“老公，我回来了”；第二幅画面是老公拉着老婆的手说：“你这次出差，我想你都要想疯了”；第三幅画面是老婆回答：“瞧你，我不过才走四天”；第四幅图是老公的回答：“可是，整整四天我都没有找到钱箱的钥匙。”

例子(8)就是通过四联图来说明一个极小的幽默情节。其情节是：这位妻子出差四天回来之后见到丈夫，丈夫对她说想她都要想疯了，妻子以为是丈夫思念自己，说只不过才走了四天，铺垫这么一通以后，突然逆转，然后用最后一幅图揭露了其“真相”——是因为丈夫找不到钱箱的钥匙才想起她的，与题目“想你”形成鲜明的对比，幽默的味道不言自明。关于漫画的例子举不胜举，可以信手拈来。

②PS 幽默图片。PS 方法是通过 PS 的软件，对原有图片在电子终端机上进行嫁接、剪接、拼凑、夸张、丑化、美化等手法来使图片幽默化，是幽默目前最为得力的助手。举例：

例子(9)图片的描述，该照片是一张 PS 的图片，画面是一个人在被闹钟闹醒之后，伸手去关闹铃，然而闹钟开关上方恰好设置了一颗注射针，题目是“叫床新方法”。

例子(10)图片的描述,该照片也是一张 PS 的图片,一个女人把很性感的屁股朝街内,面朝大海方向,俯身靠在街边的栏杆上,在女人前方,有一辆轿车开撞在大海与大街的栏杆上。

例子(9、10)都是 PS 来的图片,它们都分别由两张图嫁接而成,还配上了几个字,以达到幽默的效果。例子(9)的幽默,是讽刺那些赖床的人的,而且赖床已经成癖,赖床已经“无药可医”,才想出这么一个“办法”来,既矛盾又符合情理——符合幽默法则!

例子(10)的字面居然是“为什么男人要买保险”,咋一看来,有点不太懂,也不觉得幽默。因为它绕了一个弯:男人买保险不是因为开不好车的危险,而是男人们都好色,才出的车祸。画面上的车祸是差一点车子就开下海去了,为什么会开成这样子,就是因为旁边有一个美女,走神了,而且车祸驾驶员还只看见了美女的屁股呢。

除了有主题的 PS 图片以外,还有一些 PS 图片并没有什么主题,就只是为着单纯的搞笑。而且不需要几张图片来嫁接,就只是在一张原图片上 PS。举例:

例子(11)仅仅是通过 PS 来把一个人的脸扭曲,形成怪样子。

从例子(11)的夸张水平可以看出,它既忠实于原版人物基本轮廓,又夸张到了极限,只有 PS 的技术可以来完成。

③文字排版。关于文字排版产生的幽默在生活中也有很多,有无意间造成的,有故意造成的。比如:

(12)

A、“群众有困”转头的半条为:“难找警察”

B、“开展创造”转头的半条为:“性的活动”

上面例子(12)中的 A 例子上下分开来读就是“群众有困”和“难找警

察”,两部分都能形成意思,与原来的意思恰好相反;上面的 B 例子人为地形成错误的意群,即汉语里的断句出了问题,因为“开展创造”和“性的活动”都能独立的形成意思,也与原来的意思也大相庭径。当然还有利用排版引起的讽刺性幽默,如:

例子(13)图片的描述,这是登载在《幽默与笑话》杂志的一幅讽刺画,题目为“写不下了”,就是一条标语写不下了,在墙拐角一面墙上是前半截标语:“此处左转弯”,后半截标语在墙壁的另一面:“罚款”,而且在墙壁的另一面,不仅有标语的后半截,还有一个警察在向一个违章司机写罚单,旁边停的有一辆小轿车,还有从这面墙壁到那面墙壁的车痕迹。

例子(13)是专门故意形成的,用来讽刺有一些执法部门的钓鱼执法。而且这种钓鱼执法还找了一个美其名曰的借口“写不下了”。

以上这些汉语里面的例子,在英语里难于办到。英语里也会有排版形成的趣味,但只是一小点搞笑而已,远远不如汉语这么丰富,也没有汉语能形成这么多幽默的意思。

④幽默拆字术。应该说,每一种语言都有这种幽默,但我只知道汉语和英语的,其它语种就无法举例。

汉语的幽默拆字术,是通过把一个字拆分成两个或以上的部分,做出一番幽默的解释。它们的幽默由两部分构成:一部分为拆字,一部分为解释,幽默主要体现在解释上面。关于汉语幽默拆字术的例子有很多,在本书“幽默的分类”一章书就举了一些例子,在此再举几例:

(14)

①舒——不断舍弃、不停给予,这是多么舒畅的境界!

②家——一点错位,弄得家破人亡!

③另——貌似酷“男”。头脑空空,不学无术,遂以“另类”标榜。

④品——一口,一口,再来一口,才能知道味道。

⑤功——成功 = 工作 + 努力

幽默拆字术也与汉语里的一样,分两部分,拆字部分和解释部分,主要是在解释上体现幽默。

举例:

(15)

①用不着回答 because,因为里面就有 cause 的

②就算是 believe,中间还是有个 lie。

以上是第①例子中的 because,分为两个部分 be + cause,从字面上已产生幽默,because 这个单词就是“是” + “原因”的意思。何况第二半句话汉语里的“因为”包含两个意思,一个意思就是“因为”的本意思,一个说的是这个单词“because”里面就有“原因(cause)”。汉语全部翻译为:“用不着回答‘因为’,‘因为’里面已经有了原因。”第②例子里还带有哲理呢:“就算是‘信任(believe)’,里面也包含有‘谎言(lie)’。”

英语里面一些拆字术,甚至也可以用汉语发音来解读英语单词,使其成为幽默。举例:

(16)

比如 seduce 是勾引的意思。它能形成这么一个公式:

seduce = se(音“色”) + duce(引导) = 用色来引导 = 勾引

在第(16)例子里,用汉语的拼音来发英语里面的 se,这真叫做洋泾浜,但使其构成了幽默。

⑤幽默图表性游戏。这种数字图表游戏,没有实际意义。但它是一种既考智力又带噱趣的游戏。如从《讽刺与幽默》在剪下来的

例子(17):

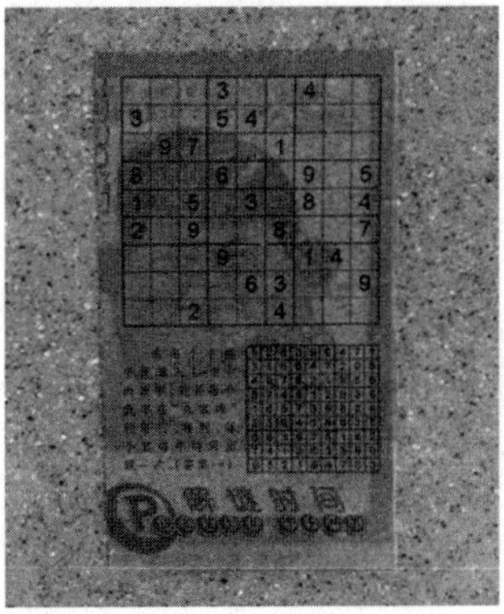

例子(17)的题目和答案一并出现,幽默主要是体现在题目上。恐看不清影印件,特把题目叙述如下:“在每个小格子里填入1-9中的数字,使得每个数字在‘九宫格’的每行、每列、每个小格子中均只能出现一次。”这种图表性的幽默主要是从填数字以及寻找其规律性的过程得到的乐趣,数字本身没有幽默。等你完成以后,你会发觉,你进行了一次数字的幽默的思维。

⑥照相。照相也是可以创造出幽默来的,分为两类:捕捉和设计。举例如下:

例子(18)图片的描述,这张图片是一张照片,照片中有一只与人一样大的公鸡站在斑马线的一头,等着过斑马线,然而这只公鸡的脚以及腿却是人,而周围环境并不是演出场所,只是一般的公共场所。

例子(18)是一张幽默照片,有可能是捕捉而来的,也就是说,不是照相者和被照相者“合谋”的,但也有可能故意设计的,那就属于“合谋”了。这个街头矗立一个“人鸡”还是“鸡人”,在等着过斑马线,因为今年是鸡年,要是虎年呢?会不会也有一个“人虎”或“虎人”来等着过斑马线?有像虎一样的“虎人”或“人虎”等着过斑马线,又会是一番什么景象?

⑦雕塑。雕塑可以用来美化城市,幽默的雕塑不仅美化了城市,还带来了幽默,让人愉悦。举例说明:

例子(19)图片的描述,是一个巨型雕塑,这个雕塑几乎是一个立在空中的圆圈,然而在圆圈的顶部是两个手胶合在一起,一只手掌伸开,接住另一只半握拳的手。

例子(19)里的这个雕塑,咋一看来还以为是一个圆环,再仔细一看是两只手倒卷向上连在一起,一只手掌端着另一只半握着的手,手臂没有手肘,而且没有人的头,也没有肩膀连在一起。先是让人好笑,哪有这种手?后是开始反思:半握着的手里面拿的是什么?让人猜疑、让人费解。这猜疑和费解的过程就是让人感到有趣的过程,而且还忆味无穷。

这些幽默漫画、PS 幽默图片、文字排版、幽默拆字术、有趣的图表游戏、连环幽默画、幽默照相设计、雕塑、现场幽默沙画就是幽默的体裁;漫画画板、PS 软件所要处理的原图片、文字排版印刷文本、图表、小人书、照相胶片、泥土、砂与舞台是载体;画展、在电子终端机上演示、运算数字游戏、出版发行、影展、矗立于城市、现场表演等就是幽默的表达方式。

三、本章小结

综上所述,要能形成幽默,就必定要有一定的内瓤和外壳相结合,即内容和形式的相结合。以上利用了幽默《分类》当中的两种内容与三种形式,从幽默体裁的角度逐一地论述了幽默的内容和形式。由这两样“内容”,即“框架性内容”和“情节性内容”构成了“实体性内容”,由这个“实体性内容”再加上本章书所论述的“形式”,即“体裁、载体和表达方式”,构成了完整的大一统幽默。

用公式表示：

（“情节性内容”+“框架性内容”）+形式（即三种形式）=完整的大一统幽默

由于“实体性内容”等于“框架性内容”（“两个板块、三个性、六个点”）和“情节性内容”；由于幽默的形式等于体裁、载体、表达方式，带入以上公式，构成了幽默的完整的内容与形式，只有完整的幽默的内容和形式才能构成完整的幽默，所以，其最后的公式就变为：

完整的大一统幽默=形式+内容=形式（体裁、载体、表达方式）+实体性内容（框架性和情节性）

特别说明：

1. 在总的范围内，“情节性内容”和“框架性内容”都是幽默的内容，由于“框架性内容”可以包容“情节性内容”，因为它是一个框架，可以把情节框进来。所以，在论述幽默分类的时候，就没有强调“情节性内容”。

2. 在第五章书《分类》里，“情节性内容”和“框架性内容”它们之间的关系暂时没有论述。在此论述一下“情节性内容”和“框架性内容”和幽默的形式的关系：其实，在第五章里《分类》论述的“二个板块、三个性和六个点”的“框架性”内容，相对“情节性”的内容，它们又是属于形式，即“情节性内容”是“框架性内容”的内容，“框架性内容”是“情节性内容”的形式——又一个内容与形式的关系，只不过是一个子关系当中的“形式与内容”的关系。但他们这个关系，相对现在所论述的体裁、载体和表达方式，它们两个“内容”又都属于幽默形式里面的内容，最后两种“内容”又“联合起来”，统一成为幽默“形式”的内容。

3. 在幽默形式的“载体”里，载体一方面是作为幽默的形式之一，一方面又服务于“框架性内容”。载体又分为两部分，即文化载体和物化载体。所谓文化载体，就是语言性幽默、行为性幽默、图表性幽默当中的“语言”“行为”“图表”；所谓物化载体就是有声和无声幽默里的各种实体载体。

这就是大一统幽默的内容和形式。搞清楚了大一统幽默的内容和形式,有利于创造幽默、欣赏幽默和探索幽默理论。因为根据认识论的原理,感觉到了的东西并不能立刻理解它,只有理解了的东西才能更深刻地感觉它;只有理解了的东西,才能掌握它、创造它、运用它,才能更好地分享它。

第八章

大一统幽默的逻辑

其实所谓幽默的逻辑,就是荒诞的逻辑,一切幽默的逻辑都有一点不正常,甚至有时候是荒诞的。先来看看下面的例子是不是属于荒诞逻辑?例子:

(1)晋人好利

晋国有个好贪利的人,一天走到集市去,看到东西就夺过来。

管理集市的人追上来要他付钱,晋人说:"我利欲上升时,两眼昏花,头脑发热,四方的物品好像都是我自己的,根本不知道是属于你的东西呀!你把东西送我,我将来如果富贵了,一定好好地酬谢你!"

管理集市的人用鞭子狠抽了他一顿,夺回东西就离去了。

旁人讥笑他,晋人便叉腰骂道:"我只不过是在大白天公开地拿,总比那些千方百计去掠夺人家财物的人光明磊落得多!"

这是在讽刺一些贪官,既要做婊子又要立牌坊。单从文字表面看,这简直是"强盗逻辑",分明是抢夺他人财物,还要穿上"光明磊落"的外衣,难道抢夺他人财物还有"光明磊落"的程度之分?难道还可以在光天化日之下公开抢劫?可见其逻辑的荒诞,但这荒唐逻辑用于讽刺那些贪官们的嘴脸:表面冠冕堂皇,实际肮脏透顶。越是荒诞讽刺就越有力,当然也就产生了幽默。再举例:

(2)节能

节能委员会召开会议,商讨如何才能更加有效的节约能源。一位委员站起来发表了自己的意见:“我认为,我们可以首先在丧葬方面进行改革,我建议以后死者不必再使用棺材,完全可以用塑料袋代替,如此一来可以节省木材。”他的发言获得全场热烈的掌声。

另一位委员接着说:“除了以塑料袋代替棺材外,尸体今后不必横着放,完全可以竖着放,如此可以节省土地。”会场上掌声雷动。

第三位委员更上一层楼地补充说:“除了把尸体装在塑料袋中,竖着埋以外,还可以让尸体的一半埋在地下,另一半露出地面,如此可以节省立墓碑的费用。”他的发言获得全场最为热烈的掌声。

为着节能,编出了如此荒诞的丧葬改革笑话,真可谓是“用心良苦”“煞费心机”。

例子(1)(2)的逻辑就是荒诞的逻辑、不正常的逻辑。只不过是在这荒诞的逻辑里还存在着一点正常的逻辑性,这一点正常的逻辑就是幽默的逻辑,也只有用幽默的逻辑才讲得通。反过来说,如果以上两个例子的逻辑是正常的,那又不叫幽默了。能形成幽默逻辑的幽默,一般都是属于高级幽默即“标准幽默”,低级幽默不像高级幽默的逻辑有着一定的规律性可寻,低级幽默只属于“准幽默”。高级幽默的逻辑就是交叉的错位逻辑,低级幽默的逻辑就要具体情况具体分析。有些低级幽默的逻辑具有高级幽默的错位逻辑并且还要交叉;有些根本就是正常的逻辑,只是一小点点搞笑和滑稽而已;有些就只是不正常的逻辑,不一定错位和交叉。一句话,低级幽默的逻辑是千差万别的。

从我的大一统幽默学的角度来论述逻辑,那只能有两种:即高级幽默的逻辑和低级幽默的逻辑。如果用公式来表示,则:

大一统幽默的逻辑 = 高级幽默的逻辑 + 低级幽默的逻辑

下面就分别来论述这两类的逻辑。

所谓高级幽默的逻辑,一般都是指“标准幽默”的逻辑。那些不被列入高级幽默的低级幽默,连承认它们是不是幽默都还成问题,当然就少有人来研究他们有没有逻辑、逻辑是什么?在我这里是把低级幽默列为幽默的范畴的，之所以冠于书名的“大一统”就是要把所有的低级幽默统一进来，在这一章书里暂时叫做“准幽默”。

一、高级幽默的逻辑

高级幽默的逻辑比较有典型性、代表性、又比较成熟、听起来虽然荒诞但比较合理。换句话说，就是荒诞得有一定的规律性和“道理”。业内比较公认的要数我国著名学者孙绍振发现、发明的“二重错位律”。这个“二重错位律”就是相对“标准幽默”即高级幽默的逻辑而言的。这个“标准幽默”的逻辑，在他的很多著作里都有论述，但比较集中的提炼和概括的是他《论幽默逻辑的二重错位律》的论文。

所谓的“幽默逻辑的二重错位律”既不是一元也不是二元的二重复合逻辑。为了把这个问题说得透澈一些，孙绍振用一个幽默故事来论证幽默的二重错位律逻辑①：

(3)在一个小学课堂里，数学老师当众宣布，今天讲减法。为了便于让小孩理解，她采取从感性开始的办法，她说，如果你哥哥有四个苹果，你拿走了三个，结果怎样？许多小学生都回答：“还有一个。”老师很满意，但是这时一个小孩高叫了一声：“我被哥哥狠揍了一顿。”于是大家很开心地笑了起来。

第一，幽默的逻辑和通常我们熟知的理性逻辑不同，理性逻辑以遵循同一律的一元化为特点，从这个意义上来说，幽默根本不合逻辑。

第二，如果光是不合逻辑，也不好笑，因为一切数学的错误都只是错误，并不好笑。

第三，这个孩子也有他的逻辑：哥哥有四个苹果，你没有征得他同意，擅自拿走了三个，当然要引起他的情绪膨胀，甚至野性爆发，擅拿苹果的原因，产生了动武的结果，很符合逻辑上的充足理由律。

第四，但是光有这样的因果关系，你拿的是他的东西，他就揍你，而不是

① 孙绍振《论幽默逻辑的二重错位律》——《文学评论》1996年5期

在数学课堂上回答的问题,这是激化对抗,明显与幽默无缘。也就是说当这个因果关系和另一个因果关系,(四个苹果减去三个苹果等于一个苹果)两者相互独立,各不相干,这样的情况,叫做二元逻辑,这也没有任何幽默感。

第五,这个孩子的回答之所以有幽默感,是因为这里两条思路,两种逻辑被一个概念联系在一起,发生了交错。在这里"结果"这个概念就是两条逻辑的交错点。老师说的是哥哥有四个苹果,你拿走三个,"结果"怎样,而不是"等于"多少,老师如果说"等于"多少,那么,一元化的科学逻辑只能有一个正确答案,那就是只还剩一个。可是老师说的是"结果"是怎样,这里就有另一种可能,不仅是数量的减少,而是人与人之间的冲突,这样的逻辑就不是一元化的。由于老师是在上数学课,不言而喻地是指数量关系,所以小学生和老师都在期待一种数量关系变化的一元逻辑,当另一个小学生作出被哥哥揍了一顿的答案时,这个一元逻辑的期待落空了。如果光是这样的一元逻辑落空还没有什么幽默意味,但是在这个期待落空以后,他们又发现这条落空的一元逻辑在另一种逻辑上又"落实"了。因为从人事关系来说,这样的因果关系是很自然的,正是这两条逻辑在"结果"怎样这一点上交错了,才产生期待的落空,和意外的顿悟的统一。这样的逻辑特点就不是一元的,但也不是二元的,(二元互相没有关系),而是二重复合的。在一条思路,一条逻辑上落空的同时,又在另一条思路上突然领悟到逻辑的落实,瞬息之间,不但体验了康德说的失落的惊异而且还有顿悟的惊喜,如果光有失落的惊奇,最多不过是滑稽而已,有了另一逻辑的顿悟,才可能产生意味隽永的笑,这里笑的不光是小孩子的错误,而是从一种逻辑滑向另一种逻辑的机灵,那个拿了哥哥苹果的孩子的天真,他的馋,他和他哥哥亲密又紧张的关系,尽在不言之中。

幽默的逻辑结构是一种二重的错位结构,它不遵守理性思维一元化的同一律。同一律是一条逻辑贯穿到底,一元化的思路,是正常思维和理性思维,但没有幽默的情愫。在此要指出的是:虽然幽默逻辑没有科学价值,却有交流难以言传的幽默情感的价值;虽然不是理性的逻辑,但这并不是说它就没有逻辑,它的逻辑特点是二重错位,它的逻辑就是"二重错位律"。我把这种"二重错位率"称之为"交叉的错位逻辑",因为虽然是两条逻辑的交叉,但有时候除了交叉的两条逻辑之外,还有附带得有其它的逻辑;虽然这

个“其它的逻辑”不直接交叉,但也与所交叉的逻辑有关系,起作引子的作用,把真正要交叉的逻辑引出来。举例:

(4)老婆说:“老公,街上要是有人跟我搭讪,叫我美女,我该怎么办?”

老公:“那还用问?助人为乐,赶紧扶他过马路!当一回‘导盲犬’又怎的?!”

例子(4)的第一条逻辑是老婆问话里面的逻辑,第二条逻辑是老公回答的逻辑,这两条逻辑从表面上看是风马牛不相及,一点儿挨不着边。虽然这个第二条逻辑即所谓的“助人为乐”的逻辑没有与第一条逻辑明显的交叉,但这第二个逻辑里面还隐含了第三个逻辑,这第三个逻辑就隐含在“盲”字里面,我称之为“隐性逻辑”——需要导盲犬的人肯定是一个瞎子,然而没有直接说:“他一定是瞎子!”,而是绕了一个弯来说明称呼他家老婆为美女的是一个瞎子。这么一解释,老公的用意就一目了然:一方面当然瞎子看不见是不是美女,一方面是用这种夸张的手法来说明,只有瞎子才会称自己家老婆为美女,不仅严重地否认了自己的老婆是美女,还着实损毁和调侃了老婆。

例子(4)不仅是隐藏了第三条逻辑,甚至就连链接媒体词也隐藏了。一般来说,幽默都要有一个幽默链接媒体,要么是一个词,要么是一句话,来让两条逻辑交叉。这里的隐性媒体词就是“美女”。虽然在老公的话语里没有“美女”这个词,但“美女”一词也被隐含在“盲”字里面,就是因为“盲”,才把“盲”当中的“美女”错放置于老婆身上;就是因为隐性的“美女”这个词,才判断出街上的这个人肯定是一个瞎子;就是因为明摆着的和“盲”当中的即隐性的“美女”这个词,才使第一个逻辑与隐藏的第三逻辑在“美女”这个词上得以交叉,形成了幽默。

大多数情况下,幽默里的链接媒体词都是明显的,通常是一个双关词。但有时候也不一定是一个词,是一句话,只是相吻合的意思,让两条逻辑交叉的就仅仅是上下文的意思。举例:

(5) Both Mistaken

A gentleman in a train could not find his silk handkerchief and he accused a woman beside him of stealing it. But just before he was going to get off, he found fit under his seat. He said to the woman, "Well, Madam. Don't take my little mistake to heart!"

"I took you for a gentleman, and you regarded me as a thief. We were both mistaken," said the woman calmly.

附汉语翻译:

两个都错了

一个在火车上的绅士找不到了他的丝手绢,他指责是坐在他旁边一个女人偷了。可是当他刚要下车之前,他发现手绢在他座位底下。于是他对那个女人说,"啊,夫人,不要把我的小错误放到心里去!"

"我把你当成绅士,你把我当成小偷。我们两个都错了。"女人平静地说。

在(5)例子里的链接媒体就是一个相吻合的意思,这个意思让两条错位的逻辑交叉,形成幽默。分析如下:

第一自然段里,有着两桩性质相反的事情:一桩是绅士找不到手绢而指责女人;一桩是绅士找到了手绢而向女人道歉。相对这两桩事情的本身,应该属于两条不同的逻辑:女人是贼的逻辑和女人不是贼的逻辑,从这一点来说,两条逻辑是错位的。但从总体来看,把它们看成是一回事来看待,它们又是一条逻辑,即"指责"的逻辑和"道歉"的逻辑,前面做错了事情,后面应该要道歉。从幽默点的角度,这因为粗心产生了第一个幽默点,让人觉得好笑;从逻辑的角度,这只是因为低层次的逻辑连接(不是交叉)在一起,使女人是贼的逻辑和女人不是贼的逻辑两条逻辑连接在一起。当然低层次的逻辑链接而不是交叉所产生的幽默度就不太高。

在这里有必要说明一下为什么是连接而不是交叉。因为这两条逻辑是承上启下一脉相承的,从总体上看可以看成是一条逻辑;高级幽默的逻辑交叉不是承上启下一脉相承的,而是节外生枝,从总体上看是两条逻辑。分析如下：

相对第二自然段来说，第一自然段的两桩事情属于一个逻辑：由于“指责”的逻辑，才会产生“道歉”的逻辑，它们是联系起来的。但在第二自然段的逻辑即“女人的观点”里，就明显地应用了“交叉的错位逻辑”。女人故意借用对方“不要把我的小错误放到心里去！”当中的“错”字的意思来作为两条逻辑交叉的链接媒体，“顺理成章”地滑到第二个大的逻辑：“我们两个都错了”的这条逻辑，成功地利用“错”的意思，使两个逻辑（一个人错的逻辑和两个人错的逻辑）进行了交叉，使原本就有的幽默得到提升。这个“错”的意思就是两个逻辑交叉链接媒体，没有这个媒体，两条逻辑就交叉不了，当然就形成不了幽默。

孙绍振在论述幽默逻辑的时候，还论述了几个特点：其错位得越离奇，巧合得就越精致，正可谓“幽默与逻辑荒谬成正比”，当然幽默的度就越高；二元复合逻辑错位有着巨大的产生幽默的功能；幽默逻辑的严密性是错位模式上的严密，在内容上是不能拘泥的。即形式上要密合，内容上要悖谬，即所谓歪打正着；要努力地去寻求严密的错位模式：要幽默就得把两条思路弄到一起来，奥妙全在找到严密的交错模式；这个逻辑就是显性逻辑和隐性逻辑的转化，即，两条思路共处在同一个词语或同样一个事物之中。这个逻辑开始强调了一条思路，尽可能地吸引听者或读者的注意力，同时又尽可能地隐蔽另一条思路，让它不引起注意，甚至让它成为第一条思路的背景材料，或者看来是可有可无的道具，而最后让那被淡化的思路突然冒出来，使全部情节得到一种新的解释，而原来那占据注意中心的思路则很自然地被推向注意力边缘，成为不起作用的背景材料。如果可以把第一条思路叫做“显性逻辑”的话，那么第二条思路则可以叫作“隐性逻辑”。到了结尾，则恰恰相反，“隐性逻辑”变成了“显性逻辑”，而“显性逻辑”变成“隐性”的了。举例：

（6）换铅笔

妹妹对哥哥说：“哥哥，咱俩把铅笔换换吧。”

“为什么？”

“我那支铅笔不好，总是写出许多错别字。”

例子(6)很显然是由于逻辑的交叉产生的幽默。"显性逻辑"是铅笔可以写字,"隐性逻辑"是哥哥的铅笔可以不写错字。同时,"铅笔"也是两条逻辑明显的不是隐藏的链接媒体词和交叉点。这也是属于"二重错位律"或"交叉错位逻辑"所形成的幽默。

"二重错位律"或"交叉错位逻辑"是一种特殊的错位逻辑,能制造出比较纯粹的高级幽默。这种逻辑有两个特点:

A. 在主观上有故意性,即一开始形成幽默的错位逻辑是故意的,故意地把逻辑搞混、搞错位。而那些因为误会、真正的错位逻辑而产生的低级幽默在主观上没有故意性。但仅仅有故意性不足以造成高级幽默,最多造成低级幽默,比如滑稽等。

B. 只有在错位逻辑里,又在某一个相同点上交叉,使之落空了的又得予落实,这样的错位逻辑才有较高纯度的幽默,而这种特殊的逻辑,我称之为"交叉的错位逻辑"。

"交叉的错位逻辑"是幽默的一大特点,纯幽默即高级幽默一般要有一个"交叉的错位逻辑",但不能说不符合这个"交叉的错位逻辑"的就不是高级幽默。应该说,从逻辑学的角度,高级幽默除了要符合这个"交叉的错位逻辑"的原则外,还有从其它角度,有其它的原则也是可以用来衡量是否是高级幽默的。比如符合于幽默的"四大理论"的,即 1. 优越论(Superiority Theory) 2. 乖讹论(Incongruity Theory) 3. 释放论(Relief /Release Theory) 4. 双关论(Bisociation Theory),等等,也应该属于高级幽默。当然符合于幽默"四大理论"的幽默,大多数也是符合这个逻辑,但也不能一概而论,这仅仅是高级幽默的逻辑之一。

"交叉的错位逻辑"确实能产生出高级幽默,但反过来说,不一定所有的高级幽默都要具备"交叉的错位逻辑",也有例外。比如,有时候仅仅是一个误会也会产生幽默,你难道说那一个误会就是"交叉的错位逻辑"? 举一个我所翻译出版了的《外国幽默 500》一书中的一个例子:

(7) Robbery

A Frenchman had arrived at a small Italian town and was staying with his wife at a hotel there. One night he went out for a walk alone. It was late and the small street was dark. Suddenly he heard footsteps behind him. He turned his head and saw a young man who quickly walked past him. The man was nearly out of sight when the Frenchman suddenly found that his watch was gone. He thought that it was the Italian who had taken his watch. He decided to follow him and force him to return the watch. Soon the French – man caught up with the Italian. Neither of them understood the other's language. The Frenchman threatened the I-talian with his fist and pointed to his watch – pocket.

The Italian thought that the Frenchman was demanding his own watch. In the end the Italian gave up his watch to the Frenchman.

When he returned to the hotel the Frenchman told his wife what had happened. He was very surprised when his wife pointed to the watch on the table. Only then did he realize that by mistake he had robbed the Italian of his watch.

附汉语翻译：

抢劫

一个法国人同他的妻子来到意大利一个小城，并且在旅馆里住了下来。一天晚上，他独自出去散步。那时已经很晚了，小街上也很黑。突然他听见背后有脚步声，他调过头去，看见一个年轻的意大利男人很快地就从他身边走过。当这个法国人发现自己的手表不见的时候，那个年轻男人几乎也看不见了。他想一定是那个意大利人拿走了他的手表。他决定去追上他，逼迫他还回手表来。很快法国人赶上了意大利人。他们俩个语言不通，法国人一边指着表包一边用拳头威胁意大利人。意大利人认为法国人是想要夺他的手表，所以就把自己的手表给了法国人。

当他回到旅馆，把所发生的告诉妻子，妻子指桌子上的手表的时候，他大为吃惊，恍然大悟：他误会地抢劫了那个意大利人的手表。

很显然这是一个因为粗心而造成的误会，其中并无“二重错位律”或“交叉错位逻辑”。但这个误会产生了笑话，甚而也可以说是幽默；也可以说是故意编造的粗心而导致误会，最后形成的幽默。所以在高级幽默里也有不受“二重错位律”或“交叉错位逻辑”的限制而产生幽默的现象，也就是说不是一切幽默都要来一个“二重错位律”的分析。没有这种“二重错位律”或“交叉错位逻辑”,也照样有幽默发生。比如以上的正常逻辑下因粗心而发生的幽默。在正常逻辑下,利用假愚蠢、“休克性愚蠢”、语言错位等也会产生幽默。

当然还有以下要论述的低级幽默也不一定具有“二重错位律”或“交叉错位逻辑”,“二重错位律”或“交叉错位逻辑”不是衡量高级幽默的唯一标准,只能是高级幽默当中的一种现象之一。

不能否认除了这个特殊的逻辑之外还应该有幽默的发生,比如笑话。有些笑话就没有这种特殊逻辑,不能把“二重错位律”或“交叉错位逻辑”拿来作为区分笑话与幽默的标准。关于笑话为什么会是幽默,已经在本书《范畴》等几章里有所表述,不再赘述。除笑话以外的很多“准幽默”即低级幽默都不一定有这种逻辑。下面就论述低级幽默的逻辑。

二、低级幽默的逻辑

其实根本不存在什么低级幽默的逻辑,一方面相对幽默的逻辑来说,只能是针对“纯幽默”“高级幽默”这一类的“标准幽默”逻辑而言的;另一方面,因为低级幽默的品种太杂、太多,根本无规律性可寻,就无法归纳出一个固定的、规律性的逻辑。一切幽默都有一定的荒诞性,但不等于一定要有一个特殊的或荒诞的专门的逻辑。不是一切幽默都必须拿这个“二重错位律”或“交叉错位逻辑”去进行衡量、去分析,符合的就是幽默,不符合的就不是幽默。尤其是在“准幽默”即低级幽默中,更不能以“二重错位律”或“交叉错位逻辑”作为衡量是不是幽默的标准。在此要明确两个概念:第一,不是“二重错位律”或“交叉错位逻辑”就一定要产生幽默,没有唯一性。第二,不是所有的幽默都要具备“二重错位律”或“交叉错位逻辑”。如一些因为“休克性愚蠢”、假愚蠢所产生的幽默就没有“二重错位律”或“交叉错位逻辑”。在我的大一统幽默学里面就有很多幽默就没有“二重错位律”或“交叉错位逻辑”。比如:滑稽、讽刺、笑话等等这些低级幽默。所以在高级幽默中这个“二重错位律”或“交叉错位逻辑”不是囊括一切的。不能认为只有符合这种逻辑的才叫做幽默,只能是把这种逻辑作为“标准幽默”的逻辑之一,否则就把许多不符合这个逻辑的一些高级幽默和低级幽默排斥在外,那我这个大一统幽默学也就不能成立了。

低级幽默按我的大一统幽默学的观点只能是“准幽默”。低级幽默的这种“准幽默”的逻辑是千差万别的，每一个种类的低级幽默有其各自的逻辑，甚至有一些低级幽默的逻辑就没有什么不正常，只是由于讽刺、误会、错误、滑稽而产生的有趣、搞笑和好玩，无法用“二重错位律”或“交叉错位逻辑”来衡量。一定要归纳出低级幽默一个逻辑来，它的逻辑就是：比正常理性思维稍微不正常一点，或许说只要稍有悖于正常的逻辑、正常的道理、正常的文风的，就算是低级幽默的逻辑，我称之为低级幽默的一般逻辑。由于低级幽默的情况繁多，这里的对低级幽默界定的逻辑，也仅仅是相对一般情况而言，要归纳出一条可以适用于每一条、每一种低级幽默的逻辑是不可能的。甚至有些虽然是低级幽默，也找得到高级幽默逻辑的影子，只不过不那么完全忠实于“二重错位律”或“交叉错位逻辑”罢了。但明显地感觉得到这一类低级幽默的逻辑是怪怪的，不那么正常。尤其是脑筋急转弯，举例：

（一）比如脑筋急转弯，并不属于高级幽默即“标准幽默”的范畴，但按我的大一统幽默学的观点，至少属于“准幽默”，属于幽默的远亲，就有“二重错位律”或“交叉错位逻辑”的味道：

(8)问：在什么时候1+2不等于3

答：算错了的时候。

同样是数学题，虽然不像孙绍振上面举的那个例子，有着显性隐性的两条逻辑，而且在最后还要交叉。相对纯数学而言，在任何时候都不等于3。从纯数学的角度来说，问题的提出就有一些“站不住脚”，即逻辑错位；但从社会学的角度来说，这个问题的提出就不一定“站不住脚”，就不一定逻辑错位。因为1+2当中的1或2不一定是真正的1和2，比如一个大力士与两个普通人的力量相加，就不一定等于三个普通人的力量。所以上半截话作为一条隐性的错位逻辑只能是相对纯数学而言，也就是说作为错位逻辑不完全成立；第二句回答语“算错了的时候”算是第二条逻辑，是理智的逻辑，即用理智回答不完全理智的提问，是两条逻辑得以交叉，产生幽默。再举例：

(9)问:一间牢房中关了两名犯人。其中一个是盗窃犯,要关一年;另一个是杀人犯,却只关几个星期。这是为什么?

答:因为杀人犯要拉去偿命。

这个脑筋急转弯是利用矛盾律来制造幽默,从表面上看是矛盾的,但从答案来看并不矛盾。原因是,没有完成同一律的全部要素,“却只关几个月”,并没有说完话,并不是最终结果,从文字上并没有说关完几个月就放人。然而就是因为没有说完话,把同一律分成了两半截,形成矛盾,使这个幽默得以形成。所以既利用了矛盾律、又利用了同一律。答案就是用同一律来解决的,是矛盾的东西回归到合理。同样也适用于“二重错位律”或“交叉错位逻辑”:盗窃犯要关一年和杀人犯只关几个星期,从“关”字上来说是一个逻辑,但是“关”满以后却不是一个逻辑:杀人犯关“满”以后是要被杀掉的,而盗窃犯被关“满”以后是被释放。一是结果不一样,二是故意搞混了两条逻辑,使两条逻辑在“关”字上得以交叉。如果说脑筋急转弯不是幽默,那么这里的分析也算是为“不是‘二重错位律’或‘交叉错位逻辑’就一定要产生幽默,没有唯一性。”提供一个依据;当然按照我的大一统幽默学的观点,脑筋急转弯肯定是属于幽默的范畴。无论是从“二重错位律”或“交叉错位逻辑”的角度,还是从逻辑的矛盾律和同一律角度分析,说明幽默也还可以有其他的逻辑存在。下面这个脑筋急转弯的例子也属同一个道理:

(10)小王开车,不小心发生车祸,警察到达时车上已有人死了。小王说这与他无关,警察也相信了,为什么?

答:小王开的是灵车。

还有一种脑筋急转弯,前面的问题并不矛盾,没有使用矛盾律。

如:

(11)问:为什么大雁秋天要飞到南方去?

答:如果走,哪太慢了

这个脑筋急转弯故意错用同一律。从同一律的角度来看,这个问题的为什么,只能在两个逻辑点上来回答:1. 秋天 2. 南方。不可能去回答“飞”或“走”的问题。然而,回答故意不正答而是歪答,超出了同一律的范围,形成了幽默,这就叫正题歪答。反过来说,要是正答那就不叫脑筋急转弯了。同一律是理性逻辑,由于回答的是歪理,当然不是理性逻辑。问句虽然按同一律来询问的,但答案却没有按同一律来回答,使用了逻辑跳槽。也可以叫逻辑错位。它不像例子(8)的提问本身就有错位律,这里(11)例子的提问不存在错位律。

事实上,只能说幽默的很多逻辑就是非理性逻辑的,是歪理的,幽默就是歪理,但歪得有理。但有时候,有的脑筋急转弯有些勉强,不那么像“急转弯”,所构成的幽默度就不太高。举例:

(12)问:什么动物你打死了它,却流了你的血?

答:蚊子

从以上例子来看,前半截是符合矛盾律的,但答案既用同一律来解了围,但同时又不完全。例子(12)中,因为蚊子被打死后所冒出来的血,也有可能是蚊子去叮咬和吸了某个人血以后,刚来叮咬你就被打死,有可能不是你的血,是他人的血。如把这里改为“什么动物你打死了它,却不是流它的血?”就比较严谨了,但又不太幽默了。所以这个歪理就歪的不那么严谨、有理,也就是不太符合同一律,只“部分地、大致地”符合同一律,我称之为不完全同一律。

还有一些脑筋急转弯,纯粹就是趣味几何或数学题,没有特殊的逻辑,就是你要有数学或几何的空间思维。比如:

(13)问:一张方桌据掉一个角,还有几个角?

答:5 个角

(14)问:把 24 个人按 5 人排列,排城 6 队,该怎样排?

答:排成正六边形即可

(15)问:你能否用3跟筷子搭起一个比3大比4小的数?

答:搭成圆周率的符号Π

脑筋急转弯的逻辑也是根据不同的例子有不同的逻辑,不可能一一地说完。以上只是罗列几个比较典型的来做说明。甚至一些脑筋急转弯根本就是正常逻辑,比如:(13)(14)(15)例子,主要就是考你的空间思维、考你想得到想不到,属于在平面思维考你的空间思维,属于明知故问。

如:

(16)问:小王走路从来脚不沾地,这是为什么?

答:因为穿着鞋子。

总之,脑筋急转弯有很多种;有的有其特殊逻辑;有的有近似于“标准幽默”即高级幽默的逻辑;有的完全属于正常逻辑;有的只是一点好笑、有趣和戏谑。

(二)比如讽刺。由于是我的大一统幽默学才把讽刺认可为幽默,并把讽刺界定为:讽刺 = 幽默 + 批评/批判。所以讽刺的逻辑就是在这个公式里面的幽默的逻辑。这个幽默有时候直接就是“标准幽默”即高级幽默,有时候就只是“准幽默”即低级幽默。当然讽刺的逻辑就只能是相应幽默的逻辑,有什么样的幽默,就有什么样的逻辑,就难于给出为一个固定模式。只是低级幽默的时候,只是多少有一点谑趣、搞笑的成分,一点古怪的成分而已。一般在讽刺里的幽默不完全是一个独立的幽默加上批评/批判,这种相加不是前后相加,而是包融在内容里的相加。举一个讽刺人虚伪的例子:

(17)你要是鲜花,以后牛都不敢拉粪了!

这一句话是讽刺那些自以为是、自以为漂亮、自以为是鲜花的女人。这里面隐藏得有两个隐性逻辑:第一个是人们常有的说法,即“鲜花插在牛粪上”的逻辑，比喻一些美女嫁错男人；第二个是：牛都不愿意让这朵鲜花插的牛粪，说明这个鲜花比牛粪的档次还要低，到底是个什么鲜花？只能是自以为是的鲜花了。有点“标准幽默”逻辑的影子：在一个显性的逻辑上，即在文字表面搞不懂是什么意思，而在另一个隐形的逻辑上，即绕了一大个弯才得到落实。再举例：

(18)面具带久了，那就是脸了。

这里在显现的字面上同样是得不到回答的，而是在隐性的逻辑里才得到落实，才搞懂意思。即虚伪的人总是两面脸，阳一套阴一套，与人打交道总是戴着假面具的，这种人的假面具根本就放不下来，已经与他自己脸融为一体！通过这么一通解释才知道其原委，才知道讽刺的什么——当然解释性的东西就不是表面的而是隐性的了。尽管在讽刺里没有“标准幽默”即高级幽默的逻辑那样“标准”，但还是找得到“标准幽默”的一些逻辑特征。讽刺也有各种逻辑，也要具体情况具体分析。

(三)比如滑稽。

例子(19)图片的描述，有个警务单位在墙上挂工作人员工作的去向广告牌，有人却在上面写了“不知去向”。

这种既是滑稽，也是恶作剧。在前面的章节讲到，有些滑稽到比较严重的程度就有可能是恶作剧。如果这个广告牌是民警本人写的，那就叫滑稽；如果是外人写的，那就是恶作剧。

(四)比如哑剧。哑剧没有语言，完全靠动作、行为来表达意思。这些动作和行为就主要是滑稽。如1983年春晚王景愚的哑剧《吃鸡》就是靠动作和行为来取笑的，这些动作事实上就只是滑稽。从修辞学的角度来看，它是属于夸张手法；从逻辑学的角度来看，它是有悖正常逻辑的：鸡的筋居然可以拉得长到可以围绕桌子一圈，而且要借助于钉子、锤子和夹钳，才把鸡筋拉断。有这么长的鸡筋吗？有这么扎实的鸡筋吗？又有哪个人吃鸡的时候发现有鸡筋的？纯粹就是滑稽！博得了大家的笑，而且笑过以后这么多年都还在让人回味。滑稽的逻辑主要就是反正常逻辑的、是有悖正常逻辑的语言和行为。符合逻辑的矛盾律。

要举出的例子还很多,不一而足。由此推理:“二重错位律”或“交叉错位逻辑”的逻辑不只是属于“标准幽默”;凡不符合这个逻辑的就不是幽默的理论也不能成立,用“二重错位律”或“交叉错位逻辑”的逻辑作为一个标准来界定是否属于幽默范畴的理论也不能成立,当然幽默的范畴就不只限于所谓的“标准幽默”,即高级幽默。

三、本章小结

由于低级幽默即“准幽默”有很多种类,在本书的分类和范畴里都讲到,在这里就不一一举例。

总而言之,由于在我的大一统幽默学里就把矛盾、错误、误会、故意愚蠢、“休克性愚蠢”、假愚蠢等造成的笑话、搞笑、谑趣等都列入幽默,当然不可能找到一个统一的、有规律性的逻辑,低级幽默即“准幽默”也无法去符合“标准幽默”的逻辑。低级幽默即“准幽默”的逻辑只能是各种各样的:有的纯粹就是正常逻辑,只不过是一些滑稽的情节;有的近似于“标准幽默”即高级幽默的逻辑;有的仅属于部分的错位逻辑并不交叉;有的既有错位逻辑也有正常逻辑并列在一起。所以低级幽默的逻辑没有规律性,要具体情况具体分析。总体来看,大多的低级幽默的逻辑都与正常逻辑有一点异样,当然仅仅是靠矛盾、错误、误会、故意愚蠢、“休克性愚蠢”、假愚蠢等滑稽动作来取笑的低级幽默的逻辑,一般没有什么不正常。

第九章

大一统幽默的幽默点和幽默度

按照我的大一统幽默学的观点，幽默不仅有其幽默的程度，简称为幽默度，还有其幽默的点，简称幽默点。幽默度就是衡量幽默“浓”度的度量衡；幽默点就是构成幽默的关键元素。讨论幽默点与幽默度，主要是解决幽默“量化”的问题，这也是建立幽默学的主要内容之一，这对我的大一统幽默学也有着极其重要的意义。因为我的大一统幽默学就是把幽默度很低的低级幽默即“准幽默”通通纳入进我的大一统幽默的范畴。虽然这一类低级幽默的幽默点少，但毕竟不能否定它的存在，不能否定它也属于幽默的范畴。所以用“点”和“度”来度量它，实质上就是进一步肯定了幽默当中存在着不同层次的幽默，肯定了高级幽默和低级幽默的这种从幽默性质上的分类；还肯定了在高级幽默和低级幽默里面还有着不同的幽默点和幽默度。在《分类》的那一章书里，之所以要区别高级幽默和低级幽默，也是为了能把较为低级的幽默通通纳入“大一统”，但那一章没有从“量化”的角度来解决高级幽默和低级幽默的界定。所以这一章就是要来给幽默进行“量化”，并从“量化”的角度来界定这个高级幽默与低级幽默的区别。

从语言表述的角度来区分高级幽默和低级幽默就是：高级幽默里面的幽默度就体现在哲理性强、回味重、转弯大、拐点多、有一定的链接媒体进行“链接”“激活”“交叉”、有自己的特殊的逻辑和隐埋性等；低级幽默就只有一小点“谑趣笑意”，并不具备高级幽默的那些描述。

从量化的角度来区分高级幽默和低级幽默，就是通过幽默点的多少和幽默质量的高低来判断幽默度分值的。低级幽默里面幽默度的分值就很低，因为只有一点乖讹讹素，即幽默点，而高级幽默的幽默度分值就很高，不仅可从幽默质量加分，还可以从幽默点的数量加分。

之所以能够成为一个幽默,至少有一个幽默点,至少这个幽默点能够让人发出谐趣的"笑";之所以要区分高级幽默和低级幽默,因为有的幽默可以拥有若干个幽默点,并且还具备幽默专有的特殊逻辑和"隐蔽性",那就不是简单的幽默,是复杂的幽默,当然就比较高级。鉴于此,这里幽默度高低的分值应该这样确定:高分值不可限量,低分值最低不能低于 1 个分值。

幽默点是幽默的基本单位,强调是有没有幽默的存在,会直接影响幽默度的高低;而幽默度强调的是有多少程度的幽默,不仅包含了幽默点的数量的因素,也包含了幽默质量的因素。下面分开来说:

一、幽默点

所谓的幽默元素就是乖讹讹素,也可以叫作乖讹点,有乖讹点就等于有幽默点。具体构成幽默点的要素是,要具有幽默三大理论所要求的内涵,即:乖讹讹素、让人有优越感和宽慰感。一般来说,有这三个要素的地方,就一定有幽默点。这三者当中最重要的是乖讹讹素,乖讹讹素可以促使其它两点的成立,因为幽默三大理论当中的优越感或宽慰感是专指在乖讹中获取的,或许说这种优越感和宽慰感就是由乖讹讹素引起的,所以,在这种特殊情况下获得的优越感和宽慰感的地方,也统称为有乖讹讹素的地方。

幽默点是幽默的基本单位,幽默点意味着:1. 只要有一个乖讹讹素地方,也就有了幽默的点,只要有一个幽默的点,就算有了幽默。如果一个幽默点都没有,那就不算是幽默了,即或是让人发笑的东西,那也只能是"逗乐",不属于幽默性质的东西。2. 幽默点的多少也决定着幽默度的高低。3. 幽默点一方面是幽默的基本单位,一方面也是幽默当中画龙点睛的点,就是若干个幽默的点被"链接"起来的那一个点、就是从暗到明被"激活"的点、就是两条错位逻辑被"交叉"的点。往往很多幽默故事,从头到尾都没发现有什么幽默的地方,但到最后一句话或几个字就让一满篇纸活灵活现成为一个幽默,这就是幽默的画龙点睛的点,这就是一定的链接媒体介入来"链接""激活"或"交叉",才能使其生成为幽默。"画龙点睛"的那一瞬间就叫作幽默的"激活"或"链接"或"交叉",即画龙"留着眼睛先不忙画",最后再去"点睛"使这些幽默点全面激活,在全面激活的同时就升成为了幽默。用相声的话来说,就叫"抖包袱",每一个"包袱"就是一个幽默点,有多少个包袱就有多少个幽默点,一旦这些"包袱"被"抖"了出来,就形成了幽默,这个"抖"就是"激活"、就是"链接"、就是错位逻辑的"交叉"。当然幽默点多,幽默度就高。精彩的相声、精彩的小品就是多个的幽默点被全面同时"激活"了;还有一种相反的情况:根本就没有什么幽默点,只有在"激活"或"链接"生成幽默的那一刹那,才形成一个幽默点,这一个幽默就是低级幽默了;都还有一种情况:有些显现的"包袱"——幽默点不需要"激活"就已经很幽默,一旦"激活"了就更幽默,这种幽默的分值肯定很高。另外,一般这个"激活""链接""交叉"或"抖"需要一个词、或一段话、或一个情节作为"激活""链接""交叉"或"抖"的媒体,我称之为"链接媒体"。

当然,影响幽默度分值的不只是幽默点多少,还有幽默质量,还受到幽默的"隐埋性"和特殊逻辑的影响。有些幽默具有隐埋性,幽默点甚至在被"激活""链接""交叉"或"抖"之后,都难于理解或感受到,尤其是一些国外的幽默画更是如此,但不能因为它的幽默点是隐埋的而否定幽默点的存在。往往这些幽默蕴含着比较深的哲学道理,一眼是难于看出它的幽默在哪里,需要认真思索,才能找到或发现其幽默,也才能真正品味出其哲理或回味,从而产生会意的笑。当然具有隐埋性的幽默,其深奥度也要深得多,属于质量高的幽默;有些幽默具有特殊逻辑,即"错位逻辑的交叉",这样的逻辑往往看起来极其荒诞,但同时又觉得它有一定的道理。这两种因为质量而引起的幽默,就不能只算为一个幽默点的分值,至少要计算为 2 分。为着计算幽默分值的方便,这里就把因为质量方面的两种情况确定下来,一种是有错位逻辑交叉的,一种是有隐埋性的,都分别按 2 分对待。

如果要给幽默点一个具体的"定义",那就是"每一处不和谐或不一致视为一个乖讹点"①的地方,也称之为有讹素的地方,就是有符合于幽默三大理论的地方。有了幽默点这个幽默的最小单位,就便于量化幽默度和区别高级幽默和低级幽默,但要做到全面地"量化",还需要掌握好幽默点数量和与幽默质量的关系,并确定一定的分值:

(一)幽默点是形成幽默的基本要求,也是基本单位。任何一则幽默材料必须至少具有一个幽默点,幽默点是幽默最基础的也是最重要的构成要

① 朱莉、陈放:《乖讹 - 消解的双因子程式——幽默度的语》——《山东文学》2015. 1.

素，一个幽默点都没有，就意味着不含幽默——这是确定是不是幽默的标准；那么高级幽默和低级幽默的区别又要怎么来确定？本书认为低级幽默最多只能确定在1-2分之间，高级幽默确定在3分及以上。因为从质量方面来确定高级幽默，就是判断有没有“错位逻辑的交叉”或“隐埋性”，如果有这两种情况，就属于高级幽默，当然它的分值就不只限定为一个幽默点的分值1分，至少要确定为2分；这种性质的幽默当然就不只是有“错位逻辑的交叉”或“隐埋性”，必然还要有所要“交叉”的逻辑或要所隐埋的幽默点，就算所要隐埋的幽默点只是一个，起码这个幽默也要算为3分——这就是为何这样确定高级幽默的起点分值；由于高级幽默分值不仅仅是由幽默的性质即有没有“错位逻辑的交叉”或“隐埋性”来确定，还可以从数量方面来确定，所以无论是有质量方面还数量方面来确定高级幽默的分值，当然就要一视同仁、一致对待。既然从质量方面来确定高级幽默的最低分值是3分，当然从数量方面来确定高级幽默的分值也只能是3分。由此看来，高级幽默可以由其性质来决定，也可以由幽默点的多少来决定。

（二）幽默点与点之间既可以是横向并列的关系，也可以是纵向叠加的关系。如果是横向并列的关系，那么每一个幽默点是相对独立的，其中一个幽默点的缺失不会对另一个幽默点产生影响；如果是纵向叠加的关系，就意味着幽默点与点之间是相继的，迭套的，其中一个幽默点在另一个幽默点中发挥着某种作用。但是，对于相当一部分幽默而言，幽默点的横向并列和纵向叠加常常同时出现，我称之为复合关系，特别是诸如幽默点数量众多的幽默故事、动画、漫画、影视作品等，常常是横向关系和纵向关系兼具，呈现出复合关系的状态。但无论是横向关系，还是纵向关系或是复合关系，各个幽默点之间的配合必须恰到好处，改变哪一个或是缺少哪一个，都会使幽默的效果打折扣。

（三）幽默点的形成和判断

1. 幽默点的形成。幽默点在幽默材料中可以很多形式表现出来。有时候很可能就是一个滑稽动作、一种古怪表情；有时候甚至就是一个词、一个字、一种排版、一个口气、一个画面、休克性愚蠢、故意愚蠢动作就形成了幽默的点，但这些词、字、口气、画面、动作等都具有乖讹的性质、谐趣的味道，有悖于常规的现象。

尽管幽默点往往是在一小处上体现出来的,但它与幽默整体架构是不可分离的,没有整体的铺垫,也形不成幽默,当然幽默点也就没有意义;同时,幽默离不开一定的载体和体裁,同样的幽默点不仅与整体架构分不开,也要在一定的体裁或载体中才能形成。比如在体裁上,其可以是一篇杂文、一篇小说、一首诗歌、一个小品、一段相声、一个电子幽默等;在载体中,其可以是报刊杂志、画板、舞台、排版、网络、电脑、手机等电子终端机(我所说的电子幽默离不开的载体)等等,尤其是网络发展飞快的今天,很多幽默形式都可以通过网络和电子终端机这个万能的载体来完成,所以幽默点的形成当然也离不开一定的体裁和载体。

2. 幽默点的判断

(1)判断幽默点就是要搞清楚幽默点的"定义"。所谓"定义"就是上面所说到的有"每一处不和谐或不一致视为一个乖讹点"的地方;有符合于幽默三大理论的地方。所谓的有乖讹点或符合幽默三大理论的地方就是幽默点,其实就是有讹素的地方,就是有幽默元素的地方,就是古怪的、怪诞的、不正常的地方,就是让人觉得有怪异的而又有优越感和宽慰感的地方。虽然幽默点有幽默的元素,但还不是完全的幽默,标准的幽默。所谓的"完全的幽默,标准的幽默"就是结构完善,需要一定的媒体来"激活""链接"所有的幽默点或使幽默的逻辑得以交叉而形成的幽默,其实就是高级幽默,高级幽默不像低级幽默仅仅是有一点幽默元素、乖讹讹素,只是一两个幽默点,一两个分值。

高级幽默还有画龙点睛的地方,例如故事情节的高潮点、相声的包袱被抖了出来、多条错位逻辑的交叉点、幽默的预期落空后又在另外一处得到了落实、隐埋了的东西被揭开的地方,这就是一个完全的幽默、标准的幽默,这种幽默的分值就不只是靠幽默点来加分。

(2)由于幽默点的显现的方式不是单一的,所以判断就要从多样性的角度来考虑。对于一些逻辑关系非常清晰的幽默材料而言,幽默点呈现在简单的逻辑思路中或是表现在浅层的、表面的形式上。从这样的幽默材料中找到幽默点是较为容易的,例如一些结构简单的笑话故事,四格漫画,单幅绘画或是简单的比拟类句型、肢体滑稽动作和幽默表情和网络幽默用语等。而对于逻辑关系较为复杂或是隐喻色彩较浓厚或是哲理较深的幽默材料而言，幽默点体现在更为复杂的逻辑结构和深层的隐埋中，需要结合特定的文化历史语境，运用逻辑分析，由表及里，透过现象看本质，才能找到。例如一些寓意深刻的寓言幽默、讽刺性幽默、政治幽默和一些带有明显小众文化特征的幽默等等。

（3）幽默点因背景不同而不同。幽默点的形成依赖于其所处特定的意义环境。在不同的语境，不同的文化历史环境中，人们对幽默点的认识是不一样的。例如，一些在西方文化环境中产生，且带有很强西方文化特色的幽默，在当地会引起哄堂大笑，而在我们这里就比较平淡，东方人或许很难找到其中的幽默点，反之亦然。如赵本山到美国去巡演，不仅美国人不笑，还受到抨击。因为他们的文化不能接受拿残疾人或社会底层人来开涮，他们笑不起来。还有一些在某个特定社会群体、阶层中或历史阶段流行的幽默桥段，带有这个群体、阶层或历史阶段的独特文化特征，其他群体、阶层或历史时期的人很难找到其中的幽默点也是同样的道理。所以说，幽默点是动态的，是因环境而异的，对于它的产生和认识要结合特定文化历史背景和具体语境来分析。如文化大革命当中的一些事情，在当时不仅不是什么笑话，而且还是一本正经严肃的事情，而在现在来看就比较荒唐、可笑。

（4）幽默点能不能或者能在多大程度上发挥可笑的效果，除了文化历史背景的影响以外，还会受到接受者主观条件的影响。这里就有一个接受者的理解或欣赏水平和幽默材料的陌生化问题。通俗地讲，也就是受到接受者笑点高低的影响。幽默点是构成幽默的客观条件，也是其可笑性的客观依据，但对于不同的幽默接受者而言，幽默点所产生的幽默到底能不能转化为笑点，引人发笑？是使人哈哈大笑，还是使人莞尔一笑？是心理性的笑还是生理性的笑？是使一部分人发笑，还是能够使社会的大多数人都发笑？则是因时、因地、因人、因社会文化历史环境、因幽默本身的“隐埋性、深奥度、陌生化”而异的，但都不能由于这些因素的不同，没有引发不同人的笑声而否定了幽默的客观存在。比如，即使时间、地点、环境是特定的，但人是活的，人可以站在历史的角度和特定的环境，抛开这些因素的影响，来分析幽默符不符合幽默几大理论的原理，有没有“错位逻辑的交叉”或“隐埋性”，有多少乖讹点即幽默点，不能因为主观方面的差异而否定幽默材料在特定环境中所含有的幽默点。

（四）幽默点与可笑程度、幽默程度呈正相关的关系。一则幽默的幽默度与幽默本身的质量即有没有“错位逻辑的交叉”或“隐埋性”息息相关，“有”就是正向的，“没有”就是负向的；也与这一则幽默的幽默点的数量息息相关，幽默点多，幽默度就高，反之亦然。两项都是呈正相关系。

（五）需要说明的三点：1. 低级幽默一般只有一两个幽默点。只有一处“谑趣”和乖讹的地方，当然就只有一个幽默点，只有一个幽默点的时候，就不存在“激活”“链接”“交叉”的情况；甚至有时候，只有在被“激活”“链接”“交叉”的时候，在形成幽默的那一刹那，才形成了幽默自身的幽默点，所以分值低。2. 高级幽默也有不具备“激活”“链接”“交叉”和隐埋性的时候，但它可以由 3 个以上的幽默点来达到高级幽默的要求，即幽默点多到一定的程度，还会改变幽默的性质，使低级幽默升格为高级幽默，这就是所谓的量变到质变的道理。3. 往往在“链接”“激活”“交叉”的时候，就是幽默生成的时候，而且前面论述了，只要是有两条错位逻辑发生交叉的现象就属于高级幽默，要直接加 2 分。但链接媒体把幽默点“链接”和“激活”，并不是错位逻辑的“交叉”的时候，虽然不属于质量方面的因素，不能直接一步到位地形成高级幽默，但至少也要算一分，因为“链接”和“激活”的时候，有些还会产生新的复合型的幽默点，是不能不算分的。也就是说，不管是否生成新的复合型的幽默点，只要有“链接”和“激活”幽默点的现象发生，就要计算 1 分。

为着直观一些来理解幽默点的算分，下面举例分析一下不同数量幽默点的幽默。

因为翻译而产生 1 个幽默点的幽默举例：

例子（1）图片的描述，一幅警示语，汉语是“小心碰头”，在其下面是它的英语翻译“LOOK OUT, KNOCK HEAD”。

例子（1）是因为水平问题错译了这个标语，还是因为故意译错来制造出一个幽默，不得而知，但它毕竟产生了幽默。按照汉语字面“小心碰头”的意思是提醒人们在这个地方要小心、要注意，以免要碰着头；而英语译文“严格”按照字面意思来翻译“LOOK OUT”就是“小心”，“KNOCK HEAD”就是碰头，从字面看并没有“错误”，但是由于中英两种文化的差异，从英语语法角度来说，却变成了另外一个意思："小心，来碰个头"，何况英语的标语还加了逗号，更加强化了"小心，来碰个头"的意思。这样的翻译带来了恰好与汉语意思相反的结果，形成了反差，这个反差就是一个幽默点，由"小心"来链接了汉英两个方向的词"碰头"和"KNOCK HEAD"，然而概念却发生了变化，只是文化差异形成的落差，这个落差就是一个幽默点，而且翻译之前的标语并没有乖讹讹素，所以只能是1个分值。

因排版产生的1个幽默点，但分值不一样的幽默：

(2)

小便
炒饭

例子(2)是某公路旁一家饭店的广告招牌，内容是竖向书写的"小炒，便饭"，然而在排版上却产生了问题，使人很容易看成"小便，炒饭"，因此产生了幽默的效果。

首先，这则幽默的幽默点是由于文字排版所产生的；其次，这则幽默的幽默点之所以能形成，得益于中国语言文字的独特性——汉语可以竖排版也可以横排版。文字之间无论是横向组合，还是纵向组合，都能够产生具有新的意义的词汇。排版上的失误恰恰创造了文字之间重新组合的机会，故而产生了幽默点；再次，这则幽默只有一个幽默点，就是文字排版使文字内容的意义发生了歧义而产生的幽默点。原本竖向书写的"小炒，便饭"，因为"小"、"炒"两字之间和"便"、"饭"两字之间的距离过于疏远，而凸显了"小"、"便"之间和"炒"、"饭"之间的距离，加之现代人习惯于横看，因而很容易使人在视觉上从横向中获取内容，从而产生了"小便、炒饭"的理解。这里的"小"字所链接的两个方向的词，不是同一个词，一个是"便"，一个是"炒"。"小便"和"小炒"形成了两条逻辑，并在"小"字上交叉(2分)，这里的两条逻辑是由于视觉偏差带来的歧义所产生的。把小便和小炒链接起来的那一刹那，就形成了一个幽默点(1分)，使之生成为幽默，尽管只有一个幽默点，但它具备了两条逻辑的交叉，所以可以得到3分。这一则幽默与例子(1)不太一样，例子(1)中的“小心”尽管也链接了两个“碰头”，似乎也是“碰头”和“KNOCK HEAD”进行了“交叉”。但例子(1)里面的“碰头”和“KNOCK HEAD”不是两条逻辑，而是因为中英文化的差异带来的“避免要碰头”和“来碰头”带来的。

因背景不同而产生的1个幽默点分值也不一样的幽默举例：

例子(3)图片的描述，这是一张照片，所拍照的是两个学生挡住了一个交通安全的提示牌的两个字，全句话分上下两排，上一排是：“请同学们注意”，下一排是：“岔口交通安全”，恰好挡住了“岔”字和“通”字。

例子(3)咋一看来吓了一大跳，居然“请同学们注意口交安全”的大标语公然竖立在大路旁。事实上是不同的背景带来不同的效果。两个人遮挡了两个关键的字：第一个是“岔”，第二个是“通”，全句话是“请同学们注意岔口交通安全”。很明显两个人挡住的两个字的做法就叫作背景，这个背景就是一个幽默点(1分)，仅这个幽默点就足以使你吓一大跳，只仅仅感到荒诞，但还不能形成完全的幽默，因为你还不能明白为啥敢在街头树立这样“不文明”的标语，一旦通过上下文猜出被挡去的两个字以后，才找到了答案。使人释然，使幽默预期落空又回归落实的这一刹那，形成了一个幽默点(1分)，同时也生成了幽默，总计分只能是2分。

再来看看有2个幽默点的幽默。

(4)瘦不如胖

在巴黎，电车总很拥挤。一次，一个瘦乘客和一个胖乘客在车上吵了起来。瘦子悻悻的说：“有些人搭车，应该按重量买票才行！”

胖子听了，不高兴的说：“谢天谢地，假如你的话应验了，那你永远没有福气乘电车了。”

“为什么？”

“你想想，像你这么干瘦的家伙，车行能收到多少钱，会让你乘车吗？”

例子(4)这则幽默故事是一个较为复杂的幽默,包含着两个较为浅显的幽默点,这两个幽默点以语言对话的形式出现。

首先,瘦乘客奚落胖乘客的话是第一个幽默点。乘电车按乘客体重定价显然与大众的常规不相符,瘦乘客用故意违反大众常规的语言调侃胖乘客,产生一种不同凡响的效果,因而是能够引人发笑的第一个幽默点(1分);其次,胖乘客借力打力,以彼之道还施彼人之身,用瘦乘客的理论反击瘦乘客是第二个幽默点(1分)。但都还不能形成完全的幽默,只是分别带有幽默的两个幽默点,但在回答了瘦子的"为什么"以后,才使两个幽默点链接起来,形成了一个新的幽默点,同时生成了幽默(1分)。这两个幽默点是通过两句简单的对话来体现的,而且前后关联,呈现出纵向迭套的关系。如果瘦乘客不先抛出按重量计价的说辞,胖乘客便无法顺势反唇相讥,而正是瘦乘客前面的话,使胖乘客抓住机会,更进一步往上爬,最终让瘦乘客掉进了自己挖掘的陷阱里,幽默诙谐的效果达到了顶点,使两个相反的逻辑交叉在一起,(一个逻辑是按重量收取车费,胖子要多交钱;一个逻辑是按重量收取车费,甚至瘦子得不乘车)这里又要算2分,总计为5分。

再来看看有3个幽默点的语言性幽默:

(5)班头告假

有个知县,上任头天,就有两个打架的人来告状。张三先说一遍理,知县立即把李四打了20大板;李四不服,也讲了一遍理,知县又把张三打了20大板。

两个人哭着下堂去了。一个班头向知县施礼说:"大人,小的要请几天病假"。

知县问:"什么病?"

班头说:"害眼病。"

知县说:"胡说!你的眼不是看的清清楚楚的吗?"

班头说:"大人,你看我是清清楚楚,我看你可是糊里糊涂啊。"

这则幽默属于较复杂的幽默,有三个幽默点。第一个幽默点是因为知县是一个"昏君",不按章法,"风大顺风、雨大顺雨",张三一说完"理",立马打李四,李四一说完“理”,立马打张三,着实让人哭笑不得。这一幽默点是通过知县、张三、李四之间的关系和行动体现出来的乖讹点。(1 分)

第二个幽默点是班头借眼疾要告假,是一个隐埋性的幽默点,为下面的“画龙点睛”打下埋伏。(1 分)

第三个幽默点是,知县不信班头害眼疾,引出了最后班头的一句话,把三个幽默点链接起来和激活了(1 分)。班头的答话“你看我看得清清楚楚,我看你可是糊里糊涂”,班头用对比和双关的手法进行反诘,用眼疾来掩盖了对知县“糊里糊涂”的批判,借眼疾还掩盖和隐埋了讽刺和批判,具有隐埋性(2 分)。这则幽默的三个幽默点之间,前面两个是横向的并列关系,后面一个与前面两个之间是纵向叠加的递进关系,就是因为有了第三个幽默点,才得以让上下内容和三个幽默点链接起来,因此,第三个幽默点既是前两个幽默点的过渡,也是链接媒体,又是整则幽默材料画龙点睛的点,同时又使“眼睛有眼疾的糊里糊涂”和“处事的不公的糊里糊涂”两条逻辑交叉(2 分)。具有高级幽默的“错位逻辑的交叉”和“隐埋性”,属于双重加分,总计 7 分。再看一个多幽默点的幽默:

(6)正值清明扫墓季节,一哥们扫墓,感叹道:“现在的纸钱做得跟真的一样,烧的时候还真有点莫名的心疼。”

一阵苦笑之后,妻子来电话说“你不是去上坟了吗? 怎么没带上桌上的纸钱? 还有,今天我刚刚取的六万块钱哪去了?”

这哥们听完在坟头哭晕了好几回,路过的人纷纷赞赏,真孝顺啊! 扫墓哭成这样的真是不多见了。

晚上,他爷爷给他托梦:“孙子啊,你把我害苦了,我们冥间的警察来抓我了,说我使用假币。”

看看这个(6)例子有多少个幽默点? 我给数一数:①哥们的感叹,以及妻子电话的前半截:没有带上纸钱,②妻子电话的后半截:刚取的六万元真币不翼而飞,③哥们哭晕了好几回,还得到赞扬,④爷爷被冥间的警察抓了,⑤因为在阴间用了假币。就这么一个短短的幽默就带了五个幽默点,仅凭这几个幽默点的分值,就已经是高级幽默了,何况还有错位逻辑的交叉:如此慷慨地烧掉了六万真币，居然还被当成了假币，还被抓起来，看似非常荒唐，但在冥间就要用冥币才算是它们的真币，使逻辑从荒诞中又回归到了正常之中，逻辑在“币”上进行了交叉：一条是在阳间烧冥币，在阴间属于用真币的逻辑；一条是在阳间烧真币，在阴间还反过来属于烧假币的逻辑。有了“错位逻辑的交叉”当然属于高级幽默，要一步到位地加 2 分，总计为 7 个分值。

幽默点是幽默材料的灵魂，是幽默材料成其为幽默的关键，是度量幽默的基本单位。我们之所以认为某事、某物、某语言、某故事是幽默的，正是因为它有着幽默点。抓住了幽默点就真正抓住了度量幽默度数量方面的依据。

二、幽默度

幽默点的存在与否是表示有没有幽默，而幽默度则是表示幽默程度的高低，有多少分值。解决了幽默点这个幽默的基本单位问题，再来解决幽默度的“量化”问题，就比较容易一些。

英国牛津大学赫特福德学院的学者们曾经试图通过网络对全世界网民进行大规模的调查，以评选出某年度的最佳笑话。在调查和评选中，他们把幽默笑话从“不太可笑”到“非常可笑”，分为五级。如果把这一套拿来对幽默等级（或许叫做度数）进行评估，就是把幽默的度与“笑”的度搞混了。幽默的度只是拿来衡量幽默的含量，不完全是用来评估“笑”，因为幽默还会产生非生理性的笑，即心理性的笑。并且对“笑”的分级或划分度数的方法只立足于幽默材料接受者个人的心理感受，全凭接受者自己的好恶和感觉进行度量，因而客观性不强。世界各地的网民处在不同的文化环境中，受到各种社会因素的制约，“笑点”也处在千变万化之中，很难对一则具体的幽默材料保持一致的“笑点”，这就使得统计结果的准确性大打折扣。因此，把“笑”的度与幽默度混在一起，把幽默的接受者环境同一化的分法，不适宜作为幽默划等级或度数的分法。

所以在说幽默的度之前就要先明确这个问题，那就是幽默的度不是笑的度，幽默度不能用来衡量“笑”的程度，同样“笑”的度也不能拿来衡量幽默的度，因为幽默与笑还不完全是一回事，这在前面已经有论述。何况，有些幽默纯度很高，哲理很深，又有隐埋性，不一定引发笑声（只是心理性的笑），或有时候不一定直接发笑，要经过一定的过程才发笑；何况，有些笑可以由幽默引发，但不是一切笑都是由幽默引发。所以，笑度不能与幽默度划等号，更不能用笑的度套用在幽默度的度量上。“笑”的度只能是“笑”的度，幽默的度是幽默的度，应该要区别开来。所以，单独建立起对幽默度进行评判的体系或打分的规则，有利于完善幽默学的学科体系；有利于澄清笑与幽默含混关系；有利于幽默量化的科学性。

汤笑先生曾经在《幽默心理新说》中也提到过幽默度，他是从人对幽默的喜欢幽默的角度来论述的，并认为可将其分为四级：“几乎从不投施幽默者，其幽默度评为 1 分；能幽默，但不经常投施，且不懂幽默技巧，为 2 分；好幽默，会幽默，为 3 分，极擅长幽默，幽默技巧高，经常惹人笑，为 4 分”①。应该肯定，对幽默度进行定量这种做法，对建立幽默学是大有裨益的。很多东西，只要有一个标准来对之定量，那就纳入了“科学”的行列。比如辣椒这东西，千百年来一直无法对“辣”度进行衡量，对辣椒一直只是一个模糊的界定：很辣、辣、较辣和微辣。直到 1912 年，才攻破了这个难关，对辣椒的度数才算真正有了一个科学的衡量办法②，那就是要用“斯高威尔”这个衡量辣椒的单位来衡量。没有发现和发明对辣椒的度衡量之前的模糊办法，有点像近些年来对幽默度的界定，比较模糊。包括汤笑的这种评分方法依然是从幽默的接受者、使用者、创作者等人的主观角度展开的，实际操作却十分困难，因为其具体标准，依据条件是模糊的。比如汤笑的 3 分与 4 分之间的标准如何掌握？3 分是“好幽默、会幽默”，4 分是“极擅长幽默，幽默技巧高，经常惹人笑”，好幽默和会幽默当中的“好”和“会”的高限是多少？“极擅长幽默，幽默技巧高，经常惹人笑”当中的“极”、“高”以及“经常惹人笑”的低限在哪儿，3 分与 4 分中间有没有交叉，交叉多少？很显然是难以界定的！再如，如何界定“不经常投施”，是一天里面只说一句幽默话，一篇文章里面

① 汤笑：《幽默心理新说》，中国城市出版社，2003 年 9 月第一版，p32.

② 辣椒有多辣，是有单位的，用 Scoville Heat Unit（斯高威尔）来度量。1912 年，一位美国药剂师 Wilbur Scoville 发明了测量辣椒辣度的方法，即规定一个辣度单位等于要用 100 万滴清水可冲淡至无味的辣度。目前发现的最辣的辣椒有 60 万－80 万“斯高威尔”，而我们一般吃的辣椒只有几百至几千“斯高威尔”。

只有两处幽默点，还是一部影视作品里面只能让人笑两三次？有的人幽默感知能力强，笑点低，非常简单的三言两语或一两个动作，都有可能就会发笑；而有的人幽默感知能力弱，笑点高，用尽各种技巧，抓准各种时机都很难博得一笑，这又该如何区分呢？因为接受者、使用者、创作者等人对幽默度的反映程度以及对某个具体幽默的反映程度也是因对该幽默的熟悉程度（也可以用说成是陌生化、隐埋性或深奥度）不同而不同的。来自幽默内容接受者的因素也太多，太复杂，主观变易性大，极难使幽默度在现实中有一个确定的可操作的评定依据。所谓幽默的度，指的是幽默能够带给接受者幽默心理感受程度高低的一个相对值，也是衡量幽默度高低的一种方法。给幽默进行度量是一个非常复杂而又容易遭受争议的事情，因为幽默度涉及的方面很广，幽默本身就是一个非常主观的概念，每个人的幽默心理感受可谓千差万别，不同的民族、文化环境、教育背景、历史背景、生活经验乃至不同的性别、性格的人对幽默的认知程度是千差万别的；其次，还有接受者“笑点”的高低。对于“笑点”低的人，可能幽默度相对不高或许说笑意不明显的材料都能达到较佳的幽默效果。而对于“笑点”高的人，也许幽默度较高或许说笑意很明显的材料，都不一定能达到一般的幽默效果；其三，幽默的重复率，即“陌生化”也是一个问题。尽管有些幽默没有原型重复，仅仅只是框架性的重复、模式的重复、同一概念的重复，但接受者往往感觉不到“陌生化”、新鲜感、刺激性，而且还能悟出同一框架下幽默的结果，难于出人预料——这就难于符合幽默的一个定律——“超出预期又回归预期”。在这种“重复率”高、“陌生化”较少的背景下，接受者的“笑点”就会提高得很多，也就是说对幽默的敏感性就差得很多。所以，对于幽默度，很难用一个或几个指标进行纯客观化的加以度量。

因此，为着更加方便对幽默度度量进行系统化和规范化，就是要把幽默的度与笑的度区分开来，就是要尽可能地要回避人们的主观性，尤其是要抛开人们的“笑点”，因为“笑点”与“笑意”不一样。抛掉笑点不等于不要“笑意”，笑点和笑意不是一回事，这里的“笑意”不是一般的笑意，与一般的逗乐不一样，而是带有噱趣的笑意即带有讹素的笑意，这里的“笑意”是专指幽默的笑意，在一定的意义上，就是幽默点，当然也是度量幽默度所必备的；笑点是人对客观事物反映出“笑”的起点，笑点是人们对幽默的一种主观感受，是对幽默引人发笑(包括心理性的笑)的起点,“笑点”完全不是“客观存在”,“笑点”是因人而异的。幽默点是人们创作幽默中业已存在的幽默因子,诱发幽默的引子(相声里叫做包袱),所以“笑意”是客观存在幽默材料里的东西,无论你对这个幽默点发不发生好笑或感觉也没有“笑意”,幽默点都客观地存在于那里,不受主观感受的支配。

因为有着噱趣“笑意”的材料、情节、情景,肯定就有乖讹点、幽默点,这些“乖讹点”或幽默点就是幽默的一个基本单位,或许说是幽默的最小单位;因为有了这个最小单位,就比较方便对幽默的度进行度量,因为一般要对什么东西进行量化都首先得找到他们的最小单位,这就解决了从幽默点的数量的角度来度量幽默的度,但还有一种情况也大大地可以影响幽默的度,那就是幽默的质量:影响幽默质量的情况主要有两种:一种就是有没有“错位逻辑的交叉”,一种就是有没有“隐埋性”。关于“错位逻辑的交叉”属于高级幽默的问题,在本书第八章书里已经有论述,在此就略过。至于幽默的隐埋性,实则就是幽默的深奥度,有隐埋性的幽默,就是有深奥度的幽默,当然就属于有质量的幽默,相对幽默接受者来说也包含了陌生性。根据以上的分析,对幽默度的度量就可以从两个角度来进行:1. 从数量的角度来度量,就是用幽默的最小单位来度量幽默的度。既然幽默点是幽默的最小单位,就把一个幽默点作为幽默的计算单位,一个幽默点计算为 1 分,有多少幽默点就有多少分,幽默点多,分值就高。分值高的就是高级幽默,分值低的就是低级幽默;2. 从质量的角度来度量,就是判断其有没有“错位逻辑的交叉”和有没有“隐埋性”。由于幽默的性质属性所决定:如果有了“错位逻辑的交叉”和“隐埋性”,就可以不需要打分,一步到位地判断是高级幽默。据此,无论是从数量的角度,还是从质量的角度,都必须先确定高级幽默与低级幽默的分值界限。之所以要区分高级幽默和低级幽默,就是要实现幽默的大一统,就是要把具有幽默元素的东西纳入幽默的范畴,但他们并不具备业内所“认定”的幽默结构、幽默逻辑,也不具备“隐埋性”,即并不深奥,怎么办?只好设立了一个低级幽默的位置来“安排”他们。但这一类幽默虽然不具备高级幽默的“错位逻辑的交叉”和“隐埋性”,有时候也会有很多幽默点,有很多幽默点的幽默,如果把它划入低级幽默的行列,就显得不太合理那是因为:1. 这一类幽默多少还是符合于幽默三大理论的要求的,至少它们有一定的"乖讹讹素",至少它们可以让人感到一定的优越感和宽慰感;2. 量变到质变哲学原理也应该适用于幽默。又鉴于,从质量的角度来度量幽默的最低值应该是3个分值:把有"错位逻辑的交叉"或"隐埋性"确定为比一个幽默点高一点的2个分值,那么,就算一个高级幽默只有一个"错位逻辑的交叉"或一个"隐埋性",那就得了2分,但还必须具备至少一个幽默点。有一些幽默。在链接媒体"链接""激活""交叉"之前并不是幽默点,只有在"链接""激活""交叉"的那一刹那,才称其为幽默点,并同时生成了幽默。所以,从数量角度来区别高级幽默与低级幽默分值的界限就确定在3个分值。

从大多数所创作的幽默来看,一般只要有3个以上幽默点的幽默往往都会有一定的"隐埋性"或"错位逻辑的交叉",这里仅仅是从理论的角度来讨论的。另外,对于幽默度的最低分值也是有一个限度的,就是至少要由一个分值,没有幽默点就当然不是幽默了。而高限就无法确定,因为一个幽默可以有很多个幽默点,甚至还会同时兼有高级幽默当中的"错位逻辑的交叉"和"隐埋性",两者兼备的就要算为4分。

具体要怎样来度量幽默的度,就是要从"数量"和"质量"的角度来打分,但还要注意与幽默的材料、幽默的情景、幽默的情节、链接媒体四个方面有着密切的关联。打出分来以后,又可以反过来确定是属于高级幽默还是低级幽默。我把与幽默度分值的打分有关的几个因素,分别加上符号:A. B. C. D. E. F. G 和 H,幽默度的代号是 HD:

A. 数量方面的幽默点(分值)

B. 质量方面的"错位逻辑的交叉"和隐埋性(就是幽默的深奥度,陌生度)(分值)

但以上的这两个方面 A 和 B 的打分,还要受到以下四个方面的影响,即:

C. 幽默的材料,即材料的取和舍、材料的组织方式、表达方式。

D. 幽默的情景,包括滑稽的图景、人物的表情、人物的口气等。

E. 幽默的情节,包括搞笑的、滑稽的故事情节和非故事情节言行。

F. 链接媒体:链接媒体主要用于"激活、交叉、链接"幽默点生成为幽默,有些幽默只有在"激活、交叉、链接"的那一刹那,才变成为幽默点。

以上的 A. B. C. D. E. F. 六个方面，我称之为幽默度的六个子项，这六个子项在互相关联中共同产生幽默度的分值，由于有了幽默度的分值，就好区别出幽默的高级和低级，即：

G. 高级幽默：分值较高，3 分及其以上。符合“错位逻辑的交叉或具有隐埋性”或符合幽默几大理论原理的地方有三处以上，即有三个以上的幽默点乖讹点，三个以上的分值。

H. 低级幽默：其幽默点、乖讹点（分值）非常少，2 分及其以下。一般由错误逻辑、言行构成，如滑稽、讽刺、休克性愚蠢等。

有关幽默度的这八个子项不像如前所述的幽默的定义、范畴、分类，它们没有一个确定的系数，不可能哪一个情况是一成不变的一个固定数字，它们之间的关系不是加减乘除的关系，它们的逻辑关系不好用公式来表达，所以，用一个图表式方法表述如下：

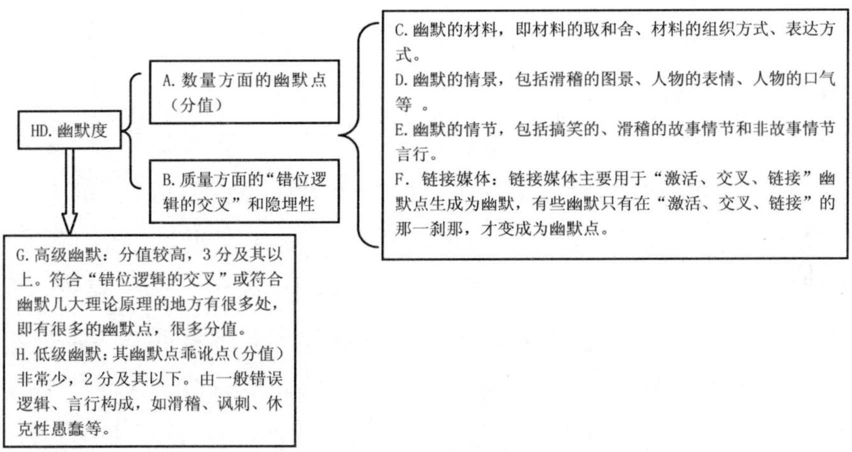

在以上的图标之中，幽默度的八个子项分为四个图表：幽默度 HD 的高低由 A. 数量方面的幽默点（分值）和 B. 质量方面的“错位逻辑的交叉”和隐埋性来判断；A 和 B 又直接受到 C. D. E. F 的影响；从幽默度 HD 得到的分值，又可以反过来判断它是属于高级幽默还是低级幽默——这就是它们之间的逻辑关系。还可以进一步表述：1. 数量方面的幽默点与幽默度（HD）尤为重要，是首当其冲的。因为没有幽默点就等于没有幽默，就谈不上幽默度，而且幽默点的多少也会影响幽默的性质，即是高级还是低级；2. 质量方面的幽默有两个子项既可以决定幽默度分值的高低，也可以决定幽默的性质：一个就是高级幽默所必须具备的“错位逻辑的交叉”，一个就是幽默的“隐埋性”。只要有“错位逻辑的交叉”的幽默，就可一步到位地确定为高级幽默，就直接可以算为 2 分；如果幽默点是隐埋的，就有深奥度，陌生度，当然也可以一步到位地确定其为高级幽默，所以，“隐埋性”这一项也是从质量方面来度量幽默的又一个方面，有隐埋性的地方，有一处也要算 2 分；3. 幽默点 A 往往依附于 C. D. E. 中，没有材料、情景、情节，幽默点无从生存，幽默点不能凭空能独立存在，可以说 C. D. E. 是幽默点赖以生存的母体。4. 幽默点 A 除了要有材料、情景、情节 C. D. E. 支撑外，大多数幽默还要靠一定的链接媒体来“激活”“链接”“交叉”，才能称其为幽默，否则还只能是分散的幽默点，还只能是简单幽默，低级幽默，这就要靠 F 链接媒体来实现。

由此看来，幽默度的打分就是通过以上的表格即由 A、B 两个方面和相关的 C. D. E. F. 四个点来完成的，简称为两个方面和四个点，得出分值以后又可以拿来辨别出 G. 或 H. 。

根据上面表格的关系，一个幽默的幽默度的总分应该是：1. 把每一个幽默点都视为一个得分点，即一分，把所有的幽默点全部加起来，就变成了幽默在这个子项的总分值。2. 有“隐埋性”的幽默，一般都直接认定为高级幽默，直接算 2 分，在幽默点的基础上再加分。3. 如果是通过“错位逻辑的交叉”而形成的幽默，也要在以上两种情况的基础上再加 2 分；4. 另外，有些幽默不但没有以上的要素，甚至幽默点即乖讹点还不是那么明显，往往是一些滑稽言行或休克性愚蠢，而且还要通过链接媒体的“激活”“链接”“交叉”之后，才会出现幽默点，一旦形成了幽默点，才生成了幽默，这一类幽默明显的属于低级幽默，就只能算一分。5. 如果幽默全部符合 A. B. C. D. E. F，那就要把全部的分数累加起来，当然符合于 C. D. E. F. 子项的，一般来说都是体现在幽默点 A 上，之所以把 C. D. E. F. 列出来，是便于寻找到幽默点。

这样就基本解决了幽默量化的问题，只有解决了幽默的量化问题，来谈论幽默度才有意义，因为幽默度的实质就是解决幽默的量化问题。

如前所述，根据幽默的复杂性，不可能对某一个幽默事先确定为固定的几等几级，但有这个办法以后，可以用上面的这个图表来分析出幽默度的高低。还要强调一下：在这个图表里面，幽默度是没有高限的，当然也不可能有高限。因为不可能用一个固定的模式来创作幽默，只有等创作完毕，才能知道其幽默度，所以高限是不定的。何况，随着人的社会文化的不断发展，智力越来越高，文化也越来越丰富多彩，当然幽默形式、内容、水平也越来越高，就有可能有着更高的幽默的度数，你不知道哪一个社会的哪一个高人、哪一个段子会累积到多少分值，所以，幽默度的高限具有不确定性。但是，虽然不设高限，幽默度的低限却是确定的。因为，它涉及到是不是幽默的问题。如果以上涉及幽默度的六个子项中，一个幽默的因素都不具备，也就是说没有任何一个幽默点，那就不是幽默了。所以低限至少要有一个，才能成其为幽默，一两个幽默点的幽默，就理该认定为低级幽默了。

此图表适用于所有的幽默，但不一定每一个幽默都要满足每一个子项，不排斥一些低级幽默就仅仅满足一个子项，仅仅是是一个滑稽言行带来的，只有一小点乖讹和怪异，没有"链接""激活"或"交叉"来链接哪几个幽默点，或"激活"了那一个沉睡的幽默点，或哪两条逻辑，那就只是最简单的幽默，只有一个幽默点了。

在这个图表里，幽默的度与这六个子项的关系都是正向的。所谓正向关系，就是但凡有一个幽默点、但凡有"隐埋性"、但凡有"错位逻辑的交叉"、但凡有"链接""激活""交叉"发生，是原本还不是幽默点的产生了幽默点的，都要加分，没有就不加分，也没有减分。

下面我们依次对与幽默度相关的子项进行论述：

A. 数量方面的幽默点（分值）。由于幽默的度就是靠这个幽默的这个最小单位的多少来度量的，所以幽默点是幽默度比较重要的子项之一。幽默度的高低与幽默点 A 的多少成正向相关的关系。因为有些幽默不只是有一个幽默点，有多少个，就算多少分。如果幽默点多，分也就越多，分越多当然幽默度就高。

有时候一则幽默有若干个幽默点，有时候它们会成为纵向叠加；有时候会成为横向并列；有时候会呈现出逐步加深、逐步过渡、逐步转折的状态；有时候彼此之间会形成一处或多处相互联系的因果链；有时候会形成互为条件。幽默点 A 有可能与 C、D、E、F 都会发生联系，单项发生联系就单项加分，全部都发生联系就逐一加分，那么这则幽默就不止是在一个子项上加分，就要在若干个子项上加分，它的总分就会比较高。

就幽默点 A 和幽默度 HD 二者的关系而言：幽默点是幽默度的基础，有幽默点才能具有幽默度，没有幽默点意味着不成其为幽默，也就丧失了幽默度；有幽默点，确保幽默材料成其为幽默的可能；幽默点多幽默度就高，它们之间的关系是一个量和质的关系，是一个辩证的关系，幽默点的量达到一定的程度也会发生质的变化，也就是说幽默度就会相应的提高，幽默点可以决定是否为高级幽默，一般在分值 3 分以上的就应该是高级幽默。举例说明：

(7)作文

小学作文题目：天真

小朋友写：今天真热。

老师评语：你真天真。

(8)脑筋急转弯

问：家有家规，国有国规，那动物园里有啥规?

答：乌龟。

这两则幽默材料都和语言文字有关，都是在语言文字上设置了幽默点。

第(7)则有两个幽默点，第一个是小朋友没有理解天真的含义，而是把天、真两字分开来理解，闹了笑话(1 分)。第二个幽默点是老师"以彼之道还施彼身"，借用作文题目对小朋友进行点评，歪打正着，刚好切中题意(1 分)，同时也链接了小朋友和老师的"天真"，既点了题，又对小朋友"天真"的否定，形成了另外一个复合型的幽默点(1 分)，同时生成了幽默。

第(8)则幽默材料中，第一个幽默点是"家有家规，国有国规，那动物园里有啥规"问话，这样的问话明明是故意设下的一个包袱，让下面来"抖"这包袱，肯定算一分；按"国有国规、家有家规"的逻辑推理，就应该为动物园应该有"园规"或"圆规"。如果把"园规"谐音迁移为几何上用的圆规，固然有些幽默，但毕竟与"动物园"相差甚远，只有迁移为"物规"要靠谱一些，但又有失幽默。所以只能把"国有国规、家有家规"的逻辑推理为"物有物规"。尽管此推理成立了，但并不具备幽默，所以又把"物"谐音迁移为"乌"，当然"乌"字能如此谐音，不如在进一步，把"规"的谐音再迁移为"龟"。何况又巧妙地把"物规"谐音迁移为"乌龟"，这既符合"国有国规、家有家规"推理，也符合动物园可以有“乌龟”比动物园有几何上的“圆规”还要“合情合理”一点;转了这么一大个弯,肯定属于是具有隐埋性的,要算一分;同时这个“合情合理”让上面的包袱被抖了出来,一方面也是一个幽默点,算 2 分,另一方面促使幽默形成的那一刹那,是一个复合型的幽默点,又要算一分。

B. 质量方面的“错位逻辑的交叉”和“隐埋性”

就质量方面的“错位逻辑的交叉”和“隐埋性”B 和幽默度 HD 二者的关系而言,是从幽默性质的角度来分析和判断幽默的程度,所谓幽默的性质,就是幽默的高级和低级属性。具有高级属性的幽默,就具有幽默自身的特定逻辑,并且还有使之交叉,即“错位逻辑的交叉”;有高级属性的幽默,就具有其“深奥度”,即“隐埋性”。既然是高级幽默,就要从幽默的性质上来打分,就要多计算一分,包括具有隐埋性的幽默,也属于性质方面的打分,因为,隐埋性就是深奥度,当然也与陌生度有着密切关系,隐埋性(深奥度)是从幽默发出者的角度来评判的,而陌生度是从幽默接受者的角度来评判的。具有隐埋性、深奥度、陌生度的幽默,一般幽默点不容易看出来、有些幽默点甚至被“激活”“交叉”“链接”以后也还看不出来的现象,还要通过一番思索和推理才能反应过来,尤其是一些外国漫画、哲理性幽默。下面分别来论述:

(一)质量方面的“错位逻辑的交叉”

但凡有这种情况的幽默,就是一步到位地判断其为高级幽默,在加 2 分的基础之上,再来加上其它幽默点或隐埋性的分,就是该幽默的得分。举例:

例子(9)是一个具有“错位逻辑的交叉”和“隐埋性”的幽默。一条逻辑是“妻乳头擦上浓缩鼠药”的逻辑;一条是“正在调查三鹿、圣元奶粉”。表面看来这两条逻辑风马牛不相及,但是被一个链接媒体“奶”字使之交叉了,但这个“交叉”不容易看出来,因为这里转了一大个弯,需要幽默接受者去推理:虽然在第一条逻辑里面并没有“奶”字,但可以推断妻乳头难道不是装的奶吗?那与三鹿奶粉有什么关系?因为领导中毒身亡是吸了有毒的奶;因为三鹿奶粉曾经有毒。这么一推理,就让两条逻辑的交叉有了来头:是领导与“妻子”偷情发生关系时吮吸了“妻子乳头”,但领导不敢说出来是吮吸了情人的奶而中毒,所以把三鹿奶粉牵扯了进来。既有逻辑交叉又有幽默点,同时还兼有对世上制造有毒奶粉的讽刺,所以分值就比较高:总得分:1. 设计报复和领导中毒为一个幽默点(1 分),2. 丈夫明知故问("知道是谁干的吗?")是一个幽默点(1 分),3. 把三鹿奶粉牵扯进来是幽默点,领导临终的话语把包袱"抖"了出来,使错位逻辑交叉(2 分),同时,拐了这么大个弯,肯定属于隐埋性(2 分),再加之还有讽刺意义(1 分)。这则幽默的幽默度分值应该是 7 分。再举例:

(10) keep out of crowds

The ruler of an ancient kingdom wanted to disprove the statement that the men of his domain were always ruled by their wives. He had all the males in his kingdom brought before him and warned that any man who did not tell the truth would be punished severely.

Then he asked all the men who obeyed their wives directions and counsel to step

to the left side of the hall. All the men did so but one little man who moved to the right.

"It is good to see" said the king, "that we have one real man in the kingdom. Tell these chicken – hearted dunces why you alone among them stand on the right side of the ball,"

"Your Majesty," came the reply in a squealing voice, "it is because before I left home my wife told me to keep out of crowds."

附汉语翻译:

不要随大流

有一个古代的国王想验证某说法:他领土内的男人都是怕老婆的。他叫人把男人们都带到他的面前,并且警告这些男人:不说真话的人要受到严厉的惩罚。

于是,他叫怕老婆的男人们站在大厅的左面。所有的男人都站到了左面,但是偏偏有一个小个子的男人往右面站。

"还算不丢脸面"国王说道,"在我们这个王国里总算有一个真正的男人。你来给我告诉那些小鸡心胸的傻瓜们,为什么你会是他们当中唯一一个站在右面的。”

“阁下,”一个哭丧着的声音说道,“那是因为在我离开家之前,我妻子告诉我不要随大流。”

第(10)例子从逻辑学的角度来说,既是一个“否定之否定”的逻辑又是一个“错位逻辑的交叉”。“否定之否定”的逻辑:先是站在不怕老婆的一边,是第一次否定;在老婆的交代里面又有一个“不要随大流”的“不要”,这是第二次否定;“错位逻辑的交叉”:国王告诉的是“怕老婆”或“不怕老婆”的一条逻辑,而那个人告诉国王的却是另一条逻辑——“不要随大流”的逻辑。即“怕老婆”是一条逻辑,“不要随大流”是一条逻辑。因为由于那个人没有站在“怕老婆”一边恰好又是因为他忠实于老婆的交代,表面上那个人没有站在“怕老婆”一边,但又隐形地回归到了“怕老婆”的行列,实际上还是怕老婆的,两条逻辑在链接媒体即老婆的交代“不要随大流”上进行了交叉,同时也在“不要随大流”上得到落实,形成了幽默。“不要随大流”既是一条逻辑也是一个链接媒体,连接媒体交叉的那一瞬间,既是两条逻辑的交叉,又是“否定之否定”的成立,又使两个幽默点(1. 偏偏有一个小个子的男人往右面站,并且国王还表扬,2. 小个子男人的回答)链接起来,成为了幽默,有“错位逻辑的交叉”属于高级幽默的逻辑,要算为 2 分;两个幽默点各算一分,故,这个幽默的分值就是 4 分。关于幽默这种特定的逻辑,专门设一章书来论述。

(二)质量方面的“隐埋性”

为什么把“隐埋性”作为幽默度质量方面的打分依据之一?因为这是从幽默的本性来考虑的,幽默这个东西最怕“熟悉”、“不隐晦”、“不深层”,越是“陌生化”,就越有隐埋性,也就有深奥度。

“陌生化”(Defamiliarization)是俄国形式主义文艺理论家维克托·什克洛夫斯基在《作为手法的艺术》的论文中提出来的,意为给平常的事情赋予不平常的情景,更能够打动人,引起人们的兴趣。《作为手法的艺术》在谈到“陌生化”时曾指出:在人们的心理上,大众普遍对外界的刺激有“趋新”、“好奇”的特点。因此,人们更喜欢追逐具有陌生化情境的事物,这些陌生化的事物能够给予人们日常生活中所较少体验到的经历。[①] 在这一点上,“陌生化”对于幽默度的影响更为至关重要。因为幽默不比其他知识体的东西,越是重复就越牢固,幽默恰好是要避免重复,重复率越高隐埋性就越低,越“陌生化”就越有隐埋性。越是特殊、复杂、正式、严肃的场合,忽然在这些场合中使用幽默,就更容易给人们带来新奇感受,人们就会在“陌生化”中受到感染,使用者就能够迅速调动人们的情绪。哪怕仅仅是日常生活中惯常使用,幽默度逐步走低的幽默内容都会在这种“陌生化”中大大提升幽默度。因为幽默本身内在的要求就是要使接受者感到预期落空、有悖常理、事发突然等,外在的要求就是让接受者感到有噱趣的好笑和唐突。如果没有“陌生化”,即幽默内容是熟悉的,那就达不到很好的幽默效果。当然也不能说,没有“陌生化”,就没有幽默。质量差一点的幽默,看第二遍就觉得不好笑,效果大大降低。质量好的幽默你看好几遍都感觉好笑,就正如每年春晚的喜剧小品,当天晚上看的时候捧腹大笑,到以后再看的时候,仍然觉得好笑,当然效果没有第一次强烈了。可以说“陌生化”是幽默效果的生命,直接影响着幽默度的高低,尤其对那些笑点高的人来说,“陌生化”就很重要;当然对幽默的发出者或创作者来说,“陌生化”也是一个不可忽视的“重要原则”,掌握好这个“陌生化”,创造出的幽默质量就会高一些。

但无论是差一点的幽默还是好一点的幽默,你不能否定它是一个幽默,这个幽默按照幽默理论是成立的,是客观存在,只不过由于“陌生化”的原因,你感觉得到它的幽默度不那么高了,甚至没有幽默度了,不能因此而否定了它仍然属于一个幽默。所以在论述幽默度的时候,要掌握好人们主观上的“笑点”与“陌生化”的关系,这是一个问题的两面,不能因噎废食。

为什么没有把这个“陌生化”直接列为影响幽默度的一个子项?实际上,在以上的“隐埋性”子项里面就已经包含了“陌生化”的内容,再设置一个“陌生化”的子项就等于重复设置。只不过“隐埋性”在幽默里面,既有主观有意的隐埋,也有幽默自身的要求。所谓主观有意的,就是幽默创造者故意地隐埋乖讹点(幽默点),使之幽默度更高;所谓客观存在,就是从来没有

① 参见维克托·什克洛夫斯基(苏),论文:《作为手法的艺术》,载于他的《散文理论》一书,2010 年 5 月 1 日,百花洲文艺出版社出版

露过面，当然就是陌生的，当然就有不熟悉性，就不容易看得懂，甚至不容易看得见，就像隐埋起来一样。无论是主观的还是客观的，隐埋得越深，当然就越感陌生，相对幽默度来说，就越有深奥度，深奥的东西当然不可能是熟悉的东西。所谓“陌生化”“深奥度”“隐埋性”在幽默度这个问题上是统一的，同时也是相比较而存在的，不同的人、不同的背景，就具有不同的“笑点”，就具有不同的“陌生化”“深奥度”，当然就有不同程度的“隐埋性”。所以，在设置对幽默度打分的子项里面，就只设置了一个“隐埋性”。当然这个“隐埋性”是抛开了主观因素的，即个人的“笑点”，只就幽默材料本身来“就事论事”的。

所谓“隐埋性”，就是有些幽默点一眼看不出来、有些甚至被“激活”、被幽默链接媒体“链接”、被幽默链接媒体“交叉”了以后也还看不出来的现象。主要表现在：这一类幽默往往不太引人发“笑”或甚至不会“笑”，但是心里会觉得有莫名其妙的乖讹似的惬意，总觉得它是幽默；这些幽默，由于哲理性比较强，不是立即发笑，要过了一段时间，经过一个理解的过程，才会发笑；还有一些有隐埋性的幽默，它拐的弯比较大，缺失了一些语句或内容，需要补充以后才会发现；一些隐埋性幽默是背景造成的，不知道其背景就难于理解，或经过一些知识的整合或内容的充实或知晓其背景，才会发现它的“谑趣的笑意”。当然这些背景也有可能是故意隐埋的文化和历史因素，等等。一般一眼看不出来的幽默点，一旦“激活”以后，它的幽默度就比非隐埋性的幽默度要高。一方面，有“隐埋性”的幽默属于高级幽默，要直接算分；一方面，如果按一个幽默点就是一分，“隐埋性”就只算 1 个分值，也不太合理，因为“隐埋性”所起到的作用，不只是一个幽默点的作用。所以，有“隐埋性”的幽默要算 2 分。甚至还有些幽默不只有一个“隐埋性”，还会有更多的“隐埋性”，也可以称之为二度“隐埋”或三度隐埋，有一次隐埋就要算一分。举例说明：

幽默绘画例子：

例子(11)图片的描述，黑暗之中，有一束光对着两个人照射下来，这两个人是一男士与一美女，然而这束光并没眷顾那位男士，而是把美女的右手拉扭曲了，光束饶了一个弯，只照射在美女课桌和她本人，男士在黑暗之中，无法进行自己的学习,只得凝视着美女。

例子(12)图片的描述,一美女正在狂吻一男人,然而这男人却是美元钞票构成的图像。

以上第(11)(12)两幅幽默漫画是无题漫画,它就是具有隐埋性的幽默,它需要通过一定的思考和分析才能真正看懂它们的幽默所在。第(10)例子明显是幽默,哪里有光速也会按照人的意志被扭曲?严重地不符合自然规律,但符合幽默的逻辑。在人类历史发展过程中,由于重男轻女,女性严重地受到歧视。在现在文明社会里就是要把这种重男轻女的现象"矫枉过正"。但第(11)例子明显地"矫枉""过正"了,连灯光的光速都要"尊重"女性,由女性摆布!或许从另一个角度来说,画面里的男女的地位明显的有偏差,女性在一些男士面前就是女神——似乎是在演绎母系社会的"神圣"。它的"隐埋性"就有两次:一次为对"男尊女卑"的"矫枉过正";一次为女性是那个男性的女神,女性撒娇性的行为。由于它的隐埋性强,不一定读者可以完全解读完毕它的幽默点,还有可能挖掘出更多的幽默点。对于一些隐埋性较强的幽默点,可以达到仁者见仁的程度。其隐埋性就要直接算 2 + 2 = 4 分,还有它的荒诞性是一个幽默点(1 分),具有哲理性(1 分),不乏对女权的讽刺(1 分)其分值至少 7 分。

第(12)例子中,是一幅带有讽刺的画,它讽刺一些美女嫁的不是男人而是金钱,爱的不是男人而是金钱,哪怕金钱没有躯体、没有灵魂、没有爱情。第(12)例子尽管没有第(11)例子的隐埋性强,但毕竟还是一眼看不出它的幽默何在。所以就只有一次隐埋性,它的分值就应该计算为 2 分。同时还可以找出它另外的分值:一分是画面的冲击力,即女子抱着"钱型人"强吻的幽默点(1 分);一分是对爱钱不爱人的女人的讽刺(1 分),其分值 4 分。

幽默绘画隐埋性是比较突出的,因而具有很强的深奥度,尤其是外国漫画。但语言性的幽默也不失"隐埋性"的。举例:

(13)街上,一个男人双臂展开地拿着一块巨大的透明玻璃,恰好迎着一个漂亮的姑娘走去。突然咣当一声,男人也大叫了一声,玻璃全碎了。

(14)教授

“我今天带来一只青蛙,”动物学教授对学生们说,“刚从水塘里捉来的。这节课我们要解剖青蛙。”他拿出一个纸盒,小心地打开。盒子里是一块火腿三明治。

“奇怪,”教授十分惊讶,“我明明记得吃过午餐了嘛。”

(15)作弊

“波洛涅斯被开除了.”

“怎么回事啊?”

“在生理考试中,他数自己的肋骨。”

第(13)(14)(15)都隐埋了一定的句子或内容,看起来比较晦涩。对这一类幽默,不解释难于知道幽默在哪里。

第(13)例子里,试设想:如果那个男人张开双臂,没有拿着玻璃,迎着一个姑娘走过去会是什么情景?这么一说,那就不是幽默了,那就是一个猥亵的事件了,恰好有这个玻璃挡着,就不是猥亵事件,而变成了一个幽默。这样把这件事情作了补充,倒是比较好理解了,但幽默度减少了。很显然这里隐埋了:姑娘把这个现象当成了猥亵事件(第一次隐埋),“奋起反抗”(第二次隐埋),可能是飞起一脚向男人的下身踢去,然而没有踢着男人的下身,却把玻璃踢碎了,所产生咣当一声的结果。这里“隐埋性”也是二度隐埋,其分值应该是 2+2=4 分,可见其它的深奥度;还有它的事先并没有幽默点,只是在“咣当”一声,那一刹那产生了一个新的幽默点,同时生成了幽默,要计1分,其分值为5分。

第(14)例子里,如果教授打开的盒子仍然是一个青蛙,那幽默就没有了。青蛙换成了“火腿三明治”,青蛙不翼而飞,拿着火腿三明治来上动物的解剖课俨然是风马牛不相及,但这只是一个幽默点(1分);关键是教授带来的盒子没有青蛙,进而迫使幽默接受者要推断,估计是教授有着两只一样的盒子,一个是装着青蛙供解剖用的盒子,一个是午饭的盒子,其中一个盒子里的东西显然被教授当成午饭糊里糊涂地吃了。但字面里却隐埋了,没有直接说。像这样荒唐的事情,就算直接说出来也可以算是一个“休克性愚蠢”的幽默,但幽默度就低了,因为隐埋性也是造就幽默度的质量因素之一

(2 分),其分值是 3 分。

第(15)例子里,隐埋了生理课与自身身体有着极为密切的联系,这里的幽默点不仅是主人翁因为“那样的”作弊被开除了,极其荒唐(1 分),还因为它是间接的来论述事情的,没有直接说出相当于考英语查阅词典那样的作弊,当然属于质量方面的加分,即“隐埋性”的加分 2 分,其分值是 3 分。

幽默的隐埋性可以涉及到幽默内容的各个方面,甚至还可以涉及到幽默的背景方面,比如关于隐埋背景方面的幽默例子:

(16)连续几天下雨,老张闲得无聊,就给银行的客服打电话逗乐:“请问,我的银行卡掉了,要怎么办?”

客服:“请带上身份证明去就近的营业厅补办卡。”

老张说:“我不可以自己捡起来吗?!”

……时间静止了几秒钟……只有几秒钟,就听到客服礼貌地回答:“为了您的安全,我不建议您弯腰捡,脑子里的水容易洒出来……”

第(16)例子里,很显然缺失了一个背景,就是有些地方把休克性愚蠢或暂时性脑残称之为“脑子进水了”,但这个地方没有直接讲这个背景,而是拐了一个弯“不建议您弯腰捡,脑子里的水容易洒出来”,说明不仅脑子进了水,而且还进得满满的,因为一“弯腰”就会“洒”出来。如果不把这个文化背景说出来,就难于懂得幽默在哪里,这就是“隐埋性”(2 分)。本身银行卡掉了的“掉”字具有双重意义,既是搞丢了找不到了,也可以是刚掉在地上,捡起来就是了。老张故意利用了“掉”字的双关来幽了客服一默,要算 1 分。殊不知,客服更上一层楼,来了一个隐埋性的回击,立即形成了幽默,这一刹那属于新的一个幽默点(1 分)。其分值是 4 分。

有一些幽默,不仅隐埋了背景,而且还在两次隐埋背景的前提下,又转了一个弯,属于三度隐埋,这就需要背景知识加上推理才能明白。例如下面的例子:

(17)一天晚上,小布什在梦里见到了乔治·华盛顿。他对华盛顿说:“我该怎么做,才能够帮助我的国家?”

华盛顿说:“做一个诚实的楷模,就像我一样。”

第二天晚上,小布什在梦里见到了托马斯·杰弗逊。他对杰弗逊说:“我该怎么做,才能够帮助我的国家?”

杰弗逊说:“减税,缩小政府规模,就像我一样。”

第三天晚上,小布什在梦里见到了亚伯拉罕·林肯。他对林肯说:“我该怎么做,才能够帮助我的国家?”

林肯考虑了一下,回答:“去戏院看场戏吧!”

这个第(17)例子里,前两个总统的回答都有讽谏的含义,不失各为一个幽默点,各算1分,计2分;同时前两个总统的“就像我一样”也具有一定的隐晦度,用委婉的手法表示了对小布什不诚实和赋税过重的指责,分别属于两次隐埋,当然要按质量方面的“隐埋性”来分别加分;但林肯更没有直接说,也没有像前两位总统说的“就像我一样”,而是说了“去戏院看场戏吧!”,这一回答比起前两个总统的回答,又进一步产生了隐埋性,形成了第三次隐埋,但前面两个总统的“隐埋”属于并列的,林肯总体的属于递进的,也可以叫做二度隐埋。故这里的“隐埋性”就有三次,要计算为2+2+2=6分。这种“隐埋性”就是因为涉及了历史背景,不知道历史背景的人,难于懂得这个幽默;更何况由于林肯是在剧院里被暗杀的历史背景原因,如果林肯继续说成“就像我一样”,一方面太露骨,略显不礼貌,那样有点等于说像我一样去被暗杀吧,一方面,就没有递进性,三位总统的回答都是一致的,既丢失了幽默点由丢失了“隐埋性”。林肯在前面两个总统隐埋性回答的基础上又进一步的隐埋了:“你最好还是被杀掉的好”的“诅咒”,实际上是幽默创造者在诅咒小布什。仅“隐埋性”就是6分,这都还没有计算幽默点的分值,可见其分值就比较高。

除了漫画、语言性的幽默可以有隐埋性,哲理性的幽默也具备隐埋性,哲理性幽默的隐埋性主要来自于哲理的深奥性,又反过来证实其隐埋性。哲理性幽默的例子:

(18)两个人在森林里遇到了一只大老虎,Tom就赶紧从背后取下一双运动鞋换上。

Jack 急死了，骂道："你干嘛呢，再换上鞋也跑不过老虎啊！"

Tom 说："我只要跑得比你快就行了。"

(19)"文化访谈录"现场，主持人马东和嘉宾杨澜录制节目，节目的主题是：礼仪。

马东：对于破坏规矩、没有礼貌的人有什么想法？

杨澜：在井里吐痰的人，早晚会喝到井里的水。

上面第(18)(19)两个幽默都是因为哲理性的原因，而不是直白的叙述道理，而是转弯抹角地来陈述具有哲学意义的道理，当然就有隐埋性，也就有深奥度。

第(18)例子通过幽默故事来说明一个道理：没有危机感是最大的危机。在当今信息爆炸、知识爆炸的社会里，老虎随时来临，你是否准备好了跑鞋？在这样的社会里，老虎就是危机，而你不是跟危机比，而是在危机中与你竞争的对手比！就这么一个故事引申出这么一长串的道理，不可谓不是转弯抹角，不可能没有"隐埋性"，由于这个道理被隐藏了，所以要直接算为 2 分，这还不算其预期落空带来的幽默点分值。

第(19)例子里，杨澜没有直接回答问题，而是用一个哲理来作了间接回答(隐埋性 2 分)：破坏规矩和没有礼貌的人就是把口痰吐在井里的人，最终要自食其果。体现了一个道理：害人终害己的"轮回"哲理。从字面上看，杨澜的回答答非所问，这是一个不一致处，也就是乖讹处，应该是一个幽默点，计 1 分，这个幽默至少要有 3 分。

还有一种隐埋性是因为学科知识方面的，举例：

(20)上学那会儿，有一次领导来学校视察，于是校长提前几天就开始在校园里巡视，检查环境状况。走到操场，他感叹道："要是这儿能有点儿绿化那就好了。"

这话被我们化学老师听到了。于是第二天，操场上堆满了食盐。

例子(20)是一个转弯大的幽默，从表面看根本搞不懂食盐与绿化怎么就搭上了边,这就是一个由于学科知识引发的幽默度,其隐埋性就在"绿化那"里面。主要是化学老师把"绿化那"误听成了"氯化钠",氯化钠恰好就是食盐在化学里的名称。很显然,不仅对没有学习过化学具有隐埋性,就算是相对学习过化学的,一时间也还不一定反应过来,把"那"字换成"纳"字,并且把"绿化"两个字换成"氯化"来与"纳"字相衔接。就凭这一个隐埋性就是2分,还有把"绿化"和"那"连为一个意思,把虚词变为实词,是一个幽默点,是1分,这一则幽默至少也是3分。

当然不是一切具有隐埋现象的幽默就一定是高级幽默,有些隐埋现象是因为国别文化造成的,比如涉及两个国家语言的不同,文化背景的不同,对幽默的理解也不同。有时候在一个国家是幽默,在另一个国家却不是,译文里需要进一步的解释或注释才略感幽默,虽然这些解释或注释也算是把隐埋了的东西揭开,但这种隐埋现象不是因为幽默的质量而具有的和需要的,而是文化差异形成的,所以不属于质量方面加分的性质,不能加分。举例:

(21) It Must Be Unusual

Author James Thurber liked to play word games for entertainment. He told me once about a trick he played on a nurse during one of his stays in hospital. He asked her what seven – letter word had three 'U' in it. She thought and then said, "I don't know, but it must be unusual."

附汉语翻译:

肯定不寻常

詹姆斯·瑟伯作家喜欢玩文字游戏来逗乐。一次,他告诉我当他住院的时候他对护士玩的一次游戏。他问她7个字母的单词就有3个"u"的单词是什么。她想了后说,"我不知道,可是它肯定'不寻常'。"

译注:恰好"不寻常"(unusual)这个单词正是有7个字母并含有3个"u"字母的单词。

第(21)例子仅从汉语翻译版里看,根本就不幽默,只有加上注释,才有所理解。这就是两国语言的差异,这就是英语的双关语造成的幽默,当然在汉语里就不可能找到相应的双关词，必须加注释才得予知道是幽默。往往这一类幽默在翻译为外文以后，都会有一定的隐埋现象，所以这种隐埋现象不是幽默本身的，不能加分。

C. 幽默度的高低受到幽默材料取舍、组织、表达等的影响。一个东西幽不幽默，材料的取舍和组织是至关重要的。幽默材料取舍、组织、表达得好，就会带来较多的幽默点或隐埋性，通常幽默度就高，引发"笑"的可能性就大。在这些"笑"中蕴含哲理性思考或反思，当然也就隐藏着一些幽默点，就有隐埋性，就有深奥度。幽默度低的幽默材料其笑料也相对较少，其哲理性也相对较低，隐藏的幽默点就少。这正如相声里面的包袱，包袱越多幽默就越多，这个包袱就是幽默的基本材料，也就是幽默的幽默点；当然除了取舍以外，幽默材料的组织也是一个技巧。一些有幽默点的材料，没有好的组织方式，哪怕再多的幽默点，也难于构成幽默。幽默点该出现的时候没有出现，或不该出现的时候出现了，都会影响幽默的效果，甚至影响幽默的形成；一般而言，直接表达不如间接表达幽默度高。直接表达的幽默不需要动用太多逻辑思维或是推理分析，幽默材料也只使用简单易懂的修辞方法或表现方式，幽默点处在幽默材料的浅层或表面，接受者在接受幽默材料的过程中能够迅速抓住幽默点，体会到其中的幽默涵义。例如许多纯娱乐性笑话、谐音幽默、肢体幽默、简单漫画、常带有滑稽性质的表演等，相对来说，幽默表现较为直接，幽默点处于较浅层次；间接表达的幽默时常需要进行逻辑推理或关系厘清，幽默材料运用更加复杂、往往需要多样的修辞方法或表现方式，幽默点蕴含在幽默材料较深处，且通常有一定的社会指向和文化内涵，接受者需要动用逻辑分析能力，并将生产生活中的经验与之结合，才能找到幽默点，体会其幽默点蕴含的更深涵义，当然就有隐埋性，就会引发幽默的深奥度。所以，隐埋性（深奥度）不仅可以从方法来着手，也可以从材料来着手。当然幽默的表达，还有行为性幽默的表演演员的技巧，也是一个关键性的因素，再好的幽默材料，由于表达技巧不佳，也会丢失幽默点，影响幽默度。

从材料角度来看，例如有结构关系更复杂的幽默小说、幽默脱口秀、脑筋急转弯、黑色幽默、幽默影视剧作、政治笑话等等。例如本章的第（6）（7）例子，不仅可以用来说明幽默点，也可以用来说明选取材料的重要性。从第

(6)(7)例子之间的差异,你就可以感受到材料也非常重要,两个例子材料不同,幽默点的多少就不一样。第(7)则幽默材料的表现方式更为间接,设置更为巧妙。可以肯定,材料也可以决定幽默点的多少、有没有拐弯度,即隐埋性(深奥度)等问题。所以幽默材料的选取、组织、表达方法与幽默度紧密相关。

材料往往来自实践之中,只要稍加注意,幽默的材料采撷可以达到顺手拈来。比如当今大学的改名、大学的简称、大学的域名注册就带来了这么一个幽默。举例:

(22)随着大学的改名和简称,引发了一些争议,也逐渐引发了笑话。

话说南京大学和南昌大学就南大简称一事闹得不可开交。南宁大学坐不住了:"你叫南大,让我叫啥?网友建议叫宁大。"

宁夏大学不服:"当初为避免和厦门大学发生冲突,没叫夏大才叫宁大的,总不能让厦门大学叫'门大'吧,这还要抢?宁大可是我唯一简称了。"

宁波大学默默流泪:"你叫'宁大'那我叫啥?我就俩字,不让我叫'宁大',难道叫'波大'?"

大理大学、大连大学附和道:"确实难啊,我们也不知道谁是'大大'!"

宝鸡大学发话了"你们还在互相争谁是'大大',我是自己跟自己争,不知道是叫'宝大'还是叫'鸡大'"。

这时太原大学说:"听得我都不好意思了,你们只是个'大大'都还在争,我是'太大'"。

天津大学也不敢示弱说:"你只是'太大',我叫'天大'呢"。

中国地质大学还感欣慰:"这么一说,那我就是'地大'咯"。

汕头大学听了:"你们都别说了,难道把我叫'汕(疝)大'?我只能叫'头大'了。"

复旦大学:"你们让我听得真'头大',我不叫'复(腹)大'反正就叫'旦(胆)大'了。"

在第(22)例子中的这些材料就是由于被人为地选取和组织在一起,才有那么多幽默点,每一个学校出来所说的话,都是一个幽默点,因为都具备了“谑趣的笑意”，串起来构成了一个高分值的幽默。可见材料的取舍和组织是决定幽默不幽默的第一关。还有材料的表达也同样重要，比如相声《虎口遐想》，比如赵本山的很多小品，要不是姜昆和赵本山本人来表演，那幽默度一定要打折扣。甚至可以说，有些幽默就是专门为一定的演员所创作的。

D. 幽默度的高低与幽默材料所处的情境有关。在特殊情境、复杂情境或是多重关系情境中的幽默材料比在一般情境或普通关系环境中的幽默材料的幽默度更高，或许会带来两条逻辑的交叉，或许有着更多的幽默点或隐埋性。

在相对特殊的或关系更为复杂、更为正式的场合中使用幽默，其幽默度会明显高于一般的日常场合或是普通关系的场合，这就是情景环境对幽默度的重要影响。就某一则具体的幽默材料而言，许多人会感觉到，它使用在严肃会议、政治活动等特殊场合中，比在本来就相对活跃的场合中使用能够引发更多的笑声。哪怕是已经熟烂于心、了然无味的幽默桥段，在这些特殊场合和环境中使用，也仍然能够带动气氛，释放出幽默性。因此，幽默所处的情境越是与日常环境不同，越是正式、严肃、特殊，幽默材料越能达到较好的幽默效果，人们感受到的幽默度也就越高。情景不是环境，情景是环境还要加上人在这个环境里的情感。所以情景还包括人物的表情、人物的口气、甚至一个发音甚至一些滑稽的动作等。比如在迪斯尼乐园的场景布置，比比皆是滑稽的情景；比如人们不合时宜的怪像、鬼脸、滑稽的动作等；比如人们的不合时宜的口气、阴阳怪气的一个发音等等都可以为创造幽默点或隐埋性起到推波助澜的作用。只要能为幽默起到作用的每一个点，哪怕是一个怪像、鬼脸、滑稽动作都应该算是一个幽默点，哪怕是一个能产生幽默的一个口气、发音也应该算是一个幽默点，都应该加 1 分。如果还产生了错位逻辑的交叉或隐埋性，那就不属于量的问题，而是幽默的质的问题，就要直接加 2 分了。举例：

(23)一日，小张与一外国朋友去馆子吃水饺

漂亮的服务小姐前来询问。外国朋友总是不放过任何练习汉语的机会，抢着说，“水饺(睡觉)”多少钱？小姐大窘，继而生气。小张赶忙解释，他是问水饺多少钱。

饺子端上来。外国朋友又招来服务小姐,请问有没有"节目"啊?

小姐爽快的说,"有啊,您想要点什么样的节目啊?"

"就是那种黄色的啦..."

第(23)个幽默材料的情景就是发生在外国人汉语发音不准及汉语词汇的双关谐音上。这个谐音恰好要外国人的那种发音,才会产生双关谐音效果:使"水饺"变成了"睡觉",甚至还问要多少钱?(1分)使"芥茉"变成了"节目",还要黄色的(1分)。这里的情景除了是外国人的发音以外,还要是在馆子里面的情景,还要服务员恰好是女的,恰好之水饺店等。在这特定的环境下,造成了一种与日常不一样的陌生化情境,使幽默点的产生既荒诞又趋于合情合理,可见情景对于幽默点的产生也是能起到作用的。同时,这里也还有一个隐埋性,就是"节目"的谐音是什么,没有明说。而且还是黄色的。当然只能从饺子店的情景来分析和推理:黄色的佐料只能是"芥茉"了(2分)。所以这个幽默的分值是至少4分。再举例:

(24)医院走廊里一群人在等待尿检,护士大声呼叫着一个名叫王尚菊的患者。结果大多数患者都把手里的尿样举高了一点。护士继续接着大喊王尚菊,大多数又高高的把尿样举了起来。随着护士不断地喊,患者不断地举高,直到高高地举超过了头。这时王尚菊意识到是在叫自己,于是便大声答道:"到!",然后只看见大多数患者的头上都淌着尿。

只有在医院里的这种"情景"中,医院的环境加上特殊的人——病人以及病人的言行,才具备把尿拿在手里排队的条件;只有护士那种口气才能致使患者把尿高高举起,产生一个幽默点(1分);同样是利用了"王尚菊"的谐音"往上举"和"到"的谐音"倒",带来了"然后只看见大多数患者的头上都在淌着尿"的结果,是一个幽默点(1分);这个"到"字的谐音没有带括号进行说明,靠读者去感悟,也是一种隐埋性(深奥度)(2分)。总计4分,可见情景也是创造幽默点和隐埋性的重要条件。

E. 幽默度高低不仅与其所处的情境有关,与其自身的故事情节也有不可忽视的关系。为什么我国的小品在上世纪八九十年代那么火,就是那时的小品的情节都选得特别的好。因为小品主要是靠情节和演员的技巧来取胜的。情节包括故事背景、故事内容、故事的发生、发展和结束。故事的情节越是在日常生活中少见,越是离奇荒谬,越是不合常理和与现实不符,越是违背日常的文化习惯或科学规律,就越能满足人们的猎奇心理,幽默点就越多,就越有隐埋性,其幽默度就越高。举例:

(25)张三和李四上山去采蘑菇。

张三说:"颜色鲜艳的有毒,不能吃。"

李四说:"先给狗吃。看看有没有事"。结果狗吃了没事,摆头摆尾出去溜达玩了。他俩一看没事。就全吃了。

李四出去转了一圈,回来说:"亲家,狗死了。"把张三吓坏了,赶紧把准备好的肥皂水和大粪水灌下去,吐得死去活来。缓过神来以后问李四:"狗死的惨不?"

李四说:"死的老惨了,一出门就让大卡车压死了。"

第(25)个例子主要就是通过非常短的故事情节来能完成的幽默,像小品一样,主要是靠情节来创造幽默,是从情节之中获得幽默。如果情节短的故事,不听完故事和去掉情节就无法搞懂幽默在哪里。当然幽默大作,如幽默小说、幽默喜剧、小品等,它们的幽默的形成,不一定要等全部故事的结束,其间也会产生若干个小幽默,用戏剧的行话来说,会产生很多小高潮,当然就有很多个幽默了,幽默点更是不计其数。即由幽默点构成幽默,又由若干个幽默来构成幽默大作。事实上,从历史的角度来说,幽默最初就是通过情节来完成的,是随着文化水平的发展,才开始衍变为多样化的和多种体裁的。比如涉猎于文学、修辞学、文字排版、美学、戏剧、电影、美术、电子艺术等等很多方面。一般有情节的幽默往往是幽默小说、小品、幽默趣事、幽默故事等。这一类的例子也是数不胜数,比如赵本山和宋丹丹的《火炬手》小品就是通过竞争火炬手的故事情节创造了很多个幽默,令人捧腹;比如在《幽默与笑话》半月刊杂志里,每一期上面都有若干个情节性的幽默小说、讽刺小品、幽默趣事或幽默故事。下面再举一个靠情节来完成幽默的小小说的例子，它是刊载在《幽默与笑话》杂志上的①，作者是江西的黄建生：

(26)文贿

市农牧局是一个大局，两百多号人，中层干部也多，光办公室主任就有一正三副。前不久，办公室主任高升后外调，全局的中层副职们都盯上了那空出的位置，而最有希望的，是办公室三位副主任。

钱副主任是张副局长的外甥，而张副局长是农牧局的老领导，对如今的“一把手”乔局长曾有知遇之恩；孙副主任不仅工作能力强，还善于和领导沟通，几个班子成员都很喜欢他；郭副主任是个形象较好的女干部，听说跟上级某个领导的关系不一般。

办公室主任的位置一空就是四个多月。在这期间，张副局长好几次跟乔局长吹风，希望他把钱副主任扶正；孙副主任频频活动，对乔局长及家人展开全方位公关；郭副主任当然也没有闲着，把所能动用的上层关系都用上了。

这天，局班子成员会议终于开始讨论办公室主任人选。大家都提了自己的想法。乔局长最后发言，说局里的中层干部都很优秀。但最适合感办公室主任的还是宣传科刘副科长。“黑马”的出现让所有的人都大感意外，可乔局长是一把手，他的意见就是局里的决定。

说起这个刘副科长，一直是一个不显山不露水的人物：虽然自负文采，不时有文章发表。但工作业绩平平，老婆是下岗职工。一家三口的生计全靠他一个人的工资维持，就是送礼也

送不出大手笔；而且他出生农村，没什么显要的社会关系，无上层路线可走。

乔局长之所以下定决心要提拔刘副科长，将他放到办公室主任这一重要的位置，是因为几天前发生的一件事情。那天，刘副科长敲开乔局长的门，将两刊一报放在乔局长的办公桌上，微微笑着，什么也没有说。

那两刊一报，一个是国家级政治理论月刊，里面有一篇文章《论领导干

① 黄建生：《文贿》——《幽默与笑话》——2016年三月上半月刊

部自身修养》,作者署名正是乔正田;一个是省级政策指导月刊,有一篇文章《刚愎自用对领导干部的危害》,作者也正是乔正田;报纸则是本市党报,有一篇长篇通讯《两袖清风一身正气——记市农牧局局长乔正田》,作者署名刘月华。

乔正田是乔局长的大名,刘月华便是刘副科长。这两刊一报看得乔局长两眼放光,站起来拍着刘副科长的肩膀说:"想不到你还有这一手,是块好料,以后继续努力!"

第(26)例子是一个情节性的讽刺性幽默,也是讲"竞争"办公室主任位置的故事,上面提到的小品《火炬手》的竞争是公开的,而这个故事里面的竞争却是隐蔽的;《火炬手》里面的竞争是靠个人的能力,而这个故事里面的竞争却是比谁给领导好处妙,所以被取名为文贿。通过这个故事,讽刺了提干当中的腐败现象。这不是什么大作,之间没有若干个高潮,所以,只有等到故事结束,才完成了一个完整的幽默。对办公室三个副主任想竞争主任的优势,与跳出黑马,形成反差,是一个幽默点(1 分),为什么会跳出黑马?"几天前发生的一件事情"把前面的幽默点激活了,"激活"的那一刹那新春乐一个新的幽默点,使其生成为幽默,使出乎意料的事情回到了"意料"之中;而且三篇"文贿"文章的题目都有悖于现实中乔局长的"用人之道",都分别具有讽刺性,同时形成落差,应该是一个幽默点(3 分)。

F. 链接媒体:链接媒体的"链接""激活""交叉"不仅可以使若干幽默点链接起来成为幽默,还可以使幽默的特定逻辑德育交叉,还可以使原本没有幽默点的材料被激活成为幽默;链接媒体的"链接""激活""交叉"的那一刹那,又是会产生新的幽默点,尤其是"使原本没有幽默点的材料被激活成为幽默"的情况更是如此;当然也有不会产生新的幽默点的情况,要具体情况具体分析。在相声里就是把"包袱""抖"出来,需要一个"抖"字。这一个"抖"就是一个"链接""激活""交叉"的过程,它需要一个"媒体"来做媒,这个"媒体",有可能是一个词、一句话、一个概念、一个情节、一段故事、一个上下文。最常用的链接媒体往往是一个双关的词语。举例:

(27)一位外国人到中国来旅游,有一天,他兴奋地对导游说:"你们中国人的确是个勤劳的民族。”导游说:“怎见得?”外国朋友说:“每天早晨我经过大街,常见路旁有很多招牌上写着‘早点’两个字,提醒路上的人上班不要迟到。”

第(27)例子里的“早点”就是双关词,它让两条逻辑在“早点”自己的身上交叉了,一条是吃早餐的逻辑,一条是早点起床来干事情的逻辑。虽然链接媒体本身不算分值,但大多数幽默没有它就难成其为幽默;甚至就在“链接”“交叉”“激活”的那一刹那会产生一个新的复合型的幽默点,随之成为幽默,第(27)例子就是这样的幽默,没有“早点”两条逻辑的交叉,都各自不是什么幽默;第(27)例子的链接媒体就是一个直接的双关字词,双关的字面都是同一个词,这样的双关字词比较容易找到。然而还有一些链接媒体的双关字词,字面不完全一致,需要进变通。举例:

(28)某人养一猪,烦,弃之,然猪知归路,数弃无功。一日,其驾车转了很多弯弃猪,深夜致电家人,问:“猪归否?”答曰:“已归!”其怒吼:“让它接电话,老子迷路了。

第(28)例子的双关词,从字面来看是不一样的,一个是“归路”,一个是“迷路”,

但实际上是一样的,因为某人的“迷路”也是“不知归路”的同义词,这样一来,就与猪的“知归路”联系起来。所以,在“知归路”和“不知归路”的两条逻辑中,在“归路”之上交叉了:一条是知道归路的猪、一条是迷路了的人,两条逻辑落差之大,如此荒诞,形成了幽默;同时也是把若干个幽默点“链接”和“激活”了。其幽默点为:1. 猪居然知到归路,甚至数弃无功肯定属于幽默点;2. 猪被弃之很远居然自个回家;3. 还让猪接电话;4. 人却迷路了。“错位逻辑的交叉”的交叉仰仗于这个链接媒体“归路”。如果没有链接媒体的“链接”“激活”“交叉”,仅仅是有一些乖讹点,那幽默度就要低的很多,可见链接媒体的重要。

有时候这个链接媒体有些难于找到,因为他不是一个双关语词,而是一句话。举例:

(29)你还没有吃安眠药呢

小王的爸爸老是忘记在睡前吃安眠药,结果每晚要很久很久都还未睡着,通常都要半夜起床来吃安眠药。所以有一天,小王的爸爸告诉小王:"今天晚上记住提醒我吃安眠药"。

结果那一晚上,恰好小王的爸爸竟然睡着了。小王突然记起来要叫提醒爸爸吃安眠药,便兴冲冲跑到爸爸的卧室叫醒了爸爸:"爸爸,你还没有吃安眠药呢!"

第(29)例幽默里面的"链接""激活""交叉"的链接媒体就不是一个双关语词而是一句话"突然记起来",把要"吃安眠药才能睡着"的逻辑和"提醒吃安眠药"的逻辑进行了交叉,使得已经睡着的爸爸又因为被"突然记起来"而被叫醒。而提醒吃安眠药的目的是为着睡得着,但是"提醒"变成了"喊醒",产生了乖讹,达到了高级幽默的逻辑要求,产生了幽默。当然同时也把没有吃安眠药的"爸爸竟然睡着了"的幽默点(1 分)和"提醒"变成了"喊醒"的幽默点(1 分)链接起来。这里的链接媒体不仅产生了"错位逻辑的交叉"(2 分),还使两个幽默点链接起来;另外在两条逻辑"链接""激活""交叉"的那一瞬间,是一个拐点、也是一个新的复合型的幽默点,这一瞬间也要算为 1 分。如果没有链接媒体肯定分值要低得多。这个幽默的分值应该是 5 分。

有时候,链接媒体不仅是一句话,而是一个思想、一种概念,甚至还兼任其中一条逻辑。比如上面的例子(9)里的链接媒体就是一个概念、一个思想——"不要随大流"的思想。在那个幽默里面,就是老婆交代的"不要随大流"的思想让两条逻辑交叉的:国王告诉的是"怕老婆"或"不怕老婆"的一条逻辑,而那个人告诉国王的却是另一条逻辑——"不要随大流"的逻辑。因为那个人没有站在"怕老婆"一边,恰好又是因为他忠实于老婆的交代,表面上那个人没有站在"怕老婆"一边,但又隐形地回归到了"怕老婆"的行列,实际上还是怕老婆的,两条逻辑在链接媒体即老婆交代的"不要随大流"上进行了交叉,同时也在"不要随大流"上得到落实,形成了幽默。"不要随大流"既是一条逻辑也是一个链接媒体。没有这个链接媒体,幽默就无法形成,也谈不上逻辑的交叉、幽默点的链接或幽默的激活,当然就谈不上幽默度,更谈不是高级幽默。幽默的链接媒体是形成幽默的重要组成。

当然不是每个幽默都要具备这样的链接媒体,都要具备这样的结构,都要有逻辑交叉和错位。一些仅仅有一点点噱趣和滑稽,它们只有一定的乖讹讹素,或让人产生优越感,或让人得到宽慰,符合于幽默的三大理论,你不能把它们排斥在幽默的门外。这样的幽默,当然就不需要链接媒体和"错位逻辑的交叉",但他们的分值就比较低,只能是低级幽默。

以上的"两个方面"和"四个点"共同度量出幽默度的分值,从分值的高低,又可以用来辨别幽默的性质属性:高级或低级。

G. 高级幽默。虽然高级幽默的分值比较高,但从心理学的角度来说,有些高级幽默不会引发直接的笑,只有心理性的笑即非生理性的笑或会意的笑,属于深层次的笑。前面的章节曾论述过,幽默的主要效果最终是达到引人发"笑",当然这个"笑"是广义的"笑",包含会意的"笑",非生理性的"笑"。这个会意的"笑",非生理性的"笑"不一定在脸上体现出来,但至少在心里产生了噱趣的感觉。这种感觉不只是单纯的"逗乐",不只是一般"逗乐"的心理反应,而是一种怪诞和乖讹的反应,就是幽默对人产生一定的特殊的心理效应。相对高级幽默来说,这种心理效应就会比低级幽默更强烈一些,层次更深一些,当然所产生的生理效应和社会效应也就会更大一些,深奥度也就要高一些,反过来推论,这种有"错位逻辑的交叉"和"隐埋性"的就不只像幽默点那样只加 1 分。所以,才将之确定为质量方面的加分。

但高级幽默不只是由质量方面的因素来构成,数量方面的因素也可以构成。即高级幽默就是从量和质两个方面来考量的:一是因为幽默点多,二是具有"错位逻辑的交叉"或"隐埋性"(深奥度)。幽默点多就是乖讹点多,一个链接媒体可以"链接""激活""交叉"很多个幽默点,而形成一个幽默,甚至有些幽默在链接媒体"链接""激活""交叉"好几个幽默点的那一瞬间,又产生了一个新的幽默点。有些幽默大作,它不像单独的幽默段子,只由一个幽默构成,这些大作要由若干个幽默构成,当然就不只有一个"链接""激活""交叉"的地方,一旦有很多地方被链接媒体去"链接""激活""交叉",就会形成多个幽默,当然这样的大作也要综合地来认定为高级幽默的大作。一般具有"错位逻辑的交叉"的幽默,都会具有一定的隐埋性:要么哲理性很强、要么拐弯大,这种时候就要双重加分。所谓的哲理性很强、拐弯大就是有很大的隐埋性,需要认真分析,甚至要从幽默的理论上去探讨,才能获知其幽默何在。鉴于此,高级幽默的算分还不能像低级幽默的算分,一个幽默点一分,具有“错位逻辑的交叉”或“隐埋性”(深奥度)的幽默的算分,从质量的角度考虑,就应该算为 2 分,来体现高低级之分。具体来说,有多少个幽默点可以按有一处计算一分的做法来计算;有多少个“隐埋性”(深奥性)或“错位逻辑的交叉”,就按各 2 分计算。无论是按幽默点来算分,还是按幽默的质量来算分,只要能算的出来,有一处就要算一分,如此累加,直到累计完毕。

另外,从质量方面来区分,有“错位逻辑的交叉”或“隐埋性”就叫做高级幽默;从数量方面来区分,3 分以上的就叫做高级幽默。为什么恰好定 3 分为一个界限?再强调一下:因为有很多幽默点的幽默,其分值已经高过由质量方面来确定的高级幽默的分值,你把它划为低级幽默是不合适的;再因为,从质量方面一步到位地确定高级幽默的分值的最低限是 3 分,如果把从数量方面来确定的高级幽默分值确定得过高,那又会与这一条不一致;何况已经对质量方面的定分已经高出了一个幽默点分值;何况大多数 3 分以上的幽默,一般都会有很多种得分情况,一般都会包含着高级幽默的性质。无论是从质量方面还是数量方面来度量高级幽默还是低级幽默,它们之间的衔接分值应该是一致的。举例:

(30)二战时,希特勒参观一个疯人院。几乎所有的病人都向他行纳粹礼。只有一个人没有向他行礼。

“你为什么不像其他人那样向我敬礼?”希特勒咆哮着。

“尊敬的元首,我是个护士,我没疯!”那个人回答说。

先从“量”来分析:这则幽默故事就有好几个幽默点。首先是背景和情节就构成了一个幽默点,背景是疯人院、而不是一般的医院,情节是病人行纳粹礼、而不是正常人,本身就是一种乖讹现象,算一分;第二个幽默点是希特勒的口气“咆哮着”的提问“不像其他人那样”,也乖讹,算一分;第三个幽默点是那一个没有行礼的人的回答,“我没疯”就是一种反讽,从讽刺的角度,因为讽刺在我的大一统幽默学里面属于幽默,肯定算一分。

再从"质"来分析:"我没疯"是链接媒体,"链接""激活""交叉"了两条逻辑,"链接""激活""交叉"了"疯人院病人敬礼"的逻辑与"那个人不敬礼"的逻辑,从逻辑交叉的角度,属于质量算分,要加上 2 分;这则幽默在引人发笑的同时,不仅用幽默的形式顶撞了希特勒,还讽刺了那些向纳粹分子卑躬屈膝的人,影射了他们是迷失心灵的疯子,也对希特勒进行了讽刺,希特勒的独裁竟然到了连疯子也不放过的程度,也要求他们像正常人一样对他行礼。使讽刺手段承载了一定的社会价值和政治意义,因而有一定的社会效应。从隐埋性的角度,其批判方式也是间接的,隐含的,具有深奥度,又要算上 2 分。所以,这一则幽默就具备了这么多幽默度的子项,其幽默度的分值就能算出 7 分:三个幽默点各一分,有"错位逻辑的交叉"算 2 分,又有隐埋性再算上 2 分。再举例:

(31)一男人白天工作偷偷玩手机,下班接完孩子回到家立刻又玩起微信。老婆忍无可忍终于爆发了,骂道"玩玩玩!天天玩!你什么时候才会发现,孩子不是你生的!"

男人一听大发雷霆:"尼玛!早就怀疑很久了,你终于敢承认了哈!"

老婆:"我怎么就不敢承认!你去客厅看看。你从幼儿园接回来的,是你儿子吗?"

第(31)例子的幽默从表面看是由于粗心带来的,实际是故意混淆了两条逻辑。这里的两条逻辑是:一条是由于过于玩手机的"低头族"所带回来的一个"儿子";一条是儿子到底是不是自己亲生。然而"你什么时候才会发现,孩子不是你生的?"的问话让男人从是不是自己的小孩的逻辑不知不觉中滑向了是不是亲生的另一条逻辑,把"你看你带回来的是不是你的孩子?"逻辑交叉到了是否发现"孩子不是你生的"这条逻辑上。要是带回来的是一条狗,而不是一个小孩,就不会产生这个幽默。恰好在社会上也有这种现象:从名誉上来说,孩子是父亲的,但从实际上来说,孩子则不是这个父亲亲生的。所以孩子是不是父亲所亲生的,只有老婆最清楚,老婆的发言最具有权威性。这个幽默就是利用了名誉上与实际上的两条逻辑的不一致概念,来完成了这个幽默。所以这里就有了“错位逻辑的交叉”,属于高级幽默;另外,这里使逻辑发生交叉的链接媒体就是“生”这个字,原本“带回来的是不是你的孩子”和“亲生不亲生”没有什么逻辑上的关系,但经“生”字这么一搅浑,使两条逻辑发生了交叉:一旦老婆提出了孩子是不是老公亲生的这个问题,一般男人都不会相信就是由于自己的错误而带回了其他孩子,而宁可相信就是老婆的“不忠贞”“生”了一个实际不属于他的孩子。所以这一则幽默的总分应该是:有“错位逻辑的交叉”,属于高级幽默,当然要算为 2 分;两条逻辑要各自算为一分:一条逻辑是由于粗心带来的幽默点,一条逻辑是偷换概念故意用了“生”字带来的幽默点,这里各有 1 分,还有男人被“生”字搅浑了以后发出的疑问“早就怀疑了”,也是一个幽默点(1 分),所以,这一条幽默分值应该是 5 分。

总体来说高级幽默,一般都要在 3 分及其以上:错位逻辑的交叉算 2 分,至少在两条错位逻辑交叉的那一刹那,要算为一个复合型的幽默点,当然这只是最低限度的计算。一般来说错位逻辑在交叉之前,就已经有了“错位”,这个“错位”很多时候就是一个乖讹点,即幽默点,不可能不算分。

H. 低级幽默:低级幽默主要是靠幽默点来计算分数,而且其数量非常少,所以分值就比很少,一般在 2 个分值及以下。在论述低级幽默的分值时,要先区别一下低级幽默与一般的逗乐的区别和低级幽默与高级幽默的区别。

首先要明确不是一切“逗乐”都是幽默,低级幽默能够达到幽默三大理论其中之一的要求,要么具有乖讹讹素;要么有贬抑他人的优越感;要么会带来的宽慰效应等。尤其是三大理论中的乖讹论,即具有乖讹讹素,一般只要具备了乖讹讹素都会相应的符合于其它两条理论的原理,因为优越感和宽慰效应的产生往往借助于“乖讹讹素”;而一般的“逗乐”就不能达到幽默的这三大理论的要求,一般的“逗乐”就难于找到它们有乖讹讹素。比如像大人诓小孩的“逗乐”语言;比如人逢喜事精神爽的自我“逗乐”;比如咯吱人体胳肢窝发出“逗乐”的笑声;比如职业要求要乐呵呵地接人待物的空姐的“逗乐”笑容,等都没有乖讹讹素,当然就没有分值,当然就连低级幽默也算不上了。

按我的大一统幽默学的观点,不是每一条幽默都必须有“错位逻辑的交叉”，这种幽默的“专门逻辑”只有在高级幽默里面才会有，就是专家们所论述的“二重错位律”，我称之为的“错位逻辑的交叉”。低级幽默不具备“错位逻辑的交叉”，低级幽默只是一般性逻辑性错误，不存在什么逻辑上的“交叉”或“二重”、有时候就仅仅是因为粗心而造成的、有时候仅仅是一个滑稽言行、有时候只仅仅是一个故意的愚蠢或休克性愚蠢、有时候仅仅是一个脑筋急转弯、一个谜语、一个歇后语、一个具有谑趣的成语故事，等等。但它至少有乖讹性，具有乖讹讹素（就是幽默点）、或让人赶到宽慰、或让人有优越感等，只不过不太纯，不太高级，但不能否认它是幽默；同时，低级幽默也不具备“隐埋性”，不需要转弯抹角，不需要深层次的思索和回味，是一目了然的“噱趣”。总体来说，低级幽默的逻辑与正常逻辑没有什么不一样，甚至可以说有些低级幽默的逻辑根本没有错位，就是正常的逻辑，只不过从内容上来看有些别致而已，就算在逻辑上有什么错误，仅仅是一般性的逻辑错误。这一点在第八章《大一统幽默学的逻辑》里已有论述。

计算低级幽默的分值，肯定也只有从低级幽默的乖讹讹素，也可以叫做乖讹点即幽默点着手，因为一方面优越感和宽慰度都不好定量，另一方面优越感和宽慰度都要从乖讹点即幽默点来体现，所以，通过幽默点来计算分值比较合理。下面举两个例子来说明。

一般错误逻辑的幽默举例：

(34) I Am My Father

One day little Tom didn't want to go to school and telephoned the teacher. He pretended to be his father and said, "Hello, is that the teacher speaking? My little Tom caught cold today and he can't go to school. He asked me to ask you for a day's leave."

The teacher at the other end of the telephone asked, "Who is that speaking?" "It's me, sir," answered Tom. "I.... I am my father."

附汉语翻译：

我是我父亲

一天，小汤姆不想去学校读书，于是他给老师打了电话。他装着父亲的口吻说,“喂,是老师吗?我家小汤姆今天患了感冒,不能去读书,他要求我找你请一天的假。”

在电话那头的老师问,“谁在说话?”

“是我,先生,”汤姆回答,“我是我爸。”

以上的(34)幽默的逻辑错误就是“我是我父亲”,有哪一个人既可以是自己又是自己的父亲呢?很显然逻辑出了问题,但在这个幽默里的逻辑错位就只仅仅是一般的单纯的简单的逻辑错位,没有两条逻辑的交叉,也没有“二重”。这一条幽默就是我从外国幽默栏目里的幽默翻译过来的,没有“错位逻辑的交叉”,你能说它不幽默?小汤姆伪装成爸爸打电话,比较逗趣,有乖讹之处,应该是一个幽默点,算一分;一般性的错误逻辑“我是我爸”是一个幽默点,算一分,总计为2分。

休克性愚蠢的幽默举例:

(35)邻居忘了带钥匙,从我家阳台翻过去,在屋里找到钥匙后,又翻回来,再打开自家房门。更令人叫绝的是,我自始至终在阳台上接应着,未觉有不妥之处。唉。我俩的脑袋肯定被同一个门挤过。

第(35)例子这种幽默更谈不上有什么“错位逻辑的交叉”,仅仅只是一时性的脑残所产生的幽默,这样的“脑残”我称之为“休克性愚蠢”。这样的幽默已经堂而皇之登入幽默的大雅之殿,无论是在很多大型和著名的幽默刊物上、还是在大量的“专题电子幽默”里都信手拈来、比比皆是。行为的荒诞性也具有乖讹讹素,要算为一个幽默点,也不存在什么逻辑交叉,当然得分就只是一分。尽管是得一分,也不能否定是它是幽默。

三、本章小结

综上所述,如何度量幽默,如何让幽默“量化”具体化,可以梳理出一个大致的做法。一方面是从质量方面来打分,有“错位逻辑的交叉”或“隐理性”,就一步到位地可以确定为高级幽默;一方面是从数量方面来打分,只有找到了幽默的最小单位,才得予评判幽默度的分值。借用自然科学的“单位"计量做法来把幽默较标准化地确定幽默的基本单位，也是最小单位，这个单位就是我前面所说的——幽默点，使度量幽默度比较"科学"一点。所以，度量幽默度，就要掌握好幽默点和幽默度——这个共同构成了产生幽默效果的两个重要参数：一个是幽默里能够诱使人发笑的最小因子，最小的基本的单位，即幽默点；一个是幽默的程度，程度可以由分值的大小来决定。分值的大小又取决于幽默点的多少和高级幽默的"错位逻辑的交叉"和"隐埋性"的多少；幽默点的多少和高级幽默的"错位逻辑的交叉"和"隐埋性"的多少又受到以上表格里的 C. D. E. F. 几个子项的相互影响，各个子项之间，是相互配合，相互叠加的。

具体度量的做法如下：1. 首先要找出幽默点，一个幽默点一分，有多少幽默点就计算为多少分，三个分值及其以上的，哪怕没有"错位逻辑的交叉"或"隐埋性"，就属于"高级幽默"。2. 不管幽默点多少，只要有"错位逻辑的交叉"或"隐埋性"，就是高级幽默，可以直接加 2 分，如果不止一个，就可以累加，一般来说，至少都会有一个幽默点，所以，它的分值至少也是 3 分。3. 多个幽默点被"链接"时、两条逻辑被"交叉"时、没有幽默点的材料被"激活"时，随即生成了幽默。一般情况下，"链接"、"交叉""激活"时的那一刹那，都不视为生成了新的幽默点，但如果连一个幽默点都没有的材料被"激活"时，才生成为幽默的这种情况，就要把"激活"的那一刹那视为是生成了新的幽默点，是一个复合型的幽默点，也要算为一分。4. 低级幽默的分值就是 2 分及其一下。5. 判断幽默点和寻找高级幽默的两个重要属性，还可以借助于上面幽默"量化"表里的几个子项与幽默度的关系。6. 如果一分都找不出来，那就不是幽默或许是"逗乐"了。

知道了幽默点与幽默度，也可以有助于提高创造幽默的水平。从这个命题的本身来看"幽默点与幽默度"是相对幽默的创造者即主动方来说的，也可说成是幽默的创造者即主动方在创造出幽默之前，除了应该遵循幽默度评分所要依据的以上幽默的几个子项，还应该在方法上要注意以下几个方面，才能创造出幽默度更高的幽默：一、使幽默点形成逐步递进，彼此串联。二、综合运用多种表现方法，运用间接推理的方式塑造幽默，可以通过各种学科的方法、各种语用方法，比如语法、修辞等等手法。三、尽量为接受者留下逻辑思考和推理判断的空间，给接受者制造一种"幡然醒悟"的条件。

四、从“隐埋性”角度出发,幽默的主动者、发出者、创造者设置幽默故事内容时,多采用反科学、反传统、反规律、陌生化的方法,增强故事的荒谬度和离奇色彩,用大众所不熟悉的方式讲述,让大众在惊呼不可能的同时理解幽默的含义。既可以采取陌生离奇的方式,也可以采取引发共鸣的方式。五、注意幽默的目的性,在增强幽默可笑程度的同时,为其赋予一定的社会价值和意义,能够让人晓以道理,在一笑过后,加深对幽默的印象,并反思自己的思想和行为。有时候,让人回味无穷,若有所思的会心一笑比让人哈哈大笑却一无所得还要有价值。

相对幽默的接受者来说,不管是高级幽默还是低级幽默,只要是幽默,都有利于改善人们的生活,幽默的接受者即被动方还可以利用以上幽默的几个子项方面对已经产生出来的幽默进行评判。

以上的A、B、C、D、E、F、G、H八个子项里,都与幽默度有着千丝万缕的紧密联系。前六项直接影响着幽默度的分值,也就是幽默度的高低,分值越高幽默度就越高;后两项可以通过分值来判断其幽默的性质:是高级幽默还是低级幽默。

要使得对幽默度的度量保持在一个相对客观的标准上,就必须跳出从幽默材料接受者和创作者等主观角度进行度量的视野,只能立足于幽默材料本身。幽默度本身就是一个主观性较强的相对性概念。这种认识是动态的、变化的、不定的,因人而异,何况还有以上所讲到的“隐埋性”“陌生化”“深奥度”,每个人对幽默的“陌生化”“深奥度”“隐埋性”即“笑点”的程度也大相庭径、千差万别的。以上所述的对幽默度打分的六个A、B、C、D、E、F子项方面,就是要在抛弃了主观性,抛弃了文化背景的不同性,站在幽默材料本身的立场上,从幽默本身的属性出发,来分析和论述六个子项如何决定着幽默度分值的。一则幽默一旦产生,相对一定的文化历史背景和个体,它便具有的了相对独立性,成为一个客观存在的特定环境里的“特定幽默”,你不能因为你不觉得是幽默而否定之。所以分析幽默度只能是相对幽默材料本身,以及幽默本身所处的文化历史背景,这样才能最大程度避免各种主观因素的影响,度量出相对来说更加客观的幽默度分值。

这里就是利用了以上的表格,即六个子项与幽默度的关系,来对幽默度进行“量化”,相对来说比较细化了一点,也好操作一点。是不是具有合理性、科学性，还要企盼业内专家们今后的评判。总之，我这里所罗列的方法仅仅是一管之见，不管还有什么方法，方法是为目的服务的，最终目的是围绕幽默的创造和享用，否则就是去了现实意义。

第十章

大一统幽默与笑的关系及其功能

所谓大一统幽默的"笑,其实就是幽默的笑,因为通过设置低级幽默的方法,把一些"准幽默"纳入幽默的范畴,低级幽默已经取得了幽默的"身份证",何况,高级幽默的"笑"与低级幽默的"笑",并没有本质上的区别,只是程度上不同而已。所以,在这里没有必要再分开来论述,本章所论述的幽默的"笑",实则都是大一统幽默"笑"。

一、幽默与笑的关系

(一)笑是什么

笑是人的一种平和心态以及善良的内心表现,同时,也是体内安多芬分泌物增高时,必然要通过脸部表现出来的外在表现;笑是一种很神奇的行为,它是人的一种面部表情,可以反映出人的内心活动和精神面貌。人类的面部是由44块肌肉组成的,血管和神经缠绕着软骨和骨骼,光滑绷紧的皮肤贴在骨骼上,这些组织相互关联,相互作用,可以做出推、拉、扭曲各种动作,摆出足以让人吃惊的5000个表情来。①

虽然笑很神奇,"笑"在社会中又普遍存在,从一个个具体的人身上表现出来。由于人类心理的复杂性,"笑"通常也表达着人不同的心理反射,当然就会有产生很多的"笑",这些"笑"就是通过各种语言词汇来描述的。仅以汉语和英语举例:汉语里的"笑",如:微笑、大笑、苦笑、冷笑、嘲笑、讥笑、媚笑、奸笑、狞笑、偷笑等等好几十种;还有各种不带"笑"字的明喻或暗喻的"笑",如:嫣然、莞尔、解颐、霁颜、盈盈、启颜、开颜、展颜、粲然、粲齿、掩口、

① 参见360百科:笑——https://baike.so.com/doc/4761216-4976782.html

呵呵、嘻嘻、哈哈、捧腹、哄堂、拊掌、脱颔、喷饭、花颤、冠缨索绝等;英语里的“笑”,如:laugh 大笑,smile 微笑,giggle 格格地笑,smirk 得意的笑、假笑、傻笑,simper 痴笑,chuckle 抿着嘴笑(低声轻笑),Beam 满脸笑容,Jeer 嘲笑,guffaw 放声大笑、狂笑,grin 咧着嘴笑、露齿而笑,sneer 冷笑、讥笑,tease 戏弄、取笑、开玩笑,snicker 坏笑,fitter 偷笑,roar 哄笑,chortle 欢笑,ridicule 嘲笑,deride 讥笑, titter 嗤笑,snort 高声大笑,等等。以上这些英语的“笑”还不包括与“笑”有关的词组、短语和喻语。每一个词所代表的每一种笑都应是一定情绪的心理反映,这种反映往往是外界信息对大脑刺激后所产生的结果。

由于人的思维和心理构造的复杂性、社会复杂性,也就产生了复杂的“笑”。尽管“笑”是如此复杂,但根据大脑对外界信息反映的生理过程来分析,无外乎是两种反映,一种是生理性的“笑”,一种是心理性的“笑”:“如果是简单的粗糙的信号(如搔腋窝、挠脚底板心等得来的纯生理性刺激信号),则丘脑的“快乐中枢”马上作出反应指令,这指令性信号通过运动神经,传至表情肌等部位,于是人作出笑的表情反应;如果是复杂的信号,则丘脑还不能马上作出反应指令,信号必须再通过边缘系统,进入大脑皮层,大脑的多个部位联合起作用对信号进行处理,然后再把信号送到大脑皮层的前额页。如果大脑判定这信号是好笑的,于是最终作出笑的反应指令。这指令信号通过多条运动神经,分别通到嘴唇、眼角等处的表情肌和呼吸器、声带、横幅膜等部位,指挥这些器官或部位动作起来,笑于是产生了。”①这里的所谓的“简单的信号”就是非意识类的;所谓的“复杂的信号”就是意识类的,具有强烈的社会属性和文化信息。非意识类的信号一般只能促成生理性的笑,而意识类的信号不仅可促成心理性的笑,还可以促成生理性的笑,只不过这种生理性的笑不是直接来自非意识类的信号,而是先来自意识类的信号,引发心理性的笑,又由心理性的笑带动了生理性的笑。

从上面的心理性和生理性笑的生理反应过程可以看出,它们在生理上的传导是不一样,当然性质也不一样:一种是纯粹生理性的笑,一种是由心理性笑带动了生理性的笑,两种笑合并在一起的笑。所以,尽管“笑”是如此

---

① 杨明新的《笑的奥秘》P23. 广西人民出版社 2004 年 1 月,

复杂，尽管仅汉语和英语就列举了那么多种类的“笑”，但“笑”总体可以分为两大类，即：纯粹生理性的笑和心理性的笑。

从生理学角度来说，对笑的研究古已有之，从古希腊的哲学家柏拉图到19世纪生物学家达尔文再到当代的生理学家，许多的专家都对“笑”做出过解释。比如柏拉图就发现了当我们抓痒的时候有可能会引起生理性的笑；达尔文的《人类与动物的情绪表达》从生理学的角度分析了儿童、成人、白痴以及搔痒引起的各种笑；英国荷伯特·斯宾塞的《笑的生理学》认为笑可以被各种感情所引起，并非都是愉悦的，比如说讽刺挖苦的笑或者歇斯底里的笑等等。也就是说，生理性的笑可以来自非意识的信号，也可以来自意识的信号。虽然外界信号不一样，但最终都可以产生出生理性的笑。来自非意识信号所产生的笑，就是从起因到结果都属于生理性的笑；来自意识信号所产生的笑，起因是由心理性的笑进而引发生理性的笑。从生理学角度来说，不管起因如何，只要是带来了面部肌肉、胸膈肌、声带、甚至全身的运动，就应该属于我称之为的纯粹生理性的“笑”。

从心理学的角度来说，从古至今也有许多的哲学家、心理学家等对“笑”也有很多研究。比如从古希腊思想家柏拉图开始就已经关注关于笑的心理方面的问题；英国的哈特莱开创了关于笑的“心理联想说”；德国的让·保尔认为发笑主体对客体的感知主要靠心理上的感觉等等，许多的研究者对笑的心理研究表达出自己的看法和观点。总结性的来说，笑的产生是因为人的心理、情感受到了外界的影响，得到了满足之后所引起的偏向愉悦方向的或者说不是难受的反映。它经历了由外到内再到外的一个过程，笑是心理活动的外在表现，是一种有益于人的心理健康的愉悦心境。之所以这些大家们从心理的角度来界定“笑”，那是因为在人类的“笑”中，大多数的笑，或者说主体的“笑”都是由心理性的笑引发了生理性的笑的。所以，“笑”常常是需要具备心理活动和生理活动两个方面的共同支撑，笑是“一种生理和心理上的‘喜形于色’”（法国罗克尔医生语）。即是说：笑是人的生理活动和心理活动的结合体——这种从意识类的信号带来了笑的心理反应，从而带动生理性的笑，就是我称之为心理性的“笑”。

以上的区分心理性的“笑”和生理学的“笑”主要是从产生“笑”的来源上来“定义”的，实际上，很多心理性的“笑”都伴随着生理学的“笑”，是一种复杂的、综合的"复合型"的笑。以上生理性的笑与心理性的笑，除了在生理上的传导和来源不一样以外，还有可以用以下的一些表象来区分：

1. 生理性的笑。这种"笑"比较简单，是通过非意识信号刺激带来的，不带有社会属性、不受外界意识影响。比如：

(1)一生下来就会笑的那种。一生下来的笑不具有社会属性，不带有外界意识的影响，只仅仅表达婴儿是舒服的，而不表达其它社会因素的内容。但当这个婴儿逐渐长大以后，学习了语言、有了思维、接触了社会、与社会发生了各种联系后，所产生的笑就发生了变化，它的笑就也会带有社会属性，它的笑就会增加许多内容。比如上面讲到的苦笑、嘲笑、讥笑、媚笑、奸笑等等。就像上面所提到的可以用很多种语言和词汇来表达的不同的笑，这个不同的笑就是带有社会属性的笑。

(2)有人胳肢你或挠痒你，让你发出笑声的那种。

(3)还有就是吃了一种药物会产生生理上的笑的那种。这种药叫做一氧化二氮，这种气体人闻了就会笑，是生命力发泄的一种方式，并起到消除疲劳、起到维系身体免予机制运转的作用。

(4)还有一种是白痴的笑，几乎是一种无意识的生理性的笑。

一句话，生理性的笑就是不带有社会属性、不因心理或外在意识的信号引发的笑。

2. 心理性的"笑"。这种"笑"比较复杂，是通过意识获得刺激神经发笑的信息后而产生的"笑"，而不是通过物质的或非意识的手段来达到的笑，带有社会属性，是心理活动与生理活动相结合的产物。

以上的两种"笑"，一种是纯粹生理性的"笑"，一种虽然从分类上总体视为是心理性的"笑"，实则是由心理性的"笑"带动了生理性的"笑"的一种复合型的"笑"。其实都还有一种纯粹心理性的"笑"，那就是幽默所带来的，属于心理性的"笑"当中的特例。

(二)"幽默的笑"是特殊的"笑"，是高雅的"笑"。

"幽默的笑"是特殊的"笑"。按以上的分类，幽默的笑总体属于心理性的"笑"的范畴。幽默所产生的"笑"是由意识性的信号引发心理性的笑，但同时也能带动生理性的"笑"，属于一种复合型的心理性的"笑"；但有时候，并不完全是这种复合型的心理性的"笑"，有些幽默的"笑"并不表现在脸上,只是表现在心里,并不带动生理性的"笑",但它也属于"笑"的范畴。这是幽默所引发"笑"的一大特点:这种"笑"仅仅是"闷"在心里、停留在心里的笑,就是业内所说的会心的"笑",是一种纯粹心理性的"笑"。即是说,幽默的笑不完全是上面所说的一般的心理性"笑"的内涵,在总体属于心理性"笑"的范畴之内的情况下,还应该进一步区分为两种:一种是心理性的笑,同时带动了生理性的笑;一种是纯粹的心理性的笑,并不带动生理性的笑。

"幽默的笑"比"其它"的笑具有更为深刻的内涵和意义,"幽默的笑"不仅仅是造成了生理方面的快感,而且更多的是表现在心理方面愉悦是感受。幽默主体在引人发笑时,首先要考虑的一点就是满足幽默客体的心理需求,并让幽默客体的这种心理需求得到不断的提升,然后突然或最后激发出幽默客体意外的心理性的笑意,大多幽默还会带动生理性的笑。

当然幽默的表现方式也应该是比较特殊的,是一种特殊的引人发笑的艺术。其表现方式是一种"互动"的表现方式,幽默主体通常以含蓄、委婉的方式来表达自己的观点,通过幽默客体的理解和感受来取得幽默的效果,幽默客体一般会运用联想和推理等的方法来理解幽默内容,感受幽默的魅力。在幽默被接受之前,幽默主体是占主导地位的,因为幽默主体是幽默的发出者,没有幽默主体就没有幽默。在幽默被接受之后,幽默客体则象征性的占据了主要地位,因为,幽默主体所发出的幽默本来就是要让幽默客体来接受,让幽默客体感受到"笑"的体验,从而把幽默客体逗"笑"。

"幽默的笑"是一种高雅的笑,甚至是智慧的一种体现,因为它可以展现出独特的人格魅力。一般来说,具有幽默能力的人也大都具备较高的智商和情商。因为幽默在交际中可以发挥很大的积极作用,在笑声中可以拉近人与人之间的心理距离。所以,幽默可以让人在人际关系交往的过程中如鱼得水,在处理复杂的事情的可以做到游刃有余,从而给人以欢乐,给人以愉悦,给人以和谐。不仅如此,经过多年的研究已经证明,幽默还有着很多社会功能(这也要开辟一章来论述)。从幽默的社会功能当中就可以看出,幽默不仅仅能体现一个人的智慧,还能从侧面显示出幽默主体和幽默客体的品质特征,还可以认为是个人修养的外在表现,是人格魅力的自然流露,是思想内涵的外部延伸。

作为一种高雅的笑,"幽默的笑"不仅与"其它"的笑有着共性,还有着自身的特点,“幽默的笑”也可以带给人欢乐与温暖,可以治愈悲伤的心灵,可以使我们的生活充满阳光与希望;“幽默的笑”还可以让枯燥的生活变得有趣,它不仅是乐观开朗的表现,还能风趣巧妙或许说委婉的表达对生活中某些事情的看法或者自身的一些观点。然而,我们不能忽视的一点就是,笑并不是衡量幽默的唯一标准,对于幽默来说,笑是幽默的延伸,而幽默又常常蕴含智慧或哲理在其中,它不是显露在表面上的,而是隐藏在其深处。由此所引发的笑就具有了更高层次的特点,所以“幽默的笑”是一种智慧的笑,智慧的笑当然是一种高雅的笑。

(三)幽默离不开“笑”,但“笑”不等于幽默,也不是一切幽默都会带来生理性的“笑”。

虽然幽默离不开“笑”,但并不是“笑”就是幽默,也不是一切幽默都会带来生理性的“笑”。“有趣或可笑而意味深长”是现代汉语词典对幽默的解释。所谓“有趣”也包含了“笑”的心理因素;所谓“可笑而意味深长”,就是能停留在内心较长久地咀嚼和揣摩幽默的“笑意”。在一定程度上,我们可以说“笑”是幽默的基本要求,没有笑就谈不上幽默。所以,会把很多幽默大师称之为“笑星”,或者把很多“笑星”称之为幽默大师。我们生活中出现的一些幽默场景、幽默文化、幽默形象、幽默言行等都可以让我们发笑,而这些使我们发笑的场景、文化、形象、言行等正是因为笑的产生才具有幽默的内涵;笑是幽默的外在表现形式,幽默是通过“笑”来表达人的特定心情,从而达到阐释幽默内涵的目的。

笑经常出现在我们的日常生活之中,我们可以说所有人都会笑,然而却不能说所有人都会幽默的笑,或许说每一次笑都是幽默的笑。“幽默的笑”与大多数心理性的“笑”不是一种性质的“笑”,因为“幽默的笑”是一种因为谐趣、乖讹而引发的“笑”、是一种意味深长的笑、会心的笑,有些还包含了耐人寻味的智慧或哲理,其它的“笑”则不具备“幽默的笑”的这一特点。

不仅单纯的生理性的“笑”不属于幽默“笑”,而且也不是所有的心理性的“笑”都等于幽默的笑,比如因为高兴的事情引发的笑;比如因为兴奋的事情引发的笑;比如逢场作戏的“笑”;比如谈判桌上的笑;职业要求的“笑”,等等就不属于幽默的笑。从逻辑学的角度来看,笑包含“幽默的笑”,“幽默的笑”只属于笑的一个部分。“幽默的笑”产生时一般要先有一个会心的过程，幽默客体通过领会幽默主体所发出的幽默内涵，然后产生一种意味深长的笑，而这种笑又只能算是心理性的“笑”当中的一种。也就是说，“幽默不等于笑”，把所有一切“笑”与幽默完全划等号无异于在重复“公鸡都是鸡，鸡都是公鸡”的错误逻辑！还有，幽默所产生纯粹的心理性的笑，在脸部表情上是体现不出来的，旁人也就看不见，就是在这个意义上，不是一切幽默都会带来“笑”。比如，黑色幽默带来的“笑”属于内心深处酸涩的“笑”，就看不见；比如，讽刺性比较强的幽默也不会带来面部表情的“笑”，只能是在发出者的内心会有一种“冷笑”，在接受者的内心会有一种“苦笑”。

二、幽默的功能

幽默的功能主要是通过对幽默产生的心理性的“笑”和生理性的“笑”来达到一定的心理效应和生理效应的，一般在产生心理效应的同时会产生生理效应和社会效应，从而心理效应、生理效应和社会效应共同发挥出幽默的功能。所谓生理效应就是由心理感受传感至大脑，让大脑给笑神经发出指令，产生生理性的笑，笑又带动了全身的运动，即产生生理效应，从而有助于身心健康；所谓社会效应就是会产生若干社会功能，比如，一些像政治幽默、黑色幽默、讽刺幽默、诙谐自嘲的专题幽默等，在达到娱乐自己，娱乐他人的同时，还能知人论世；还可以载以道理、表达观点、调剂情感、委婉批评、提出建议等；还可以在生产、生活中能够起到淡化人的消极情绪，消除沮丧与痛苦，缓和紧张或尴尬环境，活跃气氛，中和烦恼与矛盾、转诉人的诉求、讽人谏世等。

幽默具有众多的社会功能，这在当今已经是不可争辩的事实。比如幽默具有释放、教育、亲善、化解、攻击等功能。在此着重讲典型的或普遍的几种：（一）幽默的交际功能（二）幽默的娱乐功能（三）幽默的医疗功能（四）幽默的修身养性和使人长寿的功能（五）摆脱压力和适应社会的功能（六）幽默的教育功能（七）幽默的批判功能。

（一）幽默的交际功能

幽默的交际功能是较为重要的一个方面，幽默大多是通过语言来表现出来，而语言就是人们交流的工具，所以幽默的交际功能是我们首先要探讨的。

1. 幽默彰显个人魅力

意大利的索菲亚·罗兰说:"我相信幽默感也是魅力的一个组成部分。有了幽默感,人们可以在一种非常融洽的气氛中彼此交流思想和看法。缺乏幽默感,生活就变得非常单调和枯燥"。具有幽默能力的人通常具有较高的智商和情商。众所周知,获得成功的人往往都同时具备这"两商",而幽默感就是凸显这"两商"的特别表现,具有高"两商"的人不能不说就是具有个人魅力的人。

幽默的语言是个人魅力的外在展现,具有个人魅力的人才能在交际中如鱼得水。古今中外有很多的幽默大家,比如春秋时代的晏子、近现代的林语堂、钱钟书、西方的卓别林、马克·吐温、爱伦·坡、狄更斯等等,他们都是很成功的人物。他们不仅是幽默大师,还是著名的作家、艺术家。他们都具有很高的人格魅力,这不仅仅体现在他们丰富的历史文化知识上、高品位的作品上,还体现在驾驭幽默的能力方面。

举个例子来说,比如左丘明《左传·文公五年》里记载了关于晏子的一则故事《华而不实》:

(1)齐景公对晏子说:"东海里边,有古铜色水流。在这红色水域里边,有枣树,只开花,不结果,什么原因?"晏子回答:"从前,秦缪公乘龙船巡视天下,用黄布包裹着蒸枣。龙舟泛游到东海,秦缪公抛弃裹枣的黄布,使那黄布染红了海水,所以海水呈古铜色。又因枣被蒸过,所以种植后只开花,不结果。"齐景公不满意地说:"我装着问,你为什么对我胡诌?"晏子说:"我听说,对于假装提问的人,也可以虚假地回答他。"晏子对于齐景公无厘头的提问并没有正面回答,而是以其人之道还治其人之身,晏子以其睿智的语言反驳了不合理的提问。

再比如,周恩来总理也是一位具有非凡气质以及睿智幽默的外交家,在外交场合,如果能够熟练运用机制幽默的语言就能很好的彰显个人魅力。

(2)举一个比较著名的例子:在一次记者招待会,周恩来总理介绍我国建设成就。一个西方记者问:"中国人民银行有多少资金?"这涉及到国家机密,不可能直言相告。总理眉头一皱,很快答道:"有 18 元 8 角 8 分。"在场的人全都愕然。总理解释说:"中国人民银行的货币面额为 10 元、5 元、2 元、1 元、5 角、2 角、1 角、5 分、2 分、1 分,共十种主辅人民币,合计为 18 元 8 角 8 分。中国人民银行有全国人民作后盾,信用卓著,实力雄厚,人民币是世界上最有信誉的一种货币。"话音刚落,全场响起热烈的掌声。

周恩来总理以其机智的语言化解了对方不怀好意的提问,既不会造成尴尬,又可以活跃气氛,充分展示了其个人魅力。

当然有人格魅力的人肯定是具有幽默感的人,具有幽默感的人当然也善于交际。因为幽默的语言可以拉近人与人之间的心理距离,幽默的话语中蕴含着无穷的力量,这种力量跨越种族、跨越历史、跨越文化。与幽默的人相处,我们会感到亲切、自然、和谐;幽默的人以其高尚的品质鼓舞着我们,吸引着我们,激励着我们。所以,幽默不仅反映文化素养,还彰显了人格魅力,同时也调节了人际关系。

2. 幽默是社会活动的润滑剂

幽默不仅可以彰显个人魅力,还是社会活动的润滑剂。幽默理论研究专家、漫画家方成先生曾说:"许多学者、医学家、社会学家、教育家、政治家等,都认为幽默是人生活中一种润滑剂,有利于交往,有助于顺利解决矛盾,消除困扰;又能使人精神健康,使生活充满情趣;政治家说幽默是睿智、豁达、善于处事的表现……"①。这个润滑剂可以使尴尬的气氛变得融洽,可以使不期而至的问题得到缓解,可以调节人与人之间的关系。作为社会中的一员,我们需要经常与人交流,在交流的过程中也难免会遭遇一些突如其来的不和谐,如果能够合理的运用幽默,那么我们就可以在交往的过程中左右逢源,化尴尬为神奇。"你不能老是板着面孔与人相处。幽默感是最重要的,它会使你的工作变得更为容易,同时也会给你的职工的生活带来深受欢迎的阳光"(英国. 帕金森·鲁斯特莫吉)。曾任英国首相的丘吉尔就是一位以幽默著称的政治家、外交家。比如:

---

① 方成:《方成漫笔》,河北教育出版社,1998. 6. 第 97 – 98 页.

(3) 丘吉尔有一个习惯，无论在什么时候做完工作，都要跳进热气腾腾的浴缸洗澡。然后光着身子在房子里踱步。在访问美国期间，他正光着身子在房间里踱来踱去，突然有人敲门。“进来”，他喊道。门开了，罗斯福出现在他的面前？见到丘吉尔一丝不挂就要退出。“进来！总统先生”，丘吉尔伸出双臂叫道：“大不列颠的首相对合众国总统是没有什么要隐瞒的。”

被别人看到裸体，尤其还是被美国总统看到，本来就是一件很尴尬的事情，如果丘吉尔反应不是那么灵敏，那么场面就会十分尴尬，而其巧妙的语言一方面表明了自己作为大不列颠首相的态度，即：在美国总统面前能够做到坦诚相见，坦诚到一丝不挂的地步。另一方面也化解了不期而至的尴尬，取得了良好的外交效果。

幽默还可以活跃气氛，把生活中枯燥的事情变得有趣，让单调的生活充满欢乐，跟幽默的人在一起总会让我们的心情感到比较愉悦，在笑声中思考问题。我们每个人都有自己的是非观念以及独特的个性和思想，而不同性格的人在相处时就会出现相应的不协调，如果我们想让这种不协调变得和谐，就需要幽默的参与，因为幽默可以调整各方的关系，让每个人和谐相处，在和谐的气氛中相处当然会让人感到愉悦。举个例子来说：

(4) 抗日战争胜利后，张大千要从上海返回四川老家，他的学生设宴为他饯行，邀请着名京剧艺术家梅兰芳等社会名流作陪。宴会开始，张大千举杯先向梅兰芳敬酒说：“梅先生，你是君子，我是小人，我先敬你一杯。”众宾客莫名其妙，梅兰芳也不解其意。张大千忙笑着解释：“你是君子，唱戏动口；我是小人，画画动手。”

张大千是画家，肯定是“动手”为自己的职业，梅兰芳是演员当然是以“动口”作为自己的职业。这是一意双关、曲意地理解“君子动口，小人动手”的中国谚语来引发的幽默，一句话引得满堂大笑，也让梅兰芳对张大千的为人有了更深一层的认识。张大千谦虚的态度以及幽默的话语在宴会中起到了活跃气氛的作用，不仅让在场的人哈哈大笑，而且还表现出一位大师的风范，故意“贬低”自己来对名人的“敬仰”，让众人佩服——这也应了“别人尊重你,有时并不是因为你优秀,而是别人很优秀”的时髦名句。

出现在日常生活中的幽默就更为普遍了。比如职场幽默,校园幽默,家庭幽默等。就职场幽默来说,在职场上,如果不时的讲一些幽默风趣的段子,那么就会缓解职场上的压力,让我们可以心情愉悦的工作。校园幽默或者家庭幽默也是同样的作用,当我们面对不同的人群时,就可以运用不同的幽默。

日本前首相大平正芳曾说:“幽默,可以说是能给人以微妙感的调剂生活的佐料。由于某种轻巧的幽默,就可以使当时的气氛为之改观,使陷于僵局的悬案豁然解决。”①

总之,幽默是润滑剂已是不争的事实。需要指出的一点:幽默所起到的作用又是双向的:对幽默的发出者来说,是一种“工具”,它让幽默的人受到尊重、敬仰和欢迎;对幽默的接受者来说,是一种享受,让感受到幽默的人有愉悦感和满足感。相对双方来说,幽默是一种润滑剂、调味品。幽默可以让矛盾和冲突消失于无形,让尴尬的气氛变得轻松。

(二)幽默的娱乐功能

幽默在我们的日常生活中具有不可替代的作用,幽默不仅可以促进人际关系的和谐,可以释放精神压力,还可以制造出很多的欢乐。

幽默的娱乐功能是其较为普遍的一种功能,因为大部分的幽默都是为了娱乐他人。无论是茶余饭后所讲的笑料,还是各种娱乐节目里搞笑的台词或行为,亦或是其他表演性的艺术,只要里面含有幽默的成分,就能够使人发笑,就是幽默在发挥自身的娱乐功能。无论是文本上的幽默故事,还是在言谈交流中的幽默故事,还是电视台里面专门的娱乐节目,幽默的娱乐功能都是显而易见的。比如小品、相声、脱口秀、专题幽默短片、搞笑的娱乐活动、搞笑画面、漫画、动漫、文本幽默等等,尤其当今电子信息发达的时代,各类“电子幽默”比比皆是。

幽默的娱乐功能可以出现在各种场合,甚至还可以出现在演讲中。举例:

① 关于幽默的名人名言第一条 http://www.yikexun.cn/mrmy/2017/0206/26911.html

(5)曾任美国总统的小布什在演讲的时候常常把他的副总统切尼当作开玩笑的对象。小布什有一次应邀回到母校耶鲁大学为毕业生发表演讲,他在演讲中这样说道:"今天是诸位学友毕业的日子,在这里我首先恭喜家长们,恭喜你们的子女修完学业,顺利毕业,这是你们辛勤栽培后享受收获的日子,也是你们钱包解放的大好日子!最重要的是,我要恭喜耶鲁毕业生们,对于那些表现杰出的同学,我要说:你真棒!对于那些哪怕是丙等生的人,我要说,你们将来也可以当美国总统。耶鲁的莘莘学子,如果你们从耶鲁顺利毕业,你们也许可以当上总统,如果你们中途辍学,那么你们只能当副总统了。"

小布什幽默的演讲词不仅让耶鲁大学的毕业生在愉快的气氛中感受毕业的快乐,而且还调侃了副总统切尼以及成绩平平的学生,让听众乐不可支。

还比如湖南卫视优秀的娱乐节目《天天向上》《快乐大本营》等就以其节目氛围轻松、欢快和幽默而著称。《天天向上》作为大型礼仪公德的脱口秀节目,里面的主持人都很幽默机智,尤其是汪涵,其快速的应变能力以及幽默的语言总能够让观众发笑。举例:关于汪涵的机智和幽默:

(6)比如曾有一位主持人问:"如果美貌和智慧只能选一样,你选哪一样?"李湘答:"我当然选智慧咯!汪涵你选什么?"汪涵说:"我当然选美貌,因为我已经很聪明了。"

在电视娱乐活动节目中,主持人的幽默与否决定着这个节目的收视率。比如幽默调侃的语言在汪涵口中比比皆是:

(7)"都说婚姻是爱情的坟墓,但是要是没有了婚姻,爱情岂不是死无葬身之地了吗?"

"黑夜给了我黑色的眼睛,我却要用它去戴博士伦。"

"我父亲是江苏人,母亲是湖南人,他们说我是个'江湖人'。"

无论国外还是国内,像这一类的节目现在已经层出不穷,比如央视的崔永元,周立波,上海台的金星秀等等,就是因为极其幽默,才带来了很高的收视率。

喜剧类电影也可以让观众发笑。比如周星驰的喜剧电影《喜剧之王》《大话西游》《唐伯虎点秋香》《国产凌凌漆》《武状元苏乞儿》等等以无厘头的喜剧表演形式吸引了一大批观众粉丝。就幽默、搞笑来说,周星驰的电影无疑是非常成功的。搞笑的台词,滑稽的动作,幽默的表现风格无不令人捧腹大笑。

幽默出现在表演性的艺术之中,如小品、相声等同样是为了娱乐大众。比如每年的春晚都会有相应的小品和相声参与其中,表现出与其他艺术不同的风格特点,是让人能够发笑的节目,也是观众最为期盼的节目。相比之下,小品和相声中所蕴含的幽默最主要的目的就是为了讨观众开心,观众笑了,小品或相声演员的目的也就达到了。例如赵本山的经典小品《卖拐》,《昨天·今天·明天》;赵丽蓉和巩汉林的《如此包装》;黄宏、巩汉林、林永健的《装修》等小品。相声方面,例如马三立的《逗你玩》;冯巩和牛群的《小偷公司》等等。

尤其是一个人独处时,看看这些幽默类节目或段子,可以自我解乏,达到自娱自乐的目的。

(三)幽默的医疗功能

医疗功能可以说是幽默潜在的一种功能,因为它并不能像幽默的其他功能一样能够很快的表现出来,而是要经历一定的过程才能体现出来,所以医疗功能是幽默的一种隐性功能,主要是通过"笑"来完成这个"医疗"的"疗效"。弗德罕大学关于笑的研究结论是:"笑,对心脏、肺部、胃和其他器官均有益处。笑能调节过低和过高的血压,促进消化,增强活力,并延长寿命。"①还具有辅助治疗某些疾病(比如口腔溃疡、心脏病、高血压等)的功效。有些心理学家、医学家甚至把幽默当做一种治疗的方法来治愈某些心理疾病或生理疾病,并且取得了一定的医疗效果,所以,幽默的医疗功能也是非常重要的一个方面。

---

① 何源:《浅析幽默的功能》,《剑南文学》2011. 1. 25

有数据显示:通过临床观察发现,在500名胃肠病人中,居然有74%的人是因为情绪不好而致病的;还有一位医学专家对250例癌症病人进行了全面调查,发现癌症发病之前,受过精神刺激的竟占三分之二。四川有位寿星中医、117岁的罗明山,他的体会是:"心胸宜开不宜郁,郁则百病生,开则百病除,就怕愁莫展,能求苦中乐,笑笑便了却。"

古今中外有许多的名言名句或者谚语也都表明了幽默与健康的关系,比如俄国的列宁说"幽默是一种优美的、健康的品质,愿你让自己幽默起来。"①德国的拉布说"幽默是生活波涛中的救生圈"②等等。

幽默是一种治疗的方法,主要是从心理上来讲的。因为无论是人类生病还是治愈,都与心理和精神方面有着极为密切的关系。最有说服力的就是:当一个人获知得了癌症,无论采取多么现代化的医疗,往往都会加速这个病人的死亡。这种例子在我们身边比比皆是。相反的例子:我所认识的一位老人,十多年前得了癌症,但她同时也患了老年痴呆症,医生给宣判为最多能活半年,但正是这老年痴呆症,使她忘记了自己的绝症,直到现在都还活得好好的。就是因为心理没有受到癌症的恐吓,而且还时常发出老年痴呆症的一些笑声。心理学家和医学家把幽默当做一种心理治疗的方法已被许多人所认可。早在1979年,美国心理学家诺曼·卡辛斯就提出了"将幽默作为一种疗法,为心理病人减压"这一说法。若干科学实验也证实了:幽默确实在心理治疗中起到了一定的积极作用,原因就是"痛苦的情感体验导致疾病,而良好的精神状态促进健康"。③

经过多年的科学实验和临床实践,"现在,医学家已经知道幽默具有医疗的作用,开始采用笑疗法治疗许多疑难之症,建立笑疗医院。直接以笑作为处方开出来为人治病的,已不是笑谈,而是屡见于古今中外的史料和传说。现在幽默在国际上越来越风行,引起人们的关注。美国有'笑星医疗队',每隔一段时间为癌症患者及其亲属举行'逗与笑'晚会;英国有'幽默俱乐部';南斯拉夫有'幽默协会';日本有'笑节';保加利亚的加布罗沃早

---

① 有关幽默的名言第5条 http://www.lz13.cn/mingrenmingyan/23645.html,

② 李静:《浅析英语言语幽默——以语言的间接性和关联性为视角》——《科教文汇(中旬刊)》2008年第07期

③ 陈维:《幽默谈》——《健康》1996年第02期

已是有名的'笑城';巴西一位企业家办了个电话服务系统,叫'笑话台',用英、法、俄、汉和西班牙语讲笑话。幽默为什么这样红火?那就是因为笑对人体许多器官起着健康的作用”①。

欧美一些专家认为,没有笑声,人的心理压抑得不到渲泄,人就容易得病。因而发明了'幽默疗法',以诙谐有趣的书籍、漫画、电影、戏剧等作为定期发放的'幽默药品'。在美国,亚利桑那、俄亥俄等大学已经开设了专门的幽默课程。1976年,在英国威尔斯的卡迪夫召开了'幽默与笑'国际研讨会。1989年7月,35万现场观众和5亿电视观众欣赏了来自16个国家的50多名滑稽演员在历时两周的第七届加拿大蒙特利尔幽默节上的精彩表演。

更有甚者,在以色列还成立了“医疗小丑队伍”,就是专门到全世界的医院为病人解除痛苦的。据介绍,以色列海法大学是全球第一所提供“医疗小丑”全日制学位的大学,还在巴伊兰大学等学校也开展了相关课程。此外,医学院也提供专门的“医疗小丑”学习课程。例如,Ka-plan医学院提供一年的学习课程。在以色列的大学里,“医疗小丑”专业的学生不仅要学习护理、心理学、物理治疗、医学史等医学方面的知识,也需要懂得如何调动身体语言。这个“医疗小丑队伍”还到过我国许多地方,帮病人解除痛苦。如:据成都日报2015年08月08日报道:“'另类'心理干预,以色列'医疗小丑'逗乐成都小患者”。如:据东方网2014年10月28日报道:“有这样一群小丑,他们的工作地点不在马戏团也不在剧院,而在医院;有这样一群小丑,他们只为患者表演,通过“幽默的力量”,让患者暂时忘记病痛与压力。据来自以色列驻沪领馆的消息,两位来自以色列的“医疗小丑”走进上海的3家儿童医院,为儿童患者带来充满欢声笑语的'小丑治疗'。”据贵州电视台和多彩贵州网报道,这个医疗小丑队也曾到了贵阳的一些医院做幽默治疗。

例子(8)图片的描述,几个小丑出现在医院的一个病房里,小丑是化了妆的,床上有一个生病的小孩。

通常来说,以色列的“医疗小丑”都有表演或者戏剧舞台经验。比如此

① 方成:《方成漫笔》,第97-98页,河北教育出版社,1998.6.

次以色列驻沪领馆邀请到中国进行巡回医疗的两名“医疗小丑”都曾是演员。另据了解，以色列还成立了最大的医疗小丑协会——“梦想医生”，专门向各大医院派遣合格的“医疗小丑”。虽然“医疗小丑”最初的主要服务对象是儿童，但经过多年的发展，“成人患者”也逐渐成为服务对象，无论是内科、外科，还是普通病房及癌症病房，都可能看到他们的身影。

世界各地所兴起的“幽默疗法”也绝不是空穴来风，“幽默疗法”之所以这么受欢迎，是因为它所起到的疗效是引人关注的，有时候甚至可以发生奇迹。比如：

(9)“英国物理学家和化学家法拉第，晚年患顽固性头痛病，四方求医，遍寻良方，都无济于事。一位医生详细询问病史，发现法拉第是因为整天处于紧张的研究工作状态而导致此病。医生开了一个处方，上写英国谚语：‘一个丑角进城，胜过一打医生’。法拉第从中悟出奥妙，于是经常去看喜剧演出，丑角的精彩表演和幽默的独白，使他笑得前仰后合。笑过之后，精神大振，疾病不治自愈”。

关于“幽默疗法”所取得的效果，美国的雷蒙德·穆迪医生在他所写的一本名叫《笑有益于血液——幽默的医疗作用》的书中也记载了一些关于“幽默疗法”的例子。比如“书中记述了一个叫诺曼·卡普斯的记者，不幸患了一种由于缺乏胶原引起的‘结缔组织严重损伤’的不治之症，医生坦诚相告，他将不久于人世了。但诺曼·卡普斯并不心灰意冷，对人生仍然抱有希望，他找来一批喜剧影片，每天请护士给他放映，每当看到幽默可笑之处，他就捧腹大笑，渐渐地他感到身上的疼痛有所缓解，睡眠明显好转。诺曼·卡普斯从中悟出了一个道理：大笑对他的疾病有医疗作用。后来他干脆搬出了医院，住进一家旅馆，每天看幽默喜剧片。经过一段时间的‘幽默治疗’，他的不治之症居然大有好转。10 年之后，完全成了一个健康的人”。这些关于幽默治疗疾病的例子也正体现了幽默的医疗功能得到了有效发挥。

实际上，在我国古代早就有了运用幽默手段来医治疾病的。例如：

(10)“笑疗”治愈了县太爷的抑郁症

在明朝有位县太爷,因患心病整天愁眉苦脸,郁郁寡欢,食不甘味,睡眠也不安稳。日子长了,只见他日渐憔悴。家人到处求医,疗效甚微。有一天,当地一位医术高明的老郎中得知此事,便上门诊病。在为县太爷把脉之后,一本正经地说:“你乃是得了月经不调之症。”

这县太爷听了立即笑得前仰后合,说:“此言谬也。”便把郎中逐出。后来,这县太爷逢人便讲此事,每次都笑声不止。谁知没多久,他的病竟好了。这使他恍然大悟,这是郎中的绝妙之处。其实,这就是“笑疗”治愈了县太爷的抑郁症。

然而,我们不得不注意的是,在使用幽默进行心理治疗的时候,需得把握好被治疗者的心态以及心理疾病的起因等一些客观方面的东西。因为,如果把握不好心理治疗的度以及心理治疗的方向,那么就有可能造成适得其反的效果,就像什么样的疾病就需要相应的药方,幽默对于心理治疗也是,只有下对了“药”,才能医好相应的心理疾病。比如心脏病心脏承受能力较弱的时候,就不宜大笑;再比如高血压病患者,“笑”也是要适可而止的。

幽默是一种心理治疗的方法,当然首先是用来治疗心理抑郁方面的疾病效果最佳,很多人正是因为抑郁、消极或有压力的心理状态使身心健康受损,那么当我们使用合适的方法来消除抑郁,变消极为积极且释放压力的时候,身心健康就自然而然的会恢复,而幽默正是一种很适合于治疗这些状况的方法。

从上面的很多幽默医疗的例子和许多国家专门成立了幽默医疗组织的例子来看,幽默不但可以治疗心理方面的疾病,还可以辅助治疗一切疾病;甚至现代研究表明,“笑”还可以刺激心脏分泌一些有益于身体的激素来遏制癌细胞的生长;幽默是通过“笑”来减轻和缓解人的心理压力,让人的心理状态保持平衡,从而促进人的心理健康,从而达到生理的健康。实践证明,“笑”是一种对人身体有益的生理活动,还可以提高免疫力。所以,为了我们的身体健康和心理健康,我们应该不断的提升自己的幽默感,每天都用笑来面对身边的人和事,这样的话,我们才活得更有乐趣和更能长寿。

(四)修身养性和使人长寿的功能

幽默具有修身养性的作用,具体表现在:它不仅能够使人的精神放松,还能够有效的缓解人的内心的苦楚,对身心健康有着积极的促进作用,而且让淤积在人体内的哀愁散发殆尽,从而达到修身养性的作用。修身养性自古以来就是人们所不断追求的一种完美的境界,幽默在缓解心理压力的同时能够保护人的心性不受到侵害或受到较少的侵害。因为幽默的人或者能够欣赏幽默的人一般都具有良好的心态,当幽默产生的时候,幽默的接受者或发出者的心态是平和的,他们能够豁达地对待身边的人和事以及现实生活中出现的一些突发事件。此外,当幽默者发出幽默时,传递的是一种积极向上的处世态度,它不仅可以让发出幽默的人获益,而且还能让幽默的接受者欣赏对方的思想和修为,从而保持一种良好的心态和行为。

幽默可以释放人的精神压力,当一个人的精神压力得到缓解的时候,就会让他回到一种健康的心理状态,拥有了健康的心理状态,自然是对人的身体健康是有益的。所以,幽默相当于是一种宣泄,把内心的抑郁用合理的方式发泄出来,这样就能够很好的缓解和释放心理压力,在缓解和释放心理压力的同时也就可以发挥增进身体健康的作用。比如身在职场的人会经常遇到各种各样的压力,如果压力不断地积压,无论多么健康的身体也是承受不了的。如果他能够以幽默的方式进行解压,那么所形成的压力也会被慢慢的化解,从而也不至于损害身体健康。

幽默可以缓解人的不良情绪,不好的情绪当然是修身养性的大敌。当一个人的心情不好的时候,如果能够使用幽默的方法化解或者能够感受到别人发出的幽默,那么他所具有的不良情绪也随之消散,从而对修身养心也起到了积极的促进作用。我们在生活中也可能随时随地会遭遇不好的情绪,比如遇到和自己作对的人;比如刚出门没多久就遇上大雨;比如所处理的事情没达到预期的效果等等,都会让我们心情不好,而此时若能有幽默相伴,那么,所遇到的一切烦心事也都变成小事一桩,不值一提。

无论是生理性的“笑”还是心理性的“笑”,不仅可以刺激大脑产生一种让人兴奋的荷尔蒙,能对心脏的血液循环以及肺功能的锻炼具有积极的作用。之所以古人有“笑一下,十年少”的说法。由于它可以消除神经紧张,减轻精神方面的压力,培养积极乐观的心态。所以说,笑是一副神奇的“药方”。西北大学经过严格的科学研究后证明:笑的动作能松弛心脏、刺激血液循环、帮助肺部呼吸。还有我们常说的“心中常有喜乐,身体常保健康”,“一个丑角进城,胜过一打医生”等等诸如此类的名人名言和谚语有很多。

2009 年 3 月 26 日《贵州都市报》和英国媒体同时报道了一则新闻:“世界最长寿老太迎来 130 岁生日”, 报道世界上真正最长寿的老人是哈萨克斯坦加拉干达省的老妪莎哈娜 · 多索娃,多索娃的出生记录显示,她生于 1879 年 3 月 27 日,将于明日迎来自己的 130 岁生日! 多索娃认为自己长寿的秘诀是富有幽默感。这篇文章共有三段,三段都有题目:第一段的题目是“明天迎来 130 岁生日”,第二段的题目就是长寿秘诀是“幽默感”,第三段的标题是“市长亲自登门拜访”。可可惜的是,莎哈娜刚搬进新公寓不久,就在卫生间不慎滑倒,导致臀部骨折,就在当年不治身亡,享年 130 周岁。

有关专家对影响人们健康的因素进行大量调查后认为,在一切对人体健康不利的因素中,最严重的是不佳的情绪和恶劣的心境,这就促使人们去寻找缓和情绪和调整心境的方法,而幽默感的培养与应用就是最好的方法。

还有研究指出,“笑”对于身体的影响与运动相似。它不但能增加氧气的交换率、肌肉活动及心跳次数,还能适度地刺激心脏、血管和交感神经系统,释放神经传递介质“儿茶酚氨”;刺激人体天然止痛剂“氨多酚,提升人体对痛觉的阈限;增进免疫系统的功能,使处于压力下的个体的免疫系统功能不至于降低。

幽默可以使人摆脱心理失衡状态,保持心理健康。医学心理学家认为,幽默是一种心理防卫机制或心理免疫反应。保持幽默心情和具有幽默感,能使人体内分泌系统功能不至于突然失去平衡而造成有害效应。例如,某种恶性刺激出乎意外地降临时,瞬间产生的愤怒反应,能使肾上腺素大量分泌,导致血压骤然上升、心率加速(与幽默引起的增加心脏跳动的次数决然不一样)、呼吸急促,很有可能发生意外。如果此时能运用幽默感做出反应,则可大大淡化这种心理反弹效应,防止精神受到打击。

因此,幽默的笑能在某种程度上使人避免心脏疾病、脑血管病变、忧郁症以及其他压力所引起的疾病,使人身体健康。人健康才有可能长寿,所以幽默是养生和长寿必不可少的要素! 幽默是拥有健康思想的一种体现,修身养性就是要有积极健康向上的思想,正确的修身养性会带来健康的身体。

幽默就能使人拥有正确的修身养性之法。

(五)摆脱压力和适应社会的功能

现代社会处于知识大爆炸的时代,信息的量和速度均超过历史上任何时期,因而工作的量和速率都是前所未有的,当然工作的压力也是空前的。在这情况下,人们特别需要通过各种方式释放心头的压力、放松紧张的心情、摆脱困顿的局面、缓解紧张的气氛、减轻焦虑和忧愁,而幽默感的运用不失为一种有效的方法。这些功能主要是通过"笑"来实现的,幽默会使人产生各种笑:有大笑、微笑;有内在的笑、有外在的笑。内在的笑就是前面所论述的会心的笑,不一定体现在生理上,而是体现在心理上的一种"笑"。

幽默有宣泄、缓解压力功能。佛洛伊德认为幽默是一种防卫机制,它可以对人们压抑的"攻击""性"等欲望有很好的宣泄作用,后来很多研究也证实了这一点。齐夫的研究发现幽默对攻击可以起到很好的宣泄作用,他在实验中先让"被试"体验挫折以引起攻击情绪,随后让其中的部分被试看幽默录像,研究发现"被试"在观看了幽默录像后会降低攻击反应;普雷沃斯特的研究发现,高亢的性需要的"被试"表现出对"性"幽默的高度的欣赏。但是男性"被试"对攻击性幽默表现出了最高的欣赏,具高亢的性需要的"被试"在欣赏了具有性或攻击内容的幽默后会降低愤怒水平。

幽默感有助于人适应社会。斯坦福大学的 Allan L Reiss 博士称,幽默不仅仅是带来笑声的问题。他说:"我们的幽默感常常决定着我们如何与哪些人建立友谊甚至维持长久的浪漫关系"①。当处于不协调境地或面临尴尬的局面时,具有幽默感的人便可以发挥语言的魅力,适时地缓和紧张的气氛,使个人处于良好的人际关系之中,更好地适应社会。

例子:

(11)大哲学家苏格拉底娶了一位心胸狭窄、性格凶悍的妻子,有一次,苏格拉底正在庭院里与学生们讨论问题,他妻子不知为什么在屋内大骂不止,接着提了一桶水出来,当着学生们的面,把苏格拉底浇得像个落汤鸡。面对这种尴尬局面,苏格拉底不动声色地说:"我早就知道,雷鸣闪电之后,

---

① M Nagamine、M Mimura、AL Reiss:《"Social Brain" through Williams syndrome》—— Brain and Nerve P62(8),877,2010

必然是倾盆大雨呀”逗得大家哈哈大笑，他那位恶狠狠的妻子也笑了。

哲学家的话语一下缓解了紧张的气氛，降低了人际冲突的可能性。

（六）幽默的教育功能

前苏联教育家斯维特洛夫认为：“教育家最主要的，也是第一位的助手，就是幽默。”美国教育家保罗博士根据他征集的9万多封学生来信，归纳出教师应具备12种素质，其中第7项即是：教师要有幽默感，也就是说，学生喜欢具有幽默感的教师。美国教育家西蒙斯说得好：“如果教师能适当地用一种令人愉快而又认真的方式教授的话，那么所有的科学知识，就其本质及关联来说，都充满着趣味。”另一位美国教育家克莱·贝德福特甚至这样认为：“你一天可以为学生上一课，但是如果你用激发好奇心来教他学习，他终生都会不断地学习。”要想使读者进入知识的殿堂，必须先激发其求知的原动力——兴趣，从而使学生进而对其知识领域的产生强烈的欲望，激发求知的原动力——兴趣的最有效办法就是使用幽默。①

幽默的教育功能无外乎体现在校园里的“正规”教育里和校园外“业余”的教育两个方面。

A. 校里“正规”教育的幽默教育功能。

教书的目的是要使学生学到东西。要达到这一目的，就要求学生要能会学；要使学生会学，就必须让学生乐学。要使学生能乐学，就是要利用好幽默的手段，幽默就是最有效的教育方法。无数论文论证和实验证明：1. 学生对含有幽默色彩的内容记忆更为深刻、学习的兴趣更为强列；2. 幽默还能活跃课堂气氛，有利于教师组织好教学，形成良好的学习氛围。所以，就要提高教师的幽默教学的本领。需要提高教师的教学幽默艺术修养，掌握幽默教学的必要技巧；就是要求老师要利用好幽默来组织好教学，使课堂气氛活跃，寓教于乐；刺激学生学习的积极性、激发好奇心和原动力，增加学生的自学自觉性。

比如在课堂教学中，如果教师是幽默风趣的人，那么学生则会很容易接受他，上课期间不时地讲几句幽默的话语，不仅可以调节课堂气氛，还可以

① 黄新宇：《试论幽默语言的教育功能》吉安师专学报 1995 月 3 月

激发学生的学习兴趣,而不至于因为课堂内容枯燥无味而睡着。苏联教育家斯维特洛夫曾经说过:"教育家最主要的也是第一位的助手是幽默" ①。例如:

(12)有一位教师在政治课上讲解"货币的本质"这一节课的时候,有两名女生竟打起瞌睡来了。这位教师把这个情况跟上课内容联系在一起,然后说:"我本来以为货币是很有魅力的,谁知在座当中就有不为金钱所诱惑者,依然打她们的瞌睡。"这位老师幽默的说话方式不仅调节了上课气氛,使全班同学都笑了,也让两位睡觉的学生能够认真听课了,起到了良好的作用和效果。

B. 校外的幽默教育功能

校外的幽默教育,主要依赖于父母亲对孩子的教育和孩子们的自学。

校外的教育无外乎 4 种:严厉的、平和的、放任自流的和风趣幽默的。也有无数论文论证和实验证明,风趣幽默的教育是最成功的教育。当然这风趣幽默的教育也包括孩子自发地去寻找有趣的、有教育意义事情来学习。

由于父母亲对孩子的教育是影响其一生的教育,所以选择哪种教育方法? 孰轻孰重,是不言而喻的。幽默的人总是以其幽默的品质感染着身边的人,影响着别人的思想和生活。

(七)幽默的批判功能

1. 嘲笑功能

有一句话是这样说的:"人生无非是笑笑别人,再被别人笑笑而已"。虽然这句话表现出了一点玩世不恭的态度,但是如果把它和幽默联系在一起,从另一个角度来讲,那么"笑笑别人"和"被别人笑笑"就可以说是幽默的嘲笑和自嘲。嘲笑功能分为两种:一种是嘲笑他人,一种是自嘲。

(1)嘲笑他人功能

嘲笑是具有一定的"攻击性"的,在他们发出幽默的同时,就已经把自己放在优越的位置,就是具有优越感,通常被视为是幽默的一大特性,并作为

① 皮连生主编《学与教的心理学》,P49. 华东师范大学出版社 . 2009 年 05 月

幽默的三大理论之一被经久运用。往往被嘲笑者则是处于劣势地位,所以这些幽默自然而然的就带上了相应的"攻击性",当幽默的"笑点"形成时,被嘲笑者就进入了被"攻击"的情景之中。

比如:

(13)马克·吐温曾收到过一位初学写作的青年来信。这位青年对这样一个问题颇感兴趣:听说鱼骨里含有大量的磷质,而磷则有补脑的作用,那么要成为一个举世有名的大作家,就必须吃很多很多的鱼才行,不知道这种说法是否符合实际。他问马克·吐温:"您是否吃了很多很多的鱼,吃的又是哪种鱼?"马克·吐温回信说:"看来,你得吃一条鲸才成。"马克吐温的回信意思是这位青年需要大量的补脑,具有一定的嘲笑性,也使得这位处于被攻击的情境之中。

当然,除了这种具有"攻击性"的嘲笑之外,嘲笑性的幽默一般还会发生在关系比较亲近或者比较熟悉的人之间,因为这样的"嘲笑"反而是检验关系牢靠不牢靠的一种表现,有时候反而会促进彼此之间的友谊,但在"嘲笑"的时候一定要把握好一个度,太过了就会损害彼此之间的关系,容易造成比较尴尬的局面。除了关系的牢靠之外。还要讲究一定的环境和场合,弄不好还会给自己带来麻烦。例如:

(14) 清朝康熙皇帝晚年,一口牙齿全掉光了。又一次,他带着嫔妃们在花园水池边钓鱼去了。钓上的一直鳖忽然又脱钩而逃。

一个妃子说:"王八跑了。"

皇后在旁边说:"看样子那王八大概没有门牙了,所以咬不住钩了。"

有个妃子听皇后这一说,也乜斜着眼睛看着康熙大笑不止。

康熙非常恼火,认为言者无心,听者有意,这个不知天高地厚的大胆妃子分明是在嘲谑自己。于是降旨贬为庶人,并打入冷宫,终身不得接近皇帝。

皇后的话原本是无意的,但妃子的笑却是把皇后的话变成了一种对皇帝的嘲讽,带来了严重的后果。

(2)自嘲功能。幽默的自嘲功能是相对于幽默的嘲笑功能而言的,嘲笑是"对外",而自嘲是"对内"。通常来说,自嘲是一个人自信的表现,因为自嘲在一定意义上就是自我批判啊,所以自嘲需要强大的内心作为支撑;同时在一些场合,虽然表面是在批判自己,但自嘲的结果又可以带来缓解尴尬或维护面子作用。所以自嘲通常发生在伟人的身上。举例:

(15)爱因斯坦的长相很有特点。一次一位崇拜爱因斯坦的年轻人把自己才18个月的儿子介绍给这个伟大的科学家。当孩子抬头看到爱因斯坦那张颇为怪异的脸的时候,忍不住尖声啼哭了起来。这使年轻的父亲感到非常尴尬。可是爱因斯坦丝毫没有生气,他慈祥地抚摸着孩子的头,风趣地说"这么多年来,他是第一个把对我的真实看法直接告诉我的人"

(16)一天,林肯和他的大儿子罗伯特乘马车上街,街口被路过的军队堵塞了,林肯开门踏出一只脚来,问一位老乡:"这是什么?"意思是哪个部队,老乡以为他不认识军队,答道:"联邦的军队呗,你真他妈的大笨蛋。"林肯说了声"谢谢!"关闭车门,严肃地对儿子说:"有人在你面前说老实话,这是一种幸福。我的确是一个他妈的大笨蛋。"

甚至有一些伟人的自嘲,不是用于生前,而是在死后。比如中国当代著名教育家、国学大师、书画家、文物鉴定家、诗人,北京师范大学教授启功先生在66岁时就自撰了他的自嘲式的墓志铭:

(17)中学生,副教授。博不精,专不透。名虽扬,实不够。高不成,低不就。瘫趋左,派曾右。面虽圆,皮欠厚。妻已亡,并无后。丧犹新,病照旧。六十六,非不寿。八宝山,渐相凑。计平生,谥曰陋。身与名,一齐臭。

由于他这样极富有幽默感,一直活到93岁才谢世。

另外,自嘲还可以促进人与人之间的良好关系的形成,特别是具有较高地位的人自嘲时更能取得良好的效果,同时活跃气氛。举个例子来说:曾获得台湾第二十届金钟奖最佳男歌手奖的凌峰在1990年的中央电视台春节会上，一上场就集中嘲讽自己的长相。他说他在大陆各地拍摄时，受到男同胞的热烈欢迎，但是他的长相却使女同胞达到"忍无可忍"的程度。当然，他的长相也并不是如他所说的那样让人"忍无可忍"的丑陋，但他的这种自嘲的方式也形成了一种幽默风趣的气氛，观众也忍不住哈哈大笑。所以，"自嘲"如果运用的恰当好处的话，它比嘲笑带了的欢笑更多，也更让人易于接受，一下子拉近人与人的距离。

2. 幽默的讽刺功能。

幽默的批判功能主要体现在讽刺上。在本书第四章"大一统幽默学的范畴"里就已经阐述过，讽刺属于幽默的范畴。讽刺一般是使用夸张和比喻等手法揭露、批评社会中的某些人和事，它所带来的批判效果是比较强烈的，当然比起直接批判来说，又弱了许多，毕竟它是通过委婉的手法来完成的，讽刺就等于幽默加上批判（批评）。尤其是在恶势力下、在权贵之下，是所采取的巧妙的不可多得的批判手法。所以在封建社会有"讽谏"的说法，一般是下级对上级，尤其是对皇上不能、不敢批判（批评）和提意见的时候，讽刺就起到了比较好的提意见或批判（批评）的作用。当然有时候对一些社会时弊也用讽刺这个办法来对之鞭挞，这样的例子比比皆是。如创刊于1979年且面向全国发行的人民日报的漫画增刊《讽刺与幽默》。每一期上面就载有很多讽刺时弊之类的漫画，讽刺幽默、讽刺小说等。比如登载在"讽刺与幽默"上的一幅漫画：

例子(18)图片的描述，这是一个坐在田间戴着乌纱帽的一个官老爷，漫画的题目为《当官的目的》，在其画内还有一排字："湖南湘西州吉首市一名村干部在因贪污公款被查后，竟然理直气壮地反问：'我当村干部不就是为了捞两个吗，这怎么还违法了？'"

再比如：

(19)记者采访一位出国多年后回国讲学的经济学家："你对国内经济奇迹的说法，有何感想？""很了不起，大家身体越来越健康。二十年前，如果买五十块钱的大米，要一个彪形大汉才扛得动，现在一个小学生就能一只手提回家了。”

经济学家的意思比较隐晦，表面上在“夸”大家的身体越来越健康，实际上则是讽刺了物价飞涨的泡沫经济，所以具有一定的讽刺性，同时用诙谐的方式说出来也具有幽默的特点。当然要指出的是，大家的工资也上涨了很多倍，以前是以“分”为最小单位，现在是以“角”，甚至是以“元”为最小单位了。

三、本章小结

综上所述，幽默是离不开笑的，幽默的笑是属于心理性的笑，但会通常带动生理性的笑，但也有纯粹的心理性的笑，即会心的笑；幽默不是笑的全部，只是笑的一部分；幽默的诸多功能主要是通过人的笑来达到的；幽默的功能虽然有很多，但它们并不是单一的发挥其作用的，有些功能几乎是同时发生的，比如幽默的交际功能、娱乐功能和幽默的自嘲或嘲笑功能等，可以同时体现在同一个幽默之中，只不过每个幽默的侧重点稍有不同，有的幽默偏向于交际功能，有的幽默偏向于娱乐功能，而有的幽默又偏向于自嘲或者嘲笑。当幽默的娱乐功能或交际功能等得到发挥之后，幽默的医疗功能就自然而然的发挥了其功效；幽默的这些功能发挥作用时，自然又伴随着“笑”，笑是幽默最直观的体现。所以，当我们分析幽默的功能时，也不应把幽默的各种功能都分割开来，要用相互联系和发展的观点来看待幽默与笑的关系及其功能。

必须要说明的一点，幽默带来的一些“笑”也可能产生负面效应，要给予充分注意，比如患高血压的人、有心肌梗赛的人以及不太经得起过于冲动的人；比如人在大量饮酒、大剂量运动之后也不宜大笑。古来就有大笑而死亡的事例，比如宋朝的牛皋在生擒金兀术时，大笑而死，等等。但一方面幽默引发的笑大多都是微笑、会心的笑，这种笑没有太大的“震动”；另一方面，幽默产生的笑有时候虽然也有大笑，但这种笑往往产生的过程比较“缓慢”，先是把意识类信号传递给大脑，经过大脑的“咀嚼”“推敲”“揣摩”，然后大脑再发出“笑”指令，先产生心理性的笑，进而引发生理性的“笑”，不容易对心脏带来“突然袭击”。

幽默的笑不像中了几百万甚至上千万的大奖那样突然，不像打麻将得了一个“清笼七对报听还自摸”那样高度兴奋，幽默带来的大笑有一个大脑“咀嚼”“推敲”“揣摩”的笑话过程，在这个过程中，“心里”已经有了一定的“思想准备”，所以，从来没有听说过因为幽默的大笑而死亡的事情。

幽默的笑有着这样的重要性，这样强大的功能，更是当代文明高度发展的生活中不可缺少的。以上所论述的幽默都是大一统幽默，包括了业内不被视为幽默的低级幽默，因为低级幽默与笑的关系和功能，在本质上都是一样的效应，只不过程度不同而已。

第十一章

幽默的相关比较

为什么不说大一统幽默学的比较？因为已经是在“大一统”的前提下来写这一章书的；如果把本章书写成“大一统幽默学”的比较，就会让人误以为是“大一统”与“非大一统”的比较；因为本书已经把那些“准”幽默确定为低级幽默了，属于幽默的范畴，如果把本章标题继续确定为“大一统幽默”的比较，就会产生混淆：就会把这章书里面的“高级幽默”和“低级幽默”看成是一个范畴内的东西，从而无法再对“高级幽默”和“低级幽默”进行比较。本章书的一个目的就是想通过对“高级幽默”和“低级幽默”的比较，进一步地说明幽默“大一统”的重要性。大一统幽默学作为一门学问，应该对幽默学涉及的相关内容都写进来，才能成为一门学问，其中“比较”的手段就是一门学问必不可少的。况且在以前众多的“幽默学”中也很少对本章所提到的内容进行比较，当然也不排斥在比较的过程中会让我们意识到大一统幽默学是幽默理论研究的必然趋势——因为不管理论界如何界定幽默，老百姓们都已经把理论界不认可的幽默大量的、广泛地当做幽默来创造和享用了——理论来自于实践，又服务于实践。

各个国家、各个民族在自身发展过程中产生出各种不同的语言，在这种语言差异性的前提下，肯定会有不同特征的幽默。幽默作为不同文化背景下产生的一种文化现象以其特殊的艺术风格流传于各个国家、各个民族的文化生活之中。中西方不同的生活方式以及思维方式形成了各自幽默发展的不同历史；生活环境的不同以及国别、民族、性格的差异形成了不同的幽默特点。由于幽默因不同的国度和不同的民族就会有不同的文化，当然不同的文化就会产生不同的幽默和不同的幽默效果。比如：我国的一些在国内演出让人捧腹的笑星到国外去进行演出，却遭到了冷场，外国人并不感到怎么好笑。这里就充分说明文化背景不同,对幽默的理解也不同,产生的效果也不同,当然各国和各民族幽默就具有不一致性。所谓的不一致性和一致性都来自比较,只有比较才可以看出差异。当然,不只是因不同国度和不同民族而产生不同了幽默和幽默效果,幽默的内部也存在着一些比较:如高级幽默与低级幽默的比较;幽默语言手段、幽默风格、幽默形式方面的比较,等等,这些都是建立大一统幽默学所必需了解的。

如果不对幽默实行大一统,就只能是狭义的幽默论,狭义的幽默不是历史性的幽默,不是大一统的幽默,因为原本历史上的幽默就是广义的;因为狭义的幽默不是幽默的全部,而只是部分;因为历史上很早就出现了幽默,只不过那时不叫做幽默,不实行大一统,就难于与历史统一起来;通过比较我们才更加知晓哪些是游离于理论意义上的幽默之外的?哪些是历史意义上的幽默,等等,这样有利于"团结"一切可以"团结"的幽默,使之全部进入大一统幽默这个大家庭。

下面就幽默涉及到的主要的几个方面进行比较。

一、幽默的文化背景比较

这里的幽默文化背景比较,主要是指幽默历史背景的比较,当然幽默的文化背景不可能不包含语言背景,由于本章书要专门对幽默的语言进行比较,所以这里就仅仅是历史背景的比较。在此着重以西方幽默历史与中国幽默历史为例子来进行比较:

中西方都有着悠久的幽默历史传统,早在中国的先秦时期,就有了诸子寓言与古希腊的《伊索寓言》,在这两类寓言里都充满了幽默的因子,很多都具有讽刺性、诙谐性的审美效果,甚至其中的很多寓言就直接是幽默,它们同时发生在人类精神文明绽放的轴心时期,其余香浸润了整个中、西方的幽默文化。先秦诸子寓言与《伊索寓言》作为中、西方不同文化系统中幽默的源头之一,它们一经产生,就承载着幽默的种子,使之迅速地催生在其它体裁里,成为两个文明圈传承不灭的传统。而且"幽默"一词从词源上来说,最早可追溯到古希腊时期即先秦时期的一位医学家希波克拉底斯提出的"体液说"。尽管从幽默一词本来的意义上来说,它在诞生之初还不具备我们现代意义上"幽默"的含义,但毕竟是当代幽默衍变的源头。从古希腊时期的柏拉图、亚里士多德等大哲学家到十八九世纪的乔治·艾略特、波德莱尔等很多大家都不同程度地评述过幽默。

在这个轴心时期，确实是星光灿烂的时期，中西方都产生了若干大家，比如先秦的诸子百家当中的诸子：孔子、老子、庄子、墨子、孟子、荀子等人物；诸如西方国家的苏格拉底、柏拉图、亚里士多德、亚历山大等，这些大家不仅是伟大的哲学家、文学家、思想家、教育家，还都各具幽默的风格和品质。

种种能够滋生幽默思想的这些人物和寓言作品，慢慢地繁衍为其它体裁。与之相近的则是古希腊、罗马时期的戏剧，尤其是以喜剧为代表，喜剧作为幽默的一种表现形式出现在古希腊社会之中，迄今为止已有两千多年的历史，不可谓不久远。关于喜剧的定义，早在亚里斯多德的《诗学》里就确定为有幽默的意味："喜剧是对于比较坏的人的模仿，然而'坏'不是指一切恶而言，而是指丑而言，其中一种是滑稽。滑稽是事物的某种错误和丑陋，不致引起痛苦和伤害"①。这恰好与我的大一统幽默学的观点相吻合，把"喜剧"与"滑稽"划等号，而喜剧就是现代意义幽默的一个剧种；事实上，古希腊的"喜剧之父"阿里斯托芬和新喜剧代表米南德的喜剧作品已具有幽默的很多特征，具有滑稽和机智的特点，后来的古罗马喜剧作家继承了古希腊喜剧的传统，代表人物有语言幽默诙谐的普劳图斯和语言典雅的泰伦提乌斯。在古罗马之后一直到文艺复兴时期，欧洲社会处于中世纪的高压之下，所以喜剧理论和创作就比较少了。

在中国的这一时期，虽然没有像西方那样的喜剧，但也繁衍出幽默的其它体裁，如大量的寓言、笑话、诗歌、故事等文学作品。比如先秦就有许多寓言故事：《韩非子》的"郑人买履""守株待兔"；《吕氏春秋》的"刻舟求剑""荆人涉"等；比如《诗经》中的《鸡鸣》描写了夫妻生活情趣的情景，具有诙谐的特征；《硕鼠》则用比喻的形式表现出对剥削者的批判，具有讽刺的特征。除此以外，从春秋时期起，中国的"各国"宫廷之内已有用优之风，即俳优，亦称优伶、弄臣、伶人等古代滑稽艺人，他们的言谈举止大都风趣幽默，其起源可能来自于上古时期的巫觋，而上古时期巫觋的装神弄鬼本身就含

① 阎保平刘茜：《论喜剧文学的美学品质》——《北华大学学报（社会科学版）》2011.2.

有滑稽搞笑的性质；时至汉代，由于武帝积极开拓西域，某些西域国家向汉朝进贡“黎轩善眩人”等专门的表演艺人入汉，这使一些专门性的有情节的表演形式及武技、幻术、走索、扛鼎等技术手段被运用到俳优表演当中，使其滑稽的内容大幅增加和水准大幅提升；西汉时期的司马迁在《史记》中就有关于春秋时期滑稽人物的传记，即《滑稽列传》,《滑稽列传》中的故事，主人公以委婉的方式达到劝谏的目的，比如优旃反对秦始皇大兴土木，用以退为进的方式达到劝谏的目的，先顺着秦始皇的意思，然后再说这样做之后敌人如果来了就让麋鹿用角把敌人顶回去，幽默诙谐之意已显；时至隋唐时期，俳优事业的发展达到了一个新的高峰，唐初还成立了“内教坊于禁中”，唐玄宗时“又置内教坊于蓬莱宫侧，有音声博士、第一曹博士、第二曹博士。京都置左右教坊，掌俳优杂技。自是不录太常，以中官为教坊使”，以及后来的五代时期的俳优制度，都是在唐朝的基础上发展起来的。① 可见其带有幽默性质的滑稽早在中国的先秦时期乃至上古时期就已经出现了。

到了魏晋时期，出现了我国现存最早的笑话集即《笑林》(由魏人邯郸淳所撰),发展了先秦时期的俳优“谈笑讽谏”以及寓言故事讽喻的表现形式，具有夸张、讽刺、幽默的风格。比如，这一时期的文学家孔融具有傲人的口才，他“词辩巧利，庄出以谐”，孔融十岁之时去拜访名士李膺，当时太中大夫陈韪说孔融“小时了了，大未必佳”，而孔融则说陈韪小时候一定很聪明，以犀利的方式反驳了陈韪的说法，所以李膺说孔融长大后必成大器。此外，孔融不仅在口才上机智幽默，而且在文学创作之中也运用了较多的诙谐幽默之词；再如刘勰的《文心雕龙》中有一篇文章名叫《谐隐篇》,谐隐的目的是讽谏，其中也包含幽默的成分；魏晋之后的唐、宋、元时期，幽默以戏剧的形式进行发展，从唐代的参军戏到宋朝的南戏再到后来的元杂剧，幽默化身为喜剧的形式而具有了新的艺术形式，许多元杂剧的代表作家如王实甫、康进之以及白朴等创作了许多优秀的喜剧作品如《西厢记》《李逵负荆》《墙头马上》等等。

随着时间的推移，到了文艺复兴时期，幽默一词开始由生物学领域向心理学领域转变。这主要得益于文艺复兴时期的英国戏剧家本·琼生和王朝

---

① 参见徐世康:《论五代时期的俳优及其活动》——哈尔滨学院学报 2014 年 8 月

复辟时期的英国戏剧家康格里夫，本·琼生把“幽默”演变成一种“脾性”，认为它可以使人发笑，并且创作了以幽默作为题目的作品《Every Man out of His Humor》和《Every Man in His Humor》，可以说从文艺复兴时期开始，本·琼生已经把生理学上的“幽默”与亚里斯多德的喜剧理论以及柏拉图哲学意义上的“笑”结合在一起，使幽默理论的发展渐渐的具有了近现代的特征。康格里夫不仅认为幽默与人的性格有关，而且还认为幽默的语言和机智有着密切的联系，他也曾有意的探讨过在喜剧作品中所具有的幽默的特点。文艺复兴时期的英国不仅具有一批优秀的喜剧作家作品比如本·琼生的《伏尔蓬》《炼金术士》、莎士比亚的《威尼斯商人》和《温莎的风流娘儿们》等，而且还具有了探讨幽默理论的作家作品，比如威廉·邓波尔的《诗论》，康格里夫的《论喜剧中的幽默》等，随着各国文化的交流，许多非英语国家的作家也创作出很多“幽默”的作品，比如西班牙作家塞万提斯的《堂吉诃德》、法国作家拉伯雷的《巨人传》、意大利作家卜伽丘的《十日谈》等等。

在中国差不多的时期，即明清时期，幽默的发展又到了一个新的阶段，还出现了具有中国特色的、世界唯一的舞台幽默表演形式——相声，可以说是对幽默的发展起到推波助澜的作用，无论是单口相声还是对口相声亦或是群口相声都以讲笑话或者以滑稽的问答形式来逗观众发笑。当然还伴随着其它新的幽默体裁的不断出现，比如长篇小说对幽默人物形象的塑造（活佛济公、猪八戒等）；比如幽默散文，幽默笑话、幽默诗词等也不断充实了幽默艺术体裁。

十八九世纪以来直至20世纪，西方国家关于幽默的文学创作也不示弱，比如美国作家马克·吐温，英国作家狄更斯、肖伯纳，法国作家巴尔扎克、大仲马等等都以其优秀的作品来表现、阐述和发展了幽默文化。不仅如此，西方国家的专家们还从理论上对幽默进行了大量的研究。如英国批评家赫斯列特的《英国喜剧作家》，认为幽默是比机智处于更高的一层次上，因为幽默的特征是和别人一起笑，是温暖的，而机智则是笑别人，是理性的和冰冷的；法国哲学家柏格森《笑的研究》，在此书中，他分析了滑稽是如何产生的、滑稽与笑以及喜剧之间的关系等，并且较为深入的探讨了笑和滑稽现象；奥地利心理学家弗洛伊德的《机智与无意识的关系》对幽默、机智和喜剧等几个概念分析和比较，认为幽默是一个比机智更接近于喜剧性的范畴，属于最高的心理功能，后来他在一篇名为《幽默》的论文中又认为幽默的人具有一种高尚、庄严的特征，而这种特征是喜剧和机智所没有的。

此外，二十世纪中期出现的“黑色幽默”的文学流派也是一件值得注意的事情，它与其它“颜色”幽默具有迥然不同的内涵。本身幽默的“笑”就是一种特殊的笑。而它又是幽默中更为特殊的一种“笑”。比如有黄色幽默会引出“淫笑”、大笑或狂笑，而“黑色幽默”所引出的“笑”是苦涩的，甚至是无声的，只在内心里苦楚的“笑”。法国评论家布勒东在 1937 年就曾倡导过“黑色幽默”，发表了一篇名为《论黑色幽默》的论文，后来又出版了一本名为《黑色幽默文选》的书。但是作为一种现代主义的文学流派，“黑色幽默”在 60 年代出现在美国，得名于弗里德曼所选编的《黑色幽默》。“黑色幽默”又被称为“绞刑架下的幽默”，用嘲笑的态度面对黑暗而又荒谬的社会现实，用荒诞的幽默形式来表现可笑的现实社会是“黑色幽默”作家所具有的基本特征。从另一方面来说，“黑色幽默”的出现却让不幸的事件以及痛苦的事情成为可以嘲笑的对象，使得具有悲剧色彩的内容得到了喜剧化的处理，也就是把悲剧和喜剧融合在一起，表现出与之前幽默的观念所不同的特征，这是一种让人感到压抑，感到绝望的“苦笑”。所以“黑色幽默”的出现，实属是一种新的幽默。“黑色幽默”的出现也表现了幽默在不断发展和繁荣。

20 世纪初以来，幽默带着其现代意义被引入了中国，从而也使幽默的原本意义被现代意义所取代，这一时期也诞生了许多幽默大家，比如林语堂、鲁迅、钱钟书、老舍等等，他们以其创作实践对幽默艺术不断发展，比如林语堂的《吾国与吾民》、鲁迅的《阿 Q 正传》、钱钟书的《围城》、老舍的《骆驼祥子》等等，并且还产生了一些新的艺术形式，比如幽默漫画、滑稽戏、幽默杂文等。

近代以来，不论是在西方还是在我国，幽默发展可谓是极其繁荣，无论是从语言学还从逻辑学的角度，无论是从心理学还是从社会学等角度，致力于幽默的人们从很多学科的角度对幽默进行了深入而广泛的研究。甚至一些国家的大学里还开设了幽默课程，比如美国的俄亥俄大学和亚利桑那大学等；甚至还召开了“幽默与笑”的国际研讨会，昭示着幽默研究得予深入与发展。

到了现代社会，处于各种压力之下的人们也越来越需要幽默，幽默意识不断的增强，部分学者对幽默的研究也不断的深入，各种相声、小品、幽默影视、电视幽默娱乐节目大放异彩，尤其借助于网络和电子终端机，电子幽默更是飞速发展，人们随时都可以从手机上获取很多形式的幽默节目。当然幽默也应该到了可以成为一门学科的关键时刻，也应该是从这么大量的、繁荣的、丰富多彩的、人们无时不刻离不开的幽默实践中得出幽默理论的时候了；也应该是该用一定的幽默理论来指导幽默创造和享用的时候了。尤其要强调的是西方国家的幽默理论家提出了幽默的三大理论——Superiority/Disparagement Theory）优越/蔑视论、释放论/宽慰论（Relief/Release Theory）、乖讹论（Incongruity Theory），成为了经典的、传统的幽默理论，其影响至深致远。

从以上的中西方幽默发展史比较来看，西方是以寓言和喜剧作为主要的体裁来起源的，而中国却是以笑话、寓言、俳优作为主要体裁来起源，到近代中国还把幽默演变成了相声，这个世界独一无二的幽默体裁，当然西方国家创造了脱口秀。

从以上的中西方幽默发展史比较来看，西方国家对幽默理论的论述较为全面和系统一些，尤其是国外还产生了传统的幽默三大理论，虽然中国关于幽默理论的论著不太系列化，在中国历史上的各个时期也涌现出了有关幽默的不少著作：如，西汉的司马迁的《史记·滑稽列传》，魏晋刘庆义的《世说新语》，三国时代魏人邯郸淳的《笑林》，隋朝侯白的《启颜录》，宋朝高怿的《群居解颐》，宋朝苏轼的《艾子杂说》，宋朝陈正敏的《遁斋闲览》，宋朝陈元靓的《事林广记·风月笑林》，元朝关汉卿的《救风尘》《望江亭》，元朝王实甫的《西厢记》，明朝江盈科的《雪涛谐史》，明朝赵南星的《笑赞》，明朝潘游龙的《笑禅录》，明朝冯梦龙的《笑府》《广笑府》《古今谭概》，明朝醉月子的《精选雅笑》，清朝陈皋谟的《笑倒》，清朝石成金的《笑得好》，清朝独逸窝退士的《笑笑录》，清朝小石道人的《嘻谈录》，清朝游戏主人的《笑林广记》，清朝程世爵的《笑林广记》，以及散落在民间的若干历代笑话集和喜剧，这些著作无不打上了幽默的烙印，为后世的传承、启发和研究做出了贡献。

当然以上中西方幽默历史的比较性的论述，不可能把人类所有时期的幽默历史以及理论拿来作比较，仅仅是举例性地撷其一小部分作为代表来比较的。尽管是一小部分，但应该能表明出它们的一致性与不一致性。

(一)一致性体现在:从幽默历史的发展来看,幽默已经作为人类社会上普遍存在的一种文化现象、一种人类智慧的体现,已成为人类文明生活中不可或缺的一部分,幽默不是哪一个国家的专利品,所以幽默是不分国界的;而且在其理论研究方面有着很多一致的地方。比如对其逻辑推理、心理作用、幽默结构、幽默的内容与形式及其基本规律等方面,应该是一致的。

(二)不一致性体现在:不同国别和民族不同的语言环境和习惯所产生的不同思维,从而产生不同的幽默表现手法,对幽默的感受有可能是不一致的,当然会产生不同的幽默效果。所以会有这样的现象:你觉得哈哈大笑的幽默,别国人会觉得一点儿都不好笑;当然幽默作为不同国家、不同民族的不同文化背景下产生的一种文化现象有其特殊的艺术风格,创造出不同特征的幽默,无论在"感受"还是在"创造"幽默方面,都在各自形成以及发展中表现出内在的差异性。所以在翻译外国幽默的时候,往往会附带一些注释来解决这个"差异性"——包括语言的、习惯的、民族的、历史的、地方的等——可见认识文化背景比较的重要性。当然,有一些"一致性"与"不一致性"也是辩证的,比如在幽默的形式即体裁、载体和表达方式问题上,一方面世界各地在花样百出、推陈出新,体现出幽默的不一致性,比如外国的脱口秀,中国的相声、小品等;另一方面幽默的形式又正在趋向于世界大同,比如脱口秀已经在很多国家"普及",脱口秀在一定的意义上就是我国的单口相声的变种。

二、幽默理论比较

到目前为止已经有上两百多种理论用来解释幽默,不可能一一论述,在此也不可能把两百多种理论都拿来进行比较。本书只是把三种较为流行,也是比较著名的基本理论,业内也有人称之为幽默的三大定律进行比较。它们就是优越论、缓释论(宽释论——宽慰和释放)和乖讹论,而且这三大理论基本上把幽默的"禀性"归纳完毕。对于幽默三大理论的比较,我比较赞同胡慧勇的观点①:

这三种幽默理论经过历代幽默家的发展和补充,其理论基础和解释机

① 参见胡慧勇的《幽默理论比较》——《安徽农业大学学报》2006年9月

制不断得到了完善。尽管它们在根本出发点上相互区别,但是在某些方面又彼此渗透。特别是当某种理论在解释某种幽默显得力不从心时,它会常常突破自己的理论疆域而利用其他理论中合理的成分。如斯宾塞的理论,既坚持乖讹论又合理利用了缓释/宽慰论的成分。不过,从它们的解释来看,优越论能很好地解释轻微不幸及对正常秩序违背一类的幽默;缓释/宽慰论则能合理地解释粗俗类幽默;而乖讹论是破解双关或其他较为平淡的幽默的理想手段。

优越论强调感受者的光荣感,它来自于幽默中机械性的语言或行为。但是他们只是看到了幽默的嘲弄拙劣或滑稽的方面,而忽略了幽默的其他层面,即幽默并非一定是有目的的,有时人们只是为了获取乐趣而已。

至于缓释/宽慰论,"心智节省假设"仍需得到科学上的证实,因为弗洛伊德的结论依靠的是逻辑推理或者说主观臆测。假如人的思维真的如他所言,总是沿着最为简便的方向行进,那么,当外界刺激物(弗洛伊德称之为幽默技巧)促使人们找到了这种捷径时,多余的能量或思维努力真的能转化为笑吗?对于 Kline 的注意突然转移说,也是值得推敲的,它真的是笑的源泉吗?但是,弗洛伊德的确合理地解释了人需要粗俗幽默的原因。他的倾向性假设以人的心理行为为出发点,找到了人需要攻击型和与性相关的幽默的动因。不过,幽默的确和人的思维对照紧密相连,这种对照可以是图像式的,也可以是语义式的,它们以一种颠覆的方式刺激我们的神经,并最终使我们开怀大笑。在这一点上,乖讹论最能体现其合理的一面。乖讹论中的'双联'概念从建构上对幽默现象给予了准确的分析,虽然空泛一些,但是确实揭示了幽默的共性,不过它仍没能彻底地解释人为什么在'双联'作用下会发笑。另外,不协调是'双联'的精髓,但是很多不协调的事物和现象并非让人发笑;再者,"出其不意"是"双联"的另一个构成要素,然而,在很多预制式的笑话或场景中,参与者在预知结果的情况下,还是会开怀大笑;最后,情感的参与也是颇有争议的。科斯特勒避开这个要素,没有提到它的作用,而叔本华和宽慰论者 Kline 一样,坚持认为情感和价值评判系统不能进入幽默欣赏过程。因而,其理论体系还有待完善。

因他人的刻板和愚蠢而产生的"优越感"只能在部分幽默中体现,因而远不能解释幽默产生的根本原因;因紧张的移除及心智,情感的节省而得到宽慰在心理学上缺乏科学的依据，而长期受到压抑的冲动的渲泄也只能解释那些与性和攻击有关的笑话，所以，宽慰论也是站在一个偏倚的角度来审视幽默；通过“双联”而产生的“乖讹”尽管找到了幽默的某些共性，但是它是一个模糊的术语，用它来解释一切产生幽默的情感，在某种程度上是空洞的、缺乏实质的。

胡慧勇不仅对幽默的三大理论进行了对比，还指出了三大理论之间具有各自的不同点，又有互补性，并各有侧重，甚至还指出了三大理论的各有不足。

“纵观以上三种理论，优越论是最有局限性的，它虽然能很好地解释讽刺、嘲弄之类的幽默，但在分析插科打诨、俏皮话和粗俗笑话等的时候则有些勉为其难。乖讹论是幽默理论中最具影响力的一派，但它在论述弗洛伊德所谓的‘倾向的诙谐’时则显得力不从心。释放论具有明确的生理学或心理生理学含义，但是该理论并不关注什么是幽默的问题，也没有很好地解释为什么我们会觉得幽默好笑，因此它实际上可以看作是关于诙谐的理论。”①应该指出，并不是因为指出了这传统的三大理论的不足，就否定了三大理论对幽默理论研究的指导地位，相反，就是要继承它、发展它、完善它。虽然幽默传统的三大理论还不太完善，但其影响力是不可低估的，具有不可替代性。通过这样比较，旨在对幽默理论的进一步发展有所帮助。

三、幽默的语言比较

不同语言文化间存在差异，多种语言系统间不存在完全对应关系，不同的文化源流，不同的语言结构以及不同的思维方式造成了语言之间的异质性和差异性，给不同语言社会的人们相互理解、进行交际、交流带来困难，尤其相对主要建立在语言基础上的幽默来说，就更为困难一些。因为语言的差异性和异质性会对幽默的理解带来麻烦，会产生歧义。所以研究中外幽默语言的“比较”属于幽默学应该纳入的内容之一，具有重要的意义。

在世界的各国语言文字中有很多种，十分复杂。就拿中国的文字来说都有很多。如有汉族语言、彝族语言、藏族语言、维族语言等。根据德国语

① 孔庆杰、王晓琳《幽默的心理机制新论》[J]. 文化研究 . 2008.

言学家在1979年的统计,当时世界上已经查明的语言有5651种;世界上虽然只有200多个国家和地区,2500多个民族,但语言就有五六千种,可见世界语言的复杂性。现在世界上的正式使用的文字,只有汉字是完全表意的,欧洲人使用的文字,包括英,法,俄,意,德等等都是拼音文字,而韩语、朝鲜语虽然像方块字,但并不属于表意文字,属于拼音文字;而日语既属于表音文字又属于表意文字,其中的汉字和我们的汉字一样,是从中国学的,是表意的,但假名是日本人自己发明的,是表音的,不表意,日语里的罗马字也是表音不表意的。

一方面,由于不是对所有外国语都精通,也不可能把所有世界上的语言都拿来进行比较;另一方面,尽管有如此多的语言,但大体能分为两大类:表音文字和表意文字,或许说由字母构成和由笔画构成的两大类。表音文字(或字母构成文字)就以英语为代表,表意文字(笔画构成文字)就以汉语为代表。因为汉语无论在形体上还是内容上都具有独一无二性,而英语又是世界上使用最多的国家,是"世界通用语和普通话",也具有不可替代性。

汉语和英语都具有悠久的历史,两种语言都是幽默孕育最强母体语言,也是形成幽默文化的强大发源语言。汉英毕竟是两种不同的语言,具有强大的差异性。不仅不同语言文化间存在差异,而且两种语言系统间不存在完全对应关系;不仅在不同的文化源流,不同的语言结构以及不同的思维方式造成了语言之间的异质性和差异性,而且给不同语言社会的人们相互都会带来理解、交流、交际方面一定的困难。如汉语须在音、形合一的前提下,获知准确语义;如汉语的字,在单独状态下具有本义,而在与上下文,特别是特定语境的联系中可以产生联想义、引申义、比喻义等;而英语就不具备音形合一的特点。不仅如此,在不同语言之间的通过翻译的正常语言交流有时都会产生歧义,何况在幽默方面,更会有互不交融的地方;何况幽默本身就属于"不好好说话"、"不直接说话"的类别。有时候有些幽默,把每一个单词都搞清楚了,还不一定搞得懂它的意思。这就是文化差异的问题,这就是语言有不完全对应的问题。

尤其是在书写、排版方面,汉语是由笔画组成方块字来构成的句子、还可以横排和竖排、还可以顺着念或倒着念,还可以组成图形而具有意思,因而具有强大的幽默功能作用。英文的书写是由26个字母组成的,首先组成单词,再由单词组成句子。当然英语也可以倒着念、也可以组成图形而具有意思,但所组成的概率就比汉语低得多。由于英语不是由每个字母就可以构成句子,每个字母不具有单独的意思,而汉字是每个字都有意思,而且能单独发音,汉语的灵活性就比英语强得多,产生的幽默几率就多得多。

比如汉语可以有倒着念和顺着念的句子,而意思又都是一样的,在英语里就难于形成。

举例:

(1)比如有一副对联求下联,要求顺着念倒着念都是一样的,而且要对仗:

上联是:上海自来水来自海上

我对的下联是:贵阳稀晴日晴稀阳贵

汉语还可以构成顺着念和倒着念意思完全不一样的句子,甚至还产生了幽默的例子:

(2)一女生迟到,匆匆走入教室,斜瞥了黑板一眼。老教授气愤地令其背对黑板回答今天课程题目。该女生乃一行十目之才女,遂果断回答:"性感与性理论!"全班同学笑得人仰马翻,老教授气得目瞪口呆。才女回过头来,才知道是自己"倒背如流"了,黑板上写的正好反过来:"论理性与感性。"

汉语除了顺着念、倒着念的这种优势可以制造幽默外,还有排版的形状也可以制造幽默,还能形成图形,并且也可以从头念到尾,也可以从尾念到头,而产生不同的意思,由此产生了谐趣。比如下面三角形排版的例子:

(3)如:致爱人一首诗

秋

似酒

味醇厚

岁月悠悠
转身又回首
淡定喜怒哀乐
往事游脑海浮翩
唯友谊绵长如水流
只缘一路有你陪着走
沐晨曦摘彩霞雨中漫游
待到红颜浓时再聚首
品茶论酒赏石叙旧
落英满地云舒袖
欢声笑语不休
夕阳挂枝头
红尘看透
别无求
静候
秋

例子(3)的这首诗不仅是图形上给人一种美感,居然还是一首诗,居然还可以倒顺都可以成为不同意境的诗意。由于汉语可以竖排版也可以横排版,就排版也会带来幽默,英语这方面就没有汉语强。比如:

(4)在一个森林入口处,森林警察立了这么一个牌子:

不　怕
多　日
防　只
怕　一
日　懈

由于排版的原因,造成了幽默,把意思搞得面目全非,变成了"不多防怕日,怕日只一懈"的下流标语。这是由于按横排格式的来排版,但由于两排字靠的太近,造成了看官按竖排格式来获取信息。

原防火宣原传标语本意思应该是：

只怕一日懈
不怕多日防

(5)光棍的原因

丑是的笔画是4；穷的笔画是7；加起来等于11，难怪光棍节定在11月11日。

汉语还可以通过拆字来达到幽默，如：

(6)'晶'对'品'说：'你们家没有装修喔？'
'夫'对'天'说：'我总算盼到了出头之日。'
'熊'对'能'说：'怎么穷成这样了？四个熊掌全卖了？'
'丙'对'两'说：'你家什么时候多了一人，结婚了？'
'乒'对'乓'说：'你我都一样，一等残废军人。'
'兵'对'丘'说：'兄弟，踩上地雷吧，两腿炸得都没有了？'
'王'对'皇'说：'当皇上有什么好处？你看，头发都白了！'
'口'对'回'说：'都怀孕这么久了，也不说一声！'
'也'对'她'说：'当老板罗？出门还带秘书！'
'日'对'旦'说：'你什么时候学会玩滑板了？'
'果'对'裸'说：'哥们儿，你穿上衣服还不如不穿！'
'由'对'甲'说：'你什么时候学会倒立？'
'巾'对'币'说：'戴上博士帽就身价百倍了！'
'口'对'囚'说：'你中央有人也照样进去！'

上面的因汉语的特殊性而产生的幽默，在英语里难于形成：第1例的倒着念、顺着念的意思是一样的和第2例顺着念和倒着念的意思完全不一样，在英语里也或许会有一些单词可以构成,但要形成这要的句子,几乎不可能;第3例的排版形成三角形而具备意思,在英语里也可能找得到,但从头念到尾又从尾念到头都形成意思,在英语里也难于形成;第4例子里,用排版来形成幽默,也是汉语特有的,当然英语里也可能有,但其噱趣就没有汉语这么十足;第5例用笔画来形成幽默与英语里用字母形成幽默差不多,但没有汉语这么谑趣和产生的概率高;第6例汉语拆字幽默的现象在英语里也有,但数量没有汉语的多,噱趣也没有汉语的大。但英语也不乏有其幽默的魅力。举例:

(7)三八节那天与妻子吵架,朋友知道了,发来一句英语:"Without 'HER'…even 'HERO' is '0'"。

英语的英雄(hero)这个单词是由"her"女性的"她"+"0",恰好英语的26个字母o与数字0同型,就借用了型状的"双关"来完成了一个幽默,再加上是三八节,又是与妻子吵架,幽默度就高了。意思即哪怕是英雄,离开了"她",你就是一个"0",你就是一事无成,什么都不是,所以要当英雄是离不开你家老婆的!

由于幽默语言的手段主要靠语言里的修辞来完成,当然这两种语言的幽默在运用修辞手段上是一致的。比如用双关(含谐音双关和意思双关)、借代、夸张、拟人、拟物、反复、设问、引用、对比、仿词、层递、比喻、排比等来创造幽默和带来幽默的方式也应该是一致的。虽然各国、各民族语言在幽默使用修辞中也有相同性、共同性,但涉及到各国文化背景的时候,哪怕是使用同样的修辞,也会产生不一致的时候。比如在使用修辞中的借代时,就会产生不一致。因为在借代典故、笑话、成语上就会发生巨大的文化差异,因为这些典故、笑话、成语就来自各国的历史文化,它们自身就带有文化的差异性;比如,在各国自己的语言文字里,无论是语音双关还是意思双关,它们所产生的效果和作用在各自的文化里是一致的,但在互相翻译为对方语言后,又会带来了不一致性。因为汉英的发音、文字、文化背景不一样,当然不可能得到一样的幽默效果,甚至还会产生严重的歧义。比如上面提到的谐音,也叫语音双关,翻译后就会变味。举例:

例子(8)图片的描述,就是一个人抱着礼品去某主人家,题目为:有“礼”走遍天下。

例子(9)见鸡而作

从前有一个地主,很爱吃鸡,佃户租种他家的田,光交租不行,还得先送一只鸡给他。有一个叫张三的佃户,年终去给地主交租,并佃第二年的田。去时,他把一只鸡装在袋子里,交完租,便向地主说起第二年佃田的事,地主见他两手空空,便两眼朝天地说:“此田不予张三种。”张三明白这句话的意思,立刻从袋子里把鸡拿了出来。地主见了鸡,马上改口说:“不予张三却予谁?”张三说:“你的话变得好快呵!”地主答道:“方才那句话是‘无稽(鸡)之谈’,此刻这句话是‘见机(鸡)而作’。”

像这样语音双关的幽默,翻译到外国语言里就无法完成它的幽默点,肯定会发生歧义。

同理,英语里也有因谐音而幽默的例子。如英语里的例子:

(10)A:“Hello,who are you?”

B:“Watt”

A:“Excuse me,what's your name?”

B:“Watt”

A:“I ask what your name is ?”

B:“I already told you!”

因为“Watt”与“what”同音不同词,所以造成了语言理解上的笑话,谐音也可以叫做一音多字。不懂英语文化的人当然也就不认为这是什么幽默,翻译过来后更不是什么幽默。

除了靠修辞手段来形成的语言性幽默以外,形成语言性的幽默还有其它的手段,还可以利用其它非语言手段,如利用逻辑的错位交叉、矛盾、错误、误会、巧合、故意愚蠢、滑稽、脑筋急转弯等来完成的幽默。这一类幽默就不是纯粹靠语言的技巧创造出来的。这一类幽默在各国语言的翻译中一般不会发生误解，因为它是属于情节性的、叙述性的幽默，其幽默的度、产生的效果应该是一致的。而且这种幽默要占翻译幽默的大多数，否则无法让国人读到和读懂这么多的外国幽默，尤其是国家开放以来，外国幽默如潮水般涌来。更为突出的是，由于互联网的使用，国人可以迅速地欣赏到国外创造出来的、翻译过来海量的幽默。也就是说情节性、叙述性的幽默不涉及语言差异问题，中外幽默相互翻译过来后，不会产生歧义，在这点上，汉英具有相同性。

下面举一个利用逻辑产生的情节性的外国幽默：

(11)雪到哪里去了

一天晚上，下了很大的雪，第二天早上史密斯先生的院子被厚厚的雪覆盖着。于是史密斯先生雇来一个人，准备把从车库到大门口的这段路打扫干净。

他对这个雇来的男人说："不能把雪扫到那边，因为会毁坏我院子里的灌木；也不能扫到这边，因为会压垮我的栅栏；更不能扫到街上去，否则警察会不高兴的。"说完就走了。

当他回来的时候，这段路已经打扫干净。路上的雪既没有堆在灌木丛那边和栅栏这边，也没有堆到街上去。史密斯先生非常满意。但当他一打开车库门时，他才勃然大怒：车库里从地到顶全部装满了扫下来的雪，他的车几乎被淹没在雪里面。

这是不仅是一个情节性的幽默，同时利用了逻辑，钻了史密斯先生的一个逻辑上的空子，造成幽默。所以翻译过来不存在歧义，也不需要加以说明或注释。

下面举一个因误会产生的情节性的外国幽默：

例子(12)，一位教授平时总是丢三忘四，不是丢了眼镜盒，就是丢了手杖。特别是雨伞，几乎每个月他夫人都得替他买一把。教授为此暗暗地下定决心,以后要多加小心。一天,教授上午出去,下午回来,得意洋洋地对夫人说:“呶,陶乐赛,今天我可没丢东西,我把伞给带回来啦!”说着,他亮出一把伞。“唉呀,瞧你这粗心人,你今天没有带伞出去呀!”

由于误会带来的情节性幽默,也不会产生汉英语言方面的歧义。下面举一个因无知产生的情节性的幽默:

(13)史密斯先生在一次母亲的生日时,给母亲买了一袋麦片。几天之后,儿子问母亲麦片怎么样?母亲说,感觉不好喝。儿子说,那是补充营养的,对身体好。母亲说,可是我喝了一包,却感觉不舒服,所以就没喝。儿子心想,该不是买到伪劣产品了吧。打开一看,麦片并没有少。再仔细一看,终于明白了,母亲喝的是里边的一包防腐剂。

这些幽默往往是叙述性的、情节性的,由于没有语言本身的问题,没有涉及要对各国、各民族文化背景问题,所以翻译过来后,就没有产生歧义,这为幽默无国界之说增添了说服力。

但涉及到文化背景的情节性幽默,有时候也有会发生歧义,这就要依靠理解文化背景来读懂幽默了。尤其是在漫画方面,没有外国文化背景,就无法看懂。当然有些外国幽默含幽默画,除了要有外国文化背景外也还要具备一定的相关的知识,比如哲学、逻辑学等等。这不属于幽默语言比较范畴,在此不予论述。举例:

(14)A: How do you think of Tom's thesis?

B: Oh, it was a good typewriter he used.

翻译文本:A:你认为汤姆的论文怎么样?

B:哦,他所使用的打字机是很好的呢。

这个外国幽默是一段对话,应该属于情节性幽默,但直译出来就不知道它的幽默点在哪里?这里就有一个文化背景问题,一般国人就会直接评价这篇论文如何,而外国人有这种习惯,不直说,绕了一个弯,而且这个弯还不小,让读者不知云雾。不直接评说论文的好坏,而是转了一个大弯去评说Tom所用的打字机好,这里就隐埋了一个讽刺意义:用这么好的打字机写出这么差的论文,辜负和枉费了一个好的打字机?外国人在评价你的东西不行时,往往会不去说这样东西,而是去说为这样东西服务的工具或环境是如此的好,用比较陪衬的方法来隐含对论文质量的贬低。再举例:

(15) Walking to the work one morning, a man found a penguin wandering in the park. Feeling he couldn't just leave it here, he went to the police station for some advice.

"You should take it to the zoo." said the policeman behind the desk.

A few days later the policeman was out on his beat when he saw the man standing at a bus stop with the penguin. "I thought I told you to take that penguin to the zoo." he said.

"Yes." replied the man with a broad smile. "We did go to the zoo yesterday. Today we're going to the cinema."

翻译文本:一天早上,一个男人步行去上班,碰见了一只在公园门口流浪的企鹅,他觉得他不能把那只企鹅留下不管,于是他去警察局询问怎么办?

"你应该带他去动物园"在桌子背后的警察说道。

几天以后,这个警察外出执勤,在公共汽车站台突然看见了这男人抱着那只企鹅,说道:"我想我告诉过你,把那只企鹅带去动物园吧!"

"是的,"那个男人笑容满面地回答道:"我们昨天确实去了动物园,今天要去电影院看电影。"

这一幽默也是情节性的幽默,每一个单词、每一句话都懂,但不知道它的幽默在哪里。这就是语言和文化上差异带来的困惑。警察叫他"take it to the zoo",但不他理解为是把企鹅交给动物园管理,反而理解为是带企鹅去动物园玩,以至于后面才会出现了"今天要去电影院看电影"的事情。因为在老外看来动物园是人们休闲娱乐的地方,它和电影院、剧院、游乐场等通常并列在一起。

从以上的这些汉英幽默来看,在互译为对方语言以后,都不会太觉得是幽默,这就是汉英两门幽默语言方面存在着差异问题,这里仅仅是举例性的简要说明,要是把全世界所有的幽默语言拿来做比较,其差异更是花样百出。

四、批判型幽默和娱乐型幽默比较

关于幽默的类型,仁者见仁,有若干种说法。当然也可以把批判性幽默和娱乐型幽默这两种类型看成是一种分类,但我的大一统幽默学未采用这种分类,我的大一统幽默学的分类在本书第五章里已经有论述,这里着重是对这两种类型进行比较。简单的来说可以分为具有批评/批判性和不具有批评/批判性的两种,不具有批判性的幽默实质上就是娱乐性的幽默,所以这里要比较的就是批判型幽默和娱乐型幽默这两大类。主要是从幽默对人有没有伤害性、攻击性的角度来考量的。当然一般具有伤害性的幽默是由讽刺性幽默来体现的,而娱乐性幽默是由非讽刺性幽默来体现的。在本书的第四章《大一统幽默学的范畴》里已经清楚地阐述过讽刺与非讽刺性幽默的关系,并且在第四章里还把讽刺公式化为:讽刺 = 幽默 + 批判/批评,有人戏称之为带刺的玫瑰,有人戏称之为“笑骂”等,为着方便比较,这里就统称为批判性幽默和娱乐性幽默。

幽默的类型不一样,幽默的效果当然不一样。有些人用幽默来取乐那就是娱乐性幽默;有些人不是为了取乐,而是要借幽默的委婉性、不直接性来要嘲笑人、批判人、攻击人,甚至自嘲,这就是讽刺。如热嘲冷讽、阴阳怪气、笑里藏刀、借古讽今、指桑骂槐等之说就属讽刺之列,就是带有幽默的批评/批判。

幽默的两种类型由于对象、场景、时间、国情、民族情的不一样,用法也要相应的不一样。幽默的这两种方法一定要区分好、掌握好。掌握得好就会乐上加乐,否则会带来负面效应。掌握得好就会乐上加乐是指大一统幽默学中的纯幽默,当然不排斥讽刺有时候有这个功能,但只限定在极少数的轻微讽刺里,或用于非常融洽的关系当中。比如一些调侃型的讽刺,也会带来一定的乐趣,但这种调侃性的讽刺总体还是属于搞笑性质。之所以把具有批评性和不具有批评性拿来作为类型来区分，就是因为它们两者的目的不一样：一个是为着达到讽刺人、嘲弄人、作弄人、批判/批判人和自嘲的目的；一个是为着达到让人搞笑、取乐、谐趣、好玩、化解紧张的氛围、产生会意的笑的目的。

娱乐性幽默用得好还能增加和谐和友好的氛围、减少矛盾激化，虽然娱乐性幽默不具备批评/批判的作用，但用得不好也会带来不好的结果，这一点在本书幽默的功能里有专门论述。讽刺性幽默和娱乐性幽默都会带来笑，但"笑"的内涵不一样，尤其是讽刺性幽默带来的"笑"比较特殊，有些讽刺性的笑是奸笑、窃笑、苦笑等，苦笑就包括黑色幽默带来的笑。虽然讽刺性幽默带来的"笑"都不太"好"，但使用得好，有时候有些讽刺性幽默还会带来一定的正能量呢。举一个正能量的幽默：

(16)一个新手驾车在路上，后面有一个大卡车司机老按喇叭，叫她让路，大卡车司机要超车。但由于是新手，还把车搞熄火了，发动不起来。这当然激怒了后面的大卡车司机，就有可能使大卡车司机成为"怒路"族。于是，这新手司机索性下车走到后面去说"大哥，我是新手，我实在发动不起来，麻烦你去帮我发动发动，我来帮你按喇叭？"

这样是不是要比老是发动不起来，坐在车里一动不动，或许干脆就互骂起来好得多呢？应该说，这种讽刺性幽默既带来了正能量有可能平息了"怒路"。

当然不直接地批判/批评人也是因环境不同而不同的。政治上不开明的社会，只能用讽刺的手段来批评。如在鲁迅先生生活的年代，他就用了大量的讽刺作品，尤其是它的杂文犀利、尖刻，像刀一样刺进敌人心脏；还有，由于人类都有怜惜弱势群体的恻隐之心，很多作家或政治家往往运用幽默的手段来做武器，去抨击恶人、权贵；还有因为不便直接批评/评判，那样有伤面子，也常常用借助一下讽刺手段，让其点到为止、知道痛痒就行了。

与国外相比，讽刺的运用具有相似性。鲁迅的讽刺与外国的一些文学家就有曲艺同工之效，都具有犀利的风格。鲁迅的《夏三虫》里讥刺、嘲讽、挖苦的就是那些所谓的"学者""文人"们的虚伪、狡诈、虚伪。

(17)“假如有谁提出一个问题,问我三者之中(跳蚤、蚊子、苍蝇)最爱什么,而且非爱一个不可,又不准像‘青年必读书’那样的缴白卷的。我只得回答道:跳蚤。跳蚤的来吮血,虽然可恶,而一声不响的就是一口,何等直截爽快。蚊子便不然了,一针叮进皮肤,自然还可以算得有点彻底的,但未叮之前,要哼哼的发一篇大议论,却使人觉得讨厌。如果所哼的是在说明人血应该给它充饥的理由,那可更其讨厌了,幸而我不懂。”

比如美国幽默大师马克·吐温的讽刺幽默:

(18)《镀金时代》问世后,美国上下反响强烈,有位记者就《镀金时代》的真实性询问作者马克·吐温。于是,他在酒席上再度表明态度:“美国国会中的有些议员是婊子养的。”

本来,《镀金时代》这本文笔辛辣、尖锐的小说,深揭了丑恶的美国社会的疮疤,已招致资产阶级的不满,那记者再把马克·吐温酒席上的话公之于报,无疑火上添油。国会议员大为愤怒,纷纷要求马克·吐温澄清或道歉,否则将诉诸法律,马克·吐温答应登报道歉。

几天后,马克·吐温向联邦国会议员的道歉启事在《纽约时报》上登载了:“日前本人在酒席上发言,说有些国会议员是‘婊子养的’,事后有人向我兴师问罪,我再三考虑,觉得此言是不妥当,故特登报声明,把我的话修改如下,幸祈谅鉴。即:美国国会中的有些议员不是婊子养的!”

再比如另一篇马克·吐温真实性幽默故事《与贵妇的谈话》:

(19)一次马克·吐温参加宴会,席间,他对一位贵妇说:“夫人,你太美丽了!”不料那妇人却说:“先生,可是遗憾得很,我不能用同样的话回答你。”马克·吐温笑着回答:“那没关系,你也可以像我一样说假话。”

以上的(17)(18)(19)几个幽默都具有一定的伤害性,都是在笑骂别人,属于批判性幽默即讽刺性幽默。由以上的讽刺例子看出,不仅有讽刺性还有谑趣性,其在幽默中占有极其重要的地位。然而批判性幽默与娱乐性幽默的风格是迥然不同的,在使用批判性幽默的讽刺手段的时候,一定要把握好所使用的"度"。如果讽刺的度过于强烈,就会感觉一点儿幽默都没有,那就变成了纯批评、评判了;如果讽刺的度过于低,几乎没有辣味,那又变成了纯幽默。讽刺只有使用得恰到好处,才能体现讽刺本身的风格——这就是娱乐性幽默与批判性幽默两个幽默风格的辩证关系。讽刺性幽默带有攻击性、伤害性,娱乐性幽默只是取乐性。当然不仅是批判性幽默要注意运用的场合、对象和时间,单独运用娱乐性幽默也存在要注意场合、对象和时间这个问题,如果场合、时间、人物不对,娱乐性幽默不仅不会带来取乐的结果,还会带来负面效应。举例:

(20)有一个朋友去参加他一个朋友的婚礼。他知道他离婚多次,是再结婚的。所以,他决定幽他一默。

一到婚礼现场,新郎新娘一道来欢迎他,他当着大家幽默地说:"我希望明年再来参加你们的婚礼。"全场愕然。

这原本不失为一个幽默,但用于朋友结婚的现场,由于有新娘在,有很多朋友在,就不恰当了,既破坏了喜庆气氛又失礼。

(21)原本某某已经把麻将的每张牌都取了一个谑趣的名字。比如五筒叫做"四菜一汤是小康",五条叫作"四人抬轿是县官",七条是"一枝红杏出墙来",九筒叫作"麻子窝窝不好看"。然而有一天某某与几个人一起打麻将,一起来打麻将的有人就有一个是麻子,某某恰好摸起来一个九筒,随即照例地诙谐地说:"麻子窝窝不好看。"麻子脸上即刻泛出上一片红云。

还有,拿残疾人或弱势群体来取笑或编成幽默或小品是一定要小心的;拿民族或国家文化来开玩笑,也会有失国格。总之不管是使用讽刺性幽默还是纯幽默都要注意尽量要使之带来正能量,要注意幽默的在什么场合用什么样的幽默,区分好幽默高雅性、通俗性和低俗性。高雅的幽默就是文人间斗字,不仅可以给人以愉悦的心情,还可以引起意味隽永的思考,中国古代的文人高雅幽默的例子比比皆是。比如下面关于“枇杷与琵琶”的文人轶事：

(22)一文人收到友人书信一封和一盒礼品，信上写道：“送上琵琶，请笑纳。”该文人打开礼盒一看，原来是吃的枇杷而不是乐器琵琶，便回信调侃道：“枇杷不是此琵琶，恼恨当年识字差。若是琵琶能结果，满城箫管尽开花”。不几日，该文人收到友人回信，开笺一看，内曰：“琵琶确非此枇杷，一词之误笑大家，琵琶本为乐中物，岂可树上结繁花，吾观文章窥大义，君却喜把白字抓，如今果已至君腹，君可抚腹吹弹拉”。此事后，话说某日，这二人又见了面，吃枇杷文人谓送枇杷文人曰，兄真好才情，不过，琵琶乃弦乐器，弹拨拉尚可，岂能吹之。送枇杷文人微微一笑，对曰，琵琶虽为弦乐，但为求疵，吹之无妨。

琵琶与枇杷同音不同词，一个是可以弹的乐器，一个是可以吃的果实，此枇杷非彼琵琶，不可以弹，又岂能吹，然而送枇杷的人又说“但为求疵，吹之无妨”，这一句是“吹毛求疵”的挪用，让人大笑之后回味无穷。

通俗的幽默就是既不低俗、俗媚，又不显得很高雅、很文人气。这一类幽默是运用而最广泛的，就是一般老百姓脱口就可以说出来的，较多的表现为笑话。举例：

(23)有一天上班，领导对我说：“世界那么大，你就不想去看看？”

我心里一惊！这是炒鱿鱼的新词么？

我稳稳地回答：“领导，您就是我的全世界”！领导笑着说“这么说，你是不愿出去了？”我义正严辞地表示：“领导放心，公司就是我的家，我哪儿也不去！”

领导：“那太好了，这次安排大家去出国旅游，正在为留守人发愁呢！既然你不去，你就留守吧！”

“世界那么大，我想去看看”是河南省实验中学一名心理学老师的辞职信，最近在网上引起了一阵小小的波澜，被称为最具情怀的辞职信，而这篇笑话中的领导模仿这句话让下属钻进了自己的圈套之内，是属于恶作剧似的幽默，但给读者却提供了笑料。

可以说，通俗的幽默如果能够调侃、愉悦、搞笑、放松一下，其目的就已经达到，不可能对其要求太高。作为生活的调味剂，通俗的幽默扮演着重要的地位。

低俗的幽默就是黄色幽默、下流幽默、不吉利幽默等，这一类幽默往往会带来负能量，而且在正式场合还不能讲下流的、黄色的幽默，不仅有失个人体面，在外交场合上还会损国家尊严。

低俗的幽默当然包括不吉利的幽默，那样的幽默最好不说，只会产生负能量。比如下面的例子，如果是故意的幽默，就实属不该了。

(24)有一个小孩，已经有很久他家大人没有带他去串门了。因为他每每去哪里都会给大人带来麻烦，会讲一些不吉利的话。有一天，他家大人要去一个人家送小孩的满月礼。照例也不想带他去。但小孩反复央求大人带他去，他保证这一次一定不会乱说话。

大人觉得确实有很多次没有带他去了，既然小孩保证不乱说话，就带他去了。

到生小孩那家后，大人们先送礼，然后坐着聊天一会儿。确实在这个过程中，小孩没有讲一句话。待最后大人们起立要告别时，小孩突然站起来说："今天我可没有说什么话了，要是我走了以后，这个娃娃死了，可不要怪我！"

如果这是一个事实性的幽默，当然就会给人带来不愉快；如果故意编造的幽默，那另当别论。

五、幽默的风格比较

风格也会影响到幽默的创造、欣赏、效果，甚至影响到幽默的质量。所以在创造、欣赏运用幽默时，必须注意幽默的风格，也就是要注意民族和国别的不同，也会带来不同风格的幽默，甚至不同质量的幽默。由于风格的不一样,当然在一些国家、民族里的幽默在另一些国家、民族里并不是幽默;有的国家、民族里讽刺在一些国家、民族里并不是讽刺;有些国家、民族里的幽默到了一些国家里就变成了讽刺。也就是说幽默的风格里也包含了对幽默质量的正确使用问题,在不同的国家和民族里,幽默的风格和质量有可能互为渗透,要辩证地对待。

不同国家或民族的人因为身处不同的社会环境,具有不同的思维方式,所以不同国家或民族的人在幽默的使用场景以及幽默的内容方面就能表现出不同民族文化的差异性。即使同属于西方国家的不同国家和民族也存在着差异性。比如 A · 济夫主编的《幽默的民族风格》一书中就描写了八个国家(澳大利亚、比利时、法国、英国、以色列、意大利、美国、南斯拉夫)的不同幽默的风格,从幽默的风格中,不仅可以看到一个民族的社会生活缩影,还可以从不同民族的幽默风格之中寻找其差异性的原因,这都需要去了解一个民族的生活方式之后才能知晓其幽默的风格。

同理,世界上有如此多国家,不可能把每一个国家的幽默风格在这里一一进行比较,这里还是继续拿中国与英美两国的幽默风格作为例子来做比较。

毫无疑问,中国幽默与英美两国的幽默风格有着明显的不同,首先是语言的差异,在各自语言的“音、形、义”都会产生出不同风格的幽默。由于幽默最先就起源于自语言文字,有语言文字所构成的幽默要占幽默数量的大多数,很多语言文字的幽默就是借语言文字的“音、形、义”来故意形成幽默,所以,从语言文字的角度就必然会带来幽默风格的迥异,因为语言文字本身就有着很大的不同。从发音来讲,汉语每一个方块字是一个元音(双元音)的独立发音,而英语每一个单词不只限于一个元音发音,甚至还有辅音;从形态上来讲,汉语是方块字,而英语是拉丁字母,书写和拼法完全不一致;从语言文字的意义来说,各自带有各自文化和民族的烙印,也会带来不同的幽默风格。

下面分别论述这几种情况所产生不同的幽默风格:

1.“音”上面的不一致

由于发音带来的幽默不胜枚举,尤其是谐音双关的幽默,汉语和英语里都司空见惯。举例说明:

汉语里的:

(25)黄先生热爱革命,为纪念红军,给儿子取名为“军”,一天送儿子上课,见公交8路进站,于是冲儿子大喊:黄军快跑,八路来了!

第(25)例子里的“黄军”和“八路”就是相同的音而不是相同的义,如果把这个幽默用英语来说,不仅失掉了其幽默性,也失掉了中国风格。因为“黄军”是抗日战争时期“皇军”的谐音,“八路”是对八路军的简称,具有中国历史的烙印,当然就具有中国幽默的风格。

中国的谐音方面的歇后语,更是独具中国的幽默风格,英语里是无法找到对应的。

例子(26)咸菜煎豆腐——有言(盐)在先

精装茅台——好久(酒)

四两棉花——谈(弹)不上

梁山泊军师——无(吴)用

空中布袋——装疯(装风)

半两棉花——免谈(免弹)

矮子过渡——安心(淹心)

腊月天气——动手动脚(冻手冻脚)

孔夫子搬家——净是输(净是书)

第(26)例子里不仅具有汉语谐音方面的风格,同时也兼有中国历史和文化背景。比如“精装茅台”“梁山伯军师”和“孔夫子搬家”都是外国没有的,都深深的打上了中国历史文化的烙印。

英语里的:

(27)A:nothing is worse than this.

B: no, nothing is worse than this.

英语里的 nothing 就是双关语，但意义却不一样才形成了幽默，请看汉语翻译文本：

A：再也没有比这更糟糕的了。

B：不，一无所有比这更糟。

两句话除了一个 no 字，直接就是一句话，居然能产生出幽默，从字面上本身就给人来了一个乖讹，再加意义方面不同的理解，使这个幽默就显得更加有质量。同理，这个幽默在汉语里也无法有对应的，也体现着英语幽默自身的风格。

2.“形”上面的不一致

从汉英的字面上来看，方块字和拉丁字分别属于不同的书写方式，都具有各自文化和历史的烙印，蕴含着不同的民族风格，当然所产生出来的幽默风格肯定各异。汉语的方块字可以构成排版方面的幽默，也可以构成拆字幽默，英语也可以有一些拆字幽默但不及汉语那么广泛和众多，排版方面的幽默也不及汉语那么有韵味。关于“形”的例子在本书第三节《幽默的语言比较》当中的(1)(2)(3)(4)(5)(6)充分的说明了汉语因为语言的形状不同而产生了不同的幽默，只不过那里侧重是语言的比较，这里侧重的是风格，毫无疑问由于语言形状不同而带来的幽默，一定深深的打上了各自国家语言的文化和历史的烙印，当然就是迥然不同的风格。

3.“义”上面的不一致

从汉英语言文字的“义”上形成的幽默也很多，如果仅仅是逻辑推理性的幽默，应该是没有什么风格上的差异，但从文化历史方面来说就各有其民族的风格。英语里面的幽默主要以英美两国的来进行比较。

首先要提到的就是英国。事实上，我们前面所提到的喜剧家康格里夫就提出过幽默具有民族性的论断，他认为英国的喜剧家比其他国家的人民更具有幽默感，把幽默看作英国的产物①。从幽默在英国的发展历程来看，英国式的幽默就表现出其民族特色，“幽默感在英国是一个得到人们高度赞

① 王勤玲：《幽默语言的认知语用研究》——2005 年复旦大学博士毕业论文

赏的特征，在这个国度里，‘缺乏幽默感’对任何人都是一种很重的批评”①。在英国出现较多的是关于双关语、俏皮话以及“性”的幽默话题，其中关于“性”的幽默话题可能是最常见的，还曾出现过关于同性恋的政治运动，并且对外国人或少数民族的嘲笑是英国等西方国家所共有的特征，比如英国对爱尔兰人的嘲笑等。此外，英国的幽默文学创作从古至今都有着自身的文化传统，具有幽默文学风格的人物也不断的出现。比如莎士比亚、查尔斯·狄更斯、奥斯卡·王尔德、萧伯纳等等，在他们的幽默文学作品之中，较多的使用了夸张、机智和诙谐的手法来表现出幽默的特征。从文艺复兴时期到现代社会，幽默被英国文学家传承下来。作为欧洲有着悠久历史文化传统的英国，英国幽默的民族性可以说是西方文明的一个重要代表，英国幽默的独特风格以及表现形式也引起了广泛的关注。总体感觉英国幽默都带有比较一本正经的意味、幽默度比较纯、比较正统、清高。

美国作为一个多民族组成的移民国家，其幽默文化也具有复杂性和代表性，融入了各民族（如犹太人嘲笑自己也嘲笑现实、爱尔兰人的夸张说辞等）的幽默文化。在政治上爱玩幽默就是美国人的一种风格，美国人民喜欢玩政治幽默，尤其是美国的政治家更善于使用幽默，因为美国政治家在参政时尤其是竞选时喜欢采用幽默方式，因为他们认为如果具有幽默的特质，对于其政治目的的实现无疑是有极大的帮助的。从《幽默的民族风格》一书中，我们可以了解到美国幽默所具有的一些特征。比如种族主义幽默，如嘲笑黑人的段子比比皆是。美国人对幽默的喜爱也具有广泛性，上至总统，下至平民百姓，无论贫穷或者富有，无论男女老少大都具有幽默的态度。弗兰克·莫尔·科尔比曾经说男人情愿承认犯了叛国罪、谋杀罪、纵火罪也不愿意承认自己缺乏幽默感，这当然是夸张的说法，但是我们不难看出幽默可以说已经成为美国人生活的一部分，无论是社会生活方面还是文学、艺术领域抑或是政治、经济领域，美国到处都存在着幽默。总体感觉美国幽默比较随便、随意、轻松、浪漫，但不主张拿个人隐私、弱势群体来作为幽默的主体。

中国的幽默较多的是与讽刺这一艺术形式结合在一起，加上滑稽、夸张等表现形式，庄与谐的互相映衬和发展才构成了丰富多彩的中国幽默文化。

---

① 王伟清：《中英文幽默映射的语言与文化差异》——武汉理工大学2006年硕士毕业论文

寓庄于谐是先秦时期开始以来的幽默。即是说中国的幽默比较含蓄一些，通常依附在其它一些特定的艺术体裁之中，比如笑话、寓言故事、元杂剧、小说、滑稽剧等。幽默的发展也多以"寓理"和"尚德"为其特色，以幽默的形式来表示严肃的态度。虽然儒家文化是中国传统文化的主流，但是幽默文化却为中国传统文化增添了不少活力和趣味，并且中国的幽默往往在诙谐之后会让人琢磨其幽默韵味，如果少了幽默文化，那么中国人岂不是都成为了无趣之人。中国幽默发展到了近代又出现了相声、小品、喜剧影视等艺术形式，也弃掉了一定的严肃性，开始与美国的浪漫性接轨。整体感觉中国的幽默是严肃性与浪漫性的结合体。

值得一提的是，在中国有数百个戏曲剧种①，其中不乏幽默性质的，诸如像流行全国的相声、小品；东北的二人转；在闽南地区流行起来的木偶剧；以陕西关中为发祥地的皮影剧，后以河北唐山一带的驴皮影和西北的牛皮影最为著名；源于上海的"独角戏"，流行于江苏、上海、浙江等地，后发展为滑稽戏；流行于四川及其周边地区的川剧，等等，都各自展现出其幽默诙谐的表演方式和效果，当然也最具中国民族幽默风格。因为只有中国才有，也只有中国人才完全看得懂，而且翻译为外国语以后，必然丢失很多的幽默。

幽默既充斥于各类剧种曲艺，也渗透于人们的生活和工作之中。在生活和工作当中所表现的幽默风格也不一样。在国际外交场合利用幽默开展外交比比皆是，但中国政治人物一般不会公开互相幽默，尤其是涉及个人身体缺陷或隐私的，当然更谈不上公开互相讽刺。但在国外就不一样了。比如，一个美国前总统的例子：

(28)《Fat President Taft》

Taft was a potbellied President of the United States. Once after visiting the former president Theodore Roosevelt who took a recess on Lake Ontario, Taft went to swim in Ontario. He shouted to Theodore Roosevelt on the shore: "Come down and have a good swim." Theodore Roosevelt said "Hold it; the lake of Ontario is already full!"

① 万叶等编：《中国戏曲剧种大辞典?》上海辞书出版社，1995. 6.

文本翻译：

胖总统塔夫脱

塔夫脱是个大腹便便的美国总统。一次，他拜访了在安大略湖度假的前总统西奥多·罗斯福之后，就去了湖里游泳。他对岸上的罗斯福说："您也下来畅游一番吧。"西奥多·罗斯福说："还是免了吧，安大略湖已经满得装不下人了！"

这一个幽默在他们看来，或许就只是调侃一下的幽默，在我们看来就是一个讽刺了，因为相对我们的文化，带得有对塔夫脱肥胖的嘲笑。

日常生活中，经常可以听见有人说，幽某某一默，这里的"幽某某一默"既可以是批判性幽默也可以是娱乐性幽默。由于各个人（包括国人）对幽默的风格的适应度是不一样，所以，在日常生活中，一般讽刺用的少一些、娱乐性幽默用的多一些。因为娱乐性幽默不带有敌对情绪，但娱乐性幽默有时候也会带来不好的结果，也要注意幽默的环境、对象、时间等要与风格相适应。当然，在与外国人打交道的当中，不是不可以用批判性幽默，这就要看当事的外国人对我国幽默风格的适应度，不注意幽默风格的运用，还会破坏"外交"关系或民族关系。这个"风格"里面也包含着一些民族和国外风情的忌讳。即是说，在不同文化的场合，要注意照顾文化的差异性，一方面，虽然文化的差异性可以造就幽默，同时也是幽默的一种风格，一方面，由于风格的不同，也会产生不同的幽默效果。例如：

(29)一位多少懂一些汉语的老外被邀参加一位中国朋友的婚礼。婚礼中老外当着新郎新娘的面，翘起大拇指夸奖和赞扬新娘非常漂亮。这时，站在一旁的新郎用中国人常用的谦恭和委婉词语说道："哪里！哪里！"这位外国朋友一听，感到十分诧异，紧接着，老外就用生硬的汉语补上一句："新娘的头发、眉毛、眼睛、耳朵、鼻子、嘴巴全都漂亮！"

如果这不是一个幽默，而是一个事实，就要注意使用符合外国文化的谦词，比如这里可以使用"谢谢""我很高兴"这一类的，而不能用中国的"哪里，哪里"这一类不符合外国文化的谦词，否则不仅闹出笑话。还会伤害情感。

由于不同国家和民族的幽默文化有着其内在的差异性,使用修辞手段来表述一般的事情,在异国人群里面也会发生幽默,当然也属于幽默的一种风格。举例:

(30)老外来访被请吃饭。落座后,一中国人说:“我先去方便一下。”老外不解,被告知“方便”是“上厕所”之意。席间主宾大悦。道别时,另一中国人对老外发出邀请:“我想在你方便的时候也请你吃饭。”老外愣了,那人接着说:“如果你最近不方便的话,咱找个你我都方便的时候一起吃。”老外晕倒。

这里用了一种修辞,即借代。各国都有借代的修辞,在汉语“方便”上就是使用了借代,是被借来代替“上厕所”的文明代词,老外不知道是使用了修辞,就形成了汉英在“方便”上的歧义,带来了幽默,当然其风格是不一样的。这个幽默是在特定的环境里产生的,需要汉语的修辞,需要老外的参与,需要两国文化的碰撞——就是这个幽默的风格,这个风格体现在:在我们看来是一个幽默,在老外看来不一定是一个幽默。在有外国人参与的汉语文化交流中,利用借代等若干修辞手法造成的这种特殊风格的幽默,是一种“跨国”风格的幽默,因为汉语知识的复杂性,把老外加进来的“情景”,也能造就一种新的幽默,当然也是风格的一种。再举例:

(31)某老外苦学汉语十年,到中国参加汉语考试,试题如下:请解释下文中每个“意思”的意思。背景是阿呆去给领导送红包时,两人的对话颇有意思:

领导:“你这是什么意思?”

阿呆:“没什么意思,意思意思。”

领导:“你这就不够意思了。”

阿呆:“小意思,小意思。”

领导:“你这人真有意思。”

阿呆:“其实也没有别的意思。”

领导:“那我就不好意思了。”

阿呆:“是我不好意思。”

然后,老外泪流满面,交白卷回国了。

第(31)例子也是故意把老外拉进来形成的幽默,也是一个具有中国汉语风格的幽默,当然相对学习汉语的外国人,也不失为一个幽默。这个幽默里也是使用了借代修辞,而且把一个词“意思”借来代替了好几个意思,难怪老外要晕头了。这就是不同国家或不同民族文化的差异性,就是风格问题。具有这种风格的幽默,就算是翻译成为外语,再加上注释,未必外国人会认为是幽默。上面的“意思”的连环套用,不仅利用了借代的修辞,还使用了双关修辞;不仅产生了幽默,同时还是兼有讽刺性。

另外,有一点,与我国不太一致的地方,国外一般没有拿弱势群体或残疾人来作为幽默的主体文化传统。比如赵本山到美国去演出为什么会受到冷遇,就是因为美国文化不接受拿残疾人或弱势群体来取笑、开涮。所以说幽默风格受到国别和民族的限制,幽默风格的不一样,当然幽默的创造方式、欣赏角度以及效果完全不一样。

除了我国的幽默风格与英美国家有着不一致以外,各地方之间,各民族之间也有着一定的差异。比如东北二人转和源于上海的“独角戏”就是以滑稽为主的;流行闽南地区的木偶剧和河北唐山一带的驴皮影和西北的牛皮影,就是以逗乐为主,等等。

这种幽默风格的迥异,不仅在国与国、民族与民族之间,即使是同一个国家或民族在不同的发展时期,其幽默风格也不尽相同。比如在文化大革命当中的一些很严肃的事情,在现在看来就是笑话,就是幽默,这就是风格在时间上的不一致性。

六、幽默质量比较

按我的大一统幽默学的观点,幽默是有级别的。主要就是从幽默的质量的角度区分出来的,所谓质量就是判断其是属于高级级别的还是属于低级级别的。为什么分为高级和低级,在本书第四章大一统幽默的范畴里面已经谈及,不再赘述。在此只论述高级幽默与低级幽默的比较。

1. 高级幽默

有一些专家把高级幽默称之为本体幽默。在本书的第四章幽默的分类和第五章幽默的范畴里已经作过阐述:高级幽默就是所谓的“纯幽默”,是与低级幽默相比较而存在的。高级幽默的幽默点多,幽默度大,哲理深,有回味,会带来会心的笑,不同程度地分别符合于几大幽默理论的要求:具有乖讹讹素、具有优越感、具有宽慰效果;或者要么就是期望落空又回归落实,要么就是逻辑错位还要交叉,等等。同时,按照我的大一统幽默学的度量幽默的方法,高级幽默的分值比较高,一般在3分及其以上。

高级幽默之内的命名也特别多,在分类那一章已经罗列了不少,在此也不可一一拿来比较,这里就只举几个例子来说明和进行比较。

只拿颜色命名的幽默来说,就有很多种,似乎以各种颜色命名的幽默都有。但黑色幽默和黄色幽默最为突出,定义也最为准确、幽默度也最高、也最符合幽默理论。尤其需要一提的是黑色幽默。黑色幽默又被称为“绞刑架下的幽默”“大难临头的幽默”、产生“苦笑”的幽默。此外,它还被称为“病态幽默”“黑色喜剧”“绝望喜剧”等。“黑色”含有绝望、痛苦、恐怖和残酷告的意思。既然面对的是死亡、是荒诞,那只能痛极而笑,化痛为笑,只能不以为然地拿痛苦开玩笑,以喜剧的方式去表现悲剧的内涵,从而酿就了苦涩阴郁的笑。但这只是一种观点,另一种观点却认为,不是“苦笑”,而是凛然不惧的笑,是乐观主义的“笑”,因为它与革命的视死如归有曲艺同工的感觉。正因为他们以幽默的人生态度与惨淡的现实拉开了距离,所以一改以往荒诞文学作家的惊愕、困惑、愤闷的心态,而是把荒诞当做一种合理的存在,然后进行从容地描绘,在绝境中保持心理平衡,所以具有乐观主义的成分和色彩。作家们抛弃了传统小说的叙事原则,打破一般语法规则,采用夸张、悖论、反讽的手法和克制性冷漠的叙述进行创作。场景奇异超常、情节散乱怪诞、人物滑稽可笑、语言睿智尖刻。以喜写悲,造成悲壮的“笑”。

黑色幽默虽然是一种特别的幽默,但符合高级幽默的理论;它不仅发展了弗洛伊德和超现实主义的幽默路线,还表现出一种荒诞的色彩。具体的代表作家和作品有约瑟夫·海勒的《第二十二条军规》、托马斯·品钦的《万有引力之虹》、库特·冯尼格的《第五号屠场》等等。黑色幽默除了以上的“苦涩的笑”和“悲壮的笑”以外,往往还带有讽刺的色彩,具有强烈的讽刺效果;往往可以从“乐观主义”延伸为荒诞的精神胜利主义,这就更符合于幽默的要求。所以黑色幽默不只是用于战争题材、生死题材,也还可以用于一般的生活中。举例:

(32)那年我们家很穷,穷的没有饭吃。但是,我家有一根挂在二樑上的火腿,每次吃饭,家里人就看着那火腿吃,这样,就不会觉得饭很淡。看一眼火腿,吃一口饭,于是,我们吃的很开心,很饱。

但是,到了那年,家境有那么一点好转,我也长的足够强壮,能够爬上那樑,看看火腿的模样,顿时我发现,那火腿其实是泥巴做成的。后来才知道,那饭其实就是玉米渣子。

按照我的大一统幽默学体系的打分原则,不需要对以上的幽默进行分析,只需把分值评判出来,就可以确定是高级幽默还是低级幽默,3 分以上就属于高级幽默。第(29)幽默的分值就不低于 3 分:看着火腿吃饭很开心很饱,就是一个幽默点,算一分;突然发现火腿是泥巴做的,是一个幽默点,1分;“火腿是泥巴做成的”把“吃饭很开心很饱”和“那饭其实就是玉米渣子”一对矛盾的逻辑交叉了,也使其“矛盾”得到了统一,随即这个幽默被“激活”生成了幽默,这里符合高级幽默的 2 分分值,总分是 4 个分值。

黄色幽默也叫黄色段子,有些特黄色的也叫下流段子。黄色幽默也是比比皆是,大家也最津津乐道、最容易流传于人们的口头。因为人就是生活在两性之中,而两性就是从人类有文明、有文字起就一直是人类谈论的永恒的主题。到后来人类发展至更加发达、更加文明以后,伴随着文明出现了幽默这个与文明相伴的东西后,人类才从粗犷地、直接地谈论两性到委婉地谈论两性;由于文明的出现,粗犷地、直接地谈论两性受到很大程度的限制,但两性的话题又不可避免地要冒出来,因为人有动物的属性,离不开对性的生理和文化的要求。由于受社会制度和道德文化的限制,在得不到生理上的满足和得不到粗犷地、直接地表述性的时候,出现了幽默这么一个可以代替的东西,当然人类迫不及待地、迅速地利用其这个人类智慧的结晶来在思想上寻求性的刺激和发泄。

(37)某市政府新办公大楼落成，大门口缺副对联。市委书记挥毫，上联：说实话办实事一身正气。下联：不贪污不受贿两袖清风。市府的各位领导看后齐声喝彩。考虑到民主，书记让各位领导一起出个横批，大家你看我我看你，都不开口，正值一老农来访，脱口而出：查无此人。

(38)办公室两女吵架，经理忍无可忍："吵啥？说原因！"

两女一听，又争先恐后各执一词。

"够了！"经理大吼一声："丑的先说！"

顿时世界安静！

(37)例子里面就有一个错位逻辑交叉：一个逻辑是市委书记让"大家"来出横批；一条逻辑是横批确实出来了，但不是班子成员出的，横批与上下联的意思格格不入：上下联标榜市委是"一身正气、两袖清风"的班子，横批却是"查无此人"，两条互相矛盾即错位的逻辑在"出横批"上得予交叉，虽然对联的上下联与横批在意思上面相互矛盾、是错位的，但因对联的横批(即横联)也是对联的组成部分之一，在形式上确属一个统一体，何况还是市委书记让"大家"来出横批的，所以，既出乎市委书记意料之外，又符合市委书记为着民主让"大家"出横批出发点。这个幽默符合幽默的"错位逻辑的交叉"，当然属于高级幽默。

(38)例子里面，由一个"说"字使两条逻辑交叉：一条逻辑是"说"吵架的"原因"，一条逻辑是丑的先"说"。同样都是"说"，但第一条"说"原因的逻辑，并没有把吵架的噪音停止下来，而第二条让丑的先"说"的逻辑，却让世界得到安宁。显然这就是"错位逻辑的交叉"，不仅两条逻辑在"说"字上交叉了，而且它们还是错位的：要解决吵架的逻辑与要弄清楚起因的逻辑，才是一个理性的逻辑，一个不错位的逻辑；然而丑与不丑的逻辑根本就不是解决吵架的逻辑，是一个错位的逻辑，但是不错位的逻辑没有解决问题，错位的逻辑却让世界安静下来——这就是幽默的妙用！肯定属于高级幽默。

以上的例子就是高级幽默，用高级幽默的观点来说，它们都有包袱要抖、它们都有错位逻辑的交叉、它们都让人的期望受到落空而又回到了落实、它们的幽默分值都比较高……等等，低级幽默就不具备这些。

2. 低级幽默

有一些专家把低级幽默称之为非本体幽默,是除高级幽默以外的一切具有乖讹讹素的幽默。其幽默度不太高、也就是说不那么纯、没有明显的包袱来抖、不一定让期望落空又回归落实、不是那么有回味,仅仅是让人搞笑一下,觉得好玩、有谑趣。从我的大一统幽默学打分的方法来打分,一般都在2分及其以下。之所以要设立低级幽默,就是因为要统一所有的幽默,把边沿上的、模棱两可的、幽默度低的、不太符合幽默理论要求但又有乖讹讹素的、有较少的幽默点的幽默纳入低级幽默,有了这个高低级幽默的分类法以后,就使得我这个大一统幽默学的"大一统"得以成立,既使这些不太幽默的幽默与真正的纯幽默有所区别,又不使它们排斥在幽默的大门之外,这样会使幽默理论的研究方便了许多、会使幽默理论的研究少了些阻碍。一般来说不太被一些专家视为高级幽默的有笑话、讽刺、滑稽等。由于它们无论是按照本书的打分方法,还是按照幽默理论的要求,都不能达到标准,当然只能作为低级幽默。低级幽默的起因有时候也像高级幽默的一样,有很多种,有同音词、多义词或者形近词所形成的;有表达方式所形成的;有心理期待所引起的;有矛盾引起的;有错误引起的、有愚蠢引起的,有时候由愚蠢引起的低级幽默,事实上就是滑稽,等等,但不完全。比如低级幽默也有错误逻辑,但就没有交叉;比如,低级幽默会有预期的落空,但不会在回归于落实;比如低级幽默会有一两个幽默点,但没有链接,没有"激活",是分散的,等。

拿笑话举例,笑话幽默度都相对不高,属于低级幽默。虽然笑话不完全具备高级幽默的结构和逻辑,但笑话在我国可谓是幽默的先驱和萌芽,具有幽默的性质,如果否定了笑话具有幽默的性质,也就否定了我国幽默悠久的历史。比如由口误引起的例子:

(39)一位中学的班干部向班上同学布置说:"今天的活动这样安排:上午男同学去洗澡,女同学去参观;下午女同学去洗澡,男同学去参观"。

例子(39)里面虽然由于口误产生了逻辑错位,但并没有交叉,当然只有一个幽默点,只能是低级幽默。再举一个笑话的例子:

(40)你的牌打的也忒好了

甲:“怎么你手机斗地主一直输,是什么原因让你坚持下去的?”

乙:“因为队友一直鼓励我。”

甲:“怎么鼓励的?”

乙:“你的牌打的也忒好了!”

甲:“……”

(40)例子里面,既没有错位逻辑的交叉,也没有什么隐埋性,也没有预期落空又回归到落实,就仅仅是一个幽默点:“一直输”都还坚持“斗地主”的动力来自“鼓励”。

值得一提的是,到现当代,笑话与幽默(这里专指高级幽默了)已经没有多大区别了,往往人们一说笑话,大家都会觉得这人挺幽默的,不会认真地去思考他所说的到底是幽默还是笑话?而且很多杂志都把笑话与幽默并列,或干脆就列在幽默的栏目里,与幽默没有严格的区分。事实上,笑话已经成为大众幽默,也是人们社会生活中所不可缺少的一部分。

拿讽刺举例。讽刺是使用比喻、夸张等手法对人或事进行揭露、嘲笑以达到批评或批判目的的艺术形式。无论是在西方还是在中国,讽刺的发展历史都非常悠久。这在本书的《分类》里已有阐述,这里主要说与高级幽默的区别。讽刺的特点就是我在那一章书里所说到的那一个公式:讽刺 = 批判(批评) + 幽默。讽刺有强有弱。如果批判或批评的成分占得少,幽默就强一些,这个讽刺就温和些;如果批判或批评的成分占得很多,幽默就弱一些,这个讽刺就辛辣些,在此不再赘述。讽刺没有高级幽默的那些要求,只是觉得说话怪怪的,也是不属于正常的说话的那种,但往往讽刺都会带有高级幽默的一些特性,不可分割。

关于讽刺的体裁很多,有杂文、有小说、有小品、有段子等,限于篇幅,在此就以段子为讽刺的代表,举一个例子:

(41)前几天我们一家吃晚饭,发现我爸爸中年发福,肚子变大了。

我就说,爸,你每天把肚子往上推推,没准肚子会变瘦。我爸说,那肉都推胸上了……

我妈接了一句,别介,我还得给你买胸罩……然后你就出名了,新闻标题我都想好了:男子中年突变性,昔日夫妻变姐妹…

(41)这个例子并不存在高级幽默的错位逻辑的交叉,也没有什么隐埋性,是平铺直叙的,仅仅是对"爸爸"的发福的一种讽刺罢了,当然是低级幽默。

再拿滑稽举例。滑稽是以人的言语或动作为表现方式,达到一种让人发笑的效果。滑稽有专业的,有非专业的。专业的比如滑稽演员演出的喜剧,马戏团里面的小丑表演等,中西方都有。非专业的,比如人们日常生活中故意的哗众取宠、故意的愚蠢。在一定意义上,也可以说,滑稽是一种故意的哗众取宠。滑稽以直接的方式表演给人看,使人们在欣赏的过程中运用某些"审丑"的观念,滑稽的"丑"并不是真正的丑,而是以"丑"的方式表现喜剧化的内容,由此可见,滑稽应该被称为幽默的一种,只不过滑稽所具有的幽默度较低,无回味、无哲理,不绕弯、不隐晦、业务错位逻辑的交叉。所以,滑稽应该属于低级幽默或者非本体幽默。举例:

例子(42)图片的描述,图片有四幅,第一幅是一个人在开着一辆蓝色的轿车,旁边有一辆黄色的轿车,黄色车有超过蓝色车的趋势,开蓝色车的人说:"想超我,没门!";第二幅是两辆车里的驾驶员各自开车画面;第三幅是不想被超车蓝色车驾驶员的背影,但出现了两个话框:"啊!!""嘭!";第四幅是蓝色车撞在了树上,黄色车的驾驶员说:"遵守交通法规,切勿超速驾驶!"

(42)例子就是用一个滑稽的场面来阐述一个道理或一个政策,像这一类的漫画占幽默漫画的很大比例,通常都是四联画,但它们都被刊登在幽默的杂志上,或幽默的栏目内。虽然分值不高,但不能否认它有着幽默的性质。

当然低级幽默的体裁还有很多,诸如像绕口令、寓言、笑话、谜语、歇后语、脑经急转、文字排版、汉字结构趣谈、马戏、独脚戏、二人转、三句半、开玩笑、插科打诨、恶作剧等等，大多都承载了至少是低级幽默，有时候也还会有高级幽默的韵味。尤其是喜剧，里面既有高级幽默，也有低级幽默，总体是把喜剧划为高级幽默的体裁。

七、本章小结

以上幽默的文化背景、理论、语言、类型、风格、质量的比较，有助于对幽默理论的掌握、有助于幽默理论的深层次研究、有助于幽默的“大一统”。尽管幽默的文化背景、语言、类型、风格、质量的不同，但其幽默的理论和幽默的机制是一样的，就是在这一点上，才会认为幽默没有国界。

不论产生于任何文化背景、不论符合于哪一种理论、不论用哪种语言、不论是哪一种类型、风格和质量，幽默都有一个共同的特点：都会给人们带来谑趣的“笑意”，只不过“笑意”的程度不同而已，只不过有些“笑意”的味道不太一样而已。因为有时候这种“笑意”是苦涩的，但“苦”里面带着谑趣、乖讹、荒诞、回味等，让人总觉得毕竟不是单纯的“苦”。

从以上的比较看出，不管是不同点和共同点，都是组成世界幽默的组成部分。因为所比较的都是幽默的基本内容，只有把幽默的全世界范围内的这些基本的东西做出比较，才能知道哪些不同哪些相同，才能使之统一在我的大一统幽默学的范畴之中。

第十二章

大一统幽默在汉英互译中的考究

翻译有很多种，按表达形式划分，有口译和笔译；按语种划分有汉英互译、汉法互译、汉德互译、汉俄互译、汉日互译等等，可以说，世界上有多少种语言，就有多少种语言排列与组合的“互译”，包括若干种少数民族语言的排列与组合的“互译”；从类别上来说还有外交的、军事的、政治的、科技的、文学的，等等。仅在文学里就有若干种：比如小说、诗歌、散文、戏剧、报告文学以及幽默等等。就文学类翻译来说，一般文学的其他形式都是直陈式的翻译，而诗歌和幽默如果用直陈式来翻译，就无法达到翻译的目的和效果，这里就存在着一个“考究”。

有一种说法，幽默是无国界的，但不等于不要翻译。幽默的无国界不像“音乐无国界”那样，只是靠音符来完成，音符可以通过听觉和视觉（看谱）来实现“音乐无国界”。而幽默靠听觉和视觉不能完全获取幽默的内涵，只有部分作品可以达到：比如无标题漫画、无标题无语言电影、哑剧、无解释滑稽剪影、PS无标题搞笑图片等，这些不需要语言说明，通过视觉（或许要加上听觉，听一些无语言性的音响效果）就可以完全领会的幽默，在这一点上幽默是“无国界”的——这是从人的生理属性层面来说的；但幽默无国界，更多的是从精神的层面来说的：“幽默是智慧集中的表现”，居于“只要有语言的地方、有文明、有智慧的地方，就一定有幽默。”这里扩大了幽默智慧的功能，似乎只要有智慧的地方，就能与幽默心心相印，心有灵犀；似乎在说幽默是文明和智慧的象征，文明和智慧是互通的；似乎任何国度和语言的幽默，不用翻译自明，可谓“有神韵自通”，只能说明在幽默的创造和享用问题上，心灵感应是一致的、相通的罢了——从这个层面来讲，幽默无国界无可厚非。但从语言学的层面来说，幽默要达到互通还是离不开翻译的，何况有智慧和文明的地方,就一定有幽默的说法,并不等于否定了翻译的作用,其实加上翻译这个东西,才使“幽默无国界”的说法更加通行、更加彻底。

那么,彻底的“幽默无国界”应该要具备以下条件:1. 凭视(或许加上听觉)觉来获取的、无语言障碍的幽默,比如上面提到的“无标题漫画、无标题无语言电影、哑剧、无解释滑稽剪影、PS 无标题搞笑图片等,都应该是心有灵犀的;2. 有语言障碍的幽默,必须通过翻译成为目的语言以后,一般情况下,智者都能意会得到的;3. 译者与读者之间、读者与原文的背景之间有一座心领神会的桥梁。只有具备了以上三条,彻底的“幽默无国界”就不成问题了。由此看来,“幽默无国界”是有限性的,即“幽默无国界”要受到一定的语言障碍和限制。这个限制就是幽默的翻译问题、翻译的准确性问题。要达到幽默翻译的准确性,就必须注意幽默的幽默点和幽默度的翻译,即要注意幽默灵魂的翻译(我认为每一首诗歌里面,都有一个诗眼,诗眼就是诗歌的灵魂;而幽默也有它自己的灵魂,那就是幽默点和幽默度)。由于幽默是人类智慧的集中表现,是人类共享的文明,又由于“幽默无国界”还存在着翻译上一定的阻碍,所以对幽默的翻译,就非得一番认真的“考究”不可,那样,才能达到最大限度地去体现原文的意思,使人类共享精准的幽默,使幽默成为真正的“无国界”。

由于世界上有着这么多语言的互译,如果都要一一论述,恐怕每两种语言的互译,或许每一种跨学科、跨类别的翻译技巧,都需要一本厚厚的书才能得以完成,在这里当然就不可能一一进行论述。只能选择若干语言中的两种语言作为例子语言,来论述幽默翻译的考究。本书选择了英语和汉语作为例子语言,来对这两种语言的互译进行“考究”,原因有三:其一,英语和汉语是世界上使用人口最多的两种语言,其也是世界上最丰富、最严密、最具有代表性的两种语言;其二,纵观幽默翻译的历史,无论是幽默翻译作品的数量,还是研究幽默理论翻译的文集,要数汉英互译为最;其三:近水楼台先得月,虽然法语和俄语本人也有涉猎,但毕竟本人的专业就是英语,多年来的教学和科研让本人积攒了一定的英汉互译的经验。所以,本书仅以英语和汉语为例子语言,来考究幽默在两种语言互译的情况。

在文学翻译作品中,一般来说,要数诗歌和幽默是比较难翻译的,一首诗歌,往往把所有单词和语法全部搞懂了,你也不能明白诗歌的意义何在,它不仅涉及押韵的问题,还涉及“诗眼”即诗的灵魂如何翻译的问题。把作者的诗眼翻译得太直白,不就变成了白话文了,那还要诗干吗?同理,对幽默的翻译也有这个问题,哪怕把每个字搞懂了,也不一定搞得懂它幽默在哪里?这里就也存在着一个如何翻译“幽默灵魂”的问题。翻译太直白了,把作者的幽默度都搞丢了,翻译得太晦涩又让读者搞不懂幽默在哪里,何况有些幽默还不一定有可译性呢?所以翻译幽默是一定要“考究考究”的。

幽默翻译“这方面的理论研究尚存在严重的欠缺。到目前为止,没有翻译理论专著专门讨论幽默文本的翻译问题,一般的翻译理论著作中也没有特别为它设立专门的章节。国内更有从图式理论、功能理论和目的论,以及语言学的各种理论视角探讨幽默文本的翻译。这些研究各有侧重,也各有欠缺,对幽默文本的翻译具有借鉴意义,但都不能透彻地分析幽默文本的翻译规律。而文学译作中,幽默做作不自然,或者原作以幽默著称,译作却毫无幽默可言等问题仍普遍存在。”①上海外国语大学黄杨英博士,在其博士论文《关联翻译理论与幽默讽刺文本的翻译》里,对幽默翻译问题做了较深刻的研究,为我们提供了很好的借鉴。

由于本书是较为系统的论述“幽默这一门学科”,当然少不了要专门设立了一章书来论述幽默翻译的考究,试图探索,如何较准确地把幽默原文翻译到目的语,不至于由于翻译水平影响了对幽默的理解,致使幽默度大打折扣,从而影响了幽默文化的正确交流。当然这里论述的“大一统幽默在汉英互译中的考究”,就不是一般文体的汉英互译,而是其有着特殊的地方。所谓特殊:

1. 因为,幽默往往具有原文与生俱来的民族性和地方性,比其他文学作品更为强烈。一个民族或一个地方感受得到的幽默,往往在另一个民族或地方不一定感受得到,或许说,在另一个民族或地方根本就不是什么幽默。所以,业内就此问题,还专门有若干的著作、论文来阐述幽默的若干不可译性。这里就是要解决怎样把幽默不可译性变通为可译性的问题。

2. 因为,很多幽默不像一般的文学作品,可以直陈式地翻译,而像诗歌

① 黄杨英:《关联翻译理论与幽默讽刺文本的翻译》——上海外国语大学 2009 年博士学位论文。

一样有它的诗眼（灵魂），幽默有自己的幽默点和幽默度（灵魂），诗的灵魂和幽默的灵魂有时候都不一定是在字面上，而是隐含在字里行间。所以，这个翻译的功夫就不能仅仅是在字面上，就需要认真研究诗歌的灵魂和幽默的灵魂在哪里。只要抓住了诗歌的灵魂和幽默的灵魂，就抓住了翻译诗歌和幽默的要害。除此以外，翻译诗歌还有韵脚，翻译有些幽默的时候，也有其幽默的特殊的版面要求。因为有时候，版面包括排版，单词结构，文字结构的形状会带来幽默，应注意翻译时是否失去原文的风格和幽默度。

3. 因为，幽默是智慧集中的表现，当然就有与"众"不同的地方。就算在同一门语言之内，不同的角度、文化背景、民族、地域、语言差异等等，都往往会发生不同的理解，都会发生对幽默趣味的丢失，何况是两种语言的对译，如果翻译得不好，原文的内容丢失得更多。所以，特殊的东西还是辅佐以特殊的翻译技巧来对付，比如，借助注释法等。

一、幽默的可译性与不可译性

由于当代的幽默已经不仅仅停留在语言方面，幽默已经冲出了语言的束缚，涵盖到了非语言的很多领域。在本书的幽默分类和幽默形式两章，就明确地提出幽默有"语言性""行为性"和"图表性"。在"行为性"和"图表性"两类里，有相当的一些幽默是不需要翻译的。比如无语言漫画、无语言动漫、哑剧、剪影、无声的 PS 小电影、PS 图片等等。就是上面所论述到的"无国界"的幽默。如果那些非语言类的幽默都要再去"翻译"的话，等于是在解释幽默了，那样就会把幽默度弄丢了，那样就会画蛇添足，弄巧成拙。以下我们所要讨论的幽默的可译性和不可译性，皆相对语言性幽默而言。

可译性与不可译性争端自文艺复习时期一直是翻译界存在的一大争论，其观点一直延续到现在，不可调和。纵观可译性和不可译性的争论之历史，其各自的观点都有失偏颇和偏激。第一种认为一切翻译都是行不通的；第二种观点认为一切翻译都是可能的，可行的。笔者认为两者都有其一定的道理。不是一切都可以翻译，也不是一切都不可以翻译。尤其在幽默翻译上，就凸显了"两个一切"的绝对化是不可取的。在这里我也来一个"大一统"，既肯定不可译性，确实有一些幽默是不可翻译的；也肯定可译性，大多数幽默的文本是可以翻译的；但还要更肯定，可以通过变通的办法来使不可译尽量地变为可译,使任何两种语言原则上在一定程度内想方设法地在一定限度内的互译,尽量减少幽默的不可译性——这就是我对幽默翻译“大一统”的想法。先来看看幽默点可译性:

(一)幽默的可译性

随着科技的不断发展和文明的不断进步,地球越来越成为一个“地球村”,语言的互译已经不可阻挡地成为人类不可或缺的助手,当然很多不可译性毫无疑问地成为人类要解决的问题;可译性与不可译性的学术讨论和研究就没完没了,其目的就是要达到,尽可能地让不可译也一步步地变成了可译,让世界真正地变为“地球村”。

所谓幽默的可译性,是指两种不同的语言、文字之间,通过翻译,“将源语文本或单位用另外一种语言表达出来,实现使用两种不同语言的人群对同一个事物的同样理解”①,尤其是目的语的接受者能深深的理解其间的幽默点和幽默度。如果在源语翻译为目的语之后,确实丢失了源语的幽默点和幽默度,那就要想方设法来考虑如何避免它的不可译性,如何改善不可译性,如何让不可译性得到变通,使幽默点和幽默度尽量不丢失,使可译性与不可译性得到有机的统一,翻译也才有意义。

亚利桑那大学的 Don L. F. Nilsen 博士认为幽默是完全可译的,他甚至认为成功的幽默译本还可以比原文更精彩。他的观点俨然否定了“不可译性”的存在,可能是站在采取一切变通的办法的角度;站在“世界大同”是迟早的事的角度;站在世界已经从数千种语言互不相通的初始,到现在的世界已经是互通有无的程度的角度等,来看待问题的。尽管他的观点有失偏颇,但有一点是可以肯定的:可译性与不可译性只是一个限度问题,两种语言之间不存在绝对的不可译,只是翻译的程度与原文接近程度紧密或疏远而已——这是解决不可译性或可译性争论的关键。既然是这么一个道理,那么相对幽默的翻译来说,就是要解决:幽默在什么程度上是可译的?如何把幽默的不可译最大限度地变通为可译?

所以要解决怎样把幽默不可译性变通为可译性的问题,就是解决源语与目的语“接近程度紧密或疏远”的问题。事实上,翻译这东西,就算不是翻

① 田庆芳:语言的不可译性与文化的不可译性比较[J]. 上海翻译,2007(2):P. 47 – 51.

译诗歌或幽默,就算是翻译白话文,要使源语与目的语的紧密度为零,使目的语完全等同源语的译文是万万不可能的。难怪有这么一句话:把一个作品用二十种语言接龙式地翻译到第二十种语言,估计就面目全非了。当然此话有一些夸张,但也一定程度地旁证了翻译是会丢失源语意蕴的,更何况是幽默,尤其是那些经过几门语言翻译过来的幽默。卡特福德 1965 年在《翻译的语言学理论》中写道:"可译性是一个渐变体,而不是一个明确的二分体。源语文本和语言单位或多或少是可译的,而不是绝对的可译或不可译。"①。所以,在肯定幽默翻译的"不可译性"和"可译性"的前提下,就要尽量地使"不可译"向"可译"的方向发展,想尽一切办法来使"不可译"变通为"可译"。

一般来说,因逻辑性、情节性、真理性等的东西引发的幽默,都应该属于"可译性"的范围,不可译的应该是在少数,否则汉英幽默互译的作品就不会如此浩瀚如云,不会有如此众多的英美幽默作品出现在国人面前,国民从中无不获得了外国幽默的愉悦感,我就曾经翻译出版过一本外国幽默的书。早在 1925 年,80 岁高龄的翟理思(Herbert A. Giles)就把中国的清代的笑话《笑林广记》翻译成英语,并出版发行。使这本中国笑话的集大成者《笑林广记》变成了英语的《Quips from a Chinese Jest - book》版本,在英美国家流传。尽管很多人认为这本书根本不可能再现原文的幽默,甚至有人认为完全没有翻译的必要,但是却让很多人外国人知道了中国历史上"也有"幽默的存在。应该肯定,其幽默的效果虽然没有源语那么强烈,但其大多数还是不失其幽默度的。纯粹就翻译而言,没有一种翻译可以达到百分之百的对应——这是行话。但凡属于逻辑型、情节型、描述性的幽默,只要用白话文可以直接表白幽默效果的翻译,几乎不丢失幽默点和幽默度,这应该是占幽默的大多数——这是幽默翻译的可译性。

当然涉及民族性、地域性、习惯性、两种语言的文字差异、文化差异所形成的幽默,就会出现更多的不可译性。下面就来看看幽默的不可译性,幽默的不可译性是确确实实地存在的。

---

① 李文各:西方翻译理论流派研究[M]. 北京:中国社会科学出版社 2004. 08. P. 148.

(二)幽默的不可译性

从人类语言发展史来看,语言本身就是多元的,发展到现在世界上都还尚存数千种语言。数千种语言的开始就属于不可互译的,是随着社会发展和文明的需要,才迫使人类要进行语言的"互换",才开始慢慢地从"不可译"走向"可译",像人类社会的其他现象一样,也是不断地从必然王国走向自由王国的过程。否则,现在每一天世界上都要召开若干的国际会议,若干的协议签订、若干的文件传输等,要涉及若干的外交磋商、军事谈判、商务往来等事务,就会因为"不可译性"变成为不可能。也就是说,翻译的不可译性是从人类社会一开始就存在的,但这种翻译的不可译性是在渐进的变化的,是在朝着"可译性"的方向慢慢靠近的,只不过这种"靠近",只能是"靠近",不可能合二为一,除非世界大同到只用一种语言。但这种"靠近"的观点,是从语言翻译的纯学术角度来看问题的,一般涉及真理性的东西(比如自然科学方面的)、日常生活方面的东西(比如日常的饮食起居、购物等)的翻译,是不存在不可译性的,否则世界就要发生混乱。

所谓幽默的不可译性,就是各种语言之间总是会存在着"不可互换"的地方,尤其是幽默和诗歌的灵魂;就是从文本的字面上无从下手去翻译、无法忠实于源语对源语接受者所产生的那种效果、无法翻译出源语里的幽默点和幽默度。法国波尔多大学的 Roland Diot 博士就认为,幽默翻译同诗歌翻译一样经常令人感到绝望;美国作家艾萨克·B·辛格在其《关于翻译拙作》的演讲中曾说"诗和幽默,几乎是不可译的"。因为,比起其他类型的文学作品,幽默往往具有源语强烈的文化特征和民族个性。且不说汉英文在遣词造句上方法迥异,仅仅在文化习俗、价值观念、民族心理、宗教信仰差异就很大,不同语言群体的成员有着不同的幽默感,更何况还有文字文化本身就是一种差异。比如汉字是方块字,英语是拼音文字,它们之间的差异就很大。由这方面形成的幽默,一般就是不可译的。比如幽默拆字术、幽默排版、文字语序形成的幽默。下面举例说明幽默的不可译性。举一个因为汉字正反顺序而产生的不可翻译为英语的幽默:

例子(1)

一才女迟到,匆匆走入教室,斜瞥了黑板一眼。老教授令其背对黑板回答今天课程题目。该女生乃一行十目之才女，遂果断回答："性感与性理论！"

全班同学笑得人仰马翻，老教授气得目瞪口呆。

才女回过头来，才知道是自己看倒了，黑板上写的是："论理性与感性。"

怎么可能去在英语里找到如此相似的单词，顺着念倒着念都能表达出这个幽默的汉语意思？产生以上的幽默效果？如果真要把例子(1)翻译为英语，又有同样的幽默效果，那不知要加进去多少注释，那样的话已经不叫做翻译，改名为解释算了。何况有时候，幽默的好笑，就是在那一瞬间，就是在那种氛围下，才会产生，等你慢慢的经过解释，才清楚幽默所在之后，氛围已经全无，幽默度也荡然无存——这就是语序上的幽默的"不可译性"！

绕口令方面的幽默更是不可译。尤其是一音到底的同音绕口令，四声不限，标点不限，就凭读音上面，就让人感觉虽然拗口但有趣，并且所表达的故事还谑趣十足。这种绕口令在英语里面就根本找不到其对应的一音到底的同一个词、对应的拗口、对应的意思。所以不可译性更为强烈。举例：

例子(2)

《仁人忍刃》①

人人仁人人忍人，认仁人忍人刃人。

仁人仁忍人人刃，人忍人仁人人仁。

忍人仁人任人刃，任人刃人任仁人。

汉语白话文：

如果每个人仁义，每个人就都会忍耐他人，认识仁义的人会忍耐他人攻击自己。仁义的人会仁义地忍耐每个人对自己的攻击，人们会忍耐每个人，那么每个人都会仁义。有忍耐力的仁义之人让别人随便攻击，任别人攻击自己的只有仁义的人。

① 京博国学1431316505675053465.jpg诗词天地(ID:shicitiandi)2017-03-22

从第(2)例子的汉语白话文看出，尽管只是翻译成为汉语的白话文，就已经丢失了绕口令拗口的那种幽默感，如果再翻译成为英语，那更是面目全非，已经不叫做翻译了，只能叫作解释性翻译，解释性翻译本身就是对绕口令的一种破坏，因为它丢失了绕口令的体裁和风貌，也丢失了幽默感，当然幽默度也就荡然无存——这就是语音上的幽默的"不可译性"！

各国文字都有以自身的结构来构成的文字游戏，汉语与英语也不例外，这些文字游戏都很有幽默韵味，也应该属于幽默的范畴。汉英是截然不同的两种文字，结构也迥然不同，当然其文字结构所产生的幽默就具有不可译性。然而就有人就把"类比"拿来当成了翻译，似乎把这一类的幽默变成了"可译性"，对此不敢苟同。下面就有一个例子：

(3)"A:What makes a road broad?

B:The letter 'B'.

采用功能翻译法，用一则相关但具有不同意义的幽默取而代之。现试译如下：

甲：什么会使门变阔？

乙：'活'字呗！

译文尽管没有忠实于原文的意义，但可以大致保持原文的幽默情趣而不损害原作的精神。我们认为这是语言幽默翻译中一个值得推崇的可行方法。"

以上是摘抄自某论文的，它是用"类比"办法来代替了翻译，被称之为"功能翻译法"。那么试问，英语里这种模式的幽默例子如果有很多个，是不是都可以用一个来代替所有的翻译？比如以下就有这么一个属于同模子的幽默例子：

(4) A:What can make now snow ?

B:"S".

翻译文本：A：什么能让现在就下雪？

B:“S”。

按照所谓的“功能翻译法”的说法,例子(4)岂不是再可以用“阔”与“活”的方法来通“翻译”?这样一来,翻译岂不乱套?因为在翻译里面同一结构的、同一种“公式化”的句型是多如牛毛的,用公式化的东西来代替具体的每一件事情,这种做法不仅是翻译要乱套,而且整个世界都要乱套。例子(3)和例子(4)这两个例子本身是两个不同的意思,两个不同的具体内容,其具体的意味和幽默的感觉以及各自的内容对大脑里所产生的形象思维都是不一样的,所以,所引用的“功能翻译法”的“阔”与“活”的例子是万万作为不了例子(3)和(4)的翻译的。请看例子(4)的具体意思,就知道“阔”与“活”的“功能翻译法”是翻译不了的:什么能让“现在(now)”就“下雪(snow)”,很显然“下雪(snow)”就是在now之上,再加上一个s,使之变成了“下雪(snow)”,所以它的回答就是一个字母“S”。它纯粹是英语文字结构方面的幽默,在汉语里无论如何是找不到对应的结构和意思都相同的词汇作为来翻译。不能因为十多万“功能”相同,就生拉活扯地把“模子”“公式”式的东西拿来视为是具体的相应的内容,那无论在自然科学上还是社会科学上,无论在数据方面还是在各国语言之间,肯定都会带来混乱和麻烦——不得不肯定,这就是文字结构方面的幽默的不避免的“不可译性”。

对这一类因为字词结构带来幽默的汉英或英汉翻译,如果一定要去翻译的话,还是只得老老实实地去做一些“变通”,比如加一些注释和说明,绝不能采用“类比”来作为所谓的功能性翻译。

从以上例子说明,我们不得不承认在幽默的翻译上“不可译性”是存在的。一般情况下,由各国文字自身的字词结构,排版,拆字等方面引起的幽默都是不可译性的;除了各国自身的文字文化方面的幽默具有不可译性外,不可译性还往往存在于一些修辞当中,比如一些双关;还存在于民族性、地域性等方面里,在此就不一一举例。

(三)幽默怎样从不可译性最大限度地达到可译性。

既然幽默不可译性是不可避免地存在,那只得老老实实地在不可译性中去寻求在幽默的可译性,这种可译性就只得是采取一些变通的办法而已。下面主要从语言、文化和意境是个方面论述:

1. 语言性幽默从不可译性到可译性的变通

所谓翻译一般来说,就是相对语言而言的,翻译就是各国语言之间的互译,语言的互译本身就存在着“不可译性”,当然语言性幽默的互译就更不可避免地要涉及“不可译性”。因为各种语言之间,除了逻辑性、情节性、真理性等东西的表述可译性要强一些外,源语与目的语本身就存在着严重的差异,会带来一定的不可译性。所以,就要涉及语言翻译的变通,尤其是幽默翻译的变通。幽默翻译的变通无外乎有三种情况,即因语言的“义、音、形”所形成的幽默翻译的变通。大多数因为语言不可译的幽默因素,都出自语言的“音”和“形”,因为各国语言当中差异主要首先表现在“因”和“形”方面;当然因为“义”而发生歧义的也不乏例子,主要是因地域性、习惯性和民族性的原因。比如寓言性的幽默、典故性的幽默、谜语性的幽默、由于“义”而产生的歇后语幽默(不包括因为“音”而引发的歇后语方面的幽默),等。

A. 因语言的“义”而产生的幽默不可译性的变通

汉语文化博大精深,是其他语种不可比拟的。尤其是它的几大特点:1. 发音与书写文字是两套,这是汉语对用拼音文字的外国人说来最难学之处,等于要学两遍。2. 成语、寓言、典故特别丰富,并已融入日常话语中,几乎取之不尽,用之不竭。3. 排版比较自由,上下左右都可以排版,即可以从文本的上下左右的来获取意思。4. 一个字是独立的一个音。5. 一个字可以引申或借贷成若干与本字原意思以外的若干意思。所以,幽默的汉译英比英译汉更有着很多不可译性。比如中国人什么都喜欢用“吃”来形容,中国的“吃”文化形成的幽默,就不太好翻译。比如有一段描写中国“吃”的段子:

举例(5)

中国有了不起的吃文化,所以在中国减肥就非常不容易啊。不仅可以吃狸吃鼠、吃蛹吃蛆、吃鳖吃蚁、吃蛇吃土,还可以“吃亏”“吃回扣”“吃官司”“吃老本”“吃大亏”“吃苦头”“吃闭门羹”“吃里爬外”,这种“吃”恐怕就不是普通人所能“吃”得下去的了,不过吃不下也没关系,因为还可以“吃不了,兜着走”,而且吃了这些东西也未必全无好处,毕竟还可以“吃一堑长一智”嘛。

其实中国的“吃”文化，表面上是“吃”实际上其意义都被引申为其他意思了。如：吃亏（受到损失）、吃醋（男女间嫉妒）、吃得香（受人欢迎）、吃小灶（受人照顾）、吃独食（不顾他人）、炒鱿鱼（开除）、糊口（谋生）、饭碗（岗位）、混饭（受雇）、吃豆腐（沾女人便宜）、秀色可餐（女人漂亮），等等，甚至连见到人都是用“吃了没有？”来打招呼，可见中国的吃文化如此“发达”。例子（5）的幽默点不仅体现在一连串的这么多个“吃”字联在一起，而且后面的意思都大不一样，还体现在“义”的双关上面。吃不完兜着走的“兜”字，就是双关，它不是谐音的双关，而是“义”上的双关（物化的兜和意识方面的兜）。不可译性就在：a. 怎么在英语里去找得到与汉语里“吃”相似的一个单词来代替，而且“吃”后面引申或借贷出来的如此多的意思也要如同上面一样的变换。b. 怎样在英语里找到一个与“兜”一样意思的双关语。

例子（5）可以采取两种变通方法。对于第二个幽默点 b. 的不可译性要好办一些，去英语里寻找与“兜”相关的综合性的单词和做一点注释来完成。比如“take”就具有很大的综合性，其包含的“行为”是英语里最为广泛的，可以拿来充当“兜”字的意思，它既可以表示物化方面的“拿着”，又可以表示意识方面的“承包全部责任”，从“吃不完兜着走”意译上来解决“兜”字的双关问题。可以翻译为：“If you can’t finish eating it ,you can take it with all.”在此做一个解释：with all 就有略带“要负全责”的意思；对于第一个幽默点 a. 来说，就难于找到像汉语里“吃”那么丰富多彩的含义的英语单词，唯一变通的方法只用注释法、解释法和直译（音译）+意译并用的办法来解决。

这几个“法”的具体做法是：①注释法既可以在幽默段子的末尾加以注释，又可以在关键词的后面直接带括号加以解释，限于某个词和某个点，其内容要短得多；②解释法比注释的内容就长得多，不只限于对某个词某个点的解释，比注释更加多一些陈述，一般置于章节末尾；③直译（音译或硬译）和意译并用，就是在关键单词或汉字的后面带上一个括号，括号里是意译，括号外是直译（音译），即直译（音译）+意译+括号来勉强完成这一类不可译幽默的变通，那样可以保留源语（尤其是汉语）的幽默风貌。例如继续拿中国的“吃”字来说，如何保留这种幽默风格，就用这些办法，把汉语文化硬“强加”给英语。比如“吃回扣”就直译为“eat kickback”，括号里的意译为（take kickback）；如“吃独食”就直译为“eat food alone”，意译为（only concern oneself without others);"吃醋"直译为"eat vinegar",意译为(be jealous between male and female),等等。另外,如果用直译会引起歧义,或几乎又等于意译或解释性翻译,在这种情况下,干脆就直接用音译,如"吃小灶"就不太好翻译,就干脆用"chixiaozao"的拼音,再加上英语解释来解决,以此类推。再看一看英汉翻译的同类例子:

例子(6)"Surname"

A company president got into his large car. " Ah,a new driver. "

"What is your name?"

"Charles,sir. "

"Sorry,I never call my employees by their first names," said the executive , " What's your surname?"

"It's Darling,sir. "

"Well. . . . drive on,Charles. "

在例子(6)里,darling 是"亲爱的宝贝"的意思,如果使用意译,把 darling 直接翻译为"亲爱的宝贝",就是把意思说出来了,那司机一定会感到荒唐,因为司机的上司称呼司机自己为"亲爱的宝贝",不肉麻也至少会感到不好意思吧,而且幽默度减少了。直接用音译不仅显得"荒诞",而且还保护了一个隐藏的一个幽默点:即司机的老婆长期称呼司机为"darling",以至于司机把自己的姓都搞忘记了,长此以往同时也把"darling"的意思也全搞忘了,就像蒋介石家宋美龄长期都称呼蒋介石为"darling"一样,已经变成了宋美龄对蒋介石的专门的称呼,但是称归称呼,是不能变为自己的姓的,司机恰恰就这样做了。所以翻译的时候就要体现出这一点,试比较如下的这个英语幽默的翻译:

翻译文本:姓

一个公司总裁坐进他的大轿车,"啊,新来的驾驶员,叫什么名字?"

"查里斯,先生。"

"对不起,我从来不叫我雇员的第一个名字,"总裁说,"你的姓是什么?”

“叫达冷,先生。”

“好的…开车,查里斯。”

解释:darling 既不作为姓或名,是“亲爱的宝贝”的意思,一般作为夫妻间的昵称。

所以,例子(6)里,只能先用硬译当中的音译,保持其幽默的风貌,然后再加上解释,才能勉强算是这一个幽默的翻译,否则就会丢失幽默度。

在语言的“义”上面还有一种变通方法,就是用于双关语形成幽默的翻译。

在英汉两种语言里,一般是难于找到意思一模一样的对应的双关词,只能从意思上面变通。即不一定抓住源语里的那一个双关语不放,只抓住其意思就行,在目的语里面重新寻找另外一个有同样意思的双关语。举例:

(7)A:“Why is the river rich?”

B:“Because it has two banks.”

翻译文本:A.“为什么河流如此有钱?”

B.“因为它一直涌向(拥享)前(钱)嘛!”

在英译汉第(7)例子时,采用了另外寻找汉语里的双关词和带括号的做法来变通了这个翻译,使双关词“bank” 与“rich”之间的微妙关系在汉语里得以一脉相承。因为“bank”既是河的岸又是银行,银行当然就与“rich”富裕联系起来了。这条河能有两个银行(banks),难道还不富裕吗?然而翻译成汉语以后,如果翻译成这条河有两个银行,就失去了“bank”是河岸的双重性,当然就丢失了一个幽默点。所以,也只能用双关词对应双关词来保持这个双重性的幽默。所以就用了汉语里的“前”来修饰河流总是向前的,河流为什么会富裕,也因为有了“一直都涌向(拥享)前(钱)”嘛。这种变通属于翻译的极大归化,不仅忠实于源语的双关风格,还把英语里的一个双关变成了汉语里面的两个连珠双关“涌向(拥享)前(钱)”,使英语里的幽默得到深化,不失为幽默翻译的一种好办法。

B. 因语言的“音”而产生的幽默不可译性的变通

由汉语的“音”所产生的幽默，一般都是不可译性的，因为汉英语言的发音截然不同，不可能在汉英或英汉之间找到语音又相同又能产生同等幽默效果的翻译。比如绕口令所形成的幽默，比如谐音双关发生的幽默，通常也只能采取变通的方法来勉强“翻译”。

例子(8) Put more poems In fire.

“I wrote a poem,” Tom said to his friend. “Do you think I should put more fire into my poems?” His friend said,“No,I really think you should put more of your poems in the fire.

翻译文本：把更多的诗扔进火里

“我写了一首诗，”汤姆对他的朋友说，“你认为我应该在我诗里投入更多的热情(火)吗?”

他的朋友说道，“不，我倒是认为你真的应该把你更多的诗投进火(热情)里。”

注释:Fire 在这儿是双关语，一是火，一是热情。

例子(8)里一方面要有注释，一方面也要有括号，就是用注释法和带括号的办法来变通，这样做是为着不丢失幽默度，让目的语的接受者体会源语的意图，使翻译变通的幽默效果达到最佳。除了注释法以外，还可以用解释法，上面论述过解释法与注释法的区别，再次强调:解释法比注释法长，注释法只是对个别字词进行注释，解释法不止对字词解释，有时候还要对句子或上下文进行解释。

下面举一个用解释法来变通的幽默：

例子(9) H and O

“Johnny,” the teacher asked,“What's the molecular formula for water?”

“ H,I,J,K,L,M,N,O,” he replied.

“That's not what I taught you.”

"But you said the molecular formula for water was H to O."

翻译文本:H 和 O

"约翰尼,"老师问,"水的分子式是什么?"
"H、I、J、K、L、M、N、O。"他回答。
"那不是我所教你的。"
"可是你所说水的分子式就是 H to O"

解释:H2O 是水的分子式,中间的 2 在英语里是 two,也读"to"的音,英语口语里 A 和 B 之间如果有一个 two 或 to,往往习惯听成为 to 的意思,就是从哪儿到哪儿,或从"几"到"几"的意思。

以上的例子(9),是英语里一个谐音双关的幽默,应该是一个"不可译"的幽默。因为一种语言里谐音,要在另一种语言里找到同等意思的谐音,而且还要带来同等的幽默效果,几乎是不可能的。这里就是采取了解释法,而且这解释法都用得比较尴尬,其字数居然与翻译的字数差不多,所以不能叫作注释法,注释法仅仅是对个别单词的解释。

举一个汉语绕口令的幽默翻译的例子:

例子(10)
一同学上物理课睡觉,被老师看到。
老师:"这位睡觉的同学,请问:'游西湖,提锡壶。锡壶掉西湖,惜乎西湖?'的下联是什么?"
这同学这样回答:"上物理,如雾里。雾里看物理,勿理物理!"
这下联连苏轼都没对出来,被一个在物理课睡觉的同学答居然对了出来!

例子(10)当中,不仅是一个绕口令的幽默,还是唯一只有中国文化才有的对联。本身涉及绕口令的内容,已经比较幽默了,当然比较难翻译,而且在绕口令里又还来了一个对联，并且要求对下联，居然还是一个打瞌睡的学生把下联对得十分工整，居然苏轼都还没有对得上来，碰巧下联的内容，还与学生正在上物理课和学生对物理课不感兴趣联系起来。这样的汉译英就是属于“不可译性”的，只能采取变通之法来完成。

这个幽默翻译的关键点就是绕口令里的对联。绕口令要求一句话里有多个相似音，对联要求字词对仗。汉语里的上联绕口在“hu”，把韵押在韵母“u”上，下联的绕口在“li”里面，押韵在韵母“i”上。所谓变通就是，英语很多单词都是辅音结尾，所以就只能变通为押辅音的韵；第二个变通就是，汉语是每一个字一个音，而英语里一个单词不一定是一个音。所以，这里只能是一个单词对应一个汉语字，当然尽量选那些单音节词，至少在单词和汉语字的个数上是一致的，字面就算是工整的；第三个就是，除了尾音要一致，以符合对联要求外，中间单词的音也尽量要雷同的出现，以最大限度符合绕口令的要求。根据以上的变通“原则”，试翻译上面的绕口令对联如下：

Tour West Lake, tinpot was taken, tinpot falled in West Lake, pity West Lake!

Has the physics, is the fogs, in fogs sees the physics , gratuitous the physics!

碰巧这一个绕口令的对联还能完成其汉语的意思，还能找得到对应的词和音，并且还形成了英语里的绕口令，虽然不是汉语里同一字词的音的绕口令，但也起码在原意思不变的情况下保持住绕口令的外表形式，已经很不容易了；而且英语里的上下联的单词数也是一样的，都是 14 个单词，应该视为是对仗的；上联的绕口音有两个：一个是尾音“k”，一个是“t”音，它们交替出现，形成双音绕口；下联的绕口音就是一个“s（或发 z）”带来的相关的音，而且尾音也以“s”的相似音来押韵。为着方便比较，在汉语和英语里绕口音下都划了线。这个幽默算是翻译的成功“变通”，我称之为“碰巧法”。所谓碰巧法也是尽量地去在同等意思的单词里寻找可以形成绕口音的单词，找得到当然属于碰巧，有时候不一定找得到。

C. 因语言的“形”而产生的幽默不可译性的变通

在汉英语言的“形”里，难得找到同一性。因为一个是方块文字，一个是拼音文字。由形状引起的幽默当然就更难翻译，比如像上面所举例的颠倒语序，比如幽默拆字术、幽默字谜、因为“字”型引起的幽默歇后语等等。遇上这样的情况，一般先要用碰巧法，用碰巧法的时候，就是要在英汉里努力去寻找是否有相应的字词能否对应；再就是要按照字面直译的办法，或硬译的办法，看看是否能完成相应的幽默效果；如果没有，再用注释法、解释法或带括号。以最大限度保证其源语的幽默风格，要尽量少用注释法和解释法，因为那样容易丢失幽默因子。

比如在例子(2)中，汉语的“论理性与感性。”由于颠倒语序，造成了“性感与性理论！”的幽默，在英语里就用不成碰巧法。但也不能因为这一个例子，但凡以后遇上这样的语言的“形”所形成的幽默，就干脆直接用注释法、解释法和带括号，有时候真的可以碰得上。

举例说明：

例子(11) Write Your Name Backwards

The other day a man named William Smith wait to a police station. He wanted to get a license to drive an automobile. Behind the desk in the police station sat a police captain. This police captain was not a very politeman.

“I would like get a license to drive an automobile,” said Mr. William Smith a little timidly.

“You have to fill out this card first,” said the police captain. He threw a small white table in Mr. Smith's direction:“Put your name at the top.”

“In ink?” asked Mr. Smith very politely.

“Of course, in ink,” said the police captain. “Put your last name first and your first name last.”

“How's that?” said William Smith. He did not understand the police captain.

“Write your name backwards. Your last name first and your first name last. BACKWARDS!”

"Backwards?"

"That's right. That's just what I said."

Slowly, carefully Mr. William Smith began to write, thought it seemed a little strange, his name: HTIMS MAILLIW

翻译文本:把你的名字倒过来写

前几天有一个名叫威廉姆·史密斯的人去到警察局,他想办一个驾驶执照去开汽车。在警察局里的桌子后面坐着一个警官。这位警官不是一个很礼貌的人。

"我想办一个驾驶汽车的执照,"史密斯先生有一小点胆怯地说。

"你得先填一个表,"警官说着朝他扔了一个空表,"把你的名字写在顶格。"

"用钢笔填吗?"史密斯先生非常礼貌地问。

"当然,用钢笔,"警官说,"最后的名字先写,第一个名字后写。"

"什么意思?"史密斯先生不解地问警官。

"把你的名字倒过来写。最后的名字先写,第一个名字后写。倒过来!"

"倒过来?"

"对,那就是我所说的!"于是,史密斯先生开始小心翼翼地在表上写下了——虽然看起来有一小点奇怪——他的名字:"斯密史·姆廉威。"

解释:英语里一般是把名写在前,把姓写在后。然而史密斯先生却错误地理解了 backwards 的意思,理解成是按名字的字母顺序倒过来写。即:把 SMITH WILLIAM 写成 HTIMS MAILLIW。

在例子(11)中,照理说,两种语言的形状不一样,颠倒语序的幽默是无法翻译的,但恰好这里的颠倒语序不影响幽默效果。因为它的幽默点有两个:一个是双关语"backwards",一个就是倒着写出来的字。其实"backwards"这个单词翻译为汉语后是"倒着地",还不只是双关语呢,还可以理解为三关语呢。不仅是这个幽默里的,原本以单词为单位的倒着写,那个人却以字母为单位的"倒着"写,在汉语里,我还可以打着倒立写这几个字呢!事实上,这里的碰巧法也是用了硬译的手法的,不完全是碰巧法。因为英语里" SMITH WILLIAM "倒过来的"HTIMS MAILLIW"倒过来是发不出"斯密史

·姆廉威”的音来的，只不过是借用了英语译名的汉字倒装法来完成的——这就叫作硬译。

总之在翻译以语言的“形”所形成的幽默时，要具体情况具体分析，先看看是否可以用碰巧法，再看看用哪一类办法来变通，或几种办法一起用。

2. 文化性幽默从不可译性到可译性的变通

所谓文化性幽默不可译性，是指除以上的语言性幽默不可译性以外的，由于文化差异引起的不可译性的幽默。各国的文化在表述逻辑方面、情节方面、真理方面等方面，应该是差异不大的。但在文化艺术方面，就存在着很大的差异，在有差异的文化背景下来互译幽默，当然就会有很多的不可译性，文化的差异性成为幽默不可译性一个重要因素。幽默的英汉汉英翻译涉及两种语种所代表的文化体系，如果只是逐字翻译，不去挖掘背后隐藏的文化差异，那么在此语种中让人捧腹大笑的幽默，翻译成另一语种时，很可能让读者一头雾水。. 奈达曾说：“对于真正成功的翻译而言，熟悉两种文化甚至比掌握两种语言更重要，因为词语只有在其作用的文化背景下才有意义。”①但是某些语言中的词语所承载的丰富文化信息，在目的语中有时找不到合适的或者不存在对应的表达，出现了语意空缺；或者同样的语言在英汉不同的文化系统中代表不同甚至是相反的意义。比如各国的成语典故，包括英语里的 idioms 形成的幽默，就存在着很大的不可译性。请看下面的例子：

例子(12) The man 's right hand was clenched around a piece of paper

Jacob was digging a well in the Israeli desert , and he discovered a casket containing a mummy . After examining the artifact , he excitedly called the curator of a museum in Jerusalem. “ I've found the body of a three – thousand – year – old man who died of heart failure ! ” he exclaimed proudly. “ There is no way you could know these details, ” insisted the curator. “ But bring it in, and we'll see . ”

A week later Jacob received a call from the museum.

---

① 冯庆华主编：《文体翻译论》上海：上海外语教育出版社，2002 年，P. 415.

" You were right about the mummy`s age and cause of death," the curator said ," How did you arrived at these conclusions ? "

" Well," Jacob replied , " the man `s right hand was clenched around a piece of paper that looked like a ticket. On it was written : ' 100 shekels on Goliath. ' "

翻译文本:这个男人的右手捏着一张条子

雅各正在以色列的沙漠上挖一口井并且他发现了装有一个木乃伊的棺材。仔细检查了这个史前物品后,他给耶路撒冷的一家博物馆的馆长打了电话。"我已经发现了一具3000年前的尸体,他死于心脏病!"他自豪地叫道。

"没有什么办法可以使你知道得这么详细吧,"馆长说,"把它拿来我们看看。"

一个星期以后,雅各接到从博物馆打来的一个电话。"关于木乃伊的年龄和死因的问题,你是对的,"馆长说,"你是怎样得出这个决论的?"

"喔,"雅各回答,"这个男人的右手捏着一张条子,看上去像一张票,上面写道:' 哥利亚拿着100谢克尔 '。"

注释:①哥利亚是《圣经·旧约》的《撒母耳记》中记载的非利士族巨人,为大卫所杀。

②古时犹太人用的银币。

在例子(12)里面,如果不懂得西方文化,当然就难于懂得这个幽默,因为它完全取决于文化背景。文化背景的东西,在字面里就根本没有可译性,只得采取注释法来进行变通。

再看下面的例子:

(13)Bright red costumes with hats, shoes and stocking to match, are to be all crazy in the spring, smart women will have to be careful not to yawn in the street in case short - sighted person on their way to post letters.

翻译文本:妖娆的女人们在那惹人发情的春天里,身着鲜红的套装,加上红色的帽子、鞋子、长袜搭配,在街上可要小心不要打哈欠,谨防那个近视眼会直接走向你来投递信件。

不熟悉英国文化背景的中国读者恐怕领悟不到(13)例子里的幽默。但是如果了解“英国的邮筒是红色的”这一背景,那么读完这则故事你肯定会会心一笑,你想,穿着红色套装,带着红色的帽子的英国女士,如果在街头坐着打哈欠,再遇上近视的人,真的会让近视眼的投信者把你认为是邮筒,而把信件朝着你的嘴巴投呢;或许不一定会有如此荒唐的人真的要把信件投进一身红的女人的嘴巴里,但至少这也是一个夸张和比喻形成的幽默,如果不知道英国街头文化,翻译过来以后,还是感受不到幽默。

再从汉译英的幽默来看,也同样存在着文化性方面的不可译性。比如要全部用成语来完成幽默,汉语的成语与英语的 idioms 是截然不同的,几乎无法对应。看如下的例子:

例子(14)有语文天才的数学老师

数学老师给语文老师抛出了一串数字,作为谜面,要求语文老师全部要用成语猜出它们的谜底。这可把语文老师气傻了!认为几乎不可能,只得向数学老师求饶。数学老师给出了以下的答案:

1. 谜题:0000,谜底:四大皆空
2. 谜题:0 + 0 = 0,谜底:一无所获
3. 谜题:0 + 0 = 1,谜底:无中生有
4. 谜题:1 × 1 = 1,谜底:一成(乘)不变
5. 谜题:1 的 n 次方,谜底:始终如一
6. 谜题:1:1,谜底:不相上下
7. 谜题:1/2,谜底:一分为二
8. 谜题:1 + 2 + 3,谜底:接二连三
9. 谜题:3.4,谜底:不三不四
10. 谜题:33.22,谜底:三三两两
11. 谜题:2/2,谜底:合二为一
12. 谜题:20 ÷ 3,谜底:陆续不断

13. 谜题:1 =365,谜底:度日如年
14. 谜题:9 寸加 1 寸,谜底:得寸进尺
15. 谜题:1 ÷100,谜底:百里挑一
16. 谜题:333,555,谜底:三五成群
17. 谜题:5,10,谜底:一五一十
18. 谜题:1,2,3,4,5,谜底:屈指可数
19. 谜题:1,2,3,4,5,6,0,9,谜底:七零八落
20. 谜题:1,2,4,6,7,8,9,10,谜底:隔三岔五
21. 谜题:2,3,4,5,6,7,8,9,谜底:缺衣少食
22. 谜题:7/8,谜底:七上八下
23. 谜题:2,4,6,8,谜底:无独有偶
24. 谜题:4,3,谜底:颠三倒四

以上的这个(14)幽默也有三个幽默点:一个是居然能找全这么多的成语。这么多的成语连在一起本身就是一个幽默;一个是谜语与谜底的关系,是一种幽默的关系;一个是居然成语对数字排列的解释会如此的天衣无缝。当然用意译的办法是可以使第三个幽默点不丢失,是可以翻译完毕所有数字排列的汉语意思,但已经不是成语的串联了,不具有成语串联排列的这种幽默性。要保证不丢失任何幽默点,不变通就无法完成,那只有靠直译(音译) + 意译 + 注释来完成。直译在这里有双重意思,就是直接翻译汉语的字面意思,而是不再去考虑英语里面如何翻译数字排列的状况,直接翻译汉语里面的成语。举几个不同类型的例子翻译:

①谜题:0000,谜底:四大皆空

Four zeros means nothing in four directions .

注释:four directions 表示四方,在汉语里表示一切。

②谜题:2,3,4,5,6,7,8,9, 谜底:缺衣少食

Lack of one (yī) and ten(shí).

注释:In Chinese, "one" pronounces (yī) like clothes, "ten" like (shí) food.

③谜题:7/8，谜底:七上八下

Seven over eight

注释:In Chinese ,it means unsettled state of mind

实际上,对例子(14)可以直接翻译阿拉伯数字的形式,或直接用音译,再加上注释,这样外国人就可以读得懂这是一个幽默了,因为阿拉伯数字帮了忙,老外在看得懂数字的情况下,来看注释,就能“囫囵吞枣”地从汉语的角度来获知信息,应该说对幽默度是略知一二了。正如我们有时候也会直接说英语成语的汉语意思一样。比如说“快走,不然,要下猫狗雨了”,就是英语里的“It will rain cat and dog”就是要下倾盆大雨了。

另外,文化背景也应该含得有政治背景、政策背景等,不同的政治背景和政策背景也会有不同的幽默。比如:

例子(15)

纪委书记老严在会议室弄材料,市委书记板着脸进来:“老严,你手机呢?”老严才想起:早上孙子拿着玩,手机落在家里了。

市委书记说:“你的手机上午拨打十几位局长的电话,又不说话,下午有3个局长跳楼,5个局长失踪,还有6个局长心脏病突发住院抢救。你要注意身份,你可是纪委书记,你不能拿党的干部的生命当儿戏!”

如果只是按字面翻译成为英语,老外就会有点茫然:就是纪委书记的电话被小孩玩了一下,怎么就能死那么多人,还净都是官员。那是因为,中国空前的反腐风暴确确实实令一些贪官不寒而栗,闻风而动,畏罪自杀的屡见不鲜,频见报道。创造幽默的也不甘寂寞,也跑来凑凑热闹。一旦把中国的这种特色情况即特色背景交代一下,幽默度也就出来了。所以,这种幽默在翻译成英语的时候,肯定要介绍一番中国的背景,肯定要加注释。再看下面一个因为中国的政策背景引来的幽默:

例子(16)一个农民工在北京打工,买不到火车票回家过春节,十分着急,灵机一动,花20元制作一个“我要上访”横幅！还没出火车站就被2名便衣警察摁倒遣送回老家。算了一下，省去火车票280元、汽车票60元、三轮车票10元、路上吃饭30元，这次净赚380元，而且还是专车送到家门口；村主任、乡长迎接，找他谈心，后乡长又拨付2000元扶贫款，村主任又送一千元慰问金。这叫思路一变市场一片，不是市场不景气而是自己不努力。

第(16)例子与(15)例子一样，照字面翻译，老外也是看不懂的：怎么买不到车票，就挂一个牌子"我要上访"，一切都解决了——这是中国的国情决定的。中国这么大、人口这么多，如果各地政府不管好各地的上访人员，那首都不乱套？为什么这样做，也是出于人道主义，出于对人民负责，但却被"幽默"在这里钻了一个空子。

事实上，这一类涉及文化背景不一样的幽默，相对那个时期的国人是不需要解释的，但相对外国人甚至是很多年以后的国人，就需要注释了，就要补上背景的注释，这纯粹是翻译的一种无奈的变通。

3. 语境性幽默的不可译性到可译性的变通

这里的语境性幽默不可译性是狭义的，因为所谓语境应该包含两个方面：语言的社会文化背景和语言场景。语言的社会文化背景上面已经论述过，这里只是论述语言的场景中的共知信息。虽然语境的不可译性主要是在社会文化背景下最可能发生，但对语言的场景共知信息处理不好，也会有一定的不可译性，也需要一定的"变通"。这里所谓的语境就是狭义的语境，主要是涉及语言的"上下文、人物、地点、时间"的语言环境，这些"上下文、人物、地点、时间"一般不带有社会文化背景的地域性、民族性因素，是"共知信息"，不论是哪国语言都存在的共同问题，只是形成幽默的一般条件，不小心注意这些条件，也会直接影响着幽默的翻译效果，甚至会导致其不可译性。这里的狭义的语境不可译性也不包括上面所论述到的语言本身的"义、音、形"三种不可译性的情况，那属于语言本身的问题，不在语境之列。

尤其是翻译幽默，认真理解上下文，就可以让一些不可译性变通为可译性。正如克莱姆斯曾经分析到："我们不得不弄清他们为什么会说那些话，

是如何说的,以及在怎样一个特定的情景下对谁说的那些话。"①举例说明:

(17) A Clean Lady

A clean lady in a bank wrote a note to her boss, saying, " You don't trust me. "

"How can you say that?" the branch manager replied. " I even leave the keys to the safe flying around. "

"That's true, but none of them fit. " said the clean lady.

从第(17)例子来看,clean 查遍词典都只是"干净的、清洁的、打扫、把弄... 干净、清白的"等与干净有关的词意,而且在词典里"clean lady"就翻译为"女清洁工",但从上下文来看,"女清洁工"似乎与银行老板以及下文发生的幽默根本不搭界,就不能形成幽默。只得靠上下文来帮忙,从上下文里找出"clean"这个单词与之相匹配的、相靠近的意思。那么在翻译"clean"到时候,只能是进一步地朝着"信不信任"的意思靠近:既要照顾到"clean"的基本意思,不能不忠实于原文,又要照顾到与"信不信任"的意思靠近。"信不信任"与身上干不干净是不搭界的,只有"手脚干净"可以沾得上边,因为只有手脚干净的人才是可以信赖的人,才谈得上可信度。所以,只得采用翻译里的增益法,在干净的前面增加"手脚",变为"手脚干净的",恰好"手脚干净"的比喻在汉英里都有"有信任度"的意思。这样一来就与上下文联系起来了,还形成了幽默所要求的落差,因为"手脚干净"的女士最后却说:"没有一把钥匙是管用的。"请看下面的

翻译文本:

手脚干净的女士

银行里一个手脚干净的女士给她老板写了一张条子,上面说,"你不信

① Kramsch C. Language and culture[M]. Shanghai:Shanghai Foreign Language Education Press, 2000.

任我。”

“你怎么能那样说呢?”分行行长回答。“我甚至把保险柜的钥匙到处乱放。”

“那倒是真的,可没有一把钥匙是管用的。”手脚干净的女士说。

第(17)幽默例子,很有可能会被认为是一词多义双关形成的幽默,没有必要去在上下文里找翻译的“启迪”,其实不然,例子里的幽默并不是“clean”的多义形成的,而是通过语境当中的上下文“推理”和翻译的增译法演绎出与“信度”有关的意思,即增益了“手脚”,才使不可译性变成了可译性。何况,并没有用“clean”的双关意思来构成幽默,是继续用“干净”的意思,只不过是把“干净”通过增译法得到了引申,“clean”引申为“手脚”上的“clean”,手脚上面的干不干净在汉语里就有“有没有偷偷摸摸”的意思,从而才得以使“手脚干净”的女士与她拿着经理乱丢的钥匙把所有保险箱都试过的行为,形成鲜明的对比和落差,也才形成了幽默。所以,这与双关毫无关系,一词多义的双关引起的幽默是不太好翻译的。为着说明一词多义的单词引起的幽默不可译性,下面专门举一个例子:

(18)一词多义的双关幽默

Not A Bit

Teacher: You missed school yesterday, didn't you?

Timmy: Not a bit.

翻译文本:一点儿也不

老师:你昨天没有上学,是吗?

逵咪:一点儿也不。

注释:miss 是双关语,一是错过的意思,即错过上学、没有上学意思;一是想念的意思。

这就是典型的一词多义双关引起的幽默。在“miss”里就有两个意思,而两个意思恰好在两个人的大脑里的反应是不一致的,逵咪把“逃学、缺课”理解成了“想念”上学,从而引起了幽默。这种幽默一词多义的双关是语言本身形成的幽默,根本无法在汉语里找到相关的字词来替代,值得采取了注释法来对付,否则只懂汉语的人根本搞不懂这个幽默在哪里!

在上面讲到狭义的语境里,除了利用上下文来“启迪”“推理”出用什么方法来翻译外,还要注意语境场景共知信息的“人物、地点、时间”。举一个涉及人物、地点、时间时要注意变通的例子:

例(19)A Kiss in the Dark

The train enters a tunnel. Passengers in a compartment hear first a kiss, then a vigorous slap. The train emerges into the light again. Everyone remains silent, but the German officer has a black eye. The old lady thinks:

“What a good girl she is, such a fine moral character.”

The girl thinks:“Isn't it odd that the German tried to kiss the old lady and not me?”

The German thinks:“That Romanian is a smart one; He stole a kiss and I got hit.”

The. Romanian thinks:“I'm a clever fellow. I kissed the back of my hand, hit the German officer and got away with it.”

上面的第(19)例子,是登载在战争时期英国一家报纸上的一个幽默,在当时阅读此幽默,不需要介绍背景,就可以感到搞笑。但现在按字面翻译过来,难免感到一些茫然。因为没有了当时的背景,时过境迁。所以有必要对人物、时间和场景要有一个交代,对翻译来一个变通。请看我的翻译文本:

翻译文本:黑暗中的一吻

时间:处于战争时期

人物:一个德国军官,一个罗马尼亚军官,一个老太太和一个迷人的青年女子。

场景:在罗马尼亚的一个火车车厢的四人座的敞包厢里。

火车进入一个隧道时,火车里一片漆黑,大家先是听见了一声吻,随之听见了有力的一巴掌。火车再一次进入了阳光之中。每个人都保持沉默，只有德国军官的一只眼睛变青了。

老太太心想:“她真是一个好姑娘,品行端庄。”

那个女孩心想:“真奇怪,那德国人没有吻我而会去吻那个老太?”

那个德国军官心想:“那个罗马尼亚人真风流,他去偷吻,而我却被挨打,真是黄狗吃屎白狗遭殃!”

罗马尼亚人心想:“我真聪明绝顶,我吻了我自己的手背,又打了德国军官,却逃之夭夭。”

在(19)幽默的开始故意增加了人物、时间和场景,即用增益法来变通。人物、时间、地点这么一交代,让我们很快就体验到了这是一个恶作剧的幽默。因为,我们了解了战争时期的火车进入隧洞是没有灯的,只有在黑暗之中,才有可能进行恶作剧;了解了只有四个人物可以坐落在一个“compartment”里,距离当然就非常近,方便做恶作剧;了解了四个人的设置还非常的巧妙:两个男人,一个是恶作剧的始作俑者,一个是受害者;一个妙龄女郎是做恶作剧的隐形条件,并且还与一位老太太搭配,构成年龄上的悬殊,是幽默度提升不得不要有的——完成了这个恶作剧的几个必要条件。这种用增益法的方法比用注释法还要活灵活现一些,而且不是幽默的附属内容,作为了幽默正式内容。同时对此幽默,还在德国人的话语里用了增益法,多加了一句话“黄狗吃屎白狗遭殃”——这是中国的一句谚语,以增加幽默的气氛。

以上从语言、文化、语境(狭义的)三个方面探讨了幽默的不可译性到可译性的变通,这些都与要找到幽默点和运用好翻译技巧有着紧密的联系。

二、翻译时不丢失幽默要素

翻译幽默有时候犹如翻译诗词,主要是要翻译出诗词的灵魂,就是要找到诗眼,就是要找到诗中最能表现情感意味、韵味和精气神的地方——一般都是由一定的字词来体现。比如王安石的“春风又绿江南岸,明月何时照我还?”当中的“又”字和“绿”字;比的如“日出江花红胜火,春来江水绿如蓝。”当中的“红”和“绿”。翻译诗词就是要抓住这些体现诗眼的字词,才能翻译出诗的灵魂。幽默也不例外,同样地要找到“幽默点”和“链接”幽默点、“激活”幽默点的媒体和使幽默错位逻辑“交叉”的媒体(以下就简称“媒体”),以及“链接”“激活”和“交叉”的瞬间。这样,就抓住了翻译幽默的要素。读幽默作品就是要领略幽默的效果,幽默的效果就来自幽默点的多少、有没有隐埋性,以及是否有幽默点的“链接”、“激活”和幽默错位逻辑的“交叉”的那一瞬间。幽默点越多,并且能够被“链接”“激活”,所伴随的逻辑越有被交叉的、越有隐埋性,其幽默度就越高(对此,本书专门开辟一章书来论述幽默度和幽默度)。翻译幽默的关键,就是要使在目的语里同样获取幽默效果的效应,往往幽默说了一大堆废话,仅仅就是为着使幽默点被“链接”“激活”,以及使其伴随的错位逻辑得到“交叉”。所以,翻译幽默就需要抓住这些幽默要素,否则,那就是把幽默给翻译丢了,幽默翻译丢了,那就不叫做翻译了。

比如例子(17)中的“clean”的翻译与最后一句话形成的落差就是一个幽默点。但如果把“clean”老老实实地翻译成为“女清洁工”,那就是把幽默要素翻译丢了。所以翻译幽默要得找到幽默的这些要素,那样就有可能对症下药地去把不可译性变通为可译性,就不会把幽默要素翻译丢了。

在此首先就得明确幽默要素的构成。所谓的幽默的要素构成就是:幽默点、“链接”“激活”“交叉”的媒体,以及由这个特殊的“媒体”来“链接”“激活”幽默点的瞬间,由这个媒体来让错位逻辑得以“交叉”的瞬间。要找到以上的这些要素,还只得从幽默性质上来着手,即从幽默性质的分类上来着手。根据本书《分类》的那一章,从幽默的性质来分类,是把幽默分为高级幽默和低级幽默,就是要从高级幽默与低级幽默形成的机制中去寻找幽默的要素。

1. 高级幽默的形成的机制主要是看:有没有“错位逻辑的交叉”、有没有“预期落空又回归”、有没有“若干个乖讹点”、有没有“隐埋性(拐弯度大)”,以及判断有没有符合幽默几大理论要求的现象。翻译成目的语的时候,就是要注意保持住这种机制,那幽默就不会翻译丢了。

2. 低级幽默形成的机制,没有高级幽默这么复杂、没有这么多的理论要求,就只有一两个幽默点,一般就是先找出这一两个幽默点,再把幽默点翻译出来就不会丢失幽默。但低级幽默具体涉及的面很多,要具体情况具体分析。

总体来讲只要找到了幽默的这些要素,就不会把幽默翻译丢了。由于高级幽默和低级幽默的形成的机制是不太一样的,所以分开来说:

(一)寻找到高级幽默的要素。寻找幽默要素可以从形成幽默机制的幽默三大幽默理论因素的要求去寻找,即①优越论②释放论③乖讹论——不一致论;④也可以从逻辑因素方面去寻找;⑤也可以从落差——预期落空又回归的因素方面去寻找;⑥还可以从哲理性因素方面去寻找,等等。在此举例说明,通过高级幽默的形成机制,如何去找到幽默要素。

①下面的这个幽默的形成机制就是因为优越感而造成的:

例子(20)在世界第一瀑布前,导游对一群旅游者说:"如果在场的女士们能稍稍安静一会儿,我们大家将可以听到尼亚加拉大瀑布的水声。"

例子(20)是用修辞夸张的手法来讽刺他人,本身就带有强烈的蔑视他人的意味。一般在文明社会里,说话秀气低声也是文明的象征,说话大声就是粗俗的象征。幽默通过女士们的"聒噪"与大瀑布声音的"比较",在字里行间隐含着说话者优越感和鄙视感。这里的翻译只能用直译法,只能"照本宣科",才能不失幽默度,如果采用归化法,把女士们"声音太大"翻译出来,就丢失了幽默。

②下面这个幽默的形成机制就是因为释放理论而造成的:

例子(21)一老外,体验北京公交,彻底晕菜。先从全世界最牛的公交站"北京西站南广场东"上车,然后听播音连续不断地播出最晕的地名,依次是:"安慧桥东、安慧桥西、安慧东桥东、安慧东桥西、安慧西桥东、安慧西桥西……"最后还来了一个最考验汉语听力的是:"前门到了,请您从后门下车"。

例子(21)是一个多幽默点的、利用绕口令和重复使用方向词来形成的幽默,它符合"释放理论",让人念完或听完这个幽默以后,确实可以让人有一定的“释放感”，它的幽默点有三个：一个是绕口令从语音上带来的幽默感；另一个就是方向词反复地重复使用让人迷失方向的愉悦感，第三个是最后一个句话的矛盾方向词，同时带来了矛盾，让人感觉荒唐感，这几个“感”确确实实让人好好的“释放”了一回，但并没有什么“链接”“激活”“交叉”，就只是属于多幽默点的幽默，只要注意能把这三个幽默点翻译出来，幽默就丢不了。

还好，这里的绕口令不像上面的例子(3)里，需要找到反复重复的一个音，在这个幽默里，由于是由重复方向词带来的幽默，所以翻译方向词一方面具有重复方向，让人“不知所向”的迷失方向的愉悦感，同时方向词在目的语里的反复重复，也会带来绕口令的释放感，这里的翻译变通，就是把方向词重复的翻译，既达到了迷惑人的方向，又达到了使目的语也有绕口令的感觉。如：“Anhui east bridge，Anhui west bridge，Anhui east of east bridge，Anhui west of east bridge，Anhui east of west bridge，Anhui west of west bridge……”。第三个幽默点主要是体现矛盾，只能用直译（音译）法带括号来完成，才能保持矛盾感觉，才能不丢失幽默点。如：“Here Qianmen（Front Door）is，please get down from back door！”——碰巧法在这里也起到了作用！

③下面这个幽默形成的机制是因为乖讹即不一致性而造成的：

例子(22)北大论文题：
“在爱情上是女人专一还是男人专一？”
获奖优秀答卷：
女人善变，男人专一！
举例论证：
女人50年代喜欢工人，60年代喜欢军人，70年代喜欢读书的人，80年代喜欢诗人，90年代喜欢富人，现在又喜欢贪官……
而男人，无论哪个年代，始终喜欢年轻漂亮的女人。

例子(22)很显然，这是故意混淆了“人”的类别，产生了不一致性。年轻漂亮的女人是一个类别，对应的类别应该是年轻漂亮的男人，然而这里却拿来去对应了不相干的工人、军人等,它们不是一个类别内的东西,所以带来了乖讹,这一个乖讹点就是幽默点。只要把这个乖讹点翻译出来,也不存在丢失幽默的问题。

④下面的这个幽默形成的机制是因为错位逻辑的交叉而造成的:

例子(23)《郑人买履》

有一个想要买鞋的郑国人,他先量好自己脚的尺码,然后把量好的尺码放在他的座位上。等到了集市,他忘了带量好的尺码。他已经挑好了鞋子,才说:"我忘记带量好的尺码了。"于是返回家去取尺码。等到他返回集市的时候,集市已经散了,他最终没有买到鞋。

例子(23)是一个古代笑话,幽默点就在于郑人坚持自己的最原先的逻辑是对的,忽视了情况变化以后,"量好的尺码"与"自己脚的尺码"在逻辑上是一致性的,逻辑上属于同一律,因为尺码的大小就来自自己的脚。而由于郑人的荒唐,硬把这个逻辑搞错位了,把"自己脚的尺码"的逻辑与"量好尺码"的逻辑硬搞成了两条逻辑,变成了不同一律,从而使"自己脚的尺码"的逻辑与"忘记带量好的尺码"的逻辑在"尺码"这个媒体上得以交叉。这个幽默不涉及到地域和民族差异或风格变异,很容易把它翻译成外文,虽然幽默是由于错位逻辑造成的,不是纯"情节性"幽默,但错位逻辑就包含在情节里面,也属于"情节性"幽默,把情节翻译出来,逻辑错位的交叉也就被翻译出来,当然幽默也就随之出现。只是要注意在翻译的时候,要时刻警惕围绕这个逻辑错位的交叉基本精神。

⑤下面的这个幽默形成的机制是因为预期落空而造成的:

(24)一件离婚案开庭了,原告的律师叫他的当事人站了出来,他用同情的口吻询问道:"根据我所了解的情况来看,某天晚上,当你从办公室回家时,你的太太不但没有单独地等你,并且你还发现有人躲在衣柜里,是吗?"

"是的,一点也不错!"原告回答。

"当然会使你愤怒和悲伤啦!"律师说。

“我当然会悲伤，”原告道，“试想，我连一个挂衣服的地方都没有了！”

例子(24)是明显的让人预期落空的幽默，落空的那一瞬间就构成了幽默——让人愤怒和悲伤的关键，肯定是自己的太太趁他上班的时候在家偷人——这是在预期之内的事情，但原告所说的愤怒和悲伤，居然是没有地方挂衣服，因为挂衣服的柜子被老婆的情人占据了——大大的出乎意料。虽然找到了幽默的点，但不能把“有人躲在衣柜里”，点明翻译成为“太太的情人”；也不能把“我连一个挂衣服的地方都没有”，翻译成为被情人占据了衣柜，那样的翻译，必然使幽默度大大降低，甚至丢失了幽默。

⑥下面的这个幽默形成的机制是因为哲理而造成的：

(25)合作

当玻璃杯中装满牛奶的时候，人们说：这是牛奶；当装满油的时候，人们说：这是油；只有杯子空的时候，人们才看到了杯子。

——对此现象的反思：当我们心中装满学问、财富、权势、成就和偏见的时候，就不是自己了。往往拥有了一切，却不能拥有自己。

哲理性幽默的幽默点当然就在于有趣的哲理——不是一切哲理性的东西都是有趣的，相反大多数的哲理性东西都枯燥无比。恰好这是一个幽默的哲理，这里的哲理就是空杯子与装满东西的辩证关系——空的时候还能体现出杯子，满了以后到反过来忽视了、忽略了杯子的存在。同时借杯子“原理”，又拿来比喻人，升华了这个哲理。这里的翻译也不用节外生枝，因为都是在叙述一个道理，幽默里面的道理性、真理性的东西并没有“不可译性”，所以，紧抓住这个哲理，按字面翻译就可以不丢失其幽默。

从以上的(20)(21)(22)(23)(24)(25)幽默举例看出，这些高级幽默机制的形成分别来自于优越、释放、乖讹——不一致、逻辑、落差——预期落空、幽默性哲理等能形成高级幽默的因素。这一类幽默的要素一般就是从形成机制的因素中就找得到，只要找到了幽默的要素，只要紧紧围绕这些要素来翻译，幽默就不会丢失。尤其是情节性、逻辑性、推理性的幽默，只要其幽默没有文化差异、语言差异等要素存在，翻译这一类幽默不需要任何翻译的变通，也不需要翻译的特殊技巧。就用一般翻译的手法，把内容翻译出来，幽默也就自然包含在其中了。因为无论哪两国语言的互译，在翻译中都不会把内容性、逻辑性、推理性的东西翻译掉。以上着重是强调如何找到幽默的要素，尽管翻译内容性、逻辑性、推理性的幽默一般不会有不可译性，但明确了幽默要素后再来翻译，就更能帮助提升翻译幽默的准确性。当然找到了幽默的要素以后，也要高度警惕，不能按找幽默要素的思维去翻译，不能乱用增删法，要注意幽默的隐埋性，否则也会降低幽默度。比如像上面的第(24)例子。

(二)寻找到低级幽默的幽默点。对于低级幽默来说，就不像高级幽默那样有那么多的幽默要素，低级幽默就只是由一两个幽默点来构成。所以，在翻译低级幽默的时候就仅仅是去寻找到低级幽默里面的幽默点，就不会丢失幽默。

低级幽默的幽默点形成机制的因素就比高级幽默复杂得多，因为低级幽默没有规律性，也不太好分类。根据我的大一统幽默学的分类，低级幽默就是除高级幽默以外的一切有噱趣的、滑稽的、搞笑的、讽刺韵味的等，都列入了低级幽默的范畴；根据这个理论，我也大致地把低级幽默的主要的归了一下类，形成低级幽默机制有如下的因素：①不可理喻的矛盾；②有悖常理的滑稽、怪诞、搞笑等；③讽刺；④碰巧；⑤休克性愚蠢；⑥误会——错误；⑦恶作剧；⑧粗心，⑨意外，等。只要能找到这些因素，就找到了幽默点。找到了幽默点，就容易翻译出幽默效果。因为感悟了的东西不一定能理解它，只有理解了的东西才能够感悟它，当然就更应该能翻译好它。

①因不可理喻的矛盾而造成的幽默例子：

(26)去买家具，我和店员砍价，他说做不了主，要跟老板请示一下！于是他用手机拨通了老板的电话，就在他和老板热火朝天商量价格的时候，突然，他的手机响了！

例子(26)里，有哪一个手机在通电话的时候还能发出来电铃声？这真是不可理喻的矛盾——讽刺商家用以欺骗或诱导买家购买家具的伎俩。所以这里的幽默点就是“拨通电话”和“手机响了”这个不可理喻的矛盾,这个矛盾就是一个幽默点。所以翻译的时候就要注意:是拨通同一个手机和同一个手机响了,并且不可能翻译成来了一个来电显示——那样就把幽默点翻译丢了。因为有些手机在通电话的时候是可以同时显示来电的,手机在通话的时候,就不可能在发出声响。当然今后手机发展到可以一边接电话,一边来电也可以响起来,不在今天的讨论范围。

②因有悖常理的滑稽、怪诞、搞笑等而造成的幽默例子:

(27)长途车上,一男子带了个五六岁小姑娘坐车,小姑娘在玩手机,男子则呼噜惊天,后座一美女终于受不了了,于是逗那小姑娘:“你怎么不管管你爸爸呀,多丢人!”

小姑娘愣了一下,然后直接一巴掌打到男子脸上说:“说了不让你带我出门,丢尽宝宝脸了......”

例子(27)里的幽默点就在既滑稽又有悖于常理这个地方:小孩一巴掌打在睡着的大人脸上就是一个滑稽、搞笑的动作;再加之小孩教育大人的话语里,又体现出“有悖常理的教育”。这里幽默点的翻译不存在歧义,因为动作本身的滑稽性和小孩语言的有悖常理性,无论在何种语言里,都不影响幽默点的存在。

讽刺被一些专家认定为不是幽默,但我的大一统幽默学是把讽刺列为幽默的。请看下面例子:

③因讽刺而造成的幽默例子:

(28)一哥们特抠门,家里什么东西都舍不得扔。

一天我去他家,他正在洗冷水澡。

我说:“哥,你咋了?这么冷的天,家里又不是没有暖气,你怎么洗冷水澡啊”?

他说了句让我终生难忘的话:“家里还剩两包感冒药,再不吃就过期了”!

有谁会吝啬到连药品的过期都不放过？这是用夸张的手法来讽刺吝啬的一个幽默。幽默点有两个：一个就是"没有暖气"和"洗冷水澡"的乖讹；另一个是在上面不一致的基础上，凸显了竟然是"舍不得"感冒药过期的目的，而不惜"以身试冷"；读后还让人感觉到还隐藏得第三个幽默点，那就是感冒药是"两包"啊，洗一次冷水澡用得完两包感冒药吗？有令人啼笑皆非，似乎还隐含了一点"黑色幽默"的影子。这里翻译的要害就是要注意形成三个幽默点的关键词是不能翻译掉的，如"暖气""冷水澡""终生难忘""两包""过期"。

④因碰巧而造成的幽默例子：

(29) Robbery

A Frenchman had arrived at a small Italian town and was staying with his wife at a hotel there. One night he went out for a walk alone. It was late and the small street was dark. Suddenly he heard footsteps behind him. He turned his head and saw a young man who quickly walked past him. The man was nearly out of sight when the Frenchman suddenly found that his watch was gone. He thought that it was the Italian who had taken his watch. He decided to follow him and force him to return the watch. Soon the French – man caught up with the Italian. Neither of them understood the other's language. The Frenchman threatened the Italian with his fist and pointed to his watch – pocket.

The Italian thought that the Frenchman was demanding his own watch. In the end the Italian gave up his watch to the Frenchman.

When he returned to the hotel the Frenchman told his wife what had happened. He was very surprised when his wife pointed to the watch on the table. Only then did he realize that by mistake he had robbed the Italian of his watch.

翻译文本：抢劫

一个法国人同他的妻子达到意大利一个小城，并且在旅馆里住了下来。一天晚上，他独自出去散步。那时已经很晚了，小街上也很黑。突然他听见背后有脚步声，他掉过头去，看见一个年轻的意大利男人很快地就从他身边走过。当这个法国人发现自己的手表不见的时候,那个年轻男人几乎看不见了。他想一定是那个意大利人拿走了他的手表。他决定去追他,逼迫他还回手表来。很快法国人赶上了意大利人。他们俩语言不通,法国人一边指着表包一边用拳头威胁意大利人。意大利人认为法国人是想要夺他的手表,所以就把自己的手表给了法国人。

当他回到旅馆,把所发生的告诉妻子,妻子指桌子上的手表的时候,他大为吃惊、恍然大悟:他误抢劫了那个意大利人的手表。

这是一个因为碰巧而发生的幽默故事,当然也有误会的因素,但主要是因为碰巧的原因,才发生了误会的抢劫,碰巧的地方比误会多得多,比如:①恰好法国人能与被抢的人邂逅②恰好法国人没有戴表③恰好被抢的人又带了一个手表④恰好法国人记忆错了⑤恰好它们之间互不懂各自的语言⑥恰好意大利人被抢劫时没有反抗。这么多的碰巧碰在一起应该是潜在的幽默点,再加上与下面的误会一汇合,就形成了一个极为强烈的幽默点。能明白这么多碰巧,想必在翻译的时候,肯定是不会丢失幽默了,何况这里的幽默点还是情节性的,翻译应该不存在问题,把情节翻译完毕,幽默点也就溢于言表了。

⑤因休克性愚蠢而造成的幽默:

(30)邻居忘了带钥匙,从我家阳台翻过去,在屋里找到钥匙后,又翻回来,再打开自家房门。更令人叫绝的是,我自始至终在阳台接应着,未觉有不妥之处。唉,我俩的脑袋肯定被同一个门挤过。

这一类的幽默经常发生在我们身边,只不过你没有注意和发现。这个幽默的幽默点应该有两个:一个是所发生的"休克性愚蠢";一个是对此的评价。所以在翻译的时候,不能把第二个幽默点翻译丢了,因为第二个的幽默点体现在一个"否定之否定"里面,如果把"否定之否定"改为一个肯定句,那第二个幽默度就降低了。

⑥因误会而造成的幽默：

(31)丈夫下班回到家，看见妻子在揍儿子，因为肚子饿，没理他们。径直走到厨房，看见小矮桌上煮好一锅馄饨，于是盛了一大碗吃。吃完看见妻子还在那里揍儿子，看不过去了，就说："教育小孩不能用暴力，要多讲道理嘛！"

妻子说："好好的一锅馄饨，他居然撒了一泡尿进去，你说气人不气人？"

丈夫听后马上说："媳妇你歇会儿，让我来揍！"

这一个幽默的幽默点就是因为误会产生的，误会带来了一个极大的落差，这个落差就是幽默点。父亲从"看不过去"并还说了一些冠冕堂皇的话语，到"让我来揍"形成了极大反差，从而构成幽默点。这儿的误会是两个：一个是丈夫误吃了有尿的馄饨；二是误会妻子打儿子"不讲道理"。当然还隐含了一个讽刺，就是对父亲的前后言行的对比，不难看出其中的讽刺——不涉及自己利益的时候就高谈阔论，涉及自己利益的时候就恼羞成怒。这里的翻译也不存在难度，就是把两个幽默点翻译出来就不会丢失幽默：第一个幽默点是两个误会形成的落差；第二个幽默点是对父亲的讽刺。

⑦因恶作剧而造成的幽默：

(32)隔壁老王网上约了个妹纸，聊了几天相谈甚欢，突然约老王去她家，老王去了后说："那你老公突然回来咋办？"

她说："没事，一般不会突然回来，万一要回来了你就说你是我雇来擦玻璃的，快过年了，我老公也不会怀疑。"

结果，在她家没待几分钟，她老公就回来了，为了装的逼真，老王擦了一下午玻璃。

回家的路上老王越想越不对劲："城市套路真深哪……"

一些专家不认为恶作剧是幽默，但在我的大一统幽默学里肯定是幽默，当然属于低级幽默。恶作剧的基本特征是让人通过上当或受骗而吃一些小亏。很显然在例子(32)里，老王就是一个上当者，但往往上当者都是为了一己私利。这里的幽默点不只是老王白擦了一下午的玻璃，更为重要的幽默点是老王上当的写实,即老王的心里描述。否则这种情况在正常人之间也是可能发生的,就不足成为恶作剧,当然就不足成为幽默了。只要如实地翻译出两个幽默点,即:老王上当和老王的感悟,就不会丢失幽默。

⑧因粗心而造成的幽默

(33)路过一个院子,发现门上写着两个字:情人。觉得院子主人蛮风趣,于是推门进入,两条大狼狗突然扑了过来......

从医院打完狂犬疫苗回来,揉揉眼睛,再仔细一看,原来写的二字是:“慎入!”

保护视力,刻不容缓,别没事整天捣鼓那破手机了!

因为粗心而形成的幽默也是数不胜数,在本书其他章节也有举例。第(33)例子把“慎入”看成了“情人”,酿成了“狗祸”,这就是一个幽默点;还有一个幽默点是“狗祸”

受害人的“感悟”:把“狗祸”赖给“整天捣鼓破手机”。对于手机“低头族”带来的幽默也是数不胜数。这个幽默因为是误读文字而形成的,虽然从内容上是因粗心而形成的幽默,但粗心的原因却与汉字的书写有关,又属于文字书写方面的幽默。像这样的错读文字形成的幽默,要在英语里找到这样误读的同一意思的对应单词,几乎是不可能的,因为两种文字是截然不同的书写方式,所以,这个幽默的翻译就是不可译的,也无法变通,只能采取解释法或注释法来完成。英语里也有类似这种的幽默例子:

(34)“Peter 家的门口老是被其他车子占据,他经常开车回家的时候都无法进家门,他采用了很多方法都不管用。他老是纳闷:为什么只要是警察局立的牌子,都没有人敢违反,都是绕道而行?于是,他获得了一个灵感:何不如去偷一块警察局的牌子‘POLICE’(警察)来放在自家的门口。但一转念,他否认了这个做法,因为那是偷盗行为啊,而且是偷警察局的东西!于是,他又想了第二个办法,直接就去仿制警察局的一块 POLICE 的牌子来放在自家门口。一转念,他又否定了,因为仿制警察局的牌子也是犯罪啊。最后,他还是仿制了一块警察局的牌子,其尺寸大小、字样、字和底板的颜色都与警察局的牌子一模一样。结果这一下可真灵了，竟然没有车子再停在他家门口！但这块牌子的上面写的是：POLITE。”

尽管在英语里也有由于粗心误读文字产生的幽默，但万万不可以用所谓的“功能翻译法”来使例子(34)作为(33)例子的翻译，这仅仅只能作为类比，与这个汉字“误读”的幽默的意思是碰不到一块的，也就是说用碰巧法解决不了这个问题，这仅仅是框架相同、功能相同，而其意思大相径庭，因为这是翻译，不是类比。

⑨因意外而造成的幽默

(35) Advertisement

Two businessmen were comparing notes. The first man said: “Is your advertising getting results?”

“It's sure.” Groaned his companion. “Last night, we advertised for a night watch – man and the next night we got robbed.”

翻译文本：登广告

两个商人在一起互相谈论他们登广告的情况。

第一个商人说：“你广告的效果如何？”

“真的不错”他的同僚哼着说。“上个星期我才登了一则招聘夜班看守的广告，第二天晚上我们就被偷了个精光”。

第(35)例子，就是因意外的内容所产生的幽默，一般意外所造成的幽默都是情节性的幽默，只要按字面把情节不要翻译漏了，就不会丢失幽默。有时候像这样的幽默，还不止一个“意外”，是“意外”套“意外”，当然那样的幽默度就要高一些了，多一个意外，至少多一个幽默点嘛，这时候的翻译就要小心。看例子：

例子(36)

新来的护士妹妹打点滴技术差，护士长让她给一个熟睡的病人打针，她打了一针，偏了，看病人没醒，悄悄地拔出来重打，结果一针又一针，不知不觉从头打到脚...... 就在妹妹香汗淋漓想再找位置打针时,病人一跃而起,咆哮着骂道:"你特么真当我睡死了? 从头扎到脚!"妹妹落荒而逃。

第二天上班,被叫到院长室,院长激动地握着护士妹妹手说:"谢谢,太谢谢了,你真牛,8 年的植物人被你扎醒了!"

例子(36)尽管是编造的,但形成的机制还是因为意外,而且还是意外套意外:护士给病人打针,并从头打到脚,这本身就是一个意外;第二个意外紧接着是院长接见和表扬;第三个意外更为惊奇,居然把"八年的植物人扎醒了"! 三个"意外"并不属于三个幽默点,如果属于三个幽默点的话,那就不是低级幽默了。因为第三个"意外"是第二个"意外"的递进,只能算是一个幽默点,共同一起来与第一个"意外"形成落差,形成幽默。其翻译没有什么特别的,"意外"本身就属于"情节性"内容,"情节性"内容往往不存在翻译上的障碍。

由于低级幽默的外延比较广泛,所以低级幽默的现象就比较多,上面的仅仅是低级幽默当中主要的几种;从另外一方面来说,由于低级幽默一般只有一两个幽默点,要找到低级幽默的要素,就是要找到它的幽默点。上面的九种情况,就是举例分析寻找幽默点的。

三、幽默翻译的技巧——直译法(音译法和硬译法),归化法(意译法)、增删法、解释法、注释法,带括号、碰巧法等

其实,幽默翻译的技巧在上面的"幽默的可译性与不可译性"和"怎么找到幽默的要素"两大项内容里都已经涉及了不少,在这里再进行归纳。

幽默的翻译,与一般的翻译基本技巧应该是大同小异的。所要考究的就是要探讨与一般的翻译技巧所不尽相同的地方。不同的地方是:这里直译法的概念有所不同,直译法还包含了音译法和硬译法;这里的归化法做到了极大化,并作为意译法的一个技巧;同时,在一般翻译的意译法里面增删法,也作为幽默翻译的技巧之一,它包含了两个小的技巧,一个是"增",一个是"删";在注释法的基础上还增加了解释法和括号法;还把"碰巧"也看成了一种办法,所谓的碰巧法就是在目的语里面,尽量去搜索出意思对应、形式相当的媒体词字。

下面就说一说比较特殊的一些幽默翻译的技巧：

(一)直译法——文本直译＋音译＋硬译

按一般的文本翻译，“所谓直译就是照字面翻译，直译法特别适合不体现民族特色且语句寻常的幽默和情景幽默的翻译，”①换句话说，尤其适合具有共性的日常活动、场景和“情节性”幽默的翻译。在我的幽默翻译观里，直译不仅仅是以上所界定的意思，还要加上音译和硬译，业内经常所说的直译，我称之为文本直译。所以我对直译的观点是，直译＝文本直译＋音译＋硬译，这是根据多年翻译幽默的经验得来的，这后面的两种，尤其对涉及语言本身的幽默的翻译非常有用。下面逐一举例性分析：

1. 文本直译。比如像以上提到的(23)例子《郑人买履》的翻译，就用不着其他技巧，就用文本直译就能把幽默点翻译出来。

上面的第(23)幽默例子的翻译文本：A man in the State of Zheng decided to buy himself a pair of shoes. He measured his feet but left the size on his seat, and went to the market without it. When he found the shoes he wanted, he gave an exclamation of dismay: “Why I forgot to bring

the measurement!” He went home to fetch it. By the time he got back to the market, the fair was over; so he failed to buy his shoes. “Why didn't you try the shoes on?” someone asked him. “ I trust the ruler more than my feet,” he said.

这样按字面英译的汉语笑话，并没有使之丢失了其内在的幽默，因为这是一个情节性的幽默，只要情节在，幽默就在，只不过在翻译前要像上面叙述的那样，先审视一下其幽默点是否就含在情节之中。这种翻译就是对文本的“照本宣科”，即文本直译。

2. 音译法。本章书的第(21)例子，是一个绕口令的幽默，在最后的一句话“前门到了请从后门下”，翻译为“Qianmen(Front Door) here is ,please get down from back door!”这一个幽默的上半截是由绕口令形成的幽默，下半句是由语音形成的矛盾，从而带来了幽默，当然只能用音译法再加上括号来

① 蒋学军:《论英语幽默语言的翻译》,南华大学学报:社会科学版,2001(1)

完成了,因为"前门"在汉语里是个双关,一面是地名,没有意思;一面却有着具体的意思,就是与后门相对应的"门"。如果不用音译法,就把双关的第一个"地名"的意思丢掉了;如果只用音译"Qianmen",那在目的语英语里面又形不成矛盾,因为"前门"的拼音并不能与后面的"back door"形成对比性矛盾,幽默点当然就被翻译掉了,就无幽默可谈。所以这里不仅要使用音译法,还要使用括号法,把(back door)带入,"双管齐下"才能不丢失幽默。

3. 硬译。如本章的第(11)例子里,利用 backwards"单词的双关,制造了" SMITH WILLIAM "倒过来的"HTIMS MAILLIW"的幽默,然而,倒过来在英语里是发不出"斯密史 · 姆廉威"的音来的,只好借用了这个英语译名的汉字倒装法来满足这个幽默的翻译,直接硬译为"斯密史 · 姆廉威",从而保持住了原有幽默风貌,这不乏为硬译的一种。

当然还有其他硬译的情况,比如在翻译谜语型的幽默,有时候也要用硬译法,再加上括号法或注释法。如这样来翻译本章的第(14)例子幽默的第②③谜语:

②谜题:2,3,4,5,6,7,8,9,谜底:缺衣少食

Lack of one (yī) and ten(shí).

注释:In Chinese,"one" pronounces (yī) like clothes,"ten"pronounces like (shí) food.

③谜题:7/8, 谜底:七上八下

Seven over eight

注释:In Chinese ,it means perturbed state of mind

这样的翻译实际上只是勉强的、无招的、无赖的,因为对付这一类不可译性的翻译也只能这样了。

(二)最大化意译法——归化法(直译 + 重写) + 增删法(增补 + 删除)

最大化意译法就是想方设法地把原文的意思最大化地翻译为目的语相应的意思。具体手法就是用归化法和增删法。

1. 归化和异化是美国著名翻译理论家劳伦斯韦努蒂于 1995 年在《译者

的隐身》中提出来的。按照 Peter Newmark 的观点,归化是“最自然的翻译形式,是将原文文化转变为目的语文化,进而重写文本。”①归化翻译要求译者向目的语的接受者为准则,用本国的说话方式、思维向读者介绍译文的内容。所以,在译者直译原文之后,他还必须对译文进行重写,让读者觉得译文亲切仿佛来自本国而非遥远国度,就像郭沫若等翻译家喜欢把雪莱的诗作翻译成有古典意象的文言文一样。在翻译幽默当中当然更缺不了归化法,劳伦斯·韦努蒂指出:“戏剧和闹剧的翻译通常要采用归化方式,因为它们的幽默中可能有一些难以驾驭的文化成分,在翻译之后,原有的幽默在译文中便索然无趣。”②归化主要就是用于当文本语言具有强烈的民族文化性和地域性时,当源语所体现的语言修辞与目的语修辞存在很少的共性时,最好采用归化手法,只有这样,原文的幽默点才可以最大限度甚至原汁原味地被翻译出来。据此,我可以把归化法进行公式化:归化法 = 直译 + 重写。由于本身我的“直译观”已经发生了变异,还加上了音译和硬译,所以,我这里的归化法含义就有些变异,但对“重写”进行了限制:对于“重写”就是要围绕其幽默点的“上下左右”来翻译,所谓“上下左右”,就是尽最大可能地去寻找与这个幽默点相邻的、相仿的、相关的契合点以及契合词,来对应源语里相应的字词,致使其幽默点能在目的语里再现,并尽最大可能地达到与源语相匹配的极限,但又千万不能离题万里,去重新瞎编另外一个幽默点。举例:

(37) The great Chinese diplomat Dr. Wu Ting Fang was in the United States a number of years ago. One day he met an American woman at a reception. She did not know him. So she asked sweetly, "What 'nese' are you—Japanese, Javanese, or Chinese"

Dr. Wu replied, "I am Chinese." And then he asked the woman: "What 'kee' are you—monkey, donkey, or Yankee".

这既是发生在外交史上的一个幽默,又是外交上经典的一个“以牙还牙”的技巧。但怎样翻译成汉语让国人知晓:既不失外交家伍廷芳博士的风

① Newmark: Peter. A Textbook of Translation[M] London: Prentice Hall, 1988

② Sarcevic, Susan 1997: New Approach to Legal Translation . The Hague: Liuwer Law International.

采和幽默,又还击了对方语言上的貌似礼貌实则不礼貌,也不丧失语言上的对应之答——这就是幽默翻译所要考究的!下面的翻译就是用了一个所谓的归化法,但我这里最好称之为最大化的意译法,因为它不只仅仅用了归化法,还用了硬译法和带括号法。请看当时的翻译:

翻译文本:

中国大外交家伍廷芳博士多年前在美国的时候,曾在一个宴会上遇到一个美国女人。这个女人不认识他,就很亲热地问道:“你是什么‘人’(指nese)呀,日本人、爪哇人,还是中国人?”

伍博士回答说:“我是中国人。”然后他就问那个女人:“你是什么佬(指Kee)呀,猴佬、驴佬,还是美国佬?”

但凡学英语的人都知道 nese 这个后词缀,一般都是某一个国家单词的后词缀,并意味着是哪个国家的人,有“人”的意思,不是一个单词,仅仅是一个后词缀;而“kee”是专指美国人的代称 Yankee 的后半截词,不是后词缀。而外交家伍廷芳故意把它拿来与 monkey,donkey 混谈在一起,因为尾音都一样;故意把“Yankee,monkey donkey”后面的“ kee”和“key”混谈为同一后词缀,以这样“混为一谈”的方式来达到“以牙还牙”的目的,“回敬”了那个美国女人。然而在翻译成为汉语上,如果不用“硬译”的方式把“nese”译为“人”,把“kee”或“key”硬译为“佬”;如果没有归化法把其归化为在汉语里讲得通的语言,把“词缀”与全句话连起来翻译;如果在(nese,kee)的后面不带括号,那么,这个幽默点会被在翻译时丢失殆尽。总体来说这个幽默的翻译,既用了直译,又用了意译中的最大归化法,还带了括号。

再看一个用归化法,并加上其他技巧的一个幽默英汉翻译的例子:

(38)Teacher :“Order! People ,order!”

Student A :“I' d like a pan – fried noodle !”

Student B:“Oh! Sweet and pungent shrimp!”

如果先按照字面翻译成以下的意思:

"秩序！请注意秩序！"

"我要一个平锅炒面！"

"我要甜辣虾！"

这种翻译不仅把幽默点给翻译丢了，并使上下文都讲不通顺，也搞不懂什么意思。因为这里是一个双关语的幽默，双关语的幽默一般是属于不可译的，但上面也讲到过，有时候可以用一下翻译技巧来变通。而双关语"order"用于老师的课堂上，肯定是老师叫学生们要注意课堂秩序，不要吵闹的意思。而学生 A 和学生 B 分别故意把"order"理解为叫菜吧、订餐的意思，才出现了学生"文不对题"的要"炒面"和"甜辣虾"的叫嚷。在吵闹的教室中老师的呵斥竟然被学生变成了幽默。可是上述的翻译明显把这 order 的"点餐"和"秩序"这一层双关含义翻译丢了，当然幽默也被翻译丢失了。如果归化法和碰巧法来翻译，那幽默可能就不会丢失：

翻译文本：

"吵什么！吵什么！"

"炒面！"

"炒虾！"

这样个翻译巧用了"吵"和"炒"的谐音双关，用谐音的双关来代替了意思上的双关，多少有一点保持了源语幽默的味道，而且也最接近中国味。这种幽默翻译，实际上就是用了我说的归化法，即"最大化的意译法"和"在汉语里去寻找能够体现相同意思的双关语——碰巧法"来完成的。①把"order"的归化到了最大化，也就是意译的最大化：从"秩序"转弯到"注意秩序"，再到"闹得很"，再到"吵什么！"，好不容易转到了"吵"字上；②再碰巧去找到了汉语里的"吵"与"面条"和"虾"这一类食品想联系起来，这么一联想，自然想到"吵"的谐音双关"炒"字，使"吵"字能够与下面的"饭"和"虾"联系的起来；同时也碰巧使"吵"和"炒"的意思真正能把上下文的意思连接起来；碰巧在英语里的"order"（注意秩序）与打招呼"吵什么！吵什么！"恰好能吻合——这就使归化法到达了最大化。

2. 增删法——意译法中不可避免要有增补+删减

由于各国语言的差异性,文化和民族的差异性都很大,任何翻译不可能是字字句句相对应,肯定在翻译之中的目的语就难免会有所增删,尤其是幽默翻译更需要语言上的删减。

"增补"一般都称之为增益法,为什么要用"增益",一眼就应该知道。在目的语里要增加语言,肯定要使增加以后起到"有益"的作用。增益是一种属于语言层面的补偿,指的是在译出原文现有词句的情况下,在译文中增补一些隐含在原语中目的语读者却不了解的信息。增益补偿实际上是把隐藏的内容在译文表层明示的过程(柯平,1991:24-26)。增补的内容可以是上下文语境信息,也可以是文化背景等语言外知识。增益法在幽默翻译中具有补充语义、修饰文体风格、优化语言结构以及强化交际效果等作用。如上面的第(19)例子里:那个德国军官心想:"那个罗马尼亚人真风流,他去偷吻,而我却被挨打,真是黄狗吃屎白狗遭殃!"这里的"黄狗吃屎白狗遭殃"纯粹就是源语里面所没有的,是汉语的一句常用语,翻译中增加这一句话,完全是为了增加幽默的气氛和拉近与中国读者的距离。再看例子:

例子(39) When William Crowe, retired admiral and former chairman of Joint Chiefs of Staff, was questioned about the appropriateness of his appearing on TV comedy show "Cheers", he replied, "Comedy show? Were you ever in the Pentagon?"

翻译文本:美国三军联合参谋部前任主席、退休的海军上将威廉·克劳在电视喜剧秀节目"大喝彩"露面后,有人质问他参加这种滑稽节目是否合适。他答道:"这也算喜剧秀?你在五角大楼国防部待过没有?"

在这则幽默汉语译文中,增补了两处,一处是"在电视喜剧秀节目'大喝彩'露面后",一处是"这也算"。如果不这样增补,就会把幽默点翻译丢失。而且这两处增补都是在字里行间找得到:第一处"在电视喜剧秀节目'大喝彩'露面后"的增补翻译是从" his appearing on TV comedy show'Cheers'"借用过来的,但实际上,这一句是典型的"一管二"的英语,在英语里经常出现这样的句式,这一句话既要管海军上将去参加(露面)过滑稽节目,只有参加过回来后,才谈得上记者采访的事情;同时又要管记者询问海军上将参加了滑稽节目合适与否的事情,但句子里涉及“露面”和“参加”的单词只有一次。所以翻译这一类“一管二”的英语句子,必须用增益法;第二处“这也算”翻译是对“Comedy show? ”的增补,英语里没有这几个字。但从上下文来看,在拿滑稽节目的地点与五角大楼国防部暗暗地比较,比较的目的就是要借用“滑稽节目”来讽刺五角大楼比“滑稽节目”更为滑稽!但在后半句话里不太好加入强调的词语,只好在前半句加上了“这也算”来否定前者,而充分肯定后者。言下之意,已经回答了记者的提问——你不知道五角大楼国防部那里比这里的滑稽节目还更滑稽呢,在“滑稽节目”的现场也只能是小巫见大巫了。如果没有这两处增益翻译,那将丢失幽默。

(三)注释法、解释法、括号法——他们三者既有联系又有区别,对幽默翻译是不可或缺的。

由于语言具有国别、民族、文化、拼写方法、发音等的极大差异,在目的语中很难找到与之吻合或对应的语言将原文中的幽默保留下来,尤其常常遇到语言性的幽默、典故性幽默、历史轶事幽默等,根本就不具备可译性,把幽默翻译逼向了“死角”,只好乞求于这“三法”。关于这“三法”的运用,在本书,特别是本章已经论述的很多。例如在本章的例子(8)(12)(18)里面,都分别用了注释法;在本章的例子(6)(9)(11)里,分别用了解释法;在本章的例子(7)(8)(14)当中的①②③里面,也分别用了括号法。

注释法、解释法和括号法三者都是对相关词或句子或内容作进一步的说明或阐释之用,但各有不同之处。注释法短小精干,不可太长,一般是对词字本意的解释,尤其是双关词,但不能对翻译技巧进行注释;而解释法主要是对句子,甚至是翻译的技巧变通作说明,比较长;括号法,事实上就是注释法的另一种形式,注释法是标注在字词的上漂,而注释内容是在页面的脚底,或一章书的末尾;括号法就只能紧跟在所要进一步阐释相关词之后,有时候注释法代替不了括号法,比如音译时的拼音,如果变为脚注就不方便阅读。

再看一个幽默例子:

(40) Socrates once said :"By all means, marry. If you get a good wife, you'll become happy; if you get a bad one, you'll become a philosopher."

这是苏格拉底有关女人和婚姻一个自嘲性的幽默格言。如果不熟悉苏格拉底的读者,是无法理解是一个自嘲性的幽默。因为这是历史典故性的东西,加一个注释不仅不会画蛇添足,还会使幽默度得到提高。注释可以这样来加:"注释:伟大的哲学家苏格拉底的夫人是位有名的悍妇。"把悍妇的妻子与哲学家,甚至是伟大的扯在一起,让人老是在回味他们之间有什么逻辑关系?是否意犹未尽?答案是肯定的。

再看一个用注释法和括号法来解决不可译的例子:

(41) Three Half Deaf Men

Three old friends met one day in the street .

"Windy isn't it " said one .

"No, it's Thursday. " said the second .

"Let's go and have a cup of tea. " the third man said .

先来看看这个(41)例幽默的文本直译:

三个半聋的男人

一天,三个老朋友在街上相遇。

第一个说:"刮风了?"

第二个说:",不,是星期四。"

然后第三个说:"那么,我们就去喝一杯茶吧!"

俗话说"聋子会圆话",这是一个聋子们之间发生的一个幽默,因为都是半聋,才弄出了笑话。如果这个幽默不加任何括号或注释或解释,那以上的这个汉语翻译就根本看不懂,不仅看不懂,而且逻辑也不通。因为这是一个涉及语音的幽默,在汉语里是无法找到任何汉字来与以上相应的英语单词相匹配,所谓相匹配就是既要意思吻合又要谐音一致。上面提到过碰巧法,但这里在汉语词典里也无法找到这个碰巧,只得老老实实地走注释、解释和括号这条路。严格来说,这一个幽默应该用解释法,因为它不仅仅是对某个单词的注释,它还要阐述“windy(多风的)与 Wednesday(星期三)”“Thursday(星期四)与 thirsty(口渴的)”之间的关系,而且 Wednesday(星期三)和 thirsty(口渴的)在文本中都没有出现,它们之间逻辑关系完全是靠聋子之间的误听连通的,因为字面上他们误听认定的两个单词根本就没有露面。从 windy(多风的)过渡到 Thursday(星期四);从 Thursday(星期四)又过渡 go and have a cup of tea(去喝咖啡),很显然是把 windy (多风的)误听成了 Wednesday(星期三),把 Thursday(星期四)误听成了 thirsty(口渴的)——经过这么一大通说明,而且还又带了括号,当然不能属于注释只能是解释了。相信通过这么一通解释,即便是没有外语基础的人,也应该明白明白这是一个“聋子会圆话”的幽默。解释法、注释法、括号法都是无赖的辅助手段,能尽量翻译为正文,最好是直接翻译在文本正文里面,因为毕竟叫作翻译。

总体来说,对于“情节性”幽默的翻译,是放之四海而皆准的幽默,就照字面翻译就行了,按我的说法叫作“文本直译”,因为我这里的“直译”已经被赋予了新的生命,加进了音译和硬译(不考虑双方语言的语法);对于有民族、文化、语境极大差异的幽默,一般用最大化意译法,即归化法 + 增删法;实在归化不了,都不太如源语的“义”,还可以使用增删法;对于语言本身形成的幽默、历史典故性幽默这些不可译性特别强的幽默,就只能是采用解释法或注释法了;对于有些幽默用注释法或解释法会显得画蛇添足,那么就采用带括号法;另外,有些双关词、有些韵脚词、有些绕口令形成的幽默,还可以在词典里去寻找相对对应词句——这叫作碰巧法。

四、本章小结

综上所述,翻译幽默最重要的要素之一,就要保留原文的幽默要素,否则翻译就没有起到翻译的作用,甚至适得其反。所以在翻译幽默的时候就得首先找出高级幽默的要素和低级幽默的幽默点,要从产生幽默要素机制的因素着手。如上所述,就是针对形成高级幽默和低级幽默机制的几种特殊因素,并以例子的方式加以阐述如何找到和翻译这些幽默要素。归纳起来就是要注意以上的三大块:不可译性的变通;关键是找到幽默的要素;翻译的技巧。简称为“三大块八个点”:不可译性变通当中的三个点,即语言的不可译性变通、文化的不可译性变通、语境的不可译性变通;寻找幽默要素当中的两个点,即高级幽默和低级幽默的特殊案例;翻译技巧当中的三个点,即我的“直译观”,我的“意译观”,我的“注释观”。在这“三观”中我都做了变异,使这个变异满足于幽默翻译的“特殊性”。简言之,“三大块八小点”。

关于幽默翻译的考究基本就是这些,这一章的任务应该算完成了,但有一个题外话,既然是在谈论幽默翻译,那么翻译本身能不能造成幽默?下面就来考究一下:

例子(42)真是知识改变命运啊!

今天,美女同学结婚了!

想当年高中时,我追了她三年,有一天她给我发了一段英文给我:“If you never abandon,I will be in life and death ”。我找同学翻译,那人说道:“如果你不离开我,我宁愿和你同归于尽!”

当时真让我伤心欲绝,从此以后我就再没有联系过她。

直到今天,婚礼现场巨大的银屏上写着那段英文:“If you never abandon, I will be in life and death ”。今天我才知道那句话的意思是:“ 你若不离不弃,我必生死相依!”

我再仔细一看,这新郎就是当年给我翻译的哥们——知识真是改变命运!

应该说涉及翻译本身的幽默是不少的,尤其是英汉汉英对译的幽默。比如,把“Good morning. ”译成是“鼓捣猫呢”,把“Good evening. ”译成是“鼓捣衣服呢!”;比如,老师在黑板上写了一句:Time is money. 并让同学们翻译,有名学生答道:“汤姆是玛丽。” 等等,这是在音译上故意弄出的笑话;还有从意译上,也有故意弄出幽默的,如:

例子(43)

好 好 学习 天 天 向上

Good good study, day day up!

例子(43)尽管并不符合汉译英规则,但却制造了幽默,之所以幽默,就是它不是翻译,但又还在原文意思上打了一个"擦边球"!

从翻译的理论来看问题,一切翻译都必须做到"信、达、雅",这是翻译的基本准则,翻译幽默也不例外。在"信、达、雅"当中,"信"是最基本的,译者要如实表达原文之意,即忠实于原文;"达"是对译文行文的主要要求,翻译要流畅,译文应该通顺;"雅"即译文的典雅,就是追求漂亮、华丽。但在翻译幽默的时候,不可过分依赖原文,那样恐怕就会丢失了幽默要素。Susan Sarcevic(1997)就认为,译者不能拘泥于原文,而应减少对原作的过分依赖。① 找到了幽默的要素,那也就找到了"信",幽默要素是翻译幽默当中最大的"信",然后再围绕幽默要素来完成"达"和"雅"的任务,来组织语言。所谓"达",即通顺、流畅和"雅"语句漂亮、华丽都是围绕在如何翻译"幽默要素",如果把幽默要素翻译丢失了,一切"达"和"雅"都没有意义。当然在找到了幽默的要素之后,还要注意以上所论述的幽默翻译的技巧和方法,如以上所总结的"三大块八小点"——这就是我对幽默翻译的一点考究!

① 参见欧阳利锋:《如何翻译幽默》. 广东外语外贸大学学报 . 2002. 3.

第十三章

幽默理论及相关学科的概述和评论

尽管在本书前面的章节里也曾经涉及中外专家的幽默理论和各相关学科对幽默的研究情况,但其角度不一样,比如本书第十一章就涉及了幽默传统的三大理论,那只是从比较的角度谈的。要把大一统幽默作为一门学科,即建立起大一统幽默学,必然要回顾或概述一下世界上、历史上那些关于幽默的主要理论以及各主要学科对幽默的运用和研究的情况。本章书着重对一些有影响的理论和相关的学科进行概括性地叙述,并加上自己的一些评论,旨在明示,不管有多少理论,都应该兼收并蓄,一切有关幽默的理论都应该属于"大一统幽默学"的范畴。

幽默的理论研究是一个古老的课题,幽默理论最早可以追溯到古希腊的柏拉图和亚里士多德时代,并在以后不断得以修正、检验和发展。一般而言,幽默理论研究的三大源流:社会行为角度的优越/蔑视论,心理分析角度的释放论和心理认知角度的乖讹论,它们构成了幽默理论研究的理论基础。但到了现当代幽默理论已经拓展到了很多领域和学科,这里按两个类别来概述和评论幽默理论的研究:一类是各种幽默专题理论;一类是相关幽默的各学科。就这两个类别来说,也仅仅是选择了主要的,不可能把世界上和历史上所有的幽默理论在这里概述和评论。而且就下面要概述到的这两大类幽默理论之间,都会有一些交叉,因为有时候一门学科要涉及若干理论,有时候一种理论要横跨几门学科。

一、幽默理论的概述和评论

（一）幽默三大传统理论的概述和评论：

下面这三种幽默理论的概述摘自维基百科①，恐怕汉语翻译不一定到位，所以保留了以下的英语原文：

1. Superiority theory

The superiority theory of humor traces back to Plato and Aristotle. The general idea is that a person laughs about misfortunes of others (so called schadenfreude), because these misfortunes assert the person's superiority on the background of shortcomings of others. For Aristotle, we laugh at inferior or ugly individuals, because we feel a joy at feeling superior to them.

文本翻译：优越论 Superiority Theory

优越论可以追溯到亚里士多德和柏拉图时代。优越论认为幽默最为重要的因素就是让我们对那些不幸的人拥有一份优越感（就是所谓的幸灾乐祸）。就是因为那些不幸才使得人们对那些背景不好的人拥有一份优越感。例如亚里士多德就认为，我们笑那些低级或丑陋的人，就是因为对他们有着优越感而感到快乐。

事实上，所谓的优越论通常与蔑视论（Disparagement Theory）被作为一种理论来看待的，因为优越论就是幸灾乐祸、就是因为蔑视对方而感觉对方比自己愚蠢、丑陋而产生的一种饱含着幽默谑趣的优越感。

优越论/蔑视论（Superiority Theory / Disparagement Theory）源远流长，甚至可以追溯到古希腊和罗马的古典修辞学理论，先后由柏拉图、亚里士多德、霍布斯、亚历山大、Horbers、Bergson 等从哲学或社会学的角度考察幽默现象，从而提出，继承和发展了这个理论。主要包括那些基于怨恨、敌视、嘲笑、攻击、蔑视和优越的幽默理论。该理论认为，那些荒谬和不恰当的言行、

① WikipediaThe Free Encyclopedia : Theories of humor—— https://en.wikipedia.org/wiki/Theories_of_humor

事物等会令我们发笑。柏拉图在《斐利布斯》的对话中如是表达:“照这样看,我们笑朋友的愚蠢时,快感是和嫉妒相连的。我们已承认在心理上是一种痛感,然则拿朋友的愚蠢做笑柄时,我们一方面有妒忌所伴随的痛感,一方面有笑所伴随的快感”①。柏拉图的意思即,幽默是人们对相对无能者表现出来的恶意。亚里士多德也认为喜剧是对较差于一般人的人们的模仿。他在《诗学》中写道:“喜剧的模仿对象是比一般人较差的人物……可笑的东西是一种对旁人无伤,不致引起痛感的丑陋或乖讹。”②后来霍布斯进一步论述了这一观点,并对这一观点做了更为详尽的阐发。在对人类情绪情感范围的合成性分析中,他指出了优越感在幽默中的作用,并阐释说:“笑的情感不过是发现旁人或自己过去的弱点,突然想到自己的某种优越时所感到的那种瞬时的荣耀感。人们偶然想起自己过去的蠢事也往往发笑,只要那蠢事现在不足为耻”③。在这里,笑是突然意识到自己比别人优越时的表现。后人对霍布斯观点的批判主要集中在两方面,一是他的理论的阐释面过于狭窄,并不能涵盖所有类型的幽默;二是他的优越论似乎忽略了幽默的一个非常重要的特征——乖讹,即所谓的不和谐、不一致。尽管遭受到了较多的抨击,但霍布斯的理论一直不乏追随者,他们还试图就别人的批评为霍布斯辩护。沿着这一思想轨迹,亚历山大·贝恩坚持认为,所有的幽默都包含着对事物的劣化。他在两方面发展了霍布斯论:“其一,他指出我们不必立即意识到我们自己的优越。其二,被嘲笑的对象不一定是人,也可以是一种想法,一种政治制度或一种现象,即使日出日落等自然现象也可以成为被贬损的对象。”④而柏格森也表示:“我们总会发现我们有用笑去羞辱,并从而至少是从外部纠正别人的秘密意图。”并宣称,当我们看见“把机械的东西硬套在有生命的东西之上即生命的机械化”时,我们会感到自身的优越⑤。简而言之,尽管幽默的优越理论内部存在着或大或小的差异,但其共通之处在于,他们都认为幽默是笑者在嘲笑或蔑视某种丑陋或不幸的人或事物时

① 朱光潜《美学文集》[C]. 第一卷. 上海文艺出版社,1982. 2. P. 111.

② 亚里士多德著,陈中梅译:《诗学》P. 156[M]. 商务印书馆,1996.

③ 朱光潜《西方美学史》[M]. 人民文学出版社,2002. P118.

④ 蔡辉、尹星.《西方幽默理论研究综述》[J]. 外语研究,2005. 1.

⑤ 柏格森《笑》[M]. 中国戏剧出版社,1980. P. 168.

所体验到的一种不逊于别人或事物的优越感。

持有这种理论观点的人还不止于以上的这些大家,还有许多哲学家都持这种观点,比如:Hazlitt, Ludovici,Leacock 等。

2. Relief /Release Theory

Relief/Release Theory maintains that laughter is a homeostatic mechanism by which psychological tension is reduced. Humor may thus for example serve to facilitate relief of the tension caused by one's fears. Laughter and mirth,according to Relief / Release Theory,result from this release of nervous energy. Humor,according to Relief / Release Theory,is used mainly to overcome sociocultural inhibitions and reveal suppressed desires.

文本翻译:宽慰论/释放论 (Relief Theory /Release Theory)

宽慰论/释放论认为笑是一种体内平衡机制,它可以使心理上的紧张得到缓释。比如幽默就能促进由害怕引起的紧张的缓释。宽慰论/缓释论认为,欢笑就是由于紧张能量的释放带来的;宽慰论/释放论认为,幽默主要就是用来克服社会文化的压抑和用来宣泄这种被压抑欲望的。

释放论/宽慰论(Relief/Release Theory) 具有明确的生理学或心理学含义,这种看法将诙谐看成是社会约束所产生的紧张和压抑心理的某种释放。幽默的释放论的主要代表人物是弗洛伊德,在他的《诙谐及其与无意识的关系》专著中,他把幽默划分成两大类:"无伤害的诙谐(Harmless wit)"和"倾向的诙谐(Tendency wit)"。"无伤害的诙谐(Harmless wit)"专门在字面上玩弄技巧,很少有情感情绪方面的影响,所引起的快感并不强烈,仅限于微笑或吃吃地笑。"倾向的诙谐(Tendency wit)"则包含了攻击性的或关于性的内容,是潜意识中的欲望浮现到意识中来获得间接满足的体现,经常能令人大笑或狂喜。

弗洛伊德认为,人们有时候渴望摆脱现实社会道德和法律等多方面的束缚,期望回归到儿时轻松、自由的状态时,幽默便给我们提供了这样一种途径。通过欣赏幽默,人们潜意识中的一些与社会相悖的欲望冲动等得到了合理的宣泄,幽默为他们提供了防弹衣。在弗洛伊德的术语中,"幽默"一词被限定为在有意识的超我的基础上建立的喜剧解释，而“诙谐”则建立在无意识的基础之上(Freud1967)。“如果这就是幽默的快乐，那么它的产生是以释放并未出现的情感为代价的，它产生于情感消耗的节省，我们不能有别的说法。”①这是弗洛伊德对幽默的主要见解。总体来说，宽慰论/释放论就是通过幽默来释放被压抑的心情或让不悦的心情得以释放，并得到宽慰。

持这种理论观点的人都还有一些名家，比如：杜威、康德、叔本华、Kline 等。

3. Incongruity theory

The incongruity theory states that humor is perceived at the moment of realization of incongruity between a concept involved in a certain situation and the real objects thought to be in some relation to the concept. Since the main point of the theory is not the incongruity per se, but its realization and resolution (i. e. , putting the objects in question into the real relation), it is often called the incongruity – resolution theory. Francis Hutcheson expressed in Thoughts on Laughter (1725) what became a key concept in the evolving theory of the comic: laughter as a response to the perception of incongruity. Arthur Schopenhauer wrote that the perceived incongruity is between a concept and the real object it represents. Hegel shared almost exactly the same view, but saw the concept as an "appearance" and believed that laughter then totally negates that appearance. The first formulation of the incongruity theory is attributed to the Scottish poet Beattie. The most famous version of the incongruity theory, however, is that of Kant, who claimed that the comic is "the sudden transformation of a strained expectation into nothing."

文本翻译：乖讹论 Incongruity theory

乖讹理论认为，在意识到某一特定情境中涉及的概念与被认为与概念有关的真实物体之间存在不协调时，就会产生幽默。由于理论的主要观点本身并不是不协调的，而是它的实现和分辨率(即，将对象放入实际关系的疑问中)，常被称为不一致－分辨理论。弗兰西斯·哈奇森在《笑声的思想

① 西格蒙德·弗洛伊德《诙谐及其与无意识的关系》[M]，国际文化出版公司. 2001. P. 221.

(1725)》中表达了在滑稽进化理论中的一个关键概念:笑是对不协调的感知的回应。叔本华写道,感知到的不一致是在一个概念和它所代表的真实对象之间。黑格尔几乎完全赞同同样的观点,但认为这个概念是"表象",并相信笑声会完全否定这种表象。这种不一致理论的第一个提法是来自苏格兰诗人贝蒂。然而,最著名的不协调理论是康德的观点,他声称滑稽是"一种把原本紧张的期望变成虚无的突然转变"。

乖讹论(Incongruity Theory)是对幽默和笑的研究中最具影响力的一派理论。乖讹论具有相当久远的历史,乖讹这一概念大概可以追溯到古希腊时代,乖讹理论通常与不一致理论并称。乖讹/不一致理论思想最早见于亚里士多德的《修辞艺术》,在书中,亚里士多德指出,说话者要想引人发笑就要先在听众中建立起某种期待,然后给人以出乎意料的一击——只是这种内容不符合我们的期待或正常思路罢了——这就是最初的"不一致理论"。

第一个从乖讹的角度为幽默下了完整定义的,大多认为是18世纪的康德。他指出:"笑是一种情感激动,起于高度紧张的期望突然被完全打消。""笑是一种当紧绷的期待忽然化为乌有时产生的情感";①Attardo对幽默也有同样的解释:幽默来自于"从期待到期待落空的突然转换"(Attardo 1997:396);贝蒂(James Beattie)对乖讹的定义也被广为引用,他说:"两个或更多不一致、不适合、不协调的部分或情况,在一个复杂的对象或集合中统一起来,或以一种头脑能注意到的方式获得某种相互关系,笑便源出于此。"②;叔本华的观点与康德略有不同,叔本华指出幽默并没有使我们的期待化为"乌有",我们只是听到了与我们期待不同、但仍然还是以某种方式符合当时场景的内容。叔本华对康德的观点作了进一步引申,他给笑定义时就明确地提到了乖讹/不一致:"在每一个事例中,笑的原因不过是突然感觉到一个概念与借助这一概念表现的现实事物之间的不一致,而笑本身正是这一不一致的表现。"(Attardo 1997:396 -397);斯宾塞主张:"只有当意识不知不觉地从大事件转到小事件上时,只有当发生我们所说的'下降的乖讹'时,笑

① 康德《审美判断力批判》[M]. 上海:商务印刷馆,1964.

② Raskin, V.《Semantic Mechanisms of Humour》. Dordrecht: Reidel, 1985, p32.

才会自然地引发。”①;伊斯托曼则认为:“上升的乖讹也会使人发笑。”②

后来 Morreal(1983)总结了前人的成果,提出了幽默情景的“不一致”的三大特征:(1) 该情景能引起心里状态的转变。这种转变主要是指认知方面发生的变化:人们由符合常规的,严肃的处世状态转入被“不一致”所逗乐后的不严肃状态;(2) 转变必须来得突然。“要想笑,该变化必须突如其来,我们措手不及,无法一下子适应”;(3) 转变具有愉悦性:或是看到了别人的短处而自鸣得意,或是被“不一致”所逗乐,或是发泄了心中郁气等,只要是那些使人感觉良好的“不一致”,就能令人发笑。③

从 18、19、20 世纪以来,康德(1790)、叔本华(1819)、Maier(1932)、Koestler(1964)、Morreal(1983)等幽默理论专家先后对乖讹论进行了继承和发展。源于此理论,还衍生出很多相关理论,包括 Koestler(1964)的异类联想理论(bisociation theory),Paulos'(1980)的灾变理论模式(catastrophe - theory model),以及 Hofstadter 和 Gabora(1989)的框架合成理论等等(Attardo 1997:397)。④

总体来说,我对乖讹/不一致论的基本观点可概括为:“乖讹是一切幽默引人发笑的基础,所谓乖讹就是指某一事物、思想或社会现象的各个组成部分之间的某种关系,如果这种关系与常规相悖,出乎意料,不合场景或不合逻辑,那它就是不和谐的,即是乖讹的。”⑤在正常情况下,人们发笑是因为所预料的和实际所获得的信息之间存在不一致,相对的不一致、不协调、不对称带来的意外,超出人们正常的逻辑思维的范围——幽默的笑便从此产生。

(二)幽默的其他理论

1. 幽默语义脚本理论(Script Theory of Humor)⑥

幽默语义脚本理论是由拉斯金 (Raskin)首次提出的,它是第一个与语

① 萧飒等《幽默心理学》[M]. 上海:上海人民出版社,1989. P72.

② 萧飒等《幽默心理学》[M]. 上海:上海人民出版社,1989. P. 73.

③ 吕琳琼《从不一致理论看幽默和英语教学》—— Sino - US English Teaching, ISSN1539 - 8072, USA Jan. 2006, Volume 3, No. 1 (Serial No. 25)

④ 参见蔡辉、尹星《西方幽默理论研究综述》——《外语研究》2005. 1.

⑤ 孔庆杰、王晓琳《幽默的心理机制新论》[J]. 文化研究. 2008.

⑥ 参见蒋冰清、蒋成《语义脚本理论对言语幽默的解读》[J]. 湖南人文科技学院学报,2008,(03).

言学相关的幽默理论。“脚本理论认为幽默来源于脚本对立(script opposition),它认为笑话是以两个或多个脚本或框架之间的对立、重叠和转换为中心的。”并且,当一个完全或部分顺畅的文本,如果有两个相互对立的脚本就一定会产生幽默效果。那么这里的脚本该怎么理解?“脚本”这个概念最初来源于心理学,脚本在其他一些学者那里也称“框架”(frame)、“图式”(schem)、“场景”等,后逐渐被人工智能和语言学引用。形象地说,单词即脚本,即我们使用词汇的节点,以及这些节点间的语义链所形成的图形来表示脚本的概念。当后来的句子加入文本时,我们发现组合规则开始清除不适合的脚本。幽默语义脚本理论认为脚本对立是言语幽默的重要因素之一,但幽默语义脚本理论不能阐述言语幽默解读时读者为什么首先会启动一个默认脚本,而只有当接下来的部分与第一个脚本相矛盾时,才启动另一个脚本,幽默语义脚本理论不能清楚解释脚本转换的原因,同时它也忽视了影响言语幽默的其他重要因素。

2. 普通言语幽默理论/言语幽默总论(General Theory of Verbal Humor)

普通言语幽默理论/言语幽默总论(GTVH)是由拉斯金和奥图多(Attardoetal)在脚本对立的基础上共同发展、修改出来的,随后奥图多又提出了笑话表征的六层模式,即表层、语言层、目标层、情境层、模板层和基本层。“言语幽默总论”认为言语幽默具有包括言语、叙述策略(narrative strategy)、对象(target)、情境(situation)、逻辑机制(logical mechanism)、脚本对立(script opposition)等在内的六个幽默元素(Attardoetal & V. Raskin,1991),这六个幽默元素依次呈从高到低的层级排列。在层级中越处于低层的,其幽默生成能力越弱;反之,在层级中越处于高层的元素,其幽默生成能力越强。奥图多进一步发展完善了“言语幽默总论”,尤其是脚本对立及逻辑结构,并运用它们分析和解读不一致(incongruity)。“但是,要列出所有的脚本对立和逻辑结构(正如他们试图去做的那样)是不可能的。而且脚本对立也并不绝对地存在于每一个言语幽默中,一些幽默中只有一个脚本,而不是一致出现在同一个脚本的不同元素之间。他们也不能解释某些情况下的信息缺失,而实际上某些信息(尤其是被期待的信息)的缺失也可以导致幽默效果。”①

① 参见刘苹《言语幽默语言学研究综述》[J]. 学科视野,2005.

同幽默的语义脚本理论相比，“言语幽默总论”除了语篇内部(所分析的变量的数目)的维度得到扩展之外,还提供了模型范围里的一种额外的扩展,也为分析更长的幽默语篇提供一个框架。但是按照 Graeme Ritchie 的说法,“言语幽默总论”是比任何其他理论都更发达,但从计算的角度来看还只不过仅仅是一个模型的非常早期的草图而已。所派生出来的理论研究的国内主要代表有师静、杨洁、吕光旦等。

3. 结构主义理论①

结构主义理论最主要的是以 Greimas 的同位素现象为基础的研究。同位素是构成语篇的语义元素,常常是多义的,也可能出现歧义,因此要确定语篇的确切含义就一定要解除歧义。Hockett 把笑话作为一系列的幽默载体来研究,无论是幽默还是笑话,它们都有一个由铺垫部分和“妙句”构成的双重结构,并且认为人们通常用一些特定的语言结构来制造幽默效果。为此，他也列出了不同类型笑话的结构模式,说明了语境对于幽默理解的重要作用。但是幽默使人发笑的最大原因就是非一致性,而这种不确定性又决定了要列出所有笑话的结构模式是不可能的,况且很多幽默言语并不是都有铺垫部分的,那些没有铺垫部分的言语也是幽默的。

总体来说,从语义学的角度研究幽默,学者们更多的是过分关注幽默语篇的意义层面、信息层面,而涉及语言层面的关联及对立性所产生的幽默效果,如语音、词形和句法等,却很少有关注。

4. 幽默与会话含意理论②

“西方语言学界基于会话含义理论探讨幽默现象的研究一般分为两个阶段。第一阶段的研究主要基于合作原则与幽默的关系分析幽默的构建过程,研究关注的是幽默效果是否源于违反合作原则。第二阶段为话语交际阐释模式的扩展、完善。”

美国哲学教授格赖斯(Grice)的会话含意理论包括“合作原则”(Cooperative Principle)及其四准则(Maxims),具有深入的内涵和较大范围的涵盖力、较好的说服力,可操作性也好,在话语分析方面得到广泛采纳及应用。

---

① 参见刘苹《言语幽默语言学研究综述》[J]. 学科视野,2005.

② 参见赵婷《语域理论视角下的幽默研究》[D]. 上海外国语大学,2012.

5. 幽默与言语行为理论①

研究幽默语言的先驱 Raskin 在《Semantic Mechanisms of Humor》著作中，首次将言语行为理论应用到幽默话语的研究中，并指出言语行为理论对幽默话语研究的适用性。言语行为理论是语用学的重要理论之一。Austin 进而指出："许多陈述之言只不过是伪装陈述"(Austin，1962)，又将 connotative(言有所述)及 performative(言有所为)进行划分，并概括出一个新模式，包括 locutionary act(言内行为)、illocutionary act(言外行为)和 perlocutionary act(言后行为)。他认为，属于表述话语的"陈述"实际上也可以看作是一种言语行为，任何"陈述"只要是在适当的环境下表达出来的，就能够把它看作是一个隐性施为语句，而有能力解读这种隐性施为意义，或者故意把说话人的隐性施为意义曲解为直白的"陈述"，就能够引发幽默的产生。也就是说，说话人一旦说出了有意义并且可被听话人理解的话，就可以认为说话人实施了某个行为，这个行为就是言语行为。

言语行为理论也有分类，Searle (1969) 把它划分成五大类型：1. Declarations (宣告)，2. Representatives (阐述)，3. Expressives (表达)，4. Directives(指令)，5. Commissives(承诺)。Raskin 认为 Searle 关于言语行为理论的划分也适用于幽默言语行为。Martineau(1972)、Fine (1983)、Attardo(2003)等学者对幽默的交际效果作过系统的研究，研究中都指出幽默话语具有增进友谊、促进团结的作用，除此之外，还有支配他人，挑起冲突等作用。

8. 关联理论②

Sperber 和 Wilson(1986)所提出的关联理论(Relevance Theory)在话语理解的众多理论中备受关注。关联理论基于话语推导，使那些有关联的事物引起人们的注意，并通过大脑的认知规律对信息进行处理，并结合已存在的语境，作有关联的解读。新信息与听话人的认知假设之间是否具有互动关系决定话语是否具有关联性。"关联是处在所有言语(或其他推理性交际的行动)的推论中的最优层次里，它是言语、思维、记忆、行为、声音、视觉和

---

① 参见赵婷《语域理论视角下的幽默研究》[D]. 上海外国语大学，2012.

② 参见赵婷《语域理论视角下的幽默研究》[D]. 上海外国语大学，2012.

气味等等各种输入的综合体。具体来说,Sperber 和 Wilson 认为两者可以以三种方式构成关联:(1)新信息与已有语境假设互相融合;(2)以新信息强化已有的语境假设;(3)新信息和已有假设互相排斥或矛盾。"

关联理论认为交流是一种认知活动,为使交际双方完成交流,交际双方都需要有最佳关联,而关联理论也被看作是对 Grice 的合作原则的深化。涂靖曾指出关联理论对幽默话语分析的重要作用和解释力。王文斌、林波指出分析推理是心理解读的过程,并不是受话人获取的结论。关联在日常会话中是前提,否则会话就会中断。在对幽默言语的解读中,师静提出"不相关"是说话者构建幽默的一种策略。关联理论认为交流是一种认知活动,为了使交际双方达到成功的交流,交际双方都需要依照最佳关联。在很多情况下如果听话者无法正确理解或故意曲解说话者的真实意图,就会使交际双方产生理解的偏差,幽默由此产生。

关联理论对话语幽默的解读过程具有较好的解释力。Sperber 和 Wilson 指出,新信息与语境中的假设某些情况下会相互矛盾或相互对立,例如,在会话幽默中,说话者妙语中包含的新信息与听话者语境中的已有假设互相对立或矛盾。从关联角度而言,Sperber 和 Wilson 还对关联进行了量化处理,他们认为,关联与语境效果成正比,与处理努力成反比。同样情况下,语境作用越大,关联性就越大;处理努力越大,关联性越小。话语交际中的语境作用较小,需要受话者去分析、推断的努力就较大,因此,关联性就会相对较小。较小的关联性使得妙语出其不意,形成幽默效果。可以说,作为阐释会话幽默的推导过程的理论框架,关联理论具有很强的说服力。"但关联理论太笼统、太含糊,不能反映幽默言语的动态构建。

9. 框架转换理论①

Coulson、Kutas 和 Coulson 认为,幽默的解读过程是一种脚本转换(script - shifting)(如 club,从"社团组织"到"棍棒"脚本),又称为"框架转换"。与脚本理论大体类似,Minsky 和 Coulson 运用框架转换来解释幽默言语事件中的语义跃迁过程。

Minsky 就曾指出"许多类型的幽默几乎都有一个共同特征,它们引导人

① 参见尉万传《幽默言语的多维研究》[D]. 浙江大学,2009.

们做出突然的框架转换。在创造幽默时,讲话人先从一种视角来描述一种场景,然后突然地(通常使用一个词语)引导听话人从一个不同的视角重新解释所有的场景因素。" Coulson&Kutas 认为幽默效果常常产生于出人意料的框架转换,并把幽默欣赏者在进行框架转换时从一种理解方式过渡到另一种理解方式的过程称为"语义跃迁"(semantic leaps),表示欣赏者先后两次所作释义之间的巨大差距。这两种理论解释了幽默言语中的语义动态演变过程,Coulson 还运用事件相关电位(Event Related Potentials)和阅读时间来证明人们在领会某些幽默话语时确实进行了框架转换。框架转换理论体现了幽默言语产生和理解的动态属性,但是未能很好解释人们能领会话语描绘的新场景、新事物和新观念的认知能力以及引起框架转换的根本原因。而且用默认框架的优先启动来说明人们解读幽默时第一个框架的优先启动的解释过于简单。

框架(frame)也称为认知框架,是在个人大脑中贮存的一系列经验和知识的认知模型,或"根据经验建立的概念与概念之间的相对固定的关联模式"(沈家煊,1999:1)。Ungerer 和 Schmid 认为,框架是一种认知结构,是具体的、经常出现的情景所具有的知识和观念的表征,每一个框架里均包含某些框架因素,而每一个因素的激活都能够引发此框架中的其他元素的产生,从而展现相似的情景。

依照框架转换理论,语言意义的解读过程意味着激发且填充框架的过程,即自动启动所涵盖到的一系列的知识及经验的过程。Sperber 和 Wilson(1995)将这一系列的知识经验划分成三类:逻辑信息、词汇信息及百科信息。当交际者得到新信息时,立即会从知识及经验中启动、获取信息组块(chunks),即激活框架,在言语解读过程中交际者从知识及经验中提取框架知识并进一步建构语言意义。Coulson(2001)提出,意义建构也就是框架的构建(constructing frames),框架内因素之间的关系由心理空间的转化建立。因此,来自不同域的框架组合和重新组合的心理过程建构了言语意义,交际者的推理过程基于从框架中获取的知识信息,并及时根据输入的信息来改变框架模型,进而发展成一个新显结构(emergent structure)。在新的框架下构建新的语言意义,实现幽默言语解读过程的语义飞跃。

框架转换理论在心理认知和社会文化层面为幽默的产生及理解提供了

较好的阐释。而且,关于幽默产生的认知基础的理论较好地展示了幽默解读的心理过程,揭示了意义构建过程中外部提供的信息与大脑中的框架意义相互影响、进而相互融合的动态过程。框架转换理论阐释了幽默意义建构的动态原因,但没有很好地解释人们能够解读话语信息体现的新事件及新理念的深层原因,也就是说框架理论对于人们理解幽默言语的认知机制及框架转换的根本原因缺乏深入的阐述。

10. 概念整合理论(Conceptual Integration Theory)①

Fauconnier 和 Turner 基于心理空间理论提出概念整合理论,一种新的意义建构理论框架。Fauconnier 和 Turner(1998)的概念整合理论为幽默的解读提供了新的视角。“概念整合”是指人们有针对性地从不同的心智空间里提取若干意义,并把所提取的那部分意义整合起来进而构成一个新的概念结构的一系列认知活动。概念整合过程中四个相互关联的心理空间发挥其功能,也就是两个归属不同认知域的输入空间(input spaces),一个可以涵盖两个输入空间意义的类属空间(generic space)和一个合成空间(blend space)。合成空间具有其他空间都不具有的层创结构(emergent structure),这类层创结构的出现是一个复杂的心理过程,它基于两个输入空间的投射,由组合、完善、扩展三种相互关联的方式共同构建,所以,作为一种认知活动合成空间具有动态性、独创性的特点。概念整合提供了一种新的意义建构理论框架,对话语交际具有较好的解释力,所以许多学者试图以概念整合框架解构言语幽默的认知机制。

以上的(8)(9)(10)理论都是从认知学角度繁衍出来的。总的来说,认知语言学家对言语幽默的解读主要有三种:(1)基于 Raskin 提出的语义脚本理论解构言语幽默的心理过程及认知机制;(2)基于 Sperber 和 Wilson 的关联理论解读言语幽默的认知语用功能和心理认知过程;(3)运用 Fauconnier 和 Turner 提出的概念合成理论及框架转换理论分析言语幽默的在线生成的动态过程,解读幽默的生成机制。他们提出,受话人及语境,同发话人一样,在言语幽默的理解中都具有至关重要的作用,受话人的跨空间概念映

① 参见赵婷《语域理论视角下的幽默研究》[D]. 上海外国语大学,2012.

射对幽默言语的解读更为重要。①

11. 耗散结构理论②③

耗散结构理论是伊里亚·普里戈金(Ilya Prigogine)教授为代表的比利时学派首先提出来的。伊里亚·普里戈金由于在这方面的贡献,1977年获诺贝尔化学奖。耗散结构理论是指用热力学和统计物理学的方法,研究耗散结构形成的条件、机理和规律的理论。耗散结构理论作为以揭示复杂系统中的自组织运动规律的一门具有强烈方法论功能的新兴学科,是一种研究宏观系统结构的理论。其理论、概念和方法不仅适用于自然现象,同时也适用于解释社会现象,有专家就拿来研究幽默。可以将幽默感的培养看作是熵增减少、心理系统混乱程度缓解的过程。

12. 模因理论④

幽默的语言学研究认为幽默效果产生于对修辞手法、语篇衔接手段、关联理论、合作原则、礼貌原则和言语行为、话语逻辑等的非常规使用而产生的乖讹性。前人的研究暗示了言语幽默离不开语言本身,但又受语境、听者、认知等几个关键因素的影响。但之前从语言学中任何一个角度研究,都没有把这四个关键因素全部结合起来解读幽默,因此有一定的局限性,而下面所说的模因理论正好可以做到这一点。

就影响言语幽默的语言因素而言,语言模因的基因型或表现型的内容和形式之间不和谐影响言语幽默的乖讹性;语境因素中,语言模因的缺省语境知识的缺失往往会导致幽默理解失败;而从听者方面看,语言模因传递的区域性决定了并非每个人都知道某个模因,因此听者有可能对某些模因产生的幽默置若罔闻;关于认知因素,语言模因在内容或形式上的变异会引起一种心理期待的转变,这正好说明了为什么幽默是一个认知过程。由此可见,模因理论对言语幽默有一定的阐释力。从模因理论来看,言语幽默中对

---

① 参见黄秋林《言语幽默解读的认知符号学分析》北京航空航天大学学报2009.9.

② 斯德克·买合苏提《耗散结构及其形成条件》[J]新疆师范大学学报(自然科学版),1995.2.

③ 孙玉红、杨孝志《从耗散结构理论看幽默感的培养》合肥工业大学学报(社会科学版)2005.2.

④ 张彦《模因论视角中的英语言语幽默——以〈老友记〉为例》,硕士毕业论文,中北大学,2010.5.

常规的违反也可说是对我们大脑记忆中模因的违反,因为我们已被驯化成模因机器,无数的模因正寄居在我们的大脑里。

研究发现模因的复制特点和模因变异往往会产生言语幽默,而基于模因形成的言语幽默也会促进模因的传播,因此模因理论和言语幽默是密切相关的。进一步说,言语幽默是由语言模因的基因型或表现型的内容和形式之间的不和谐而产生。

13. 双关论/双联论(Bisociation Theory)①

这是一种为时较近,外延很广的幽默理论。它由匈牙利的亚瑟·克斯特所创立,他解释说:"这个构成各种幽默的模式的基础是'双关性',即对一种习惯上两个绝不相容的相关序列所表达的情况或事变的顿悟。"在这个过程中,互不相干的两个参照系统同时出现并在特定的情境中得到协调。这种双关会"导致连续不断的思想从一个相关序列突然转向另一个相关序列。故事所带来的这种情绪负荷由于其原来较大的惰性和保守性而不能跟着如此转变,于是被理智所抛弃,紧张的情绪只有在笑中才找到它的出路。"

例如这样一个幽默,某监狱的一些看守允许一个犯人和他们一起玩牌,当发现这个囚犯玩牌作弊时,他们勃然大怒,立即把这个囚犯开除出狱。这则幽默的双关便是由开除出狱所创造的,克斯特分析道:"两个传统的习惯规则,即对罪犯用禁闭来处罚,而对玩伴中的骗子则用开除来处罚,它们中的任何一个规定本身都是不矛盾的,而在这个特定的情况下却发生了矛盾。"这让本来不合常理的事情通过某种逻辑思维方式而变得协调。另外,歧义词、模糊语、谐音词等也都是引起双关的常用手段。

14. 幽默的语篇理论②

在幽默的语篇理论中,中国的徐立新也对幽默话语进行了语篇解读。他采用 Halliday 的三个语言的元功能以及 Nash 的三个信息原则进行言语幽默的三维探索,通过描述幽默流派和调查其语言学机制来研究幽默话语。他在系统功能的框架内调查话语因素,通过话语特征(尤其是连贯和衔接)来解释言语幽默的制笑机制。徐立新从语篇、语境、文化和心理等多个角度

---

① 孔庆杰、王晓琳《幽默的心理机制新论》[J]. 消费导刊·文化研究. 2008. 1.

② 刘苹《言语幽默语言学研究综述》[J]. 学科视野,2005.

对幽默的定义、类型、功能和心理运作机制都进行了较全面的探讨，展示了幽默产生的动因和过程。徐的幽默的语篇理论分析了幽默言语本身及其语境对于幽默言语的产生和理解的关键作用，但是他们都忽视了认知过程这一“黑盒子”。

以上的幽默理论仅仅是200多种幽默理论当中具有一定代表性的小部分，只是这些众多理论的一个缩影，在此也仅仅是对这些理论的概述，肯定会挂一漏万。

二、幽默相关的学科概述和评论

随着幽默理论研究的纵深发展，越来越多的学科加入进了幽默理论的研究行列，除了以上有关幽默专门理论外，幽默的研究已经涉及了很多的学科，当然用学科来研究幽默，毫无疑问与一些专门的理论肯定是有所交叉的，应该是“你中有我、我中有你”，而且还互有帮衬。这里主要是从学科的角度来概述和评论幽默理论。

从横向幽默研究的范围来看，语言学、社会学、人类学、哲学、美学、逻辑学、心理学、生理学、教育学、人类学、符号学、认知学、影像学等学科，已进入了系统化的研究。比如，20世纪70年代末，语言学领域的幽默研究就已经涉猎到了语言学的很多分支，众多语言学家们则从语言学的不同小学科，如语义学、语用学、认知语言学、修辞学等来解剖和分析幽默理论，并派生出了一些专门的理论。

虽然幽默理论是一个多学科研究的课题，但大多都与传统的幽默三大理论有着千丝万缕的联系。幽默理论研究以传统的三大理论“优越论”、“宽释论”、“乖讹论”为基础，自从20世纪以来，进入了一个多学科并行研究的时期。社会学家从社会学的视角来分析幽默的重要作用。如马文·科勒创作于1985年的《幽默:社会学的看法》等；心理学家从心理学视角研究与幽默有关的概念，有埃德蒙·伯格勒的《笑和幽默感》(1956)、诺曼·霍兰的《笑:幽默心理学》(1982)、托马斯·库尔曼的《幽默和心理疗法》(1984)等等。

截止当代，幽默理论研究吸引了如此多的学科以及人工智能参与，其深度和广度都是空前的。下面就分别来概述和评论近年来所涉及的一些主要学科对幽默理论研究的情况。

(一)语言学——语用学、语义学、语法学、修辞学

研究幽默理论的学科,首当其冲的是语言学。这方面的研究主要是探索幽默的形成机制和产生幽默效果的语言手段,诸如像语音、词法、句法、词构、字构和修辞甚至排版等手段。语言学是一个大的学科,其之下还有一些小的学科,这里就语言学里的几门主要小学科来分别作如下的概述和评论。

1. 语用学。语用学是20世纪70年代开始形成的一门学科,专门研究语言和语言使用者之间的关系。语用学涉及幽默理论的有很多,如语用前提、指示语、会话含义理论、合作原则(合作原则包含四个准则:量的准则(Quantity Maxim)、质的准则(Quality Maxim)、关系准则(Relevant Maxim)、方式准则(Manner Maxim))、礼貌原则、幽默言语行为理论、关联理论等。其中的关联理论,有人把它归在认知语言学中,在整个大的语言学中,幽默又涉及两个细微的学科之间交叉的地方,即在关联理论中,既有语用学又有认知学。用语用学来研究幽默的论文很多,但要数王勤玲的《幽默语言的认知语用研究》博士论文,比较全面,而且是结合认知学来论述的。她在此文中提到,“对幽默言语的认知语用研究还必须涉及交际双方对它的接受问题的探讨。语言是用来交际的,如果交际中的一方所讲的幽默根本就不为交际中的另一方所理解或即使理解了但却不愿接受的话,那么预期的交际目的也就无法实现。因此对幽默言语的研究还必须考虑到它所应用的场合以及它的接受对象问题。幽默言语既然是幽默在交际中的应用,那么对它的应用研究也是一个必要的环节。”

近些年来,从语用学角度分析探讨幽默一直是热点,比较注重交际双方的交际意图,强调语境在幽默的产生和理解中所起的作用,但是它在某种程度上却忽视了对语言本身特点的深入剖析以及对交际双方幽默认知过程的解析。另外,语用原则过分注重分析较为抽象的语用原则,而未能够提出比较具体的探究现实问题的理论方法。

这里需要说明的是,多学科都在研究幽默,肯定有交叉现象,有可能在这里所讲内容,恰好就涵盖了某学科的内容或与其他专门理论交叉。比如,这里的语用学中违反“质准则”时会产生幽默,夸张和反语都是违反“质准则”的用法,而夸张和反语恰好又属修辞当中的一种;再如,自相矛盾既属于

语用学中的违反“质准则”的幽默用法又属于美学中的不一致性用法。所以,归类在某一学科或同时归类在几个学科都是可以的;所以,有时候会有一些重复的感觉,但论述的角度是不一样的。

2. 语义学。“语义学是语言学重点研究的语言学科之一。语义是反映人类的思维过程和客观实际的,所以语义学和哲学、心理学、人类学和社会学等学科紧密联系。”①所以不只在语言学中体现,在语义学中有四种语义学:语言学的语义学、逻辑学的语义学、哲学的语义学和一般语义学。这里所论述的是语言学中的语义学。语言学的语义学研究目的在于找出语义表达的规律性、内在解释、不同语言在语义表达方面的个性与共性。从语义学角度研究言语幽默,主要是利用语义的模糊性来达到幽默,也可以叫作歧义理解。而语义学里的歧义一般分为三种:(1)语音歧义(2)词汇歧义(3)句法歧义。前两种要达到幽默的目的,一般就是用双关的手法,如一词多义、一音多义,与修辞学交叉;而第三种的句法歧义实质上就是故意错用语法,又与下面的语法学形成的交叉。

3. 语法学。语法即是语句结构法,是语言规律的专门研究,故称为语法学,是专注于语言运用的规范性。语法学是语言学的一个分支,包含词的构词、构形的规则和组词成句的规则。语法有两个含义,一指语法结构规律本身,即语法事实;一指语法学,是探索并描写语法结构的科学,是语法学者对客观存在的语法体系的认识和说明。语法包括词法和句法两部分,词法主要是指词的构成,变化和分类规律;句法是研究句子的个体组成部分和它们的排列顺序,句法研究的对象是句子。靠语法来形成的幽默主要就是“破坏”语法,即打破词法与句法的规则来形成的。

4. 修辞学。修辞学是研究修辞的学问,修辞是加强言辞或文句效果的艺术手法,修饰自己的文章、语言,吸引别人的注意力、加深别人的印象和抒情效果。修辞学主要研究的是辞格(即通常所说的修辞方法)、言语修辞活动(主要与语境、语体有关)、言语风格等,主管语言说得漂不漂亮。

胡范畴和谭达人的《幽默语言学》《幽默与言语幽默》是幽默修辞领域的经典之作。我国外语界也有很多从修辞角度来研究幽默的学者,吕光旦

① 吴倩《幽默与语义学》——中国科教创新导刊 2008. No. 13

在《英语幽默的语用分析》中对双关现象进行了系统研究;袁彩虹在《语言变异的幽默效果》中从变异修辞的角度分析了幽默效果。

在修辞学中,大多数的修辞都能达到幽默的效果。主要是靠修辞的偏移,使之故意违反常规,当这些偏移运用得当的时候,就会产生幽默效果。本书的语言学中的语用学、语义学、语法学和修辞学在好几个章节里都涉及,而且都举了不少例子,在此就不一一举例。

尽管有很多学者研究幽默的修辞结构和技巧,但忽视它的深层特征以及所有幽默共有的普遍特征,仅仅把幽默看作语言使用的修辞方式,而忽视对幽默内部原理的探讨,忽视其产生动因和过程,同时也忽视了语境因素和参与者因素。正是这些特点决定了修辞学理论在幽默言语研究上的局限。

(二)文学艺术——段子、曲艺、小品、喜剧、哑剧、诗歌、幽默小说、幽默散文、摄像、动画、漫画、电影等

文学从狭义的和传统的角度来说,只仅仅限于四大文学形式,即小说、散文、诗歌和戏剧,但从广义的和现代的角度来说,文学已经不仅限于这么小的范围,已经涵盖于电影、电视、小品等很多"四大文学形式"以外的很多文学和艺术的形式。严格来说,文学和艺术不应该是一个学科范畴,但它们又有着紧密的联系,也是你只有我、我中有你,是属于一个大类;加之,幽默在没有建立起幽默学之前,通常都被视作是文学艺术范畴,所以在这里暂时也就顺其自然,把它们视为一个范畴内的东西来概述和评论。

在众多的学科当中,文学艺术是首当其冲的,因为文学艺术具有双重的角色,既可以用文学艺术的理论研究幽默,同时,文学艺术又充当了幽默的体裁。文学艺术其实更多的是作为幽默的体裁,比如,就有衍生出了这些体裁:段子、曲艺、小品、喜剧、哑剧、诗歌、幽默小说、幽默散文、摄像、动画、漫画、电影等。在一定的体裁里加上适当的材料,就构成了幽默的实体,没有幽默的实体,无论什么学科或理论都无法对幽默进行研究。任何实体都是由内在与外在,即由内容与形式构成。幽默的体裁就是幽默形式之一(幽默的形式还包括幽默的载体和表达方式),幽默的材料就是幽默的内容。除文学艺术外,其他学科都不能作为幽默研究的"客体",只能作为制造或欣赏幽默的手段(比如修辞学),或作为探寻幽默规律的工具(比如逻辑学、心理学),或作为幽默形成过程及产生效果的探究方法(比如美学),等等。

由于文学艺术对幽默研究是这么重要，尽管在本书第二章《幽默的形成与发展》里已经历数了幽默发展的脉络，也涉及了一些幽默形式和作品，但那是从历史沿革的角度，而且重点是叙述幽默发展的脉络。所以，在这里，主要是概述文学艺术这一大门学科在不同时代，作为幽默不可不提及的一些具有代表性的体裁和理论作品。

1. 国外文学艺术中的幽默

最初的源头是古希腊喜剧，有文字记载的幽默史可追溯到公元前八世纪以前古希腊原始社会后期。如荷马时代的《奥德赛》《伊利亚特》中对氏族社会全民性的生活和思想的嘲弄态度；"大移民时代"产生了讽刺性的模拟诗《老鼠和青蛙的战争》；公元前六世纪出现了开创人类寓言史的作品——《伊索寓言》；公元前五世纪雅典"旧喜剧"中喜剧诗人中的阿里斯托芬，是古希腊旧喜剧的杰出代表，恩格斯称他为"喜剧之父"。

接下来的幽默高潮是文艺复兴时期。在文艺复兴时期，幽默出现了新的大繁荣，并达到前所未有的成熟：幽默的"个性"特征有了明显、大幅度的增强，这一时期的作品很多，也开始出现了近代典型的幽默才具备的戏剧人物、喜剧矛盾冲突、完整的环节。如但丁的《神曲》，莎士比亚的名剧《威尼斯商人》，拉伯雷的《巨人传》，本·琼生的"癖性喜剧"《福尔蓬奈》，塞万提斯的《堂吉诃德》，莫里哀的一系列风俗和讽刺喜剧。

尤其是进入了近代，借助文学艺术的飞速发展，幽默也得以展翅腾飞，幽默理论研究也进入了快车道。如，狄更斯的《匹克威克外传》对吉诃德的出色模仿；果戈里的作品和论述被视为是"幽默艺术百科全书"；马克·吐温的幽默作品"达到了登峰造极地步"；俄国还出现了著名的幽默理论方面的三个代表：别林斯基、车尔尼雪夫斯基和杜勃罗留多夫；伟大的思想家马克思、恩格斯用无产阶级世界观科学地阐明了幽默以及整个"喜剧"范畴的本质，等等，幽默理论研究达到了空前的繁荣。

进入当代以后，古老的幽默借助文学艺术重新萌发了青春，以千姿百态的繁多品种呈献在现代人面前。在西欧，横跨两个世纪的英国批判现实主义剧作家萧伯纳继承了阿里斯托分、拉伯雷、斯威夫特和菲尔丁等人的幽默传统，创作出了一系列才气横溢的喜剧，使他成为二十世纪世界最著名的幽默大师。

20世纪前30年代，在马克·吐温的影响下，幽默之风空前盛行。从小说、小品到诗歌，幽默无所不至。特别是戏剧，从滑稽剧、轻歌舞剧到正统戏剧，造就了一大批喜剧演员，他们的名字甚至比许多政治家更加深入人心。其中最杰出的代表是英国的查理·卓别林，这位举世闻名的流芳百世的最伟大的丑角，为电影事业成为世界性幽默做出了重大贡献。当然幽默的发展，得益于文学艺术的发展，世界是如此，中国也不例外。

2. 中国文学艺术中的幽默

(1)从俳优到曲艺

中国最早的幽默恐怕要追溯到几千年前的夏朝，那时候无论在民间还在宫廷就有了从事幽默“工作”的幽默艺人，以“滑稽调笑”为主要任务，就叫作俳优。俳优对我国幽默艺术影响之深广是不可低估的。唐参军戏、宋南戏、宋元院本、元杂剧、明清传奇、清代中期崛起的京剧以及说唱文学——唐代的“变文”、宋代的“百戏”、后起的相声和山东快书等，无不继承和吸收了古代俳优寓庄于谐、滑稽嘲讽、积极调侃生活的传统。

一开始把这种艺人叫作俳优，随着时间的推移，俳优这个幽默艺人的称谓也逐渐用来作为幽默艺术的代名词。千百年来，在民间在宫廷，这些幽默艺术都很受青睐。其幽默的体裁经过逐渐的演变、不断地扩大，开始衍变为富有民族传统的中国戏剧、曲艺，后来慢慢地衍变成了现在的很多幽默文学艺术体裁。

(2)从寓言到笑话

先秦时期的一些寓言故事，就已开了我国民间笑话的先河；三国时期便有记载笑话的专集《笑林》三卷；到了南朝萧梁时代，刘勰著作的文学批评名著《文心雕龙》，首次为笑话写了一篇《文心雕龙·谐隐》，应该是关于幽默理论较早的论述；后来，明朝的陈皋谟在《半庵笑政》中又以言简意赅的文笔进一步为笑话构筑了一个粗略的理论框架。元明以后，沈璟的《博笑记》干脆完全以笑话为题材作为幽默的专辑。

(3)从古代幽默的口头禅到现当代恢宏巨著

幽默起始于民间的自娱自乐口头禅，然后嬗变到民谣，甚至经过加工和专门培训后，又升格为宫廷的消遣节目，后又衍变为笑话，逐步被文人雅士们变成了书籍记载和论述。《诗经·卫风·淇奥》中的“善戏谑兮，不为虐兮”,被视为中国古代笑论的发轫点;庄子的幽默散文也被看作是首开作家书面文学幽默的先河;西汉的东方朔因奇特的辞赋,被人称之为创建了突梯滑稽之一代新风的“幽默派”奇才;由《诗经》首开先例的诗歌幽默,比较近的继承者是晋末著名的田园诗人——陶渊明,他的诗作往往于平淡自然的诗情画意之中隐透温和淡薄的幽默感,等等。这些记载为我们后人研究幽默历史以及幽默理论提供了很有价值的素材。

在我国现当代文学史上不得不提到的一些幽默大家,如:最早的幽默提倡者和研究者,是“幽默”这一译名的定名者——林语堂,他是真正把幽默当作一种文学艺术主张来加以提倡并亲自实践的,并撰写论文和小品文,如《幽默杂话》《论幽默》等;在中国现代文学史上,真正代表幽默文学正确方向的一代宗师,是中国新文学运动的伟大旗手——鲁迅。无论是《阿 Q 正传》,还是《孔乙己》,幽默都渗透在鲁迅绝大部分小说、杂文、散文诗、诗歌乃至论文中,具有独特的风格;老舍对塑造正面喜剧形象地突破;赵树理在挖掘幽默表现内部矛盾上的探索;周立波幽默手法刻画的具有非本质性缺点的正面形象;被誉为独幕喜剧圣手的丁西林;被誉为“中国的果戈理”的陈白尘;以一批富有喜剧色彩的小说为代表的王蒙、高晓声等;以幽默系列小说、戏曲喜剧、喜剧电影为代表的陈奂生等一批具有怪诞因素电影、戏曲创作者,等等。从上世纪初到现在的近一个世纪以来,幽默的文学艺术的作品与幽默理论的论著层出不穷,无论其深度还是广度,可以说浩瀚无边,为幽默的繁荣和研究打下了坚实的基础。

(三)美学

“幽默不仅是人物性格与喜剧形态,而且具有韵味丰厚、意味深长的美学底蕴。现代美学视野中的幽默是一种兼容多种文化精神的美学范畴,具有自身独特的美学属性与表现特征。幽默美学范畴的理论建构可以从如下五个方面进行整合:从主客关系而言表现了主体的超然境界;从深层内蕴而言体现的是文化智慧;从功利价值而言凸显了讽刺功能;从美学形态而言,喜剧与悲剧作为幽默的两极形态呈现为悲喜悖论;从终极价值而言,幽默包含着理解的同情。”①大约在 16 世纪末期,苏联美学界把创造过的一系列讽

① 吴倩《幽默与语义学》——中国科教创新导刊 2008. No. 13

刺性社会生活喜剧的英国剧作家本·琼生作为代表,认为他"是最早把'幽默'一词用作文学用语的人之一。诚然,当时还是用以讽刺性性格上的'极端片面性'的,如喜剧《个性互异》和《人各有癖》。"①西欧和美国学界也指出,正是本·琼生"把幽默的范畴从观相术的水平提高到了喜剧的领域"。②尽管"幽默"这种美学范畴远在大约公元前5世纪的古希腊喜剧和中国的《诗经》、先秦寓言中已开先河,而"幽默"这一名词在十四世纪也已成为一个生理学术语出现,但直到本·琼生时代即16世纪,幽默与美学才首次合流。从此,"幽默"这一喜剧美学范畴才最终找到了 humour 这个词的外壳,而 humour 一词才开始具有美学范畴的萌芽意义。以致于后来的《牛津英语辞典》对幽默有了这样的解释:"行为、谈吐、文章中足以使人逗乐、发笑或消遣的特点;欣赏和表达上述特点的能力。"这个时候的"幽默"才是我们今天在生活、艺术和美学中提到的"幽默"。需要说明的是,"幽默"作为一个术语,其自身含义随着时间的变迁是沿着一定阶段发展的,但是幽默作为一种美学范畴存在于世界各地却是远比术语要早的多得多。难怪原苏联美学家伊.斯莫尔耶尼诺夫尤.波列夫说:"作为美学范畴的喜剧是客观存在的社会生活中喜剧性现象在人的意识中的反映"③。

美学除了从喜剧的角度来剖析幽默外,还从笑的美学中去论述幽默。因为不仅幽默与笑有着紧密的联系,美学与笑也联系紧密。就有很多论著论述"笑的美学","幽默的笑""笑与美学和幽默的关系"。这些论著常常通过文学分析手段,如分析文学作品中主人公的喜剧形象、作品表现喜剧的手法、喜剧笑的效果等等,来揭示文本的审美特性。

美学与幽默的关系是如此紧密,甚至文艺学把幽默作为美学的一个分支来研究。从文艺学角度幽默属于美学的分支,从审美的角度,美学又是研究幽默的工具。正如以上所述,幽默所涉及的学科或理论,往往都会有许多交叉。不仅上面所述的文艺学,还会涉及语言学中的语用学、语义学、语音学、词汇学、句法学和修辞学、心理学等。

由于社会不断文明,社会不断为幽默提供了大量的载体,因而体裁也随

① 参见陈孝英《幽默的奥秘》[M]. 中国戏剧出版社 1989 版,第 125 页.

② 同上

③ 伊.斯莫尔耶尼诺夫尤.波列夫(原苏联)《戏剧与悲剧》上海文艺出版社 1958. 9. P. 98.

之增多。从美学角度探讨幽默,已经从原先只是从一部分作品的体裁着手,扩大到囊括幽默的一切体裁和载体。

(四)心理学

幽默本身是一个非"正常"思维、非"正常逻辑"的特殊现象,当然它的心理反应也随之有些"不正常",由幽默引发的这种不正常的心理研究就是幽默心理学。就本人所参考的著作和论文都有很多:比如有赵文编译的文化艺术出版社 1989 出版的《幽默心理学》;有萧飒、王文钦、徐智策著的上海人民出版社 1989 年出版的《幽默心理学》;有日本作家白石浩一著的山东教育出版 1990 年出版的《幽默心理学》;有美国作家诺曼·N·霍兰德著的潘国庆翻译由上海文艺出版社 1991 年出版的《笑——幽默心理学》,等。论文有如像孔庆杰、王晓琳的《幽默的心理机制新论》;张莹瑞、佐斌发表的《幽默的心理学研究》;刘文、邹丽娜《有关幽默感的心理学理论与研究》;杨洋的《心理学视野中的幽默理论述要》等。下面大致归纳、概述一下幽默心理学的内容,当然其中也掺合了本人的一些评论。

幽默心理学起初是从研究"笑"开始的。幽默的言行会让人发出"笑",它与身体被物理性的"胳肢"所产生的"笑"和药物对身体所产生生理性的"笑"有着非常不同的区别。幽默让人"笑"仅仅是依靠人的感官(主要是眼睛和耳朵)对幽默的感受而激发出来的。对于幽默与笑的关系以及与心理学的关系,早在公元前的古希腊时期,就有人在研究幽默的心理学。柏拉图就是古希腊时期对幽默和笑颇有研究成就的代表人物。比如,柏拉图认为妒忌是笑的动因:"……我们笑朋友的愚蠢时,快感是和妒忌相连的。我们已经承认妒忌在心理上是一种痛感,然则拿朋友的愚蠢做笑柄时,我们一方面有妒忌所伴的痛感,一方面又有笑所伴的快感。"①柏拉图的这段话被推为"喜剧心理学的发端、也是幽默心理学的滥觞"。②

在近当代的幽默心理学研究的代表当属康德、弗洛伊德。康德的"期待破灭说"——即期待和现实的不协调——也被纳入幽默心理学的研究成果之一。普罗普这样解释康德的思想:"我们笑,是因为我们以为有什么东西,

① 朱光潜《美学文集》[C]. 第一卷. 上海文艺出版社,1982. 2. P. 159.
② 萧飒等《幽默心理学》M]. 上海:上海人民出版社,1989. P. 19.

而事实上什么也没有"①;弗洛伊德在《机智与潜意识的关系》一书中指出:"当心力从其或多或少的静态功能中,这种功能用来抑制被禁止的意念解放出来后,笑便发生了。"这些大师们从心理学的角度研究幽默,无疑是幽默的一大幸事,为后人的研究奠定了很好的基础,而且这些理论都还一直是幽默研究的基本理论之一。

事实上,从心理学角度研究幽默,在一定程度上与哲学角度研究幽默是相通的。比如康德的"期待破灭说"既是哲学理论,又是幽默心理学方面的成就。幽默的心理学研究从心理机制上进一步阐释了"优越感""出乎意外""不协调"等现象致笑的原理,从心理学角度研究幽默的成果也为我们进行哲学方面的研究奠定了基础。不仅幽默心理学与哲学有着紧密关系,与其它学科也有一定的关系。

近年来,许多现代心理学家都认为,幽默、艺术和科学这三个创造性活动的范畴之间并不存在什么截然的分界。由于动机不同,每种创造性活动所激发的情感应也各有区别,但它们之间的转换却是连贯的:幽默的妙语融化为短诗;幽默的漫画变成人物肖像;不管人们是在思考建筑、医药、象棋还是烹调方面的问题,都不存在标出哪里是科学领域的终点,哪里是艺术领域的起点的明确边界。②

目前幽默心理学研究又开始瞄准了幽默与心理健康的关系上,即,进一步开发研究幽默的功能。因为人的身体生病和长寿与心理息息相关。如 1. 美国的戴维·霍金斯博士是一位医生,在美国很有名,他医治了很多来自世界各地的病人。他研究发现:"人的意念振动频率如果在 200 以上就不生病。"③戴维·霍金斯发现,凡是生病的人一般都有负面的意念。他们喜欢抱怨、指责、仇恨别人,不断指责别人的过程当中就消减自己很大的能量。这些意念的振动频率低于 200。这些人容易得很多不同的疾病;2. 据美国《读者文摘》报道,2009 年诺贝尔生理学奖得主——伊丽莎白·布莱克本、卡萝尔·格雷德和杰克·绍斯塔克总结出几把延缓人类衰老的"钥匙",帮

---

① 普罗普(俄)《滑稽与笑的问题》辽宁教育出版社 1999. p119

② 参见陈孝英《幽默的奥秘》中国戏剧出版社,1989.

③ 360 个人图书馆:Lindan9997,http://www.360doc.com/content/16/1215/23/535749_615138844.shtml. 2016. 12. 15.

你开启长寿大门——“人要想健康活到100岁，心理平衡的作用占50%以上，合理膳食占25%，其他占25%”；3. 卫生部首席健康教育专家洪昭光认为，心理平衡的作用超过了一切保健措施和保健品的总和，谁能保持心态平衡，就等于掌握了身体健康的金钥匙；4. 若干早逝的国家领导人和大富翁，他们不是没有钱寻找世界上最顶尖的医疗技术来医治他们的疾病，而主要是医治不了他们“静不下来”意念。几位诺贝尔奖得主也强调，保持良好的心理状态，一定要乐观面对生活。近些年来的研究发现，幽默是一种很好的压力应对机制，对心理健康具有积极的功能，幽默就是最好的“药房”之一。

要研究幽默心理学，其主要难点和关键就是要搞懂什么是幽默心理机制？幽默心理是否可以测试？经过多年来专家们对幽默心理学进行的一系列探究，对幽默心理机制和对幽默心理测试做出了卓有成效的成绩。关于幽默心理机制和幽默心理测试有了一定的说法和做法，在概括和归纳这些成果的众多著作和论文之中，张莹瑞，佐斌《幽默的心理学研究》一文所阐述的比较全面，现概述如下：①

A. 幽默的心理机制

心理学研究幽默心理机制也经历了几个阶段，并产生了几种较有影响的理论。

对于幽默心理机制的分析经历了三个不同的阶段。第一个阶段对幽默的分析主要依赖于没有理论基础的初步观察研究，因而这时有大量不同的理论；第二个阶段是用弗洛伊德的精神分析的观点分析幽默，这早在1905年《智慧及其与无意识的关系》中就已提及，弗洛伊德把幽默看作是一种自我防卫机制，这是第一次用具体而理论化的方法来分析幽默；第三个阶段是运用信息加工的观点对幽默的分析，包括格式塔的方法以及系统论和信息加工的观点。这些观点的共同特点是：①对幽默刺激的矛盾性、模糊性、新奇性，或复杂性的知觉；②对幽默刺激的认知整合或理解。这就意味着幽默涉及接受者和幽默的结构方面的交互作用，通过将幽默刺激同化到已有的认知结构中，笑话、卡通或谜语就得到了理解（达到了发笑的效果），也就是幽默包括对刺激的知觉和对刺激特性的整合。幽默的心理机制由此得到了

---

① 张莹瑞，佐斌《幽默的心理学研究》——中国临床心理学杂志2008年第16卷第4期

理论的解释。

随着现代科技的发展，一些新的方法也应用到了幽默的研究领域，帮助我们进一步了解幽默的心理机制。一些研究者采用 FMRI（行为或功能性核磁共振）、ERP（事件相关技术）①等技术研究幽默的加工过程，研究发现幽默的加工过程与额叶、颞叶和脑干背、腹侧等几个脑区的活动有关。

B. 幽默的心理测量

心理学家们在早期的幽默理论基础上做了一些实证研究，并发展了很多工具来测量幽默。由于幽默的含义较为复杂，对幽默的测量也包括了以下几个方面：

（1）幽默刺激的测量

对幽默刺激（笑话、喜剧、卡通等）的幽默程度的测量，一般是采用七点的评分量表。主要是让被试者对笑话、漫画等幽默刺激的好笑程度进行评价②。Martin 和 Lefcourt 编制的情境幽默反应量表 SHRQ（the Situational Humor Response Ques - tionnaire），就是来测量人们对一个可以引发幽默反应的刺激物的行为反应，也就是测量一个刺激使人发笑的可能性。

（2）幽默风格的测量

Craik，Lampert 和 Nelson 在 1996 年对幽默行为的 Q 分类，测量了幽默的五种双极的风格：温暖的（warm）对冷漠的（cold），沉思的（reflective）对粗鲁的（boorish），合适的（competent）对不适当的（inept），自然的（earthy）对约束的（re - pressed），善良的（benign）对卑劣的（mean - spirited）。但这种分类很难整合到主流的心理学和幽默心理学中去。1999 年 Martin 和他的助手编制了一个新的量表，幽默风格量表（the Humor Styles Questionnaire，

---

① A、事件相关电位技术（ERP）
ERP 是目前研究脑认知活动的主要手段之一。它借助于计算机进行实时采样，同步叠加平均和滤波得出与某种特定认知事件关联的脑电位变化。ERP 虽有空间分辨率低的弱点，但它在时间分辨率上却是独占鳌头，因此在揭示认知的事件过程方面极具优势。
B、功能性磁共振成像技术（fMRI）
fMRI 主要可以实现脑功能的空间定位。与 PET 相比，fMRI 技术具有无创性及空间和时间分辨率都比较高的有点。从方法本身来讲，fMRI 的空间分辨率可小至大脑皮层小柱水平，即约 1mm。时间分辨率可达到 40ms。

② Gierych E，Milner R，Michalski A. ERP response to smile - provoking pictures. Journal of Psychophysiology，2005，19（2）：77 - 90

HSQ)，测量出了四种幽默风格：第一种是社会性幽默(social humor)，主要反映同他人分享幽默的倾向，通过讲笑话和幽默来使他人发笑，放松，鼓舞士气或者是促进关系，这种幽默可以提高人际和谐；第二种是自我提升幽默(self - enhancing humor)，主要是表达一种对人生幽默的倾向，例如通过幽默来面对压力或是为自己打气；第三种是自嘲式幽默(self - defeating humor)，这种幽默通过不当的自我贬损获取他人的支持；第四种是敌意的幽默(Hostile humor)，这种幽默通过贬损他人来提升自我①②。

(3)幽默感的测量

幽默感是幽默心理学研究的一个重要内容，心理学家们很早就编制了幽默感的测量工具。Svebak 在 1974 年就编制了幽默感量表(Sense of Humor Questionnaire)，共有 21 个项目分为 3 类的四点评分量表。后来 Martin 和 Lefcourt 编制了幽默应对量表(Coping Humor Scale，CHS)，CHS 主要是测量人们面对压力事件时将幽默作为一种应对策略的实际程度。Thorson 和 Powell 进一步提出了幽默感的多维结构③，并编制了多维幽默感量表(Multidimensional Sense of Humor Scale，MSHS)，将幽默感分为四个维度：创造幽默的能力(humour production)，幽默的欣赏(humour appreciation)，把幽默作为应付机制的使用(the use of humour as a coping mechanism)以及对幽默的态度(attitudes towards humour)④⑤⑥。MSHS 在研究中都取得很好的信效度，也成为目前测量幽默感的重要工具。

虽然大一统幽默学把幽默分为高级幽默和低级幽默，但两类幽默心里反射过程应该是一致的，因为，低级幽默也有乖讹点即幽默点；因为研究幽

---

① Lowis MJ，Nieuwoudt JM. The use of cartoon rating scale as a measure for the humor construct. The Journal of Psychology，1994，129(2)：133 - 144

② Thorson JA，Powell FC. Development and validation of a multidimensional sense of humor scale. Journal of Clinical Psychology，1993，49(1)：13 - 23

③ Martin RA，Kazariania SS. Humour styles，personality，and well - being among Lebanese university students. European Journal of Personality，2004，18：209 - 219

④ Thorson JA，Powell FC. Sense of humor and diminsion of personality. Journal of Journal of Clinical Psychology，1993，49(6)：799 - 809

⑤ Khoury RM. Sex and intelligence diffirence in humor apprication：A re - examination. Social Behavior and Personality，1977，5(2)：377 - 382

⑥ Saroglou V，Scariot C. Humor styles questionnaire：Personality and educaional correlates in belgian high school and college students. European Journal of Personality，2002，16：

默心理本身就是从“笑”着手的,从“笑”来研究幽默的心理机制和测量幽默心理的,不能因为低级幽默的幽默度低,就否认了幽默的存在,就否认了有谑趣的“笑”意;因为,低级幽默既然有幽默点,其产生的幽默心理机制和作用应该是一样的,只不过其幽默度低一些而已。我所设定的低级幽默本身也要求要有一点点“搞笑”“噱趣”“乐趣”的幽默因素,就是要有“笑”的含金量,也要以是否有谑趣的“笑”意来作为低级幽默的一个起码的标准。所以对低级幽默的“笑”的机制和幽默测量的研究与高级幽默的“笑”的机制和其幽默的测量在道理上是一致的。也就是说,一切幽默,不管是低级幽默还是高级幽默,都可以用上面的方法来测量。

毫无疑问,以上的幽默心理学的研究达到了如此细腻的程度,可见其成绩是不菲的。这些测量法综合利用来对幽默进行测量,恰好是我的大一统幽默学所需要的,因为,既然可以量化幽默了,就可以大致区别出幽默度的高低,分数高的当然就是高级幽默,分数低的当然就是低级幽默了。但是以上的幽默的量化都还存在着不完全准确性,仅仅是大致地量化,有一定的模糊性。因为从人们的心理来判断对幽默的反射和程度,不可能每一个人都一样,有着很多可变因素;此外,幽默的定义、范畴、分类都是动态的,当然对其形成的机制以及测量法就不可避免地存在着不确定性;因为,“首先,由于幽默的含义比较复杂,所以很难对幽默进行一个统一的界定。其次,对于幽默的心理机制理论解释,不同的理论解释都有局限性,优越论和释放理论只是对于攻击和性的方面的幽默具有很好的应用,乖讹论则对于幽默语言方面的认知机制有较好的应用。最后在研究方法上,对测试者的选择方面,国外的关于幽默的研究者大部分都选择学生为测试者,外部效度存在问题。”①

所以。除了这些以外,我对幽默程度的测量,不从心理性的角度,而是抛开了幽默主体的主观性,仅仅从幽默客体的客观反应来分析和确定。要测定幽默的度,最应该先做是要确立幽默的最小单位,即幽默点和幽默的性质,以及按幽默的性质划分出级别,通过幽默点的数量上和质量上的区分来测量幽默度,这样既有具体的数,又可以按级别确定一定的“质”,只有确定

① 张莹瑞,佐斌《幽默的心理学研究》——中国临床心理学杂志2008年第16卷第4期

了最小单位的"数",又确定了幽默性质的"质",不仅本身就是一种"量化"的手段,还可以对幽默进行打分,解决了幽默量化问题,对我的大一统幽默学的高级幽默和低级幽默的分类法是一个极大的支撑。

(五)生理学

就凭幽默(humour)一词的本身,就夸过了好几个学科。从最初的生理学含义,即动植物体内的水液、四体液(血液、粘液、黄胆汁、黑胆汁);逐渐过渡为生活和艺术领域概念;再变为人的性情,与众不同的性情;最后形成近代美学概念——引人发笑或感受情趣的能力。这个发展经历了若干个世纪。不得不说幽默与生理学真有着不解之"源",从幽默(huour)一诞生起到现在就与生理学结下这种缘分。

"幽默"最初是作为一个生理学术语出现在医学界的。拉丁词(h)ŭmor原义"潮湿",后指"液体",英国启蒙时期作家约翰生博士所编纂的第一部权威性英语词典《字典》对"幽默"所列出的九条词义中,第一条便是其字面意义——"水分",该词在古代医学中当"体液"讲。当时的医学界人士根据古代、中世纪和文艺复兴时期生理学文献的记载认为,人体内有四种基本的"幽默"即体液:血液、粘液、黄胆汁、黑胆汁。据说此四者的比例决定人的体质、心理和性情;又据说有些人的脾气之所以古怪,就是由这四种体液的比例失调引起的,有时还常常偏指"怪癖"和"坏脾气"。所以,从"体液"这个原始义,就自然地派生出一个当脾性、气质讲的引申义,并慢慢地从拉丁词通过古法文传入英国,后来又慢慢地衍变成了气质学说或者说气质理论,在古希腊、中世纪和文艺复兴时期影响甚大。

幽默与生理学的另一个切入点就是"笑",幽默与生理学的关系,在"笑"上更为密切。"笑"既属于生理学范畴又属于心理学范畴。幽默的笑也是涉及多个学科的,既涉及生理学又涉及心理学,甚至涉及神经学。即既有生理上的笑,也有心理上的笑。幽默通常是用笑来表现的,"幽默的笑"简单来说就是由幽默所引起的笑,"幽默的笑"是高雅的笑。笑的种类虽然有很多,然而"幽默的笑"却比较特殊,因为"幽默的笑"比"其他"的笑具有更为深刻的内涵和意义。"幽默的笑"不仅仅是造成了生理方面的快感,引起生理性的笑自不必说,本身就可以说明幽默与生理学紧密相关,何况幽默还能引起心理性的"笑",还有更多的是表现在心理方面的愉悦。也就是说,就即或是心理性的“笑”,也会引起生理的一些变化。因为,心理性的“笑”带来的愉悦,会使大脑、心肌和横膈肌等器官发生一些细微的变化;因为,“幽默主体在引人发笑时,首先要考虑的一点就是满足幽默客体的心理需求,并让幽默客体的这种心理需求得到不断地提升,从而激发出生理意义上的笑。”①美国医生穆迪的结论是:“每笑一次,横膈肌大约振动十八次,微笑时活动的程度略小一些。”麦克杜格尔列举了许多笑的优势则是:“刺激呼吸和循环,增高血压,促进血液流进大脑。至于笑的精神优势则是笑可以中断任何思路和受压抑的活动,包括肉体上的或是精神上的,从而产生幸福港。”②美国心理学家兼教育学家凯丝毕葛测量的内容更为广泛,包括横膈膜的振动、上身的运动、鼻孔的扩张、眼球的突出以及下颚的振动等。她在《幽默心理学》中公布了测量的结果,并非常幽默地说:“我们看了有关笑的客观描述后,会有一个感觉,就是做这种举动的人必定累得要命,而不会乐在其中。”③

总体来说,幽默与笑有关系,笑与生理学也有关系,笑不仅可以产生精神优势,还可以产生生理优势。所以,从生理学来研究幽默,为我们提供了自然科学上的依据,使得幽默学更加有说服力。

(六)逻辑学

由于幽默的“不规则”和“乖讹”性,其逻辑也是一个“不规则”和“乖讹”的。当然这种“不规则”和“乖讹”所形成的逻辑,是幽默特有的专门逻辑。这种逻辑应该是相对“标准的”幽默而言的。所谓标准的幽默就是我的大一统幽默里面的高级幽默,因为我的大一统幽默学既包含了高级幽默,也包含了包罗万象的低级幽默。所以相对我的大一统幽默学,就无可寻找到一个统一的“幽默”的逻辑,因为大多数低级幽默是没有什么专门逻辑的。比如像因为一个滑稽言行而形成的幽默就没有什么逻辑可寻;比如像因为一个休克性愚蠢的错误形成的幽默能有什么逻辑?对于低级幽默的逻辑要具体“幽默”具体分析。所以这里所提到的也仅仅是高级幽默的逻辑。以上是我

---

① 参见陈孝英《幽默的奥秘》中国戏剧出版社,1989. P. 57

② 参见陈孝英《幽默的奥秘》中国戏剧出版社,1989. P. 30.

③ (美)特鲁(True, Herb)著,郑慧玲译:《幽默的艺术》台北桂冠图书股份有限公司出版,1986 年,P18 - 20.

对逻辑学在幽默里的运用和对幽默的分析的基本观点。下面概述业内对幽默逻辑的观点：

1. 一元逻辑说

众多学者在一元逻辑结构视角下，探讨幽默的制造过程、理解机制及特点等，提出了失谐、偏离、变异、颠倒、交错等概念。中西方学者们从不同的角度阐述了对这一课题的见解。

关于幽默逻辑的论述，康德强调幽默谐趣的产生与悖反常规及理性密切相关。

James Beattie 强调了不和谐这一概念，James Beattie 提出幽默的趣味来自于大脑可以识别、理解、推断出在一个复杂的事件、场景中包括或存在两个或多个不伦不类、不和谐的事物。法国当代学者杜布莱西斯（1988. 4.）认为对于正常的逻辑关系的偏离使幽默思维得以产生。他提出："幽默借助对形象、文字、物体对象的常规逻辑关系的批判，把它们引入另一个世界，甚至对同一律表示怀疑，并通过形象的意外介入，使精神回溯到原始混沌状态中去。"①对同一律的偏离是指故意或无意地偷换概念、转移论题，因而显得滑稽有趣。另外，误会和倒错手法从形式来看并没有违反逻辑，但是它们在内容上与客观情况不能保持一致，因而也可归入这一范围。

Attardo 和 Raskin（1991. 12.）又提出言语幽默的概括性理论，用逻辑方面的机制，如预测依据颠倒、交错法等来解释很多相似幽默背后的不变范畴。

康家珑提出了"逻辑变异"的概念，他认为逻辑变异是指语言表达中违反逻辑的现象。这种不合逻辑的现象，有两种情况：一是不遵守逻辑规范，但语言表达得体，产生期望的表达效果，幽默得以产生；另一种是不合逻辑规则，语言也不得体，表达效果受到影响。"逻辑变异"是指第一种现象，然而第二种现象则是社会活动中应该避免的现象。我们可以看出，康家珑把言语幽默看作单一逻辑运作的结果。在功能上，对读者的智力来说，是种顿悟；对读者的情感来说，是种惊奇，从而产生的幽默情趣。② 高胜林提出"逻辑偏离"这一概念

① 刘平《高明的说话技巧》新世界出版社 2009. 06. P. 131.

② 参见康家珑《语言幽默的艺术》岳麓书社 2008. 01. 01

认为逻辑结构属于意义表达的深层结构,词形、语音、语义等属于表层结构,“逻辑偏离”可以引起幽默效果的产生。遵守逻辑的规则、规律才能正确地表达意义,如果违反逻辑的规则、规律,就会使我们的思维发生混乱、语言表达出现错误。“幽默的深层结构和它的表层结构一样,也存在着一种偏离效应,这就是对四大逻辑规律的偏离,即对同一律、矛盾律、排中律和充足理由律的偏离。”①高胜林采用“逻辑偏离”这一概念,而没有用“违反逻辑”,因为在他看来“违反逻辑”是一种表达错误,达不到预期的表达效果。

可以看出,不管是逻辑偏离、荒谬悖理、失谐性还是逻辑变异等,以上学者着重从逻辑一元论的角度来探讨幽默的渊源、产生机制。他们认为幽默是一元逻辑作用的结果,即一条逻辑贯穿始终,幽默是思考的产物。一方面,逻辑的规范、规律是正确表达意义的基础,如果不遵守理性思维的规则、规律,人们的思维活动就会发生混乱,在社会生活交际活动很难正常进行;另一方面,理性的规则、规律往往制约我们意义表达的趣味性,往往使我们的表达失去谐趣,因此,在特定的语境里,表达者为了实现特定的交流目的,就会故意地不遵守逻辑规律,使用不合常规、不合逻辑的表达方式,因而产生了意味深长、令人耳目一新的表达效果。

2. 二重逻辑说

和以上学者不同的是,Koestler(1964)曾对幽默给出如下的定义:幽默理解包括“双联想思维”(bisociative thinking)。Koestler 从意义表达的两个层次来说明幽默思维的规律,即深层次一致,但表层由各自独立的参照框架去思考、推断某一情景。可以看出,Koestler 的视角不是单一的,他从二重逻辑的角度来探讨幽默的创作机制。

龚维才也注意到了幽默语言的二重逻辑结构:他认为幽默语言的逻辑结构包括两个方面:遵循理性和摆脱理性。他指出:不合逻辑的事物通常使人感到有趣,同时,合理的逻辑得出的错误荒谬的结论又使人感到愉悦。这揭示了人类思维的两个过程——遵循理性和摆脱理性。遵循理性是指依照形式逻辑的要求去判定事物是否合理、正确,而摆脱理性并不是说要完全脱

---

① 参见高胜林《幽默修辞论》山东文艺出版社 2006. 01

离理智，相反，它是采用理性的悟性创作非理性的艺术品。①

孙绍振指出，意义表达在一条思路、一条逻辑上消失的同时，又使人在另一条思路上突然意识到逻辑的一致性，瞬息之间，既体会了康德提出的失落的惊奇，又领略到顿悟的惊喜，如果只有失落的惊奇，可能带来的是迷茫，有了在另一条逻辑意义的顿悟，才可能引发意味隽永的笑，因此，孙绍振幽默的逻辑结构是一种二重性的错位结构，它并没有简单的遵循理性思维一元化的同一律，但这并非意味着它就没有逻辑，在逻辑意义上其特点是二重错位，因此可简称"错位律"。② 龚维才的幽默语言的逻辑结构说和孙绍振的二重逻辑说在本质上是相似的，他们都认为幽默言语中存在着复合的逻辑推理。

总的来说，从逻辑学的角度对幽默语言进行语篇分析的研究并不多，在现有的研究性论文中，大部分的文章基于一元逻辑结构探讨幽默的产生机制及特点，提出了"偏离常规逻辑关系"、"与常规概念、理性的不和谐"、"逻辑变异"等幽默产生的具体范式。学者们对此也发出了不同的声音，指出幽默语言具有二重逻辑结构，这种观点基于复合的逻辑结构来探讨幽默趣味的产生。但以上幽默的无论是"逻辑变异"、还是"逻辑偏离"、还是"二重错位率"，我都认为应该是二元结构的逻辑，因为所谓"逻辑变异"里的"变异"就是从正常的逻辑"变异"到异常的逻辑，就是变为了与原逻辑不相一致的另外一条逻辑；所谓"逻辑偏离"也是从正常的逻辑"偏移"到异常的逻辑，就是偏离了原来的逻辑，形成了另外一条逻辑；所谓"二重错位率"更不用说，本身强调的就是"二重"逻辑，"二重"就表示着两条逻辑的重叠。这些都具有两条逻辑，而且往往这两条逻辑之间都会通过一定的媒体发生联系，使两条不相干的逻辑在不同程度上发生交叉，形成高级幽默，我统称为"幽默的专门逻辑"——"交叉的错位逻辑"或"逻辑错位的交叉"。

把低级幽默的逻辑不界定在这些"交叉的错位逻辑"里面，这在本书幽默的逻辑一章里已经有专门的论述。既然低级幽默没有专门的逻辑，为什么还要进行论述，因为1. 尽管一些低级幽默，比如由误会、"休克性愚蠢"、

① 参见龚维才《幽默的语言艺术》重庆出版社 1993. 06

② 参见孙绍振《幽默心理和幽默逻辑》首都经济贸易大学出版社 2009

滑稽等形成的幽默,从形式来看并没有违反逻辑,但是它们在内容与客观情况上不能保持一致,在逻辑上要有一个交代;2. 尽管低级幽默没有专门的逻辑,但毕竟在正常逻辑下也会发生幽默,也应该在逻辑学研究的范围;3. 可以作为高级幽默逻辑的比较。

鉴于逻辑学对于幽默来说,无论是高级幽默还是低级幽默(低级幽默尽管没有其专门的逻辑,但并不等于与逻辑学无关,也有正常逻辑下发生的幽默);无论是创造幽默还是享用幽默;无论是对幽默的理论研究还是实践运用,都能起到工具性的作用,对于研究幽默是非常重要的,所以,也专门开辟了一章,即第八章《我的大一统幽默学的逻辑》来论述。

(七)哲学

很多哲学家从"笑"入手对"笑"以及笑的孪生——幽默进行探讨。早期哲学家,如柏拉图、亚里士多德、西塞罗等都论及"笑"。其中最有代表性的是亚里士多德。他在《诗学》中指出:"喜剧是对于比较坏的人的模仿,然而,'坏'不是指一切恶而言,而是指丑而言,其中一种是滑稽。滑稽的事物是某种错误或丑陋,不致引起痛苦或伤害,现成的例子如滑稽面具,它又丑又怪,但不使人感到痛苦。"①

随着人们对幽默的日益重视和"依赖",哲学界对幽默的研究也日益呈现出多样化,形成了各种理论派别。如优越论,其创立者是英国哲学家托马斯·霍布斯,他认为笑来源于某种高于他人的优越感。"笑的情感不过是发现旁人的或自己过去的弱点,突然想起自己的某种优越时所感到的那种突然荣耀感。人们偶然想起自己过去的蠢事也往往发笑,只要那蠢事现在不足为耻"②。持优越论的还有司汤达等,他们认为喜剧的基础是某种不足或缺陷。俄国哲学家车尔尼雪夫斯基主张"丑自炫为美说","丑恶的东西,只有在它力求自炫为美的时候,才是可笑的"。他认为,人们嘲笑了丑,也就是认为自己比丑高明,"笑"就是源于人们在丑的面前的这种"优越感"。

另一种著名的理论认为,喜剧性是"期待与现实的不协调"。持该观点的有康德、斯宾塞、黑格尔、叔本华等。按照他们的观点,笑产生于期待与现

① 参见陈孝英等编《喜剧电影理论在当代世界》新疆人民出版社 1988. 04.

② 参见陈孝英等编《喜剧电影理论在当代世界》新疆人民出版社 1988. 04.

实的冲突,其关键是“出人意料”。

还有其他一些观点,如“偏离常规论”,认为一切违背常规的现象会让人感觉可笑。“生命机械化说”,法国哲学家亨利·柏格森认为笑是人们对“镶嵌在活的东西上面的机械的东西”,也就是“僵硬”的东西的一种反应。在柏格森看来,世界在不停地变化,有生命的东西应经常保持紧张而有弹性,经常能随机应变;但可笑的人物虽有生命却僵化和刻板起来,如同机械一样,这就难免出洋相而引人发笑。①

以上各种观点都能从某个侧面解释幽默现象的成因及其效果。对“丑”的模拟能引人发笑;“优越感”可以使人大笑;“不协调”“出人意料”可以致笑;“偏离常规”“机械的、僵硬的”会显得滑稽可笑……总之,每一种理论都属于“笑”的哲学。但同时,这些观点中没有一种可以涵盖和解释所有的幽默现象,没有一种观点可以否定另一种观点的合理性。美国文艺理论家 DH·门罗说“各种幽默理论都能解释一定的幽默,但是,任何一种理论是否能解释各类幽默,很值得怀疑”。大部分哲学家认为,原因在于幽默的数量和种类过于繁多,要涵盖所有喜剧性因素几乎是不可能的。

从哲学的角度研究幽默,是从根本上探究幽默的运作机理,是幽默其他方面研究的基础。尤其是“优越论”“乖讹/不协调论”,对幽默的制造和理解,对解释翻译过程中幽默效果的传达等都具有重大意义。

(八)教育学

从教育学角度研究幽默,一般侧重于幽默对培养和发展儿童创造力的作用,创立“儿童幽默学”。

乔洛姆·辛格等一批美国专家通过广泛的社会调查和长期的科学研究得出结论:幽默作为人类一种特殊的认识活动,其萌芽自婴儿出生第二年起即开始具备,从幼年起通过游戏培养婴儿的幽默感,对其日后创造力的发展具有不可忽视的重要作用,这就为创立“儿童幽默学”奠定了基础。

当代欧美有一些学者致力于幽默发展的纵向研究,从中发现:绝大多数职业幽默家所具有的幽默感是从童年时代的幽默发展起来的,几乎所有的职业幽默家都有自己的“幽默教师”——父母、祖母或电视、收音机等。并

① 参见陈孝英等编《喜剧电影理论在当代世界》新疆人民出版社 1988. 04.

且,能够显示儿童幽默感的年龄集中在6至11岁的小学学生身上。

当然用教育学来研究幽默也不只仅仅限于儿童的教育,对整体教育的教学法也息息相关,即幽默教学法,幽默的教学方法不失为一种好的教育方法。有若干来自教师的论文就不厌其烦地写了很多幽默教学方法。无怪乎苏联著名教育学家米斯维特洛夫那样说:"我一直认为,教育家最主要的,也是第一位的助手是幽默。"

(九)人类学

幽默与人类学应该是天然结缘的,本身幽默就是人类文明的一种特殊表现;是人类通过乖讹、优越/蔑视、释放/宽慰等手段,来表达人类心智的一种艺术,是显现人类的睿智,聪颖及心理超越的特殊表现。人类学研究幽默的角度,大多是从幽默的交际功能、缓解情绪等方面进行分析阐述的。

近年来,古德里奇·亨利、科色尔等一批专家对不同的人在不同的集体场合下开玩笑和发笑的情况进行了系统的调查和研究,其成果表明,幽默在人类生活中可以起到缓解人与人之间紧张关系的安全阀作用。它可以冰释误会、稀释责难、和缓气氛、减轻焦躁;可使陌生人相识,孤独者合群,怀疑者消除疑虑,戒备者抛弃戒心。人们通过开玩笑的方式,将各种触犯社会禁忌的欲望沿着社会可以接受的渠道发泄出去;同时,按照幽默的设想,辱骂和奚落被当作玩笑对待,而在没有这种幽默的情况下,公开受到嘲笑的人将会因感到羞辱而做出极端的反应(如自杀或杀人)。据此,有些人类学家甚至把幽默视为抑制违法心理、避免酿成悲剧的一种外界控制的手段。①

(十)社会学

从社会学的角度研究幽默,也是幽默研究的一大方面。幽默带有明显的民族性和社会性,不同的群体对不同的幽默内容反应各不相同。俄罗斯文艺学家博列夫就讨论了关于喜剧的民族性问题。他把幽默的情景分为:(1)各民族发"笑"的普遍情景;(2)特定民族发"笑"的特殊情景;(3)特定人群发"笑"的社会情景;(4)特定个人发"笑"的个别情景。② 幽默的民族性和社会性可以很好地解释不同民族幽默的产生和理解的异同,同时也给跨

① 参见陈孝英等编《喜剧电影理论在当代世界》新疆人民出版社 1988.04.

② 参见张磊《新时期中国俄苏文学学人研究 - - 以中国社科院外文所学者为个案》华东师范大学 2011 年博士论文

语言、跨民族的幽默文本的翻译制造了不少障碍，是研究幽默文本翻译必须考虑的重要问题。

当代还有很多社会学家，深入到各个具体的社会领域中去调查研究幽默的功能。他们表示，幽默在当代西方社会中正发挥着越来越大的作用。总统竞选、议员演讲、经理甄选雇员、青年选择配偶，无一不以幽默感的高低作为成功与否的一项重要标准。这种情况在工商业界表现得尤为突出，郑慧玲《幽默的艺术》一书中就提供了这方面的一些统计资料、实例和信息。

幽默的笑往往具有社会性、群体性而非个体性。因此，情景剧中往往加入了预先灌制的笑声（"laugh track"），以激发观众情感而发笑，实现它的社会功能。

对于幽默的社会功能得到公认的，就是幽默三大理论之一的"优越论"，一开始提出的嘲笑论（a theory of mockery）实际就是"优越论"的翻版。"嘲笑论"认为：出于社会地位的差异、力量强弱、身体缺陷等因素，强者在对弱者的攻击、鄙视、嘲笑中产生优越感、愉悦感。19 世纪初，法国哲学家 Henri Bergson 发展了这一理论，认为幽默具有对社会纠正（social corrective）的裨益，他认为"笑"可以缓解机械呆板、失调行为，从而形成和谐的人际关系。

近期的研究表明，人们对他人的愚蠢行为或倒霉命运产生的愉悦反应，来源于自然进化、物种竞争。通过嘲笑或攻击性威胁，可以使他人感到尴尬或害怕被控制。从进化论和基因遗传看，攻击是三种基本的行为之一，攻击双方面临战或逃的选择（fight or flight），既不逃也不战的第三种选择，构成了异类关联（bisociation）、双关（pun）的状况。

除了"嘲笑论"是"优越论"的翻版外，"游戏论"也是"优越论"的积极支持者。Gruner（1997）就是优越论的支持者，他以社会语言为基础，提出幽默游戏论（The Game of Humor），认为幽默产生于一系列的游戏过程，包括乐趣、休闲、娱乐、和蔼的人际交流过程；当然也包括竞争、得分，有胜者和输者。如果要达到较高的情感反应，获得乐趣，游戏就得有冲突，有较高的紧张度；然后是突然的结束，即突然的分出输赢。游戏论以体育运动为基础，游戏中的紧张及其释放过程可用于解释言语幽默，Gruner 用"Old Zeke"中奖故事解释了幽默情绪由紧张到释放的过程，最后的笑料使得读者的紧张期待落空，情绪得以缓解。①

（十一）符号学②③

用符号学研究幽默有着重要的意义。从幽默的构成可以看出，幽默是由外在与内在，即形式与内容构成。所谓形式肯定要有一些符号来完成，没有这些符号，幽默形式就无法表达内在的东西，就无法从幽默里感受幽默、获取笑。幽默的形式通常是通过一定的符号来表达，这个符号的外表如何、与内容的结合如何、对人的关系如何直接影响着幽默的效果。

符号是被认为携带意义的感知，符号学（Semiology）是研究意义活动的学说，符号就是意义，无符号即无意义，符号学即意义学。符号学是20世纪形式论思潮之集大成者，从60年代起，所有的形式论归结到符号学这个学派名下，叙述学、传播学、风格学等，也是符号学的分科。

幽默的符号理论与认知理论相关，它通过分析某一特定语篇的意义来观察日常对话中语义的产生。符号理论的灵感来源于Koestler的认知双关模型，他将双关定义为两个互不相干的参照系统在一起出现，并在特定的情境中得到协调。Manetti也运用符号学的方式研究幽默，他用"亲属格（relation grid）"来定义某一特定文化中的"幽默同位素"之间的对比，然而他并未给出此类对比的实际列表。符号学派中还有另外一个学者Eco，他想把"如会话隐含之类的语用能力"纳入幽默研究范畴。

人类的社会交际活动可以是直接接触，在游戏活动中获得乐趣，也可以借助于符号形式的活动过程来获取乐趣。幽默符号是符号发出者和接受者借助有趣的文本、事件或事件中的人物进行互动的符号交际过程，如双方指向、模仿奇怪的人或事，或双方在互动中建构第三物（状态），给对方传达一定的信息、意图，以达到幽默效果。

符号学还分为遗传符号学和社会符号学。Vogel还从遗传符号学角度建立了情景模式（the siuational model），模式中交际双方的两大框架纳入了认知、

① 参见张立新《视觉、言语幽默的情感认知互动模式——多模态幽默的功能认知研究》东南大学出版社2012.09.

② 参见赵毅衡《符号学与主体问题》——《学习与探索》2012.03.

③ 参见皮尔斯著（美）赵星植译《论符号——李思卡：皮尔斯符号学导论》四川大学出版社2014.12.

情感乖讹、评价与消解，能量变换、幽默参与者与观众、社会团体等社会认知因素，还包括参与者对文本的聚焦、选择，文本的回放度等变量。这些参数的关系通过参与者对文本的聚焦发生异类关联，选择分为三个层次：美学聚焦关注表层形式的再现；文本聚焦关注对比、歧义、并置等机制；信息聚焦对文本的信息、意图的反转提供基本的解释。社会符号学及其视野下的功能语言学、视觉语法，能体现视觉、言语幽默语篇的意义关系，而其中的评价理论，能从情感的介入、分类、级差几方面，详尽分析了幽默态度的产生。

皮尔斯用符号学来研究幽默，把符号学的符号三分法由代表项（representament）、对象（object）和解释项（interpretant）构成。符号代表项是一个事件、一个概念或一个命题（应用在语言中相当于一个语篇），“符号代表”的意义还要经过人的思维解释，符号活动过程，即人的认知语用活动解释；“对象”是代表物的所指，但所指还不是代表的意义；对于“解释项”，即对符号进行感知、解释和批判的过程。皮尔斯从符号的社会性出发，把“解释”分为“感情的解释”、“有力的解释”或“心智的努力”和“逻辑的解释”。符号三角单元关系既包括情感关系，又有真实世界关系、认知关系，对情感的道德判断构成高级认知情感，具有社会认知的特点。而动机、情感、意图等可以用情态表示，情感态度转换产生幽默。

图像是对现实世界的临摹，是相似符号（icon），此外还有指示符号（index）和象征符号（symbol）。符号“代表物”与“对象”之间的具有相同性质的符号为相似符号（icon），具有依赖关系（即因果关系）的为指示符号（index），具有社会约定性的为“象征符号”（symbol）。符号系统分为内容层面和表达层面，内容可以通过语言、动作、图 画、雕塑、音乐、舞蹈等社会符号形式表达，呈现多模态符号融合性，如动作（手势）与语言的结合，图像和语言的结合。

正常情况下，能指和所指一致，即音响系统和概念语义的表达相符。如果发生差异，就会导致幽默。乖讹可以发生在同一符号层次，通过范畴内的转喻机制实现；也可以发生在不同层次之间，相似符号、指示符号和象征符号之间意象的抽象程度不同，不同模态间发生的乖讹，需要通过隐喻机制实现。

符号学分析了符号类型、符号层次及其认知关系，符号解释涉及情感、认知因素，为视觉、言语幽默的解释提供了简单的三角模式，但缺乏细化的、系统框架,为此,在遗传符号学、社会符号学基础上发展的系统功能语言学可以对视觉、言语幽默做出更加详细的解释。

(十二)认知学

认知科学是20世纪世界科学标志性的新兴研究门类,它作为探究人脑或心智工作机制的前沿性尖端学科,已经引起了全世界科学家们的广泛关注。一般认为认知科学的基本观点最初散见于20世纪40年代到50年代中的一些各自分离的特殊学科之中,60年代以后得到了较大的发展。认知科学是一门相当年轻的学科,然而却为揭示人脑的工作机制这一最大的宇宙之谜做出了不可磨灭的贡献。

认知学对大脑处理信息整体运作机制研究方面有了很大的进展,如近年发表的《大脑处理信息量化模型和细节综合报告》等一系列论文综合整理分析已有的各层面的知识,建立有坚实解剖学基础、能联系各层面、量化描述大脑信息处理过程的模型和框架,并用量化模型结合结构风险最小化相关理论分析,说明时序控制作用对大脑高效可靠处理信息的意义;汇总介绍量化模型中的细节;分析了大脑能正确而高效处理信息,揭示了智力诞生的原因;分析了理论建立和应用过程的神经生理学原理、只能有相对真理的神经生理学原因;还建立和介绍了另外一种量化分析方案,等。尤其是近年来,还利用了以上原理来对幽默进行了卓有成效的研究。其中已经被确认的是:大多数幽默语言学研究都具有认知取向。由此可以看出,认知语言学和幽默研究之间应该存在一种很强的互补性,两者都是探索需要通力合作才能完成的荒芜之地。

幽默的认知机制研究历史也是较长的,传统的乖讹论就是以认知方向为基础的。认知语言学理论的不断发展使话语幽默的研究不断深入,认知语言学认为幽默存在于人们的思维意识中,因此理解幽默、解读幽默是一种认知过程。如,认知学对幽默三大理论之一的"乖讹论"的认知研究就不尽相同:乖讹论(Incongruity Theory)可以追溯到James Beattie的研究,他第一次使用"incongruity"一词,而Kierkgarrd用的是"contradiction",叔本华和Suls用的是"discrepancy",此外还有荒诞("absurdity")一词,说明实际和预期的差异。德国哲学家康德认为这种差异来自于妙语或笑料,笑料和情景设置的乖讹,产生喜悦感。叔本华认为差异来自于抽象概念和具体感知间的不同,强调喜悦和冷静状态的对比。

专家们认为,乖讹论有两种模式,一种是强制性重新解释模式(the forced reinterpretation model),持这种模式的有 Heller, Shultz,Minsky 和 Paulos;另一种是双阶段模式(two – staged model), Suls 认为乖讹产生于大脑预期与观察笑料的差异,并用流程解释了视觉、言语幽默的乖讹和消解过程。两种模式都包括情景设置和笑料之间的乖讹,从而由乖讹和消解产生幽默;哲学家 Lock,koestler 认为幽默乖讹来源于对比性框架的不协调或异类关联("Bisociation"),属于双关论。他们认为知识以框架或图式方式储存在大脑中,新知识以同化和顺应的方式建构到原有图式中;亚里士多德和康德认为幽默是对大脑原型框架和期望的违反,是思想游戏和感官游戏过程。喜剧之所以会产生意想不到效果,就是把意外的事件框架结合了起来。乖讹的消解,认知张力的释放产生轻松、愉悦的感觉。

理解幽默语言是一个复杂的认知过程,所以,幽默语言与认知机制密切相关。认知语言学在幽默研究方面显示出很多其他领域所没有的优势,因为幽默的解读离不开认知机制和心理过程。学者们以不同视角对幽默言语进行了认知语用层面的探究,试图解读话语幽默的来源、幽默生成机制、产生幽默的过程及认知语用功能。①

(十三)影像学

影像学结合神经认知学、生理学对幽默的研究也提出了"幽默"对人的大脑有着"特殊的"作用。Bartolo 等以纯卡通(视觉)幽默为语料,通过功能磁共振成像(fMRI)发现图像幽默激发的部位有左侧杏仁、左侧颞上回、左侧颞中回乖讹监察区,右侧额下回幽默欣赏区,有引发笑和积极情感的两侧梭状回以及乐趣程度在小脑中反应。图像中首先激活的是受试"损失厌恶系统"下路径中的杏仁核,激发恐惧消极情绪。在随后显示的乖讹图画中受试左侧颞中回乖讹区被激活,扣带回把监控到的乖讹映射到额叶社会脑、道德脑部分,进行道德判断和认知鉴别,发生情感转换,产生幽默感,态度得以显现。影像学加入了幽默研究,为幽默研究提供了生理学的依据,为进一步明晰幽默功能起到了积极的作用。

---

① 参见尉万传《幽默言语的多维研究》[D]. 浙江大学,2009.

以上概述,只是就目前所发现用来研究幽默的主要学科,随着幽默研究的深入,还会有一些学科被应用来研究幽默。

三、本章小结

尽管在上面罗列了这么多的涉及幽默的学科和理论,但并不是全部,在此是不可能把所有涉及幽默的学科和理论概述和列数完毕的,以上仅仅是概述了一些主要涉及的理论和学科。这些理论之间也互相有着重叠性、相似性,甚至矛盾性,但这些幽默理论确确实实对幽默这个人类的文明伴随物进行了全方位的解剖。不同学科对幽默的定义和研究各有侧重,也各有不足,比如,优越论关注社会功能、释放论集中于接受者的反应、乖讹论聚焦于幽默刺激。三大经典理论可以解释视觉、言语幽默,但缺乏形式化表征;而幽默的言语认知研究,对以上理论加以了证实和形式化体现,基于认知语言学理论的幽默研究也有其缺陷,局限于言语幽默,例如,在某种程度上这些研究并未深入分析构建幽默效果过程中概念整合的认知活动特征以及空间合成的详细过程;言语一般理论通过六大资源及其关系,解释包括视觉、言语在内的各种幽默,但其模式中的关系似乎很难确定;基于遗传符号学的情景模式,涉及的参数较全面,而且通过三角结构,从三个层次加以符号形式化表征,能解释视觉、言语幽默(如卡通),但对于视觉和言语的关系、模态之间的关系缺乏理据,等等,各有千秋。遍览西方幽默喜剧理论的历史,西方笑论、喜剧理论和幽默理论,都因为没有得到理性整合而显得零散,这些理论无一能够对幽默的各种因素做出一个完全令人满意的阐释。“其中哲学家说的是生活中的可笑性,戏剧家说的是心理的笑,生理学家说的是生理的笑。同样是笑,便有胜利的笑、嘲弄的笑、轻蔑的笑、优越的笑、庆贺的笑、游戏的笑、高兴的笑之分,同样是笑的方法,便有机智与幽默、喜剧与闹剧、讽刺与反讽、荒诞与怪诞之别。所以有人像美国当代学者埃德蒙德伯格勒那样,认为关于永恒的笑的所有笑论,都是短命的理论。”①这都是因为难免要有一定的历史局限。所以,随着对幽默研究的深入,还会继续出现一些新的研究幽默的理论,比如还有评价理论、功能翻译理论、标记理论、功能对等理

① 参见陈孝英《喜剧理论在当代世界》[M]. 乌鲁木齐:新疆人民出版社,1989.

论，还会有一些新的学科涉足于幽默研究，来使幽默理论的研究进一步的消除局限性和臻于完善。

尽管每一种学科和理论，对幽默的研究都有着一定的局限性和缺失性，但它毕竟是幽默研究的历史，毕竟是一种理论、一种研究，毕竟是幽默研究百花齐放当中的一朵花。所以，在此大略地概述了对幽默或幽默理论研究的各种相关学科和相关理论，旨在做一些比较、衔接和完善之工作，即在概述这些研究幽默的学科和理论的同时，不仅概述了一些学科和理论的一些缺失和不足，还做了一些评论。

我的大一统幽默学不仅是在幽默的定义、范畴、分类上实行“大一统”，而且从理论上也是“大一统”的。所谓“大一统”就是不排斥任何只要能对幽默有一定的研究、一定的作用的理论，都应该是“大一统幽默”理论的之一。当然不是说这些理论是由本人创立的，而仅仅是把一切有关幽默的理论列属于“大一统幽默”理论的范畴，像对“定义”一样，大一统幽默学的“定义”，有多少种就纳入多少种。同理，有多少种幽默的理论，都属于大一统幽默学理论的范畴。

事实上，在本书的前面的章节里已经很多论述，就是把这些理论进行了对比、衔接和完善的，哪怕是相互矛盾的一些理论，也从不同角度进行了“调和”，因为幽默学不是自然科学，尽管也可以用一定的自然科学的手段来分析，但毕竟属于社会科学，不一定要求 1 + 1 等于 2；又因为就幽默本身的定义、范畴、分类等都难于统一起来，当然难免会有一些理论难于统一，甚至发生冲突，也是很正常的。大一统幽默学就是要把这些不同的理论共容、共存于我的大一统幽默学里面，使其百花齐放，这也才叫作真正的“大一统”。

第十四章

大一统幽默的创造与享用

人类社会发展的过程，是一个劳动的过程。在这个劳动过程中，就是不断地制造出东西，不断地享受东西和不断地评价东西，这个东西就是人们通过劳动得到的收获。这种收获不仅是物质的也可以是精神的、文化的。随着社会的发展和物质需求的丰厚，人们不止满足于对物质产品的追求，也要追求精神产品，幽默就是人们要追求的精神产品之一。人类要想从幽默中获益，当然少不下要去制造它、欣赏它，评价它。在创造和欣赏幽默的历史长河中，照样逐渐衍变出了第三方，即评价方。这个评价方既要评价“创造幽默”的一方，也要评价“享用幽默”的一方；既要评价它们“创造与享用”之间的关系，又要对幽默所有方面的评价进行再评价，等等——这就是一直以来人们所研究的所谓的幽默理论，这就是一直以来人们所追求要建立幽默学的探讨。无论是研究幽默本身，还是它本身的外延——创造和享用；无论是研究它的理论还是实际，都属于幽默的理论范畴，但最后都要回归到为人服务上来，研究幽默的最终目的就是更好的服务于人类。从实用主义的角度出发，幽默这个精神产品无外乎就是两个实用的目的，即：创造和享用。研究幽默的创造和享用，虽然是在研究幽默的实用问题，但实际也是在研究幽默理论；下面就围绕这两个“实用主义”的主题，来展开讨论，从而达到更好的创造幽默和享用幽默的目的。

一、幽默的感悟——灵感

所谓幽默的感悟，就是对幽默有没有反应，有没有灵气，即对幽默的灵感，简称幽默感。幽默感，即幽默主体或幽默客体能够引发或可以发出具有审美价值的笑的一种特殊能力，是构成幽默必不可少的一个组成部分。对于幽默主体或幽默客体来说，无论在生活中表达或理会幽默因素，还是在艺术中再现或领悟幽默因素，两者都须具备一定的能力去表达情趣、引人发笑或领会情趣、发出笑声。“从词源上看，幽默显然是任性的、主观的，它受个性的制约，盖有幽默家本人奇异思想的烙印。”①因而在对待令人发笑的怪事时，具有幽默感的幽默主体能够诱导幽默客体，用思索的严肃态度去理解笑的对象的本质有没有幽默感，从而影响着创造和享用幽默。

没有对幽默有所感悟，就没有幽默感，就难于创造和享用幽默，即使不去创造幽默，就只享用幽默，就算有一个高级幽默呈现在你面前，你对它没有感悟，当然就会感到索然无味。所以幽默感对于创造和享用幽默都是极其重要的。

幽默感从哪里来？幽默感是先天就有的，还是后天培养的，众说纷纭。据路透社报道，幽默感源于后天培养。这篇报道说“《新科学家》杂志一篇文章说，许多生物特征和个性特征都可归结为遗传，但幽默感却是后天形成的。伦敦圣托马斯医院的科学家对同卵双胞胎和非同卵双胞胎进行的研究表明，与其说幽默感是先天形成的，不如说是后天培养的。研究小组负责人蒂姆·斯佩克特说：‘这让人感到意外，因为多数性格特征都与遗传有关。这意味着文化对幽默感的影响很大。’斯佩克特和他的同事们让 71 对同卵双胞胎和 56 对异卵双胞胎为漫画家加里·拉森的 5 幅作品按可笑程度在 0 –10 之间打分，参加测试的各对双胞胎都是一起长大的。他们被安排在不同的房间，彼此无法商量。研究人员发现，所有双胞胎对漫画的看法都很相似。基因相似的同卵双胞胎之间和基因不同的非同卵双胞胎之间都有相似的幽默感。《新科学家》杂志说：‘这说明，让他们对同一样东西发笑的原因是共同的生长环境，并非共同的基因。’”②也有科学研究表明：人的大脑皮层、海马体和纹外皮层对幽默性的东西的反应比非幽默性的东西更为活跃③。尽管是相对整个人类而言的，但人的大脑对幽默“更为活跃”可以说明，人对幽默感还是有一定先天性的“青睐”；另一方面，尽管人与人的生理

① 夏致生《幽默让你轻松拥有好人缘》[M]. 北京：华文出版社，2002. 6. P. 49.

② 报道：《人民日报海外版》2000 年 04 月 29 日第四版

③ 参见郭小有：《幽默感是天生的吗？得看看大脑和幽默的联系！》2016 – 12 – 05《知道日报》

构造都是一样的，但每一个人的大脑皮层、海马体和纹外皮层对外界的反应，其大脑对事物的感悟和反映也千差万别的，尤其是对幽默的反应，不可能没有一定的个体差异。这个个体差异就体现在每一个人对幽默"更为活跃"的感觉的程度是不可能一致。所以，就有可能在先天性上，一些人比一些人更加富于幽默感。

根据这两种理论，幽默感的产生应该是既有先天的因素，也有后天影响。就此，我对这两种理论，也来一个"大一统"，对于幽默感的先天论和后天论同样也来一个"折中"的处理：先天和后天都不可偏废，先天和后天都起作用。在"先天论"里有一个对幽默的"更为活跃"程度不同的问题，在"后天论"里面也有一个幽默"被培养"的"环境、程度、过程"问题。所以，每个人的幽默感就不可能是一致的，因为每个人的先天和后天条件是不可能完全一致。如果一个人"先天"对幽默比较敏感，"后天""被培养"的"环境、程度、过程"都充满了幽默，那这个人的幽默感就会很好。

幽默感无论对于幽默的创造者还是享用者都是非常重要的，因为有了幽默感就比较容易生产出幽默并能欣赏到幽默，能够感受到其中的"笑"。这有点像写诗和欣赏诗一样的要有诗的灵感，只有有幽默感的人才会有对幽默的理解，也才会创造出幽默的笑；同时也只有幽默感的人才能欣赏幽默并发出笑。就拿翻译幽默来说，若干外国幽默，其中没一个单词不懂，每一句子的语法也不难，但翻译出来以后，就不知道它的幽默在何处，无法发生笑。这就是缺乏一种感觉——幽默感。有了这种感觉才能够体会出幽默点在哪里，幽默度的强烈与否。其实幽默点就像诗歌里的灵魂、诗歌的眼睛。只要有了对诗歌的灵性，就能捕捉到诗的灵魂和感受到诗眼的光芒，就能创造出和欣赏到诗歌的韵味。弗洛伊德曾说："并不是每个人都能具有幽默感，它是一种难能可贵的天赋，许多人甚至没有能力享受人们向他们呈现的快乐"①。这里的"天赋"就是上面所说到的先天性和后天性的结合体。

以上的关于幽默感观点是相对幽默主体和幽默客体一起来论述的。我这里的幽默主体就是发出者，即创造幽默的人，幽默客体就是接受者，即享用幽默的人，所谓享用就是欣赏和使用幽默。下面分开来论述：

---

① 关于幽默的名言——http://www.lz13.cn/mingrenmingyan/15013.html

（一）幽默主体对幽默的创造

主体在创造幽默的时候，也必须有幽默感。幽默感不只是享用和理解幽默的时候需要，在创造幽默的时候也是必不可少的。世界上有五千多种语言，在这些语言里，不知道产生多少数不胜数的语言大师；世界上也有若干种艺术，在这些艺术里，也不知道产生了多少艺术大师，但不一定每一个语言大师和艺术大师都是幽默大师，这里就存在着一个幽默感的问题。无论你有的多高的语言功底和水平，多么高的艺术造诣，如果没有幽默的灵感，是难于产生出幽默的。即是说，幽默的主体要创造出幽默来，不仅仅只需要基本功底，还要求主体要在一定的语言功底和艺术功底的基础上，具备幽默这种灵感。这个灵感相当于药引子，没有这个药引子，整个一副药就不起功效。

幽默感是一种特殊的情绪表现，是一种特殊的思想火花的碰撞，是一种特殊的愉悦的感受。"它是以亲切感为基础的，对人性化萌芽态的关照效果。人性化萌芽态包括初步形态、初级智能、初级情商、低效的神经控制、初级的趣味、初级的语言、低能的思想行为等等。

人性化萌芽态作为人类成长的必经之路已深深印刻在生物机理当中，即便动物出现类似的萌芽态也会激发人类的亲切关照，从而引发幽默感。因此可以说，幽默感是一种以高见低的亲切感。也因此，幽默感的主体充满了对于对象的理解和共鸣。"①有了这个理解和共鸣，才有了主体对对象产生出思想火花的碰撞，才能把不是幽默的材料改造为幽默。

从幽默学的角度来说，幽默是一种综合的艺术，创造幽默当然也就是一种综合性的本领，因为在创造幽默这一过程中，还需把以上所论述的先天的和后天的幽默感与语言和艺术的基本知识综合起来；与情绪表达、情感诉求所有情愫等综合起来，才能创造出幽默。主体创造幽默既要一瞬间的思想碰撞，但又确确实实需要对幽默感悟有长期的沉淀和积累。只有这样，才不会矫揉造作——真正的幽默最惧怕的东西，才能达到顺其自然。比如央视主持人崔永元、周立波，比如上海电视台的金星等，他们的幽默之所以能够受到欢迎，就是顺其自然、不矫揉造作的结果，当然还得加上他们经过了长

① 360百科：《幽默感》http://baike.so.com/doc/6613929-6827722.html

期的励练和私下刻苦的学习,才使他们这一类幽默发出者满身都是幽默感,可以将幽默信手拈来,自然得体。例如,在解放日报举办的“文化论坛”,崔永元作为嘉宾参加了第二届,其主题是关注中国当代文化现象,崔永元所谈论的《中外影视的文化观察》就闪烁着很多幽默点:

例子(1)

电影的不景气我亲身体验过,那是非常痛苦的体验。

有一回,报纸上说,有部电影是宁瀛拍的,叫《民警故事》,非常好看。那天中午,我就约了同事,我们两个开着车去电影院看。路上堵车,到那儿电影已经开始五分钟了,我就很着急地去买票,但是卖票的那位女同志动作特别慢,一会儿动动她的耳环,一会儿捋捋她的头发。我就说:“请您快一点儿,电影已经开始五分钟了。”她就白了我一眼,然后拿起电话机,往影院里面打了一个电话:“金师傅,电影院来了两个人看电影,咱们卖票不卖票?”(全场大笑,鼓掌)结果就我和我同事俩人,看了那场电影。我可以很负责任地告诉大家,《民警故事》真的是一部非常好看的电影,但就是没人看,很令人费解。

我想起小时候看电影,真的是万人空巷,在我们的部队大院里,看电影就像过节一样。很多女孩子对电影没兴趣,但是那天会穿上新衣服,在露天电影院旁边绕来绕去。(全场笑声)我们看电影是从什么时候开始的呢?摆放电影放映机,挂电影银幕,对焦,打出第一束光,放加片,到放正片,都是看电影的过程,一个享受的过程。小时候,我父母管我们特别严,不让我们早去占地方,经常去得很晚,所以很多时候都是在银幕后面看电影,以至于到现在我都不知道,董存瑞炸碉堡用的是左手还是右手。(全场大笑)

有一次印象特别深刻:我早早就知道了要放映一部新电影,我跟母亲说我要很早去占位置,我母亲说不行,你去早了就会跟人打架。我说不会的,她就同意了。那部电影晚上七点开始放,我中午12点就去了。(全场笑声)操场上一个人都没有,就我一把凳子,我占了个最好的位置。我就冒着酷暑一直等着,到了下午四点多钟,慢慢地开始有人来了。大家把我围在中间,所有人都羡慕我的地方,说老崔家的小儿子占的那个地方太好了!(全场笑声)到了六点多钟,来了几个黑大汉,直奔我这个地方。他们让我起来,我说我不能起来,这是最好的位置,我12点就来占地方了。他们说你必须躲开,这是放电影机的地方!(全场大笑,鼓掌)为了放电影机,最后我就跑到银幕后面看电影去了。(全场笑声)

才短短的一段谈吐,就使观众从头笑到尾,很自然得体,当然幽默度也很高。并且当崔永元一谈完自己的观点,立即又发挥了自己的幽默主持人的本能,客串了一下主持人:

例子(2)"看到和我同台演讲的是吴建民先生和龙永图先生,我心里就打鼓。然后,我看了第一届文化讲坛三位嘉宾的名单:余秋雨、曹景行和赵本山,就明白是什么意思了。(全场大笑)

每次组合都是"两个学者加一个农民"。学者可以把事情讲得精辟一点,农民可以讲得通俗一点,一旦大家听学者听得比较劳累了,农民的作用就能充分发挥出来。希望在今天这个现场,我,包括我的演讲也能像赵本山一样受欢迎。(全场鼓掌)

让我们把热烈的掌声给龙永图先生,因为他让数以亿计的中国人知道了三个英文字母W-T-O。(全场鼓掌)我再提议把热烈的掌声给吴建民先生,因为他让数以亿计的外国人知道了两个汉字"中-国"。(全场鼓掌)第三,我再提议大家把最热烈的掌声给我。(全场鼓掌)确实比给刚才两位的热烈,这就印证了我的观点,越没有文化的人得到的掌声越多。这就是中国文化的现状。"

这个幽默的主体就是崔永元,并且是两个幽默的主体:一个是语言性幽默的编撰;一个是他的现场表演,属于有声的语言性幽默,是立体的幽默。他在主持的同时,一方面把主持的任务完成了,一方面又把幽默充斥了整个内容,并且还伴随着讽刺、自嘲和评价。显然让人感觉好像崔永元浑身都是幽默,真正地达到了信手拈来——这就是感悟了幽默的结果,这就是有幽默感的结果,这就是崔永元的幽默感和自身的幽默修养有机结合的结果!

(二)幽默客体对幽默的享用

幽默客体对幽默的享用首先是感悟、其次是接受、再其次是欣赏、最后是使用。要有了感悟,才能有共鸣,有了共鸣才能有理解;只有理解了幽默,才能发出笑声——这就是幽默客体的幽默感所产生出的相应的反应——愉悦的反应,这就是没有幽默感的客体是难以享用(欣赏和感受)幽默的推理。要使幽默产生效果,幽默客体也是首先要对幽默有所感悟,就是要有幽默感;只有感悟得到其幽默点,才谈得上接受;只有接受了,才谈得上去欣赏它;欣赏完毕之后,还可以使用它。所谓"使用"幽默,就是诸如像再次传播;比照这种格式或框架,创造出另外一个幽默;给不理解这个幽默的人进行解释,等等。所以幽默客体在这里是一个广义的,不仅仅是单纯的接受和欣赏,还有使用。所以本小节就是用的"幽默客体对幽默的享用"。举例:

例子(3)春晚的相声《不差钱》中有这样一组对话:

毛毛(对毕姥爷):"我非常感谢我老爷给我这次机会,太感谢你了,真的能带上我到大道,我感谢你八辈祖宗,我代表八辈祖宗感谢你,我这辈子不会忘记你的,我做鬼也不放过你的。"

赵本山:"孩子就是想报复你,不不……报销……不不……报恩,知恩图报,出去了就不能忘记你,来,唱李谷一的《青藏高原》。"

然后台下一片笑声。

在这样一个幽默的形成过程当中,演员和剧本创作者就是幽默的主体,是幽默的创造者,而台下的和电视机前观众则是幽默的客体,是幽默的享用者。这些欢乐的笑声就是建立在对这个幽默感悟的基础之上的。假如观众不能够感悟其幽默点,就不会发出那么多笑声,哪怕幽默里面的幽默点是成立的,但就没有收到效果,幽默主体目的也就没有达到。其实,仅从字面来看,就是故意说错字说漏字,并不是很幽默,这就要靠演员的二度创作和台下的观众的配合,这个"配合"就需要幽默客体要有相应的幽默感。如果没有幽默感,就会感觉索然无味,就仅仅是说错字和说漏字有什么好笑的?所以,在幽默产生的过程当中,幽默客体的幽默感也是不可缺或,因为它直接影响着幽默客体的享用。

幽默客体要能感悟这个幽默就必须与幽默主体有着一致的幽默感,才谈得上幽默的分享。所谓"一致的幽默感"就要有幽默主体所具备的幽默感的背景知识，比如央视的“星光大道”，被说成了“大道”，比如“知恩图报”当中的“报答”与“报复”混淆等。没有幽默感的人，存在着两方面的问题；一方面是对幽默不太有反应，哪怕是一条幽默摆在他面前，他也觉得根本不幽默；另一方面是根本发现不了幽默在哪里，只有别人替他“翻译”或“进一步解释”以后，他才恍然大悟地大笑起来。

幽默主体与幽默客体是相辅相成的，舞台幽默，没有观众，连排练戏剧的目的就丧失了，更谈不上幽默；尤其是，观众的幽默感也非常重要，因为舞台幽默是需要互动的，没有互动、幽默客体没有反应，那只能说明两点：要么幽默主体发出的不是幽默，或幽默客体缺乏幽默感。所以，在幽默形成的过程当中，幽默主体的主导地位不可动摇，但是幽默客体的享用却也是必不可少的一部分，如果幽默主体所创造的幽默只是自己觉得是幽默，那幽默主体所创造出来的幽默则变成了没有意义的话语，反之亦然。

幽默的创造和享用之间有一种特殊的协调关系，这种特殊的协调关系能够直接影响到幽默效果的好或坏。所谓协调关系就是幽默主体和幽默客体都是靠幽默感来起作用，与创造幽默需要幽默感一样，享用幽默也需要具有幽默感，而幽默客体享用幽默主体创造的幽默，无论是从幽默主体创造幽默的角度来看，还是从幽默客体享用幽默的角度来看，他们的心理感受即所谓的幽默感，可以直接决定幽默的效果。也就是说，幽默客体的幽默感与幽默主体的幽默感至少要达到一致，才能感悟到幽默所在。同样的道理，一方面幽默客体有时候对幽默不感悟，即没有幽默感，发现不了幽默，就算别人为他解释出幽默点所在，他也认为不幽默。但另一方面，有时候幽默客体对同一个幽默的感受还超过幽默主体，就是老百姓常说的，这些幽默客体的“笑点”比较低。再举个例子来说：

例子(4)胡适经常到大学里去讲演。有一次，在某大学，讲演中他常引用孔子、孟子、孙中山先生的话。引用时，他就在黑板上写：“孔说”“孟说”“孙说”。最后，他发表自己的意见时，竟引起了哄堂大笑，原来他写的是：“胡说”。

这个幽默故事中，胡适不自觉的创造了一个幽默场景——“胡说”有两层含义，一层是“一种不负责任的语言表达方式”，而另外一种则是“胡适说”的简称。但学生们的“哄堂大笑”却是有意地将这个意思扩大化。对比之下，胡适本人心里知道，把他自己的学说称之为“胡说”算是有一点幽默，但内心也觉得“孔说”“孟说”“孙说”与他自己的“胡说”是有延续性的和严肃性的，没想到不经意地去创造了这个幽默，却会引来学生们如此的“哄堂大笑”。这就是学生们对“胡说”的幽默感受，超过了幽默主体。

幽默客体的幽默感，除了对幽默主体创造的幽默发挥着积极的作用以外，还有另一个作用，就是对不是幽默主体创造的幽默，即偶然出现的幽默也能立即感受。作为幽默常常由幽默主体故意地创造出来的，但也不排斥有一些幽默不需要幽默主体去创造，是自然产生的。比如“休克性愚蠢的幽默”，比如，误会型的幽默，比如幽默性的新闻等等。没有幽默客体去发现、去享用，那这一个幽默就只能是静静地永久地待在原地，没有人知晓，那幽默也就失去了意义。当然幽默客体要去发现、去整理这些自然形成的幽默，就需要有一定的幽默感了。比如就有人综合了一个 2016 年的若干真事报道，先是发现了其幽默性，后又再加了评语，使其变成了幽默新闻。下面遴选一些，以飨读者：

举例(5)总结一下 2016 年度最佳幽默新闻：

①广东三人花 20 万人民币造出 17 万假币。[流汗]

②英国马拉松仅一人完成比赛，第二名带着五千人跑错了路。[偷笑]

③小偷入室盗窃，因怕有脚步声，脱下鞋子，脚太臭熏醒屋主。[窃笑]

④河南一女子为吓男友，报警称其是逃犯，警方调查后发现真的是逃犯。[惊恐]

⑤美国一青年举枪自杀，被其母亲发现后报警，警察为防止该青年自杀，将其击毙。[吐舌]

⑥乌克兰提议取消俄罗斯在联合国的一票否决权，结果被俄罗斯一票否决。[白眼]

⑦浙江夫妻“幻想”中奖 500 万，因分配不均大打出手。[晕]

⑧女子考驾照 13 年未通过，驾校全额退款并请其吃饭。[嘘]

⑨一男子去宾馆开房，花 800 叫了两个小姐，结果三人斗了一晚上地

主,该男子倒赢两千多!!! [嗦]

⑩教师猥亵女学生一审获刑“1 年”不服上诉,二审获刑“12 年”。[很二]

⑪一男子偷窃仓库价值 5 万饮料,连夜将瓶中饮料倒掉,将空瓶卖了 200 多块钱。[猪头]

这样的真事,如果不被发现,不被集中收集和评论,那也就只能是一个新闻报道而已。然而这么一集中,还冠以幽默点评,真还就是名副其实的幽默呢! 这些幽默里面,不乏“休克性愚蠢”、误会、弄巧成拙等自然形成的因素,完全得益于幽默客体的幽默感。

可见,幽默客体的幽默感不是可有可无的,否则,幽默将对牛弹琴。

二、幽默的理解——理论

无论是幽默主体还是幽默客体都存在着一个道理,那就是:感悟了的东西,不一定能理解它,只有理解了的东西才可以感悟它,因为后者掌握了一定的规律。何为理解幽默,就是要从“理论”上去把握幽默,就是知道了幽默点形成的机制以及要素。懂得幽默的基本理论后,不仅容易创造出幽默的关键——幽默点,还可以创造出更多幽默点,并使其“链接”或“激活”,或使其形成的幽默逻辑进行交叉,变成高级幽默。在一定意义上,创造了幽默点就等于创造了幽默。同样,相对幽默客体而言,懂得幽默的基本理论以后,也容易找到幽默的幽默点,找到“链接”“激活”“交叉”的幽默媒体。因为除了幽默感先天的因素以外,后天的幽默感主要是靠培养,这个培养就来自对幽默理论知识的吸取。所以,无论是创造幽默还是享用幽默,不管是幽默主体还幽默客体、不管先天是否有幽默感,都应该主动地培养自身的一点幽默感,这对创造和享用幽默都大有裨益,而且创造出的幽默质量也要高得多,欣赏幽默的程度也要深得多。虽然每个人在笑,但对这个“笑”的理解却不一定是一样的。

所谓幽默的理论,大多也是从对幽默的感悟中获得的,所以,在论述幽默主体的理解与享用时,往往会从对幽默的感悟谈起。一般来说,就是从每一种理论起源的感悟中来寻找到幽默点以及幽默媒体的。尽管下面要论述的这些理论起源(要素)所形成的幽默例子,在本书第十二章《大一统幽默在汉英互译中的考究》里,已经一一举过例,但那是如何找到和翻译幽默点,用来作为翻译考究的例证。这里主要是利用例证来说明,理论如何为幽默主体创造幽默和如何为幽默客体享用幽默服务的。下面分为两个部分来举例说明,一部分是高级幽默的例子,另外一部分是低级幽默的例子。

(一)幽默主体对幽默的理解与创造

幽默主体作为幽默的创造者,也要先备有幽默感,要先理解幽默。要理解幽默就是要知道幽默的一些理论,以便更好地创造幽默。起码至少应该知道幽默基础性的一些理论,比如:幽默传统的"三大理论";幽默的专门逻辑;幽默总是有悖常规等这些理论。这些理论可以帮助幽默主体发现幽默点机制形成的因素,因为这些理论的起源本身就来自这些"要素",利用这些理论和因素就可以去创造出幽默点。

幽默点是幽默必不可少的,一个幽默至少必须包含一个幽默点,当然创造幽默点就是创造幽默。在创造高级幽默的时候,可以利用以下的因素(幽默理论的起源)来创造幽默:①幽默的幽默点形成机制是因为优越/蔑视感;②幽默的幽默点形成机制是因为释放/宽慰感;③幽默的幽默点形成机制是因为乖讹感即不一致;④幽默的幽默点形成机制是因为错位逻辑的交叉;⑤幽默的幽默点形成机制是因为预期落空;⑥幽默的幽默点形成机制是因为一定的哲理,等。

A. 高级幽默

①利用"优越/蔑视感"而形成的幽默例子:

例子(6)美国幽默大师马克·吐温去拜访法国名人波盖,波盖是一个喜欢挖苦人的文人,他取笑美国历史很短:"美国人在无事闲暇时往往爱想念他们的祖先,可是一想到他们祖父一代就不得不停止。"这时,马克·吐温立刻以充满诙谐的语句开始反击说:"当法国人无事时,总是尽力想弄清楚他的父亲是谁"。

在例子(6)里的这段对话当中,法国人波盖讽刺美国的历史短,而马克·吐温则反唇相讥,说法国人都不晓得自己的父亲是谁,暗指法国人的情妇/情夫太多,多到不知道自己的父亲是谁。虽然两人都是运用了夸张手法来讽刺对方,但从理论的起源来说,互相之间都怀揣着优越/蔑视感(理论),才会在瞬间互幽了一默。相对幽默主体来说,对双方也是居高临下的角度来创造幽默的,因为优越感本身就具有蔑视感在里面。

②利用"释放/宽慰理论"而形成的幽默例子:

例子(7)

服务员:"请问我有什么可以帮您的吗?"

有怨气的顾客:"有啊,你能帮我付钱吗?"

例子(7),不用写明这个顾客是不是有怨气,从上下文就能知道,这个顾客通过幽默,调侃了一下服务员。无疑心情应该有所释放和宽慰。

③利用"乖讹"感即不一致理论而形成的幽默例子:

例子(8)

我爸打电话来问:"你还好吧?"

我说:"好啊,怎么了?"

他说:"我收到一条短信说儿子被绑架了,要在3天内凑够20万打过去不然就撕票。"

我安抚父亲道:"爸,骗子的这类短信太多了,你以后理都别理,什么时候收到短信的?"

我爸:"一个月前。"

例子(8)里说的是一桩诈骗故事,因为诈骗是有时效性的,只能在一定的时间范围内有欺诈性,过了那个"三天"的时间,要么儿子早就被撕票,幽默骗术早就被揭穿。这里有两个"不一致":第一个"不一致"是,上半截写的是"三天内... 就撕票",最后一句话里是"一个月前"——"三天"与"一个月前"形成不一致;第二个"不一致"是,爸爸心里面估计知晓这短信是诈骗,根本不必理会,所以才这么个拖延法。但"乖讹"的是,不理会就算了,爸爸又还把电话打给了儿子——"不必理会"与"打电话给儿子"形成"乖讹"

即不一致,明显的乖讹/不一致造就了这个幽默。

④利用“错位逻辑交叉”而形成的幽默例子:

例子(9)

小侄子不会写作业,嫂子问他:“你在学校都学什么了,又不认真了?”

小侄子支吾半天,终于想到一个完美的借口,他说“老师讲的知识都被前面同学听走了,我没听到……”

例子(9)是什么逻辑?咋一听来,似乎是有点道理,因为声音的传播肯定要先传到坐在前面的人,但仔细一想,前面同学的耳朵能把老师的声音全部听走?这是错用了人对有型物体的逻辑,故意混淆了有型物体和无形物体的区别。有一些无形物体,如空气、声波、磁场、电子都是肉眼看不见的,这些无形物体也不像有型物体是按形状来区别其个数或块数,它们是按片、按团、按场来区分的,教室里的每一处完全可以被老师声音的声波覆盖完毕。这是完全不同的两个逻辑,被这么一错位,还进行了交叉,就形成了幽默。两条逻辑是:一条是不会写作业;另一条是“老师讲的知识都被前面同学听走了”,这两条逻辑在“我没听到”这个幽默媒体上交叉。因为“我没听到”既是不会写作业的原因,也是“老师讲的知识都被前面同学听走了”的“原因”。如果能仿造这种逻辑来交叉,那又可以创造出这一类的高级幽默。

⑤利用“预期的落空”而形成的幽默例子:

(10)一傻逼和朋友一起吃饭,突然想放屁,就对她们说:“捂住鼻子,妹子们。”

谁知这傻逼放了一个响得不得了的屁,妹子们说:“下次放这种屁要让我们捂住耳朵!”

例子(10)里的妹子们所说的话确实让人的预期大大地落空了。如果“妹子们说”的这一处改为:“麻烦你下一次到厕所里去放!”,这也不失幽默之味道,但只能是低级幽默。因为没有哪个人放屁是跑到厕所里去放的,因为大致还是猜得出这个低级幽默的走向。这样就没有形成高级幽默所要求的预期落空。没想到妹子们会对那傻逼说成：屁是可以放的，不仅要提前通知，而且要提前通知妹子们不是捂鼻子而是捂耳朵！这么荒诞的劝告，你怎么也猜不到啊！预期落空与意外所产生的幽默是有所不同，预期落空可以按实物发展的规律进行预期，意外根本就没有什么预期可言。而且意外所产生的幽默不属于高级幽默，纯属偶然形成的幽默，属于低级幽默，下面要论述到。

⑥利用一定的哲理而形成的幽默：

例子(11)

儿子跟父亲说："爸爸，我们学校成立了一个乐队，我想去参加，学校还说乐器要自己带。"

父亲盯了儿子半天，递给儿子一根筷子说："孩子，我们家穷，你就去争取去当指挥吧。"

例子(11)里体现了一个"穷则思变，富则思淫"哲理。这家父亲真是"穷则思变"的高手，既满足的儿子的要求，又满足了学校的条件，两全其美，还不失为一个幽默。幽默就幽默在这个父亲把"穷则思变"这个哲理玩的滚瓜烂熟；幽默在一根筷子确实也是能充当指挥棒的，又能节省很多买乐器的钱，不仅如此，还能让儿子成为乐队的主要成员——乐队指挥！利用哲理来创造幽默，一开始来自西方国家，尤其是西方国家的一些哲理漫画，没有一定的幽默感就无法知晓其幽默在哪里。

B. 低级幽默

根据我的大一统幽默学的观点，低级幽默就是除高级幽默以外的一切有噱趣的、滑稽的、搞笑的、讽刺韵味的内容。根据这个观点，也可以找到形成低级幽默幽默点的因素，这些因素不一定是幽默理论的起源，但却是形成幽默的机制。下面就分别论述一些比较特殊的：①不可理喻的矛盾；②有悖常理的滑稽、怪诞、搞笑等；③讽刺；④碰巧；⑤休克性愚蠢；⑥误会——错误；⑦恶作剧；⑧粗心，⑨意外，等。

①利用“不可理喻的矛盾”而形成的幽默例子：

例子(12)有一位老兄，每天下班后，总爱到家附近的酒馆，叫上两杯酒，若有所思地喝，喝完就走。就这样过了一阵子，酒保觉得好奇，就问他：“你为什么一次叫两杯？”

他说：“我有一个好朋友，以前和我一起工作，每天下班后，我們都会一起喝一杯再回家。自从他搬家后，我就自己喝一杯，替他喝一杯，缅怀过去的美好时光。”

酒保听了非常感动。但忽然有一天，那位老兄只叫了一杯酒，喝完就走了，一连好几天都是如此。酒保觉得有点不对劲，憋不住了又去问他：“怎么了？是不是你的朋友发生什么事了？”

他说：“没有啊！我的朋友好得很啊！”

酒保又問：“那为什么你以前都叫两杯酒，自己喝一杯，再替你的朋友喝一杯，现在你只喝一杯呢？”

他说：“喔！因为我戒酒了。”

例子(12)里的矛盾真是不可思议，既然自己戒酒了，为什么还反过来替朋友喝酒，而且是自己付钱，虽然最终结果来看完全有悖于常理，但从字面逻辑推理来看也不是一点道理都没有，这就是幽默的奥妙之处：自己戒酒了，当然要减掉一杯了：$2-1=1$，没有错啊！虽然没有违背数学上的加减法，但违背了生活上的常规，按常规这个不喝酒的人应该是“朋友”，因为现场来的人是肯定要喝酒的人，但恰恰相反，由戒酒的人来代替朋友喝酒，显然是矛盾的。这不仅是一个幽默还是一个带有讽刺意义的幽默。矛盾可以用来创造幽默，但不是一切矛盾都可以这样做，还要注意在矛盾里面找到一点点不矛盾的“借口”。

②利用“有悖常理的滑稽、怪诞、搞笑等”而形成的幽默例子：

例子(13)

四个老人家打麻将，一圈后一人去厕所，上完厕所后把打麻将这事给忘了，直接回家了。另外三人久等，见其未归，决定寻找。但谁也想不起刚才和他们在一起打麻将的人是谁了。

这简直就是一个滑稽的事情！幽默度不是很高。虽然说是滑稽，但里面也可以推理出一点点道理：老人年纪大了，健忘的事情经常发生，而且健忘往往会引发一些滑稽的事情。但恰好两处“健忘”撞在一起，就不只是滑稽了，却变成了一个幽默，何况在我的大一统幽默学里面，滑稽也属于幽默的范畴。按照我的大一统幽默学的打分原则，这个幽默应该不属于低级幽默，因为有两个滑稽点，应该是幽默点，应各得一分，升华为幽默后，要算一分，已经超过了低级幽默的 2 分分值。但这里所强调的是，滑稽不仅自己可以被列为幽默范畴，同时也可以共同地创造出高级幽默。也就是说，以上的两个滑稽即或没有撞在一起，它们也是幽默。

③利用“讽刺”形成的幽默例子：

例子(14)《味道》

北京一男子来新疆伊犁库尔德宁大草原旅游，一下车来了个深呼吸，我的妈呀，空气太新鲜了，质量太好了！不料，身体一下承受不了这么干净的环境——醉氧，当场发作晕了过去。

120 急救车及时赶到后，急救员问：“病人从哪来的?”

有人答道：“北京滴!”

急救员“嗯”了一声，迅速将氧气筒的软管拔下，立即接到汽车排气管上，让他吸了几口。他这才慢慢醒来，轻轻说到：“大爷的，这才是家乡的味道……”

其实讽刺不被一些专家认定为幽默，这对“讽刺”来说是不公平的，按照我的大一统幽默学的打分原则，讽刺的打分一般都不会低于 3 分以下，例子(14)不但其幽默点就有好几个，何况还升华为幽默。但为着幽默的“大一统”不再引起争议，所以，在这里还是继续把讽刺作为低级幽默来看待。这个讽刺是采取了夸张的手法，夸张达到了荒诞的程度。根据前面章节所论述的:夸张得越荒诞,讽刺性就越强,这就是一个讽刺性很强的幽默。

④利用“碰巧”形成的幽默例子:

例子(15)

一个女孩被诊断为艾滋病,然后为了报复社会,她成天约炮,约了一年,然后医生告诉她说是误诊的。

严格来说,例子(15)当属高级幽默的范畴,但一些专家从逻辑学的角度看问题,不把碰巧形成的幽默算作是幽默,因为这个例子并没有错位逻辑的交叉。

例子(15)就是来自一个新闻报道,但它却又是一个幽默,但碰巧性的幽默的幽默度比较低,往往以滑稽、搞笑为主要内容。这种幽默就要靠幽默感去发现、收集,如上面的第(5)例子里的2016年幽默新闻报道,也属于碰巧性的幽默。作为幽默主体创造幽默的时候,也未尝不可以也利用这种所谓的“碰巧”思维方法来创造幽默。比如就把上面的(15)例子以及例子(5)里面的幽默新闻报道,全部理解为是故意创作的也未尝不可,甚至可以借这个思维就故意地创造出“碰巧性”幽默,其幽默度不会低,例如:

例子(16)某女跟老公吵架后不好意思回家哭,突然想到去殡仪馆放声大哭发泄一下。碰巧一位老翁丧礼正在举行,某女便跟着家属嚎啕大哭起来,这老翁太太抱怨道:这死鬼竟然还有小三。看到她哭的撕心裂肺,就安慰说:小三啊,看你哭得那么伤心,我们分你1亿5千万现金,其他房地产和公司股票,你就别想了,你也别再闹了行吗?”

⑤利用“休克性愚蠢”形成的幽默例子:

例子(17)

喜欢把瓜子全部剥了壳再吃。鬼使神差地,全部剥好后,把盘子里的瓜子仁一股脑倒进了垃圾桶,看着另一盘瓜子壳发呆。

这是典型的脑子进水了,或许是脑袋被门夹过,我称之为"休克性愚蠢"。肯定是低级幽默,它不存在高级幽默所需要的理论元素,只是让人觉得滑稽,搞笑。但作为我的大一统幽默学是认定为幽默的,也不妨利用一下这种思维,它也可以按这种思维去创造幽默。也可以按这种思维去寻找生活之中的例子,总之把它看成是形成幽默点机制的因素之一。

⑥利用"误会(错误)"形成的幽默例子:

例子(18)

有一天下大雨,大街上水很深,很多车都过不去。一打伞的哥们站在没过膝盖的水中。

这时一开路虎越野车的大哥用藐视的目光看了看旁边的车,加大油门冲了过去,结果整车全部淹的都看不见了。

车主好不容易从车里爬上来对打伞的哥们说:"水不是才到你膝盖吗?"

打伞的哥们回答到:"爷,我站车顶上呢!"

例子(18)按照高级幽默的要求,肯定不具备,但它有着幽默的因素,有幽默点,不能弃之不认。很显然,那开路虎的小子被假象迷惑,错误判断了路况,犯了一次错误,玩了一次误会的游戏,形成了这个幽默。由于错误或误会所形成的幽默也比比皆是。

⑦利用"恶作剧"形成的幽默例子:

例子(19)

一女子高中的女生们经常在卫生间的镜子上留下唇印搞恶作剧,校长非常生气。一天,校长在早会时把所有涂口红的女生集合到卫生间,对她们说:"你们在镜子上留下唇印,打扫起来有多辛苦,今天就请打扫卫生的老大娘给你们示范一下。"说完后,打扫卫生的老大娘便拿起拖布,蘸了蘸便池里的水,用力地擦起镜子来。

一般恶作剧都是行为性幽默,而且往往带有情节,但其幽默度不高,就是让某人上当或受骗,给人带来开心,业内一般也不把恶作剧视为是幽默。

虽然恶作剧是以损伤他人为目的,但恶作剧的损伤一般都不会太严重,然而却给其他人带来了开心,也算是符合于幽默理论的释放/宽慰理论的。人与人之间有时候来一点微微的“伤害”并不碍大局,何况有时候被高恶作剧的人也会放声大笑。不把恶作剧视为幽默也确实不公,因为大多数的恶作剧都会附带着很多幽默点。再比如:

(20)两人去饭店吃饭,桌上放着一碗芥末。其中一个认为是赠送的前菜,舀了满满一勺放进嘴里,立即泪如泉涌,不过他紧闭嘴巴没说一句话。

随着去的另外一个朋友问:“怎么了?”

他说:“想我爹了,20年前去世了,可怜他老人家一辈子也没吃过这么好吃的东西。”

另外一个朋友二话不说,立马舀了满满一勺放进嘴里,骤然泪如雨下。

第一位笑问:“你怎么也哭了?”

朋友恨恨的说:“我也想你爹了!我想你爹怎么生了你这么个混账东西!”

这个(20)例子,虽然是恶作剧似的幽默,但它就有三个幽默点:第一个是误会认为芥末是甜的而形成的“泪如泉涌”;第二个是确实就是名副其实的恶作剧了,让第二个人也“泪如雨下”;第三个是朋友吃完芥末以后的对话。第一个和第三个幽默点都是为第二个恶作剧服务的,第一个是铺垫——悬念,第三个是延伸,是让悬念落地;不仅如此,还让“想爹”这个幽默媒体交叉了两个“想爹”的逻辑。按照我的大一统幽默学的打分原则,这个幽默以及远远的超过了低级幽默的分值。

⑧利用“粗心”形成的幽默例子:

例子(21)

费尔丁教授向来粗心大意。妻子让他把一包垃圾顺道丢到楼外废物箱里,他却糊涂地提着上了地铁,又到了实验室,最后又提着回了家。妻子大吃一惊:“你提着什么?”费尔丁说:“哎呀,垃圾忘了丢了。”妻子拿过来一看,更加吃惊:“你从哪儿拿回的火腿?”

由于粗心给人带来的尴尬和麻烦数不胜数，当然也带来了好笑，甚至是幽默。尤其是汉语里因为少一个字或多一个字就使其意思大变的情况也很多，比如第九章的(32)(33)例子就闹出了笑话。只要仔细观察，就会创造出很多因为粗心而形成的幽默。

⑨利用意外形成的幽默例子：

例子(22)

A：昨天我跟老婆去电影院，电影看到一半，突然就停电了！

B：大家都急得慌了吧？

A：停的时候没慌，电一回来的时候全慌了

B：慌什么？

A：全急着穿衣服了。

这种“意外”的幽默似乎在上面的“碰巧”里说到过，但碰巧与意外是有一点点区别的。意外往往是不想让它发生的不太好的事情，它却偏发生了；而碰巧恰好相反，是万万想不到会得来的好事，它来临了。有一些意外和碰巧的事情，有时候也不一定是故意性的幽默，有时候确实现实生活中发生的事情，只要你有心也可以发现、收集、甚至发表，那也算是你的幽默作品。当然幽默主体在创造幽默时，也可以利用现实生活中的碰巧和意外来启迪自己这方面的思维，创造出此类的幽默。

以上的仅仅是语言性幽默当中的高级幽默和低级幽默的举例，如果幽默主体是画家还可以创造出图表性的幽默，如果是演员还可以创造出行为性的幽默。

通过以上的例子来说明如何利用这些形成幽默机制的因素(理论的起源)，从理论上掌握了这些因素，就比较容易地去创造幽默。除了语言性的幽默，还有行为性和图表性的幽默，它们的构思方法与语言性的幽默是一样的，甚至大多数行为性和图表性幽默的脚本就是先由语言性的幽默来完成的，所以那两种幽默就不再一一的举例。要能捕捉到这些因素，并从中创造出幽默，就需要幽默主体从幽默理论着手。比如拿乖讹理论举例，就是由乖讹的起源，导致了乖讹的理论，又用乖讹的理论来寻找幽默点——这就是从实践到理论，再由理论指导实践的《实践论》精髓。当然幽默主体在掌握一定的幽默理论的同时，就会增长相应的幽默感，在加上幽默主体一定的文化修养、反应速度以及语言运用能力、绘画能力和表演能力，不愁创造不出高质量的幽默。

（二）幽默客体对幽默的理解与享用

所谓幽默客体就是“被动”的一方，比较起幽默主体就较容易些，至少不需要去组织创造幽默的材料，至少也不需要带嘴带手，就带一双眼睛、一副耳朵和一个大脑就行了；所谓对幽默的理解就像上面论述的那样，就是多少了解一点幽默的理论，就是要从幽默形成的机制上去理解幽默；所谓享用就是幽默客体对幽默的感悟、反应、欣赏乃至使用；所谓使用就不仅仅是自己欣赏，还可以传播、利用和利用其原理进行再创造。

大多数幽默客体都不需要对幽默有什么理解，看得懂就笑一笑，看不懂就拉倒，把幽默丢弃一边就行了。所谓看得懂也分为两种：一种是感悟了某个幽默的乖讹和怪异，能发出笑声；一种是不仅感悟了某个幽默的“笑意”，而且还能知道其形成的道理及其机制，既知道其然还知道其所以然。尤其是第二种，要求幽默客体从幽默的理论上去理解幽默，尤其是一些高深的高级幽默或许要翻译这些幽默，当把每一个单词或汉字、句法、词法都搞懂了，但就是搞不懂幽默在哪里，这时候就需要有一个“理解”，这个“理解”就是要从幽默理论上来入手，来获取对那个幽默的幽默感，那样才能搞得懂，也才会发出笑声，才能把它翻译为目的语，而不丢失幽默；何况完全的幽默客体不只是自己感悟了、欣赏了、好笑了就行，有些幽默客体还想要“使用”幽默：比如传播、比如借此说彼（借幽默说事）、比如仿造（仿此幽默格式再创造新幽默）等，正是在这个意义上，幽默理论和幽默感，即对幽默的“理解”对于幽默客体就非常重要。何况，就算不去“使用”幽默，仅只是欣赏幽默，从幽默理论上去欣赏幽默，从理解了的角度去欣赏幽默，就更加有深度，笑得还更透彻。同样一个幽默，别看大家都在笑，但理解了的笑和没有理解的笑，其深度是大不一样的，理解了的笑肯定是要开怀得多，理解了的笑就是与那个幽默产生了共同的幽默感，在共同的幽默感上发生了“共鸣”。

可见，幽默客体对幽默的理解直接影响着享用的程度，要使幽默客体对幽默主体创造的幽默效果发挥到最大值，当然也不能否定幽默感和幽默客体自身的一些基本修养的作用，这几个条件都要有机地结合，才会使幽默客体与幽默主体在幽默上心心相印，甚至超过幽默主体的期待。举例：

例子(23)一次大赛过后，有记者突然问世界轻量级拳击冠军琼·瓦特："你愿意在自己的墓碑上，写下什么样的墓志铭？"

琼·瓦特想了想，笑着回答道："你爱数多少下就数多少下吧！反正我这次是起不来了。"

例子(23)里面就有一个对专业知识熟悉的问题，根据拳击规则，拳击运动员被对方击倒后，裁判便开始"读秒"，如从"一"数到"八"还站不起来，就判其失败。如果不懂得这个规则，就无法知晓其幽默；同时，如果没有对这个幽默怀有同样的幽默感，你就认识不到这位位职业拳击手语言的凝练，既没有哗众取宠，也没有刻意煽情，而用最简单朴实的语言，表达了对职业生涯的认可，寄予着对生命轮回的反思，在幽默中更渗透出豁达恢弘的气度，让人有回味，带给人们以美的联想——这就是幽默的魅力所在。

三、创造幽默所需要的——条件

如果说幽默主体创造幽默需要以上所论述的幽默感、幽默理论包括自身的文化修养，那只能是幽默主体必要的内在条件，要创造出幽默，还需要外在条件的配合。这些外在条件包括：(一)创造幽默的材料、内容、情景(时间、地点、人物、情节、哲理)(二)创造幽默的形式(体裁、载体、表达方式)(三)创造幽默的手段(方法及技巧)。毫无疑问，这些幽默主体创造幽默需要的条件，涉及到幽默的很多方面，所以这些"外在条件"已经在所涉及到的其它章节里论述过，但角度不一样，这里是从幽默主体创造幽默的角度来论述：

(一)创造幽默的材料、内容、情景(时间、地点、人物、情节、哲理)

A. 材料

创造幽默的材料就是能承载和表达幽默的一切非物质性和物质性的东西。有语言性幽默的语言,包括承载语言的媒体,比如印刷纸张等;图表性幽默的图表,包括承载图表的媒体,比如画布等;行为性幽默的舞台,包括演员的表演以及需要的道具等。在这里,演员一方面是幽默材料(载体),一方面又是幽默的主体,因为演员还可以对幽默有自己的二度创作,也属于幽默的发出者之一。除了这些实体性的材料以外,还必须有内容性的“材料”,对“内容”下面要专门论述,此略。语言就是非物质性的材料,演员以及演员需要的道具和舞台等就是物质性的材料,但图表性的具有两面性,图表的构思属于非物质性,传播图表的媒体为物质性的。所以,幽默主体在创造幽默的时候,可要考虑好你有哪些材料,要量体裁衣,否则无法使幽默主体的幽默呈现给幽默客体。举例来说:

例子(24)《喝茶》

一位贵妇邀请意大利小提琴演奏家、作曲家帕格尼尼第二天到她家去喝茶。

帕格尼尼接受了邀请。贵妇很高兴,告别时,笑着对帕格尼尼补充说:“亲爱的艺术家,请你千万不要忘了,明天来的时候带上您的提琴!”

“这是为什么呀?”帕格尼尼故作惊讶地说,“夫人,您是知道的,我的提琴从不喝茶。”

例子(24)的材料是语言以及承载语言的媒体(比如纸张、电子文档等),没有这些语言以及纸张或电子文档,你就无法享用到这个幽默。

B. 内容

一个幽默除了以上的语言以及语言的载体纸张后电子文档这些材料以外,还必须有一定的内容性材料,所谓内容性材料就是“实体性内容”,这在前面的章节论述过:“实体性内容”=“框架性内容”+“情节性内容”。“框架性内容”就是本书第五章所论述的“两个板块、三个性、六个点”就是把幽默框定在“两个板块、三个性、六个点”里面;“情节性内容”就是脚本里面的情节。两个板块就是“有声的和无声的”;“三个性”就是“语言性、图表性和行为性”;“六个点”就是“两个板块”里面的“三个性”。相对“情节性内容”

而言,“框架性内容”又变成了幽默的一种形式;“情节性内容”就是在这几个“框架”里面具体内容,比如故事情节、哲理、画面构思、言行动作等。由于在其它章节已经论述过,这里就不赘述。仅只举一例子说明:

例子(25)

一女生深夜返校,被一男人拦住劫色,女生主动把裙子撩起来,男人当即把裤子褪下去。

女生回到宿舍后密告了室友,室友惊问:“结果如何?”

那女生却反问道:“你说一个提着裙子的女人和一个提着裤子的男人谁跑得快?”

例子(25)属于无声的语言性幽默,相对“幽默的形式(体裁、载体和表达方式)”而言,属于“框架型内容”里面的“无声的语言性幽默”,因为幽默的形式(体裁、载体和表达方式)是幽默最外在的表现,相对“情节性内容”它又属于“情节性内容”的“形式”;(25)例子的故事就是最里面的内容,即“情节性内容”。

C. 情景

幽默的情景虽然不像小说那样对“人物、时间、地点、情节”要求得那么严,但情景也是创造幽默所离不开的一个因素。在幽默里,既可以同时具备情景的这几个因素(人物、时间、地点、情节),比如幽默小说;也可以缺项,比如有些幽默只有一个对话,你根本不知道是什么地点和时间,只是表达一个哲理;有些甚至幽默就只是一句话,甚至不知道人物、时间、地点、情节是什么,只是表达一下搞笑的内容。先举一个不缺情景四要素的例子,幽默小小说:

例子(26)①

大清早,局长头发锃亮,背着双手,迈着四方步走进办公大楼,裤子的拉链竟然没有拉上,裆部像个惊讶的口大张着,露着里面红红的内裤——那年

① http://www.360doc.com/content/17/0116/09/3328689_622773428.shtml

局长49岁。

门卫保安是第一个看到的。这个农村来的小伙子身强体壮,但反应却很迟钝,在他涨红着脸还没有想清楚到底该不该跟局长说一声时,局长已经迈着四方步上了楼梯(为了保持健康,局长从来不乘电梯)。

局长在二楼时遇到了团委的女书记,年轻的女书记拿着份材料正要让局长签字,一见局长的裤子,忙装作是偶遇的样子说声"局长早",就一转身匆匆地离开了——我是女同志,这事我来提醒不合适。

局长迈着正步继续上楼,在三楼遇到了行管科长。行管科长一见了局长就堆一脸的笑:身体向边上一侧,给局长让路,等局长过去了,他忙轻手轻脚地下楼——局长护短,"三讲"时谁提意见谁倒了霉,这事我不能说。

局长继续迈着正步上了四楼,在楼道里办公室主任和纪检主任正在聊天,一见局长大开着裤链上来了,两人都吓了一跳,但却都不动声色地和往常一样向局长问好。局长过去了,两人就小声地质问起来,"你为什么不告诉局长他裤链没拉好?"

"你怎么不说?"

"你是纪检办主任!领导裆部有了问题应该你过问!"

"胡扯,这又不是作风问题,属生活起居方面的事,该由你来说!"

局长继续迈着正步上了五楼,在楼梯上遇到审计科副科长拎着暖瓶下楼打水。一见局长,这位副科长的脸刷一下子红了,他也只是侧身在那儿点头憨笑,只等局长过去。

审计科长随之出现,他也和往常一样,亲热地和局长打了招呼就走——从一楼到五楼都没人提醒,我凭什么要提醒?

局长已上了六楼,左转进了自己的办公室。这时副局长迎面走来,他诧异地看了局长一眼,也没说话。他在心里盘算:传闻局长将要调走,而他是最合适的人选。

局长从书记的办公室前走过,书记也发现了他红色的内裤。他在心里暗暗地冷笑——开着吧,过会儿开会看你怎么出丑!

全局干部会9点钟准时召开,局长挺胸抬头带着一群班子成员走上了主席台。他的裤链仍张着大口,但全场鸦雀无声,都装作一无所知的样子。

局长就这样在众目睽睽下活动了4小时之久，直到他的小车司机在接他的时候目瞪口呆地指着他的裤链。局长低头一看，也不吭声，把拉链拉上了。

第二天这个司机就被调走了，办公室主任在给委屈得要哭的司机谈话时郑重指出："你早上开车送局长来时干吗没有看见？"

例子(26)是一篇幽默的小小说，具备了情景的四要素：人物是以局长为首的全局人员、时间是上班时间、地点是某局办公地点、情节是局长的一次不拘小节的故事。它闪烁着很多幽默点，同时还兼有讽刺人间的势利和世态炎凉的关系。下面的这个幽默例子就没有具备情景四要素，只是一个一句话的幽默：

例子(27)第一次听说"有个性"的人叫作"性工作者"。

这个(27)例子是采用了双关手法，让人感到搞笑一下而已，根本没有"人物、时间、地点"，只有一小点"情节"。再看看不完全具备情景"四要素"的幽默：

例子(28)

①A：结婚以后两个人在一起最重要的是什么？

B：就当这婚还没结。

②A：是不是一个人越成熟就越难爱上一个人？

B：不是越成熟越难爱上一个人，是越成熟，越能分辨那是不是爱。

③A：同样是别人比自己强，为什么有时会产生嫉妒心理，而有时会产生崇拜？

B：远的崇拜，近的嫉妒；够不着的崇拜，够得着的嫉妒；有利益冲突的嫉妒，没利益冲突的崇拜。

例子(28)里面，就没有时间、地点、情节，只有对话，甚至连对话里的人物具体是谁，都不得而知。有一些对话幽默，还有一个未知数符号来代替，比如A和B的对话。这种哲理性的幽默，不去强调任何指代，只强调里面的道理,往往是以幽默来说道理,或以道理来说幽默。例子(28)里面的三个幽默都讲了一个哲理,只不过①②是以幽默话哲理,而③是以哲理道幽默。

有时候情景甚至是一种氛围、一种语境、一种上下文,离开了这种"情景",就难于明白幽默。举例说明:

例子(29)工作不顺心

老婆:"老公你怎么了,整天哀声叹气的?"

老公:"因为工作上的事,正烦心呢。"

老婆:"你一个教体育的还能有什么烦恼的?"

老公:"现在好多人的数学不好,都说是我教的。"

在例子(29)里,如果不从上下文来理解,就根本无法理解这个幽默。因为这个幽默的四句话中,它的幽默点恰好是在一句话套着一句话的里面。老婆从哪儿看出老公的工作不顺心?就是从第一句的"唉声叹气"开始,到第二句的"工作上的事"不开心,再到第三句的"教体育的",最后到第四句的"数学不好... 我教的"。要理解这种一环扣一环的幽默,"情景"就是最重要的了,就要通过情景来推敲出上下文的关联和内在的因果关系,才会获得幽默的灵感,才会感悟得出幽默。

(二)创造幽默所需要的形式(体裁、载体、表达方式)

在我的大一统幽默学第七章《大一统幽默的形式》里面已经较全面地论述过幽默的形式,这些形式就是创造幽默的形式,包括幽默的体裁、载体和表达方式。要创造幽默是离不开幽默的形式的,没有这些形式就无法把幽默的实体性内容展现出来。幽默要以一定的文体即体裁来成型,要以一定的载体来承载,要以一定的方式来表达或表演,才使幽默客体能够触及、感悟、反应、欣赏和使用。

体裁是指各种幽默得以成型的一种模式,如,语言性幽默的文体形式,比如有相声脚本、小品脚本、幽默小说、幽默段子、幽默诗歌、幽默散文、幽默绕口令、幽默电影脚本等等;行为性幽默的体裁,比如有幽默戏剧、幽默电视电影、PS 电视电影等;图表性幽默的体裁,比如有绘画、PS 图片和雕塑等。

载体是指承载幽默的一切非物质和物质的东西,因为载体也属于幽默的材料，所以上面幽默的“材料”里和第七章书里已经谈及。语言性幽默的载体首先是非物质性的载体语言，然后才是纸张，电子文本和播音；行为性幽默的载体是舞台，电视电影和演员；图表性幽默的载体是画板、画布、雕塑材料和纸张。

表达方式就是幽默发挥和展现出来的形式。语言性幽默的表达方式主要是文本形式，文本又主要靠纸张(书和报刊)的出版发行、电子文本的传输以及播音员的播音；行为性幽默的表达方式主要是靠演员在舞台上的演出和银屏上的播映；图表性幽默的表达方式主要是靠图画、雕塑、表格的观摩。各举一个例子说明：

1. 语言性幽默的例子。

例子(30)

半夜，老公翻过身来，紧紧地抱住老婆说：“老婆，这辈子太短了。”

老婆听到这句话，流下了感动的眼泪。老公接着说：“明天买个长点的被子吧，我盖不住脚，好冷！”

这是一个典型的语言性幽默，它涉及到创造幽默的两个技巧：一个是语言的修辞双关“这辈子”和“这被子”的谐音；一个是“误会法”。它的体裁就是语言性的段子，它的载体就是语言和文本，表达方式就是发表或出版。

2. 图表性幽默的例子

幽默的漫画数不胜数，因为漫画在前面已经举了一些例子，在此仅举一例：

例子(31)图片的描述，是一个模特形式的女人，只穿了比基尼，左手高举起一个面具，面部对着这个面具，右手还拎着两个面具。

例子(31)里的这个人有几幅面具，随时准备演绎变脸的戏法，由于假面具太多，已经分不清哪个是角色哪个是自我。这个幅漫画不仅是滑稽、搞笑，还具有讽刺意义。漫画属于一种体裁，画板是载体，画展或发表就是表达方式。

举一个显示幽默效果的雕塑：

例子(32)图片的描述，是一个雕塑，这个雕塑是人的五个手指，手掌是埋在土里面的，五个手指向上，在五个手指的中央还生长得有一棵树。

例子(32)是瑞士格拉鲁斯城市的一个雕塑，使人感觉怪诞、荒唐，怎么一棵大树会生长在一个人的手掌里？它不仅感觉荒诞，而且还隐含了一个道理，告知人类要好好保护树木，要像我们的掌上明珠一样的爱护它。它的体裁就是艺术当中的一种雕塑，载体就是泥巴石头等，表达方式就是矗立在城市，供市民观光。

3. 行为性幽默例子

由于手机可以上网，微信和 QQ 软件的发明使用，使人们得以在手机上或电子终端机上随时可以看到行为性的幽默，每一天都会有若干这样的幽默小电影呈现在你的手机上，而且有声、有形、有动作，得到的是三维的观感，非常直观，幽默效果非常好。它们当中有些是故意的、直接拍摄的搞笑片子，有的是把舞台上、电视上的小品在转播，有的是 PS 的。行为性幽默这种例子本身就是要有行为的，在这里无法举例，只得用它们的脚本来“举例”。

如赵本山、范伟和高秀敏演出的小品《心病》开始部分的台词：

例子(33)

(赵本山上台)恩哼～～(咳嗽)

赵：喂，各位乡亲，各位父老，下面播送个广告：本人虽说村长落选，但思想工作还是要搞，在家开个心理诊所，专门治疗人的大脑。欢迎大家前来就痧，有钱给点没钱拉倒。临江村大明白心理诊所，主治医师赵大宝。电话洞拐洞拐洞洞拐，网址三大不了坑母点。

高：大夫，我看急诊大夫！

赵：呀呵，广告播出就上人了～！

高：是，我听你做广告了。

赵：别信广告...

高:信啥啊?

赵:看疗效嘛!

高:哈哈哈... 哎呀真幽默大夫~。

赵:不用说,你一定患有更年期综合紊乱症,来,张嘴我看看轮胎... 我要看看舌苔。

高:大夫不是我看病。

赵:谁看?

高:是我家老头看病。

赵:你老头啥病?

高:哈哈哈,我老头那病你都没见过,是这么回事:

赵:啊。

高:前两天他买彩票中奖了,中了三千块钱,告诉他以后,一激动,"嘎"一下抽过去了,住好几天院,差点没过去。

赵:哎呀呀呀呀...

高:啊,他出院以后又买彩票又中奖了,这一把中得大,三百万大奖。

赵:完了。

高:是,我拿这个彩票就找大夫去了,大夫说这我们可治不了,赶紧给他找心理医生。这病整不好容易过去啊。回去我跟他一说,我说咱得看心理医生,这家伙更坏了,他又怀疑自己心里得啥病了,"嘎"又抽过去了。你说咋整啊这...

赵:我听明白了,你重新中大奖,不敢告诉他,怕他犯病要他命。完事告诉他看心理医生,他顿时怀疑自己心里得了不治之症。

高:是!

赵:你这是一共是~~~~~~俩病!

高:呀,大夫,大夫你别管几个病,你要能把他病治好了我多给你钱。

赵:哎呀吗呀,别提... 怎么提什么钱这么俗呐!啊?不给钱就不看病了,这人都咋的了,张嘴钱儿闭嘴钱儿的,为人民服务、救死扶伤都给谁说的... 能给多少钱呐?

高:呵呵呵呵,你要多少给多少!

例子(33)有语言、有表情、有动作、有背景,还有肢体语言,纯粹是立体的三维的表演,当然属于我的大一统幽默学的行为性幽默。因全剧太长,只截取了开始的一点,但就这一点就足以“窥全豹”。没有舞台只有脚本,这个幽默度明显的不高。因为行为性幽默的载体是舞台,没有舞台,就缺失了演员的二度创作,就缺失了与幽默客体的互动。没有舞台和演员,就无法演绎出脚本上的那些惊叹号、省略号以及那些咿咿呀呀的感叹词。

在创造幽默的时候,掌握好幽默的形式的运用,也会收到很好的效果,因为,形式是内容表达的外在因素,不同的体裁和载体,其表达的方式也各有不同。

幽默主体创造幽默除了以上的以外,还有一个不可避免的要素,那就是创造幽默的手段(技巧)。

(三)幽默创造的手段(技巧)

创造幽默的手段(技巧)也是五花八门、林林总总的。有些是以论文形式、有些是以著作形式、有些是以网络发表形式;有些是分门别类的、有些是没有分门别类的。分门别类的还分为若干章节,一百多个技巧,如网络上的《有为谈幽默》等;不分门别类的手段就是不分学科、不分理论,从总的角度来归纳或发明出创造幽默的手段(技巧)。这一类发明法或归纳法也有多种,有四五十种的,也有七八十种的,有的甚至还发明或归纳出了上百种创造幽默的手段(技巧)。比如魏波的《幽默的100种技巧》①里就列举了高达100种创造幽默的技巧,在此把这一百种创造幽默的手段的名称罗列如下:

“1. 故意歪解 2. 黑色幽默 3. 镇定自若 4. 故作高深 5. 戏谑幽默 6. 体态幽默 7. 任意并列 8. 滑稽比喻 9. 超常发挥 10. 极端荒诞 11. 巧设圈套 12. 强化反差 13. 发散思维 14. 文字游戏 15. 混杂概念 16. 乱搭词语 17. 虚词实解 18. 偷梁换柱 19. 乱套熟语 20. 机械模仿 21. 数字游戏 22. 语体移置 23. 概念正白 24. 妙趣仿拟 25. 转变语义 26. 错字叠出 27. 歪解经典 28. 装腔作势 29. 幽默警句 30. 模拟反讽 31. 窘中求趣 32. 巧设停顿 33. 自我调侃 34. 嘲弄自己 35. 因人施默 36. 误会生幽 37. 引人就范 38. 迷谬不悟 39. 顿跌生趣 40. 过谦交际 41. 故作蠢言 42. 旁敲侧击 43. 难得糊涂 44. 以

① weibo4551《幽默与幽默理论(二)－－－－幽默的100种技巧》2009－3－902:51

正导反 45. 声东击西 46. 形褒实贬 47. 故作大言 48. 反戈一击 49. 机械重复 50. 以谬还谬 51. 标新立异 52. 顺乎常情 53. 深藏不露 54. 怒中寻趣 55. 以谬导正 56. 欲擒故纵 57. 机械刻板 58. 愚味痴呆 59. 同因异果 60. 歪因正果 61. 借题发挥 62. 机智巧辨 63. 以退为进 64. 引伸词义 65. 夸大其词 66. 同语异指 67. 符号代指 68. 一语双关 69. 望文生义 70. 曲意专化 71. 转移概念 72. 借语作桥 73. 藏词巧对 74. 易境易色 75. 妙用绰号 76. 语意飞白 77. 本末倒置 78. 反向求因 79. 背理反常 80. 歪理诡辩 81. 同形异物 82. 异质同尾 83. 语形倒转 84. 连锁游戏 85. 套用逻辑 86. 问东答西 87. 拐弯抹角 88. 直白隐衷 89. 曲意嘲讽 90. 自相矛盾 91. 时空倒置 92. 句法递归 93. 言多于义 94. 迂回取道 95. 精细致极 96. 个性共用 97. 自我否定 98. 谬极归真 99. 狡辩谐趣 100. 人鬼同台。”

这是我所见到的不按分门别类来归纳出来的品种较多的手段之一,尽管其中有些有着曲异同工的雷同,但也不失于为幽默主体创造幽默良好的参考。为着节约篇幅,在此不详细展开这 100 个技巧的定义、内容以及举例。

如果按照分门别类地来归纳创造幽默的手段,种类也有很多。比如有:利用逻辑作为手段的;利用情节作为手段的;利用幽默的内容作为手段的;利用形式(体裁、载体、表达方式)作为手段的;利用语言本身“音、形、意”来作为创造幽默手段的;利用硬件或软件作为创造幽默手段的;利用颜色来创造幽默的,如黑色幽默、黄色幽默、红色幽默等、灰色幽默,等;利用各类学科作为创造幽默的手段的;等等。比如:从语言学上来说,还可以利用语言的修辞、语法、词汇,语音(绕口令)等手段的;从内容上面来说,还可以利用“情节性内容”和“框架性内容”作为手段的;从硬件里面来讲,还可以利用印刷体、电子文档、电子游戏、照摄像、漫画、PS、舞台、影视等手段;从幽默的内容来讲,还可以利用矛盾、情景、误会、休克性愚蠢、意外、碰巧等手段;从体裁里面来讲,还可以利用讽刺、滑稽、杂文、段子、寓言、笑话、谜语、歇后语、脑经急转弯、幽默小说、幽默散文、幽默绕口令等不同体裁;从种类上来讲,还可以有很多方面的手段,比如:1. 语言性面的 2. 排版方面的、3. 文字结构方面的 4. 舞台艺术方面的 5. 影视方面的 6. 绘画图表方面的 7. 日常生活方面的,等等。就上面提到的有些手段里面都还可以再细化,比如:在舞台艺术方面,有相声、小品、马戏、独脚戏、喜剧、哑剧、二人转、三句半等;在广播影视绘画方面的,有漫画、动漫、影视、播音;在日常生活方面的,有开玩笑、插科打诨、恶作剧,等等。

如此纷繁复杂的创造幽默的手段(技巧),令人眼花缭乱,不太好掌握,同时,也不一定能够说明这就是幽默手段的全部。既然是把幽默作为一门学科来研究,当然在讨论幽默的手段(技巧)问题上,也要从全盘和整体的角度来思考问题。不仅仅是列举或罗列几类或几十类幽默的手段(技巧),这不能算是对幽默的手段(技巧)有所交代。还得像本书的《分类》那一章书一样,也要把幽默手段(技巧)归纳论述完毕。为着梳理的方便和使创造幽默的手段(技巧)也比较地统一,这里还是借用我的大一统幽默学《大一统幽默学分类》这一章书里面的"幽默属性的分类"来作为梳理幽默"手段(技巧)"的脉络或框架,因为幽默属性的分类当中的"两个板块、三个性和六个点"基本上把幽默的类别囊括完毕,这样不仅使梳理幽默的手段(技巧)有一个"纲",可以"纲举目张",还可以使本章"手段(技巧)"与前面的"分类"以及其它章节融会贯通和一脉相承,还可以使幽默的手段(技巧)也来一个大一统。按照幽默属性分类来梳理幽默的"手段(技巧)",就是从"两个板块(有声的和无声的)、三个性(语言性、行为性和图表性)、六个点(有声幽默里的"三个性"和无声幽默里的"三个性")的角度来归纳创造幽默的"手段(技巧)"。创造幽默手段的区别主要是体现在"三个性",即"语言性、行为性和图表性"上面,所以,就以"三个性"为抓手来归纳,分别论述如下:

A. 语言性幽默的手段(技巧)(含有声的和无声的)

应该说这一类幽默是幽默的主要方面,因为大多数幽默都来自语言。在语言里产生幽默的手段大约有两方面:一方面是从语言的三种基本状态来作为创造幽默的手段(技巧),这三者基本状态就是语言的"音、形、义";另一方面就是利用语言学科知识作为创造幽默的手段(技巧)。涉及到可以作为创造幽默的手段(技巧)的语言学科至少有:文学、语法学、语义学、语用学、词汇学、逻辑学、修辞学。当然在这两个方面里面也会有交叉和融合。语言的"音、形、义"很大程度都与语言的各种学科有关,尤其是与词汇学更为相邻,只不过"音、形、义"是语言研究的不同角度罢了;事实上,只要把语言性的幽默手段(技巧)论述清楚,也就几乎论述了所有的幽默手段(技巧),因为无论是“行为性和图表性”的幽默,还是“有声的和无声的”幽默,它们的构思、逻辑、脚本都要首先要来自“语言性幽默”。下面就语言的这两方面分别举例性论述:

a. 利用语言的“音、形、义”作为手段(技巧)的幽默例子:

①利用“音”作为手段的幽默例子:

例子(34)最近一阵子视力下降的很厉害,眼眶子直疼,赶紧到医院检查。B超,CT,心电图,脑电图,X光,验血验尿,内科外科眼科,一整套。医生看完结果,开了一张处方给我,上面写着:“病因:梅由僻施,艾坎首基。用药:梅由僻施,憋坎首基。”

我怎么也不懂,问医生。

医生回答:“回去快速朗诵10遍。”

回家后就开始朗诵,语速越来越快,突然醒悟了:“没有屁事,爱看手机。”治疗方法:”没有屁事,别看手机。”

我的妈呀,真是神医啊!.....

例子(34)就是利用语言的发音来作为手段(技巧)创造幽默的。同时还给人以启迪,遇上不方便当面说事或尴尬的时候,也可以利用这种语音创造幽默的办法来解围。再举例说明:

例子(35)《于瑜欲渔》①

于瑜欲渔,遇余于寓。语余:“余欲渔于渝淤,与余渔渝欤?”

余语于瑜:“余欲鬻玉,俞禹欲玉,余欲遇俞于俞寓。”余与于瑜遇俞禹于俞寓,遇俞隅,欲鬻玉于俞,遇雨,雨逾俞宇。余语于瑜:“余欲渔于渝淤,遇雨俞寓,雨逾俞宇,欲渔欤? 鬻玉欤?”

于瑜与余御雨于俞寓,余鬻玉于俞禹,雨愈,余与于瑜踽踽逾俞宇,渔于渝淤。

① 京博国学 1431316505675053465. jpg 诗词天地(ID:shicitiandi)2017-03-22

翻译文本：

于瑜想去钓鱼，到我家找我，对我说："我想去渝水的滩涂上钓鱼，你和我去吗？"

我对于瑜说："我要去卖玉，俞禹想买我的玉，我得去他家。"于是我同于瑜一同来到了俞禹家，见到了俞禹，想要把玉卖给他。这时天下起了雨，大雨漫过了俞禹家的房子。我对俞禹说："我本来打算去渝水的滩涂上钓鱼，现在在你家遇上大雨，大雨漫过了俞禹家的房子，是该钓鱼呢？还是该卖玉呢？"

于瑜和我一起在俞禹家避雨，我把玉卖给了俞禹，雨就停了，我和于瑜慢慢爬出俞禹家的房子，才得以去渝水的滩涂上钓鱼。

第(35)例子是一个绕口令的幽默，仅读起来就已经很有幽默味道了，何况再加上它有趣的内容，让人感觉得人又忙路又长，辣子又辣饭又烫，娃娃又哭尿又胀！而且从头到尾只读一个音，而且还有这么多怪诞的意思，顿觉得无比乖张，不可能不是幽默，是典型的利用语音来创造的幽默。

②利用"形"作为手段(技巧)的幽默例子

例子(36)A："What cause can be because?"

B："The word 'be'."

例子(36)就是把语言单词的"形"作为手段来创造幽默的。这个幽默不仅从单词的字面上给人幽默感，同时还具有一点哲理。就因为带有一定的哲理和幽默，所以都不太好翻译。只能采取意译法和增删法来翻译，才能照顾到它的幽默性和哲理。可以这样翻译："A：什么原因能引发'因为'？B：就是'是'这个单词"。为什么"be"这个单词引起"因为"的思考，因为一方面"be" + "cause"正好构成"because"；另一方面，从哲理上来讲，任何原因都可以引发"因为"的回答，"be"在英语里面就能满足这个要求，即"是""原因"的东西，都可以是引发"因为"的回答，带来了双重的幽默效果——这里的"是"就不能变成为其它词。比如"have""take""let""make"等都不能完成这个任务。

③利用“义”作为手段(技巧)的幽默例子

这种例子是数不胜数,也是语言性幽默的主要内容。在这里的“义”不是”意思的“意”,是词义的“义”,尤其是修辞手段(技巧)经常用来改变词义,以达到幽默的目的。在这个利用语言的“义”作为手段(技巧)的幽默里面,同时还可以合并利用若干其它手段。比如下面的例子:

例子(37)英国文豪萧伯纳是个瘦子,这是尽人皆知的。有一天,他遇到一个大腹便便有钱的资本家,资本家就讥笑着对萧伯纳说:“萧伯纳先生,看到您,我确实知道世界还存在闹饥荒的现象。”

萧伯纳也笑着回答说:“而我一见到您,便知道世界闹饥荒的原因。”

例子(37)就是利用“义”来创造幽默的,同时,还采用了以下的四个辅助手段(技巧):一个是修辞里面的借代手段(技巧)“借鸡下蛋”,接你的话还回你的话;第二个是“借尸还魂”的逻辑,使闹饥荒的现象被推理到了“闹饥荒的原因”的另外一个逻辑上来,也是高级幽默的专门逻辑“错位逻辑的交叉”;第三个利用了“闹饥荒”的双关,才得以是两条逻辑交叉;第四个是讽刺的手段,讽刺就是由于资本家的剥削,也致使资本家肥得淌油,才致使“闹饥荒”。

以上是利用语言的“音、形、义”作为手段(技巧)形成语言性幽默的举例性说明。

下面从学科的角度,利用学科知识作为创造幽默的手段(技巧),以几个主要涉及幽默的学科为例,分别举例性进行论述:

b. 利用语言各相关学科的相关知识来作为创造幽默的手段(技巧)

1. 文学

文学既是幽默的体裁,也可以作为幽默的手段(技巧)。文学从狭义的和传统的角度来说,只仅仅限于四大文学体裁,即小说、散文、诗歌和戏剧,但从广义的和现代的角度来说,文学已经不仅限于这么小的范围,已经涉足于“四大文学形式”以外的很多文学的体裁,比如派生出来的就有,如:杂文、寓言、笑话、谜语、歇后语、对联、幽默段子、绕口令、脑筋急转弯等;还派生到舞台方面的幽默艺术,如相声、小品、喜剧、哑剧、二人转、三句半、独脚戏等;

还派生到影视方面的，如动漫、电影、电视，等等这些体裁的文本和脚本也属于文学范畴。可以说绝大多数的幽默都来自文学，少部分的一些例外，比如像生活方面的开玩笑、插科打诨、恶作剧，像马戏等就不一定是文学的范畴了。

就文学的四大体裁即小说、诗歌、散文和戏剧而言，体裁本身并不是幽默的手段，大多数的文学体裁都不是幽默的手段，只有少数的体裁可以看成是幽默的手段，比如上面所提到的小品、相声等。那么文学要作为幽默的手段靠什么呢，靠故事情节，如果其故事情节是幽默的，那就叫做幽默小说、幽默诗歌等。举例：

例子(38)①

宰老板

十·一黄金周，李亮和朋友王鹏出去旅行。到了中午，李亮独自饿了，想去吃点东西。王鹏说自己水土不服，准备回酒店休息一下。

于是，李亮一个人去了景区一家餐馆。进了餐馆，服务员热情相迎，李亮拿过菜单一看，价格不贵，尤其是自己最爱吃的大虾才40块。李亮点了一盘大虾，一共十只，又要了两个小菜，然后自斟自饮。待酒足饭饱，李亮叫过服务员买单。服务员不紧不慢地说："一共600块。"

李亮一惊："怎么这么贵？大虾不是40块一盘吗？加上其它菜也就100块左右。"

服务员指着菜单理直气壮地说"先生，麻烦你看清楚，菜单上只写了40块，可没有写40块一盘哪，我们卖的是40块一只。"

李亮急了，和服务员争执起来。这时老板走了过来，了解完情况对李亮说："先生，我们的大虾确实是40块一只，怪你没看清楚。"

李亮拿过菜单，发现上面根本没有标注是只还是盘，说什么也不肯付钱。老板冷冷地说："不付就别想离开！"李亮一时没有了注意，只好打电话给王鹏求助。

王鹏一听，马上赶了过来。他看了一眼菜单，问老板："菜单上没有标注

① 马凤文：《宰老板》《故事会》2016年第08期

菜价单位,凭什么按只卖?”

老板冷冷一笑,说:“我的店我做主,在我这里就按只卖。”

王鹏微微一笑,从钱包里掏出钱说:“我的钱包我做主,不多不少,正好600块。”

老板暗自得意,接过钱一看,不由得愣住了:“怎么是日元?”

王鹏得意地说:“你菜单上有没标注收人民币还是外币,不给你冥币就不错了。”说完,拉着李亮扬长而去。

例子(38)并不是夸张的写法,但属于“以其人之道还治其人之身”的做法。故事确实是来源于2015年10月4日发生在青岛的一个真实的宰客故事情节,由这个事件演绎成了这个幽默,当然属于情节性带讽刺的幽默。

2. 语法学

语法学形成的幽默手段(技巧)有很多种,在本书论述语法形成幽默的结构里也涉及到。比如有错用语言成分的、错用时态(时间)词汇的、倒用语序的、错用标点符号的等。再举例:

例子(39)

A:I can left an elephant with one hand

B:I bet you can’t.

A:Find me an elephant with one hand and I will show you.

例子(39),就是故意含混定语的例子。咋一看来还以为是夸张,其实是故意错误理解后置定语,使后置定语故意让人理解为主语的后置状语。第一句的翻译可以这样:“我能够一只手提起一个大象。”谁会相信有这样的大力士?但回答让你才知道A是用语法玩“故弄玄虚”,让你“虚惊一场”,原来是附属得有一个条件,只你要去找得到只有一只手(腿)的大象。这里的“with one hand”具有了双重意义,既可以修饰主语“I”的后置状语,又是修饰大象的后置定语——这就是利用语法来创造的幽默。

3. 语义学

语义学作为幽默的手段(技巧),就是利用语词的歧义、多意、故意含混其意的手段(技巧),来达到创造幽默的目的。对于歧义和多意,从修辞的角度也经常讲到，最常用的就是双关，包括句法双关、意义双关、谐音双关等就能够达到语义学的歧义和多意等作用。尽管从修辞的角度也可以达到语义学创造幽默的功能，但有一些还不尽然。比如从语义学的角度还可以利用含混其意的做法来创造幽默，双关等修辞就不一定办得到。举例说明：

例子(40)表白

一个男生暗恋一个女生很久了，终于有一天在上课的时候，男生鼓足了勇气写了一张字条递了过去，上面写着："其实我已经注意你太久了"。

很快字条就传递了回来，上面写着："拜托你不要告诉老师，我保证以后不再课堂上嗑瓜子了。"

例子(40)就不可能由修辞的双关来完成，这纯粹是利用语义学上的含混其意的手段(技巧)。然而这样的含混其意又不是"无中生有"，要有一定的接口或缘由。例子(40)里面的女生就是把男生注意她很久的意思搞混了，理解为：发现她上课不守纪律，让那位暗恋女生的男生哭笑不得——这就是语义学的妙用之处。

4. 语用学

可以用来创造幽默的语用学也有很多方面，如语用前提、指示语、会话含义理论、合作原则(合作原则包含四个准则：量的准则、质的准则、关系准则、方式准则)、礼貌原则、幽默言语行为理论、关联理论等。这些涉及语用学的准则、原则、理论都可以作为创造幽默的手段(技巧)。举例说明：

例子(41)

Lost Purse①

A lady lost her handbag in the bustle of shopping at the mall . It was found by an honest little boy and returned to her. Looking in her purse, she commented, " Hmmm... That's funny. When I lost my bag there was a $ 20 bill in it . Now there are twenty $ 1 bills. "

---

① https://www.sohu.com/a/152911041_224814

The boy quickly replied,“ That is right,Lady. The last time I found a lady’s purse, she didn’t have any change for a reward. ”

翻译文本:丢失的钱包

一位女士圣诞节大购物,在匆忙中丢失了钱包。有一个诚实的小男孩找到了钱包并还给她。

女士看着钱包,说:“嗯,真有趣。我丢失钱包的时候,里面有一张20元的钞票,但现在变成了20张1元的零钞。”

小孩马上回答道:“没错,小姐。上次我找到了一位女士的钱包,但是她没有零钱作酬金。”

例子(41)里面,小男孩答非所问的回答,就是违背了语用学里面的方式准则。小孩要回答的是那位钱包失而复得的女士正在纳闷的内容:为什么钱包里的一张20元的钞票变成了20张1元的纸币,这才符合语用学的方式准则,然而捡回钱包的诚实的小孩回答的却是“那就对了。上次我还回一个女士的钱包时,她居然没有零钱来奖励我。”,并没有直接回答女士的问题,反倒是向女士提出了新的问题和要求——这就是利用了语用学的方式准则的不一致性创造了幽默。

5. 词汇学

实际上词汇学是语义学的一个分支,也与语法学紧密联系,上面已论述过,为何还单独列出来论述,因为词汇学除了研究词的定义和词义分析,还有不同语言中词汇结构问题。恰好词的结构方面,有很多创造幽默的契机,这无论在哪个国家的语言里面都能找到词构方面的幽默。像在汉语里面就有好几种体裁,比如拆字分析、打字的谜语、歇后语等。其中的拆字分析,还单独设置得有一种叫做析字诗,就是利用词汇学作为手段(技巧)而形成的幽默诗歌。析字诗又分拆字诗、合字诗与拆合综合诗。拆字诗,是根据汉字多合体字的特点,将合体字拆成独体字,或拆成相关的部件(偏旁加独体字),敷衍成篇;合字诗是将几个独体字或偏旁、笔画组合成字的诗。举例说明:

例子(42)苏轼的《闲步》诗

一大青山水连天，
白水汪汪不见泉。
山山不见神仙出，
舟公来问打渔船。

例子(42)就是通过拆字和合并字来作的诗。“船”字古时又写作“舩”写法，四句每一句开头分别为“一大”“白水”“山山”“舟公”分别合成为每一句结尾的每一个字“天、泉、出、舩”，而且还能表达有逻辑性的意思、还能押韵，不可谓不幽默——这就是利用词汇学创造幽默的手段(技巧)。

6. 逻辑学

从逻辑学的角度来说，可以利用逻辑来分析幽默，也可以利用逻辑来创造幽默；逻辑既是创造幽默的手段(技巧)，也是幽默本身的一种特殊的机理，所以作为幽默的手段(技巧)与幽默在逻辑上的特殊机理，是不同的两个概念。要利用逻辑来创造幽默，就是要使逻辑形成二元错位，业内叫做二重错位律，我称之为的错位逻辑交叉。这种利用逻辑错位又交叉的幽默，被业内认可为高级幽默，并且还是判断高级幽默与低级幽默区别的方法之一。这里只论述利用逻辑来作为创造幽默手段(技巧)的问题。举例说明：

例子(43)不同的表白

一个男生暗恋一个女生很久了，终于有一天在上课的时候，男生鼓足了勇气写了一张字条递了过去，上面写着：“我爱你！如果你不爱我，就把我的字条扔到窗外”。不一会，字条又传递了回来，这男生顿时心潮澎湃，但打开字条一看，内容却是：“窗子是关起的。”

例子(43)很显然违背了逻辑的同一律。第一条逻辑是“爱不爱我”的逻辑，对这条逻辑的回答要成为“是或否”，才能与“爱不爱我”的逻辑成为同一律，而回答“爱不爱我”的逻辑是把字条“扔不扔窗外”的方式。从逻辑的同一律来看：“扔窗外”的行为表示对男生的否定、“不扔窗外”的行为表示对男生的肯定。然而字条居然没有被扔窗外，还被传了回来，那当然是对男生的请求表示了同意，这是符合同一律的，问题是传回来的字条上表达的意愿却是否定的。这样一来,字条上的内容与传回来的行为,即与男生的要求发生了非同一律。因为"窗子是关起的"不等于打不开窗子,因为"窗子是关起的"不等于不可以扔在地上,总之弃之不予理睬以达到"扔出窗外"同等目的办法很多,而这个女生却采用了违背同一律的做法,当然让人、特别是当事人出乎意料——这就是逻辑作为手段(技巧)了创造的幽默。

利用逻辑来创造幽默本身就是逻辑的"本行当",尤其是逻辑错位的交叉可以创造出高级幽默来,但有时候也只能创造出低级幽默,比如脑筋急转弯就是比较典型的一种。脑筋急转弯是近年来才出现的新型的幽默体裁,可以说脑筋急转弯主要就是靠混淆逻辑来形成的。举例说明:

例子(44)毕业考试①

侦探学校举行毕业考试面试,有一个试题是:"公路上有一辆汽车飞驰,没有开灯。突然之间,有一个穿黑衣服的醉鬼走道路中间。这时没有路灯,也没有月亮。眼看那个人就要被汽车撞倒,但汽车突然刹住了,是什么原因?"

有人答:"因为醉鬼大声叫喊。"

还有人答:"因为醉鬼眼睛发光。"

老师最后说:"都不对。正确答案是'当时是白天'。"

例子(44)一个劲地预设和铺垫:没有开灯、没有路灯、没有月亮,把人的思维引向了"黑夜里"的"深渊",形成了在"黑夜里"去"侦查"的一条逻辑,结果让人误入了歧途,但答案却是另外一条逻辑:在"白天里"就可以侦查得出来的逻辑——这就是逻辑作为手段(技巧)所创造出的幽默。

7. 修辞学

修辞可以说是创造语言性幽默的得力助手,可以说,大多数修辞都可以作为创造幽默的手段(技巧)。下面分两类来论述,一类是创造幽默的主要修辞法,一类是单列的修辞法。

① 幽默、笑话栏目——《幽默与笑话》2016年9月上半月刊. P. 8.

7.1. 创造幽默的主要修辞法

常用的如双关、借代、飞白、拟人、拟物、夸张、反复、设问、引用、对比、仿词、层递、比喻、排比、反问、反语、歇后语、仿拟移植等。下面逐一地举例说明：

(1)双关修辞

双关是修辞里被最广泛采用来创造幽默的，它分为谐音双关、意义双关和句法双关三个层面。

①谐音双关。谐音双关是由同音或近音的字词引起两个或两个以上的理解，由于有双重意义而发生的幽默。

例子(45)一美女从的士上下来，把她的照相机落在了车上。

的士师傅见状赶忙把头伸出窗外，冲着美女喊："小姐，你相机(像鸡)。"

美女一脸红，扭过头骂道："你TMD像鸭！"

的士师傅一蹬油门，只得开走了。

突然美女追着大声喊道："师傅，我相机(像鸡)，我相机(像鸡)……"

例子(45)当中的，"鸡"是老百姓对妓女的戏称，当然美女接受不了有人说自己像妓女的侮辱，回敬的师傅"像鸭"，鸭也是老百姓对男妓的戏称。由于"相机"和"像鸡"的谐音是一致的，所以闹出来以上的幽默。

谐音创造的幽默往往都是在一种语言里面生成，然而也还有利用两种语言的谐音创造幽默的。

例子(46)

一个小孩问他家妈妈："老师叫我们用ABCDEFG造句，我不知道怎么造？"

妈妈说："A呀！这B孩子C家的呀？光着个脚站在D上，EF也不穿，还露出一个小GG！"

这就是谐音的双关带来的幽默，这一类幽默比比皆是。

②意义双关。意义双关是由一词多义造成的不同理解。

如：

(47) A：Why are lawyers all uneasy sleepers?

B：Because they lie first on one side, and then on the other, and remain wide awake all the time.

翻译文本：

问："为什么律师们都是失眠者?"

答："因为他们先要在一边撒谎，然后又要在另一边撒谎，当然不得不一直保持着高度的清醒。"

注释：lie 既是撒谎又是躺的意思，也可以翻译成辗转反侧，一晚到亮都那样翻来覆去地折腾，肯定睡不着。

(47)例子从发音的角度，是属于不可译的幽默，因为 lie 既有双重意思，无论在正文里面翻译成为"lie"的哪一个意思，都不能照顾到翻译的完整性，作为翻译，不可能在同一个文本里出现两种不同意思的文字。比如上面的例子也可以翻译成："因为他们一晚上都在辗转反侧，当然一直都是醒的了。"这里双关两方面的意思都能够成立：一方面律师们的两面讨好的两面性，要两边应付，当然累，当然难于入睡；另一方面，律师们睡觉的时候，一晚到头都在翻身，一会儿睡这边、一会儿睡那边，如何睡得好呢?

③句法双关。句法双关是由于某个句法在一定的语境中可以被理解为两个单位的修饰语而造成歧义，引发联想，构成幽默。句法属于语法的范畴，实际上，与上面所论述的利用语法创造幽默是一回事，再举一例：

例子(48)

——"Do you ever draw picture in the nude?"

——"No, I usually wear a jacket."

对话中，提问的人问的是："你有没有画过裸体画"，而回答的人却理解为"你曾经光着身子画过画吗?"这就是对 in the nude 在句法上故意的不同理解带来的幽默。

(2)借代修辞

比如通过有关的典故、笑话、成语,或上下文提及的东西来说事,那就是借代。借代也经常用来创造幽默。

例子(49)五百只鸭子找老师

老板对一群吵闹不休的女员工说:“太吵了,真是两个女人等于一千只鸭子。”

正好老板的老婆来找他,一个女员工立即向他报告:“老板,外面有五百只鸭子来找你。”

例子(49)里面的五百只鸭子就是上下文出现的东西,在这里拿来代替了老板的老婆,引出了笑话。

(3)飞白修辞

“飞白”就是明知错误,故意仿效其错以达到滑稽、增趣目的的修辞手法。也可以说成是故意将错就错的手法。飞白又可分为语音飞白、文字飞白、词语飞白、语法飞白和逻辑飞白。语音飞白利用的是各种不准确的语音,如口吃、咬舌、方言;文字飞白利用的是文字使用上的错误;词语飞白利用的是用词上的错误;语法飞白利用的是语法关系上的错误。下面文字飞白为代表,举一个例子:

例子(50)

一外国人刚来中国学习汉语。一日,老师问他对中国的感受如何,他对老师说道:“贵国的民族优越感宣传得不错,到处都是‘中国人民很好’‘中国农业很好’‘中国建设很好’的标语,但就是用得过于单调了。”老师立即说:“那是你的问题,全都是‘银行’呢!”

事实上,虽然上面提到了“飞白”的五种形式,但在前面章节里论述幽默的逻辑、谐音和语法形成幽默的时候,都已也涉及到,只不过在那里不是站在“飞白”的角度。

（4）拟人拟物修辞。拟人拟物的修辞就是用人或物来比拟某事情，起到转弯抹角、不直接的含沙射影的功效。幽默本身就是不直截了当说话的，所以用拟人拟物修辞来创造幽默就比较顺理成章。

例子（51）有一天，一位法国人去拜访他的英国朋友。当他走近朋友的住宅时，一条大黄狗对他汪汪狂吠，法国人吓得止住了脚步。正在这时，他的英国朋友出来看见了他，忙说："不要怕！有条谚语说：'狂吠的狗不咬人，'难道你不知道吗？"

那位法国人马上回答说："我知道这条谚语，你也知道这条谚语，可这狗——它知道这条谚语吗？"

例子（51）利用了两个修辞手法，一个是拟人修辞手法，一个是反问的修辞手法。把狗拟人化来进行反问。

（5）夸张修辞

夸张修辞也是创造幽默的常用手法之一。由夸张修辞的手段（技巧）创造的幽默也有很多。夸张不只是夸大，也可以夸小，可以把要说的事情可以无限扩大或缩小。夸张不只是用于语言性幽默，也可以用于行为性幽默和图表性幽默。利用夸张手法的时候，需要注意的是，夸张要到位，夸张不到位，不仅不会引来，反而还会引发歧义。举例说明：

例子（52）赵本山与宋丹丹、崔永元合作演小品《昨天今天明天》，其中有这么一段：

白云（宋丹丹）：你说就他吧，就好给人出去唱歌，你说就这嗓子能唱吗？那天呢，就上俺们那儿敬老院给人唱歌，总共底下坐着 7 个老头，他啊地一嗓子喊出来，昏了 6 个。

小崔：那不还有一个嘛。

白云：还有一个是院长，拉着我的手就不松开，那家伙可劲地摇啊：大姐啊，大哥这一嗓子太突然了，受不了哇，快让大哥回家吧，人家唱歌要钱，他唱歌要命啊！

这小品的这一段主要是通过夸张来构成的幽默,包括小品的剧目名字也是夸张的。

(6)反复修辞

一般来说,要写好文章最忌讳重复,力求精炼。但反复修辞就是利用反复来表达强调、讽刺,甚至是愤怒的目的。举例说明:

例子(53)鲁迅在《"友邦惊诧"论》里写到:好个"友邦人士"! 日本帝国主义的兵队强占了辽吉、炮轰机关,〈他们不惊诧;〉阻断铁路,追炸客车,捕禁官吏,枪毙人民,〈他们不惊诧。〉中国国民党治下的连年内战,空前水灾,卖儿救穷,砍头示众,秘密杀戮,电刑逼供,〈他们也不惊诧。〉在学生的请愿中有一点纷扰,他们就惊诧了!

例子(53)是鲁迅先生的一篇杂文,杂文本身就具有讽刺的天性,通过讽刺的手法,强烈地鞭挞了日本帝国主义的强盗逻辑和表达了作者的愤怒。无论是讽刺手法,还是杂文体裁,都属于我的大一统幽默学的范畴。

(7)设问修辞。设问就是通过设置提问并回答的一种修辞手法。这种修辞用来创造幽默比较灵活和方便,因为是自己设问,自己设答案。

例子(54)

——米的妈妈是谁?

——花,因为花生米。

——米的爸爸是谁?

——蝶,因为蝶恋花。

——米的外婆是谁?

——妙笔,因为妙笔生花。

——米的外公是谁?

——爆米花,既抱过米,又抱过花。

例子(54)就是设问修辞的一种。设问可以设置为两人之间的问答,也可以设置为一个人的自问自答。不管是哪一种,只要能够把要表达的任务完成,设问就成立。这个幽默同时既是一个由设问作为手段(技巧)创造出的幽默,同时也是一个脑筋急转弯,当然脑筋急转弯也属于我的大一统幽默学的范畴。

(8)引用修辞

在特定的环境下引用别人的话语,或成语、谚语、格言等来表达自己的意愿。大家都知道,引用他人的话语,要有等值的环境和上下文语境,如果不是,那也会带来幽默的效果。举例说明:

例子(55)在美国一个学校里,海伦老师在语文课时提问道:"'不自由、毋宁死。'这句话是谁说的?知道的同学请举手。"

教室里悄无声息,无一人举手。海伦老师颇感失望,这时一个胖胖的小个子同学用极不熟练的英语回答:"1775 年,巴特利克·亨利讲的。"

"对,同学们,现在回答的是日本留学生,你们土生土长的美国人却不能回答,而来自异国他乡的日本同学却能正确回答,这是多么可悲可叹啊!"

这时,教室的最后几排传来一声非同小可的怪叫:"把日本人干掉!"

海伦老师听到这叫声,气得大声吼道:"谁?这是谁说的?"

沉默了一会,一个美国同学理直气壮地站起来说道:"1945 年,杜鲁门总统说的!"

在例子(52)里面就是利用了"引用"修辞手段来创造的幽默。这也是一个双重手段创造的幽默,除了利用了"引用"修辞手段,还用了恶作剧这个手段(技巧),而且是一唱一和的恶作剧。

(9)仿拟、移植修辞

仿拟就是故意套用一种人们熟知的现成的语言,如成语、谚语、名言、警句,根据表达的需要临时创造出新的差距比较大的语、句、篇,以使语言生动活泼,或讽刺嘲弄,或幽默诙谐,妙趣盎然。汉语里面也叫做仿词,其类型有谐音仿,相类仿,反义仿;移植就是把外国语言中用得着的现成的语句移植过来,用仿拟的方式创造出新的语、句、篇。所以,通常都把仿拟和移植这两种不同的修辞手法连起来使用,作为一个内容来论述。仿拟移植的方法有顺拟法、反拟法、别拟法等。顺拟法就是顺着旧的格式拟出新的内容;反拟法就是对所仿拟和移植的东西反其意思而用之;别拟法就是别出心裁地拟出幽默、搞笑,既不是原意是也不是反意思。下面举一个顺拟法的例子:

例子(56)

萧伯纳为庆贺自己的一个新剧本的演出,特发电报给丘吉尔邀请他来看戏:"今特为阁下预留了戏票数张,敬请光临指教,并欢迎你带友人来,如果你还有朋友的话。"

丘吉尔立即回电:"鄙人因故不能参加首场公演,拟参加第二场公演,如果你的剧本还能公演两场的话。"

例子(56)里面的两个人物都是世界著名的幽默人物,碰在一起,肯定是幽默对幽默了。萧伯纳原本想"幽"他们的首相"一默",却被丘吉尔仿照和移植了当事人的说法,反"幽了"萧伯纳"一默"。

值得一提的是,仿拟在语言性幽默里面是一种修辞,但在行为性幽默里面,就不属于修辞,就属于演员的模仿了,就把语言的仿拟升格为动作的、表演的模仿。演员的模仿,可以是语言上的模仿,也可以是动作上的模仿。比如经常有演员模仿幽默大师卓别林的表演风格进行表演;而且现在若干电视台还推出了一款名为"模仿秀"的节目,这是幽默一类的节目。可见不仅是语言的修辞"仿拟"可以创造出幽默,演员的"模仿"也可以大有作为。

(10)对比修辞

对比是把两个相对或相反的事物,或者一个事物的两个不同方面并举出来,相互比较的一种修辞方式。对比的作用在于同时使好的显得更好,坏的显得更坏。利用对比的手段(技巧)也可以创造出幽默,并且富于哲理性。举例说明:

例子(57)有的人活着,他已经死了;有的人死了,他还活着。

例子(57)是一个哲理性的对比,当然也是一个幽默,而且是对比强烈和工整,欠缺的是幽默度低了一点。下面举一个幽默度高一点的:

例子(58)

昨天梦见上帝,他说可以满足我一个愿望。我拿出地球仪说要世界和平,他说太难了,换一个吧。我拿出你的照片说把这人变漂亮,他沉思了一下说,地球仪拿过来,我再看看。

例子(58)是这一个利用了三种手段(技巧)创造的幽默,一种是对比手段,第二种是讽刺手段,最后一种是隐埋起来的夸张手段(技巧),由于这种“隐埋的”夸张,才使得这个幽默的幽默度高,因为“隐埋”的幽默具有转弯度,具有深奥度,让人不是一下子就搞懂的,带有回味、带有反思。

(11)层递修辞

层递,是把要表达的意思按照大小、多少、高低、轻重、远近等不同程度逐层排列的手法。举例说明:

例子(59)

送你100公斤的平安!1000公斤的幸福!10000公斤的快乐!还有我称不出重量的珍贵友谊。

层递所创造出来的幽默,一般幽默度不是很高,(59)例子就属于低级幽默,仅仅是最后一句话与前面形成了落差带来的谐趣。

(12)比喻、排比修辞。比喻是用跟甲事物有相似之点的乙事物来描写或说明甲事物。比喻可分为很多种,比如“直喻”“隐喻”“类喻”“借喻”“对喻”“博喻”“简喻”“详喻”“引喻”“虚喻”等;排比是利用意义相关或相近,结构相同或相似和语气相同的词组或句子并排,一般在三句及三句以上,达到一种加强语势的效果。比喻修辞和排比修辞既可以单独形成幽默,也可以连起来使用,使之创造出幽默。利用修辞的手段(技巧)来创造幽默,有时候会在一个幽默之中运用了多种修辞。这里举一个利用比喻和排比共同创造的幽默:

例子(60)

你是我心中的太阳,可惜下雨了;你是我梦中的月亮,可惜被云遮住了;

你是我心中最美的花朵，可惜开过了；你是天上的嫦娥降临人间，可惜脸先着地了……

例子(60)就是利用比喻和排比修辞手段(技巧)来创造的幽默，而且两个修辞手段(技巧)互为帮衬。如果这个幽默只有比喻没有接二连三的排比，那仅仅是一种感叹；如果只有接二连三的排比没有比喻，那也只是一种抒情，缺乏幽默韵味。

(13)反语修辞

其实就是"说反话"，用与本意相反的词语或句子表达本意，可以正话反说、反话正说；用说反话的方式既可以讽刺揭露，也可以表达亲密友好的感情。当然作为讽刺来说就属于我大一统幽默学的范畴了。举例说明：

例子(61)

楚庄王的一匹爱马死了，他非常伤心，下令以上等棺木，行大夫礼节厚葬。文臣武将纷纷劝阻也无济于事，最后楚庄王还下决心说："谁敢再劝阻，一律斩处。"

很明显，不论怎样改头换面，只要一说"不"，必是自取其辱。优孟知道后，直入宫门，仰天大哭，倒把楚庄王弄得异常纳闷，迫不及待地问是怎么回事。

优孟说："那马是大王最喜欢的，却要以大夫的礼节安葬它，太寒酸了，请用君王的礼仪吧！"楚庄王越发想知道其理由和具体怎么做。优孟继续说："请以美玉雕成棺……让各国使节共同举哀，以最高的礼仪祭祀它。让各国诸侯听到后，都知道大王是以马为贵而非人也。"至此，楚庄王恍然大悟，赶紧请教优孟如何弥补自己的过失。最后将马付于庖厨，烹而食之。

例子(61)里面，优孟地位如此卑微，如果直陈楚庄王，肯定会是凛然就义的结果，固然令人肃然起敬。然而他正话反说，力挽狂澜，达到了很好的效果。这在封建王朝就叫做"讽谏"，以讽刺的办法来劝阻君王们的荒唐旨意，这种"讽谏"的例子在历史上并不鲜见。当然讽谏通常都与夸张连用，以夸张到位的办法，才促使君王"醒"的过来。

(14)反问修辞

反问就是用疑问的句式,表达否定的观点,反问句表面看来是疑问的形式,但实际上表达的是肯定的意思,答案就在问句之中。反问的形式比一般的陈述句语气更强,更能引起幽默的效果。举例说明:

例子:(62)在一个休闲沙龙里,一个贵妇人在高谈阔论一个问题:她认为但凡是流行的东西都是最时髦的最好的。

“那么,流行感冒呢,夫人?”从墙角飘来一个声音问道,夫人无言以对。

反问一般都比较有力,而且被问人一般难于回答,因为往往沾沾自喜之时,反问就有趁其不备的功效,往往会让人觉得很有谑趣,在也很有理。

(15)歇后语

有人把歇后语看成是修辞比喻里面的暗喻,实际不然,歇后语不完全是暗喻来组成,还有谐音双关、语义双关、句法双关、还有俚语、还有典故等,比较复杂,不能这样一概而论,所以应该单列为一种修辞。举例说明歇后语创造的幽默:

例子(63)

阎王出告示——鬼话连篇

阎王的寨墙——鬼城

阎王请客——鬼敢吃

阎王跳海——淹不死

阎王下请贴——不去不行

阎王拉家常——讲鬼话

阎王做的芝麻饼——鬼(撒)的点子

阎王的爸爸——老不死的鬼

阎王扇扇子——扇阴风

阎王变戏法——鬼把戏

阎王说谎——骗鬼

阎王办事——鬼差

阎王爷敲门——鬼到家了

阎王支派上帝做事——鬼使神差

例子(63)可以看出,汉语真是博大精深,仅仅"阎王"两个字就能派生出如此多的歇后语。歇后语在我的大一统幽默学里面也是承载幽默的手段之一,它与"脑筋急转弯"和"谜语"都属于幽默的范畴,异曲同工而已。当然歇后语的幽默度不高,属于低级幽默,但不能否定它具有幽默属性,因为有谑趣、有乖讹、有意想不到的结果。关于歇后语属于幽默的问题,在《范畴》的那一章里已经论证过,此不赘述。

除了以上这些修辞可以作为创造幽默手段(技巧)以外,还有一些特殊的修辞,不好列在上面,这些修辞往往没有收入修辞书,但也是可以作为创造幽默的手段(技巧)的。所以单列作为特殊的修辞法。

7.2 特殊的修辞法

(1)以上这些修辞手段都是汉语里面与创造幽默相关的修辞法,与英语里面的修辞大同小异。但还有一种修辞法是不得不专门要提出来的,那就是矛盾修辞法。矛盾修辞法在汉语里面一般不作为修辞手段,在英语里是一种修辞法。矛盾修辞法(Oxymoron)就是利用两种不相调和,甚至截然相反的"词"与"语"来形容同一事物,起到一种强烈的修辞效果。通常这种修辞法能产生幽默的效果,创造幽默本身的一个手段就是要利用矛盾。所谓的矛盾修辞法,就是使矛盾在词与词之间和话与话之间得以形成,以致达到幽默的效果。词与词之间的矛盾修辞法通常在一句话里面来完成,如:"真是愚蠢得伟大!"。举例一个"词与词"之间的矛盾修辞法形成的幽默例子:

例子(64)

英国桂冠诗人 Alfred Tennyson(1809——1892)一句诗:

His honor rooted in dishonor stood

And faith unfaithful kept him falsely true.

翻译文本:

他那来源于不荣誉的荣誉那样的依然如故,

而那并不诚实的诚实却保持着虚伪的忠诚。

在英语里面的这种矛盾修辞法比较容易形成,往往利用词缀就可以完成,极为方便。如例子(64)里面的 honour(名誉)就是加上一个前词缀 dis,就变成了不名誉或耻辱,如 faith(诚实)加上一个前词缀 un,就变成了不诚实。翻译过来不仅觉得幽默,还觉得有一点绕口令的感觉。汉语里面虽然没有矛盾修辞法,但也有这种现象。举例一下"话与话"之间的矛盾修辞法形成的幽默例子:

例子(65)

晚上做梦竟然梦到睡了一个女的,各种挑逗,抚摸,醒来的时候浑身无力,最郁闷的是我自己也是女的!——同性恋者?

例子(66)

妈妈教育我:"你可不要被女人给骗了,女人的话你别信。"——妈妈是不是女人?

例子(67)

A:一整个披萨你要切 8 块还是 12 块? B:8 块吧,12 块我吃不下。——如果不切成块,那要吃 8 个披萨?

例子(68)

A:你怎么一个人逛街啊? B:半个人逛街我怕吓着你!——不想装鬼啦?

破折号后面的评语是本人加上去的,以揭示其矛盾所在和增加其幽默度。例子(64)的修辞是利用"词与词"之间修辞的矛盾修辞法;例子(65)(66)(67)(68)是"话与话"之间的矛盾修辞法。这种矛盾修辞法所带来的内容也肯定是幽默的,因为幽默的一个最重要的因素就是乖讹,乖讹的本质就是不一致,不一致就是矛盾。所以,但凡矛盾修辞法出现的地方,一般都是幽默的。

(2)悬念修辞

悬念算不算修辞,尚还有争论,所以没有把它列为上面创造幽默的主要修辞手段。悬念作为创造幽默的手段,不管其是否属于修辞手段(技巧),是能创造出幽默的。因为悬念本身就是幽默的本质所需要的一种心理、一种手段。虽然在其它章节里已经论述过，但那是站在分析幽默的逻辑和心理角度。在这里，姑且还是按把悬念作为修辞的观点再论述一下。悬念作为修辞法来使用时，是发话人用来述说对人物命运和事态发展的关切和想象，以唤起受话人的紧张、期待和展望心理的一种说写方法。悬念修辞创造幽默举例说明：

例子(69)

晚七点欠二十分钟，董事长要去参加一个七点钟开始的省长邀请的宴会。由于时间紧，驾驶员又不在附近，董事长来不及喊司机来开公司的车，便在公司门口急急忙忙地跳上一部的士，同时大声说："我要赶时间，开快点！只剩下20分钟了！"说完便打开手上的晚报来看，一直看了十几分钟，他才抬起头来，一看，车子还在公司门口，他大为生气，正要找的师傅发火时，才发现车上根本没有司机。

例子(69)里面，从故事的一开始，就一直在铺垫和设置悬念：从"七点欠二十分钟""七点钟开始""省长宴会""时间紧""驾驶员不在附近""来不及""急急忙忙""赶时间、只剩20分钟了！""打开晚报、看报纸""一直看了十几分钟"，直到发现"车子还在公司门口"，把悬念提高到最高"悬"处，然后"悬念"一下子，从"车上根本就没有司机"的最高处掉了下来。这个例子的悬念，不管是修辞，还是写作技巧，还是幽默创作的心理需要，总之，产生了幽默，当然是创作幽默的手段(技巧)之一。

(3)多个修辞连用来创造幽默

由于是多个修辞连用来创造幽默，就不好把它置于哪一种单个的修辞。所以，把它列为特殊的修辞来看待。举例说明：

例子(70)

李大姐和大家谈论婚姻的滋味时，最后感叹道："婚姻生活有三个阶段，开始

'相敬如宾'，继而'相敬如冰'，最后'相敬如兵"。

例子(70)是一个利用多个修辞手段(技巧)创造的幽默。首先是利用了排比,而且其排比还比较工整,都是四个字连排;其次是利用了“三关”谐音,一般都是双关,这里的谐音居然是涉及到三个“谐音”相似的字,所以叫做“三关谐音”;第三是利用了借代,借代了成语“相敬如宾”来比喻、来排比、来双关(这里是三关)。三个修辞手段(技巧)一起使用,让人觉得有趣和奇妙,同时也暗讽和揭露了男人们婚前婚后不一样的伪君子本相。一般来说多个修辞手段(技巧)连用创造出的幽默,幽默点比较多,当然幽默度也就比较高。

修辞本身也属于不直接说话之列,这恰好符合幽默的要素和要求,所以修辞是创造幽默的主要手段(技巧)。虽然大多数的修辞都可以用来创造幽默,但有些修辞创造幽默的度并不高,有些甚至不符合幽默理论的要求、也不符合高级幽默的逻辑,仅仅形成滑稽和搞笑等,但按我的大一统幽默学的观点,只要有诙谐、谐趣、滑稽、搞笑就属于幽默范畴。

以上所论述的只是修辞的一些主要的,不可能把可以创造幽默的修辞概括完毕。上面所举例的修辞创造幽默的手段(技巧),有可能挂一漏万;另外在上面的所列举的修辞手段(技巧)里面,都还有着若干修辞的分支(比如比喻就有若干种),它们都可以创造出幽默,在举例的时候,不可能一一都进行举例说明,只是对每一种修辞当中的比较特殊的分支修辞手法作了举例说明,期望对读者起到一个“举一反三”和“抛砖引玉”的作用。何况,现在网络就像百科全书一样,一上网,对于其它还没有举例说明的修辞手法,就可以信手拈来。

从学科的角度来论述创造幽默的手段(技巧),也只是论述了主要的和常见的,也肯定没有论述完毕。除了上面所涉及到的学科可以作为创造幽默的手段(技巧)外,当然还有一些较现代的学科也可以充当创造幽默的手段(技巧),比如电影学、戏曲学、美术学等。

上述“无声的和有声的语言性幽默”,手段(技巧),“有声的语言性”与“无声的语言性”手段并没有多大区别,就只是把“无声的语言性幽默”加上有声的载体,就可以作为“有声的语言性”幽默的手段(技巧),就是将“无声的语言性幽默”通过播音设备、唱片、电子终端机等载体改为有声音的就可以了。

B. 行为性幽默的手段（技巧）（含有声的和无声的）

行为性幽默的创造手段（技巧）分为前后两个部分，前一部分就是语言性幽默的手段（技巧），因为行为性幽默的脚本来自语言性幽默的文本；第二部分就是导演和演员二度创作。如喜剧、闹剧、小品、滑稽电影、PS小电影等都需要导演和演员来“导”和“演”，在“导”和“演”的过程中，导演和演员将融入自己的表演技巧。

同样的道理，在无声的行为性幽默里面，也有一些体裁，如哑剧、无声电影、舞蹈演员滑稽剪影和艺人的纸工剪影、无声的恶作剧、无声的PS小电影等，除了文本的语言性幽默的手段以外，“导”和“演”的二度创作也不失为创造幽默的手段和技巧之一，就拿赵本山举例，他所演绎的小品，换另一个人，就会丢失一些幽默，至少幽默度要大打折扣。

以舞台或电视表演平台为载体的行为性幽默，还有一个问题需要注意，那就是与观众的互动性。综艺节目《今晚80后脱口秀》的主持人王自健就曾经说过：“喜剧幽默是精确的，慢一个字，多说0.5秒，都不会有人笑”。这里就涉及到了演员现场发挥的问题，发挥的好坏直接影响幽默的效果。所以，现场即席发挥的水平，也要视为是创造行为性幽默的手段和技巧之一，本身就是靠行为来表达幽默的，在文本上不好“纸上谈兵”的举例，此略。

C. 图表性幽默的手段（技巧）（含有声的和无声的）

图表性幽默的手段和技巧也分为两部分，一部分就是创造语言行幽默脚本时的手段和技巧；一部分是现场的发挥。有声的图表性幽默主要有“动漫影视、幽默皮影戏、幻灯片”。这几类有声的图表性幽默的体裁里的二度创作就比较少一些，就只是配音演员的语音语调，能拿捏得好语音语调的火候和强弱，也能产生强烈的幽默效果。有声的图表性幽默也不好在文本里举例，此略。

无声的图表性幽默形式主要是漫画，照相幽默设计、PS幽默图片，雕塑、连环幽默画，当然不排斥幽默拆字术、文字排版、一些有趣的数字图表游戏也应该属于这个范畴。

图表性幽默的手段（技巧）一般是蕴含在其构思和设计之中，除此外也还有一些手段（技巧）。比如，加文字说明、比如PS当中的嫁接、比如幽默照相的抓拍、比如活物与死物的搭配、虚影与实影的搭配等。举例说明：

手段和技巧本身就蕴藏于构思当中的一张照片，就是人为地设计出来的图表性幽默。

例子(71)图片的描述，图片上有一棵树，有火辣辣的太阳，还有一个人正在地上用油漆企图涂抹掉树荫。图片里还有一段文字："品格如同树木，名声如同树荫，我们常常考虑的是树荫，但却不知树木才是根本。

例子(71)是一幅体现哲理的幽默漫画，经过"加文字说明"的这个手段和技巧，使幽默活灵活现，感到既好笑又颇有回味，还具有哲理和讽刺意义。

利用PS手段(技巧)来创造幽默是最方便和低成本的，为创造幽默提供了新的手段和技巧。举例说明：

例子(72)图片的描述，是一张PS的图片，在商场的出口处，坐着一些男人们，墙壁上贴着大幅的标语："老公寄存处"，还有这个图片的题目："女人逛商场也放心"。

例子(72)就是采用了两个手段(技巧)，即PS手段(技巧)的嫁接和附有"文字说明"的手段(技巧)，既幽默又有讽刺意义。

无声的图表性幽默还有一种是不可忽视的，就是城市雕塑，雕塑确实是美化城市的艺术，也能够创造出幽默：

例子(73)图片的描述，是一个雕塑，一个女人用双手拉着一条围巾的两头，围巾是围着地球的，妄图拉住地球。

例子(73)是洛伦佐·奎因创作的城市雕塑之一，它所构思的雕塑往往具有幽默性和哲理性，让人遐想，就这一个夸张的雕塑——有谁能够拿一个带子去拉得动地球？它的荒诞性正体现出了幽默，让人会产生许多联想和理解，可谓"智者见智仁者见仁"。

还有一种手段(技巧)就是活物与死物的搭配。比如：

例子(74)图片的描述,在一个小孩正在打人的雕塑下面,有一个现实的打人的衣服,被雕塑小孩的左手揪起,雕塑小孩的右手握拳,正要向这个打人打下去。

例子(74)是一张由死物雕塑和活人来构成的幽默景象,也属于图表性幽默的一种。这是故意设计。也是令人匪夷所思,一个雕塑的小孩怎么可能去抓住一个实体中的"坏蛋"呢?它的幽默性当然就体现在荒诞性之中。

还有一种手段(技巧)就是利用连环画来创造幽默。连环幽默画也是一种喜闻乐见的无声图表性幽默,但不是所有的连环画都是幽默的,一般幽默连环画是在报刊上的四连画到十连画,四连画最多。举例说明:

例子(75)图片的描述,是一个连环画的漫画六联画,题目为:"汽车的故障"。第一幅,两爷孙驾车出去兜风,爷爷开车;第二幅,汽车出现故障。爷爷打开引擎盖子;第三幅,爷爷埋头检查汽车底部,孙子仰着头坐在车上;第四幅,孙子从汽车上拿下一个滑板,爷爷试着启动汽车;第五幅,孙子滑着滑板自个儿前行;第六幅,爷爷搞急了。拿一只脚放进汽车,一只脚在汽车外面,也把汽车当成滑板前行来追赶孙子。

例子(75)是一副六连幽默画,是在一个"汽车故障"幽默专栏里面的一个子幽默"父与子"。汽车还不及小孩的滑板快捷、轻巧、方便,这不荒诞吗?父亲看见儿子踩滑板独自走了,被迫靠一只单脚来作为汽车的动力追赶儿子——荒诞进一步递进。这里的手段(技巧)就是漫画的构思和"加进文字说明"。

幽默拆字术在汉英里面都有,在各国文字里也都有这样的文字幽默。虽然幽默拆字的幽默主要体现在对拆字的解释之中,但其"拆字"是基础的东西,解释也是围绕着拆字来进行。所以还是把这种幽默拆字幽默收入图表性幽默。举例说明:

例子(76)

①悲——心理想入非非,结果必然可悲。

②方——万人出点子,自有好方法。

③臭——就是因为“自”“大”一点,才惹人讨厌。

④送——“走”“关”系的一种手段。

⑤狠——有点“狠”,那就是狼。

⑥就算是 friend,最后还是会有个 end。

拆字幽默术的手段(技巧),是通过对语言的字型、字词拆分的研究和推敲得出的。除了文字结构方面的幽默外,还有文字排版方面的幽默,而且有一些文字排版的幽默还可以用语言来陈述。举例说明:

例子(77)真坑爹

在看一篇报道,里面写到:“娶到她以后,对他来说是捡了个大便”。

心里一阵惊讶,翻开下一页,出来了个“宜”字,这种 TM 排版真坑爹啊。

排版性幽默除了主要是利用排版的转头、转行、错位来断章取义,产生荒唐的意味而带来幽默外,还可以通过语言文字的编排来组成图形,同时又能表达出噱趣的意思。这在前面一些章节里已有论述,此略。

需要指出的是,以上各类创造幽默的手段(技巧)有时候并不是单一的使用。比如,在上面的《幽默主体对幽默的理解与创造》这一节当中,论述幽默主体对幽默的创造时,所强调的是,创造幽默需要一定的理论。事实上,在一定的理论基础上所创造的幽默,其理论也可以视为是一种手段(技巧)。即是说,一方面理解和创造幽默需要一定的理论支撑,一方面,这些幽默理论又可以作为创造幽默的手段(技巧)之一。那么,从这角度来说,所创造一个幽默的手段(技巧)就不是单一的,会是由多个手段(技巧)共同来创造一个幽默。例如:

例子(78)美国《纽约论坛报》创办人霍勒斯·格里利,一次乘坐火车时,格里利发现邻座的旅客在读一份《太阳报》。格里利认为自己创办的《论坛报》内容比《太阳报》更丰富,消息也多,便建议对方买《论坛报》。

不幸的是,邻座的旅客并不买账,而且还粗野地回复说:"我也买《论坛报》,在我没带手纸的时候,买它用来擦擦屁股!"

"噢,是这样的,"格里利不露声色地说,"如果你坚持这样做的话,你的屁股肯定会比你的脑袋瓜更聪明!"

例子(78)既运用了暗喻修辞手法,同时也运用了幽默释放理论作为手段。霍勒斯·格里利自讨没趣后,对邻座的旅客采用了把他的屁股比喻为大脑的暗喻修辞手法,对邻座的旅客进行了报复,使自己从"自讨没趣"的郁闷中获得了释放。

另外,除了以上的这些创造幽默的手段(技巧)外,还可以利用一些体裁来作为创造幽默的手段(技巧)。比如"连续剧"是电视剧的一种常见的体裁,照样可以用来创造出连续性的幽默,一方面既是一种体裁,一方面也是一种手段(技巧)。举例如下:

例子(79)六集幽默连续段子①

第一集

今天我到建行ATM取钱,我认识的老李和他老婆也来取钱,只听他老婆对他说:"我要输密码了,你站开些!"老李真退到一边去了。我心想,这个娘们蛮厉害哟!

只听到滴滴滴三声过后,女的转身对老李说:"好了,我输完了,该你输后面三位了!"

哎呦!我靠,真开眼,原来是互相制约互相监督啊……高,实在是高!

第二集

我瞟见老李先按了3次退格键,然后输入了6位密码……顿时我整个人都傻了!绝对高手啊,真是魔高一丈!老李你让我佩服得五体投地呀!

第三集

老李把取出来的钱交给他老婆,只见那女的抓过钱来就往老李的脸上打:"搞啥子明堂啊?你敢背着老娘耍手脚!按键音响了9下,别人6位,你

① http://www.360doc.com/content/17/0217/20/17001851_629792604.shtml

9位呀？老娘怀疑你好久了！”目睹此景，我呆若木鸡！

第四集

老李一时很茫然，女的继续发飙：“老娘上次输520（我爱你），这次输748（去死吧），你都能把钱取出来，牛逼啊你！密码是啥？不说，你废了！”老李战战兢兢吐出六个数字：“438438”（死三八死三八）。再看老李的脸，我都心虚了，钱也没取，像小偷似的先溜了！

第五集

过了几天听老李说，他老婆从银行取钱回去就买了只狗，在家没事干，就拿着人民币让狗闻。老李感觉很奇怪，就问：“老婆，你这是干嘛，让狗去给你大马路上捡钱？”他老婆神秘一笑：“以后你就知道了！”

第六集

又过了几天，老李说他藏在鞋盒里、床底下的私房钱都不见了！

老李哭诉：“不说了，说多了都是泪。城市套路深，我要回农村！”

像这一类的幽默连续段子，完全可以排练成一个微型小品，变为行为性的幽默。在例子(79)里面，这种“连续性”是手段之一，同时也兼有其它一些手段，比如利用情节、谐音等手段（技巧）。

以上所列举的各种创造幽默的手段（技巧），仅仅是代表性和举例性的说明，不可能把创造幽默所有的手段（技巧）论述完毕，但可以获得一个大致的轮廓或提纲：这些手段（技巧）都是围绕着创造“三个性幽默”，即“语言性幽默、行为性幽默和图表性幽默”来服务的。

四、享用幽默所需要的——要素

享用幽默毫无疑问首先需要的就是幽默感，幽默感本身属于心理学范畴，它是人类一种特殊的情绪，既然是一种特殊的情绪，那不仅是创造幽默需要有幽默感，享用幽默也需要幽默感。因为幽默主体与幽默客体的幽默感不一致，就无法取得共同的感知。这一点不仅在上面的幽默点“灵感”里面有所论述，在本书的“大一统幽默学与笑的关系及其功能”这一章中也有具体的论述。

享用是相对幽默客体而言的，之所以用享用幽默这个说法，因为幽默客体不仅仅是感悟、感受、欣赏,甚至还要传播和仿造。在享用幽默时,除了上面所论述的幽默感以及幽默理论以外,还需要一定的基本要素。

(一)知识和智慧

如果幽默客体毫无知识和智慧,那幽默无异于对牛弹琴。比如,连文字都不认识的人,怎么去理解文字幽默,何况,能搞得懂幽默还不只是能识字就行的。难怪孙绍振说"在中国,幽默不那么普及,幽默盲比文盲不知要多出多少倍。"①知识是基础性的东西,智慧是利用知识去获取事物本质的本领。幽默恰好就是智慧性的东西,当然不仅需要知识,还需要智慧才能搞得懂幽默何在,才能搞得懂幽默的本质。因为幽默本身就不是好好说话,不是"直来直去",而是绕着弯子说话,是违背常规说话,尤其是哲理性的高级幽默,不仅需要一定的知识,还需要一定的智慧,不然就享用不了幽默主体所发出的幽默。这里的知识并不是专业知识,而是综合的知识。像一些外国的哲理性的幽默漫画,仅仅有知识,没有智慧,就无法搞得懂。举例说明:

例子(80)图片的描述,一只笼子关着一个人头,然而,这个人的头是由蒲公英组成的,并且一朵朵蒲公英正在飞出笼子。

例子(80)就是一个哲理性的幽默画,不具有一定的知识和智慧是看不懂的。禁锢一个人的头是比较容易的,但禁锢一个人的思想就不那么容易了,何况这个人的大脑还是由蒲公英构成的呢!当然可能还不止这一层意思,要具备足了知识,再加上智慧才真正看得懂这个幽默呢。

(二)背景

知晓幽默的背景,与享用幽默的知识是相辅相成的,知识越多,当然知晓幽默的背景就越多,知晓背景实际上也是知识的一部分。背景知识也有好些类:有历史性的、有地方性的、有民族性的、有科学性的等。比如利用典故来创造出的幽默,就必须要懂得哪一个典故的历史背景;比如利用借代修辞手法所创造出的幽默,就需要知道所借代的东西的背景。借代的是科学的东西,还得知道一点相关的"科学"。比如下面的这个幽默就涉及地方性:

---

① 孙绍振《幽默心理和幽默逻辑》——中国戏剧出版社,1989. P. 5.

例子(81)

一闺蜜刚考得驾照,考之前就想好了新手上路时要用的“法宝”,即在自己的车上贴上一些警示语言,比如什么“我是新手我怕谁”之类,但她认为都弱爆了。于是她在她心爱的新车上这么写道:“我上路了,你也想上路吗?”

例子(81)里面的地方性就是“我上路了”,按字面说这四个字没有什么不对,但这在中国的大多数地方是专指对死人的送行语言,“上路”是指死人去阴间路,通常用“一路走好”来祈福于亡者。所以不知道这里有地方性的语言意思,就看不懂这个幽默。

再比如在本书第九章(20)例子:上学那会儿,有一次领导来学校视察,于是校长提前几天就开始在校园里巡视,检查环境状况。走到操场,他感叹道:“要是这儿能有点儿绿化那就好了。”这话被我们化学老师听到了。于是第二天,操场上堆满了盐巴。对这个幽默如果没有一点儿化学知识,是万万搞不懂这个幽默的。因为化学老师把校长的“绿化那”听成了“氯化钠”,把“那”虚词当成了实词;因为“氯化钠”就是盐巴。

关于涉及各种背景知识的幽默数不胜数,如果不知晓其背景,是难于获取其幽默的,就算具备了幽默感,也无济于事。所以有一些幽默在这个国家、这个民族里,会让人捧腹大笑,而在另外一些国家和民族里,却不知所云。可见,知识背景对于幽默的享用是何等的重要,不可偏废。

五、幽默的发挥与效果

无论是幽默主体还是幽默客体,对于幽默的发挥和效果都是非常重要的。幽默的发挥与幽默主体和幽默客体都有着极其密切的关系,发挥得好坏,直接影响着幽默的效果。如果幽默主体创造的根本就不是幽默,幽默的发挥无从谈起;如果幽默客体对幽默不反应、不感悟,更谈不上欣赏,更谈不上对幽默的再创造。这里所论述的“发挥与效果”是相比较而存在的——排除了幽默客体笑点高低的因素和幽默主体所创造的是不是幽默的因素——是在这个前提下来讨论发挥和效果的:就是幽默主体创造的必须是幽默,幽默客体起码应该具备一定的知识、智慧和背景。就算是自然形成的幽默,也需要幽默客体的感悟、反应、收集和传播。尤其是由幽默主体创造的幽默，如果幽默客体不感悟、不反应、不使用，那么幽默就是去了意义。所以，要求幽默主体和幽默客体的幽默感至少要达到一致性，才能让幽默客体感悟、反应和获取相应的幽默效果，这就叫做幽默得到了“发挥”。如果确实幽默主体所创造的是幽默，幽默客体对于幽默主体创造出了的幽默，不反应、不感悟、更不觉得愉悦或有回味，那说明“发挥”没有起到作用，当然就不会有“效果”。

所谓幽默的效果，就是指幽默主体创造出来的幽默，要使幽默客体感悟、反应、最后感觉到幽默的“笑意”，那就叫产生了幽默的效果。因为判断一个幽默的标准，在业内被大多数人确定为要给幽默客体带来谐趣的“笑”。当然“笑”的含义是多种多样的，在前面的章节里论述过，笑分为生理性的笑和心理性的笑。生理性的笑直接可以听得见笑声，看得见笑容；心理性的笑就不一定听得见声音和看得见笑容，只有幽默客体自己感受得出来和通过仪器检测的得出来。也就是说，“笑”是衡量有没有幽默效果的一个“尺码”。

但有时候，幽默的效果又不仅仅只停留在笑的表层，在笑过之后，能够影响人们去树立一种幽默、健康、积极的人生态度；同时幽默也是生活的润滑剂、也是职场制胜的秘密法宝；幽默可以让我们用一种宽厚和谅解的心态，采取新的角度在灰谐中解决问题，巧妙的应对生活中所遇到的尴尬。举个说明：

例子(82)

有一天，有人戏弄马克吐温，在纽约的报纸上发表了马克・吐温死亡的一则消息。结果全国各地的亲朋好友都来给马克吐温吊丧。当大家看到马克・吐温正坐在家里读书时，都纷纷谴责恶作剧者。

马克・吐温却幽默地说，“报道我死亡是千真万确的，只不过把日期提前了点。”

例子(82)不仅体现了马克・吐温的幽默，还体现了马克・吐温的大度和胸怀；而且这个幽默还让接受者即幽默客体感受到了马克・吐温的幽默。

因为马克·吐温的死与不死是接受者们要先感受到的,再加上把马克·吐温的话语一比较,不可能不产生幽默的效果。这种置之不理和泰然处之的不在乎的态度,也使马克·吐温的"敌人"恶作剧的"恶"度大大降低,反而还增加了马克·吐温知名度;同时也给旁人做出了具有教育意义的榜样。

好的、高级的幽默往往会给人留下欢乐、沉思、回味,甚至反思,这就是我们所说的幽默的效果,就因为这种效果,还会带来一些功能,比如交际功能、娱乐功能、医疗功能等社会功能;既具有缓解人际交往中的尴尬,又能增强我们自信的功能,这就是幽默效果发挥得好的结果。关于幽默的功能,在本书专门有一章书来论述,在此不赘述。

幽默的创造与享用就是幽默主体与幽默客体的关系。对于幽默主体来说,幽默不仅仅只是为了产生而产生,最重要的是为了"发挥","发挥"得好,"效果"就好。幽默的"发挥"是幽默主体创造幽默的目的,幽默的效果是创造幽默目的终极目标。而对于幽默客体来说,幽默的"发挥"又是一种心理上的感悟、反应和享用。然而"发挥"的好坏有一样东西是自始至终必须的,那就是幽默感,有了幽默感,对幽默的"发挥"就好得多。所以,只要是有一定的知识和智慧的人,再加上强烈的幽默感,对幽默的"发挥"就没有问题。

幽默的"发挥"除了要求幽默主体和幽默客体双方要有幽默感以外,还要具备若干外在的条件,才有可能致使幽默"发挥"到极致。比如上面所论述的幽默主体需要具备形成幽默的条件,这些条件包括内容、形式、情景、手段甚至幽默理论等;幽默客体需要有一定的知识、智慧、人文背景以及幽默理论等。所以幽默的发挥与效果,与本章书的"一、幽默的感悟——灵感,""二、幽默的理解——理论","三、创造幽默必不可少的——条件","四、享用幽默必不可少的——要素"四个部分相辅相成、密不可分的。尤其是社会的发展给幽默也带来了很多新颖的手段(技巧),如我在其它章节讲到的电子幽默,不只是电脑,手机也成为幽默内容获取和制造的快捷工具,当然也就使人们随时随地进行口头上的表达、流行、传播、记忆和应用成为可能。尤其是以微信、Twitter 等为典型的手机软件开通以后,更是为幽默的"三个性幽默"即"语言性幽默、行为性幽默和图表性幽默"的创造、传播、享用成为可能,对幽默的发展起到了推波助澜的作用,幽默的形式如虎添翼、幽默的内容丰富多彩,无论是幽默的创造还是享用、无论是幽默的理论还是实践,都得到了空前的发展。

除了以上的情况外,都还有一种情况也会提高幽默主体和客体的幽默感,那就是现场的“语境”。这里说的语境不是幽默内部的语境,是幽默发挥或被表达的时候语言环境——互动的情况。对同样一个幽默,当幽默客体只是自己一个人阅读、收视的时候,往往不怎么感到好笑,一旦有其他观众一起收看的时候,就会不自觉的爆发出大笑。比如相声、小品、滑稽剧等就需要互动的语境;相对幽默主体而言,幽默表演者有观众喝彩和互动语境,往往就要发挥得淋漓尽致一些,激情更加澎湃,当然幽默感油然升起,反之幽默感就会降低。

关于幽默的效果问题,还有一个需要交代的事情,那就是负面效应问题。幽默也会给人带来麻烦,当然就会产生不好的效果。通篇都在论述幽默的“好处”,幽默的“坏处”还要提醒一下:1. 创造幽默的时候,要尽量避免创造出负面效应的幽默;2. 就算是站在学术的角度,负面效应的幽默,也不要乱使用。举例说明:

例子(83)

今天清明,我们去扫墓。中午吃完饭,某男神给她女神打电话:“你扫完墓没,一起出来玩一下嘛?”

女神回话说:“还早着呢,还要去好几个地方呢。”

男神来了一神句:“你家的死人真多……!”

例子(83)尽管不失为一个幽默,但却非常不吉利,几乎属于骂人的话语了,这样的幽默可一定要小心又小心!

六、本章小结

这一章我们阐述的是大一统幽默的创造与享用。创造是相对幽默主体而言,享用是相对幽默客体而言。幽默主体和幽默客体互为依赖而存在,同样创造与享用也是相互依存。幽默感是它们之间共同不可缺失的灵感,在它们之间创造幽默与享用幽默密不可分,创造出来幽默,没有客体的接受,没有意义;要想享用幽默,没有主体去发明创造,没有享用的对象,也没有意义。

无论是获取幽默感,还是学会创造幽默的手段(技巧),都离不开幽默理论。拥有了幽默理论就比较容易理解幽默的道理。理解了幽默理论,可以使幽默成为一种智慧和修养;理解了幽默的理论,就能感悟幽默、创造幽默、享用幽默;理解了幽默的理论,可以使我们更好地创造和享用各种类型的幽默;理解了幽默的理论,可以让幽默的社会功能发挥至极致,可以使幽默的效果发挥的更好,反过来又使人们提高幽默感,提高人的文化素质,甚至能提高我们的情商(Emotional Quotient),使创造幽默和享用幽默获得的功效最大化发挥,达到最佳效果。因为只有理解了的东西可以感悟它,感悟了的东西不一定能理解它。如果说语言和思维是人这个高级动物与其它动物的重要区别,那么幽默更是人类文明和智慧的体现,更是人类这个高级动物与其它动物区别的另一个重要标志。

第十五章

结　语

一本书的完成不等于对这门学问研究的完结。本书仅仅是对建立大一统幽默学起到抛砖引玉的作用。要把幽默学统一起来,还有很多工作要做,本书对于这么一个庞大的工程可能挂一漏万。我想表达的一个观点是:尽快建立幽默学、尽快把幽默学统一在一个动态的“定义”、动态的“范畴”、动态的“分类”里,像其它学科一样先建立起来,再慢慢地完善和发展。不是哪一门学科一建立起来就是十全十美的,也都是渐进地逐渐完善的。甚至有的学科在建立起来以后的若干年还会发现它的谬误呢。所以让幽默学先立起来,让后人去评判和发展。

知识就是力量,这已经是众所周知的,然而幽默就是力量才是最近些年提出来的。美国作家赫伯·特鲁还专门著了一本书,其副标题就叫作《幽默就是力量》,它的正标题是《论幽默》。该书共有三篇十章,全书围绕幽默就是力量来论述。难怪美国总统里根曾组建过一个智囊团,是由 6 个幽默大师组成的,用来专门对付尴尬场面、调试心理、缓和关系等。所以,对于幽默理论的研究,并不只是纯幽默理论学术研究,还有一定的现实意义。当然幽默对现实的积极意义也包含在幽默理论研究的范围。

我一直想在学科建设方面、学术方面做一些前沿性的探讨,所以就把我长期研究的幽默理论拿来作为我校学科建设的支撑。因为我所带研究生的专业就是“世界文学与比较文学”,幽默学应该与比较文学比较靠近。本书就是由本人申请到的贵州省民宗委支助我校学科建设的一个项目,由我来完成。首先是创立了大一统幽默学这个思维,想把世界上所有幽默的理论在此统一;其次,对整个《大一统幽默学》的整体设计、理论创新、篇章结构、内容取舍等进行了全面的设计;其三,收集资料;其四,全面对该书的上下文衔接、上下章节衔接、改写、润色;其五是统稿,把所涉及的一切幽默的、包含边沿性幽默的所有思想进行统一;其六是对逻辑、语言、例子及内容取舍等方面的进行修改;其七是校对,包括序号、标点符号,引文序号等。校对是一项非常繁复的工作,在校对过程中,往往会发现全书在逻辑上、思想上等,前后会有一些不一致的地方,所以,明则是校对,实则又是进一步的细化和雕琢。全书一共进行了六易其稿,方得到现在这个样子。

在本书写作中得到了刘枫、方守永、钟茜茜、谢雪娇和张玉的帮助。如相关章节的资料收集、整理、草拟。他们具体所负责的情况是:方守永:第十章、第十一章、第十三章;刘枫:第二章、第九章;钟茜茜:第三章;谢雪娇:第十四章;张玉:第十二章,在此一并谢忱。

由于幽默学横跨了很多学科和理论,所以在各章分别论述其主题的时候,难免会有一些内容的交叉,何况各章的内容也应该要相互联系,一脉相承。

由于本书参考了大量的书籍、论文和资料,对于没有具体引用的这些参考书籍和资料,统一附印在本书末;尤其是对图片例子的使用,由于涉及到版权问题,只能是对所使用的图片进行描述,所以在书末也附印了"参考图片网址目录",以方便同行或有兴趣的读者去查阅;还有各章书的幽默举例,在各章书内统一编序号,这样方便借用所用过的例子来说明问题。

特别说明:本书所采用的幽默例子,除少数是自己创作的外,有些没有标明出处,因为这些例子要么来自于网络,要么来自手机的公众号,要么有一些还要求要给与转分享,甚至有一些例子本身就来自幽默理论著作的举例,它们也都没有标明出处,何况在本书里,这些例子是不属于笔者的创作范围,只是作为例子。在此,对所引用幽默例子的作者,一一表示感谢。

本书参考书和资料目录

第一部分:著作

1.《笑的历史》,【法】让·诺安(作者),果永毅,钟燕萍(译者),人民日报出版社;第1版(2009年4月)

2.《笑点秦汉》,地瓜哥哥(作者),大连出版社;(2009年10月)

3.《笑点战国》,地瓜哥哥(作者),大连出版社;(2011年1月)

4.《笑的惊人力量》,黄贵帅(作者),高瑞协(作者),陈达诚(作者),欧耶(作者),中国轻工业出版社;第1版(2012年12月)

5.《黑色幽默与美国小说的幽默传统》,苏晖(作者),中国社会科学出版社;第1版(2013年4月)

6.《笑的历史》,【美】安格斯·特鲁贝尔(Angus Turmble)(作者),孙维峰(译者),中央编译出版社;第2版(2009年8月)

7.《中国古代幽默文学史论(先秦至宋)》,魏裕铭(作者),南京大学出版社;第1版(2010年12月1日)

8.《笑改变世界》,宿青平(作者),中国经济出版社;第1版(2011年9月)

9.《幽默魅力学》,赖淑惠(作者),中华书局;第1版(2011年11月)

10.《你好,幽默》,【英】西蒙·克里奇利(Simon Critchley)(作者),刘冬昕(译者),冯陶(译者),广西师范大学出版社;第1版(2007年5月)

11.《言语幽默的图论模型》,刘乃实(作者),上海交通大学出版社;第1版(2008年11月)

12.《学会幽默人生》,黑马(作者),内蒙古出版社;(2008年5月)

13.《侯宝林的幽默:侯宝林作品赏析》,方成(作者),中国社会;第1版

(2005 年 12 月)

14.《幽默与口才大全集》,欣溶(作者),中国华侨出版社;第 1 版(2012 年 5 月)

15.《"笑"的哲学:央视春晚经典小品的社会化解读》,岳瀚(作者),中国电影出版社;第 1 版(2014 年 2 月)

16.《笑的研究:笑的形式、起因、发展和价值》,【英】詹姆斯 · 萨利(James Sully)(作者),肖聿(译者),中国社会科学出版社;第 1 版(2011 年 6 月)

17.《视觉、言语幽默的情感认知互动模式:多模态幽默的功能认知研究》,张立新(作者),东南大学出版社;第 1 版(2012 年 9 月)

18.《中国人的软幽默》,薛宝琨(作者),中国国际广播出版社;第 1 版(2010 年 10 月)

19.《幽默沟通学》,陈浩(作者),中国华侨出版社;第 1 版(2013 年 3 月)

20.《语言幽默的艺术》,康家珑(作者),岳麓书社;第 1 版(2008 年 1 月)

21.《笑话、幽默与逻辑》,谭大容(作者),上海古籍出版社;第 1 版(2011 年 12 月)

22.《中国式幽默》,王学泰(作者),方成(插图作者),中国青年出版社;第 1 版(2014 年 3 月)

23.《笑与幽默感》,【美】埃德蒙 · 伯格勒(作者),马门俊杰(译者),中国人民大学出版社;第 1 版(2011 年 11 月)

24.《幽默理论关键词研究》,闫广林(作者),徐侗(作者),学林出版社;第 1 版(2010 年 4 月)

25.《美国幽默经典读本》,卓振英(作者),王丽平(作者),曾杭丽(作者),华东理工大学出版社;第 1 版(2011 年 4 月)

26.《幽默无处不在》,【美】吴玲瑶(作者),黄河出版传媒集团,阳光出版社;第 1 版(2012 年 5 月)

27.《幽默是一种心态》,老舍(作者),中国国际广播出版社;(2008 年 11 月)

28.《笑与滑稽》,【法】亨利－柏格森(作者),乐爱国(译者),广东人民出版社;(2000 年 8 月)

29.《幽默学全书》,孙绍振(作者),汤化(作者),海峡文艺出版社;(1998 年 4 月)

30.《美国皮克斯动画电影幽默美学研究》,胡奕颢(作者),中国社会科学出版社;第 1 版(2014 年 4 月)

31.《幽默口才:修炼强大的魅力气场》,【美】罗伯特·斯坦恩(作者),东方笑(译者),安徽人民出版社;第 1 版(2012 年 7 月)

32.《幽默学原理》,李小克(作者),首都经济贸易大学出版社;第 1 版(2007 年 7 月)

33.《论东西文化的幽默》,林语堂(作者),天天出版社;(2014 年 4 月)

34.《幽默力修炼术》,张永生(作者),北京理工大学出版社;(2011 年 11 月)

35.《话说幽默》,徐侗(作者),上海社会科学院出版社;(1990 年 12 月)

36.《幽默语言学》,胡范铸(作者),上海社会科学院出版社;(1987 年 12 月)

37.《英语幽默——理解与欣赏》,吕光旦(作者),上海外语教育出版社;(1990 年 11 月)

38.《笑之研究》,【法】柏格森(作者),张闻天(译者),商务印书馆;(1923 年版)

39.《论读书论幽默》,林语堂(作者),当代世界出版社;(2002 年 3 月)

40.《论幽默》,【美】赫伯－特鲁(作者),程永富(译者),王刚(译者),成都科技大学出版社;(1988 年 8 月)

41.《幽默与言语幽默》,谭达人(作者),生活·读书·新知三联书店;(1998 年 4 月)

42.《幽默的奥秘》,陈孝英(作者),中国戏剧出版社;(1996 年 8 月)

43.《幽默语篇研究》,徐立新(作者),河南大学出版社;(2003 年 12 月)

44.《幽默人生》,林语堂(作者),花城出版社;(1991 年 8 月)

45.《论幽默》,【法】罗贝尔·埃斯卡皮(作者),金玲(译者),上海社会科学院出版社;(1992 年 1 月)

46.《幽默笑话语言学》,任绍伟(作者),吉林人民出版社;(2004 年 11 月)

47.《哥,你好猛》,黑背(绘画),上海人民出版社;(2010 年 8 月)

48.《幽默心理和幽默逻辑》,孙绍振(作者),首都经济贸易大学出版社;(2009 年 1 月)

49.《先秦幽默文学论》,郑凯(作者),广州:暨南大学出版社;(1992 年 1 月)

50.《胡适学术文集——中国文学史(上)》,胡适(作者),姜义华(编者),中华书局;(1998 年 2 月)

51.《幽默技巧全书》,刘言(作者),中国城市出版社;(2004 年 03 月)

52.《韩昌黎全集》,韩愈(作者),中国书店;(1991 年 6 月)

53.《宋元戏曲史》,王国维(作者),中国书籍出版社;(2006 年 9 月)

54.《中西喜剧文学简史》,杨哲(作者),杨明新(作者),当代中国出版社;(2004 年 8 月)

55.《幽默与诊断》,【英】肯尼思－卡尔曼(作者),李平(译者),周道斌(译者),中国人民大学出版社;(2006 年 4 月)

56.《美国诙谐幽默宝典》,【美】Jacobm. Braude(作者),Glenn Van Ekeren(改编),曾添桂(译者),刘晨(译者),中国轻工业出版社;(2000 年 5 月)

57.《戏剧理论文集》,陈瘦竹(作者),中国戏剧出版社;(1988 年 5 月)

58.《幽默心理新说》,汤笑(作者),中国城市出版社;(2003 年 9 月).

59.《谢德林童话集》,【俄】萨尔蒂科夫·谢德林(作者),上海译文出版社;(1983 年 9 月)

60.《幽默学》,田建民(作者),田小军(作者),内蒙古文化出版社;(2000 年 5 月)

61.《老舍幽默文集》,老舍(作者),湖南人民出版社;(1983 年)

62.《吾国与吾民》,林语堂(作者),湖南文艺出版社;(2012 年 1 月)

63.《幽默艺术》,方成(作者),商务印书馆;(2009 年 11 月)

64.《幽默的中国人》,赵志伟(作者),学林出版社;(2001 年 12 月)

65.《极品幽默笑掉牙》,赛格(作者),大众文艺出版社;(2009 年 6 月)

66.《笑的奥秘》,杨明新(作者),广西人民出版社;(2004 年 1 月)

67.《诙谐及其与无意识的关系》,【奥】西格蒙德·弗洛伊德(作者),国际文化出版公司;(2001 年 2 月)

68.《文艺理论丛书:悲剧和戏剧》,【苏】伊·斯莫尔耶尼诺夫(作者),吴行健(译者),上海文艺出版社;(1958 年 9 月)

69.《美学文集第一卷.》,朱光潜(作者),上海文艺出版社;(1982 年 2 月)

70.《幽默心理学》,萧飒(作者),上海:上海人民出版社;(1989 年 10 月)

71.《滑稽与笑的问题》,【苏】普罗普(作者),杜书瀛等(译者),辽宁教育出版社;(1998 年 3 月)

72.《幽默的奥秘》,郑慧玲(作者),四川文艺出版社;(1988 年 5 月)

73.《高明的说话技巧》,刘平(作者),新世界出版社;(2009 年 6 月)

74.《幽默修辞论》,高胜林(作者),山东文艺出版社;(2006 年 1 月)

75.《幽默的语言艺术》,龚维才(作者),重庆出版社;(1993 年 6 月)

76.《基于语境维度的英汉情景喜剧幽默对比研究》,徐真若(作者),复旦大学出版社;(2013 年 9 月)

77.《论符号——李思卡:皮尔斯符号学导论》,【美】皮尔斯(作者),赵星植(译者),四川大学出版社;(2014 年 12 月)《诗学》,【古希腊】亚里士多德(作者),陈中梅(译者),商务印书馆,(1996 年 7 月)

78.《西方美学史》,朱光潜(作者),人民文学出版社,(2002 年 1 月)

79.《笑:论滑稽的意义》,柏格森(H. Bergson)(作者),徐继曾(译者),中国戏剧出版社,(1980 年 3 月)

80.《幽默是一种能力》,严澍(作者),电子工业出版社;(2011 年 5 月)《Semantic Mechanisms of Humour》. Raskin, V. Dordrecht: Reidel, (1985 年)

81.《Jokes and Their Relation to the Unconscious》, Sigmund Freud(作者), W. W. Norton & Company, Inc. (1963 年 4 月)

第二部分,编著

1.《林语堂·代表作:谈中西文化》,中国现代文学馆(编者),夏出版社;第 1 版(2009 年 1 月)

2.《幽默笑话精选 3000 则》,吴维根(编者),黄德荣(编者),王增(编者),梁友信(编者),金盾出版社;第 1 版(2014 年 2 月)

3.《人生幽默语辞典》,徐侗(编者),上海辞书出版社;第 1 版(2011 年 4 月)

4.《每天学点幽默》,岳强(编者),海潮出版社;第 1 版(2009 年 10 月)

5.《2013 中国年度幽默作品》,丁斯(编者),漓江出版社;第 1 版(2014 年 1 月)

6.《幽默高手的口才训练》,尚微(编者),经济管理出版社;第 1 版(2012 年 1 月)

7.《最喷饭的幽默笑话》,问道(编者),华夏出版社;第一版(2011 年 10 月)

8.《幽默的艺术》,【美】Edward J. Clode(编者),亢海宏(译者),张颖(译者),百花文艺出版社;(2012 年 7 月)

9.《幽默智慧》,李宏(编者),辽海出版社;(2011 年 1 月)

10.《幽默笑话》,范晓娜(编者),北方文艺出版社;(2011 年 10 月)

11.《幽默理论在当代世界》,陈孝英(编者),郭远航(编者),冯玉珠(编者),新疆人民出版社;(1987 年 4 月)

12.《幽默雄辩好口才》,刘进平(编者),海潮出版社;(2009 年 8 月)

13.《赢在幽默》,萧胜平(编者),中国纺织出版社;(2009 年 8 月)

14.《人是铁范儿是刚,一天不装憋得慌》,老马哥(编者),江苏文艺出版社;2010 年 7 月

15.《哈佛心理学大全》,何亚歌(编者),东北师范大学出版社;(2012 年 1 月)

16.《2010 爆笑倒霉事件簿》,衰神(编者),时代文艺出版社;(2010 年 11 月)

17.《让你开心的幽默故事》,岳玉庆(编者),中国宇航出版社,(2008 年 1 月)

18.《夏天天用车幽默》,庞永华(编者),机械工业出版社;(2011 年 1 月)

19.《民间幽默笑话 300 则》,吴维根(编者),金盾出版社;(2008 年 3

月）

20.《英语谜语精粹》，何高大（编者），罗忠民（编者），贺文丽（编者），华中科技大学出版社；（2002 年 9 月）

21.《英汉幽默词典》，陈德彰（编译），北京出版社；（2000 年 6 月）

22.《幽默英语》，白帝（编者），大众文艺出版社；（2002 年 7 月）

23.《英语笑话谜语集》，晓林（编者），世界图书出版公司；（2001 年 7 月）

24.《幽默的民族风格》，【以】A – 济夫（编者），陈中亚（译者），周瑶明（译者）等，上海人民出版社；（1992 年 10 月）

25.《中外幽默笑话集锦——笑的后果》，谭虎（编者），青岛出版社；（2011 年 2 月）

26.《中外幽默笑话集锦——阴差阳错》，谭虎（编者），青岛出版社；（2011 年 3 月）

27.《中外幽默笑话集锦——半斤窟窿》，姜子文（编者），青岛出版社；（2011 年 2 月）

28.《中外幽默笑话集锦——错了不错》，姜子文（编者），青岛出版社；（2011 年 2 月）

29.《纯幽默短信》，张醒若（编者），中国书籍出版社；（2003 年 6 月）

30.《英汉漫画幽默故事精选》，曾庆强（编译，绘画），武汉大学出版社；（2002 年 4 月）

31.《英语奇闻趣事精粹》，王颖（编者），世界图书出版公司；（1999 年 10 月）

32.《英语幽默精编》，马洵（编者），刘哲（编者），天津大学出版社；（2002 年 2 月）

33.《校园英语幽默小品系列（第一辑）》，何高大（编者），中南大学出版社；（2002 年 9 月）

34.《e 故事——网络幽默故事（插图本）》，李唯心斯（编译），光明日报出版社；（2001 年 4 月）

35.《“笑”园大杂烩，让你笑翻天》，大饼（编者），天津人民出版社；（2009 年 10 月）

36.《幽默改编人生》,黑马(编者),海潮出版社;(2006 年 1 月)

37.《每天笑一笑(全集)》,吕晓兰(编者),陈景华(编者),中国华侨出版社;(2009 年 3 月)

38.《英语谚语集锦(英汉对照)》,李中和(编者),青岛出版社;(2003 年 1 月)

39.《幽默开心豆》,李文(编者),海潮出版社;(2009 年 10 月)

40.《笑话乐翻天》,关迎秋(编者),大众文艺出版社;(2009 年 6 月)

41.《欢乐无极限》,大饼(编者),新世界出版社;(2010 年 2 月)

42.《看完没笑的绝对是高手》,周驰星(编者),陕西师范大学出版社;(2009 年 2 月)

43.《笑死你决不偿命》,老西(编者),天津人民出版社;(2009 年 4 月)

44.《幽默的智慧》,邢延国(编者),中国长安出版社;(2009 年 4 月)

45.《大囧统》,雷憎(编者),新星出版社;(2011 年 1 月)

46.《学会幽默》,汪涛(编者),海潮出版社;(2006 年 6 月)

47.《史上最强笑话王,看这本就够了》,猪红(编者),中国画报出版社;(2009 年 7 月)

48.《小幽默大智慧(全集)》,张健鹏(编者),内蒙古人民出版社;(2008 年 6 月)

49.《幽默与社交口才》,柳永(编者),内蒙古人民出版社;(2008 年 10 月)

50.《笑话丛林:幽默爆笑总动员》,大饼(编者),新世界出版社;(2010 年 1 月)

51.《爆笑无厘头,生活无处不笑》,大饼(编者),天津人民出版社;(2009 年 11 月)

52.《手机幽默短信》,彬彬(编者),内蒙古科学技术出版社;(2006 年)

53.《冷死你不偿命》,陈玉洁(编者),民主与建设出版社;(2009 年 10 月)

54.《嘻哈人生》,大饼(编者),新世界出版社;(2010 年 1 月)

55.《再苦也要笑一笑(全集)》,隋晓明(编者),谭郭鹏(编者),中国商业出版社;(2007 年 4 月)

56.《猪是的念来过倒》,嘿嘿(编者),陕西师范大学出版社;(2009 年 2 月)

57.《雷死你的英语笑话——我太太让我站这里的》,陈显英(编者),企业管理出版社;(2010 年 5 月)

58.《幽默让你更受欢迎》,侯刚(编者),天津科学技术出版社;(2008 年 10 月)

59.《鄙视我的人多了,你算老几》,嘿嘿(编者),时代文艺出版社;(2010 年 1 月)

60.《绝世笑话秘笈》,大饼(编者),天津人民出版社;(2009 年 5 月)

61.《妙引唐诗好口才》,唐林(编者),大众文艺出版社;(2006 年 10 月)

62.《你的幽默价值百万》,金沙(编者),吉林教育音像出版社;(2008 年 12 月)

63.《说笑九章》,李庆丰(作者),现代出版社;(2010 年 4 月)

64.《英语幽默故事欣赏》,何高大(编者),北京工业大学出版社;(2000 年 1 月)

65.《西方幽默评析》,马兰(编者),王钰纯(编者),汕头大学出版社;(1996 年 12 月)

第三部分,论文和资料

(一)期刊论文:

1. 吴倩《幽默与语义学》[J]. 中国科教创新导刊,2008 年 13 期.

2. 卢斯飞、杨东甫《华夏文明孕育出的智慧之花 - 中国幽默文学寻踪》[J]. 广西师范学院学报,1994 年 02 期.

3. 王科《试论鲁迅杂文的幽默》[J]. 锦州师范学院学报,1981 年 01 期.

4. 茅盾《反映社会主义跃进的时代,推动社会主义时代的跃进》[J]. 人民文学,1960 年 08 期.

5. 万年,世茂《中西方幽默之源流及差异》[J]. 扬州师范学院学报,1992 年 04 期.

6. 罗赛群、杨建军《关联理论框架下的歇后语翻译》[J]. 疯狂英语,

2010 年 02 期.

7. 谷博《视觉传达设计中幽默表现手法的基本环节及其审美特征》[J]. 包装工程,2009 年 08 期.

8. 黄新宇《试论幽默语言的教育功能》井冈山师范学院学报,1995 年 03 期.

9. 赵毅衡《符号学与主体问题》[J]. 学习与探索,2012 年 03 期.

10. 蒋冰清、蒋成《语义脚本理论对言语幽默的解读》[J]. 湖南人文科技学院学报,2008 年 03 期.

11. 刘苹《言语幽默的语言学研究综述》[J]. 湖北社会科学,2005 年 05 期.

12. 黄秋林《言语幽默解读的认知符号学分析》[J]. 北京航空航天大学学报(社会科学版),2009 年 03 期.

13. 斯德克·买合苏提《耗散结构及其形成条件》[J]新疆师范大学学报(自然科学版),1995 年 2 期.

14. 陈炬《〈阿 Q 正传〉与〈百万英镑〉中的幽默讽刺比较》[J]. 洛阳理工学院学报(社会科学版),2009 年 02 期.

15. 聂其阳、罗劲《"啊哈!"和"哈哈!":顿悟与幽默的脑认知成分比较》[J]. 心理科学进展,2012 年 02 期.

16. 徐彦俐、尹贵俭《〈傲慢与偏见〉中的幽默与讽刺》[J]. 黑龙江教育学院学报,2011 年 10 期.

17. 邱晓英、刘伊俐.《百万英镑》的幽默与讽刺——基于人际功能的分析[J]. 宁德师专学报(哲学社会科学版),2011 年 04 期.

18. 张艳、小荷《中英文幽默不可译性的原因分析》[J]. 广州大学学报(社会科学版),2008 年 05 期.

19. 南平《"黑色幽默"初探:一种大难临头时的幽默》[J]. 外国文学研究,1986 年 04 期.

20. 陈如松《"幽默定义"浅析》[J]. 韶关大学学报(社会科学版),1997 年 03 期.

21. 刘维奇、吕淑文《话说英语幽默的翻译》[J]. 福建论坛(社科教育版),2008 年 04 期.

22. 蒋学军《论英语幽默语言的翻译》[J]. 南华大学学报(社会科学版),2001 年 01 期.

23. 陈慧《论幽默》[J]. 河北师范大学学报(哲学社会科学版),1981 年第 01 期.

24. 欧阳利锋《如何翻译幽默》[J]. 广东外语外贸大学学报,2002 年 03 期.

25. 蔡辉,尹星《西方幽默理论研究综述》[J]. 外语研究,2005 年 01 期.

26. 刘东楼,程洪全《英语幽默的现代语言学阐释》[J]. 安徽工业大学学报(社会科学版),2002 年 05 期.

27. 胡慧勇《幽默理论比较》[J]. 安徽农业大学学报(社会科学版),2006 年 05 期.

28. 夏天《比较视域中幽默范畴的审美意蕴探析》[J]. 文学界(理论版),2012 年 01 期.

29. 曹顺庆《比较文学学科理论发展的三个阶段》[J]. 中国比较文学,2001 年 03 期.

30. 徐呢喃《不合作的幽默——用合作原则解读〈生活大爆炸〉的幽默》[J]. 时代文学(下半月),2012 年 04 期.

31. 马巍《从关联理论看幽默言语》[J]. 语文学刊 · 外语教育教学,2009 年第 6 期.

32. 孙玉红. 杨孝志《从耗散结构理论看幽默感的培养》[J]. 合肥工业大学学报(社会科学版),2005 年 01 期.

33. 彭菲《从合作原则对英语会话幽默探析》[J]. 现代商贸工业,2009 年 01 期.

34. 连建华《从合作原则看〈生活大爆炸〉中的幽默》[J]. 电影文学,2011 年 06 期.

35. 韩鑫《从滑稽到幽默——喜剧小品创作探微》[J]. 艺术百家,1999 年 03 期.

36. 刘敏《从轻松的幽默到辛辣的讽刺——浅析马克 · 吐温几篇作品中的讽刺和幽默》[J]. 南京理工大学学报(社会科学版),2002 年 06 期.

37. 唐良玉《从情感过滤假说看幽默对二语习得的促进作用》[J]. 湖南科技学院学报,2008 年 02 期.

38. 王天保《从社会功能论到实践论——滑稽、幽默的理论研究在中国美学中的发展历程》[J]. 华北水利水电学院学报(社科版),2006 年 04 期.

39. 谭金菊、罗晓娟《从修辞的角度看网络语言幽默的偏离》[J]. 长江大学学报(社会科学版),2011 年 05 期.

40. 陈佳雷《从幽默到讽刺——小论马克·吐温文学作品里的幽默与讽刺(英文)》[J]. 科技信息,2009 年 17 期.

41. 黄洋《从语用学角度分析英语幽默的产生》[J]. 内蒙古农业大学学报(社会科学版),2010 年 06 期.

42. 朱晓东《从语用学的角度分析英语幽默的产生》[J]. 长春师范学院学报(人文社会科学版),2007 年 01 期.

43. 刘小兰《从语用学角度解读语言的幽默》[J]. 西南农业大学学报(社会科学版),2013 年 01 期.

44. 梁春凝《从语用学角度来分析〈老友记〉中的幽默台词》[J]. 长春工业大学学报(社会科学版),2011 年 03 期.

45. 房红芳《从语用预设的关联性角度赏幽默》[J]. 语文学刊,2009 年 19 期.

46. 张金英《电视情景喜剧幽默的关联理论阐释——以〈老友记〉为例》[J]. 疯狂英语(教师版),2009 年 06 期.

47. 姜蕾《幽默言语解读过程中的语义跃迁———框架转换理论视角》[J]. 东北师大学报(哲学社会科学版),2009 年 06 期.

47. 叶勤《二元转化错位:孙绍振的解构——二论孙绍振吴励生》[J]. 社会科学论坛(学术评论卷),2006 年 07 期.

48. 蒋冰清《概念合成理论对言语幽默生成的阐释》[J]. 怀化学院学报,2007 年 03 期.

49. 冉明志、罗亮《概念整合理论对幽默言语理解的诠释力》[J]. 西南民族大学学报(人文社科版),2007 年 S1 期.

50. 孟令凯、任培红《格莱斯合作原则的违背与幽默的产生——以网络红人"凤姐"的话语为例》[J]. 湖北广播电视大学学报,2011 年 09 期.

51. 郭淑萍《工作场所的幽默与礼貌原则》[J]. 河南科技大学学报(社会科学版),2009 年 03 期.

52. 柳存仁《古代的幽默》[J]. 中国文化,1996 年 01 期.

53. 鞠辉《关联理论的幽默观》[J]. 哈尔滨学院学报,2006 年 06 期.

54. 朱燕《关联理论对幽默言语翻译的诠释力》[J]. 外语与外语教学,2007 年 02 期.

55. 胡治艳、楚军《关联理论与幽默的理解》[J]. 新乡教育学院学报,2007 年 04 期.

56. 郭绪文、邓琪《广告文稿幽默产生的语言机制研究》[J]. 重庆大学学报(社会科学版),2003 年 06 期.

57. 尉万传《国内幽默语言学研究述评》[J]. 长春大学学报,2012 年 05 期.

58. 杨倩《合作原则与言语幽默的理解》[J]. 科技信息(科学教研),2008 年 14 期.

59. 李剑月、彭亚情《合作原则与英语幽默的产生——以六人行中的对话为例》[J]. 知识经济,2007 年 11 期.

60. 赵焕茹、孙雪娥《黑色幽默:荒谬的真实与绝望的喜剧——从海勒的〈第二十二条军规〉看"黑色幽默"文学的艺术特征》[J]. 商洛师范专科学校学报,2005 年 03 期.

61. 梁洪兰《黑色幽默文学的艺术风格》[J]. 鞍山师范学院学报,2005 年 01 期.

62. 李梅、张向葵《后现代主义哲学对心理学中幽默感研究的方法论超越》[J]. 理论探讨,2007 年 02 期.

63. 陈晓茹《话语意图和语言幽默》[J]. 广州师院学报(社会科学版),2000 年 06 期.

64. 贾怀鹏《灰色幽默中的荒诞和温情——重读〈美食家〉》[J]. 名作欣赏,2006 年 04 期.

65. 孙显云《基于概念整合网络的幽默言语认知机制探究》[J]. 惠州学院学报(社会科学版),2008 年 04 期.

66. 周海明、陆军《近十年来国内幽默言语研究述评》[J]. 和田师范专科学校学报,2005 年 03 期.

67. 杨丽萍《严肃的幽默 凝重的调侃 巧妙的反抗——浅析孔庆东作品的幽默语言及其成因》[J]. 重庆邮电学院学报(社会科学版),2005 年 06 期.

68. 徐莹、解松《理想的反思与幽默的恣意——论王蒙的“感伤”“幽默”小说及其他》[J]. 苏州教育学院学报,2007 年 01 期.

69. 曾艳兵《论“黑色幽默”的美学品格及其文化渊源》[J]. 河北学刊,1997 年 04 期.

70. 罗良功《论兰斯顿·休斯的幽默》[J]. 外国文学研究,2005 年 04 期.

71. 刘叶《论林语堂幽默观的形成》[J]. 安徽文学(下半月),2009 年 02 期.

72. 王银娥,《论双关语在广告中的运用》[J]. 浙江万里学院学报,2001 年 02 期.

73. 郑凯《论魏晋幽默文学》[J]. 华南师范大学学报(社会科学版),2000 年 01 期.

74. 禹颜《论幽默》[J]. 中州大学学报,1992 年 04 期.

75. 陈孝英《论幽默的社会功能》[J]. 海南大学学报(人文社会科学版),1985 年 03 期.

76. 王文松《论幽默的语言风格》[J]. 曲靖师范学院学报,1994 年 03 期.

77. 孙绍振《论幽默逻辑的二重错位律》[J]. 文学评论,1996 年 05 期.

78. 徐志超《论幽默小品的社会作用及其美学价值》[J]. 南昌大学学报(社会科学版),1995 年 04 期.

79. 庄钟庆《论语派与幽默文学》[J]. 新文学史料,1989 年 03 期.

80. 王定天《论中国“幽默”的理论形态——兼论林语堂的“幽默”说》[J]. 西南师范大学学报(人文社会科学版),2001 年 02 期.

81. 高胜林《逻辑偏离与幽默》[J]. 福州大学学报(哲学社会科学版),2001 年 02 期.

82. 苏越《逻辑是构建幽默的空框》[J]. 贺州学院学报,2011 年 01 期.

83. 张艳桃《略谈三至六岁幼儿幽默意识的培养》[J]. 课程教材教学研究(幼教研究),2008 年 02 期.

84. 孙秀丽《马克·吐温幽默语言风格的表现形式》[J]. 中国外资,2013 年 16 期.

85. 王学泰《漫谈幽默》[J]. 文学评论,1995 年 06 期.

86. 李群《美国俚语的幽默与自由化》[J]. 四川外语学院学报,2004 年 01 期.

87. 郑阳《美国情景喜剧〈老友记〉中幽默双关语的翻译》[J]. 泰安教育学院学报岱宗学刊,2011 年 03 期.

88. 董海雅《简析美国情景喜剧中视觉类幽默手段的运用》[J]. 中国电视,2009 年 01 期.

89. 田新科、李建峰《美国文学经典中幽默的比较研究》[J]. 短篇小说(原创版),2013 年 21 期.

90. 皇甫晓涛《美学范畴—幽默论析》[J]. 延边大学学报(社会科学版),1989 年 01 期.

91. 李捷《模因论视域中的言语幽默》[J]. 外语学刊,2008 年 01 期.

92. 于为苍《内庄外谐滑稽风趣——幽默新闻写作艺术》[J]. 衡阳师范学院学报(社会科学),2004 年 04 期.

93. 黄立安《品味那隐藏在笑声背后的世间沧桑——浅析马克·吐温的黑色幽默》[J]. 时代文学(下半月),2009 年 03 期.

94. 苏玙《平民的狂欢与贵族的戏谑——美国与法国动画幽默方式之比较》[J]. 吉林艺术学院学报,2008 年 06 期.

95. 肖娜《契诃夫小说不同时期的幽默与讽刺艺术》[J]. 肇庆学院学报,2009 年 03 期.

96. 高乖莉《浅论英语语法教学幽默化》[J]. 文教资料,2006 年 34 期.

97. 宋丹阳《浅谈独具中国特色的幽默形式》[J]. 时代文学(下半月),2009 年 09 期.

98. 袁媛《浅谈关联理论在幽默语言中的应用》[J]. 安徽文学(下半月),2007 年 07 期.

99. 薛丽萍、张永美《浅谈马克·吐温作品中的美国式幽默》[J]. 中国西部科技,2009 年 08 期.

100. 陈艳超《浅谈英语幽默的特点和功能》[J]. 科技信息(科学教研),2008 年 13 期.

101. 杨小婷《浅析〈壹周立波秀〉中言语幽默的语用策略》[J]. 商业文化(下半月),2012 年 02 期.

102. 张继媛《浅析故意违反合作原则而产生的幽默》[J]. 文学界(理论版),2010 年 04 期.

103. 吴新新《浅析英语幽默中的双关语》[J]. 双语学习,2007 年 04 期.

104. 何源《浅析幽默的功能》[J]. 剑南文学(经典教苑),2011 年 01 期.

105. 陈金华《巧用幽默语言让新闻更加鲜活》[J]. 记者摇篮,1998 年 06 期.

106. 溱淮《让幽默助你演讲成功》[J]. 现代交际,2000 年 09 期.

107. 汤素芹《人称指示语在幽默中的语用探析》[J]. 英语广场(学术研究),2013 年 07 期.

108. 刘苹《认知规律与幽默英语词汇教学》[J]. 盐城师范学院学报(人文社会科学版),2010 年 01 期.

109. 马宇《社会语言学视角下言语幽默的接受》[J]. 长春理工大学学报(社会科学版),2012 年 11 期.

110. 王天保. 实践美学视野中的“滑稽”与“幽默”[J]. 华中师范大学学报(人文社会科学版),2002 年 04 期.

111. 杨育乔《世界讽刺文学的巨匠——纪念谢德林逝世 100 周年》[J]. 兰州大学学报(社会科学版),1989 年 04 期.

112. 徐侗《试论幽默》[J]. 文学评论,1984 年 02 期.

113. 陈顺黎《试析英语语言中由歧义产生的幽默》[J]. 郑州航空工业管理学院学报(社会科学版),2006 年 01 期.

114. 韩兆琦《苏轼的滑稽传记文》[J]. 雁北师院学报,1994 年 04 期.

115. 蒋景阳《溯因推理对幽默的解读》[J]. 外语与外语教学,2006 年 03 期.

116. 大力克(埃及)《谈中国幽默文学》[J]. 扬州教育学院学报,2001年04期.

117. 张鑫《外语界幽默言语研究述评》[J]. 常熟理工学院学报,2008年11期.

118. 褚蓓娟、李兰芳《王小波的智性幽默解读》[J]. 浙江工业大学学报(社会科学版),2009年04期.

119. 马倩《网络流行语的幽默语言分析》[J]. 安徽文学(下半月),2010年07期.

120. 蔡亚萍《网络语言幽默的语用研究——以韩寒博客语言为例》[J]. 才智,2012年02期.

121. 张玉玲《网络语言幽默风格的创新》[J]. 湖北师范学院学报(哲学社会科学版),2009年01期.

122. 高又谦《温厚的幽默与辛辣的讽刺——再读〈大卫·科波菲尔〉》[J]. 南京工业大学学报(社会科学版),2006年01期.

123. 唐晓霞《文化差异是妨碍理解西方幽默的主要原因》[J]. 甘肃高师学报,2010年03期.

124. 任丽娜《喜剧电影美学中的幽默与滑稽——兼论新时期以来中国喜剧电影发展态势》[J]. 湖北师范学院学报(哲学社会科学版),2009年01期.

125. 邓梦兰《喜剧小品语言世界的"偏离"与幽默》[J]. 宜春学院学报,2008年03期.

126. 崔佳《相声幽默的关联理论阐释》[J]. 山西高等学校社会科学学报,2004年08期.

127. 庄伟杰《谐趣与严谨中的灵魂书写——孙绍振散文的幽默艺术探魅》[J]. 福建师范大学学报(哲学社会科学版),2002年04期.

128. 杨洋《心理学视野中的幽默理论述要》[J]. 黑河学刊,2010年06期.

129. 康家珑《言语环境与语用幽默》[J]. 井冈山师范学院学报,1996年03期.

130. 方碧月、张志江《言语幽默的关联整合模式——与王文斌、林波商榷》[J]. 天津外国语学院学报,2007 年 02 期.

131. 赵莉《言语幽默的评价功能》[J]. 外语艺术教育研究,2008 年 03 期.

132. 唐建福、潘利锋《言语幽默的生成过程研究——以形式逻辑为视角》[J]. 广西社会科学,2008 年 04 期.

133. 白慧洁《言语幽默效果的语用学探析》[J]. 科技信息(学术研究),2008 年 28 期.

134. 唐韧《隐喻认知过程在话语幽默生成中的作用》[J]. 中北大学学报(社会科学版),2007 年 01 期.

135. 陈琴《英汉幽默语比较》[J]. 科技信息(学术研究),2008 年 02 期.

136. 刘杰《英汉语言幽默方式之比较——歧义与幽默》[J]. 江西科技师范学院学报,2008 年 01 期.

137. 李玲《英语修辞格 pun 的幽默功能》[J]. 牡丹江教育学院学报,2007 年 03 期.

138. 董莉《英语言语幽默的语用分析》[J]. 教育与教学研究,2009 年 11 期.

139. 金敏、熊丽娟《英语幽默的汉译困难》[J]. 湘潭师范学院学报(社会科学版),2007 年 05 期.

140. 岳莉莉《英语幽默的语言表达方式》[J]. 天中学刊,1994 年 03 期.

141. 杜亚静《英语幽默语的语义基础特征及功能》[J]. 信阳农业高等专科学校学报,2007 年 04 期.

142. 宋娟《英语中的歧义幽默》[J]. 胜利油田师范专科学校学报,2002 年 02 期.

143. 温玉华《用 Grice 合作原则浅析课堂幽默》[J]. 网络财富,2009 年 21 期.

144. 欧阳天红《幽而不默,诙而不谐——幽默运用负效应面面观》[J]. 湘潭大学社会科学学报,2000 年 S1 期.

145. 吴励生、叶勤《幽默:错位范畴的拓展与延伸——三论孙绍振》[J]

.社会科学论坛(学术评论卷),2006 年 08 期.

146. 王迪《幽默:不可作小道观》(上)[J]. 电影文学,1996 年 11 期.

147. 郑晓明《幽默:恐惧诉求突破接受困境的钥匙——基于社会心理学视域的分析》[J]. 河北理工大学学报(社会科学版),2011 年 04 期.

148. 张莹《幽默不协调理论的研究进展》[J]. 中国外语,2009 年 02 期.

149. 方成、周杭生《幽默的"常青树"——与著名漫画家方成对话》[J]. 档案春秋,2006 年 11 期.

150. 崔书君《幽默的错位》[J]. 养生大世界(B 版),2007 年 12 期.

151. 黄维华《幽默的古典存在——读杜说谐》[J]. 南京师范大学文学院学报,2005 年 04 期.

152. 李英姿《幽默的力量:〈论语〉半月刊折射的知识分子群体》[J]. 首都师范大学学报(社会科学版),2012 年 01 期.

153. 田兴军《幽默的美学价值》[J]. 贵州教育学院学报(社会科学),2003 年 03 期.

154. 邢广域《幽默的美学品格》[J]. 文艺研究,1989 年 06 期.

155. 叶錡《幽默的妙谛究竟何在——试探幽默的定义和技法》[J]. 长沙大学学报,1998 年 03 期.

156. 刘彩霞、刘家鑫《幽默的青春序曲——评村上春树〈且听风吟〉的语言艺术风格》[J]. 通化师范学院学报,2011 年 05 期.

157. 孔庆杰、王晓琳《幽默的心理机制新论》[J]. 消费导刊,2008 年 01 期.

158. 张莹瑞、佐斌《幽默的心理学研究》[J]. 中国临床心理学杂志,2008 年 04 期.

159. 方成《幽默定义》[J]. 武汉大学学报(人文科学版),2003 年 11 月第 56 卷第 6 期.

160. 陈如松《幽默定义:定义的喜剧形态》[J]. 佳木斯师专学报,1996 年 04 期.

161. 李素彩《幽默发微》[J]. 河北大学学报(哲学社会科学版),1991 年 01 期.

162. 李梅、张文艺《幽默感的高级机能及其发生和实现》[J]. 中国健康心理学杂志,2008 年 02 期.

163. 郭小勇《幽默功能谈》[J]. 贵州师范大学学报(社会科学版),1986 年 04 期.

164. 王韵《幽默乖讹的再现——试论王尔德喜剧的翻译》[J]. 河南社会科学,2008 年 03 期.

165. 历平《幽默和幽默产生的机制》[J]. 湖州师范学院学报,2001 年 04 期.

166. 吕琳琼《幽默和幽默翻译——析〈围城〉及其英译本》[J]. 广东外语外贸大学学报,2007 年 04 期.

167. 曾艳兵《幽默美学品格的历史走向——从"古典幽默"到"黑色幽默"》[J]. 当代外国文学,1997 年 04 期.

168. 张鹄《幽默散论》[J]. 苏州大学学报,1989 年 Z1 期.

169. 陈少华《幽默试论》[J]. 华南师范大学学报(社会科学版),1987 年 03 期.

170. 殷仪《幽默文学的历史演变》[J]. 沧州师范专科学校学报,1989 年 03 期.

171. 于为苍《幽默新闻的表现艺术》[J]. 当代传播,2007 年 06 期.

172. 周万春《幽默新闻的特点》[J]. 新闻知识,1991 年 10 期.

173. 韩佳玲《幽默言语构造的认知解读》[J]. 吉林省教育学院学报,2009 年 11 期.

174. 王坛《幽默研究综述》[J]. 大学英语(学术版),2006 年 02 期.

175. 胡鹏林《幽默与滑稽的词源学探源和审美分析》[J]. 湖北师范学院学报(哲学社会科学版),2008 年 05 期.

176. 冯林《中外幽默广告表现方式比较》[J]. 传媒观察,2010 年 01 期.

177. 都曦薇《幽默与性别语用研究综述》[J]. 安徽文学(下半月),2009 年 05 期.

178. 屠克《幽默语篇意义评价研究》[J]. 郑州大学学报(哲学社会科学版),2009 年 05 期.

179. 汪爱荣《幽默语言的语用解读》[J]. 青海师范大学学报(哲学社会科学版),2011 年 04 期.

180. 张建国、杨静文《幽默语言与英语教学》[J]. 科技咨询导报,2006 年 09 期.

181. 于丽《幽默在"异类叙述者"话语中的体现——以夏目漱石的〈我是猫〉为例》[J]. 日语学习与研究,2011 年 05 期.

182. 刘双《幽默铸造成功　温情凸显优势——评小成本电影〈人在囧途〉》[J]. 青年作家(中外文艺版),2010 年 08 期.

183. 王勇《由关联理论看幽默言语》[J]. 外语教学,2001 年 01 期.

184. 刘文、邹丽娜《有关幽默感的心理学理论与研究》[J]. 辽宁师范大学学报(社会科学版),2007 年 02 期.

185. 闫芳《语境设置与余华的幽默语言艺术》[J]. 延边党校学报,2009 年 05 期.

186. 潘婧、张思锐《语篇幽默中的隐喻阐释》[J]. 社会科学论坛(学术研究卷),2009 年 11 期.

187. 陈军洲《语言的模糊性与幽默》[J]. 毕节学院学报,2011 年 10 期.

188. 刘学丰《语言歧义、文化背景与英文幽默》[J]. 渤海大学学报(哲学社会科学版),2004 年 03 期.

189. 李兰萍《语用原则与英语幽默》[J]. 天津外国语学院学报,2002 年 02 期.

190. 于立蕾《再论幽默与语境》[J]. 宁波大学学报(人文科学版),1999 年 02 期.

191. 张丹《赵本山小品中幽默的语用解读》[J]. 时代文学(下半月),2010 年 10 期.

192. 兰兴伟《智者之笑与智者之思——解读"昆德拉式"幽默》[J]. 郑州大学学报(哲学社会科学版),2006 年 06 期.

193. 刘苹《中国现代美学视野中幽默范畴的理论建构》[J]. 文艺理论研究,2008 年 01 期.

194. 杨洁《幽默语言类型与语配类幽默产生机理研究》[J]. 语文学刊

(外语教育教学),2015 年 10 期.

195. 朱莉、陈放《乖讹－消解的双因子程式——幽默度的语》[J]. 山东文学,2011 年 04 期.

196. 黄建生《文贿》[J]. 幽默与笑话,2016 年三月上半月刊.

197. Sephen Oacock. Humour and Humanity. P37. Cambridge University Press,1959

198. 王芳 Pragmatic Analysis on Verbal Humor in Friends[J]. Read and Write Periodical,2009 年 1 月第 6 卷 1 期

199. 吕琳琼《从不一致理论看幽默和英语教学》[J]. Sino－US English Teaching Jan. 2006,Volume 3,No. 1 (Serial No. 25)

(二)硕博论文

1. 张迪《中西方幽默广告的比较分析》[D]. 广州大学,2011 年硕士学位论文.

2. 张东宁《中英幽默小说的比较研究》[D]. 辽宁大学,2013 年硕士学位论文.

3. 李晓娜《作为生存态度的黑色幽默》[D]. 陕西师范大学,2012 年硕士学位论文.

4. 范珊珊《预设与言语幽默的生成》[D]. 黑龙江大学,2007 年硕士学位论文.

5. 李小林《美国脱口秀言语幽默的语用研究》[D]. 吉林大学,2012 年硕士学位论文.

6. 王燕《关联理论与幽默的理解》[D]. 广东外语外贸大学,2005 年硕士学位论文.

7. 赵英科《英语幽默的语用研究》[D]. 华中师范大学,2005 年硕士学位论文.

8. 李建平《幽默语言的创造与应用研究》[D]. 长春理工大学,2008 年硕士学位论文.

9. 彭娟《论言语幽默的制笑机制》[D]. 湖南师范大学,2005 年硕士学位论文.

10. 刘保庆《幽默的兴起》[D]. 华东师范大学,2006 年硕士学位论文.

11. 曾峥《基于概念合成理论的中美幽默方式比较研究》[D]. 华中科技大学,2006 年硕士学位论文.

12. 张丽娜 Humor in Hyperbole and Parody:A Contrastive Analysis[D]. 郑州大学,2007 年硕士学位论文.

13. 崔梦苏《口译幽默分析》[D]. 吉林大学,2013 年硕士学位论文.

14. 张彦《模因论视角中的英语言语幽默——以〈老友记〉为例》[D]. 中北大学,2010 硕士学位论文.

15. 张楠《基于体裁分析和关联理论框架下的中国幽默研究》[D]. 浙江大学,2006 年硕士学位论文.

16. 毛翔《美国情景喜剧的幽默言语行为研究》[D]. 广西师范学院,2013 年硕士学位论文.

17. 李妮 On E – C Translation of English Humor from Functionalist Approach[D]. 电子科技大学,2008 年硕士学位论文.

18. 张长颉. Cognitive Interpretation in Understanding the Language of Humor[D]. 湖南大学,2002 年硕士学位论文.

19. 涂燊,《幽默加工阶段的认知神经机制:来自 ERP 的证据》[D]. 西南大学 2010 年硕士学位论文.

20. 尉万传《幽默言语的多维研究》[D]. 浙江大学,2009 年博士论文博士学位论文.

21. 黄杨英《关联翻译理论与幽默讽刺文本的翻译》[D]. 上海外国语大学,2009 年博士学位论文.

22. 赵婷《语域理论视角下的幽默研究》[D]. 上海外国语大学,2012 年博士学位论文.

23. 张喆《英语言语幽默的图式特征及解读难题探究》[D]. 上海外国语大学 2010 年博士学位论文.

24. 王勤玲《幽默言语的认知语用研究》[D]. 复旦大学,2005 年博士学位论文.

25. 张立新《视觉、言语幽默的情感认知互动模式——幽默的功能认知研究》[D]. 上海外国语大学,2011 年博士学位论文(与著作第 18 项同,不知是否可留)

本书参考图片网址目录

1. 第三章图片描述例子(10)的图片网址:

https://www.google.com/search? q = pawel + kuczynski&tbm = isch&tbs = simg:CAQSmwEJNMZd6PrgpjYajwELEKjU2AQaCAgVCAIIBQgIDAsQsIynCBpiCmAIAxIosw6gGcMLnxnQD_1AL7QuyDtEPzg_1ZLKkk3SvsP9gs1iz5N94r_1TeDIxowqWsXdIXECWfEOdIvH7Ynwo4ca4DcaUQJozXs7rhjv38BU4U8VbqRCXHzO8UtvMkwIAQMCxCOrv4IGgoKCAgBEgQ4jXogDA&sa = X&ved = 0ahUKEwj2gIbsxfTbAhX3BjQIHZk4AnEQ2A4IJSgB&biw = 1350&bih = 675#imgrc = CjvcKxbipetkGM:

2. 第三章图片描述例子(11)的图片网址:

https://www.google.com/imgres? imgurl = http://hbimg.b0.upaiyun.com/df7ae68f375666415e176aab45d32584e9adca29497e4 - GyE4L7&imgrefurl = http://huaban.com/pins/1507197664/&h = 1000&w = 707&tbnid = 7MHFH0HB8duYxM&tbnh = 267&tbnw = 189&usg = __MTeJ1AY - w8e - FJULBrus0yHVjBs = &docid = rB9cdlmFkm06gM&itg = 1

3. 第三章图片描述例子(16)的图片网址:

https://www.flickr.com/photos/55063726 @ N00/2219717352/? ytcheck = 1&new_session = 1

4. 第三章图片描述例子(17)的图片网址:

https://www.google.com/search? q = redneck + grill&tbm = isch&tbs = simg:CAQSlwEJX_15RoI_1971QaiwELEKjU2AQaBAgVCAIMCxCwjKcIGmIKYAgDEijqDI4ckhzgEJ8dxQrhHqAc5BHUH9U1kj_1aNdY1mza9Kdg1iy68Kb8kGjDu_1RejEFZV1vyAC5qaSXBdP3l0p0Rq8bF_1S6O4bHfJjwPNsEg9Pyu8FTGAm - FR3gkgBAwLEI6u_1ggaCgoICAESBPJcfbYM&sa = X&ved = 0ahUKEwiBxc - 9_PLbAhUDX60KHRdeAawQ2A4IJSgB&biw = 1350&bih = 675#imgrc = LAVJWAbCSAgqlM:

5. 第三章图片描述例子(31)的图片网址:

https://nypost.com/2017/03/30/gdp-growth-under-obama-was-worst-in-decades/

6. 第三章图片描述例子(32)的图片网址:

https://www.google.com/search?q=print+ads+baby&tbm=isch&tbs=simg:CAQSmQEJ-fEjm_1ayH9kajQELEKjU2AQaBggXCD0IFQwLELCMpwgaYgpgCAMSKPgF1xmTD68BrgGUB_1MF2BmmD-cSmC30JZct-SuZLecsli2cJZQtpSQaMKEXu3Ufwi0CdoyfFFCHz2TnJ4_1sbKG3lwayxlB2RRyoNPN6l_1R2HHNa6iUXr4enTSAEDAsQjq7-CBoKCggIARIEBqr84Qw&sa=X&ved=0ahUKEwiG8LiOnfTbAhXnHjQIHQh8CQoQ2A4IJSgB&biw=1350&bih=675#imgrc=HAGWNbh_urmJ8M:

7. 第三章图片描述例子(57)的图片网址:

https://www.google.com/search?tbs=sbi:AMhZZiueMBN-zb_1ocIO9ux9bword0VPud12NxnlyQYnNqsfOjzdBjIsparEX4iQOiIUFR4KH0G1A9Wjjz4EMdyY9lVoLvWnXMfBWuhPrdHpnnYxdL_1pbb8KSFbUGc1G9ZrpKE2SZE5Z3skJ34omS8xr-LazaYDPQ_1PAOn5HyK_10ACeCEHnrv3nZfriTZ1MmQn5hbi1xjzxhd3w1WFPUH1bfFzZkt2gOiH9-m4s3CL1rBAiFtXxVcsPbQw6sNlelQOuEloctsGftucPgBMt63JcrHx8oc5Lzr6oWOea_1DXgLvHerKahB6dz0cgtm7vSHiSNZ6vTzBEnBO6h9fY1JNeEDLEKGfrPpZ6w

8. 第三章图片描述例子(58)的图片网址:

https://www.google.com/imgres?imgurl=https://www.ps07.com/upload/20060218/ps_57869472510210.jpg&imgrefurl=https://www.ps07.com/photoshop-12003.html&h=235&w=587&tbnid=VPUcN41bvcF5WM&tbnh=142&tbnw=355&usg=__in4VsWwuoPabStYYwRH77up7X3E=&docid=ElUnb3hATAgAcM

9. 第三章图片描述例子(59)的图片网址:

https://www.google.com/search?q=chinois&tbm=isch&tbs=simg:CAQSmwEJtqshq7EW1zAajwELEKjU2AQaCAgUCAAIAwgKDAsQsIynCBpiCmAIAxIomxL6CZ0GsAieBvIDghTuAZwGmwO2Pas9sTq3Pbg9sDq5PdE9mDSqPRowG6EV5xSFNr-wpj72aU07aPv1GDfYTpNatfjdsJoVq1KXEToQsEk74Gy6jiF5LkgHIAQMCxCOrv4IGgoKCAgBEgQBKcmJDA&sa=X&ved=0ahUKEwjdvPWNn_TbAhXVLX0KHaLKATcQ2A4IJSgB&biw=1350&bih=675#imgrc=V5JnAPa0C0vMbM:

10. 第三章图片描述例子(60)的图片网址:

https://www.google.com/search?q=Chinese+characters&tbm=isch&tbs=si

mg: CAQSlgEJlNsrDntearUaigELEKjU2AQaBAgUCAoMCxCwjKcIGmEKXwgDEieeBoEU6RObEvoJoQadBl_1qE5sDiiqJOLo_1rjS7P6Q0viSVJLk_1iCoaMCJb0UwOKnsK2KOprVlO7xzi34aiwej4oR4jR5PhS0SkLF - D8ATaOzFRfo0deo7g6SAEDAsQjq7 - CBoKCggIARIEadNjOgw&sa = X&ved = 0ahUKEwj76eevn_TbAhWFOn0KHYJfDeAQ2A4IJSgB&biw = 1350&bih = 675

11. 第三章图片描述的例子(61)图片网址:

https://www.google.com/search? q = freeway&tbm = isch&tbs = simg: CAQSlgEJgSZq6461Y5kaigELEKjU2AQaBAgVCAkMCxCwjKcIGmEKXwgDEifnAt0ITqYD2QjLBdoI - geVE9UChjeEN_1825iq3PqQ9lzfoOLsilT0aMFhMztTk_1u8XAeQgMxO0UIBM59edSxVHCAEDdvUT408uTttXY9oG9OkSVHaoEQMPGCAEDAsQjq7 - CBoKCggIARIENM0zXQw&sa = X&ved = 0ahUKEwjxhOrSn_TbAhXwIjQIHQgAA7YQ2A4IJSgB&biw = 1350&bih = 675#imgrc = Z6shmQzZsbv6UM:

12. 第三章图片描述例子(62)的图片网址

https://www.google.com/search? q = %E5%B9%BF%E5%B7%9E + %E4%BA%BA + %E5%92%8C + %E6%AF%8D + %E7%8C%AA + %E7%B9%81%E6%AE%96 + %E5%9F%BA%E5%9C%B0&tbm = isch&tbs = simg: CAQSmQEJebyUVnSnJuQajQELEKjU2AQaBggVCAEICQwLELCMpwgaYgpgCAMSKNgXrB6jGN0Ihxf7FL4KhRWaDcMe - TmXN7o5gj3HNPg5gT2GOYQ4gCkaMBXqHkOkCDTiPI - cwiiZ - xrJ0BvbtsE82FV8qtlexwsdn4G1ix6nkGNs3tP0HjPACSAEDAsQjq7 - CBoKCggIARIEAoA0eQw&sa = X&ved = 0ahUKEwj3odvnn_TbAhWRDnwKHW6bDoYQ2A4IJSgB&biw = 1350&bih = 675#imgrc = vnD1vDpshOz0TM:

13. 第三章图片描述例子(63)的图片网址:

https://www.google.com/search? q = %E5%BE%9E%E5%B0%8F + %E4%BE%BF + %E7%9B%B8%E8%AD%98 + %E5%A4%A7%E4%BE%BF + %E6%83%85 + %E6%9B%B4 + %E6%BF%83&tbm = isch&tbs = simg: CAQSlwEJO651zRoFQnoaiwELEKjU2AQaBAgVCAgMCxCwjKcIGmIKYAgDEiivEcEcohHCHMYcqRH9EcQcqBfjHJIwtivPIqg5pTmmNbcjjDWVMLw1GjAWCfrbTghcS4nqbRFz69hsstxBUxKfkpVjP7HXATKKf9 - xvP0ZmRg4EHm2—tNC8gBAwLEI6u_1ggaCgoICAESBGsEAxcM&sa = X&ved = 0ahUKEwjausjHoPTbAhWJHDQIHetsBqoQ2A4IJSgB&biw = 1350&bih = 675#imgrc = ISTJuVFMCMawFM:

14. 第三章图片描述例子(65)的图片网址:

https://www.google.com/search? q = most + beautiful + sculptures + in + the + world&tbm = isch&tbs = simg:CAQSkQEJR09H0iasoXIahQELEKjU2AQaAggVDAsQsIynCBpeClwIAxIkSBrKBYgWpx0bHJMSiRaEC - ws7SzzLLgi7iy6N7M36DmqLd0tGjCf7tHUFNnv9hrQsK4utG7ND_17REkTkPqAqApMKDl3RvJyce54CzOw5xPmgKmAs2 - YgBAwLEI6u_1ggaCgoICAESBFjSICIM&sa = X&ved = 0ahUKEwj2zcPqsPTbAhUKqlQKHcNrAVAQ2A4IJSgB&biw = 1350&bih = 675#imgrc = HtSxXGZ_i1hDrM:

15. 第五章图片描述例子(8)的图片网址:

https://www.google.com/search? tbs = sbi:AMhZZitqdOb8iWRvEmKWyYthnuipl1VC301HPPdASWLtzL2tjuOCtAkFxgDxFQPpbRf4Kv8Da02vbiUtZPOyL0IlWeehoKesKabz4l7n9vKEwQVkmDy3LVDsXq771hxhgft05pEgwObznrmoiDbKeJtfIxy5_15ioc2p1m5aQM_1sC5MGyBF0VrFI4OKV7AScnjb9wyHmjEI - JlGW5pyl8tYci3StXj5ZRkpmZAsIsUd8wfevIXfhtA8Wqn7Y8wZ7GEY7rzHO9QgixLiqk0kEybnQpufEKtyjB4WMfXGzMf - Du8IbbkHmCozFjMGrkTZO0HABhLo - NUR35DsVR2L7uU - rsTGhlkWES6Q

同时也在人民日报漫画增刊《讽刺与幽默》上找得到。

16. 第五章图片描述例子(9)的图片网址:

https://www.google.com/search? q = humor + grafico + para + adultos&tbm = isch&tbs = simg:CAQSlAEJ8pi - EUwPXFMaiAELEKjU2AQaAggVDAsQsIynCBphCl8IAxIn4QniCfsT5gnfCdYI2AjgCWDqCdojgSmTLLgp0De1KYg4zzeOLLIjGjADGa_1Uq6MrUzyyPmrpMJbJF7ni2nynauZi8Yjm2w31jocHwwB8RfEAQsgGD050RGYgBAwLEI6u_1ggaCgoICAESBGGzjRAM&sa = X&ved = 0ahUKEwjcsvzUtfTbAhWQFXwKHX_ICBYQ2A4IJSgB&biw = 1350&bih = 675#imgrc = WDxWVVb9edogTM:

17. 第五章图片描述例子(10)的图片网址:

https://www.google.com/search? q = %E9%83%AD%E6%95%AC%E6%98%8E + %E5%A7%9A%E6%98%8E&tbm = isch&tbs = simg:CAQSlwEJ8gJqjpvBxmQaiwELEKjU2AQaBAgVCAoMCxCwjKcIGmIKYAgDEiiAB5AUkRSSB5sH6RKCB4AKkwqTFO86xzzx0uE7ryXxO48khjKjOq4lGjAjbSOFfp3t5X97Nr2j - IOr66q_1kiC7oO8HKA - Tr5Pq_1TNkMRLeBB5Mh3RBkZNo0q8gBAwLEI6u_1ggaCgoICAESBFL5K3AM&sa = X&ved = 0ahUKEwi34I2BtvTbAhUE7J8KHTU7B9MQ2A4IJSgB&biw = 1350&bih = 675#imgrc = 7saIWA0rD - dlUM:

18. 第五章图片描述例子(11)的图片网址:

https://www.google.com/search? tbs = sbi:AMhZZiu1If8VQv0ZzgRCcD1 - sEW q5A6l8x3fgO3TgPZY5zXMutdhyl7jehwOuw74Dj9QZJy4pW - s34NwRJyox3i2Pwms86s SvMecxHP12vkJ2pmaYFMtvgTGzOFKjlQX5ZoDAdzl0pcLrBxOWd1FcZNspGkPWaANe d3kOLUGSO9e - 32Kl6qOlCh1aaWigpJkoIEdeTZxX8Br - 5HDW9rrNP9GiuABcbci1JI tx3S5Yvp6tfbd_1GOxM_1MB4VIxNw2ZLHE - 9FgsRIK2mP_1jIH6SrVjLVXd - 560 - dhSs0zzEVe1Ct793W5 - Gj2PzuadO7e_1NrBQkUULNHqLuwMN1vA4DkxRXYqnoAF zvNQ

19. 第五章图片描述例子(12)的图片网址:

https://www.google.com/search? q = creative + sculptures&tbm = isch&tbs = simg:CAQSmQEJc7XX - poJFfYajQELEKjU2AQaBggVCAAIAQwLELCMpwgaYgpgCAM SKJgNxwyWDbcNowT9Hb4V4x6cGPQX0CaDM4EzyiD4MoIzgy7PJp8_10iYaMELZVbX yXl_1M1bVZUx4kaEXF6V1GBYBEGpywe - GK - vS0C_1QuxnDv4pdYMtvgwkoSQyA EDAsQjq7 - CBoKCggIARIE25ae_1Aw&sa = X&ved = 0ahUKEwjM1_TltvTbAhVBw-FQKHagOBmAQ2A4IJSgB&biw = 1350&bih = 675#imgrc = 2cEYYdfEF_YAkM:

20. 第五章图片描述例子(15)的图片网址:

https://www.google.com/search? tbs = sbi:AMhZZivcsoySHAzDYqNN4goUVYE oG4rVIKxI1SoEbgcmmY3ftrUImSOx - WiA7UirZswmqHFfnQrAYq0MpNMtXb3eDjoJU 6cZv4JVTyAGvqjTAQ9vBcb - tpfozfagjrtkYsAeE4K_1cBHuncybKZUJ34GJC7EX4O - hSksR9oUjrKEswincFqx7YpHKK3_199KM_1WQ5k0_1uUEGmFa - 9FvY8Q1Cm3KCt ZRApTwXsDP8tRzCYGcBtU7ydYAHNAksepTm3aiQlThU8Frpr8VwT1YZ3QDJTpcs6M 7i0_1EVLar6ANBEqU5QhqJzEj5xipj - Zl2 - WcwNns5dGEgvt - kYUvTPgnwq - 5UegA3Futtg

21. 第六章图片描述例子(32)的图片网址:

https://www.google.com/search? q = mouth + tattoo + on + neck&tbm = isch&tbs = simg:CAQSlQEJFyn97zBBgqYaiQELEKjU2AQaAggVDAsQsIynCBpiCmAIAxIo3Rrm H - Qf8A7eG5AQ3h - aENQa3x_1oLdot2S2pOvkkzjqXOvAklS21OxowanSjXL801I4 - l ARNVlvXquuO7iJNwnvNJ6KPYCVacZTOlVBSfYGe_1xZMuJUsMzyIIAQMCxCOrv4IGg oKCAgBEgS_1TG - PDA&sa = X&ved = 0ahUKEwixt4yvt_TbAhWEGXwKHfI-ICOUQ2A4IJSgB&biw = 1350&bih = 675#imgrc = lvlEtmSQqt4dAM:

22. 第七章图片描述例子(6)的图片网址:

https://www.google.com/search? q = teatro + de + sombras + chino&tbm = isch&tbs = simg:CAQSlwEJobpyiqXgCjsaiwELEKjU2AQaBAgVCAsMCxCwjKcIGmIKYAgDE iiwDpAJkxKyDocJ6RunEaURtxykEcctxi3KLMgthyStOu4txS3eLaw6GjChahh8fHtbogGob ZowEMeKRc40OFEFOY0y – JIdZawcgE3z4my64W2cUTIMbxkZvSUgBAwLEI6u _ 1ggaCgoICAESBJodm5kM&sa = X&ved = 0ahUKEwjv4fXIt _ TbAhUMLnwKHaOVA-KoQ2A4IJSgB&

biw = 1350&bih = 675#imgrc = ySEJw3CR2x5qbM：

23. 第七章图片描述例子(7)的图片网址：

https://www. google. com/search? tbs = sbi:AMhZZivTuWKOabzDb75_1OD – O AqhOFzDBWGPqYxlkZJ7iuYE1cFcmyHsbnZU4YMDRaw_1ALqynQNeg2qrdZNqY8ba oY_17tG_1232RTO3NeH6fvr6AWLp7Mh0YB4ZprTzndhUVoiwQ5mVGK_1XIb0e_1dI sNwvO6aGM4U0o3Axz_1M8NmehpLG3EKB4_1INbrBaacOGBoFEpmWDJHCeGe9MgG 2C _ 1lAV _ 1bA _ 1Xm9k7c36IklMPLH – x22CgZaANL9t4YrlNdHg1mniS – eLU0LJmqGLrQHJDAVjSuWsHp4LEgn – 4ZzHPD6O7vtRU07 – OIeKMaUqCpp _ 13QLaBaRACIduyYS2SqqnvQ490Jt6E1vHBNA

24. 第七章图片描述例子(8)的图片网址：

https://www. google. com/search? tbs = sbi:AMhZZiuFb3q4bSvM1UN42zRWab5 3QTnUahU5THL6XNyIMpGOCm4O5n2SoYFihZD8eZCXc4N9eiRaUWwLvIgwichDHrc AShUSyrhZT0j6XgpZSjkZoUke9YaRH2btWU – eToATe – h9IcxISbboCLJ6DBFybiheq_ 1kjpGFM_1gTmXV1I8szkDqI3Jrm6Ieo9ymuALoYrC0oZKziJcQfp – YGfnvhj2KHRDr0rZ E8G5wXqbvycRs9M5vro_1aASuPhJ – IRr2arHVHghlqAlrn5e8iVyICXswuVKmt51J8Hx r9zZ5WGBzVOwAdi9cvi0M9SAgX_1EigC_1QC9rztw4cKi8UpAvTe0V – LeAIoJVow

25. 第七章图片描述例子(9)的图片网址：

https://www. google. com/search? tbs = simg:CAESrAIJWLEL – vQwzfkaoAILE-KjU2AQaBAgVCAoMCxCwjKcIGmIKYAgDEiiZB – kSmAfoEvEJmweIFJAUnAeTFLY-ozzOdJPk0mSeZLqon4DTvK50nGjAackPHH2KRqjvCBAOgh9zDTuN4SEwZZitDgcLoyU rvxkGHRHxBhwyTw1N2eAmMSvwgBAwLEI6u_1ggaCgoICAESBBpXbuwMCxCd7cEJG osBCh4KDHF1YXJ0eiBjbG9ja9qliPYDCgoIL20vMDZiaHQKGgoHYW50aXF1ZdqliPYD CwoJL20vMDF5czJzChgKBm51bWJlctqliPYDCgoIL20vMDVmd2IKGQoGbG9ja2V02qW I9gMLCgkvbS8wN3NoMGwKGAoGY2lyY2xl2qWI9gMKCggvbS8wMXZrbAw&q = % E8 % B3% B4 + % E5% BA% 8A&tbm = isch&sa = X&ved = 0ahUKEwim5ffMuPTbAhWmq VQKHdNFCQcQsw4IMg&biw = 1350&bih = 675#imgrc = 9piqmjinB6NiBM：

26. 第七章图片描述例子(10)的图片网址：

https://www.google.com/search? q = wallis + dress + to + kill&tbm = isch&source = iu&ictx = 1&tbs = simg:CAES1QIJBXTCPnpbK0oayQILEKjU2AQaBggVCAAIAwwLELCMpwgaYgpgCAMSKJ4FnQX2AfoBnwX - AZYD_1QH9CZgFrS - mLqwvpy6lLqAkuS - kOs4tqC4aMK33 - zqltTGnLh7iViZszlPqRYukzP1o7Au0oejKb4vZfjtI6XiVz8_1bd - G0m_1lubSAEDAsQjq7 - CBoKCggIARIEwAvbcgwLEJ3twQkasgEKIgoPcGVyZm9ybWFuY2UgY2Fy2qWI9gMLCgkvbS8wNmoxMWQKIAoNdG95b3RhIDIwMDBndNqliPYDCwoJL20vMDNwdDQ0Ch4KC3BldWdlb3QgNTA12qWI9gMLCgkvbS8wMzR3eHYKIQoOb2xkc21vYmlsZSA0NDLapYj2AwsKCS9tLzAydl9iMwonChNkZSB0b21hc28gZGVhdXZpbGxl2qWI9gMMCgovbS8wM2M0ODFnDA&fir = 5A7f74TVZlDYZM%253A%252Ce9tTtLzSZt7zYM%252C_&usg = __qOrc2EKrG4qgYCwMovGaUG2HK - w%3D&sa = X&ved = 0ahUKEwjYtIOLufTbAhWGLHwKHc5SBTsQ9QEIOTAC#imgrc = 5A7f74TVZlDYZM:

27. 第七章图片描述例子(11)的图片网址:

https://www.google.com/search? tbs = sbi:AMhZZiuVajrtVhO71ZQTogJRT73NRuGIsDVVXYmK1PySMnuWuN56iP6tEmACDhMSmbrPdCHEepdPpdhpTRJueFGonsLpWCVTrm - nUfbq26qL6Too96LVB00vkFALE - KYLdh_1sJ_1x_1mlfiZMHGKGLdA4uSCBGFUeb2rD0OJXa_1KO4_1bLZEi09fjL2JT8oUZ6 - tSQJv2GTs8g2woWGHYp1yacu8AK7Xe_1qh - 1NML5 - rg5vQulyk_1pKymlzSFu_1hkRtYYIW0w4rMO1g4Bwh6qhjL6zladGS4oPK8jVbDrNwmXfoSKmxP4S7xbiTt0_1Ndv2FFri8fvrriweRzZEMJ9aNuNCe7Jf5aYNnLg

28. 第七章图片描述例子(13)的图片网址:

https://www.google.com/search? tbs = sbi:AMhZZiu4FHtHBiHrKRDhx9 - N4MejeDQDTdaW86r6bPR4hiijeN0o_1phIsK2fCqhxRAAHtvxhmKuROwODxYY_1rOclY45tijXqZO1HehLME0yE33k5_1rb2wXLMXbjIH0FW2tOIQTNrilq5iyRKz9WcR7grv_17UzHYD4TsiEmoObj6EH - MRAzQgZA562UUcgvAiEVSL - mIhbemBM8twMKMUEFIxWHKb2Mr_10T1DY - UJA86VCTfmQpfkIBi - ope8Ja1QlylmNm1RFwsdi5py_1ARWddJIOmqSi8rpghvjemFwHOsHnoqaqjX5bvys - dlasHd3oKod4G5a2Cpnvk4PXidHkAHocskZWUptYQ

这幅画来自《幽默与笑话》杂志。

29. 第七章图片描述例子(19)的图片网址:

https://www.google.com/search? q = %D0%BF%D0%BE%D0%B4%D0%B

2% D0% BE% D1% 80% D0% BE% D1% 82% D1% 8B + % D0% BF% D0% B5% D1% 82% D1% 83% D1% 85&tbm = isch&tbs = simg: CAQSlwEJd68slKc0Tj0aiwELEKjU2A QaBAgVCAMMCxCwjKcIGmIKYAgDEiicGJoYlxzhHtoQ4h6kBfAUmxz0G78k2DvXO9o7 qS2oLbQk2TvWO9U7GjABS0LMZKJtyosIUW - gDbNEn6NDKtZbTkRxzDz8eldAmcDV p7B1D6mDz76 _ 1JzoBU3wgBAwLEI6u _ 1ggaCgoICAESBI8i1 _ 1gM&sa = X&ved = 0ahUKEwj - haL4uvTbAhWEEXwKHUO2AsAQ2A4IJSgB&biw = 1350&bih = 675 # imgrc = IqXVemNXDCGZqM:

30. 第七章图片描述例子(20)的图片网址:

https://www. google. com/search? tbs = sbi: AMhZZiu - ZimkMc6bHDRrgro9vwu vaVl6bbonevFht - c_1_10YtICcgVNrR5zeGKQCSuzuixQetzgoyJH4tU_1VtRPKMCCkW KWLWwqSbzcf1uABqEH_12zw5cCfEfw8_1Gd9LRemR4buTk6W2Ew3W6JW4T08VEz C6mI07_1krqp0sQv7p0mwXbPE3ABC5C4OqzD1sYjiSITsN7WW4CfRNgKCmtkiMH_1 Y8aErtPqpX13ChLfan2XyPmtbJnetj3AmZAQML4bHOmHJe_1qKJmEJnDscaAOALEyE o6OfQ5IkUkUAu22ROu1FiBSWtzHLcBy9uvtEl_1_1wrN6zV59NVpmPUfbL1pGY6AG0 _1wye1uYiA

31. 第八章图片描述例子(19)的图片网址:

https://www. google. com/search? tbs = sbi: AMhZZiuihO5bioacZ3VOg1NlF8vvF a2B8l6c0b3nb - OqqiM1cgp77K6uq0gdJ8dvn8H8KHYJbXOtrFO6bs5RWUgvbnZuWi1 FTvs0Wc7nwIU9tjS1SfmjO61MLOlLar994yKzKwgckt _ 1AX2xdlRc1T9l _ 13HEcB _ 1xz5je5uZYYttYp8LqLWpQhCEXcZBGOaHBjM1wW68WByNsN54pAcsRHYhBoOtDso FCdSHt62y3Sm0QT0tdDxkjLbvC5dyM5VK74s07Xn6g9gULr5oqD - 2tnrN9QOwOKXl - DGDyt - JJ0J2JYIvNLNvdNSaILEszevmnWcbnNvXVBOkR63f0eJOoltLJzwbCOF _1fueA

32. 第九章图片描述例子(1)的图片网址:

https://www. google. com/imgres? imgurl = https://travelwithstanito. files. word press. com/2013/09/lookoutknowckheadstanito. jpg% 3Fw% 3D463&imgrefurl = https://stanito. com/tag/% E5% B0% 8F% E5% BF% 83/&h = 400&w = 463&tbnid = jDu46rg3AM2NKM&tbnh = 209&tbnw = 242&usg = _ _ Qng3 - djNyExyAQcH-bV094CF8FrU = &docid = QVOjqbzgiOvX8M&itg = 1

33. 第九章图片描述例子(3)的图片网址:

https://www. google. com/imgres? imgurl = http://img1. gtimg. com/2/297/

29733/2973340_550x550_0. jpg&imgrefurl = http://bbs. tiexue. net/post2_6397356_1. html&h = 308&w = 428&tbnid = cOAroqFPpQBeDM&tbnh = 190&tbnw = 265&usg = __fcCe_LNWKfPNkLIzCzakN7VaMyQ = &docid = CTc4z9yuFwb7UM

34. 第九章图片描述例子(11)的图片网址:

https://www. google. com/search? q = society6 + light + robber + unique + throw + blanket + - +51%22 + x +60%22&tbm = isch&tbs = simg:CAQSlwEJbZpaoRYL - isaiwELEKjU2AQaBggUCAAICgwLELCMpwgaYApeCAMSJj7oAcsO6QHKDucB6gE92QHDGYonqzSqNLA6kCSPJJg0sTrELYgkGjAvFbxO4MNeAwHoiqvqNMdBLC5JI70KWcPChJ1L1JDCHn6pQy9VXfvcIypTKLdPPTkgBAwLEI6u _ 1ggaCgoICAESBBuU1YcM&sa = X&ved = 0ahUKEwj67ve8vPTbAhUPKXwKHSWUAcMQ2A4IJSgB&biw = 1350&bih =675#imgrc = fuycEAiSK5HA_M:

35. 第九章图片描述例子(12)的图片网址:

https://www. google. com/search? q = sad + reality + of + the + world&tbm = isch&source = iu&ictx = 1&tbs = simg:CAESqgIJoJNvQn9 - fSIangILEKjU2AQaAggVDAsQsIynCBpiCmAIAxIoqhfjCagXsRyyHN0JuRe3F8keohHzJPct9SSXLvMtmC67OeMtzj37NxowyXD60J0hDBY - 2Dz4qSNHMDWpuJH4BunVStSN3OD_1qDEOGpbMcxVCFZo2OLQOD0sXIAQMCxCOrv4IGgoKCAgBEgTEMX_1ZDAsQne3BCRqLAQoWCgRjYXNo2qWI9gMKCggvbS8wZmQ2cQoYCgZkb2xsYXLapYj2AwoKCC9tLzAyODV2ChsKCGJhbmtub3Rl2qWI9gMLCgkvbS8wMWRsM2oKGQoHY2FydG9vbtqliPYDCgoIL20vMDIxNW4KHwoMaWxsdXN0cmF0aW9u2qWI9gMLCgkvbS8wMWtyOGYM&fir = 9hpnlFQj26EfDM%253A%252C27r_KDonILc_AM%252C_&usg = __ROwZ8l4C2_kdDkuv85WbwVsAB7c%3D&sa = X&ved = 0ahUKEwiPlvH7vPTbAhVHjVQKHXnQDxUQ9QEINzAC#imgrc = 9hpnlFQj26EfDM:

36. 第十章图片描述例子(12)的图片网址:

https://www. google. com/search? tbs = sbi: AMhZZivbDOvigYWhGJPAicoScFs-GbQzOpTRPrcRgSJoEE6U7KiXXSOwdeNKIZ6twJaKFiC84NmyNwOIzV7jUzARnswpO_1G - BUFX - j8sHpUSqiojCZcr0WB8gPIDtFL21lIwWryhVkltDmES29hnSB - p6Pr44hp2uY3fEQwPAl78ARqUFG5jiUji0lzvKahBYFju9VQjgKdpLuJIdGAsacvxYwQFoSKYcBBvaifPZXDJ1L - mby1oI71ZsaLk8RscWny24XG6kc2j1eG42dJE9WgXE - YZqZjRDIxuSZVUuRAHAX - SOarWrLwFbXOA1 - 1zh - 5s8I5z2MKa7gaaD9dCpVXa2fto2d6dZnw

37. 第十章图片描述例子(18)的图片网址:

https://www.google.com/search?tbs=sbi:AMhZZiufbxHHOU19_1PMxCCZqoZGqN6kvV6zrPbRaLeQQIegBkUf8NxzxT57D3mV5gl3YVuQ808cM0Njprnw6kzqCMGDAol2_1EqC2JyxHpdNUWR6yVV2uiimV_1xlbXyVloJgzGX9iPIX1fPf2_1F9q3j1xK4YSwXhX5hUpNcKp_17meCyfeHpq14X5eCqOcNXedINZ06xab7qSkP5MGgJg1Rwvet3E6AzLpZKCSvWWf2lcTlsrU1BkVQFptn94SxICX6rvV1N8j7JX-1h73B_1vA01IifL47vSnt21odou7iKTgEkHy8e0Z5kSqvtkWP47D88hPE4vlKMH1wWtw1yJ9wdvEueqaEFstL0Q

38. 第十一章图片描述例子(8)的图片网址：

https://www.google.com/search?tbs=sbi:AMhZZiufbxHHOU19_1PMxCCZqoZGqN6kvV6zrPbRaLeQQIegBkUf8NxzxT57D3mV5gl3YVuQ808cM0Njprnw6kzqCMGDAol2_1EqC2JyxHpdNUWR6yVV2uiimV_1xlbXyVloJgzGX9iPIX1fPf2_1F9q3j1xK4YSwXhX5hUpNcKp_17meCyfeHpq14X5eCqOcNXedINZ06xab7qSkP5MGgJg1Rwvet3E6AzLpZKCSvWWf2lcTlsrU1BkVQFptn94SxICX6rvV1N8j7JX-1h73B_1vA01IifL47vSnt21odou7iKTgEkHy8e0Z5kSqvtkWP47D88hPE4vlKMH1wWtw1yJ9wdvEueqaEFstL0Q

39. 第十一章图片描述例子(42)的图片网址：

https://www.google.com/search?q=Comics&tbm=isch&tbs=simg:CAQSlQEJKNlwXz_1Dy_1kaiQELEKjU2AQaAggVDAsQsIynCBpiCmAIAxIotRS0FOYJ5QmNFOYIhRTKFLYU6Aj2PZs9tSmIPYk9tCnJPpAskifvMxowh0VP8OhJn9SKMJEU4T2GZ4R8scHh-hwpGErvP1a1DWfDLynq6D-OGmgMns0eW87SIAQMCxCOrv4IGgoKCAgBEgRMZ9heDA&sa=X&ved=0ahUKEwippu-8vvTbAhXCsFQKHZaNDIUQ2A4IJSgB&biw=1350&bih=675#imgrc=Gb5x6AWuhbLpSM：

40. 第十四章图片描述例子(31)的图片网址：

https://www.google.com/search?q=Illustration&tbm=isch&tbs=simg:CAQS-mAEJHvJT6GJ9rLEajAELEKjU2AQaBggUCAMICgwLELCMpwgaYQpfCAMSJ5QGjwaYEpMGU5YBtgGmHagdpR3YLLEj4CzaLNMssSChLr8gwSDhLBowoqPnLLFSk5OLsuJcYwrNok0DG6BtDyLe9NmeS9LBpB50WzQ-tTV3KGuxRufqavJcIAQMCxCOrv4IGgoKCAgBEgQ0KC-aDA&sa=X&ved=0ahUKEwj-5sDbvvTbAhVnwFQKHcjjBKMQ2A4IJSgB&biw=1350&bih=675#imgrc=pizM9F_IVBFgAM：

41. 第十四章图片描述例子(32)的图片网址：

https://www.google.com/search?q=caring+hand+glarus+switzerland&tbm=isch&tbs=simg:CAQSlwEJdP1YOoR5Ig4aiwELEKjU2AQaBAgVCAQMCxCwjKcIGmIKYAgDEijzCsIWhh7PC9EV9QryCswW4RXgFdY39SnyKd0hgCrVN_1MpsjeeONMpGjC

yn4AelZI4YXyYbu5qNa2Qg5ZJRzJhISfvFXV9r0hdbIxISBG1HhDnpvSN86CteoYgBAwLEI6u_1ggaCgoICAESBLyhtbMM&sa = X&ved = 0ahUKEwjv19yEv_TbAhUFrlQKHYYd-AOkQ2A4IJSgB&biw = 1350&bih = 675#imgrc = lx6NIMVLXrSAwM:

42. 第十四章图片描述例子(71)的图片网址:

https://www.google.com/search? q = Seduction&tbm = isch&tbs = simg:CAQS-lgEJ0Mxk8m6QDD8aigELEKjU2AQaBAgVCAYMCxCwjKcIGmEKXwgDEifIAeMCxwGZC6wDqAHAB8kBAq0DwyDrN9wsoTf8M4YjqSTWLKI3tTcaMC98P1En5v1JSiEcDeZO3jRq9fSk9C_1YfM2HnJW8kcRjDvhK_1kDocOdy - MpNX64J0iAEDAsQjq7 - CBoKCg-gIARIESv8nHww&sa = X&ved = 0ahUKEwjY0YeZv _ TbAhVlilQKHY-cBAysQ2A4IJSgB&biw = 1350&bih = 675#imgrc = DEhvwfrkpiE - TM:

43. 第十四章图片描述例子(72)的图片网址:

https://www.google.com/search? q = Comics&tbm = isch&tbs = simg:CAQSmAEJzR1C4T8gZN0ajAELEKjU2AQaBggUCAMICgwLELCMpwgaYQpfCAMSJ8wTxwjICMsTwhOQA5IDkwO_1CF3gN4U4gSn_1KNgpxjfJJ8U31jTePRowruSaUOBQ_1nFYtoYmbDlHbXp9tF_1NQlUbf_1H7i8YwWjkomYiVHbVcFdi5cTuRvi1bIAQMCxCOrv4IGgoKCAgBEgSLJlgyDA&sa = X&ved = 0ahUKEwjhsJiuv_TbAhUQJnwKHchRD6kQ2A4IJSgB&biw = 1350&bih = 675#imgrc = hPMqdNLZTNoxhM:

44. 第十四章图片描述例子(73)的图片网址:

https://www.google.com/search? q = %E8%80%81%E5%85%AC + %E5%AF%84%E5%AD%98 + %E5%A4%84&tbm = isch&source = iu&ictx = 1&tbs = simg:

CAEStQIJ21v3vsy4C8UaqQILEKjU2AQaBggVCAYICAwLELCMpwgaYgpgCAMSKNocuRHGHM0fmQ3LHOQcph7MH9kcjDalObs7qSf0JJIwvjmLNpksqDkaMFb9coAOizadW1bid68TDpUN6izuyE09Amw8 - VjYs0P3xb9Ey8mVQ1I6dsr47AUC6SAEDAsQjq7 - CBoKCggIARIEJTRQ4QwLEJ3twQkakgEKHAoJY2FmZXRlcmlh2qWI9gMLCgkvbS8wMnBkbngKJgoSY2hpbmVzZSByZXN0YXVyYW502qWI9gMMCgovbS8wZ3gxcnY0ChgKBmJhbm5lctqliPYDCgoIL20vMG05Y2oKFwoFcGFydHnapYj2AwoKCC9tLzA1XzRfChcKBWRyaW5r2qWI9gMKCggvbS8wMjcxdAw&fir = UdM43mVna1lmMM% 253A% 252CGJLmz6tgkFPEbM%252C_&usg = __7dQ5FUbDF4niWiSjOJFK4n82i1U%3D&sa = X&ved = 0ahUKEwjxo - vGv _ TbAhWGEnwKHXnED0oQ9QEIOjAC # imgrc = UdM43mVna1lmMM:

45. 第十四章图片描述例子(74)的图片网址：

https://www.google.com/search? q = force + of + nature + sculpture&tbm = isch &tbs = simg:CAQSlwEJ74C1siD1unQaiwELEKjU2AQaBAgVCAoMCxCwjKcIGmIKYAg DEij7DoQPhgfqBOgS7RuTEuMbxwz4Do0 – uzbWNZA – jj6VNro2oTaSPsM1GjBf9yThS 1lf7lh_1ixbvbkYKMq9i3T09X5UDr5SFtOWgKIqfhPgYOFDIavorx7cMn8YgBAwLEI6u_ 1ggaCgoICAESBCWNE6sM&sa = X&ved = 0ahUKEwiEv4Dcv_TbAhXqg1QKHRWvCIk Q2A4IJSgB&biw = 1350&bih = 675#imgrc = 6haqKdmc1e9NTM：

46. 第十四章图片描述例子(75)的图片网址：

https://www.google.com/search? q = statues + fighting + back&tbm = isch&tbs = simg:CAQSmwEJjYlh3reY3PIajwELEKjU2AQaCAg9CBUIAwgIDAsQsIynCBpiCmAI AxIo3xWaHsEVhB7AFcAWsg – DHtEZ4BWpLZEtqy2VLaotlzr9LJItmziZOhowK2vWJP Va_102NVW7v0v_1Y9uytHMohVsAV1FSkdf2Zn1rKQiyGOV1zHb4MaxCErMLjIAQM CxCOrv4IGgoKCAgBEgSSwjO _ 1DA&sa = X&ved = 0ahUKEwjR7bPzv _ TbAhVqr-FQKHTwtDB0Q2A4IJSgB&biw = 1350&bih = 675#imgrc = DxSfU3vpOXzT0M：

47. 第十四章图片描述例子(76)的图片网址：

https://www.google.com/search? q = vater + und + sohn + – + postkartenset, + e + o + plauen + (buch) + cartoon + %26 + humor&tbm = isch&tbs = simg:CAQSlwE-JNmJYYrE8hfoaiwELEKjU2AQaBAgVCAsMCxCwjKcIGmIKYAgDEij7E90JmRTyCckUi BSqE94HlBS7CPs97TOxIog41TSHOLc4zz3uM4s9GjAi1TcpeBXBx9ScbKvLAEcfPRY6 mpgu7sKkzZbyfWc7qDPawXHWX9MIrP5fmlmGm1MgBAwLEI6u_1ggaCgoICAESBPsS QNoM&sa = X&ved = 0ahUKEwigmeSQwPTbAhWKEXwKHZNkAZcQ2A4IJSgB&biw = 1350&bih = 675#imgrc = w8EpJbOkg0LbAM：

48. 第十四章图片描述例子(81)的图片网址：

https://www.google.com/imgres? imgurl = https://pic4.zhimg.com/v2 – 5cfb 529b78b4cbcea04408350dcfd93f_is.jpg&imgrefurl = https://zhuanlan.zhihu.com/p/ 24263518&h = 34&w = 34&tbnid = tX4UiWvtI7XorM&tbnh = 34&tbnw = 34&usg = __ I7CBatP3wW3gmotO5QNduJiBevs = &docid = lLV0Mb – 5tzDpDM&itg = 1